KB099293

병마용 병사 병마용갱은 중국 산시성 시안에 있는 진시황릉에서 1km 떨어진 유적지로, 진시황제의 장례에 사용된 테라코타(점토)이다. 1974년 발견되어 지금까지 4개의 갱도가 발굴되었다. 출토문물은 약 6만 점, 8천여 점의 병마용이 확인되고 있다. 사마천의 《사기》에 따르면, 진시황릉은 기원전 246년에 조성되기 시작했다.

둔황 막고굴 입구 중국 간쑤성 둔황 동남쪽에 있는 석굴로, 남북 1.6km에 걸쳐 조성된 약 600여 개의 동굴, 총면적은 4만5천km²에 이른다. 1900년 석굴의 제16, 17굴(장경동)에서 많은 고문서 사본이 발견되었는데 이 유물은 4~11세기에 걸친 오호십육국 시대에서 북송까지의 고대악기·고화·고서 등이었다. 고문서의 내용은 불교경전을 비롯하여 《노자》《장자》《주역》《논어》 등 약 5만 점에 이른다.

막고굴 323동굴벽화, 한무제 8세기. 석굴에는 2,400여 개의 불상이 안치되어 있고, 벽화가 그려져 있다. 막고굴이 만들어진 시기는 355년으로 추정되며, 승려 낙준이 굴을 파고 불상을 조각한 것을 시작으로 원나라 시대에 이르는 약 1천년에 걸쳐 조성되었다.

공자(BC 551~479)　춘추시대 노나라의 정치가·사상가·교육자. 유가(儒家)·법가(法家)의 시조. 그의 사상은 《논어(論語)》에 제자들과 주고받은 어록으로 정리된다.

맹자(BC 372?~289?) 전국시대 제자백가 중 유가를 대표하는 사상가. 제자백가 중 공자의 사상을 발전시켜 유학을 후세에 전하는 데 큰 영향을 끼쳤다. 그의 사상은 《맹자(孟子)》로 전한다.

순자(BC 298?~238) 전국시대 제자백가 중 유가(儒家) 사상가. 맹자의 성선설에 반대하여 성악설을 주장했다. 송나라 시대 성리학 학풍 속에 성악설이 비난받으면서 오랫동안 유가의 이단자로 간주되어 왔다. 《순자(荀子)》는 그의 사상을 모아 기록한 책이다.

묵자(BC 470~391?)　제자백가 중 묵가(墨家)를 대표하는 철학자. 전쟁에 반대하는 입장을 나타낸 실천가. 유교의 허례허식이 백성의 이익을 저해한다 하여 유교의 '예'를 비판했다. 묵자의 핵심사상은 겸애, 《묵자(墨子)》에 그 사상이 전한다.

노자(老子, ?~?) 춘추시대 초나라의 철학자. 도가(道家)의 시조. 그의 사상은 《노자》《노자 도덕경》에 남겨져 있다. 전설에 따르면, 노자는 물소를 타고 주나라를 떠났다고 한다.

장자(BC 369?~286) 전국시대 송나라의 철학자. 제자백가 중 도가(道家)의 대표적 인물. 노자사상을 계승 발전시켰다. 그의 사상은 《장자(莊子)》에 남아 있다.

열자(列子, 기원전 4세기) 전국시대 제자백가 중 도가 사상가. 열자는 도가적 우주론을 노자 이상으로 구축했다. 그의 사상은 《열자》에 남아 있다.

한비자(BC 280?~233) 전국시대 한나라 출신 철학자. 제자백가 중 법가(法家) 사상을 집대성한 사상가. 저서에 《한비자(韓非子)》가 있다.

상앙(商鞅, BC 390~338)　전국시대 진나라의 법가(法家)를 대표하는 정치가. 저서로는 《상군서》와 병서(兵書)인 《공손앙(公孫鞅)》이 있다.

공손룡(公孫龍, BC 320?~250?)　전국시대 조나라 철학자. 명가(名家)라는 논리학 분야를 개척한 사상가. 궤변을 통해서 개념분석을 주로 했으며, 저서로 《공손룡자》가 전한다.

손무(孫武, BC 545~470)　춘추시대 제나라 낙안 사람. 군사·정치가. 병가(兵家)의 대표적 인물. 병서 《손자병법》을 지었다. 오왕 합려의 장군으로 부름을 받아 초·제·진(晉)나라 등을 굴복시켜 합려로 하여금 패자(霸者)가 되게 했다.

손빈(孫臏, ?~?) 전국시대 전략가. 병가(兵家)의 대표적 인물의 하나. 손무의 5대손이자 손무와 같이 손자(孫子)로 불린다. 저서로 《손자병법》이 있다. 위나라 장군 시절 함께 병법을 배운 방연의 모함으로 빈형(臏刑 : 무릎 아래를 잘라내는 형벌)과 경형(黥刑 : 얼굴에 먹으로 흔적을 남기는 형벌)을 받았으나, 위나라를 탈출해 제나라의 군사(軍師)로서 두 차례의 큰 전투를 승리로 이끌어 위나라 방연군을 물리침으로써 원수를 갚았다.

▲은작산한묘죽간(銀雀山漢墓竹簡) 산둥성 은작산 출토. 1972. 《손자병법》《손빈병법》 등 고대병서가 발견되었다.

◀백서(帛書, 비단에 쓴 글) 《황제4경(皇帝四經)》 마왕퇴한묘(馬王堆漢墓) 출토. 발굴 1973~74년. 매설 BC 168년경.

▼백화(帛畫, 비단에 그린 그림) 〈인물용봉도(人物龍鳳圖)〉 발굴 1949년. 제작시기 BC 475~221.

World Book 117

諸子百家

제자백가

김영수 역해

孔子의 像

동서문화사

디자인 : 동서랑 미술팀/표지그림 : 鐵齋

동양의 지혜

제자백가란 무엇인가?

제자백가와 중국사상 황금기

중국사상에는 신비한 힘이 있다. 어느 때는 사람을 가르치며 인도하고 어느 때는 사람을 격려하며 위로한다. 고전들은 이미 수천 년에 걸쳐 헤아릴 수 없이 많은 사람들을 일깨워 왔다는 사실이, 잠재적으로 이미 우리 마음속에 자리잡고 있다.

수십만 년 전 인류는 지구상에 출현했다. 그들도 무엇인가는 생각했을 것이다. 다만 그것은 '느낀다'는 단계에 가깝지 않았을까. 그래도 사람들의 경험은 수십 세대, 수백 세대를 거쳐 조금씩 쌓이고, 그 결과 인류는 불과 도구를 쓰게 되었다. 마침내 언어체계가 갖춰지고 문자가 발명됨에 따라 경험의 축적은 빠르게 발달했다. 마치 우리의 개인적인 기억이, 철이 든 다음부터 갑자기 더 많이 머릿속에 남듯이. 이리하여 사람들은 의식적으로 생각하기 시작했다. 그래서 뛰어난 생각은 기록하고, 그것을 읽은 사람이 또 새로운 생각을 만들어 내게 되었다. 생각하는 일도 점점 수준이 높아져 마침내 생각의 전문가인 철학자나 사상가들이 탄생하였다.

중국 춘추전국시대에 이르러 '이 혼란스런 상황을 이전으로 되돌려야 한다'고 생각한 사람들도 있었다. '낡은 생각은 통용되지 않는다. 새로운 생각을 확립해야 한다'고 주장한 사람들도 있었다. 사람들은 온갖 문제에 대해 생각하게 되었다. 이윽고 생각이 저마다 다른 학파와 사상가들이 생겨나(이들을 제자백가라 부른다) 끊임없는 논쟁을 벌였다(백가쟁명이라 한다).

왜 '생각하는 일'이 그토록 성행한 것일까. 한 인간에 비유하자면, 중국은 그때 청춘시대를 맞이해서 어른이 되려고 하는 참이었다. 중국이라는 소년은 어른이 되는 데 대한 기대와 불안에 휩싸여 필사적으로 생각하고 있었던 것이다.

지도를 보면 알 수 있듯이, 중국 동쪽과 남쪽은 바다이며 서쪽은 산악지대이고 북쪽은 사막이다. 그 사이에 펼쳐진 드넓은 땅을 그 시대 사람들은 '천하'라고 생각하였다. 여러 나라들이 북적거리며 서로 싸우는 동안, 중국인은 황하 유역만이 천하가 아니라는 사실을 깨닫고 그 웅대함을 확인하게 된다. 그 새로운 세계에 어울리는 사고방식은 무엇일까. 사람들은 그것을 논하고 끊임없이 논쟁을 벌였던 것이다.

진시황의 '분서갱유(焚書坑儒)' 사건이 벌어지면서부터 고대 중국의 사상적 근거가 흔들리기 시작했다. 《사기(史記)》〈진시황본기〉에 따르면 기원전 213년, 승상(재상)인 이사(李斯)는 황제에게 다음과 같이 건의했다.

'진기(진시황 사관이 기록한 역사서) 외의 사기를 모두 태울 것. 《시(詩)》《서(書)》를 시작하여 제자백가의 책을 지니지 못하게 하고 모두 태울 것. 시 안에서 제자백가를 논하는 자는 사형. 옛것을 논하며 현재를 비난하는 자는 일족 몰살. 이를 묵인하는 관리 또한 똑같은 죄. 30일 이내에 불태우지 않을 경우에는 노역형. 다만 의약, 점술, 농업기술서와 진시황제의 박사관이 소장하는 책은 제외.'

시황제는 즉시 이를 단행하고 나라 안의 모두 책들을 차례차례 잿더미로 만들었다. 이를 '분서(焚書)'라 한다. 이듬해, 불로불사약을 만든다고 도망을 꾀했던 방사(方士 : 신선의 술법을 닦는 사람)들로 인해 시황제의 노여움은 폭발했다. 시황제는 그때까지 잘 대접하던 학자들을 체포하여 약 460명을 수도 함양(咸陽)에서 구덩이에 산 채로 묻어 죽였다. 이를 '갱유(坑儒)'라 한다.

그 뒤 한(漢)나라 통일이 이루어지기까지 혼란기를 거침으로써, 고대 중국의 사상계는 하나의 마비 상태에 빠져들게 되었다. 한 제국 체제가 안정되면서 이에 대한 타개책이 연구되기 시작해, 무제 때에는 본격적인 집서계획(集書計劃)이 이루어졌고, 성제 때 그 정리사업이 진행됐다. 이즈음 중심이 된 사람이 유향(劉向)·유흠(劉歆) 부자로, 유흠은 《칠략(七略)》이라는 분류목록을 작성했다.

이때 〈제자략(諸子略)〉에 수록된 서책은 모두 189가(家)에 4천 수백 권으로, 이로부터 '제자백가(諸子百家)'라는 말이 비롯되었다. 〈제자략〉은 다시 유가(儒家)·도가(道家)·음양가(陰陽家)·법가(法家)·명가(名家)·묵가(墨家)·종횡가(縱橫家)·잡가(雜家)·농가(農家) 이렇게 아홉 유파로 나누어지고, 거기에 소설가(小說家)를 덧붙였다. 그러나 이중에는 《손자(孫子)》나

《오자(吳子)》 같은 군사 서적, 즉 병가(兵家)의 책이 빠져 있다. 그것은 〈제자략〉과는 별도로 〈병서략〉이라는 부류가 따로 있으므로, 뒷날 병가 또한 '제자백가'에 포함된다.

이 제자백가의 저작 가운데 어느 것도 한 개인의 독자적인 저술이 아니다. 그러나 이 저작들은 몇 사람의 손을 거쳐 완성된 것이면서도 저마다 뚜렷한 개성을 지니고 있다. 사실 고대 중국의 혼란기라 할 수 있는 춘추전국시대를 무대로 갖가지 활약과 사상체계를 확립한 제자백가를 단 한 권의 책으로 간추려 엮기란 어려운 일이다.

백가쟁명의 선현들

이 책은 제자백가 중에서도 주요한 세력을 차지해 온 유가(儒家)·도가(道家)·묵가(墨家)·법가(法家)·음양가(陰陽家)의 주요 저작인 공자(孔子)·맹자(孟子)·장자(莊子)·열자(列子)·한비자(韓非子)·순자(荀子)·묵자 등과, 이 밖에 제자백가의 활약상을 담고 있는 《전국책》《여씨춘추》《회남자》《사기》 등을 대상으로 한다.

춘추전국시대 중국은 여러 나라로 나뉘어져 있었다. 그래서 나라마다 군주들은 서로 상대를 무너뜨리고 자신이 천하를 다스리려고 격전을 벌이고 있었다. 세상이 혼란에 빠진 이 시대에 공자, 맹자, 순자, 장자, 노자들이 태어났다. 그들은 어떻게 하면 백성들이 안심하고 살 수 있는 세상을 만들 수 있을지, 그러기 위해서는 무엇을 하면 좋을지, 전쟁에만 매달리는 인간은 도대체 어떤 사람인지 따위의 의문을 가지고, 그 답을 찾기 위해 이리저리 궁리했다.

공자는 인간에게 가장 중요한 것은 타인을 내 몸처럼 느끼며 배려하는 마음이라고 했다. 그 마음을 공자는 '인(仁)'이라는 말로 표현했다. 예부터 공자가 존경했던 선현 정치가나 사상가는 몇 사람 있다. 그러나 공자 이전에 '인'을 이야기했던 사람은 아무도 없었다. 공자는 마음 문제를 처음으로 제기한 사람이다. 그것만으로 그즈음 사람들에게는 '인'이라는 말이 신기하게 들린 것 같다. '인'이란 무엇인가에 대해 묻는 사람이 늘기 시작했고, 제자가 되어 따르는 사람도 있었다. 이렇게 공자를 중심으로 하나의 교육집단이 만들어졌다.

공자는 그 제자들과 함께 적극적으로 군주들의 정치 방식을 바꾸려고 노력했다. 공자가 목표로 삼은 것은 고대 주나라 주공의 정치로 돌아가려는 것이었다. 그러나 그것은 실패한다. 군주들은 공자의 말에 귀를 기울이기보다 전쟁 무기를 닦는 데 더 바빴다.

공자의 말은 제자들에게서 제자들에게로 전해졌다. 그래서 마침내 그 말들은《논어(論語)》라는 한 권의 책으로 정리된다. 우리가 공자에 대해 알 수 있었던 것도 이 책이 전해졌기 때문이다. 공자 이후 150년 정도 뒤에 맹자가 태어난다. 맹자는 공자의 생각을 파고들어 인간의 타고난 본성은 선하다는 성선설(性善說)을 주장했다. 이에 반해 순자는 인간의 타고난 본성은 악하다고 주장했다. 이것이 순자의 성악설(性惡說)이다. 공자·맹자·순자 세 사람을 유가(儒家)라 하지만, 같은 유가라도 사고방식은 매우 다르다.

그러나 도가(道家)라 불리는 장자나 노자에 대한 견해는 유가와는 하늘과 땅 차이다. 장자는 만물을 이루고 있는 근원이 있다고 생각해 '도(道)'라고 불렀다. 모든 것은 '도'에서 시작해서 '도'로 돌아가는 것이다. 인간은 죽음을 두려워하고, 부와 지위를 탐내 아득바득 살아간다. 그렇게 살아감으로써 스스로 수명을 줄어들게 하는 것은 아닐까. 인간의 죽음이란 인간이 태어났던 고향으로 되돌아가는 것이므로 슬퍼할 필요는 없다. 자신이 가지고 있는 지혜에 휘둘리는 일 없이 마음을 느긋하게 갖고, 주어진 수명을 허비하지 않는 것. 이것이 인간 본디 모습인 것이다. 이렇게 설명한 장자는 아내가 죽었을 때 그 곁에서 노래를 불러 친구를 놀라게 했다. 가난함에 만족하여 일생을 보내고, 자신이 죽으면 뼈는 들판에 던져 달라고 유언했다.

도가와 유가의 생각, 이 둘을 나란히 놓고 보면 그 커다란 차이에 놀랄 것이다. 인간의 생각이 이렇게 다를 수 있을까 하고 생각할 게 틀림없다. 그러나 이렇게 성향이 다른 두 사상은 시공을 넘어 중국사회의 전통을 이루는 커다란 중심이 된다.

그 밖에도 묵자로 대표되는 묵가는 유가와 같이 인·의를 주장하면서도 유가를 비판하고, 겸애교리(兼愛交利)·절용(節用)·비전론(非戰論) 등 공리주의를 주장한다. 또한 법가는 상앙과 한비자로 대표되며 유가에서 중시하는 '예'를 시대에 뒤떨어짐이라 부정한다. 시대변화에 맞는 법을 제정해 귀족·평민을 막론하여 법을 엄수, 백성을 농업생산과 전쟁에 힘쓰도록 해 부국강

병을 꾀하고 군주권을 강화했다

농가는 신농(神農)이라는 수호신을 세워 개농주의(皆農主義)를 주장하고 스스로 농경에 힘쓰는 실천 집단이었다. 《맹자》에서 엿볼 수 있는 농가 모습은 간단하긴 하나 귀중한 자료이다. 《여씨춘추》의 〈상농편〉 이하에 농업을 존중하여야 할 이유를 설명한 것이나, 초기의 농업정책론 등은 이 계통의 흐름이라 봐야 옳을 것이다.

명가(名家)는 논리학파라 할 수 있다. 그러나 농가의 경우처럼 뚜렷한 집단을 구성하고 있던 것은 아니다. 유가의 《순자》 〈정명편(正名篇)〉, 묵가의 《묵자》 〈경편(經篇)〉 등도 논리학 자료이다. 변론을 첫째로 꼽는 제자백가 속에서는 학파를 불문하고 크건 작건 논리에 대한 반성이 일어나는 것은 자연스러운 일이었다. 순수한 명가로 알려진 것은 궤변을 주로 한 혜시(惠施)나 공손용(公孫龍)이다. 혜시는 '하늘은 땅과 같이 낮고, 산은 습지와 같이 평평하다.' '태양이 바로 위에 있을 때는 이미 기운 것이다'라고 말하며, 현실 시간이나 공간 관념을 부정했다. 그 내용은 《장자》 〈천하편〉에 가장 잘 정리되어 있다. 공손용은 '백마는 말이 아니다(백마비마론)' '단단한 돌과 흰 돌은 동시에 성립하는 개념이 아니다(견백론)' 등의 궤변을 통해 개념분석을 주로 했으며, 《공손용자》라는 책이 전한다.

음양가에 대해서는 잘 알려져 있지 않다. 중국 고대인들은 이 우주에 여성적인 음기와 남성적인 양기가 가득하여, 그것으로 세계가 이루어졌다고 믿었다. 그런 우주론을 중심으로 하는 학파이며, 대표적 사상가는 추연(鄒衍)이다. 그는 '담천(談天)의 연(衍)'이란 별명을 듣는 웅변가로 중국 본토를 세계의 80분의 1에 불과하다는 공상적인 대지리설(大地理說)을 주장하고, 또 목·화·토·금·수의 오행(五行)을 바탕으로 고대 왕조의 역사를 설명했다. 다만 그 자료는 《사기》 속에 조금 인용되었을 뿐 《추자(鄒子)》라는 책은 전해지지 않는다.

종횡가(縱橫家)는 사상가라기보다는 오히려 국제외교의 흑막으로 활약한 책사들이다. 동방의 6대국을 남북〔縱〕으로 연합케 하여, 서쪽 진나라에 맞서려는 것이 합종설(合縱說)이고 그 대표자는 소신(蘇秦)이다. 서쪽 진나라와 동쪽 어느 나라가 동서〔橫〕로 동맹을 맺고 타국을 공격하는 것이 연횡설(連衡說)이며, 그 대표자는 장의(張儀)이다. 그들의 선생을 귀곡자(鬼谷子)라고 했으니, 그 이름으로 된 책이 오늘날에도 전해오고 있다. 또《전국책》속에는 그들의 활동 상황이 생생히 그려져 있다. 끝으로《관자(管子)》나《여씨춘추》등의 사상을 잡가(雜家)라고 하는데, 이는 둘 이상의 학파 사상을 두루 지니고 있어 특정한 일가의 사상으로 보기 어렵다.

이상의 학파 분류는 후세 사람들이 편의에 따라 나눈 것일 뿐이다. 실제로 학파로서의 통합과 전통을 유지했다고 볼 수 있는 것은 유가와 묵가뿐이다. 또 도가나 법가의 사상가들은 춘추전국시대라는 특수한 상황에 따라 일어난 개성적인 자유사상가들이다. 학파 의식이 이미 있었던 것만은 명백하나, 실정은 뛰어난 개인을 중심으로 하는 개별적인 집단의식이 강했다고 보는 편이 옳을 것이다.

춘추전국시대란 일반 민중에게는 확실히 불행한 전란기였다. 그러나 그것은 봉건체제가 확립된 후세와는 달리 어떤 의미에서는 활기차고 자유로운 공기로 가득 찬 세계였다. 제자백가의 사상들은 이처럼 자신의 사상과 학문을 자유로이 펼칠 수 있는 백가쟁명(百家爭鳴)의 세계 속에서 태어났다.

제자백가시대는 중국사상의 황금기로서 동양사상 발전에 커다란 영향을 끼쳤다. 오늘날 우리는 그들의 활동을 통해 정치·사회사상뿐만 아니라 지리·농업·과학·문학 등 여러 부문에서 인생의 예지를 배우게 된다.

제자백가와 동양정신

우리 선조들은 일찍부터 중국 고전의 정수를 흡수해 인격형성의 버팀목으로 삼아왔다. 그 세대들에게 마음의 버팀목이 되어 온 것은 중국 고전이었던 것이다. 그러고 보면 우리 근대를 개척해 온 것은 중국 고전에서 비롯된 교양이었다고 해도 지나친 말은 아니다. 그러나 그 전통의 명맥도 시대 변화와 함께 끊기게 되면서 이제 우리 속에서도 중국 고전에서 비롯된 교양이 두드러지게 줄어들고 있다. 오늘날 우리 사회가 갑자기 설득력이 없는 지도자가 위세를 떨치고 있는 것도 그와 무관하지 않으리라. 서양 학문을 배우는 것도 좋지만 그것에만 치우쳐 조화를 이루지 못해서도 안 된다. 이 조화의 부재를 극복하기 위해서라도 이 나라의 큰 줄기를 구축해 온 훌륭한 전통으로 눈을 돌려야 하지 않을까.

중국 고전이 공통적으로 거론하고 있는 주제는 세 가지가 있다. 첫째는

'수기치인(修己治人)', 즉 '내 몸을 닦아 남을 다스리는' 것이다. '내 몸을 닦는다'는 것은 능력과 인격의 양면에 걸쳐서 자기를 연마하는 것이다. 그렇게 함으로써 비로소 남을 다스리는 일, 곧 남 위에 서는 자격을 얻게 된다는 것이다. 앞으로 남의 위에 서려는 자는 우선 자신을 갈고닦아야 됨을 말한다. 중국 고전에는 그 방법론이 여러가지로 이야기되고 있다. 둘째는 '경세제민(經世濟民)' 즉 '세상을 다스려 백성을 구제하는' 것이다. 이것은 국가나 조직을 통괄해 국민 생활을 지킨다는 뜻으로서, 바로 오늘날 정치를 말한다. 더구나 그 정치론이 기술하는 자의 실천으로 뒷받침되어 있어 구체적이고도 이해하기 쉬운 점에 특색이 있다. 셋째는 '응대사령(應對辭令)'이다. 사회생활의 여러 분야에서 인간관계에 어떻게 대처해야 할 것인지, 그 대처방법을 둘러싼 문제이다. 오늘날로 말한다면 인간관계론이 된다. 이것도 오래된 주제이나 그 기본은 지금까지도 거의 변함이 없다.

중국사상 고전에서 역설하고 있는 것은 이런 주제들이며, 그 내용은 결코 낡은 것이 아닐뿐더러 오늘날에도 새롭게 큰 가르침이 되고 있다.

여기서는 중국 고전 28책을 가려 뽑아 이들 주제에 맞게 그 내용을 소개했다. 《좌전》《전국책》《사기》《삼국지》《십팔사략》 역사서. 이어 《손자》《오자》《육도삼략(六韜三略)》《제갈량집》《삼십육계》 병법서, 더 나아가 《논어》《맹자》《순자》《근사록》《전습록(傳習錄)》 유가 관련서, 그 뒤에 《노자》《장자》《관자(管子)》《한비자》 등 도가의 책들, 그리고 그 밖에 저명한 고전 《안씨가훈(顔氏家訓)》《정관정요(貞觀政要)》《송명신언행록(宋名臣言行錄)》《위정삼부서(爲政三部書)》《채근담》《여씨춘추》《열자》《묵자》《회남자》 등의 책을 다루었다.

이 책은 단순한 고전의 해설이나 해제(解題)가 아니다. 앞서 말한 세 가지 주제에 맞게 저마다 정수를 끄집어 냄으로써, 복잡하고 천박한 오늘을 사는 우리들에게 선현의 지혜를 배우라는 뜻을 담고 있다.

제자백가
차례

제자백가와 중국고전

제자백가와 동양사상

서장
새로 출토된 문헌과 제자백가

1 부활하는 고대문헌

진시황제와 지하세계

중국 전역의 지도를 우선 세로로 둘로 접고, 다시 가로로 둘로 접은 뒤 펼쳐 보자. 그 접힌 부분의 중심에 있는 도시가 서안(西安)이다. 바로 중국의 한복판, 역대왕조가 수도를 건설했던 대도시이다.

이곳의 근교에 있는 것이 세계유산 '진시황제릉(秦始皇帝陵)과 병마용(兵馬俑)'. 1974년 3월에 섬서성(陝西省) 서안시(西安市) 임동구(臨潼區)에서 발견된 진의 병마용은 시황제의 능묘와 함께, 1987년에 중국에서 처음으로 세계문화유산에 등록되었다. 출토문물은 약 6만 점. 1호갱(보병, 차병), 2호갱(차병, 보병, 기병), 3호갱(사령부), 동차마갱을 합쳐서 현재 8천여 점의 병마용이 확인되고 있다.

최대의 병마용갱인 1호갱은 동서 210m, 남북 62m, 깊이 4.5~6m이다. 줄지어 늘어선 병사는 사후의 시황제를 지키기 위한 근위군단이었다. 시황제는 지상의 정복을 끝낸 뒤에도 사후 세계의 패자로 계속 군림하려고 했던 것일까. 병마용은 시황제의 능묘를 지키는 듯, 동쪽을 향해 늘어서 있다. 진나라는 중국의 서쪽 끝. 즉 적은 동쪽에서 쳐들어온다고 생각했던 것이다.

이 병마용의 서쪽 1.5km의 지점에, 진시황제릉이 있다. 병마용의 위용을 만끽하고 시황제릉으로 곧장 향하는 관광객들이 많기 때문인지 여기서는 곳곳에 '先拜秦始皇後看兵(진시황릉을 참배한 뒤 병마용을 보세요)'이라는 안내문이 걸려 있다. 진시황릉은 높이 76m의 정상까지 오를 수 있도록 돌계단이 만들어져 있지만, 능묘 내의 발굴조사는 이루어지지 않고 있다.

내부는 어떻게 되어 있을까? 사마천(司馬遷)의 《사기(史記)》에 의하면,

시황제의 능묘는 죄수 70여만 명을 동원해서 만들어졌다. 그 내부에는 호화로운 궁전이 건설되어 있다. 기물재보(奇物財寶)가 널려 있고, 도굴을 방지하기 위한 기계장치가 된 활도 설치되어 있다. 천장에는 별자리가 빛나고, 바닥에는 수은으로 된 강이 흐르고 있다.

선뜻 믿기는 어려운 전승이다. 그러나 근래의 학술조사에 따르면, 시황제릉의 토양은 수은의 함유량이 특히 높다고 한다. 《사기》의 기술대로라면, 능묘 안에 축소판의 또 다른 세계가 구축되어 있다는 게 된다. 시황제는 대규모의 능묘를 건조함으로써 현실의 중국세계를 그대로 지하에 재현하려고 한 것이다.

처음부터 이러한 대사업은 시황제의 권력이 있었으므로 가능했다. 단지 죽음에 대한 특별한 의식은, 시황제만 가지고 있던 것이 아니다. 사람들은 귀족이 죽었을 때 그 사람이 생전에 쓰던 여러 가지 패물이나 그릇 따위를 무덤에 같이 묻고, 죽은 뒤의 생활에도 지장이 없기를 바래 왔다.

오늘날 출토자료로서 학술연구에 활용되는 문헌자료는 주로 이러한 부장품의 일부이다. 수백 년, 수천 년의 시간을 넘어서, 고대의 문물이 부활되는 것이다.

그 가운데 이 책의 주제인 '제자백가'에 가장 깊이 관련된 것은, 죽간(竹簡)·목독(木牘)·견포(絹布 : 帛) 등에 기록된 문헌자료이다. 특히 제자백가의 시대에는 죽간이 필기재료로서 중요시되었다. 많은 죽간을 끈으로 엮은 상태가 '책(冊)'이고, 그것을 책상 위에 얹으면 '전(典)'이 되며, 보존이나 휴대를 위해 말았기 때문에 '권(卷)'이라고 한다. 또 '독(牘)'이란 죽간에 비해 다소 폭이 넓은 나무에 기록한 것으로 목간(木簡)이라고도 한다. 이 두 가지를 합쳐서 '간독(簡牘)'이라고 하는 경우도 있다. 이들 간독문헌과 종이로 된 문서와의 과도기에 해당되는 것이, 견포에 기록된 문서로, 이것을 '백서(帛書)'라고 한다.

앞으로는 우선 이러한 출토문헌자료를 대상으로 압축하여, 주요 자료와 그 발견의 역사를 대략 4기로 구분하며 돌아보기로 한다. 그리고 출토문헌의 발견이 지금까지의 제자백가의 이미지를 어떻게 바꾸려 하고 있는가를 소개하도록 하겠다.

고대의 출투문헌

우선 기록에 남아 있는 가장 오래된 출토문헌은 공자구택벽중서(孔子舊宅壁中書)이다. 이것은 전한(前漢) 무제(武帝 : 재위 BC 140~87년) 때, 노(魯)나라의 공왕(恭王)이 궁전 확장공사를 위해 공자의 옛 저택을 허물었을 때, 그 벽 안에서 출토된 문헌이다. 지금도 그 벽이 산동성(山東省) 곡부(曲阜)의 공자묘에 '노벽(魯壁)'으로서 보존되어 있다. 간독에 기록된 문자는 금문(今文 : 한대의 통용 문자인 예서)과는 다른 고문(古文 : 주대의 문자). 내용은 《상서(尙書)》, 《예기(禮記)》, 《논어(論語)》, 《효경(孝經)》 등 10여종의 고문 문헌이었다.

또 마찬가지로 전한의 선제(宣帝 : 재위 BC 73~49년) 때, 하내(河內 : 지금의 하남성 심양(沁陽))의 옛 저택에서 《상서》, 《역》, 《예》 각 1편이 출토되어 황제에게 헌상되었다고 한다. 게다가 진(晉)나라의 무제(武帝) 사마염(司馬炎)의 태강(太康) 2년(281), 전국시대 중기(BC 299년 무렵)의 위왕(魏王)의 묘에서 대량의 죽간이 출토되었다. 이것들은 고문으로 기록된 《기년(紀年)》 13편(위나라의 사서), 《역경(易經)》 2편, 《국어(國語)》 3편, 《목천자전(穆天子傳)》 5편 등 고서 75편 16종이었다. 급군(汲郡 : 지금의 하남성 급현(汲縣))에서 발견되었다고 해서, 급총죽서(汲冢竹書) 또는 급총서(汲冢書)라고 불린다.

돈황(敦煌)·누란(樓欄)·거연(居延)의 출토자료

그러나 이들 고대의 출토 사례는 기록도 불명확하고, 그 양도 적었다. 출토자료의 역사를 바꾼 것은 역시 돈황문서(敦煌文書)의 발견이다.

20세기 초, 도사 왕원록(王圓籙)에 의해 발견된 돈황의 불교 석굴사원 막고굴(莫高窟) 제17굴 장경동(藏經洞)에는 대량의 고사본이 비장되어 있었다. 이들은 영국인 스타인, 프랑스인 페리오, 일본의 오타니(大谷) 탐험대의 요시카와 고이치로(吉川小一郞), 러시아인 올덴브루크, 미국인 워너 등에 의해 잇따라 조사 반출되어, 이윽고 그것들이 남북조에서 당대에 걸친 사본이라는 것이 밝혀졌다. 내용은 불교경전을 위시하여 《노자(老子)》, 《장자(莊子)》, 《주역(周易)》, 《논어(論語)》 등 저명한 고대문헌을 포함하고 있으며, 총량은 약 5만 점에 이른다.

그 뒤에도 돈황지구에서 한대(漢代)의 죽간이 여러 차례에 걸쳐 발견되었고, 그것들은 돈황문서와는 별도로 돈황한간(敦煌漢簡 : 중화인민공화국성립 이후의 한간을 돈황신간(敦煌新簡)이라고 부르기도 한다)이라고 두루 일컬어지고 있다.

또 마찬가지로 중국의 서북부. 스웨덴의 스벤 헤딘은 1901년 누란의 로프노르(방황하는 호수)를 발견하여, 고문서 외에도 많은 출토자료를 입수했다.

또 1930년대에 들어서면, 스웨덴과 중국의 연구자로 편성된 서북과학고찰단(西北科學考察團)이 지금의 내몽고자치구(內蒙古自治區) 어지나(額濟納)강 유역에서 1만여 매나 되는 한대(漢代)의 죽간을 발견하였는데 출토지가 한대(漢代) 장액군(張掖郡) 거연(居延)이었으므로, 이것을 거연한간(居延漢簡)이라고 부른다. 이들 대부분은 거연지구의 행정 문서류이며, 고대문헌은 아니지만 한 대의 정치·경제·군사제도 등에 관한 귀중한 연구 자료로 주목받았다.

또 이 거연지구에서는 1970년대에도 중국의 학술조사에 의해 한대(漢代)의 봉축유적에서 행정문서·기록류가 발견되었으며, 2만 매에 달하는 이들 죽간은, 신거연한간(新居延漢簡) 또는 거연신간(居延新簡)이라고 두루 일컬어지고 있다.

그렇다면 이들 돈황·누란·거연의 출토자료는 어떤 성격을 가지고 있는가. 우선 이들은 주로 행정 문서류였다. 돈황문서와 같은 문헌자료도 포함되어 있었지만, 대부분은 남북조에서부터 당대의 사본이며, 춘추전국시대나 진한시대의 고전이 아니다. 또 누란문서·돈황문서·거연문서처럼 대부분은 잔간(殘簡 : 불완전한 죽간)이며, 문헌으로서 완결되어 있지 않다. 그리고 돈황·누란·거연은 모두 중국서북의 변경에 위치하고 있다. 따라서 그곳에서 발견된 자료도 당시의 변경지배의 상황이나, 정치·군사·통신제도 등에 관한 중요한 자료라고는 할 수 있으나, 반드시 고대의 중원(中原) 사상을 나타내는 1차 자료는 아니다.

은작산한묘죽간(銀雀山漢墓竹簡) 등의 발견

이에 대해서 1970년대 이후의 출토자료는 이러한 성격을 크게 바꾸어 놓았다. 우선 그것들은 산동성(고대의 제〔齊〕)·하북성(河北省 : 고대의 연〔燕〕나라, 중산〔中山〕)·안휘성(安徽省)·호북성(湖北省)·호남성(湖南省 : 고대의 초〔楚〕나라) 등 중국 내륙지방에서 발견되었고, 두 번째로 죽간·목독 외에 백서(帛書)도 출토되고 있다. 세 번째로 단편적인 행정문서가 아닌, 정돈된 고대문헌이 거의 완전한 모습으로 발견되고 있다.

따라서 이들은 고대사상사에 직접 관련되는 중요자료이며, 연대적으로나 내용적으로 그때까지의 출토자료와는 구별하여 '신출토자료(新出土資料)'라고 불리고 있는 것이다.

그 대표로 들 수 있는 것은 우선 1972년 산둥성 임기(臨沂) 은작산(銀雀山)의 전한시대의 묘에서 출토된 죽간 약 5000매이다. 이것을 은작산한묘죽간(銀雀山漢墓竹簡 : 은작산한간(銀雀山漢簡))이라고 한다. 여기에 포함되어 있는 것은 《손자병법(孫子兵法)》, 《손빈병법(孫臏兵法)》, 《위료자(尉繚子)》, 《육도(六韜)》 등 고대병서. 특히 두 개의 《손자(孫子)》가 발견된 것은, 현행본 《손자》의 성립 과정을 해명하는 큰 요인이 되었다.

다음으로 1973년, 호남성 장사(長沙) 마왕퇴(馬王堆)의 전한시대의 묘에서 대량의 백서가 출토되었다. 이것을 마왕퇴한묘백서(馬王堆漢墓帛書 : 마왕퇴백서〔馬王堆帛書〕)라고 한다. 이 가운데에는 전한시대의 두 종류의 《노자》 사본 외에 고일서(古逸書)도 많이 포함되어 있었다. 고일서란 고대에 실전되어 그 존재조차 알 수 없는 문헌이다. 한편 《전국책(戰國策)》의 기초자료로 추측되는 《전국종횡가서(戰國縱橫家書)》, 고대의서 등 마왕퇴한묘백서는 총 28종류, 총 글자 수 12만자에 이른다.

또, 1975년 호북성의 운몽현(雲夢縣) 수호지(睡虎地)에 있는 진나라 시대의 묘에서 1000매 가량의 죽간이 출토되었다. 이것을 운몽진간(雲夢秦簡) 또는 수호지진묘죽간(睡虎地秦墓竹簡)이라고도 한다. 이들은 악명만 높았을 뿐, 그 실태가 불명이었던 진나라 제국의 법률과 그에 관련된 문서였다. 진나라 법치의 실태나 그 법사상을 해명하는 자료로서 주목을 받았다.

이렇게 해서 은작산한묘죽간 등의 신출토문헌은 중국고대사상사의 연구에 큰 영향을 끼쳤다. 은작산한묘죽간은 두 개의 《손자》를 비롯한 병학사상연구의 진전에 기여하였고, 마왕퇴의 한묘백서는 《노자》나 도가사상의 새로운 연구를 촉진시켰으며, 수호지진묘죽간은 진나라의 법치나 법사상의 실태에 대해 중요한 단서를 부여해 주었던 것이다.

그러니 학계에 이들을 능가하는 큰 충격을 준 것은, 1993년 호북성 형문시(荊門市) 곽점(郭店) 1호 초묘(楚墓)에서 출토된 곽점초묘죽간(郭店楚墓竹簡 : 곽점초간〔郭店楚簡〕)과, 그 이듬해 상해박물관(上海博物館)이 입수한 상해박물관장전국초죽서(上海博物館戰國楚竹書 : 상박초간(上博楚簡))이다. 이들 신출토자료는 전국시대의 고문자로 기록되어 있으며, 거기에는 《주역》, 《시경(詩經)》, 《예기》, 《노자》 등 전해 내려오는 주요한 고전과 밀접한 관계를 가진 문서들 외에도 유가계열·도가계열 그리고 묵가·병학 등 알려지지 않은 사상문헌이 대량 포함되어 있었다.

제자백가의 사상을 탐색하려는 시도는 곽점초간·상박초간의 발견에 의해 새로운 시대로 돌입했다고 할 수 있다.

곽점초간과 상박초간

1993년 중국 호북성 형문시 일대의 기산초묘군(紀山楚墓群)에서는 평소와는 다른 광경이 펼쳐지고 있었다. 대규모의 도굴활동이었다. 원래 출토문물을 관리해야 하는 형문시 박물관 부관장이 관여된 조직적인 도굴도 행해져, 중요한 문물이 다른 성(省)으로 유출되었다.

이러한 도굴 유행 속에서 형문시 기산진(紀山鎭) 곽점촌(郭店村)의 곽점 1호 초묘도 또 두 번에 걸친 도굴을 당했다. 곽점 1호 초묘는 부근의 농민이 경작용으로 쌓아올린 흙을 깎아 냈으므로 도굴당하기 쉬운 상태였던 것이다.

1993년 10월 두 번째의 도굴에 의해 마침내 곽판(槨板 : 관을 넣는 바깥상자)에 구멍이 뚫려, 청동기 등 부장품의 일부가 도난당했다. 이에 의해 형문시박물관에 의한 긴급발굴조사가 이루어져, 그 안에 804매의 죽간이 포함되어 있다는 것이 판명되었다. 형문시박물관에 이송된 죽간은 그 뒤 수년에 걸친 화학처리를 반복해 드디어 문자를 판독할 수 있게 되었다.

곽점초간의 전 모습이 《곽점초묘죽간(형문시 박물관 편, 문물출판사〔文物出版社〕)》으로 간행된 것은 1998년 5월의 일이다.

《곽점초묘죽간》에는 모든 죽간의 사진, 해석, 주석이 게재되었고, 그를 통해 다음과 같은 사실이 판명되었다.

①곽점 1호 초묘가 만들어진 연대는 그 묘장 형태나 출토기물로부터 추측해 보면 전국중기나 후기 초반, 대강 BC 300년 무렵으로 추정된다.

②묘의 주인은 묘장의 규모에서 판단해 보면 초나라의 상사(上士) 신분. 부장품에 포함되어 있는 옻칠한 이배(耳杯)의 문자 '동궁지사(東宮之師)'에

의하면, 추왕의 태자의 교육을 담당했던 것으로 추정된다. 단 이 문자는 '동궁지배(東宮之杯)'로 해석해야 한다는 설도 있고, 그 경우에는 동궁에서 하사받은 물건이라는 의미가 되므로, 묘의 주인은 넓게는 동궁의 관계자들 중 누군가라는 이야기가 된다.

③죽간은 804매 가운데 730매에 문자가 기록되어 있었다. 총 문자수(글자수 총계)는 약 1만 2000자. 서로 다른 자수(중복된 것을 뺀 문자의 종류의 수)는 약 1,300자.

④죽간의 형태는 길이 15cm에서 32.4cm까지이고, 폭은 0.45cm에서 0.65cm까지. 세 종류로 구분된다. 양쪽 끝은 평제(平齊 : 죽간의 위아래 끝을 평평하게 가공한 것)와 제형(梯形 : 죽간의 위아래 끝을 사다리꼴로 가공한 것)의 두 종류.

⑤문자는 전형적인 초나라 문자. 전국시대의 문자 상황을 알기 위한 귀중한 자료이다.

그리고 곽점초간의 내용은 죽간의 형태나 글자체 등에 따라 다음의 18종으로 나뉘었다.

《노자》 갑·을·병, 《태일생수(太一生水)》, 《치의(緇衣)》, 《노목공문자사(魯穆公問子思)》, 《궁달이시(窮達以時)》, 《오행(五行)》, 《당우지도(唐虞之道)》, 《충신지도(忠信之道)》, 《존덕의(尊德義)》, 《성자명출(性自命出)》, 《육덕(六德)》, 《어총(語叢)》 1~4

이 안에서 《노자》와 《태일생수》는 도가계열의 문헌이고, 《어총》은 단문집이고 그 밖의 것들은 유가계열의 문헌이다. 또 《노자》는 갑·을·병을 합치면 현행본 《노자》의 거의 5분의 2에 해당하며, 《치의》는 《예기》 치의편과 기본적으로 중복되고, 《오행》은 마왕퇴백서 《오행》의 경부분과 중복되는 문헌이었다. 다른 것들은 모두 지금까지 알려지지 않았던 고일서이다.

한편 상박초간이 발견된 것은 곽점초간이 발견된 다음해인 1994년이다. 상박초간은 도굴의 결과 유출된 죽간으로, 상해박물관이 홍콩의 골동품 시장에서 구입한 전국시대의 죽간이다. 수량은 전부 1,200여 간, 자수는 총 3만 5,000자. 곽점초간과 마찬가지로, 전국시대의 초나라 문자로 기록되어 있으므로, 이것도 '초간(楚簡)'이다. 정식명칭은 《상해박물관장전국초죽서》이지만 좀 길기 때문에, 줄여서 '상박초간'이라고 불린다. '상박'이란 당연히 상해박물관의 줄임말이다.

현재 《상해박물관장전국초죽서(상해고적출판사〔上海古籍出版社〕)》라는 이름으로 간행이 계속되고 있다. 전체는 백 종류 정도의 문헌으로 이루어진다고 한다. 각 권마다 4부에서 8부 정도의 문헌이 수록되어 있다. 대부분 고일서지만, 개중에는 《주역》, 《치의(《예기》 치의편과 거의 중복)》 등 저명한 고전도 포함되어 있다.

상박초간은 도굴되어 홍콩에 유출된 것이므로, 출토 시기나 출토지 등은 미상이다. 다만 《상해박물관장전국초죽서》에 실린 서문에 의하면, 출토지에 대해서는 호북성에서 출토되었다는 이야기가 전해지고 있고, 유출된 시기가 곽점 1호 초묘의 도굴시기와 가까우므로, 곽점 묘지에서 출토되었을 가능성도 고려되고 있다고 한다.

또 중국과학원(中國科學院) 상해원자핵연구소(上海原子核研究所)에서 탄소14의 측정이 이루어져, 2257±65년 전이라는 값이 공개되었다. 이 수치는 1950년을 정점(定點)으로 하는 국제기준으로 환산하면, BC 307±65년, 즉 BC 372년부터 BC 242년이 된다. 즉 상박초간과 곽점초간은 전국시대의 초묘에 부장된 거의 비슷한 무렵의 자료로 간주되는 것이다. 두 가지 모두 전국시대의 초문자로 기록된 죽간라고 해서, 합쳐서 '전국초간(戰國楚簡)'이라고 불리기도 한다.

제자백가 다시 보기

그러면 이들 출토문헌은 제자백가의 연구에 어떠한 변화를 가져오게 될 것인가. 자세한 것은 앞으로 각 장에서 논의하기로 하고, 여기서는 신출토문헌의 발견에 의해 새로이 강하게 의식하게 된 과제나 의문점을 각 항목별로 정리해 보자.

제자백가가 등장하기 이전에는 어떠한 문헌들이 있었는가?
그 저자나 독자는 어떠한 사람들이었는가?
중국의 사상사는 공자에서부터 이야기를 시작해도 좋은가?

공자의 제자들은 어떠한 사상활동을 하고 있었는가?
성선설은 맹자가 발명한 것인가?
제자백가 시대의 유가의 문헌은, 《논어》, 《맹자(孟子)》, 《순자(荀子)》 뿐이었는가?
묵가는 어째서 진한제국의 성립과 함께 소멸해 버렸는가?
고대 중국에서는 우주의 본원을 찾으려는 형이상적 사고는 적었는가?
노자는 실재 인물인가?
《노자》는 언제쯤 편찬되었는가?
제자백가 시대의 도가의 문헌은 《노자》, 《장자》 뿐인가?
법가의 사상과 진시황제의 법치에는 어떠한 관계가 있는가?
《손자》의 병법은 어떠한 점에서 가장 획기적이었는가?
전국시대의 손빈(孫臏)은 춘추시대의 손자(孫武)의 병법을 어떻게 발전시켰는가?

출토문헌이 끼치는 영향은 크고 넓은 범위에 미치고 있다. 제자백가와 출토문헌. 이 양자는 밀접한 관계이며, 이미 출토문헌을 빼고서는 제자백가를 논할 수 없는 시대를 맞이하고 있는 것이다.

2 제자백가의 시대

그런데 제자백가가 활약했던 춘추전국시대란 어떤 시대였는가. 이 문제에 대해서 미리 간단히 되돌아보기로 하자.

춘추시대에서 전국시대로

춘추시대란 대략 노(魯)나라의 편년사 《춘추(春秋)》에 기재된 BC 722년부터 BC 481년 무렵까지를 가리킨다. 당시의 왕조는 주(周). 이 주왕조 아래에 다수의 봉건제국이 주왕조를 떠받치며 병립했던 시대였다. 그러나 춘추시대가 끝날 무렵에는, 왕조의 구심력이 약화되고, '춘추오패(春秋五霸)'라고 불리는 다섯 명의 유력한 제후가 사실상의 패권을 쥐고 있었다. 춘추말기에는 오월(吳越)의 전쟁으로 대표되는 것과 같은 대규모의 장기전쟁도 발발하여, 그때까지의 귀족과 서민과의 역학관계를 뿌리부터 뒤흔들게 되었다(제7장 참조).

또 여기에 계속되는 전국시대는 춘추시대의 대국이었던 진나라의 내란발발을 계기로 해서 시작되었다. 즉 BC 453년에 진나라의 유력 귀족인 '한(韓)', '위(魏)', '조(趙)'가 정권을 셋으로 나누어 장악했다. 이들 세 성씨가 정식으로 제후로서 인정받은 것은 BC 403년. 중국의 학계에서는 BC 453년을 가지고 전국시대의 시작이라고 하는 것이 통설이다. 이 전국시대는 BC 221년 진나라의 시황제가 천하를 통일할 때까지 계속된다. 주왕조의 권위가 쇠퇴하고, 각 나라의 군주들은 스스로를 '왕'으로 칭하고, 여기에 하극상의 풍조가 겹쳐져 침략전쟁이 자주 발발했다. 이른바 '전국칠웅(戰國七雄)'이 할거하는 시대가 된 것이다.

면적과 인구는 어떠한가. 현대 중국의 국토 면적은 957만여㎢. 인구는 약 13억이다. 그러나 고대 중국의 영역은 만리장성의 안쪽까지이며, 또한 인구도 억(億)에 달한 것은 청대에 들어와서부터이다.

제자백가의 시대, 즉 춘추전국시대는 가족구성을 '오구(五口)'라고 표현한다. 즉 5인 가족이 기본이며, 그 중에서 성인남성 한 명이 병사로 징용되었다. 그래서 각 나라의 군사력(동원 병력수)으로부터 총인구를 대략 추측할 수가 있다. 예를 들어 춘추시대 제(齊)나라의 병력 수는 약 30만. 이것을 다섯 배 한 510만이 제나라의 총인구수라고 추측된다. 또 전국시대의 진나라는 100만의 병력을 자랑했다. 총인구는 약 400만으로 추정된다. 또 전국시대의 진나라는 100만의 병력을 자랑했다. 총인구는 약 500만으로 추정된다. 이렇게 해서 각 나라의 인구를 추측해서 계산하면, 춘추시대 후기의 중국전체의 인구는 약 1,400만 명, 전국시대 후기의 총인구는 약 3,000만이 된다.

이 안에서 경대부(卿大夫)라 불리는 귀족(지배자계급)은 전체의 10퍼센트도 되지 않았고, 대부분은 농업에 종사하는 평민들이었다.

춘추전국시대의 세상

이 춘추전국시대의 세상을 한 마디로 표현하면, 고대중국의 대 변동기였다고 할 수 있을 것이다. 주나라 왕조의 약체화와 함께, 왕조에 의해 봉건되어 있던 다수의 제후국이 차차 해체, 통합되어 중앙집권적인 대제국으로 이동해 가는 시기였다. 전쟁의 대규모화에 의해 약소국은 차례로 강국에 병합되었다.

또 사회경제적으로는 농업, 수공업이 중심이었지만, 철제농기구의 개발과 각 나라의 부국강병책에 의하여 생산력이 비약적으로 향상되었다. 농산물이나 공업제품의 매매도 성행하게 되었고, 각 나라를 잇는 교통로도 정비되었다. 광역외교도 활발해져서, 소진(蘇秦), 장의(張儀)와 같은 외교가(종횡가〔縱橫家〕라고 불린다)는 천하를 뛰어다니며 외교수완을 발휘했다.

이러한 정세를 받아들여, 각 나라는 자국의 존립이나 이상적 국가의 건설을 위해 사상가를 우대하고 초빙하였고, 경우에 따라서는 재상이나 장군으로 고용해서 자국의 존망을 맡겼다. 대표적으로는 제(齊)나라의 '직하(稷下)의 학(學)'이다. 제나라는 수도 근교의 직산(稷山) 기슭(또는 직문(稷門) 근처라고도 한다)에 사상가를 모아, 그들에게 저택을 주어 우대하고, 논의, 저술에 전념하도록 하였다.

그러한 풍조 가운데에 사상가들은 자유롭게 스스로의 사상을 구축하고, 각 나라를 돌며 열심히 꿈을 이야기했다. '제자백가'의 황금기였다.

'제자백가'라는 말이 처음 나오는 것은《사기》가의(賈誼) 열전의 '제자백가의 학문에 상당히 정통하다'라는 문장에서이다. 춘추전국시대 때부터 원래 있었던 말이 아니다. 현존하는 최고의 도서목록에 있는《한서(漢書)》예문지(藝文志)에는, '제자략(諸子略)'이라는 항목이 있고, 거기에는 189가(家), 4,324편의 책이 기록되어 있다.

'제자(諸子)'는 여러 사상가 선생, '백가(百家)'는 셀 수 없을 정도로 많은 사상가라는 뜻으로, 실제 숫자로서의 '백'을 표현한 것이 아니다. 제자백가라고 해도 가장 빨리, 그리고 조직적으로 활동한 것은 유가이고 그 다음이 묵가이다. 그 외의 제자백가들로는 도가, 법가, 병가 등이 있다.

중국 역사상 이만큼 다양한 사상, 또는 사상집단이 시대를 같이 해서 등장한 것은 그야말로 전무후무한 일이었다.

제1장

제자백가 이전의 역사

새로 출토된 문헌이 이야기하는 것

밭에서는 마를 키우고, 마로 옷을 만든다. 이러한 상식조차 몰라서 초나라의 군주가 될 수 있겠는가. 상박초간《평왕여왕자목(平王與王子木)》

1994년에 상해박물관이 입수한 전국시대의 초나라의 죽간에는《평왕여왕자목(平王與王子木)》이라고 하는 문헌이 포함되어 있었다. 이 문헌은 춘추시대의 초나라 고사집 중 하나로 생각된다.

평왕의 왕자였던 목(木)은, 세상물정을 모르는 사람이었다. 어느 때 마밭을 지나가다가 '여기는 무엇을 하는 곳이냐'라고 신하에게 물었다. 신하는 '마를 재배하기 위한 밭'이라고 대답했는데, 왕자는 '마란 무엇을 하는 데 쓰는 것인가'라고 물었다. 어이가 없는 신하의 탄식 섞인 중얼거림이 앞에 나온 문장이다.

왕자는 정치, 경제, 외교, 역사 등의 제왕학을 배우며 자란다. 그러나 이러한 사소한 속세의 일에도 정통하지 않으면, 민심을 정확히 파악할 수 없을 것이다. 국가를 다스리는 입장에 있는 사람이 세상물정을 몰라서는 안 된다. 신하의 예언대로 이 왕자는 출세 경쟁에서 떨어져 나가 즉위하지 못했다.

춘추시대의 초나라는 왕이나 왕자에 관한 설화를 기록하여, 훈계의 글로 편찬하고 있었다. 제자백가가 스스로의 말로 사상을 이야기하기 전에는 이러한 고사집이 국정의 길잡이로서 중요한 역할을 했던 것이다.

제자백가가 등장하기 이전의 고대 중국에는 어떠한 문헌이 있었는가. 공자를 스승으로 하는 유가집단은 교과서로서《시(詩)》,《서(書)》를 배웠다고 한다. 유가의 적수였던 묵가도 이 점에서만큼은 마찬가지였다.

《시》는 수왕소의 채시관(採詩官)이 각 나라를 돌아다니며 모은 '풍(風)'의 시, 왕조의 제례 때에 불려진 '아(雅)', 그리고 선조의 덕을 기리는 '송(頌)'의 세 부로 되어 있다. 《서》도 고대의 성왕인 '요(堯)', '순(舜)'을 시작으로 하는 왕의 말이 기록되어 있다. 제자백가의 시대에는 이것이 귀족들의 필독서가 되었다.

또 춘추 각국의 사관(史官)은 그 나라의 역사를 《춘추(春秋)》로 정리했다. 내용은 극히 간결하여, '노(魯)나라의 은공(隱公)이 ○○년에 ◇나라와 싸웠다'라는 식의 연표풍의 역사서이다.

이것은 후에 《역(易)》, 《예(禮)》, 《악(樂)》과 함께 유가의 경전이 되었다. 어느 것이나 그 편찬에 공자가 관여했다는 전설이 덧붙여져 있기 때문이다.

그렇다면 제자백가가 등장하기 이전, 이것들 외에는 문헌이 없었던 것일까. 이 질문에 대답해 주는 것이 근래의 출토문헌이다. 《시》, 《서》 이외에도 여러 가지 형태의 고대문헌이 존재했다는 것을 새로운 자료는 이야기하고 있다. 특히 상박초간 가운데에는 춘추시대의 초나라의 책이 다량 포함되어 있었다. 이것들은 당시의 초나라의 역사를 설화 형식으로 기술함으로써 왕이나 왕자가 갖추어야 할 모습을 말하고 있다. 여기서는 그 가운데서 세 개의 문헌을 살펴보자.

하나는 득의의 절정에 있는 왕을 훈계하는 서, 다른 하나는 왕자의 지성에 대해 이야기하는 서, 그리고 마지막으로는 왕의 인정과 관용에 대해 서술한 문헌이다.

1 왕에 대한 훈계

멸망의 예언

우선 상박초간 《장왕즉성(莊王卽成)》이라는 문헌을 보자. 여기에는 다음과 같은 불길한 예언이 기록되어 있다.

초의 장왕은 무역(無射)이라고 하는 거대한 종을 만들었다(고대 중국에서는 음계를 양육(陽六), 음육(陰六)으로 해서 총 12개로 나누어, 그것을 '십이율(十二律)'이라고 불렀는데, 무역은 그 양음 중 하나이다). 그리고 장왕은 심윤(沈尹 : 관명)인 자경(子桱)에게 물었다. '나는 이미 무역을 완성시켰으며 그 대종을 선조들에게 제물로 바치고, 또 그 대종으로 주변 나라들로부터 온 손님들을 대접했다. 그러면 나의 뒤를 이을 초왕은 이 종을 언제까지 보존할 수 있을 것인가?' 심윤은 대답을 고사했지만 왕이 끈질기게 물었으므로, 다음과 같이 대답했다. '4대나 5대 사이가 아닐까요.' 왕이 물었다. '만약 4대나 5대 사이정도라면, 그것은 무역을 수레로 중원에 있는 나라에 운반해 간다는 의미인가, 그렇지 않으면 네 척으로 꾸민 대선으로 장강 하류에 있는 나라로 운반해 간다는 의미인가.' 심윤 자경이 말했다. '대선으로 장강 하류의 나라로 운반되겠지요.'

여기에 등장하는 '장왕'은 춘추시대 초나라의 왕으로, 재위는 BC 613~591년. 공자가 사망한 때가 BC 479년이었으므로 이 이야기는 공자가 활동하기 조금 전 시대에 해당한다. 장왕은 '3년 동안 날지도 않고 울지도 않는다(《사기》 초세가〔楚世家〕)'고 신하에게 야유를 받은 후 갑자기 발분하여, 여러 나라를 차례대로 평정하고 주나라의 정왕(定王)에게 솥〔鼎〕의 무게를 묻고 춘추오패가 되었다.

'4대나 5대 사이일 것입니다'란 장왕 이후 4~5대째에서는 현재의 융성함을 유지할 수 없게 되어, 완성된 대종(무역)을 남에게 넘기게 된다는 예언이다. 참고로 장왕 이후의 역대 초왕은 다음과 같다.

《왕명》《재위년》

장왕(莊王) BC 613~591년
공왕(共王 : 장왕의 아들) BC 590~560년
강왕(康王 : 공왕의 아들) BC 559~545년
겹오(郟敖 : 강왕의 아들) BC 544~541년
영왕(靈王 : 공자 위〔圍〕, 강왕의 동생) BC 540~529년
자오(訾敖 : 공자 비〔比〕, 강왕의 동생) BC 529년
평왕(平王 : 기질〔棄疾〕, 강왕의 동생) BC 529~516년
소왕(昭王 : 평왕의 아들) BC 515~489년

혜왕(惠王 : 소왕의 아들) BC 488~432년
간왕(簡王 : 혜왕의 아들) BC 431~408년

장왕 이후로는 공왕, 강왕(공왕의 아들), 겹오(강왕의 아들), 영왕(공자 위, 강왕의 동생), 자오(공자 비, 강왕의 동생), 평왕(기질, 강왕의 동생), 소왕(평왕의 아들)으로 이어지지만, 그 가운데에서 겹오는 공자 위에게 시해당해 단명했고, 자오도 영왕의 뒤를 이어 즉위했지만 곧 자살했으므로 '왕'이라고 칭하지 않는다. 이 때문에 공왕으로부터 기산해서 4대째가 평왕, 5대째가 소왕이 된다.

주나라 경왕의 고사

그런데 이 설화를 이해하기 위한 중요한 비교 자료로 주목받고 있는 것이 《국어(國語)》 주어(周語)에 나오는 경왕(景王)의 고사이다. 《국어》란 춘추시대의 각 나라의 역사 고사를 나라별로 기록한 책이다. 주나라의 부분을 주어, 노나라의 부분을 노어(魯語), 제나라의 부분을 제어(齊語)라고 하는 등이다. 성립연대는 미상으로, 한대 무렵에 편찬되었다는 설도 있다. 그 주어의 부분에 다음과 같은 이야기가 실려 있다.

주나라의 경왕(재위 BC 544~520년)은 재위 21년(BC 524년)에 대형화폐를 주조하려고 했다. 신하는 '백성의 재화를 빼앗아 재해를 불러오게 될 것입니다'라고 간언했지만, 왕은 그 말을 듣지 않고 대전(大錢)을 주조하는 것을 강행했다. 그리고 경왕은 그 2년 뒤 이번에는 십이율 중 하나인 무역의 대종을 주조하려고 했다. 이에 대해 신하는 '3년 사이에 민심을 떠나게 하는 것이 두 개나 생산되었습니다. 나라가 위험해질 것입니다'라고 다시 간언했다.

거기서 경왕은 음악관인 영주구(伶州鳩)에게 물었는데, 영주구는 음악이론상으로도 폐해가 있으므로 무역의 주조에 난색을 표했다. 그러나 경왕은 결국 무역을 주조했다. 24년에 종이 완성되었고, 종의 음색은 일단 조화를 이루었지만 25년, 왕은 붕어(崩御)하고 종의 음색은 조화를 이루지 않게 되었다고 한다.

또 《춘추》의 해설서인 《춘추좌씨전(春秋左氏傳 : 좌전〔左傳〕)》 소공 21년의 기록에서는 보다 명쾌하게 왕의 죽음을 예언하고 있다.

소공(昭公) 21년(BC 521년), 영주구는 무역을 주조한 경왕이 심장병으로 서거한다고 예언한다. 그것은 조화로운 음악이 귀에 들어가서 심장에 도달하고 심장이 편안하면 즐거워지는데, 무역의 소리처럼 울림이 큰 거친 음은 심장을 동요시켜, 그 동요가 병을 일으키기 때문이라고 한다. 과연 경왕은 이듬해 심장병으로 죽은 것으로 되어 있다.

이 경왕의 고사에서 무역의 주조는 두 가지 점에서 불길했다고 한다. 하나는 재정의 압박이다. 대종의 주조에는 막대한 경비가 필요하고, 국가의 경제를 압박한다. 대형화폐의 주조에 이어 무역과 같은 대종을 주조하는 것은 경제를 파탄시키고 민심을 이반시키는 실책이라고 여겨지고 있는 것이다.

또 한 가지는 음악이론상의 문제이다. 경왕은 무역이라는 대종을 주조한 뒤에는 그 덮개가 되는 대림(大林)이라는 대종을 만들려고 했다. 영주구의 설명에 따르면 무역은 양성(陽性)의 세밀한 음을, 대림은 음성(陰性)의 큰 음이며, 이 두 종은 서로를 상쇄해서 소리가 들리지 않게 된다고 한다.

영주구는 결론적으로 무역의 주조는 '재(財)'와 '악(樂)'의 양면에서 행해서는 안 된다고 간언했다.

《장왕기성》의 성립

그렇다면 이 고사를 염두에 두고 《장왕기성》을 다시 살펴보자. 장왕은 무역을 주조하고, 자경에게 '나의 뒤를 이을 초왕은 이 종을 언제까지 보존할 수 있을 것인가?'라고 묻고 있다. 이에 대해 자경은 일단 대답을 고사한다. 불길한 대답이 되리란 것을 알고 있었기 때문이다. 그러나 왕은 대답을 강요한다. 거기서 어쩔 수 없이 자경은 대답한다. '4대나 5대째 사이일까요'라고. 즉 장왕 이후 4~5대에 현재의 융성함을 유지할 수 없게 되어, 완성된 대종(무역)를 남에게 넘기게 된다는 예언이다.

장왕 이후의 4~5대는 초나라가 위기를 맞이하는 평왕, 소왕의 시대를 가리킨다. 소왕 10년(BC 506년), 오왕 합려의 침공으로 수도 영(郢)이 함락된 것은 그 가장 큰 사건이라 할 수 있을 것이다. 오자서에 의해 평왕의 묘가 파헤쳐진 것도 이때의 일이다.

이 말에 대한 왕의 반응은 이상하게도 거절이나 반론이 아닌, 그 예언의 상세한 설명을 재촉하는 역할을 하고 있다. 4~5대 이후에는 대종(무역)을 빼앗긴다면, 그것은 수레에 의한 것인가, 대선(大船)에 의한 것인가라고 묻고 있다. 즉 초나라는 중원의 나라에 의해 멸망의 위기를 맞게 되는가, 아니면 장강유역의 나라에 의해 멸망의 위기를 맞게 되는가라고 물은 것이다. 《장왕기성》은 이에 대한 자경의 답, 즉 '대선으로 장강하류의 나라로 운반되겠지요'라는 말로 끝나고 있다.

이처럼 《장왕기성》에서는 장왕에 의한 무역의 주조가 신하의 불길한 예언과 대응관계에 있다. 무역의 주조가 어째서 불길한지는 설명되어 있지 않지만, 이 배경에는 당연히 《국어》나 《좌전》에 해설된 것 같은 의식이 존재하고 있을 것이다. 즉 '재'와 '악'의 양면에서 볼 때 무역의 주조는 불길한 것이다. 자경은 그것을 알고 있었으므로 대답을 고사했다고 되어 있었던 것이다.

그러면 이 문헌은 언제, 어떤 목적으로 저작되었을까. 우선 《장왕기성》의 성립의 상한선은 장왕의 재위 연대인 BC 613~591년이다. 한편 하한선은 상박초간의 필사시기인 전국시대 중기(BC 3,000년 무렵)이다. 그렇다면 《장왕기성》의 성립은 이 사이의 어느 시기에 해당할까. 이 문제는 자경의 예언을 어떻게 취하느냐에 달려 있을 것이다. 즉 이러한 예언이 실제로 장왕의 시대에 있었다고 생각하는가, 그렇지 않으면 후세에 초나라가 멸망의 위기에 직면했을 때 만들어졌다고 생각하는가이다.

우선 처음에 초 장왕의 물음 '나의 뒤를 이을 초왕은 이 종을 언제까지 보존할 수 있을 것인가?'까지는 장왕기의 실록이라고 생각하는 것도 일단은 가능할 것이다. 그러나 다음의 '무역을 수레로 중원에 있는 나라에 운반해 간다는 의미인가, 그렇지 않으면 대선으로 장강 하류에 있는 나라로 운반해 간다는 의미인가'라는 장왕의 물음은 어떤가. 이것은 중원의 나라와 장강 유역의 나라 두 군데로부터의 위협을 전제로 한 발언이다.

확실히 당시 중원의 패자였던 진(晉)나라는 초나라에게 큰 위협이었다. 장왕의 시대에는 필(邲)의 싸움(BC 597년)에서 진나라와 격돌하고 있다. 그러나 장강 유역의 오(吳)나라의 군사적 위협이 구체적으로 나타나는 것은 '오나라, 처음으로 초나라를 치다(《좌전》 성공〔成公〕 7년)'이라고 되어 있는 BC 584년 이후이다. 이는 초나라 장왕의 시기가 아닌 뒤를 이은 공왕 이후의 시대에 해당한다. 물론 인접한 대국은 그 존재 자체가 잠재적 위협이 되지만, 이 장왕의 시기에는 진나라와 오나라를 나란히 놓고 그 위협을 이야기하지 않으면 안 될 필요성은 아직 희박했다고 할 수 있을 것이다. 초나라가 오나라의 위협에 노출되는 것은 그 후인 소왕의 시대이다.

그러면 소왕의 시기 이후에 성립했을 가능성은 어느 정도까지 생각할 수 있을까. 초나라는 소왕 10년과 그 다음 다음해, 두 번에 걸쳐 수도인 영을 오나라에게 빼앗겼지만, 곧 탈환하고 있다. 그것은 오나라가 월나라와 항쟁에 들어가 초나라를 상대할 여유를 잃었기 때문이다. 그 뒤 오나라는 월나라와의 장기전을 겪은 후 BC 473년에 멸망하고, 초나라에게 병합된다. 한편 진나라도 BC 453년에 유력한 귀족인 한, 위, 조 세 성씨에게 실권을 장악당해 세 개로 분열한 상태가 된다. 전국시대에 들어서면 이른바 칠웅할거의 형세가 되어, 초나라의 최대의 군사적 위협은 서쪽의 진(秦)나라가 된다.

그렇다면 진나라와 오나라를 두 개의 위협으로서 병렬적으로 이야기할 수 있는 시기는 초나라의 소왕 시대부터 다음의 혜왕(재위 BC 488~432년) 초기라고 보는 편이 가장 어울린다고 할 수 있을 것이다. 그 시기의 독자들에게야말로 이 문헌은 가장 절실한 의미를 가지고 있었다고 여겨진다.

왕에 대한 훈계

이처럼 고찰을 진행해 보면 본 문헌의 저작의도도 자연히 분명해지게 될 것이다. 소왕 시기의 수도 함락이라는 위기는 약 100년 전 장왕의 시대에 이미 예언되어 있었다. 이러한 설화의 구조는 소왕 시기의 국난이 소왕 자신의 실정에 의한 것이 아니라, 그것을 거슬러 올라가 5대 전 초왕의 시대에 그 근원이 있다고 시사하고 있는 것이 된다. 춘추오패의 지위로 뛰어오른 장왕은 무역의 주조를 강행했다. 그것은 '재'와 '악'의 양면에서 부정되는 행위였다. 무역의 주조는 장왕의 실정과 교만을 상징하는 사건이었던 것이다. 그렇다면 국가의 위기는 그 절정기에서 그 싹을 내포하고 있었다고 이 문헌은 이야기하고 있는 것은 아닐까. 위기는 100년이라는 세월에 걸쳐 조용히 다가오고 있었다고 이야기하고 있는 것이다.

그리고 이러한 예언은 앞으로 초나라를 짊어지고 나갈 왕이나 태자에게야말로 큰 훈계의 의미를 갖는다. 재정이나 음률을 무시한 무역의 주조는 대실정의 한 예이다. 설령 이러한 행위가 지금 당장 비극이 되어 나타나지는 않더라도, 언젠가 반드시 국가를 위기에 빠뜨린다. 그러한 훈계로서 이 문헌의 내용은 초나라의 위정자들에게 강하게 다가왔을 것이다.

2 태자의 지성

마찬가지로 상박초간 가운데에는 춘추시대 초의 태자의 지성에 관한 문헌이 포함되어 있다. 《평왕여왕자목》이라고 가칭되는 문헌이다.

세상물정 모르는 왕자

여기에 기록된 내용은 사실 전한 말 유향(劉向)이 편집한 《설원(說苑)》이라는 설화집에도 수록되어 있다. 이제까지 《설원》에 수록된 설화의 내력에 대해서는 밝혀지지 않은 것도 많았다. 그러나 출토문헌의 발견에 의해 그 내력의 일부분이 해명되었다.

여기서 그 이야기를 다음과 같이 소개한다.

> 초의 평왕은 왕자 목(건〔建〕)에게 명해 초의 북쪽의 성부(城父)의 수비를 위해 부임했다. 왕자 목은 성부로 가는 도중 성공건(成公乾)과 마밭을 지나게 되었다. 왕자는 성공건에게 물었다. '이것은 무엇인가?' 성공은 대답했다. '마밭입니다.' 왕자는 말했다. '마밭이란 무엇을 하는 곳인가?' 성공은 말했다. '마를 심는 밭입니다.' 왕자는 말했다. '마로는 무엇을 만드는가?' 성공은 대답했다. '옷을 만듭니다.' 성공은 일어나서 말했다. '저는 말씀드리고 싶은 것이 있습니다. 우리 선왕이신 장왕은 일찍이 진(陳)으로 군역을 하셨을 때, 당신과 마찬가지로 이 길을 지나갔습니다만, 숙소에 가서 '길이 더럽더구나. 어째서 도랑을 파지 않았는가'라고 말씀하셨습니다. 이처럼 장왕은 속세의 세세한 곳까지 신경 쓰셨습니다. 그런데 왕자는 마가 어떤 것인지 조차 모릅니다. 그런데 초의 군주가 될 수 있겠습니까.'

여기에 그려진 왕자는 이른바 세상물정 모르는 인간이다. 속세에는 전혀 관심이 없었던 것이리라. 기본적인 의식에 관한 지식이 결핍되어 있다. 성공은 이것을 염려해 '일찍이 춘추오패가 된 당신의 선조 장왕은 속세에 관해서도 정통해 있었습니다. 그런데 그러해서는 아무래도 국왕이 될 수는 없겠지요'라고 간언하고 있다.

왕자는 당장이라도 왕이 될 가능성을 가지고 자란다. 물론 궁중에서 귀하게 자라나 제왕학을 배우는 한편, 속세의 사정에도 정통하지 않으면 민심을 이해할 수 없다. '밭'이 무엇을 하기 위한 토지인가, '마'가 무엇을 만들기 위한 것조차 몰라서는 국가를 통치할 수 없다.

왕자에 대한 훈계

그러면 이 설화의 저작 의도는 어떻게 생각해야 할 것인가. 《설원》은 편자 유향이 한의 성제(成帝 : 재위 BC 32~7년)의 교육용으로 헌상하려는 명확한 목적을 가지고 편집한 것이다. 거기에는 유향의 정치적주장이 반영되어 있다. 그 가운데의 '변물(辨物)'이라는 편에 이 고사가 수록되어 있다. 한대 황제의 제왕학의 하나로서, 이러한 '사물을 분별'하는 것이 중시되었던 것이리라.

한편 상박초간에는 초의 왕자나 태자에 관한 고사집 같은 문헌이 다수 포함되어 있다. 이 《초평여왕자목》에 대해서도 그러한 고사집의 하나로 초의 태자 교육의 교과서였을 가능성이 고려된다. 세상물정 모르는 왕자 목(건)은 결국 왕위를 잇지 못하고, 태자 진(珍)이 즉위해 소왕이 된다. 상정된 독자로서는 역시 소왕 시기 및 그 이후 시기의 태자가 가장 어울린다 할 수 있을 것이다.

이러한 문헌이 전국초간에 보이는 것은, 왕권에 대한 교훈과 경계를 포함한 고사집이 일찍이 춘추시대에 성립되었다는 것을 나타내고 있는 것이다. 유향이 한대 제왕학의 교과서로서 편집한 《세원》의 선구적 존재로서, 이들 문헌은 크게 주목받는다. 앞에서 이야기했던 《장왕기성》이 왕에 대한 훈계의 책이라면, 이 《평왕여왕자목》은 왕자에 대한 교훈과 경계의 책이었다고 할 수 있을 것이다.

3 합장의 소원을 들어준 왕

부모의 합장

이 태자 건과의 왕위쟁탈전에서 승리하여 초왕의 지위를 이은 것이 소왕이다. 상박초간에는 그 소왕에 관한 문헌도 포함되어 있다. 부모의 합장을 둘러싼 이야기이다.

합장이란 친족을 하나의 묘에 매장하는 것이다. 예를 들어 공자의 사례가 그렇다. 어머니가 죽자 공자는 소재불명이 된 아버지의 묘소를 고생하여 찾아내었고, 그곳에 어머니의 유해를 합장했다고 한다(《예기》 단궁〔檀弓〕 상〔上〕, 《사기》 공자세가〔孔子世家〕). 이 공자의 행위는 가족, 특히 부모의 유해는 동일한 묘소에 있어야 한다는 의식을 전제하고 있는 것이리라.

이러한 의식을 반영하는 이야기가 상박초간 《소왕훼실(昭王毁室)》에 기록되어 있다. 대략 다음과 같은 내용이다.

초의 소왕은 '사서(死湑)'라고 하는 땅 근처에 궁전을 건설하고, 낙성식을 맞이해 대부들을 불러 연회를 시작하려고 했다. 완성된 기물에 피를 바르는 '흔(釁)'이라는 의식도 끝나 슬슬 왕이 나와 낙성식을 거행하려고 하고 있을 때, 그 정면으로 상복으로 몸을 감싼 한 군자가 궁전의 중정을 넘어 내문으로 들어오려 했다. 문지기는 군자를 제지하며 '오늘은 왕이 처음으로 궁전에 들어오는 길일이니 그처럼 불길한 상복으로는 들어갈 수 없다'고 말했다. 그러나 군자는 '내가 왕을 뵙고 말씀드리는 것은 오늘이 아니면 안 된다. 만약 나를 막으면 재앙을 불러일으킬 것이다'라고 말하므로, 문지기는 그 이상 막을 수 없었다.

군자는 문지기의 제지를 뿌리치고 내문에 이르자, 거기서는 왕에 대한 상주문을 전달하는 자(복령윤〔卜令尹〕)가 있었다. 군자는 '나의 어머니는 궁전의 계단 아래 묻혀 있습니다. 나는 돌아가신 부친을 애도하고, 이번에 돌아가신 어머니의 유해와 합장하고 싶습니다. 만약 그것이 이뤄지지 않는다면 아버지의 묘를 파헤쳐 나는 양친의 뼈를 자택의 부지로 이장하고 싶습니다'라고 복령윤에게 말했다. 복령윤은 왕에게 그 말을 전하지 않았다. 거기서 군자는 '만약 내 말을 전해 주지 않는다면 소란을 피우겠소'라고 했다.

군자의 말에 압도된 복령윤은 왕에게 아뢰었다. 그것을 들은 왕은 '나는 이곳이 묘소였다는 것을 몰랐다. 그대는 낙성식이 끝날 때까지 기다릴 수 없었을 것이다. 지금 당장 부모의 유해를 합장하라'라고 군자의 소원을 들어주었다. 게다가 왕은 장소를 평평한 곳으로 옮겨 낙성식에 참가한 대부들을 그 땅에서 즐기도록 하였다. 그리고 지용(至俑)에게 명령해 막 준공한 궁전을 허물었다.

이처럼 소왕이 지은 궁전 아래에는 어느 군자의 아버지가 묻혀 있었다. 즉 이 일대는 묘소였던 것이다. 군자는 이번에 돌아가신 어머니와 이미 돌아가신 아버지의 유해를 합장하고 싶어 비통한 감정으로 직소한다.

이에 대해 소왕은 그 소원을 흔쾌히 들어준다. 왕은 원래 그 땅이 묘소였다는 것을 몰랐다. 소왕은 결코 악의를 가지고 궁전을 지은 것이 아니었다. 게다가 소왕은 낙성식을 중지하고 그곳에 모인 대부들을 다른 장소로 이동시켜 연회를 거행하는 한편, 막 지은 궁전을 허물도록 명했다. 여기서는 소왕의 빠른 결단력과 사자에 대한 경의를 읽어 낼 수 있다.

안영의 간언

사실 합장을 원하는 류의 이야기는 춘추시대의 제의 재상 안영(晏嬰 : 안자〔晏子〕)의 활약을 기록한 《안자춘추(晏子春秋)》에서도 볼 수 있다.

제의 경공(景公)이 정전의 누대를 지었을 때, 봉우하(逢于何)의 모친이 마침 세상을 떠났다. 봉우하는 묘지가 그 누대의 토벽 아래에 있으므로 그곳에 이미 묻혀 있는 아버지 옆에 돌아가신 어머니를 합장시켜 달라고 안영에게 부탁했다.

안영은 경공에게 이 이야기를 전했고, 이것을 들은 경공은 군주의 궁전에 장사 지내고 싶다는 이야기는 여태껏 들은 적이 없다며 거절했다. 그러자 안영은 경공에게 간해 '옛 성군의 궁전은 간소하고, 백성들의 생활을 놀라게 하지 않았으며, 누각도 검소했고, 죽은 사람의 묘를 상하게 한 적이 없습니다. 그러므로 이제까지 군주의 궁전에 자기 친족의 유해를 매장하고 싶다고 원하는 자가 없었던 것입니다. 그런데 지금 당신은 사치스러운 궁전을 세워 백성의 터전을 빼앗고, 넓은 궁전을 지어 다른 이의 묘를 상하게 만들고 있습니다. 이러면 살아 있는 자들은 근심하고 슬퍼하며, 사자는 뿔뿔이 흩어져 뼈를 거둘 수가 없습니다'라고 이야기했다. 경공은 그것을 허락하고, 봉우하는 마침내 그 어머니를 매장할 수 있었다.

여기서는 제의 경공이 세운 누대가 마침 봉우하라는 인물의 묘 위에 있었다고 되어 있으며, 《소왕훼실》과 상황설정이 유사하다. 또 최종적으로는 합장의 소원을 이룬다는 결말도 마찬가지이다.

그러나 두 책에는 결정적인 차이도 있다. 《소왕훼실》에는 초의 소왕이 군자의 청을 듣자마자 자신의 잘못을 깨닫고 금방 완성된 궁전을 허물어버리고 합장을 권하는 데 반해, 제의 경공은 처음에는 봉우하의 청을 거절했다가 안영이 간하고 나서야 마지못해 허락한다. 당연한 일이지만 《안자춘추》는 안영의 지혜와 활약에 빛을 비추고 있다. 경공 쪽은 안영의 강한 간언에 의해 겨우 자신의 잘못을 깨닫는 역을 연기하도록 되어 있는 것이다.

이것과 마찬가지의 성격을 읽어낼 수 있는 것이, 역시 《안자춘추》에서 보이는 다음의 이야기이다.

> 제의 경공이 누대를 지을 때, 분성괄(盆成适)이라는 자가 '아버지의 묘가 궁전 가까운 곳에 있어, 그곳에 이미 묻혀 있는 부친이 있는 곳에 어머니를 합장시키고 싶습니다'라고 안영에게 청원했다. 이것을 들은 경공은 노했지만, 안영은 경공에게 간하였고, 경공은 탄식하며 그것을 허락했다.

이것도 앞에서 기록한 이야기와 흡사한 내용이다. 단지 여기서 주목되는 것은 합장을 원한 분성괄이라는 인물이 '아버지의 효자(孝子), 어머니의 순제(順弟)'이며, 공자의 문인으로 되어 있다는 점이다. 또 분성괄 자신도 합장을 요구하는 이유로 '지금 사람의 자식이자 신하로서 그 친족을 이산시키는 것은 과연 효라고 할 수 있습니까? 신하라고 할 수 있습니까?'라고 역설했다. 여기에서 분명히 '효', '제(悌)'라는 사상적 요소를 엿볼 수 있다. '효'란 부모에 대한 진심. '제'란 연장자에 대한 진심. 둘 다 유가가 가장 중시했던 덕목이다.

또 안영의 간쟁하는 단어 가운데서도 '충(忠)', '애(愛)', '인(仁)', '의(義)' 등의 어휘가 보인다. 안영은 그들 덕목을 강조해 경공을 설득하려고 하고 있으며, 경공은 그러한 사상적 언설에 압도되어 마침내 합장의 청을 들어준다. 이것은 《소왕훼실》과는 상당히 다른 전개라고 할 수 있다.

《소왕훼실》의 저작의도

이처럼 《소왕훼실》과 위의 《안자춘추》의 두 이야기는 마찬가지로 합장을 화제로 하고 있으면서도 내용적으로는 오히려 이질적인 측면을 갖추고 있다. 《소왕훼실》이 합장을 원하는 군자와 사리가 밝은 소왕에 초점을 맞추고 있는데 반해, 《안자춘추》에서는 경공에게 장광설을 펼치는 안영의 활약이 두드러진다. '효', '제', '충', '애', '인', '의'라는 도덕적 요소의 유무라는 점에서도 양자는 대조적인 성격을 나타낸다.

그리고 이점에서야말로 《소왕훼실》의 특색을 발견할 수 있을 것이다. 《소왕훼실》은 합장을 화제로 하면서 거기에 '효', '제'나 '인', '의'라는 사상적 언설을 끼워 넣지 않는다. 군자는 솔직히 부모의 합장을 탄원하며, 소왕도 단숨에 그 뜻을 이해하고 합장을 허락한다. 게다가 등장인물이 많아도 《안자춘추》의 안영과 같은 역할을 가진 인물은 등장하지 않는다. 비장한 각오로 합장을 원하는 군자와 모처럼의 궁전을 허물면서까지 합장을 허락하는 소왕에게 독자들의 시선이 집중된다.

따라서 《소왕훼실》쪽이 설화로서는 오히려 소박한 형태가 남아 있으며, 《안자춘추》에는 사상가적인 색이 칠해져 있다고도 할 수 있을 것이다. 이것은 《소왕훼실》이 '제자백가' 이전의 문헌이기 때문이 아닐까. 《소왕훼실》에는 유가적인 덕목과는 관계없이 사람의 죽음에 생각이 미치는 왕이 그려져 있다. 소왕은 죽은 사람에 대한 경의에서 갓 완성된 궁전을 허문다. 왕의 결단력과 관용이 눈에 띄는 설화이다.

설화에서 사상으로

《장왕기성》, 《평왕여왕자목》, 《소왕훼실》이라는 낯선 신출토 문헌을 소개했는데, 여기에 공통되는 것은 설화의 형식을 통해 교훈을 나타낸다는 점이다. 왕이나 태자가 갖춰야 할 모습을 초나라의 역사를 통해 이야기하려 하고 있다. 먼 이국의 이야기보다는 가까운 역사가 훨씬 더 절실한 교훈으로 독자에게 다가올 것이다. 이들 문헌은 그러한 의도 아래 왕이나 왕자를 독자 대상으로 해서 편집했을 것이다. 그것은 후의 제자백가의 문헌과는 달리 왕의 측근이나 국가의 역사를 담당하는 역사관이 썼을 가능성이 고려된다. 집필자가 앞에 나서는 것이 아니라 설화의 내용을 앞쪽으로 밀어낸다.

이에 반해 제자백가의 시대의 문헌이란 이른바 사상가의 서명논설이다. 왕의 중신이나 역사가가 아닌 일개 선비가 스스로의 이상을 열렬히 이야기하는 것이다.

설화군에 의한 이상적인 왕이나 태자를 이야기하는 시대는 제자백가의 등장으로 크게 전환되어 가게 되었다.

〔제자백가여담〕 3년 동안 날지도 않고 울지도 않는

《사기》 초세가에 의하면 초의 장왕은 즉위하고서 3년 동안 아무런 명령도 내리는 법이 없었다. 낮과 밤으로 음악에 빠져 연회를 거듭하며 이렇게 말했다. '나에게 간언하려는 자가 있으면 반드시 사형에 처한다.' 신하인 오거(伍擧)가 수수께끼를 냈다. '여기 새가 있습니다. 3년 동안 날지도 않고 울지도 않습니다. 이것은 어떤 새일까요?' 장왕은 '3년 동안 날지도 않는 새는 한 번 날면 하늘까지 오르고, 3년 동안 울지도 않는 새는 한 번 울면 사람을 놀라게 할 것이다. 오거, 물러가라. 네가 하고 싶은 말은 알고 있다'고 대답했다. 그로부터 수개월이 지나서 대부인 소종(蘇從)이 간언하자 장왕은 그때까지의 방탕을 깨끗이 그만두고 열심히 정치에 종사했다.

그 뒤 장왕은 수도인 낙양(洛陽)까지 진군하여 주의 교외에서 관병식을 거행했다. 시위행동이었다. 주의 정왕(定王)은 대부 왕손만(王孫滿)을 파견하여 장왕을 치하했으나, 장왕은 주나라에 전해 오는 보물인 구정(九鼎)의 크기와 무게를 물었다고 한다. 춘추오패로서 천하의 패자를 부르짖은 장왕의 대변신이다. 이 고사에서 '3년 동안 날지도 않고 울지도 않는' 것은 긴 기간 동안 참고 후일을 도모하는 것, 또는 비상하는 기회를 기다리는 긴 기간 동안 잠복하는 것을 뜻하게 되었다. 또 '솥의 무게를 묻는다'도 이 장왕의 고사를 기초로 하는 성어가 되어, 통치자의 실력을 묻는 것, 혹은 사물의 가치를 의심하는 것의 뜻으로 쓰이게 되었다.

제2장

군자란 어떤 사람인가

공자의 사상

남이 나를 알아주지 않더라도 노여워하지 않으면 또한 군자가 아니겠는가?

《논어(論語)》 학이편

《논어》는 전부 20편이다. 그 첫 번째 편이 학이편. 그 첫머리에 쓰인 장에 있는 말이다.

'자왈, 배우고 때때로 익히면 기쁘지 아니한가? 벗이 있어 먼 곳으로부터 찾아오면 기쁘지 아니한가? 남이 나를 알아주지 않더라도 노여워하지 않으면 또한 군자가 아니겠는가?'가 문장의 전문이다.

청의 학자 원원(阮元 : 1764~1849)은 이 첫머리 장이야말로 다름 아닌 공자 자신에 대해 이야기한 것이라고 했다. 확실히 학습의 중시와 친구에 대한 존중은 공자의 사상과 합치하고 있다. 그리고 '남이 나를 알아주지 않더라도 노여워하지 않는' '군자'의 모습도 여러 나라를 계속 유랑하던 공자의 인생 그 자체였다고도 할 수 있다. 고난의 여행을 끝내고 공자가 본 세계의 진실이란 무엇일까. 또 제자들의 눈에 공자는 어떤 인물로 비춰졌을 것인가.

제자백가의 시대를 연 것은 유가집단이다. 그 선조는 공자. 중국 사상사를 공자에서 시작하는 것에 대해 이론이 없을 것이다.

그러나 공자의 생애는 결코 평탄한 것이 아니었다. 오히려 고난의 연속이었다. 그러한 인물이 후세에 어떻게 신으로서 숭상받기에 이르렀을까. 우선 그 생애를 돌아보는 데서부터 시작하자.

1 화전으로 보는 공자의 생애

공자의 화전

공자의 전기를 기술한 최초의 역사자료는 전한 사마천의 《사기》 공자세가이다. 사마천 때 공자는 이미 위대한 전설적인 인물이었다. 《사기》는 역대황제의 역사를 기록한 '본기(本紀)', 제후의 전기를 기록한 '세가(世家)', 그 외의 인물을 다룬 '열전(列傳)'으로 구성되는데, 공자의 전기는 '세가' 부분에 수록되었다.

그 후 당(唐), 송(宋), 원(元) 시대에 걸쳐 공자의 화전(畵傳)이 만들어졌다. 그림이 들어있는 전기이다. 이것에는 인도에서 들어온 불교의 경전이나 화전의 영향이 고려된다. 석가의 일생을 그린 그림과 글로 알기 쉽게 이야기한 화전은 민간으로의 포교운동에 큰 역할을 수행했다. 공자 화전의 생산도 이것에 자극받은 것이다.

송대에는 유교의 재평가가 진행되어, 《논어》가 '사서(四書)' 중 하나로 높이 세상에 알려졌다. 남송의 주희(朱熹)가 저술한 《논어집주(論語集注)》의 서문에는 공자의 전기가 덧붙여져, 이것도 공자전의 보급에 한 몫을 했다.

명(明)대에 들어와서 인쇄출판업이 성행하게 되자 새로운 독자층이 개척되었다. 제1급 지식인만이 아니라, 서민들에게도 독서의 습관이 널리 보급되었던 것이다. 그러한 가운데 공자의 화전이 《성적도(聖蹟圖)》로서 편집되었다. 장해(張楷)라는 사람이 정통(正統) 9년(1444년)에 간행한 것으로, 공자의 생애를 29가지 사건으로 소개하고 있는 것이다. 또 홍치(弘治) 10년(1497년)에는 하연서(何延瑞)가 이것을 증보하여, 39매의 그림과 글로 구성한 《성적도》를 간행했다.

이 《성적도》에 의해 공자의 생애는 널리 민간에 인상을 남겼다. 그래서 여기서는 이 《성적도》에 기초해서 공자의 생애를 간결하게 돌아보도록 하겠다.

공자의 탄생

공자는 노(魯)의 창평향(昌平鄉) 추읍(陬邑)에시 태어났다. 아버지 공흘(孔紇 : 자는 숙량〔叔梁〕)은 안씨의 딸 안징재(顔 徵在)와 결혼해서 공자를 낳았지만, 그 때 어머니는 니구(尼丘)라는 산에 기원해 공자를 얻었다. 노의 양공(襄公) 22년(BC 551년)의 일이다(BC 442년이란 설도 있음). 태어난 공자의 머리는 언덕처럼 중앙부가 옴폭 들어가 있었다. 그리하여 구(丘)라는 이름이 붙여졌다. 자는 중니(仲尼)이다. 그림 1은 공자의 어머니 안징재가 니구에서 기원하는 장면이다. 그림 중앙에 있는 여성이 안징재다.

그림 2~4는 신비한 내용이다. 공자가 태어나기 전 기린이 나타나 입에서 옥서(玉書)를 토해냈다는 내용이다. 거기에는 '수정(水精)의 아이가 멸망한 주를 이어 소왕(素王)이 된다'고 기록되어 있었다. 소왕이란 무관의 황제라는 의미. 안징재는 이상하다고 생각하면서 자수가 놓인 보자기를 기린의 뿔에 걸었다. 그림 2의 화면 중앙, 보자기를 손에 들고 있는 이가 안징재이고 왼쪽에는 기린이 있다. 기린은 이틀 밤을 머물렀다가 사라졌다고 한다. 그로부터 11개월 후 공자가 태어났던 것이다.

노의 양공 22년 11월, 공자가 태어나던 저녁, 두 마리의 용이 지붕 위를 돌며 다섯 명의 노인이 마당에 내려왔다. 오성(五星)의 정령이었다. (그림3)

그리고 공자를 낳은 안징재의 방에서는 하늘의 음악이 울려 퍼지고, '하늘에 감응하여 성스러운 아이를 낳았다'는 소리가 들려왔다. 그림 4의 화면 중앙 왼쪽 위에 하늘의 음악을 연주하는 악단이 있다. 오른쪽 아래에 방에 누워 있는 여성이 안징재이다. 두 시녀의 사이에 갓 태어난 공자가 있다. 공자에게는 보통 사람과 다른 특징이 49군데나 있었고, 가슴에는 '제작정세(製作定世)'라는 문자가 기록되어 있었다고 한다. '제작정세'란 '이 사람이 새로운 왕이 되어 제도를 정하고, 이 세상을 다스린다'는 예언의 말이다.

이렇게 공자는 이상한 출생담을 가지고 태어났다. 그러나 세 살 때 아버지를, 또 일곱 살 때에 어머니를 잃었다. 어린 시절의 전기는 '조두(俎豆)를 늘어놓고, 제사놀이를 했다'는 것의 거의 유일한 내용이다. 그림 5의 탁자 왼쪽에 있는 것이 공자이다. 어른 흉내를 내며 관을 쓰고 있다. 조두란, 제물을 올려놓는 제기를 의미한다. 어린 시절의 공자는 보통의 아이들과는 달랐다. 전쟁놀이가 아니니 의식놀이를 하며 놀았던 것이다.

공자의 정치 참여

어른이 된 공자의 용모는 유별났다. 신장은 당시의 척도로 9척 6촌(약 2.2m)이나 되어서 사람들이 모두 '장인(長人)'이라 부를 정도로 희귀했다고 한다.

按家語云孔子母徵在禱於尼山而生孔子首上圩
頂象尼丘因名丘字仲尼史記雖不載其事然實誕
聖之本故錄於首云
尼山巖巖 魯邦是瞻 降靈自母
孕聖爲男 旣驗以形 遂徵以名
一誠感格 萬古文明

先聖未生時有麒麟吐玉書於闕里其文曰
水精子繼衰周而素王顏氏異之以繡紱繫
麟角信宿而去懷妊十一月而生
六

魯襄公二十二年十一月庚子先聖誕生之夕
有二龍繞室五老降庭五老者五星之精也
七

〈그림 1, 2, 3〉

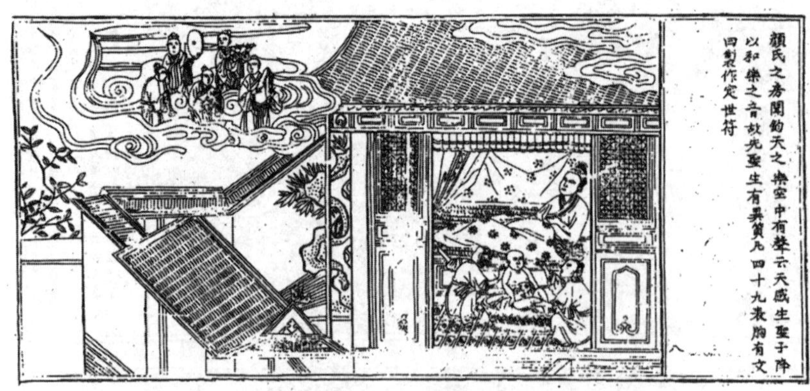
顔氏之房聞鈞天之樂空中有聲云天感生聖子降
以和樂之音故先聖生有異質凡四十九表胸有文
曰製作定世符
八

史記孔子生而叙樂紀後孔子為兒嬉戲常陳俎豆
設禮容
聖父兒嬉 俎豆是持 登降俯仰
有容有儀 不學而能 不聞而識
化洽群童 名傳列國
九

孔子與南宮敬叔入周問礼於老子朱子曰
老子曾為周柱下史故知禮節文所以問之
維周柱史 習知禮文 乃枉聖躬
以廓聖聞 德比重華 好問好察
取人為善 異世同轍
十四

〈그림 4, 5, 6〉

19세가 되었을 때 결혼하고 1년 후 아들을 하나 얻었다. 후의 공리(孔鯉)이다.

30세 무렵에 공자는 노나라의 군주에게서 유학 허가를 얻어, 주의 수도로 가서 노자(老子)로부터 예를 배웠다고 한다. 이 노자가 노선생이라는 의미인가, 그렇지 않으면 후의 도교의 개조가 되는 노담(老聃)을 말하는 것인가를 둘러싸고 후세에 논쟁을 일으켰다. 그림 6의 화면 중앙, 칸막이를 등지고 앉아있는 것이 노자, 그 반대편에 있는 것이 공자. 그의 뒤로는 공자의 제자들이 서 있는 것이리라. 화면 왼쪽에는 공자가 타고 온 우차가 보인다.

35세 무렵 노나라에 내란이 일어나 공자는 옆 나라인 제나라로 향했다. 거기서 소(韶 : 고대 순(舜) 때의 음악)를 듣고, '3월, 고기의 맛도 모르고'라고 할 정도로 감동했다고 한다. 그림 7의 화면 중앙, 건너편 거의 오른편의 제의 경공, 그 반대쪽에 잇는 것이 공자. 주위에는 금(琴), 경(磬 : 타악기), 종(鐘), 고(鼓) 등의 악기가 보였다.

제나라에 체재 중 공자는 제의 경공이 정치에 관해서 묻자, 중요한 것은 정명(正名)과 절재(節財)라고 대답했다. 정명이란 이름을 바르게 하는 것, 즉 '임금은 임금답게, 신하는 신하답게, 아비는 아비답게, 자식은 자식답게(《논어》 안연편〔顔淵篇〕)' 하듯 인륜을 바로잡는 것이고, 절재란 재정을 절약하려 노력하는 것이다.

그러나 재상인 안영은 유생의 결점을 나열했다. 골계(滑稽 : 수다스럽다), 교만불손(驕慢不遜 : 교만하여 신하로서 복종시킬 수 없다), 후장구장(厚葬久葬 : 가산을 기울일 정도로 융숭하게 장례를 치른다). 그러므로 이를 채용해서 제의 풍속으로 삼을 수는 없다고 안영은 말하고 있다. 이후 경공도 공자를 후대하는 것을 포기했고, 그것을 알아차린 공자는 제나라를 떠났다.

그림 8의 화면 오른쪽의 궁전 안에 있는 것이 제의 경공. 그의 앞에 꿇어 앉은 이가 안영이다. 공자는 화면 왼쪽, 우차 안에 있다. 이것은 제를 떠나는 모습을 나타낸 것이다. 안영의 간언을 받아들여 그 뒤 경공은 공자를 멀리 보내게 되었고, 그 결과 공자는 제를 떠났기 때문에 이 두 장면 사이에는 다소의 시간의 차가 있었다고 봐야 한다.

근대 회화의 원칙에 따르자면 같은 화면의 내부에 다른 두 가지 시간의 사건이 그려지는 것은 이상하다. 그러나 당시의 회화에는 두루마리 그림의 수법을 전제로 하고 있다. 즉 화면이 오른쪽에서 왼쪽으로 시간의 흐름과 함께 움직여가는 것이다. 그러므로 이 그림에서도 오른쪽에는 경공과 안영, 왼쪽에는 제를 떠나는 공자가 그려져 있는 것이다.

공자가 제나라를 떠나야만 했던 것은 어째서인가. 그것은 공자의 생각이 부국강병을 목표로 하는 법치국가나 상업입국에는 받아들여지지 않았기 때문이다. 안영에게서 받았던 네 가지 비판은 대체로 옳다. 유가의 특질을 어떤 의미로는 잘 파악하고 있다고 말할 수 있을 것이다.

노나라로 돌아간 공자를 정공은 중도(中都 : 노나라의 읍)의 재(宰 : 장관)로 임명했다. 1년 동안 주위의 마을은 전부 공자의 방식에 따랐다. 공자는 중도의 재에서 사공(司空 : 토지, 인민의 장관)이 되었고, 사공에서 대사관(大司冠 : 사법대신)이 되었다고 한다. 공자가 50세 무렵의 일이다.

이웃나라인 제는 공자의 등용으로 노나라의 세력이 강성해지는 것을 두려워하여 협곡(夾谷 : 제의 지명)에서 회견을 연다고 노나라에 알려 왔다. 공자는 정공의 보좌역을 맡아 정공을 위험에서 구출해 내는 활약을 했다.

공자가 56세 무렵에는 정치를 혼란스럽게 만든 소정묘(少正卯)라는 인물을 벌했다. 3개월 뒤 국정은 대부분 정돈되었다. 장사하는 사람들은 가격을 부풀리지 않았고, 길을 걷는 자들은 남녀를 구분해 걸었으며, 길에 떨어진 물건이 있어도 착복하는 자가 없었으며, 노나라에 온 외국인들은 요구하지 않더라도 필요한 물건을 받아 귀국할 수 있도록 했다.

그림 9의 화면 오른쪽 위, 병풍을 등에 지고 앉아있는 것이 공자. 그 앞에 포박된 소정묘가 있다. 그리고 화면의 왼쪽에는 한 무리의 여성이 있다. 여기서는 남녀가 길을 구분하여 걷고 있다, 즉 풍속이 문란하지 않은 것을 나타내고 있는 것이리라. 또 왼쪽 위에는 장사하는 사람, 그 왼쪽에는 외국으로 떠나는 사람, 그 아래에는 떨어진 물건이 그려져 있다. 모두 공자의 시책의 효과를 그린 것이다.

이것을 두려워한 제나라는 노나라에 여성 가무단을 보내어, 노나라의 정치를 혼란에 빠뜨리려 했다. 노나라의 군주는 그것에 정신을 빼앗겨 정치를 태만히 했고, 실망한 공자는 노나라를 떠났다. 여기서부터 공자가 여러 나라를 돌아다니는 여행이 시작된다.

〈그림 7, 8, 9〉

여러 나라 편력과 수난

그 여행의 고됨을 상징하는 사건이 있다. 그림 10과 11이 그것이며, 둘 다 수난의 장면을 그리고 있다.

노를 떠난 공자는 위(衛)에서 진(陳)으로 가기 위해 광(匡 : 송의 읍)을 지나갔다. 그런데 광에서 난폭하게 구는 양호(陽虎)란 인물과 외모가 닮았다는 이유로 공자는 체포되었고, 엄하게 추궁당했다. 그러나 공자는 '주 문왕의 문화를 계승하려고 하는 자신을 광나라 사람들이 어찌하겠느냐(《논어》 자한편〔子罕篇〕)'고 한다. 그림 10의 화면 중앙의 수레 안에 있는 이가 공자. 소는 겁을 먹고 움직이려 하지 않고 이쪽으로 엉덩이를 보이고 있다. 수레 주위에는 공자를 추궁하는 광나라 사람들의 무리가 그려져 있다.

공자는 광나라에서 재난을 만난 뒤, 위나라에서 조(曹)나라, 그리고 송(宋)나라로 가서 제자들과 큰 나무 아래에서 예를 학습했다. 송의 사마환퇴(司馬桓魋)가 공자를 죽이려고 그 나무 아래까지 왔다. 빨리 피해야 한다고 말하는 제자들에게 공자는 '하늘이 내게 덕을 주었다. 환퇴가 나를 어찌하겠느냐(《논어》 술이편〔述易篇〕)'고 말했다. 그림 11, 큰 나무의 오른쪽 아래에 있는 공자, 왼쪽 아래에서 공자를 향해 칼을 쥐고 있는 이가 한퇴. 환퇴의 수하는 큰 나무를 쓰러뜨리려 하고 있다.

다시 위로 돌아간 공자는 위의 영공(靈公)에게서 군사에 대해서 질문을 받는다. 공자는 대답한다. '조두에 관한 일은 들은 적이 있습니다만, 군사에 대해서는 배운 적이 없습니다(《논어》 위령공편〔衛靈公篇〕).' 또 다른 날 영공은 공자와의 회견 중 날아가는 기러기를 올려다보느라 공자에게는 관심이 없는 듯 했다. 그리하여 공자는 마침내 위를 떠나 진으로 갔다. 그림 12에서도 두 장면이 그려져 있다. 오른쪽은 위의 영공과 공자. 오른쪽에서 세 번째가 공자이다. 그 반대편에 있는 영공은 공자의 이야기에 관심을 잃고 하늘에 날아가는 기러기를 바라보고 있다. 화면의 왼쪽에는 위를 떠나는 공자이다. 수레에 타려 하고 있다. 공자 환갑 즈음의 사건이다.

위를 떠난 공자는 진에서 '돌아갈까, 돌아갈까, 내 고향의 젊은이들은 의욕적이고 큰 뜻을 품고 있지만 그것을 어떻게 하면 좋을지 모르고 있다(《논어》 공야장편〔公冶長篇〕)'라고 하며 귀국을 결의했다.

孔子去魯適衛去衛適陳過匡陽虎嘗暴於匡
孔子狀類陽虎匡人拘孔子五日孔子從者爲
寧武子臣於衛然後得去
虎暴於匡 聖狀偶同 彼方此仇
我適此逢 鳳異鳥音 麟殊兕跡
匪伊其昏 惟聖斯厄
二十四

孔子去衛適曹是歲魯定公卒孔子去曹過宋與弟
子習禮大樹下宋司馬桓魋欲殺孔子拔其樹弟子
曰可以去矣孔子曰天生德於予桓魋其如予何
接淅去齊 微服過宋 猋彼梟狙
欺我麟鳳 暴不積義 直能勝阿
天生聖德 魋如之何
二十六

孔子返乎衛靈公問兵陳孔子曰軍旅之事未之學也
明日與孔子語公見蜚鴈仰觀之色不在孔子遂行復
如陳時魯定公三年孔子年六十矣
嗟嗟衛靈 識凡志淫 耳聆聖語
目視蜚禽 敬弛於中 息形於色
色斯舉矣 義不苟得
三十二

〈그림 10, 11, 12〉

공자의 늘그막과 죽음

늘그막의 공자는 고향인 노나라에서 제자들의 교육과 저술에 전념했다. 특히《역(易)》을 애독하여, 죽간을 엮은 끈이 몇 번이고 끊어질 정도였다고 한다. 열심히 독서한다는 의미를 나타내는 '위편삼절(韋編三絕)'이라는 말은 이 고사와 관련된다. 또 공자는 시서예악을 가르쳐 제자들이 3천 명에 달했다. 그 사이에 육경(六經 : 역〔易〕, 서〔書〕, 시〔詩〕, 예〔禮〕, 악〔樂〕, 춘추〔春秋〕)에 통달한 자가 72명이었다. 그림 13은 행단예악(杏壇禮樂)의 그림이라고 불린다. 공자가 제자를 가르치고 있는 장면이다.

공자는 육경의 편집을 끝내자 목욕재계하고 북두칠성에게 알렸다. 그러자 갑자기 붉은 무지개가 하늘에서 쏟아져 내려왔다. 그림 14가 그 장면이다. 화면 중앙에서 약간 오른쪽, 제단 앞에 꿇어앉아 있는 이가 공자. 제자들은 책상을 운반하고 있다. 그 위에는 세 개의 문헌이 있다. 이것이 육경을 나타내고 있다.

원래 이 시대에는 아직 종이가 발명되지 않았다. 서적을 그린다면 죽간이어야 할 것이다. 목판인쇄에 의한 서책자체의 문헌이 등장하는 것은, 앞으로 천 년도 뒤의 일이다. 그러므로 그림 13과 14에 그려진 서적은 엄밀히 말하자면 시대착오이다. 그러나《성적도》는 명대의 속화이다. 서민 대상으로 공자의 생애를 알기 쉽게 설명하는 것이 주요한 목적이므로 정확한 시대고증은 행해지지 않았다. 여하튼 이것이 공자 만년의 빛을 나타내는 화전이다.

공자는 73세에 죽었다. 노나라의 수도 북방(北方), 사수(泗水) 부근에 묻혔다. 제자들은 모두 3년 간 상복을 입었다. 상이 끝나 헤어지려고 할 때 모두 울면서 애도를 표했다. 자공(子貢)만은 공자의 무덤 근처에 움막을 지어 3년 더 상복을 입은 뒤에 떠났다. 그림 15, 무덤 주변에서 공자들이 탄식하며 슬퍼하고 있다. 화면의 왼쪽, 오두막 안에 있는 것이 자공이다.

그 뒤 제자들은 노나라의 사람으로 공자의 무덤 근처로 집을 옮긴 이가 백여 명에 가까워 그곳을 '공리(孔里)'라고 불렀다. 노나라는 그 뒤 대대로 매년 제사 시기에 공자의 무덤을 제사 지내고 또 유학자들도 그 시기에 예를 강의하고 향음주례(鄉飮酒禮 : 향학의 우등생을 나라에서 추천할 때의 의식), 대사례(大射禮 : 궁술의 기량을 겨루는 의식)를 행했다. 제자들이 있던 당(堂)은 후세에 묘(廟)가 되었고, 공자의 유품을 수장하여 한나라에 이를 때까지 2백여 년에 걸쳐 존재했다. 한 고조(高祖) 유

哀公十四年丁巳孔子年六十八季康子使人迎孔子
孔子歸魯然魯終不用孔子孔子亦不求仕乃敘書傳
禮記刪詩正樂序易彖象繫說卦文言弟子盖三千焉
身通六藝者七十二人
轍環天下　道不可行　曰歸乎來　脩我典刑
三千從遊　七十高弟　刪述六經　垂憲萬世

先聖著作既成齋戒向北斗告備忽有
赤虹自天而下化爲黄玉刻文先聖跪
而受之

孔子葬魯城北泗上弟子皆服心喪三年畢相訣而去
各復盡哀惟子貢廬於塚上凡六年然後去弟子及魯
人往從塚上而家者百有餘室
從遊三千　恩義並全　若父無服
心喪三年　既訣而離　哀思孔悲
賢哉賜也　六載相依

〈그림 13, 14, 15〉

〈그림 16〉

방(劉邦)이 노를 지나갈 때, 태뢰(太牢)의 예(소, 양, 돼지를 바치는 가장 중요한 예)로 제사지냈다. 그림 16은 그 장면이다.

신비의 전승

이상 《성적도》에 따른 공자의 생애를 더듬어 보았다. 대략 이러한 스토리로 공자의 생애는 이해되어 왔다. 그러나 공자의 전기가 《사기》에 저술된 것은 공자의 사후 수백 년 후의 일이다. 또 《성적도》에는 《사기》 공자세가에는 보이지 않는 전승도 부가되어 있다.

예를 들어 공자의 탄생에 얽힌 신비로운 사건인 용이 나타나거나 별의 정령이 춤추며 내려온다거나 하늘의 음악이 들려온다거나 하는 전승은 《사기》에는 전혀 보이지 않는다. 또 공자의 가장 만년의 일, 육경의 완성을 축하하며 하늘에서 붉은 무지개가 쏟아져 내렸다는 이야기도 《사기》에는 기록되어 있지 않다. 이러한 신비적인 전승은 후에 부가된 것이다.

특히 탄생에 관한 부분에 신비적인 전승이 보이는 것은, 세계의 위인들에게 공통적인 것 같다. 예수 그리스도는 어머니 마리아가 처녀수태를 하여 이 세상에서 생을 받았다. 마호메트가 태어날 때 먼 저편의 페르시아의 궁전에는 큰 지진이 일어났다. 석가도 탄생 후 곧장 일곱 걸음을 걷고 '천상천하유아독존(天上天下唯我獨尊)'이라고 말했다고 한다. 위인에게는 기이한 출생담이 붙는다. 이것은 통상의 출생인 경우 그 인물의 위대성이 왜소화되어 버리기 때문이다. 또 그 인물의 아버지가 더욱 부각되어버리기 때문일 것이다. 공자도 그리스도도 어째서 아버지의 그림자는 엷은가. 그것은 갑자기 위대한 하늘의 사명을 받아 이 세상에 내려왔기 때문이다.

2 공자의 탄식

공자의 꿈

그러나 공자의 생애는 고난의 연속이었으며, 스스로의 이상을 이 세계에 실현하려고 하는 꿈은 결코 이루어진 적이 없었다.

공자는 만년에 이렇게 탄식했다고 한다.

> 내가 심하게 늙었구나, 내가 꿈에서 주공을 보지 못한지 오래되었구나.
>
> 《논어》 술이편

젊은 시절 공자는 희망을 불태우며 여러 차례 주공(周公) 단(旦)을 꿈꾸었다. 주공 단이란 주의 시조 문왕(文王)의 아들로 주왕조의 기초를 굳힌 성인이다. 이 주공 단을 이상으로 삼아 공자는 젊은 날을 보냈다. 이 꿈은 공자에게 강한 자신을 주었다. 자신은 하늘의 뒷받침을 받고 있다고 자부했다. 박해를 받아도 공자는 '하늘의 덕을 나에게 주셨으니 환퇴가 나를 어찌하리오(《논어》 술이편)'라고 호언장담하였고, 광나라 사람들에게 살해당할 뻔 했을 때에도 '하늘도 이 문화를 장사 지내지 못한다면 광나라 사람들이 나를 어찌하리오(《논어》 자한편)'라며 꺾이지 않았다. 그리고 하늘의 신뢰를 '나를 아는 것은 저 하늘이다(《논어》 헌문편)'라고 토로하였다. 이들 말에 공통하는 것은 공자 개인이 하늘과 마주보았다는 것, 그리고 하늘이 공자의 의지와 행동을 지지한다는 신뢰의 원천이었다는 것이다.

그리고 이러한 하늘에 대한 의식은 그 생애에 걸쳐서 보인 정치참가에 대한 강한 의지와 밀접한 관계가 있다.

나를 등용해 주는 자가 있다면 한 해만이라도 좋다. 삼년이 지나면 충분한

성과를 거두어 보이겠다. 《논어》 자로편

만약 나를 임용하는 자가 있다며 나는 그곳을 동쪽의 주나라로 만들겠다. 《논어》 양화편

나는 좋은 가격에 살 것을 기다리는 사람이다. 《논어》 자한편

이들은 공자 자신과 하늘과의 관계를 무시하고는 생각할 수 없다.

그러나 공자는 하늘에 대한 신뢰를 분명히 하는 한편, 사람의 힘으로는 어찌할 수 없는 천명의 힘도 인정하고 있다.

군자에게는 세 가지 두려운 것이 있으니, 천명을 두려워하고 대인을 두려워하고 성인의 말씀을 두려워한다. 《논어》 계씨편

천명인가. 이 사람이 이런 병에 걸리다니. 《논어》 옹야편

하늘과 공자

여기서 하늘은 불가피한 힘을 가진 '두려운' 대상으로 설명된다. 공자에게 하늘은 스스로를 지탱하는 신뢰의 원천임과 동시에 사람의 힘을 뛰어넘는 두려운 존재이기도 했다.

그때까지의 중국에서는 하늘과 이런 관계를 갖고 있는 이는 '천자(天子)'였다. 하늘에서 명을 받은 지상의 위대한 왕이 하늘의 아들로서 이 세상을 통치한다는 천명사상이다. 이 하늘이 일개 선비와 일대일 관계를 가진다. 이러한 사상이야말로 실제로 공자의 시작이라고 해도 좋다. 공자는 하늘과 직접 마주보았던 것이다.

그러므로 만년이 되어 주공의 꿈을 꾸지 않게 되었다는 것은 단순히 공자와 주공의 관계만이 아닌, 공자와 천명과의 관계에 대해서 이야기하고 있다고도 생각할 수 있다. 꿈은 공자와 하늘을 잇는 매개체였다.

또 어째서 주공인가. 공자와 꿈과 하늘과의 관계에서 생각해 보면, 여기에 주공이 등장하는 것은 단순히 주나라 초기의 성인을 공자가 흠모한 것이 아니다. 공자 자신이 주공처럼 새로운 제도의 창시자가 되려고 생각했기 때문일 것이다. 위정에 대한 공자의 의욕은 매우 강했지만, 주의 왕족이나 공족도 아닌 공자가 군주의 지위에 오르는 것은 그 사회제도로는 애초부터 불가

능했다. 따라서 그 의욕을 최대한 발휘할 수 있는 것은 신분적으로는 왕지기 아니지만 실질적으로는 왕자라고 하는 성인의 입장이다. 여기에 주공 단이 다른 성왕을 밀어 제치고 등장하는 강한 필연성이 있다고 할 수 있다.

공자는 자주 주공 단을 꿈에서 보았다. 그것은 주공 단을 이상의 성인으로 우러른 공자의 정신의 발로이기도 했다. 그러나 주공의 치세를 이 세상에 재현하려고 하는 공자의 의지, 열정을 지지해 준 것은 스스로가 주공과 같은 성인으로서 하늘에게 보살핌을 받고 있다는, 하늘에 대한 두터운 신뢰와 자부심이었다. 그리고 이러한 신뢰관계를 상징하고, 공자를 지지해 준 것, 그 중 하나가 꿈이었으며, 특히 주공이 나타난다는 꿈이었다. 공자는 이 꿈에서 주공과 같은 역사적 역할을 수행하라는 하늘의 소리를 들었던 것이다.

그러므로 공자가 주공을 꿈에서 보지 않았다면 주공의 도를 재현한다는 공자의 이상이 결국 실현되지 못해 하늘의 지지를 잃었다는 것을 암시하고 있는 것이다. '내가 심하게 늙었구나'라는 공자의 탄식은 나의 정신, 육체의 노화에 대한 탄식에 그치지 않는다. 현실세계에 받아들여지지 않고 결국 하늘과의 관계를 잃어가는 나 자신에 대한 깊은 절망감을 표명하기도 한다.

3 군자와 공자

군자와 종정

그러나 제자들의 눈에는 스승의 모습이 완전히 다르게 보였다. 공자는 제자들에게는 언제나 이상적인 사람이었다. 그것을 유가사상의 키워드 중 하나인 '군자'라는 말을 실마리 삼아 생각해 보자.

유가에서 '군자'란 무엇인가. 이 문제에 큰 실마리를 제공하는 것은 근래에 발견된 유가계의 출토문헌이다. 상박초간의 '종정(從政)'은 정치에 종사할 때의 마음가짐을 설명한 문헌인데, 거기에는 '종정(子)'과 '군자'는 거의 같은 뜻으로 쓰이고 있다. '종정'이란 정치에 종사한다는 의미이다. 그 '종정'자(者), '군자'란 국정을 좌우할 수 있는 지위의 사람이다.

지금까지 '군자'란 그 도덕성만이 주목되어, '재야의 인격자'로 여기는 견해도 있었다. 그러나 이 출토문헌에는 '군자'는 단순한 재야의 사람이 아니다. 국정에 참여할 수 있는 지위나 신분을 가진 사람이다.

공자 자신은 '종정'에 대한 강한 의욕을 가지고 있었지만, 한 나라의 명운을 좌우할 수 있는 '종정'자의 지위에는 끝내 도달하지 못했다. 그러나 공자 집단에서는 그의 이상을 실현하는 가장 중요한 방법의 하나가 그들 자신이 '종정'자가 되어 국정에 참여해 가는 것이었다.

또 공자의 제자들 가운데 자로(子路)는 노나라나 위나라의 행정에 종사하였고, 중궁(仲弓)은 계씨(季氏)의 재상이 되었으며, 자하(子夏)는 거보(莒父)의 재상이 되어 행정을 맡는 등, 실제로 '종정'자로서 활약한 자도 나타났다. 그것도 그러한 그들이 스스로 나서서 공자에게 '문정(問政 : 정치의 요제에 대해 질문)' 했다고 한다. 공자의 제자문인들에게 '종정'은 언제나 추구해야 할 절실한 과제였다고 생각된다. 상박초간 '종정'은 그러한 유가집단의 강한 요청으로 태어난 문헌이었다고도 할 수 있을 것이다.

이상적인 인격자

한편 공자는 이상적인 인물상을 '군자'라고 부르고, 그 특성을 자세히 이야기하고 있다.

남이 나를 알아주지 않더라도 노여워하지 않으면 또한 군자가 아니겠는가.
《논어》 학이편

군자는 덕을 마음에 품는다. 《논어》 이인편
군자는 그 자신에게서 구한다. 《논어》 위령공편
군자는 남의 아름다운 점을 이루게 한다. 《논어》 안연편
군자의 도는 바람과 같다. 《논어》 안연편
군자는 도를 근심하지 가난을 근심하지 않는다. 《논어》 위령공편

그리고 구체적으로는 다음과 같은 사람들을 공자는 '군자'라고 부르고 있다. 예를 들어 제자 자천(子賤)을 '군자로다, 저 사람'(《논어》 공야장편)이라고 했다. 자천은 노나라의 단보(單父)라는 곳의 재상이 되어 선정을 베풀었다. 마치 '종정'자의 전형이라고 할 수 있는 인물이다. 또 남궁괄을 '군자로다, 저 사람'(《논어》 헌문편)이라고 평하고, 위나라의 대부 거백옥(蘧伯

玉)에 대해 '군자로다, 거백옥'(《논어》 위령공편)이라고 그 출거진퇴의 모습을 칭찬하고, 정(鄭)나라의 재상 자산(子產)을 뛰어난 '군자'로서 칭찬했다(《논어》 공야장편).

이처럼 《논어》 속에는 공자가 특정한 인물을 지명해서 '군자'라고 부르는 경우가 확실히 있다. 그것은 뛰어난 제자나 다른 나라의 중신들이었다.

그러면 공자 자신은 군자로 보이지 않았던 것일까. 사실은 《논어》 안에는 타인이 공자를 '군자'라고 인정하는 곳도 보인다. 예를 들어 유명한 진항(陳亢)과 백어(伯魚 : 공자의 아들)와의 문답이다.

진항이 백어에게 물었다. '당신도 선생께 특별한 가르침을 들었습니까.' 그 말에 대답했다. '아직 듣지 않았습니다. 단지 어느 날 아버지께서 혼자서 계실 때 제가 종종걸음으로 마당을 지나가려고 하자, "시를 배웠느냐"라고 물으셨습니다. "아직 배우지 않았습니다"라고 대답하자 "시를 배우지 않으면 제대로 된 말을 할 수 없다"라고 대답하셨습니다. 그리하여 저는 그 장소에서 물러나와 시를 배웠습니다. 또 어느 날, 아버지께서 혼자서 계실 때 제가 종종걸음으로 마당을 지나가려고 하자, "예를 배웠느냐"라고 물으셨습니다. "아직 배우지 않았습니다"라고 대답하자 "예를 배우지 않으면 제대로 된 인간 노릇을 할 수 없다"라고 대답하셨습니다. 그리하여 저는 그 장소에서 물러나와 예를 배웠습니다. 구태여 말하자면 이 두 가지를 들었습니다.' 진항은 기뻐했다. '하나를 물었는데 세 가지 수확이 있었다. 시의 중요함을 듣고, 예의 중요함을 들었으며, 그리고 또 군자가 그 자식을 멀리하는 것을 들었다.' 《논어》 계씨편

진항이 공자의 자식인 백어(공리)에게 공자의 교육에 대해 질문했다. 백어의 대답에 진항은 기뻐하며 하나를 묻고 세 가지 수확이 있다. 시를 듣고, 예를 들었으며, 그리고 또 군자가 자식을 멀리하는 것을 들었다'고 한다. 이 '군자'란 '그 아들(백어)'의 아버지인 공자임에 틀림없다. 이처럼 《논어》 안에는 타인이 공자를 '군자'로 여기는 경우도 있다.

공자와 군자
게다가 공자 자신이 스스로를 '군자'라고 시사하고 있는 용례도 보인다.

배우고 때때로 익히면 기쁘지 아니한가? 벗이 있어 먼 곳으로부터 찾아오면 기쁘지 아니한가? 남이 나를 알아주지 않더라도 노여워하지 않으면 또한 군자가 아니겠는가?' 《논어》 학이편

이번 장의 첫머리에 소개한 대로, 청의 학자 원원은 이 장의 세 구절은 공자가 자신에 대해 서술한 것이라고 한다. '남이 나를 알아주지 않더라도 노여워하지 않는' '군자'의 모습은 공자의 인생 그 자체였다.

공자가 구이의 땅에 살기를 원하자 누군가가 '누추하신데 어찌 하시겠습니까?' 자왈, '군자가 거처함에 어찌 누추함이 있으리오.' 《논어》 자한편

구이의 땅에 사는 '군자'란 이 경우 공자 자신을 염두에 둔 것이리라. 또 다음의 자로와 공자의 문답에도 군자와 공자가 겹쳐 보인다.

자로가 말했다. '위나라 군주가 선생님에게 정치를 행하라고 한다면, 선생님은 가장 먼저 무엇을 하시겠습니까?' 공자는 말했다. '이름을 바로잡을 것이다.' 자로가 말했다. '그런 것이 있습니까. 선생님은 답답하십니다. 무엇을 바로잡으시겠습니까.' 공자가 말했다. '너는 여전히 거칠구나. 군자는 모르는 것에 대해서는 삼가해야 한다. 이름이 바르지 않으면 말은 제대로 전달되지 않는다. 말이 제대로 전달되지 않으면 사업은 성취할 수 없다. 사업이 성취되지 않으면 예의나 음악은 성하지 못한다. 예의나 음악이 성하지 못하면 형벌이 함부로 쓰인다. 형벌이 함부로 쓰이면 백성이 몸을 둘 곳이 없어진다. 그러므로 군자가 물건에 이름을 붙이면 반드시 말을 할 수 있게 되고 말을 할 수 있게 되면 반드시 실행할 수 있게 된다. 군자는 그 말을 조금도 소홀히 해서는 안 된다. 《논어》 자로편

공자는 정치에서 우선 착수해야 할 것은 '이름을 바로잡는 것(어지러워진

명칭과 실태의 관계를 시정하는 것)'이라고 말하고 있다. 그 이유는 '이름을 바로 잡는다'는 것이 정치의 가장 중요한 기반이기 때문이다. 이름을 바로잡으면 말이 통하고, 말이 통하면 사업이 성공하고, 사업이 성공하면 민심이 민심을 바로잡는 예악이 성행하고, 예악이 성행하면 형벌이 적절히 시행된다. 이러한 과정을 거쳐 정치가 완성된다는 것이다. 여기에서도 가정이지만 이러한 정치를 실현하려고 하는 '군자'는 공자 자신임에 틀림없다.

이처럼 《논어》에는 공자가 스스로를 군자라고 시사하고 있는 발언도 보인다. 전기의 여러 가지 용례와 함께 고찰해 보면, 당시의 유가집단이나 《논어》의 편집자, 독자에게 군자와 공자는 거의 겹쳐 보였을 가능성이 높다. 공자의 제자들은 이러한 군자의 구체적인 이미지를 기초로 하여 스스로가 군자가 되는 것을 목표로 했을 것이다.

유가계열의 문헌에는 자주 '군자'가 중요한 화제의 하나가 된다. 게다가 그것들이 정치적 문맥 속에서 이야기된다. '군자'란 단순히 인격자의 이념형으로서 제시되는 것이 아니라, 유가 자신의 절실한 문제로서 추구된 '종정' 자상을 나타내는 것이었다. 또 그 '군자'의 구체적인 이미지로서 군자의 모습이 강하게 의식되고 있다는 가능성을 지적할 수 있다. 즉 유가에서의 '군자'상과 '공자'상은 거의 겹쳐 보이고 있는 것이다.

4 공자의 사상

그러면 제자들이 반한 공자의 사상이란 도대체 어떤 것이었을까.

사실 이 문제에 대답하는 것은 꽤 어렵다. 왜냐하면 후의 《맹자》나 《순자(荀子)》처럼 반드시 그 사상이 정리되어 명쾌하게 논술되어 있는 것이 아니기 때문이다. 공자의 사상을 알 수 있는 것은 《논어》이지만, 그것은 제자나 문인들의 짧은 문답 혹은 공자 자신의 중얼거림으로 구성된 것이며, 이른바 단편적인 말들의 모음집이다. 거기서 공자 사상의 전체상을 복원하기 위해서는 우선 이러한 언어를 정리하고 종합적으로 생각해 보지 않으면 안 된다. 또 후세의 유학자들이 어떻게 사상을 전개하고 있는가, 라는 점에서부터 거꾸로 생각해 보는 것도 필요하다.

예의 중시

거기서 우선 생각할 수 있는 것은 《성적도》에 그려진 유소년기의 공자이다. 공자는 어린 시절 조두를 늘어놓고 놀았다. 즉 어른 흉내를 내며 예를 학습하는 데 힘썼던 것이다. 이 고사를 반영한 듯 《논어》 가운데에는 예를 중시하는 공자의 말이 보인다.

> 공자 가라사대, 법으로 다스리고 형벌로 질서를 유지하면 백성들이 형벌을 면하는 것만을 생각하고 수치를 의식하지 않을 것이다. 그러나 덕으로 다스리고 예로 질서를 유지하면 수치심을 알고 바르게 될 것이다.
>
> 《논어》 위정편

형벌이란 국가가 제정한 법에 기초한 재판이다. 원래 법이란 백성들에게 공포되는 것이 아니었다. 춘추시대에 들어와 세상이 혼란스러워지자 법의 구체적인 내용과 그것을 어겼을 경우의 형벌을 미리 백성들에게 알리게 되었다. 이른바 실정법의 등장이다. 이것으로 국가는 원하는 대로 백성을 유도하게 된 것이다. 그러나 이러한 수법에는 약점이 있었다. 교활한 백성은 그 법의 그물을 빠져나가려 했다. 발각되지 않으면 괜찮겠지, 라는 후안무치한 태도이다. 이래서는 아무리 열심히 정치를 해도, 백성들은 결코 따라오지 않는다.

공자는 이러한 세상과 민심을 헤아려 이렇게 생각했다. 도덕으로 백성들을 이끌고, 예로 백성들을 가다듬자. 예란 오랜 세월에 걸쳐 축적되어 온 예의나 관습이다. 일정한 구속력을 가지고 있지만, 법에 의해 명문화되지 않고, 형벌 같은 강제력은 없다. 예를 지키는지 마는지는 어디까지나 그 사람의 품격 문제이다. 그러나 위정자가 이 예를 존중함에 따라 백성들의 마음에 스스로의 수치심이 발생한다는 것이다. 조금 우회적이긴 하지만, 결국 이것이 사람들을 정도로 이끌기 위한 지름길이라고 생각했던 것이다.

또 이 예는 대인관계에서 의식되지만, 그것이 가장 잘 나타나는 것은 상대가 부모나 상사의 경우일 것이다.

> 살아 계실 때에는 예로 섬기고 죽은 뒤에는 예로 장사 지내며, 예로 제

사 지내는 것이다. 《논어》 위정편

상대가 살아 있을 때에는 당연히 예로 섬긴다. 죽었을 때에도 예로 정중히 장사 지내고, 사후에도 영원히 예로 제사 지낸다. 인생의 중요한 국면, 관혼상제는 모두 예로 행하는 것이다.

국가의 예도 마찬가지이다. 여러 외국에서 손님을 초대해서 교섭할 때에는 '빈례(賓禮)'를 사용하고, 군사행동을 일으킬 때에조차 예가 있으며, 그것을 '군례(軍禮)'라고 한다. 이러한 중국고대의 예는 《주례(周禮)》, 《의례(儀禮)》, 《예기(禮記)》로 정리되었다. 《주례》는 주 왕조의 관제를 정리한 책이고, 《예기》는 귀족(경〔卿〕, 대부, 사〔士〕)의 자질구레한 관혼상제의 방법을 설명한 것, 《예기》는 예에 관한 의론의 책이며, 공자의 논설이라고 여겨지는 말을 많이 수록한다. 이를 합쳐서 《삼례(三禮)》라고 부른다.

이처럼 예란 그 예를 실천하는 것으로서 인간의 품격에 부여하려고 하는 것이다. 이른바 외면에서 인간을 아름답게 하는 것이라고 할 수도 있다.

도덕의 근본으로서의 효

이에 대해 직접적으로는 보이지 않지만, 내면의 심성으로서 중시되는 것이 있다. 이것이 '효(孝)'이다. 효란 우선 자식들에게 요구되던 가정 내의 도덕으로 설명할 수 있다.

> 제자는 집 안에 들어가서는 효도하고 집 밖으로 나오면 모든 것을 삼간다.
> 《논어》 학이편

공자는 제자(弟子 : 젊은이)들에게 가정 안에서는 부모께 효도하고, 밖에서는 연장자들에게 따르도록 노력하라고 한다. 무엇보다도 우선 자식이 부모에게 따르는 것이 효이다.

그러므로 자식은 아버지가 살아 계실 때에는 아버지에게 거역할 정도로 자기표현을 할 수 없다. 그래서 어느 인물을 평가할 때에는 다음과 같은 주의가 필요하다고 한다.

공자 가라사대, 아버지가 살아 계실 때는 그 뜻을 살펴보고 아버지가 돌아가신 뒤에는 그 행동을 본다. 3년 동안 아버지가 하던 일을 바꾸지 말아야 비로소 효자라 할 수 있다. 《논어》 학이편

아버지가 살아 계실 때 그 사람은 아버지를 헤아리고, 언동을 스스로 규제한다. 그래서 그 인물을 평가할 때에는 그의 숨겨진 의지를 헤아릴 필요가 있다. 효자라면 자신을 억누르고 있기 때문이다. 그리고 그 아버지가 돌아가시고 드디어 자기실현이 가능하게 된 뒤에는 그의 실제 행동을 평가한다. 그러나 아버지가 돌아가셨다고 해서 금방 부모의 방식을 바꾸는 것은 불효이며, 아버지 사후 3년(복상 기간), 그 방법을 바꾸지 않는 것이 효이다.

효성스럽고 우애 있는 자는 인을 실천하는 근본이다. 《논어》 학이편

《논어》 가운데에 가장 많이 이야기되는 덕은 '인(仁)'이다. 번역하기 어려운 말이지만, 보통 '남을 헤아리는 마음'이라고 설명할 수 있다. 그 인조차 효제(孝悌)가 기본이 되고 있는 것이다. 남을 헤아린다는 막연한 도덕은, 의외로 알기 어렵다. 그 구체적인 방법은 우선 부모에 대한 사랑이며, 연장자에 대한 경의이다.

예가 외면적으로 인간을 규제하고 그 형식으로 사람의 미를 추구하는 것에 반해, 효는 인간의 가장 소박한 심정을 모든 도덕의 기반으로서 중시하는 것이다.

공자의 사상 전개

즉 공자의 사상에는 외적인 예와 내적인 효라는 두 가지의 시선이 있다. 한쪽으로 치우치지 않는 종합성이 공자의 사상에 깊이를 부여해 주었다고 할 수 있을 것이다. 맹자는 공자를 이렇게 평가했다.

중니(공자의 자)는 중정의 도를 지키고 지나친 일은 하지 않았다.
《맹자》 이루하

공자는 중용을 아는 사람이었다는 것. 교조(教祖)에게는 이러한 깊은 마음 씀씀이가 필요했을 것이다. 나쁘게 말하자면 무엇이든 불분명한 사상이라고도 할 수 있지만, 좋게 말하자면 인간을 다각적으로 포착한 포괄적인 사상이었다고도 평가할 수 있다. 제자들은 이러한 종잡을 수 없는 것에 곤혹스러웠겠지만, 그 사상의 크기에 압도되었음이 틀림없다. 애제자 안회(顏回)는 이렇게 말했다.

> 스승의 도는 우러러볼수록 높고, 뚫어볼수록 굳다. 《논어》 자한편

선생은 우러러보는 만큼 점점 높아지고, 따져 볼수록 점점 굳어진다. 공자는 제자들에게 거대한 존재였다.

그래서 제자 문인들은 공자의 사상을 이어 받을 때, 그 총체를 그대로 이어받을 수는 없었다. 어느 측면을 취해 그것을 강조하면서 전해져 오게 된 것이다.

예를 들자면 증자(曾子)가 있다. 증삼(曾參). 자는 자여(子輿). 이 제자는 부모에게 효행을 한 이로 알려져 《효경(孝經)》의 저자로 간주되는 인물이다. 증자가 강조한 것은 물론 '효'의 도덕이었다. 그 증자에게 배운 것이 공자의 손자인 자사(子思)이다. 《중용(中庸)》은 그 자사학파의 저작이라고 한다. 그 자사의 문인에게 배운 이가 맹자이다. 성선설을 이야기한 것은 유명하다. 이 계통의 제자 문인들은 공자의 사상 안에 특히 내면성을 중시하고, 그것을 '효'나 '중용'이나 '성선'이라는 키워드로 전개하고 있다.

이에 반해 예를 중시한 것은 자유(子遊)나 자하(子夏)의 무리이다. 《논어》 자장편(子張篇)에 재미있는 일화가 기록되어 있다.

어느 날 자유가 자하의 문인들을 논평하며 다음과 같이 말했다. '자하의 문인들은 물 뿌리고 청소하며 응대하고 진퇴함에 있어서는 괜찮으나 말단이로구나. 근본적인 것을 보면 아무것도 없다.' 즉 자하의 문인들은 청소나 응대나 태도라는 형식적인 것은 할 줄 알지만, 그것은 하찮은 것이다. 본질이 되어있지 않다. 이에 반해 자하는 이렇게 반박한다. '군자의 도에서 어느 것을 먼저 전하고 어느 것을 뒤로 물릴 것인가.' 군자의 도는 무엇을 앞세우고 무엇을 나중에 익히게 할 것인가를 그때그때의 상황에 따르는 것이다.

이 일화는 같은 예의 존중이라고 해도 제자들 사이에서 그 대처 방식이 미묘하게 달랐음을 보여준다. 자하의 제자들은 엄격하게 예의 형식을 지키고, 그 형식미에 취한 것이리라. 자유는 그것이 마음에 들지 않았다. 예는 마음이 중요하다. 예의 정신을 소홀히 하고 형식만을 추구해도 의미는 없다는 생각이다.

어찌 되었건 이 제자 문인들은 예를 존중했다. 그 흐름을 이어받은 것이 순자이다. 순자는 성악설을 이야기하고, 인간을 선으로 향하게 하기 위해 예가 중요하다고 말했다. 그들은 공자의 사상 안에 이른바 외면성을 중시한 제자들이었다.

이러한 공자의 사상은 제자들의 흥미와 관심을 따라, 분할되고 전승되었다. 근래에 발견된 신출토자료도 그 것을 뒷받침하고 있다.

예를 들어 서장에서 소개했던 상박초간 가운데에는 《공자시론(孔子詩論)》이라는 출토문헌이 포함되어 있다. 지금 전해져 오는 《시경》의 내용과 일부 유사한 점이 있고, 요소마다 공자의 말이 인용되어 있다. 공자는 시에 대해 조예가 깊었다고 말하는 듯한 문헌이다. 또 《내례(內禮)》라는 출토문헌은 지금 전해 오는 《대대례기(大戴禮記)》의 증자 입효편(立孝篇), 증자 사부모편(事父母篇)이나 《예기》 곡례(曲禮) 상편(上篇)과의 사이의 연관이 확인된다. 편명에는 '예'자가 붙지만, '효'에 대해서도 이야기하는 문헌으로 공자 사상의 내외 양면을 다루려고 하는 흔적이 보인다.

《군자위례(君子爲禮)》라는 출토문헌은 공자와 제자 간의 문답으로 구성되었다. 전반부는 공자와 안회의 '예'와 '인'의 관계에 대한 문답, 후반부는 자우(子羽)와 자공(子貢)이나 공자와 자산(子產) 어느 쪽이 현인인가 하는 내용의 문답을 하고 있다. 이것도 군자와 예의와의 관계가 하나의 주제가 된 문헌이다. 게다가 앞 절에서 소개된 《종정》은 '군자'의 마땅한 태도, 특히 그 각오를 나타내는 방법으로, 유가집단의 정치참가의 방법에 대해서 이야기하고 있다.

이처럼 공자의 사상은 제자문인들을 통해 여러 가지 형식을 취하며 이어져 왔다. 그것은 끊임없는 원천이 마침내 몇 개의 지류로 나뉘면서 전체로는 하나의 큰 강을 형성하는 모습과 닮아 있다. 공자라는 원천과 그것을 이어받은 큰 강 같은 제자들. 그것은 마침내 한대에 들어와 '유교(儒教)'라는 국가

교학으로서 한층 더 큰 흐름이 되었다.

〔고사성어로 읽는 제자백가〕 위편삼절(韋編三絶)

《역》을 읽어 끈이 세 번이나 끊어지다. 《사기》 공자세가

공자는 만년에 이르러 《역》을 애독하고, 되풀이해서 숙독했으므로 죽간을 엮은 끈이 몇 번이나 끊어졌다고 한다. 《사기》 공자세가에 보이는 고사이다. 《논어》 술이편에도 이렇게 되어 있다. '나는 수년의 시간에 걸쳐 50세가 되어 《역》을 배울 수 있게 되자 그것으로 인생을 큰 실수 없이 살 수 있게 되었다.'

여기에 있는 '세 번'이란 구체적인 숫자를 나타내는 말이라기보다는 이미지를 표현한 말일 것이다. '셋'이란 몇 번이나, 자주라는 이미지를 나타낸다. 여기에서 '위편삼절'이란 열심히 독서하는 것, 반복해서 책을 읽는 것을 뜻하게 되었다.

그런데 공자는 정말로 《역》을 읽었을까. 이 문제는 지금까지 큰 수수께끼에 싸여 있다. 그러나 상해박물관장전국초죽간(상박초간)에 따르면 새로운 전개가 펼쳐진다. 상박초간 가운데에는 《역(《주역》)》이 포함되어 있다. 이것은 전 48간인 《역》의 텍스트로, 전 64괘 중 35괘 분량, 1천 8백자가 기록되어 있다. 죽간에는 각각의 윗부분에 괘화(卦畫 : 괘 나타내는 기호), 괘명(卦名 : 괘의 명칭), 괘사(卦辭 : 괘의 의미 해설), 효사(爻辭 : 괘를 구성하는 각 효의 해설)이 연속적으로 기록되어 있으며, 오늘날 전해지는 《역》의 기본적인 모습과 일치하는 내용이었다.

상박초간은 전국시대 중기의 사본으로 추정되고 있다. 그 원본의 성립은 그것을 상당히 거슬러 올라간 시대일 것이다. 그렇다면 춘추시대 말기의 공자가 이미 그러한 《역》의 원전을 읽었을 가능성은 충분하다고 생각된다. '위편삼절'의 고사가 새로이 뚜렷하게 되살아나는 것이다.

제3장

인간에 대한 신뢰

맹자의 사상

사람에게는 모두 동정심이 있다. 《맹자》 공손추 상편

예를 들어 어린 아이가 우물에 빠진 것을 보면, 어떤 사람이라도 놀라고 당황해서 견딜 수 없을 것이다. 맹자는 이러한 소박한 심정의 존재를 근거로 하여 인간의 본래성을 '사단(四端)'으로 설명했다. 인간에게는 본래적으로 '측은지심(惻隱之心)', '수오지심(羞惡之心 : 자신의 선량함을 부끄러워하고 악을 미워하는 마음)', '사양지심(辭讓之心)', '시비지심(是非之心 : 선악을 판단하는 마음)'의 네 가지(사단)가 갖추어져 있으며, 이것을 발전시키면 각각 '인', '의', '예', '지(智)'의 도에 도달하게 된다고 한다. 이른바 성선설의 주장이다.

신출토문헌 발견을 통해 맹자 이전부터 사람의 성질에 대한 의론이 여러 가지로 행해져 왔다는 것이 밝혀졌다. 성선설도 결코 맹자의 전매특허는 아니었던 것 같다.

그러나 인간의 본성에 주목하고 그 선성을 높이 평가하는 맹자의 사상은 유가의 본류로서 후세에도 영향을 부여했다. 인간의 본성에 대한 깊은 신뢰. 그것이 유가사상의 근본원리 중 하나이다.

신출토문헌의 발견에 의해 가장 큰 재검토가 요구된 것은 맹자의 사상이다. 지금까지 맹자의 사상은 《논어》에 보이는 공자의 사상과의 관계를 축으로 이해되어 왔다. 공자의 사상을 직접 계승한 위대한 사상가가 맹자라는 위치를 점하고 있는 것이다. 맹자를 '아성(亞聖)'이라고 부르는 것은 그러한 평가를 전제로 하는 것이다.

그런데 곽점초간이나 상박초간 등 신출토문헌은 맹자 이전의 유가들이 활발한 사상활동을 전개했다는 것을 이야기하고 있다. 예를 들어 통설에서는 인간의 본성을 선으로 생각하는 '성선설'은 맹자가 처음으로 이야기한 것으로 되어 있다. 그때까지는 성에 관한 사색은 거의 이루어지지 않고, 맹자 시대 처음으로 활발히 의론되었다고 생각되어 왔다. 그러나 초간 가운데에는 본성에 관해 여러 가지 의론이 거론되고 있으며, 맹자의 성선설과 유사한 견해도 이미 보이고 있다.

과연 성선설은 맹자의 독창적인 것인가. 이러한 의문은 전국초간의 발견을 통해 처음으로 부상한 큰 문제라고 할 수 있다. 결국 맹자 사상의 형식과정이나 그 의식에 대해 큰 재검토를 요구받는 것은 틀림없다. 여기서는 될 수 있는 한 그러한 새로운 맹자관에 대해 다룰 것이다. 우선 맹자의 생애를 돌아보는 것부터 시작해 보자.

1 맹자의 생애와 《맹자》의 편찬

수수께끼에 싸인 전반생

맹자(이름은 가〔軻〕, 자는 자여〔子輿〕)는 BC 370년 무렵 추(鄒 : 산동성)이라는 작은 나라에서 태어났다. 공자의 출생지인 노나라의 이웃 나라이다. 그러나 명확한 생몰년은 알 수 없다. BC 370년 무렵이라는 것은 하나의 유력한 가설이지만, 맹자는 양(梁 : 위(魏))의 혜왕(惠王 : 재위 BC 369~319년)을 회견해서 스스로 이상을 설파했다. 《맹자》 양혜왕편(梁惠王篇)에 보이는 장대한 문답은 그 설을 기록하고 있는 것이다. 이 회견의 첫머리, 혜왕은 맹자에게 '선생(叟)께서 천리를 멀다 않고 찾아 오셨으니'라고 부르고 있다. '叟'란 장로에 대한 호칭이다. 최소한 50세 정도였다고 생각된다. 이 점에서 역산하면 맹자가 태어난 것은 BC 370년 무렵이라는 이야기가 된다. 그러나 사실 여부는 알 수 없다.

어린 시절의 전기도 불명이다. 잘 알려져 있는 '맹모삼천(孟母三遷)'이나 '맹모단기(孟母斷機)'의 고사도 후세에 창작되었을 가능성이 높고, 실화였는지 어떤지 의심스럽다. '맹모삼천'이란 맹자의 어머니가 세 번 이사를 하여 맹자의 교육에 힘썼다는 이야기이다. 처음에 묘지 가까이에 살고 있었을 때에 맹자는 장례식 놀이를 하며 놀았고, 시장으로 이사했을 때에는 장사하는 흉내를 내며 놀자 마지막으로 학교 근처로 이사했다는 이야기이다. 환경이 아이에게 주는 영향을 생각하게 하는 이야기임과 동시에, 자식을 생각하는 교육열이 있었던 맹자의 어머니를 생각케 하는 이야기이다.

또 하나의 이야기는 '맹모단기'. 공부를 도중에 포기하고 돌아오던 맹자에 대해 어머니는 베틀로 짜던 천을 끊고, 학업을 중단하는 것은 이것과 마찬가지라고 훈계했다고 한다. 이것도 학업을 계속하는 것의 중요성과 함께, 맹자의 어머니의 교육열이 전해져 오는 이야기이다. 모두 전한 말 유향(劉向)이 편집한 《열녀전(列女傳)》에 기록되어 있으므로, 맹자 자신이라기보다는 맹자 어머니에게 주목하는 이야기이다.

다음으로 청소년기이지만, 이것도 자세한 활동 상황은 거의 알 수 없다. 단지 당시는 '양주(楊朱), 묵적(墨翟)의 말이 천하에 가득 찬다'(《맹자》 등문공하〔騰文公下〕)라고 말해지듯 격렬한 '사상'의 계절이었다. 맹자의 주위에는 극단적인 향락주의를 이야기하는 양주나, 겸애·비공설을 설파하는 묵가집단이 활동하던 때였다. 그와 동시에 전국시대의 여러 나라로 분열된 상태에서 서서히 중국통일의 전망이 막을 올리던 시대이기도 했다.

맹자의 사상형성

이러한 격동의 시대에 맹자는 어떻게 해서 사상을 형성했는가. BC 320년 무렵, 양의 혜왕 앞에서 당당히 논진을 펼치고 있다. 이처럼 확고부동한 사상계통이 형성되기 위해서는 무언가가 있었을 것이다. 하나의 가능성으로서 지적되는 것은 맹자가 당시 문화의 선두주자였던 제나라에 유학을 했다는 점이다. 제나라는 맹자의 고국인 추나라와 이웃한 대국이었으며, 많은 사상가를 식객으로 받아들이고, 의론, 저술에 전념하도록 했다. 그는 '직하(稷下)의 학사'라고 불렸다. 맹자는 이 직하에서 많은 학자들과 의론을 겨루는 가운데, 스스로의 사상을 형성했던 것은 아닐까.

어쨌든 맹자는 40세 무렵 '나이 40에 흔들리지 않으며'(《맹자》 공손추상)라고 '부동심'의 경지에 이르렀다고 쓰고 있다. 그리고 추나라에 학단을 형성하여 활동을 개시했다.

다른 하나의 전승으로 맹자가 자사(공자의 손자)의 문인에게 배웠다는 것이 있다. 맹자는 '불행히도 늦게 태어나 공자의 직접적인 제자가 되지 못했다, 남몰래 공자의 가르침을 사람으로부터 배워 스스로를 갈고 닦을 수 있었다'(《맹자》 이루하)라고 감격의 말을 남기고 있다. 이에 의해 맹자는 공자의 사상에 열중했다는 것을 알 수 있다. 만약 맹자가 제나라의 직하(稷下)에서 유학하고 여러 가지 사상에서 영향을 받았다 하더라도, 그 사상의 핵심은 어디까지나 공자의 사상이었다는 것이 된다.

따라서 예를 들어 맹자는 고대의 성인에 대해 평론하는 가운데 그 중에서도 특히 공자의 이상을 배우고 싶다고 선언한다.(《맹자》 공손추상) 또 공자가 세상의 혼란함과 쇠퇴함을 탄식하며 《춘추》를 저작하고, 그것에 의해 세상의 난신적자들을 벌벌 떨게 만들었다는 설이다.(《맹자》 등문공하) 게다가 공자를 칭찬하고, '중니(공자의 자)는 중정의 도를 지키고 지나친 일은 하지 않았다(《맹자》 이루하)'라고 공자가 중용을 아는 사람이었다고 서술하며, '공자는 성인으로 시기를 아는 이였으며, 집대성한 이다(《맹자》 만장하(萬章下))'라고 공자를 높이 평가하고 있다.

이처럼 자신의 사상을 확립한 맹자는 제자를 데리고 드디어 각 나라의 유세 여행을 떠난다. 명확한 맹자의 사적이 드러나는 것은 이 무렵부터이다.

여러 나라 유세와 늘그막의 맹자

BC 320년 맹자는 양의 혜왕과 회견했다. 잘 알려져 있는 '오십보백보(五十步百步)'의 예를 들어 인구가 적음을 걱정하는 혜왕에게 간언하고, 인정의 중요성을 설파한 것은 바로 이때의 일이었다.

그러나 BC 319년 맹자를 이해했던 양나라의 혜왕이 서거한다. 왕위를 계승한 양왕(襄王 : 재위 BC 318~296년)은 평범하고 변변치 못한 군주였다. 맹자는 양왕의 사람됨에 실망해 양나라를 떠났다. 왕도와 인정이라는 맹자의 이상은 실현될 수 없는 것이었다.

다음으로 맹자가 향한 곳은 제나라였다. BC 318년, 맹자는 제나라의 선왕(宣王 : 재위 BC 318~301년)과 회견했다. 객경(客卿)으로서 우대받으며 그 곳에 머물게 되었다. 그 때 하나의 사건이 일어났다. BC 316~315년, 연왕(燕王)인 쾌(噲)가 자기 아들(태자 평(平))이 아닌 대신 자지(子之)에게 왕위를 선양하려고 했다. 이 때문에 연에는 내란이 일어났다. 맹자는 선왕의 질문에 대답해 이 기회를 틈타 군사개입을 해야 한다고 권했다.

BC 314년 연나라에서 반란이 일어나고, 또 여러 나라들도 연나라를 구원하려고 했으므로 제나라는 연나라로부터 전면 철수했다. 이 사건에 의해 맹자는 책임을 지게 되어, 제나라의 선왕과 대립하여 제나라에서 퇴거하게 되었다. 수년에 걸쳐 제나라에 머물렀지만 맹자는 왕도정치의 꿈을 실현시킬 수 없었다.

그 뒤 맹자는 송(宋)나라, 설(薛)나라, 등(騰)나라를 주유한다. BC 305년에는 노나라로 가서 평공(平公)과 회견할 수 있게 되었지만, 평공의 추종자 장창(臧倉)이라는 자가 맹자를 중상해서 결국 실현되지 못했다. '내가 노후와 만나지 못하는 것은 하늘의 뜻이다', 이것도 천명이라고 깨달은 맹자는 결국 유세활동에서 은퇴하고 추나라로 귀국한다. 이후에는 교육, 저술에 전념했다. 정확한 사망년도는 알 수 없지만, 아마 BC 300~290년 무렵 추나라에서 사망했다고 추측된다.

《맹자》 7편의 성립

만년의 맹자가 제자들과 함께 편집했다고 하는《맹자》7편은 맹자의 사상을 지금까지 전하는 귀중한 문헌이다. 7편이란 양혜왕(梁惠王), 공손추(公孫丑), 등문공(騰文公), 이루(離婁), 만장(萬章), 고자(告子), 진심(盡心)의 일곱 가지이며, 이들 편명은 모두 각 편 첫머리에서 따온 것이다.《논어》의 학이편이 '學而時習之(학문을 익힐 때에는)'라는 첫머리에서 두 자를 딴 것과 마찬가지이다. 이중에서 양혜왕과 등문공은 군주의 이름, 공손추와 만장은 맹자의 제자 이름, 이루는 고대의 성왕 황제(黃帝)의 신하 이름, 고자는 맹자와 성설을 논쟁한 맞수의 이름, 진심은 '그 마음을 다하여'라는 첫머리의 말에서 따온 것이다.

또 고대의 사상문헌은 문답체로 구성되어 있는 경우가 많고, 이《맹자》에서도 기본적으로는 왕과 맹자, 또는 맹자와 제자의 문답, 대화 형식을 취한다. 특히 양혜왕편은 양의 혜왕, 제의 선왕에서 노의 평공까지, 맹자가 회견한 (혹은 회견하려고 했던) 왕이 순서대로 등장하는데, 맹자의 주유를 따라 편집되었다는 의도가 분명히 읽힌다. 고자편도 인간 본성의 문제를 둘러싼 맹자와 고자의 장대한 논쟁이 기록되어 있다. 단지 이루편의 후반부나 진심편은 '맹자왈'로 비교적 짧은 맹자의 말이 모아져 있을 뿐, 장문의 문답이나 대화는 보이지 않는다. 아마 편에 따라 편집 의도나 책임자가 달랐던 것일까.

그러나 고대의 사상문헌의 대부분이 자료적으로 미비한 점이 있는 가운데 《맹자》는 극히 신뢰받는 자료로서 중시되고 있다. 예를 들어 《노자》는 언제 성립된 문헌인가에 대해 여러 가지 의론이 있고, 《장자》도 사상가 스스로가 쓴 부분과 후세에 부가된 부분을 구별해서 생각하는 것이 보통이다. 이에 반해 《맹자》는 BC 300년 무렵, 맹자와 그 제자들이 편집했다는 것이 분명하며, 전국시대 중기의 사상을 전하는 문헌으로서 확고부동한 지위를 구축하고 있다.

2 맹자의 사상

왕도정치

그러면 《맹자》 7편에서 엿볼 수 있는 맹자의 사상이란 어떤 것인가.

《맹자》의 첫머리에는 양의 혜왕과 맹자의 대화가 기록되어 있다. 이웃나라에 비해 인구가 적은 것을 걱정하는 혜왕에게 맹자는 그런 것은 '오십보백보'에 지나지 않으며, 중요한 것은 인의에 기초한 정치를 행하는 것이라고 주장한다. 혜왕은 인구수의 적음이 그대로 생산력이나 군사력의 대소에 연결된다고 생각했을 것이다. 전국시대를 살아가는 군주로서 국익을 중시하는 것은 당연한 발언이라고도 할 수 있다. 그러나 맹자는 인덕 있는 왕자가 백성에게 따뜻하게 인정을 베풀면 가만히 있어도 백성이 옮겨 올 것이라고 반론한다. 인구의 다소라는 '오십보백보'의 차이에 일희일비하는 것이 아니라, 왕도정치의 실현이라는 본질에 눈을 떠야 한다는 것이다.

그 제일보로서 맹자는 '삶을 부양하고 죽음을 치르는 데 원한이 없어야 왕도의 시작이다'(《맹자》 양혜왕상)이라고 하고 있다. 즉 의식주라는 기본적인 생활을 보장하고, 죽은 사람의 장례를 여한 없이 행하게 하는 것이 왕도정치의 출발점이라는 뜻이다.

또 이 이상을 실천하기 위해 맹자는 백성에게 '항산(恒產 : 안정적인 생업)'을 갖게 하는 것이 중요하며, 위정자가 '상서(庠序 : 학교)'를 정비해야 한다고 설파했다. '항산'이 없다면 '항심(恒心 : 안정적인 정신)'을 가질 수 없고, 학교에서야말로 '인륜(人倫 : 인간의 도)'를 가르칠 수 있다고 생각했기 때문이다.

게다가 등의 문공에게 정치의 소양에 관한 질문을 받은 맹자는 학교의 정비와 함께 정전제(井田制)등 행정개혁을 설파하고 있다. 정전제란 1리(里 : 약 400m) 사방의 토지를 '정(井)'자 모양으로 아홉 등분 하여 그 안에 있는 여덟 구획을 여덟 가족에게 나누어 주어, 남은 중앙 한 구획을 공전으로 공동 경작시킨 뒤, 그 수확을 조세로 상납시키는 토지제도이다. 이것도 민생의 안정에 주안점을 둔 맹자의 정치론의 일환이다.

그리고 이러한 정책을 양나라나 등나라라는 특정한 나라에서 뿐만이 아니라, 세계의 곳곳까지 확충시키는 것이 맹자의 이상이었다. 인정은 주의를 감화시킬 수 있으며 마침내 세상의 모든 사람들이 그 군주에게 귀순한다고 맹자는 생각했던 것이다. '인자에게는 적이 없다(《맹자》 양혜왕상)'라고 맹자는 말한다. 전란이 계속되는 시대에 진실한 군주는 군사력을 행사하지 않고, 그 인덕으로 세상 사람들을 귀순시킬 수 있다는 것이다.

이러한 맹자의 정치론은 역사 속에서 태어난 듯싶다. 즉 맹자는 정치의 이상적인 모습을 요, 순 등 역사상의 '선왕(先王)'에게서 본 것이다. 고대 성왕의 정치를 이상으로 삼고 '선왕의 도'나 '선왕의 법(《맹자》 이루상)'을 규범으로 삼아 정치를 실천해야 한다고 한 것이다.

천명과 혁명

그러면 요나 순이라는 성왕은 어째서 이상적인 정치를 실현할 수 있었는가. 맹자는 그 대답을 '천명(天命)'에서 구하고 있다. 왕권은 인위(전쟁)적으로 탈취하는 것이 아닌, 천명으로 부여받는 것이다. 왕조의 교체도 천명이라는 정당성이 있어서야 말로 실현되는 것이라고 설파한다.

이에 반해 제나라의 선왕은 맹자에게 다음과 같이 질문했다. 은(殷)나라의 탕왕(湯王)은 걸(傑 : 하(夏)왕조 최후의 폭군)을 토벌하고, 또 주 무왕은 주(紂 : 은왕조 최후의 폭군)를 토벌하고 왕조교체를 이루지 않았는가. 이것은 신하가 군주를 쳐서 정권을 찬탈한 사례가 아닌가. 이에 대해 맹자는 대답했다. '잔적(殘賊)한 사람을 일개 필부라 합니다. 일부 주를 벌하는 것을 들어도, 아직 군주를 시해하였다는 이야기는 듣지 못하였습니다.'(《맹자》 양혜왕하) 즉 인의를 상하게 하고 백성을 고통스럽게 하는 '잔적'한 사람은 군주라고 할 수 없다. 걸이나 주는 잔적한 '일개 필부'에 지나지 않으며, 탕왕이나 무왕은 이 일개 필부를 토벌했을 뿐이라는 것이다.

맹자에 따르면 하 왕조나 은 왕조의 멸망은 일단 내린 천명이 바뀐 것, 즉 '혁명(革命)'임에 틀림없다. 인의지심을 잊고 백성들을 고통스럽게 하는 걸이나 주는 더 이상 왕이 아닌 토벌해야 할 '일개 필부'에 지나지 않는다는 것이다.

이처럼 맹자의 정치론에는 천명과 백성이 중요한 위치를 점하고 있다. 그러므로 맹자는 '백성이 가장 중요하고, 사직이 그 다음이고, 군주는 가장 덜 중요하다(《맹자》 진심하)'라고도 서술하고 있다. 군주는 천명으로 왕권을 수여받아, 백성의 지지가 있어서 처음으로 그것을 유지할 수 있다는 사고이다.

성선설

그러나 이러한 정치론이 유효성을 가지기 위해서는 천명을 받기에 충분한 위대한 성인이 출현하고, 또 백성 쪽도 그에 감화되는 자질을 가지고 있다, 는 것이 전제가 될 것이다. 즉 인간의 자질에 대해 무언가 보증이 필요해지는 것이 아닌가. 맹자는 이 점에 대해 우선 인간의 본성이 선이라는 '성선설(性善說)을 주장한다.

사람에게는 모두 '사람을 측은히 여기는 마음'이 있다. 타인의 슬픔을 지나칠 수 없는 동정심이다. 예를 들어 어린 아이가 우물에 빠진 것을 본다면, 어떤 사람이라도 놀라고 당황해서 가만 있을 수 없을 것이다. 맹자는 이러한 소박한 심정의 존재를 근거로 해서 인간의 본성을 '사단'으로 설명했다. 인간에게는 본래적으로 '측은지심', '수오지심', '사양지심', '의', '예', '지'의 도에 도달한다는 것이다.(《맹자》 공손추상) 또 인간에게는 본래 사회생활을 영위하기 위해 필요한 지능이 갖춰져 있다고 한다. '사람이 배우지 않고도 잘하는 것이 양능(良能)이고, 생각하지 않고도 아는 것이 양지(良知)이다.'(《맹자》 진심상) '양지', '양능'은 후천적으로 배워 습득하는 것이 아닌, 신천적으로 갖추고 있는 것이다.

물론 이러한 선성은 하늘에서 부여받은 것이다. 그러므로 '그 본성을 알면 하늘을 아는 것이다(《맹자》 진심상)'라고 하듯 사람은 스스로를 반성함에 따라 '하늘'의 존재를 깨달을 수 있게 된다. 맹자의 성설에서 '반성'이 특별히 강조되는 것은 이 때문이다.

인이란 활을 쏘는 것과 같은 것이다. 자세를 바로 하고 화살을 쏜다. 명중하지 않더라도 자신을 이긴 상대방을 미워하지 않고, 자신에게 결점은 없었는가 하고 반성해 본다. 《맹자》 공손추상

행해도 얻어지지 않으면 자신을 반성해야 한다. 《맹자》 이루상

성실함이야말로 하늘의 도(자연의 도리)이다. 하늘에서 뒷받침하는 성실함을 다하면 그 언동은 분명 타인을 감동시킬 수 있을 것이다. 《맹자》 이루상

자신을 돌아보고 성실함이 있다면, 이것보다 큰 즐거움은 없다.

《맹자》 진심상

이처럼 맹자가 생각하는 인간의 본성은 하늘에 근거를 가지고, 하늘에서 보증하는 선성이다. 그것은 인간 개개의 내면에 사단으로서 근원적으로 존재한다. 사람은 그것을 자각하고, 확충해 가면 선인이 될 수 있다. 게다가 그것은 '기'로 흘러넘쳐 타인에게도 영향을 미치게 된다. '호연지기(浩然之氣 : 《맹자》 공손추상)'란 이러한 도덕성을 가진 에너지를 말한다. 개개의 선성은 호연지기로서 세계 구석구석까지 확충해 가는 것이다.

성인의 출현

한편 천명을 받기에 충분한 성인에 대해서는 다시 조건이 더해진다. 일반적인 인간에게는 선성이 갖추어진 것으로 충분할 것이다. 그 다음에는 개개인의 자각과 노력을 기다리는 것 뿐이다. 그러나 세상을 다스리는 위대한 성인에게는 그렇게 쉽게 눈에 띄는 것이 아니다. 거기서 맹자는 과거의 역사를 돌아보고, 500년을 1주기로 성인이 출현하며, 시대는 치세와 난세를 반복한다고 설파한다. 성인은 천명을 받아 이 세상에 나타나지만 역시 그 감화력에도 한계가 있어, 5백년이 흘러 세상이 쇠퇴하게 된다고 한다. 거기서 천명이 새로워지고(혁명), 새로운 성왕의 시대가 도래한다는 것이다. 그 혁명의 싹은 폭군의 압정에 고통 받는 백성들의 원한의 목소리다. 백성들의 소리에 감

응한 하늘이 새로운 운명을 이 세상에 내리는 것이다.

단 이 성인의 근본도 역시 선한 마음이다. 그 점에서는 성인도 일반인들과 다른 점이 없다. 그렇게 생각한 맹자는 이렇게 말했다.

저 위대한 순도 우리와 같은 인간이다. 모두 하늘에 근거를 둔 선성을 가지고 이 세상에 태어났다. 《맹자》 이루하

성인도 나와 동류의 사람이다. 《맹자》 고자 상

이러한 사고는 성인과 범인 사이에 선을 긋는 것이 아니라, 사람은 누구라도 노력에 의해 성인이 될 수 있다고 이야기하는 것으로, 후의 송학(宋學 : 주자학〔朱子學〕)의 근본원리가 되었다.

3 맹자의 재평가

성선설의 재발견

맹자의 사상은 대략 앞에서 서술한 바와 같이 정리할 수 있을 것이다. 그런데 근래 출토문헌의 새발견은 그런 통설에 큰 재검토를 요구하게 되었다.

우선 성설(性說)이다. 지금까지 유가의 성설에 대해서는 다음과 같은 이해가 통행되어 왔다. 공자는 '사람의 천성은 비슷하나, 습관에 의해 멀어진다(《논어》 양화편〔陽貨篇〕)'라고 서술하고 있을 뿐이고, 명확한 성론을 이야기하지 않는다. 인간은 갓 태어났을 때에는 서로 비슷하지만, 그 후의 습관에 의해 큰 차이가 생긴다, 라는 정도의 발언이다. 제자인 자공도 스승으로는 성질과 천도에 대해 그다지 가르침을 받지 못했다고 탄식하고 있다(《논어》 공야장편). 유가 가운데에서 그 뒤 성설이 활발히 논의된 것은 전국시대 중기, 그 대표는 맹자의 성선설이라고 생각되어 왔다.

그런데 1993년 발견된 곽점초간에는 《성자명출(性自命出)》이라는 문헌이 있는데, 흥미롭게도 성설이 기록되어 있다. 내용은 그 시명(가제)의 '성(性)은 운명에서 나온다'에서 알 수 있듯이, 인간의 본'성'이 하늘의 '운명'에 근거를 두고 존재하고 있다는 것을 이야기하는 것이다. '사해 내, 그 성은 하

나다'라고 성이 모든 인간에게 보편적으로 존재한다는 것으로, 그 '성은 운명에서 나오고, 운명은 하늘에서 내려온다', 즉 성은 무릇 하늘의 운명에서 유래한 것이며, 인간이 선인으로 있을 수 있는 궁극적인 근거는 하늘에 있다는 것이다. 또 상박초간의 《성정론(性情論)》이라는 문헌도 죽간의 배열이나 편집이 다를 뿐이고, 내용은 기본적으로 《성자명출》과 동일한 성설을 설파하고 있다. 즉 동일한 내용을 설파하는 다른 계통의 글이라고 생각할 수 있다.

곽점초간은 BC 300년 무렵 초묘(楚墓)에서 출토된 것이며, 상박초간도 탄소14의 측정치로 보면 거의 동일한 시기의 초간이라고 생각된다. 원래 오래된 무덤에서 우연히 발견된 죽간은 많은 사본 중 하나일 가능성이 높고, 그 원본이 저작된 시기는 당연히 그것보다 더 거슬러 올라간다. 또 이러한 거의 비슷한 시기에 복수의 텍스트가 유포되어 있으므로, 원본의 성립은 그것보다 상당히 빠른 시기가 된다고 생각하지 않을 수 없다. 유가의 성설은 공자의 사망 후로부터 그다지 시간이 흐르지 않은 때에 크게 전개되었을 가능성이 있다.

마찬가지로 곽점초간 가운데는 성설을 설파하는 것에 《성지문지(成之聞之)》로 가칭된 문헌이 있다. 이 문헌은 '성자의 성'과 '중인(中人)의 성'이라는 말을 쓰면서, 그 성인과 중인 사이의 본래적 구별은 없다고 이야기한다. 원래 성인이 성인으로서의 덕을 성취한 후에는 백성과의 성 사이에는 확연한 차이가 발생하고 있다. 그러나 사람에게는 모두 본래적으로 동일한 성이 갖춰져 있다는 것을 이야기하는 점에서 《맹자》와의 관련에 주목된다. 또 《성지문지》는 군자와 소인을 대비해 그 차이를 '하늘의 덕'이나 '하늘의 마음'에 따르는지 아닌지에 있다고 한다. 인간에게는 보편적인 성이 갖춰져 있고, 그 성이 하늘에 기초를 두고 있다는 견해도, 앞의 《서자명출》이나 《성정론》과 마찬가지로 《맹자》와 유사하다.

이처럼 새롭게 발견된 전국초간을 참고하면, 종래의 문헌에서 알려진 성설 이외에도 유가 가운데 여러 가지 성설이 일찍부터 주장되었다는 것을 알 수 있다. 《맹자》나 《순자》의 성설도 사상사에 갑자기 나타난 것이 아닌, 그러한 사상사를 이어받아 형성된 것이라고 추측된다. 전국초간에는 사람은 하늘에 의해 기본적인 소질이 보증되고 있다는 견해나, 사람들에게 본래적인 성의 차이는 없다는 견해가 보이지만, 그것은 《맹자》의 성선설까지 한 걸음 차이에 있는 사상이었다라고 할 수 있을 것이다.

왕조교대의 정당성

지금 한 가지, 전국초간과 관련되어 주목받는 것은 맹자가 설파하는 왕조교대의 이론이다. 중국 고대 통치의 이상적 형태, 특히 왕조의 교체, 왕위의 계승은 어떤 모습이어야 하는지에 관한 문제는 정치사상의 가장 중요한 과제 중 하나였다. 곽점초간 가운데 《당우지도(唐虞之道)》라고 가칭된 문헌은 당(唐 : 요)나 우(虞 : 순)의 치세를 대상으로 요에서 순, 순에서 우(禹)로 이어지는 선양을, 이상의 모습으로 찬미하고 있다. 특히 순을 최고의 모델로서 절찬하고 있다.

이것은 《당우지도》가 일관적으로 '선양(禪讓)'을 유일하고 절대적인 왕위 계승형태로 생각했기 때문이다. 요, 순, 우 세 명을 비교해 보면 우선 요는 '태어나면서부터' 천자였고, 순에게 선양하기는 했지만 스스로 선양받은 경험은 없다. 또 순에서 선양받은 우는 현자의 등용에 힘썼지만, 결과적으로 왕위를 친자식인 계(啓)에게 계승시켰다. 따라서 선양받고, 선양한 유일한 최고의 본보기로서 순이 찬미 받게 된 것이다.

그러나 이러한 선양론은 다른 선택의 여지를 완전히 제거한 비현실적인 정치론이다. 이 선양론을 실행에 옮긴다면, 각 왕조는 친자식이 아무리 우수한 후계자라고 해도 단 한 세대에 그칠 뿐, 타인에게 왕위를 물려주어야만 한다. 어떤 의미로는 과격한 정치사상이다. 또 이 이론은 확실히 순의 생애에는 들어맞지만, '태어나면서부터' 천자였던 요나 자기 자식에게 왕위를 물려준 우에게는 해당하지 않는다. 혈연세습으로 이어진 주 왕조에도 적합하지 않다. 《당우지도》가 순 이외에는 그다지 거론하려 하지 않는 것은 그 이유에서이다. 이와 같은 의미에서 《당우지도》의 통치론은 역사의 사태에 눈을 감는 것으로, 내부에 큰 문제를 안고 있다고 할 수 있을 것이다.

마찬가지로 선양설을 설파하는 신출토문헌에 《용성씨(容成氏》가 있다. 상박초간 《용성씨》는 고대 제왕 '용성씨'로부터 주 문왕, 무왕에 이르기까지 왕자의 계보를 기록해, 그 왕위계승의 모습을 논하는 문헌이며, 역시 선양만을 왕조 교체의 이상으로 들고 있다. 단 《당우지도》와는 달리 용성씨로부터 무왕에 이르는 중국의 역사전체를 취급하려고 하고 있다. 그러나 선양만으로 역사의 전부를 설명하려고 하므로, 역대 제왕에 대한 통상적인 평가와 합치하지 않거나, 혈연세습을 계속한 주 왕조의 취급에 모순이 발생하고 있다. 선양은 확실히 매력적인 정치론이긴 하지만, 역사의 실태와 어떻게 타협할 것인가가 큰 과제로 남아 있다고 할 수 있을 것이다.

거기서 등장한 것이 맹자의 이론이다. 맹자는 요순 이래, 모든 왕조 교체를 시야에 넣으며 고대 성왕 전부를 긍정적으로 다루었다. 요에서 순으로의 선양도 그 후의 혈연세습에 대해서도 전부 긍정하고 있다. 제나라의 선왕이 질문했듯이, 걸, 주왕이 탕왕, 무왕에 의해 토벌된 점이 유일한 의문으로 남아 있기는 하지만, 맹자는 이것에 대해서도 토벌이 아닌 '일개 필부'를 주살했던 사례에 지나지 않는다고 시인한다. 그리고 이들 왕조 교체에는 전부 '천명'이 관여하고 있다. 즉 천명을 정당화하는 논거로 삼을 수 있는 것이다. 예를 들어 요가 순에게 선양한 것에 대해 질문한 제자 만장에게, 맹자는 천하를 멋대로 타인에게 줄 수는 없다, '하늘'이 그것을 주는 것이라고 답했다. (《맹자》 만장상)

이처럼 맹자는 '천명'을 제안하며 왕조 교체의 정당성을 설파하게 된다. 그것은 선행하는 선양설에 치명적인 결함이 있다고 생각되었기 때문이 아닐까. 고대 성왕의 왕위계승을 전부 긍정하기 위해서는 맹자와 같은 이론을 제안하고, 역사의 실태에 맞추는 것이 필요했던 것이다. 이러한 맹자의 고심은 전국초간에 보이는 복수의 선양설과 대비해 보면 보다 잘 이해할 수 있다. 앞의 성설의 경우와 마찬가지로, 맹자의 정치론도 선행하는 여러 가지 논의를 이어받아 성립되었다고 생각할 수 있을 것이다.

신출토문헌과 맹자의 사상

지금까지 맹자의 사상에 대해서는 그 형성 과정이 거의 수수께끼에 싸여 있었다. 맹자는 언제 어떻게 그러한 장대한 사상체계를 구축했는가. 그것을 밝히는 자료가 없었던 것이다. 확실히 《맹자》 7편에는 맹자의 사상이 명쾌하게 이야기되고 있다. 《맹자》를 읽어 보면 그 사상의 전체 모습을 대강 파악할 수 있다. 단 그것이 어떤 과정을 거쳐 형성되었는가, 당시에 그것이 어느 정도의 충격을 가진 사상이었는가, 라는 점은 충분히 밝혀졌다고 하기 어렵다.

그 최대의 원인은 맹자 이전의 문헌자료가 너무 적다는 점이다. 공자의 언동은 《논어》에 의해 일단 확인할 수 있다. 그러나 공자의 제자 문인들의 사상활동에 대해서는 거의 실태를 알 수 없다. 맹자에게 학문을 전수했다고 하는 자사의 문인에 대해서도 도대체 그가 어떤 인물로 어떤 활동을 했는지는 하나도 알 수 없다. 그러므로 지금까지 사상사에서는 마치 공자의 뒤로 맹자의 사상이 직결하고 있는 것처럼 취급하는 경우도 있었다. '아성(亞聖)' 맹자는 '선성(先聖)' 공자 직계의 사상가라는 이해이다.

이러한 견해에 반성을 요구한 것은 전국초간이라는 새로운 출토문헌의 발견이다. 지금까지 공백이었던 시대의 문헌이 잇따라 발견되는 극적인 사태가 발생한 것이다.

젊은 날의 맹자는 이들 문헌을 통해 많은 자극적인 사상에 접할 기회가 있었던 것은 아닐까. 성설이나 천명의 사상, 왕조교체의 이론도 그것을 계승하고, 혹은 극복하는 것에 의해 형성되어 온 것은 아닐까. 신출토문헌은 그러한 가능성을 나타낸 것이다.

〔고사성어로 읽는 제자백가〕 오십보백보

오십 보를 달아난 것으로 백 보를 달아난 것을 비웃는다면 어떠합니까.

《맹자》 양혜왕상

전장에서 오십 보를 이탈한 이가 백 보 달아난 이를 겁쟁이라 여기고 비웃을 수 있을까. 그것은 단순한 정도의 차이에 지나지 않으며, 적 앞에서 도망쳤다는 본질은 같다. 양의 혜왕과 만난 맹자는 이 비유를 써서 군사력이나 인구의 많고 적음을 겨루는 것은 어리석다고 설파했다. 중요한 것은 '이(利)'의 많고 적음이 아닌, '인의(仁義)'라는 본질의 유무이다.

현재에는 대동소이(大同小異 : 닮아서 큰 차이가 없음)이라는 뜻으로 쓰이지만, 원래는 이처럼 전장에서의 고사에 기초해서 만들어진 성어이다. 군대에서 적을 앞에 두고 도망친 것과, 상관에 대한 반항은 중죄이다. 둘 다 조직의 지휘명령계통을 어지럽히고, 전체의 사기를 저하시킨다. 전쟁을 좋아하는 혜왕에게 맹자는 전쟁의 예를 써서 인의의 중요성을 전하려 했던 것이다.

또한 마찬가지로 전투와 관계된 어느 말에 '인자는 활을 쏘는 것과 같다(《맹자》 공손추상)'가 있다. '인'의 마음이란 활을 쏘는 것과 같다. 자세를 바로 하고 화살을 쏜다. 명중하지 않더라도 자신을 이긴 상대방을 미워하지 않고, 자신에게 결점은 없었는가 하고 반성해 본다. 유가에서 강조하는 자기 반성의 정신이다.

제4장
특이한 사랑의 모습
묵가의 사상

지금 대의에 등을 돌리고 타국을 침범하면서 그것이 잘못인지 모르고 오히려 명예라 생각하며 정의라 말한다. 《묵자(墨子)》 비공상편

묵가는 전란이 끊이지 않는 전국시대에 '겸애(兼愛)', '비공(非攻)'의 이념을 들어 천하를 뛰어다녔다. 한 사람을 죽이면 사람은 누구라도 '살인자'라고 소리 높여 외치면서, 대량살인을 범하는 침략 전쟁은 어째서 비난받지 않는가. 정의란 그 나라나 군주의 이익이 아닌, 천하 전체의 이익이어야 한다.

이러한 이상을 묵가는 실력행사를 통해 실현하려고 했다. 단순히 전쟁을 반대한다고 외치는 것이 아닌, 군사집단을 조직해서 약소국의 방위를 맡았다. 그 실전체험 가운데에서 성의 방위에 관한 여러 가지 기술을 고안해 냈다.

생명의 위기를 돌보지 않고, 천하의 이익을 위해 분주했던 묵가. 그것은 전국시대를 달려간 한 차례 바람과도 같았다. 진한제국의 탄생과 함께, 그 바람은 홀연히 이 세상에서 사라져 버린다.

'묵공'에 그려진 묵자

영화 '묵공'(2006년, 한국·중국·일본·홍콩)은 십만 대군에 홀로 맞섰던 묵자(墨者)의 이야기이다.

BC 370년, 조(趙)나라는 십만 군대로 연(燕)나라 공격을 개시, 국경에 있는 요충지 '양(梁)'까지 쳐들어 온다. 양은 묵가(墨家)에 구원을 요청하지만, 양성에 온 것은 혁리(革離)라는 초라한 묵자 한 명이었다.

혁리는 여러 가지 수성 기술을 구사, 조나라의 공격을 훌륭하게 극복한다.

양왕에게 포상을 받게 되자, '묵자는 타인에게 선물을 받지 않습니다. 사람을 도울 때 쓸데없는 오해를 받기 때문입니다'라며 사퇴한다. 그리고 적병의 겹겹이 쌓인 시체를 앞에 두고 비탄한다.

그것을 들은 양왕은 '혁리와 같은 지혜로운 사람에게도 약점은 있다. 싸구려 동정심 같은 것은 필요 없다'라고 하며, 측근의 대신도 '큰 별이 떨어지는 것처럼 묵자는 언젠가 사라질 겁니다. 묵가의 사상은 전란의 시대에는 적절하지만, 천하태평의 치세에는 나라를 번영시킬 수 없습니다'라고 지적했다.

여기서는 묵가의 기본적인 체질이 그려져 있다. 묵가는 오로지 '천하의 이익'을 위해 침략전쟁을 실력으로 저지하려고 한다. 한 나라의 왕에게 충성하는 것이 아니라, 어디까지나 천하를 위해 분주하는 것이다. 그들을 지지하는 것은 묵자의 '의'이며, 왕에게서 받는 포상이 아니다. 그러나 대신의 예언대로 묵가는 전국시대의 끝과 함께 홀연히 그 자취를 감추고 만다. 진 제국을 지나 한 제국이 생길 무렵에는 이 세상에 한 사람의 묵자도 없었던 것이다. 그것은 대신이 말했다시피 묵자의 사상이 천하태평의 세상에는 맞지 않았기 때문이 아닐까.

또 혁리에게 호의를 가진 기사단의 여성은 '묵가는 언제나 겸애를 얘기하지만, 당신이야말로 사랑을 알아야 해요'라고 말한다.

여기서는 두 개의 '사랑'이 이야기된다. 묵가의 겸애는 자기를 향한 사랑을 그대로 타인에게 되돌려 주려는 특이한 사랑의 형태였다. 여성의 마음을 받아들이지 않는 혁리는 사랑을 모르는 사람이었다.

그 뒤 양나라는 혁리의 전술로 조나라를 퇴각시키는 데 성공한다. 그러나 혁리는 책략 때문에 양성에서 쫓겨나게 된다. 탈출한 혁리를 도와준 것은, 일찍이 혁리가 목숨을 구해 주었던 조나라의 노예였다. 노예에게 혁리는 말한다. '비공과 겸애야말로 평화를 가져다 줄 것이네'라고. 이에 대해 노예는 '묵자는 서로 겸애한다. 즉 만인을 사랑하라고 말하지만, 실제는 사랑하는 상대를 선택해야 한다'라고 중얼거린다.

이 중얼거림은 묵가의 이상이 얼마나 비중국적인 발상인가를 지적하고 있다. 묵가의 이상은 겸애이며, 또 그것에 기초를 둔 비공이다. 침략전쟁을 저지한다는 비공의 이념은 존경스럽다. 그러나 그 전제가 되는 겸애는, 극히 특이한 사랑이다. 노예가 말하듯 사랑이란 만인에게 평등하게 주어지는 것이 아니라, 대상을 선택해 쏟아 붓는 감정은 아닐까. 친밀한 자에게는 두텁고, 소원한 자에게는 엷은, 이런 사랑이 가장 받아들여지기 쉬운 것은 아닐까. 묵가가 설파하는 겸애의 이상은 확실히 숭고하지만, 그것은 보통 사람들에게는 큰 위화감이 있는 사랑이었다.

단 여기서 노예가 말한 '만인을 사랑하라'라는 겸애의 이해에는 약간 오해가 있는 것은 아닐까. 묵가는 정말로 만인을 사랑하라고 설파했는가.

1 겸애의 사상

묵가의 활동과 《묵자》

그런데 유가의 맹자는 격렬한 어조로 묵가를 비판했다.

> 묵씨는 겸애를 이야기한다. 겸애란 자신의 부모에 대한 사랑을 타인에 대한 사랑과 동일시하라고 가르친다. 이것은 자신의 부친이나 군주를 없는 것처럼 취급하는 것은 금수와 같은 행위이다. 《맹자》 등문공하편

《맹자》에서 이러한 비판이 보이는 반면, 《논어》에서는 묵가비판이 보이지 않는다. 공자 무렵에는 아직 묵가의 활동이 없었던 것이리라. 그러나 공자의 사후 약 100년 후에 나타난 맹자는 마치 원수처럼 묵자를 엄격하게 비판하고 있다. 고자 사후 얼마 되지 않아, 묵가의 활동이 개시되어 일대 세력을 자랑할 만큼에 이르렀던 것이리라. 제자백가의 시대, 유가와 그 세력을 이분했다는 묵가란 도대체 어떠한 사상집단이었을까.

묵가의 시조는 묵적(墨翟)이다. 그러나 그 생애에 대해 전해지는 것은 거의 없고, 생몰년도 알 수 없다. 공자가 죽고 나서 조금 지난 뒤, 즉 전국시대 초에는 노(魯)를 거점으로 집단을 조직하여 겸애, 비공 등의 구호를 내세우고 활동을 개시했던 것 같다. 당초 묵가집단에 들어간 제자들은 여러 가시 의혹을 가지고 모어든 오합지졸에 지나지 않았다. 그러나 묵가의 수령인 '거자(鉅子)'의 통솔로 마침내 그들은 정예의 사상집단, 군사조직으로 변신했다. 침략전쟁으로 함락될 위기에 직면한 성읍이 있으면, 그 구원을 위해

달려가 다채로운 수성기술로 약소국의 위기를 구했다. '묵수(墨守)'란 견고한 방어를 뜻한다. 묵가의 수성능력의 뛰어남을 상찬하는 말이다.

이 묵적(묵자) 및 묵가학파의 사상을 집대성한 것이 《묵자》이다. 원래는 71편이었다고 전해지지만, 지금 전해지는 텍스트는 전부 53편으로 구성되어 있다. 그 중심에는 상현(尙賢), 상동(尙同), 겸애(兼愛), 비공(非攻), 절용(節用), 절장(節葬), 천지(天志), 명귀(明鬼), 비락(非樂), 비명(非命)의 10론이 있다.

묵자는 제자 위월(魏越)에게 말한다. '다른 나라에 유세를 다닐 때에는 그 나라의 급무를 파악해서 설파할 필요가 있다. 나라가 혼란스럽다면 상현·상동을 이야기하고, 나라가 가난하면 절용·절장을 이야기하고, 음악에 탐닉하는 나라에서는 비락·비명을 이야기하고, 풍속이 문란하여 예법이 없는 나라에서는 천지·명귀를 이야기하고, 약탈을 위해 다른 나라를 침략하려는 나라에는 겸애·비공을 말하라.'(《묵자》 노문편〔魯問篇〕)

10편을 잘 나누어 활용하라는 것이다. 묵가집단은 그 결성 당시부터 이 십론을 통해 활동을 추진했다. 그 중에서도 '겸애'는 묵가의 특질을 가장 잘 나타내는 것이다.

묵자의 말

《묵자》에 기록된 묵적의 말은 모래를 씹는 듯한 이치의 연속이다. 매우 아름다운 문장이라고 말할 수 있는 대용품은 아니다.

예를 들어 중국고전의 문집을 편집한다고 해 보자. 아마 그곳에는 《논어》나 《맹자》, 《노자》나 《장자》의 말이 들어갈 것이다. 그들은 적당한 길이에, 함축이 풍부하고, 사람의 마음에 스며드는 듯한 명구로 가득 차 있기 때문이다. 그러나 《묵자》의 말은 대체로 그러한 문집에는 어울리지 않는다. 예를 들어 겸애를 설명한 다음의 1절은 어떠한가.

> 신하나 자식이 군주나 부친에게 효성스럽지 않은 것은, 이른바 '혼란'이다. 자식이 자신만을 사랑하고 부친을 사랑하지 않는다. 즉 부친의 이익을 해하며 자신의 이익을 도모한다. 아우는 자신만을 사랑하고 형을 사랑하지 않는다. 즉 형의 이익을 해하며 자신의 이익을 도모한다. 신하는 자신

만을 사랑하고 군주를 사랑하지 않는다. 즉 군주의 이익은 해하고 자신이 이익을 도모한다. 이들은 이른바 '혼란'이다. 아버지가 아들에게 자애로운 마음을 갖지 않고, 형이 아우에게 자애로운 마음을 갖지 않고, 군주가 신하에 대해 자애로운 마음을 갖지 않는 것은 또한 천하에서 말하는 '혼란'이다. 아버지가 자신만을 사랑하고 자식을 사랑하지 않는다. 즉 자식의 이익을 해하며 자신의 이익을 도모한다. 형은 자신만을 사랑하며 아우를 사랑하지 않는다. 즉 아우의 이익을 해하며 자신의 이익을 도모한다. 군주는 자신만을 사랑하며 신하를 사랑하지 않는다. 즉 신하의 이익을 해하며 자신의 이익을 도모한다. 이것은 어째서인가. 그러한 현상은 전부 서로를 사랑하지 않는 원인에서 일어난다. 천하에서 도적들이 일하는 자들에게 하는 것에 대해서도 마찬가지이다. 도적은 자신의 집만을 사랑하고 타인의 집은 사랑하지 않는다. 즉 타인의 집에서 도둑질을 하여 자신의 이익을 도모한다. 도적은 자신의 몸만을 사랑하고 타인을 사랑하지 않는다. 즉 사람을 해쳐 나의 이익을 도모한다. 대부들은 서로의 집을 혼란케 하고, 제후들이 서로의 나라를 공격하는 것에 대해서도 마찬가지이다. 대부는 각자 자기 집을 사랑하고, 타인의 집은 사랑하지 않는다. 즉 타인의 집을 혼란시키고 자기 집의 이익을 도모한다. 제후는 각각 자신의 나라를 사랑하고 타인의 나라를 사랑하지 않는다. 즉 다른 나라를 공격해 자기 나라의 이익을 도모한다. 천하의 여러 가지 혼란은 위의 제후들이 전부 갖추고 있다. 이들 혼란이 무엇에 의해 발생하는가를 생각해 보면, 그것은 전부 서로 사랑하지 않는 데에서 일어나는 것이다. 《묵자》 겸애상편

확실히 알기 쉽게 차근차근 설명하는 듯한 논조이다. 듣는 쪽은 질려 버릴 문장이다. 그러나 절절한 호소는 확실히 전해져 온다. 묵자는 천하의 《혼란》의 원인을 추구한다. 이 세상의 혼란은 사람들이 '스스로를 사랑하고' 타인을 사랑하지 않기 때문이다. 또 자신의 '이익'만을 추구하고, 타인의 이익을 '해치기' 때문이다. 그것은 부자 관계, 군신관계, 형제 관계에도 해당하며, 도적이 타인을 약탈하고, 진국시대의 여러 나라가 다른 나라를 침략하는 때에도 해당한다. 요약하자면 천하의 혼란은 전부 '서로 사랑하지 않는' 데에서 일어난 것이다.

겸애의 논리

거기서 묵자는 모든 사람이 자신을 사랑하는 것처럼 타인을 사랑하면, 세상의 혼란은 없어질 것이라 이야기한다.

> 만약 천하의 사람들이 자신과 타인을 구별하지 않고 사랑하도록 하여, 타인을 사랑하는 것을 마치 자신을 사랑하는 것처럼 한다면, 그럼에도 불구하고 불효한 자가 있을 것인가. 부모나 형제나 군주를 보는 것을 마치 자신의 몸을 보는 것처럼 한다면, 어떻게 불효한 행동을 할 수 있을 것인가. 그럼에도 불구하고 자애로운 마음을 갖지 않는 자가 있을 것인가. 자식과 아우와 신하를 보는 것을 마치 자신의 몸을 보는 것처럼 한다면, 어떻게 자비롭지 않은 행동을 하는 자가 있을 것인가. 이처럼 한다면 불효하고 자애롭지 않은 자는 없어질 것이다. 《묵자》 겸애상편

이처럼 천하의 사람들이 겸애의 정신에 눈을 뜬다면, 윗사람들은 '자비로운' 마음을 가지고, 아랫사람들은 '효성스러운' 마음을 가지고 세상을 스스로 다스려 나가자고 묵자는 주장한다.

그러므로 묵자가 이야기하는 겸애란 결코 박애나 평등애라는 뜻이 아니다. 묵자는 자기에 대한 사랑과 타인에 대한 사랑 사이에 구별을 지어서는 안 된다고 말하고 있다. 자기에 대한 사랑과 타인 '갑'에 대한 사랑 사이에 차별을 짓지 않는다. 마찬가지로 자기에 대한 사랑과 타인 '을'에 대한 사랑 사이에도 차별을 지어서는 안 된다. 이처럼 모든 사람들이 겸애를 실천해 간다면, 결과로서 박애·평등애의 세계가 실현된다. 그러나 그것은 결과이며, 묵가는 무엇에서도 처음부터 평등하게 사랑하라고는 말하지 않는다.

이 의미로 먼저 소개했던 영화 '묵공'의 '묵자는 서로를 겸애한다, 즉 만인을 사랑하라 말한다'라는 이해에는 오해가 있다는 것을 알 수 있다. 또 그것은 맹자도 마찬가지로, 자신의 아버지에 대한 사랑과 타인에 대한 사랑을 동일시'한다는 겸애 이해에는 적지 않은 오해가 있다. 무엇보다도 맹자의 경우에는 유가와 묵가가 천하를 이분했다는 정세 가운데, 묵가에 대한 강렬한 적개심에서 구태여 그러한 비판을 했을 가능성도 있다. 묵가에서 내건 겸애의 사상 신조를 포착하여 그 비중국적인 측면을 강조했을 가능성이다.

어쨌든 묵가가 말하는 겸애는 중국세계에서는 극히 특이한 사상이었다. 또 그 때문에 오해를 불러일으키기 쉽고, 사람들에게 쉽게 받아들여질 수 없었다. 여기사(女騎士)가 주장하는 대로 우선 주변 사람들을 사랑한다는 것이 가장 소박하고 받아들이기 쉬운 사랑의 방법이었기 때문이다.

2 비공과 의병

비공의 이론

어쨌든 묵가는 이 겸애의 사상을 기초로 한 '비공(非攻)'을 설파하고, 침략전쟁 저지라는 실천 활동에 분주했다. 비공의 사상을 이야기하는 한 절을 다음에 소개해 보자.

> 크게 불의를 행하고, 다른 나라를 공격하는 데 이르렀지만, 그것을 비난하지 않을 뿐만 아니라, 그것을 상찬하고 정의라고까지 말한다. 그것은 정의도 불의와의 구별을 알고 있다고 말해야 할 것인가. 한 사람을 죽이면 불의라 하며 반드시 죽을죄가 된다. 이 이론을 따라가면 열 사람을 죽이면 열 개의 불의를 쌓게 되고, 반드시 열 개의 죽을죄가 된다. 백 명을 죽이면 백 개의 불의를 겹치게 되어, 반드시 백 개의 죽을죄가 된다. 이와 같은 것은 천하의 군자라면 모두 알고 비난하고, 불의라 한다. 그런데 지금, 많은 불의를 행하고, 다른 나라를 침공하는 데 이르렀지만, 그것을 비난하지 않을 뿐만 아니라 그것을 상찬하고 정의라고까지 말한다. 불의라는 것을 조금도 알지 못한다.
> 《묵자》 비공상편

> 지금 작은 실수를 범하면, 그것을 잘못이라고 지적한다. 그러나 큰 실수를 범해 다른 나라를 공격하면, 그것을 비난하지 않을 뿐만 아니라, 그것을 상찬하고 정의라고까지 말한다. 그것은 정의와 불의와의 구별을 안다고 할 수 있는가. 나(묵자)는 그것으로 정의와 불의의 구별이 혼란스럽다는 것을 알았다.
> 《묵자》 비공상편

한 사람을 죽이면 사람들은 모두 '살인범'이라고 소리 높여 외친다. 당연히 죽을죄가 적용된다. 그런데 대량살인을 저지르는 침략전쟁은 어째서 불의라고 하지 않는 것인가. 천하의 정의와 불의의 취급방법에는 중요한 오류가 있다. 묵자는 이렇게 지적하고, 침략행위를 엄하게 비난했다.

이것은 《묵자》 비공상편에 기록된 주장이지만, 중편, 하편에서도 기본적으로 이 논조가 일관되어 있다. 중편에서는 '공전을 장식하는 자', 즉 침략전쟁을 정의라는 명목으로 장식하려고 하는 나라가 비판된다. 또 하편에서는 '공벌병겸(攻伐竝兼 : 침략전쟁으로 다른 나라를 병합하려는 것)', '무고한 나라를 토벌'하는 것이 비판되어, '공벌을 좋아하는 나라', '전쟁을 좋아하는 나라'로서 구체적으로 제(齊)·초(楚)·월(越)이라는 군사 대국을 비판대상으로 삼고 있다.

즉 《묵자》의 비판대상은 진짜 정의를 이해하지 않은 채 '공벌(대의를 가지지 않은 침략전쟁)'을 긍정하는 자 및 공벌을 추진하는 강대국이라고 할 수 있다.

두 개의 '병'

또 이것에 관련되어 《묵자》의 비공편에는 두 개의 '병(兵)'이 이야기된다. 하나는 긍정적인 '병'이며 또 하나는 부정적인 '병'이다.

우선 부정되는 '병'은 다음과 같다.

큰 불의를 저지르고 다른 나라를 공격한다.	《묵자》 비공상편
계절이나 민정을 무시하고 멋대로 전쟁을 일으킨다.	《묵자》 비공중편
'공전(攻戰)을 장식한다'	《묵자》 비공중편
'공벌병겸(攻伐幷兼)'	《묵자》 비공하편
아무 잘못 없는 나라를 공벌한다.	《묵자》 비공하편

요약하자면 침략전쟁이다.

반대로 긍정되는 측면의 '병'은 하편의 '주(誅)'와 '구(救)'라는 단어를 통해 단적으로 표명된다. '주'란 옛날 성왕이 천명을 받아 도리를 벗어난 폭군을 벌하기 위한 주벌. '구'란 대국에 의한 공벌병겸에서 약소국을 구제하기 위한 방위책. 그리고 이들 중 후자는('구') 왜 부정되었는가. 그 이유는 다음과 같다.

실태로서의 침략행위이며 '불의'라고 비난받아 당연함에도 불구하고, '의(義)'에 기초한 전투행동이라는 '명분'을 내세운다. 《묵자》 비공상편·하편

한겨울이나 한여름 등 자연조건이 열악한 시절, 또는 봄이나 가을 농경에 중요한 시절에 군사를 일으키는 것 등은 계절이나 민정을 무시하는 것이다.

《묵자》 비공중편

방대한 군비를 요하고, 막대한 손실이 있다. 《묵자》 비공중편·하편

공벌전쟁이 다수의 전사자를 내는 결과, '귀신(鬼神 : 사자의 영혼)이 자신의 제사를 지내 줄 제주를 잃어버린다. 《묵자》 비공중편·하편

백성의 재물을 빼앗고, 백성의 이익을 해한다. 《묵자》 비공중편

국지적·일시적으로는 '이익'이라고 해도, 결코 '천하' 전체의 '이익'은 될 수 없다. 《묵자》 비공중편

'천하의 이익', '귀신의 이익', '사람의 이익'에 합치하지 않는다.

《묵자》 비공하편

이처럼 이유는 여러 가지로 이야기되지만, 특히 주목되는 것은 공벌이 하늘의 이익에 합치되지 않는다는 점과, 귀신에게 거역한다는 점이다. 《묵자》에는 겸애·비공 외에도 '천지'편, '명귀'편이 있다. 겸애·비공의 이상이 하늘의 의지이기도 하고 귀신의 원이기도 하다고 묵자는 이야기하고 있다. 이와 관련하여 신출토문헌 상박초간 가운데에는 《귀신지명(鬼神之名)》이라 불리는 문헌이 있으며, 귀신을 존중한 묵가의 저작으로 연구가 진행되고 있다.

그렇다면 이들을 반박하는 것이 '주', '벌'의 정당성이 된다. 약소국을 침략에서 구하기 위한 전쟁은 어째서 긍정되는가.

'하늘의 이익', '귀신의 이익', '사람의 이익'에 합치한다. 《묵자》 비공하편

'천명'을 받고 불의한 폭군을 친다. 《묵자》 비공하편

천하의 제후의 이익이 된다. 《묵자》 비공하편

그 '공'이 공벌의 배이다. 《묵자》 비공하편

'성왕의 도'에 합치한다. 《묵자》 비공하편

여기서도 특정국가의 이익에 머무르지 않는 천하 전체의 시야, 실리적인 효용의 유무, 귀신의 존재라는 관점이 그 특색이 되고 있다.

이처럼 《묵자》에서 무력행사가 긍정되는 것은 '주(誅)'와 '구(救)'의 경우뿐, 이 군사행동만이 '의'로서 인정받는다. 침략전쟁은 타자의 이익을 해하고 자신의 이익을 도모하는 행위이며, 겸애의 이상을 가장 과격하게 파괴하는 것이다. 요약하자면 공벌이 불의, 그것을 저지하는 방위전만이 의이다. 이처럼 묵가는 천하의 의를 위해 분주했다.

> 어느 날 묵자가 노나라에서 제나라로 떠나자 지인이 말했다. '지금 천하의 의를 행하는 자는 없는데 당신은 혼자 고생하며 의를 행하려 한다. 그만두는 게 낫지 않은가?' 묵자는 대답했다. '지금 여기에 사람 열 명이 있고, 한 명만이 밭을 갈고 남은 사람이 집에서 아무것도 하지 않는다면 그 경작하는 사람은 더욱 노력해야만 한다. 먹는 사람이 많고 생산하는 자가 적기 때문이다. 마찬가지로 지금 천하의 의를 행하는 자가 없으므로 당신은 내가 의를 행하도록 권해야 하는데 어째서 막으려 하는가.'
>
> 《묵자》 귀의편

고독한 경지에서 의를 실천한 묵자의 모습이 여기 있다.

3 충신과 간쟁

겸애와 비공의 이념을 들어 천하를 달렸던 묵가. 그들은 약소국의 요청에 응해 수성활동에 분주했다. 거기에는 일시적이긴 하지만, 고용하는 쪽과 고용되는 쪽의 관계, 즉 '군신'관계가 성립한다. 군신관계에서 중시되는 것은 '충(忠)'이다. 유가도 부모에 대한 자식의 진심인 '효'를 권장함과 동시에 군주에 대한 신하의 진심으로서 '충'을 중시한다.

묵가의 '충'

그러면 묵가가 생각하는 '충'이란 어떠한 것이었을까. 그것은 겸애나 비공이란 묵가의 이상과 어떤 관계에 있었을까.

묵가가 이야기하는 충신은 예를 들자면 다음과 같은 것이었다.

노양(魯陽)의 문군(文君)이 묵자에게 말했다. '충신이란 무엇인가에 대해 나에게 말하는 사람이 있다. 그 말에 의하면 아래를 보라고 하면 아래를 보고, 위를 보라고 하면 위를 보고, 아무 말도 없을 때에는 조용히 하고 있고, 부르면 처음으로 대답한다(이것이 충신이라고 말했다). 이와 같은 자를 충신이라고 부를 수 있을 것인가.' 묵자는 말했다. '아래를 보라고 하면 아래를 보고, 위를 보라고 하면 위를 보는 것은 마치 그림자와 같은 것. 아무 말도 없을 때에 조용히 하고 있고, 부르면 처음으로 대답하는 것은 마치 메아리와 같은 것. 당신은 그림자나 메아리에게 무엇을 기대할 수 있겠는가. 만약 내가 말하는 충신이라면, 상사의 잘못이 있을 때는 그것을 간하고, 자신의 공을 상사의 것으로 하고, 그것을 소리 높여 외치지 않는다. 주군의 악을 바로 잡아 선으로 돌리고, 사람들을 군주에게 동조하게 하고, 아랫사람의 비위를 맞추지 않는다. 그것으로서 아름다운 것이나 선한 것을 위로 모으고, 원망은 부하에게 향하고, 안락함을 위에 있고 걱정은 부하들에게 모은다. 이것이 내가 말하는 충신이다. 《묵자》 노문편

노양의 문공은 명령대로 움직이고 순종하는 신하가 '충신'이 아닌가하고 묻는다. 이것에 대해 묵자는 군주가 말하는 대로 행동하는 신하를 충신으로 볼 수 없다. 군주의 과실을 간하고, 선한 의견을 상주하며, 자신의 공을 군주의 것으로 하고, 걱정을 자신이 떠맡는 신하. 이것이야말로 진정한 '충신'이라고 한다. 여기서 말하는 '간(諫)'이란 간쟁의 뜻이다. 상사의 의견에 거스르더라도 그 결점이나 부정을 충고하는 것이다.

그러면 '아래를 보라고 하면 아래를 보고, 위를 보라고 하면 위를 보는 것'이라는 충신상을 문공에게 주입한 것은 누구일까. 묵자에 의하면 그것은 틀림없는 유가이다.

무릇 어진 사람이란 상사를 섬길 때 충성을 다하고, 부모를 섬길 때 효를 다한다. 좋은 것을 보면 칭찬하고 과실이 있으면 간한다. 그것이 신하

된 자의 도리이다. 그런데 지금, 치면 울고 치지 않으면 울지 않는다는 것은 지식을 숨기고 여력을 남기는 것이 된다. 계속 조용히 묻기를 기다렸다가 나중에 대답한다. 군주나 부모의 이익이 있다 하더라도 묻지 않으면 스스로 나서서 대답하지 않는다. ……그래서는 신하로서는 충신이 아니고 사람의 아들로서는 효자가 아니다.

여기서 비판받는 유가적 신하란 치면 울고 치지 않으면 울지 않는 '종'에 비유되고 있다. 적극성이 결여되어 지식을 숨기고 여력을 남기는 신하이다. 게다가 그러한 인간은 조정에서는 뒤에서 아무것도 말하지 않는 주제에 자신의 이익이 되는 경우에는 타인에게 질세라 가장 먼저 발언한다. 또 위급한 때에는 군주를 버리고 도망쳐 버린다. 바로 자기 안위를 돌보기에 급급한 신하이다.

공맹이라는 유자도 묵자에게 이렇게 말했다. '군자는 공손하게 사람들의 물음을 기다린다. 묻는 사람이 있으면 대답하고 묻지 않으면 아무것도 말하지 않는다. 마치 종처럼, 치면 울고 치지 않으면 울지 않는다.'(《묵자》 공맹편〔孔孟篇〕) 유자는 '종'과 같이 소극적인 신하를 충신으로 여기는 것이다. 그것은 유가가 어디까지나 눈앞의 인간관계를 소중히 하고, 그 심정적 관계를 파괴하지 않도록 생각하기 때문이다.

그러나 묵자는 '치면 우는' 신하가 아닌, '치지 않아도 우는' 신하야말로 이상적인 충신이라고 한다. 그러므로 묵가가 말하는 충신은 과격하다. 천하의 '의'나 국가의 '이익'을 위해 때로는 군주에게 거스르는 일도 있기 때문이다.

그러면 만약 간쟁을 계속해도 들어주지 않는다면 어떻게 하는가. 유가의 경우 세 번 간쟁을 해도 듣지 않는다면 그 이상을 말하지 않고 물러나는 것이 예라고 한다. 이에 반해 묵자는 일단 간쟁한 이상 그것은 목숨을 건 싸움이 된다. 간쟁하면서 물러나는 중도포기 같은 것이 아니다. 만약 받아들여주지 않는다면 스스로 목숨을 끊는다는 과격한 간쟁이다.

묵가의 소멸

이처럼 묵가의 '충'은 간쟁과 밀접한 관계에 있다. 그것은 묵가가 때때로 섬기고 있는 주군과 심정적 관계를 맺고, 그 주군에게 순종하려고 하기 때문은 아니다. 어디까지나 '겸애', '비공'이라는 묵자의 '의'에 순종하는 것을 최종목적으로 하기 때문이다.

그러므로 묵가의 활동은 군주에 영합하는 것이 아니라서 항상 죽음과 이웃하고 있다. 이것은 묵가의 급속한 소멸과 깊은 관계가 있을 것이다.

묵자의 사후 거자(鉅子 : 묵가집단의 최고 지도자)의 지위에 있던 맹승(孟勝)은 초나라 양성군(陽城君)의 요청에 응해 그 성읍방위를 맡았다. 그러나 초왕의 직할군의 공격을 받아 마침내 패퇴한다. 이 때 맹승은 양성군에 대한 계약을 이행할 수 없었기 때문에 집단자결하려고 한다. 제자는 '그러면 묵자는 전멸하고, 우리의 가르침을 이어 줄 자가 세상에서 없어지며, 우리의 사상도 끊깁니다'라고 반론한다. 그러나 맹승은 '그래서는 묵자의 신용이 실추하고, 설령 여기서 살아남는다 해도 묵자의 활동은 할 수 없을 것이다. 여기서 의를 위해 죽는 것이야말로 묵가의 사상을 후세에 존속시키는 유일한 방책이다'라고 설득했고, 마침내 전원이 자결한다.(《여씨춘추〔呂氏春秋〕 상덕편〔上德篇〕》) 묵자의 '의'를 단적으로 나타낸 사건이다.

영화 '묵공'의 대신은 '묵가의 사상은 전란의 시대에는 적절하지만, 천하태평의 치세에는 나라를 번영시킬 수 없습니다'라고 묵가의 절멸을 예언했다. 그러나 진한시대에 묵가가 절멸한 것은 평화로운 세상이 도래했기 때문은 아닐 것이다. 묵가가 가지고 있던 본래적인 체질, 즉 묵자의 '의'야 말로 세상에 받아들여지지 않고, 또 받아들여질 수 없는 현실에 묵가가 결코 타협하려고 하지 않았기 때문이다.

의의 관철, 그렇지 않으면 죽음. 이것이 묵가의 신조였다.

〔고사성어로 읽는 제자백가〕 묵수

묵가의 비공론은 단순한 탁상공론이 아니라, 집단적인 실천 활동을 겸했다는 점에 특색이 있다. '묵수(墨守)'란 묵가집단이 여러 가지 전술·병기를 구사해서 굳건하게 수비한 것을 칭찬한 데서 유래된 말이다.

초나라가 공수반(公輸般)이 만든 공성병기 '운제(雲梯)'를 구사해 송나라를 공격했다. 묵적은 이에 맞서 멋지게 성을 지켜 냈다고 한다. 이것은 유명한 실화로 전해 내려온 듯, 《사기》에는 '묵적지수(墨翟之守)'라는 말이 보인다. 그 뒤에 '묵수'라고 줄여진 것이리라.

'수공묵수(輸攻墨守)'라는 말도 이 고사에서 유래한다. 공격 측도 수비 측도 기술의 한계에 달했다는 뜻이다.

《묵자》 가운데에는 겸애·비공 등 묵자의 중심사상을 이야기한 10론 외에 비성문(備城門 : 성문의 준비), 비제(備梯 : 운제에 대한 방비), 비수(備水 : 수공에 대한 방비), 비혈(備穴 : 터널에 대한 방비), 기치(旗幟 : 명령을 알리는 기), 호령 등의 군사기술에 관한 약 20여개의 제론이 있다. 이들은 이러한 묵가의 실천 활동을 반영하는 것이다.

'묵수'는 후의 이 고사에서 떨어져 나와 완고하게 자신의 주장을 굽히지 않는 것, 융통성이 없는 것 등을 뜻하는 데도 쓰인다.

제5장
세계의 진실을 구하여
도가의 사상

> 성인은 무위라는 경지에 몸을 두고, 무언의 가르침을 행한다.
>
> 《노자(老子)》 제2장

《논어》 학이편이나 《순자》 권학편은 학문의 중요성을 설파한다. 그것은 유가가 학문에 의해 입신출세하는 것을 이상적인 모습으로 생각하고 있기 때문이다. 사람은 노력으로 진보하고, 언젠가 반드시 보답을 받는다. 유가는 사람들을 그렇게 격려한다.

그러나 도가는 이것과는 완전히 반대되는 가르침을 설파한다. 새삼스럽게 사업을 일으키지 않을 것, 억지로 발언하지 않을 것, 많은 것을 소유하지 않을 것. 그 가운데서야 말로 편안한 생활과 사회의 행복이 있는 것이 아닐까. 이렇게 설파하고 있다.

이 주장의 배경에는 문명화에 대한 날카로운 견해가 있다. 벼농사, 집, 수레, 무기, 학문……. 사회에 은혜를 가져다 줬다고 생각되는 문명화야말로 사실 인간을 불행에 빠뜨리는 것이 아닌가. 이러한 문명비판이다. 또 그것은 우주의 진실이란 무엇인가, 라는 사색과도 밀접한 관계에 있다. 인간이 등장하기 훨씬 이전, 우주는 소박한 혼돈에 싸여 있었다. 그러나 거기에 인간이 멋대로 작위를 가하고, 세계의 평화를 어지럽혀 버렸다. 그러므로 고의적인 작위와 언어는 억제하고, 그 본원의 모습으로 복귀하자. 이것이 도가의 가르침이다.

유가의 사상은 인간의 부지런함과 전진을 강조하고, 도가의 사상은 부지런함이야말로 인간을 불행하게 만든다고 설파한다. 유가의 사상이 액셀러레이터라고 한다면 도가의 사상은 적당한 브레이크이다. 액셀러레이터와 브레이크. 이 두 가지가 없으면 인생의 조종이 불가능하다.

'물장수의 부'

복권에 당첨되어 일확천금을 얻게 된 남자의 이야기가 있다.

옛날에 식수를 운반해 와 파는 직업이 있었다. 이 남자는 이 일을 생업으로 삼고 근면하게 일했으나, 1등 복권에 당첨되어 눈 깜짝할 사이에 부자가 되고 말았다. 천 냥의 거금을 손에 넣고 집에 돌아가는데 공동주택에 살고 있었으므로 돈을 숨겨둘 곳이 없었다. 골방 속, 선반 속에 넣을까 고민하다 마침내 방바닥 가장자리 아래 감췄다. 그러나 도둑맞을까 걱정되어서 참을 수 없었다. 낮에는 안심하고 장사도 할 수 없었고, 밤에는 밤대로 악몽에 시달렸다. 비틀비틀하면서 빨리 상속자를 찾아 물가게를 폐업해 버릴까하고 생각했지만, 생각대로 되지 않았다. 이 사람의 수상한 거동을 눈치 챈 맞은편 집 건달은 어느 날 이 사람이 외출한 뒤 그 돈이 있는 곳을 찾아내 살짝 가지고 도망가 버렸다. 집에 돌아온 그는 있어야 할 돈이 없어지자 큰 비탄에 빠졌다. 그러나 시간이 흐르자 마음이 곧 가라앉았다. '오늘밤에는 잘 수 있겠군.'

이 이야기는 소유의 불행을 이야기하고 있다. 행복은 무엇인가 묻는 이야기이다. 사람은 살기 위해 힘을 내서 일을 한다. 물건이나 돈, 그것을 얻는 것도 중요한 목적의 하나이다. 그러나 정도를 넘은 물건이나 돈이 손에 들어왔을 때 사람은 진정으로 행복해질 수 있을까. 오히려 마음의 평안이 흐트러져 버리지 않는가. 역설적이지만 우리는 이 이야기를 통해 무소유의 행복을 절실히 느낄 필요가 있을 것이다.

1 《노자》의 사상과 새로운 문헌의 발견

무소유의 행복

그런데 이러한 사상은 이미 2천 년 이상 전 중국에서 확실히 설파되고 있다. 《노자》에는 이런 말이 있다.

끝없이 가득 채우려는 어리석은 짓은 그만두어라. 쇠를 두들겨 끝을 예리하게 하면 오래 간직할 수 없다. 금은보화로 집을 가득 채우면 지키기 힘들다. 부귀를 누리고 교만에 빠지면 스스로 그 허물을 남기게 될 것이다. 공을 세우면 물러나는 것이 하늘의 도이다. 《노자》 제9장

'하늘의 도'에 맞는 것은 어떤 처신법일까. 그것은 자연을 따라 무리하지 않고, 한걸음 물러나는 삶의 방법이다. 사람들은 학문을 통해 향상을 목표로 하고, 입신출세를 인생의 중요한 목적으로 삼는다. 그러나 《노자》는 반대로, 몸을 물리는 것이 '하늘의 도', 즉 세계의 바른 모습이라고 한다. 그것은 그러한 세속적인 사람들의 노력이 결코 지속되지 않고, 오히려 사람들의 마음을 불행하게 만든다고 생각했기 때문이다.

이 같은 사상은 《노자》 안에서 자주 이야기된다.

하늘은 길고 땅은 영원하다. 하늘과 땅이 그렇게 영원한 까닭은 스스로를 위해 살지 않기 때문이다. 그러므로 능히 영원히 존재할 수 있다. 이러한 연유로 성인은 자신을 앞세우지 않기에 도리어 앞서게 되고 자신을 바깥에 둠으로써 오히려 자신을 보존하게 된다. 《노자》 제7장

또 사람의 '영원(長久)'은 어떻게 얻을 수 있는가.

너무 애착하면 반드시 크나큰 손해를 보며, 많이 감추면 반드시 크게 잃는다. 만족할 줄 알면 욕되지 않을 것이고, 멈출 줄 알면 위태롭지 않을 것이다. 그리하면 영원할 것이다. 《노자》 제44장

여기서도 역시 '영원'한 '천지'의 모습을 모델로, 사람의 사는 길이 이야기되고 있다. 몸을 물리는 것이 오히려 선두에 서는 것이 된다고 한다. 역설적인 논법이다.

그리고 《노자》는 본받아야 할 가까운 예로서, '물'의 성질을 지적한다.

지극한 선은 흐르는 물과 같다. 물은 만물을 이롭게 할 뿐 다투지 않고,

모든 사람들이 싫어하는 곳에 머무른다. 그러므로 지극한 선은 도에 가깝다. 《노자》 제8장

또 세상을 전망해 보면 '물'보다 더 '유약(柔弱)'한 것도 없다. 물은 '유하고' 어떤 지형·형태에서도 유약에 대응해 스스로의 모습을 바꾼다. 물은 '약하고' 어린아이의 손힘 정도로 건져 올릴 수도, 뒤섞을 수도 있다. 이처럼 얼핏 보기에 '유약한' 물이지만, '굳세고(堅)' '강(強)한' 것, 예를 들어 거대한 바위나 벽도 '물'에는 이길 수 없다. 만약 물이 토석류처럼 쇄도하면 절대로 움직일 리 없다 생각되는 거대한 암석이 마치 자갈처럼 굴러간다. 또 똑똑 바위 위로 떨어지는 물방울은 어느 사이엔가 그 바위를 패이게 만들어 마침내는 관통해 버린다.

천하에 물처럼 유약한 것은 없다. 그러나 굳세고 강한 자를 칠 때 이를 이길 수 있는 것도 없다. 《노자》 제78장

이처럼 《노자》는 문명화의 은혜를 받은 현대를 살아가는 우리에게 강렬한 메시지를 보내고 있다. 문명화, 현대화, 그것이 행복한 것인지 묻고 있는 것이다.

수수께끼에 싸인 노자

그러나 이 《노자》의 저자라는 노자(노담〔老聃〕)는 많은 수수께끼에 싸인 인물이다. 과연 노자는 실재했던 인물인가. 그 사상을 기록했다고 되어 있는 《노자》는 정말로 제자백가의 시대의 저작물인가.

원래 중국의 사상사는 공자에서 이야기하기 시작하는 것이 통례이다. 그런데 《사기》에는 이 공자에게 '예'를 가르친 것이 실제로는 노자였다고 되어 있다(제2장 참조). 노자는 공자보다 조금 앞선, 춘추시대의 초나라에서 태어나, 주왕실 도서실의 직원으로 되어 있다. 공자와의 대면은 이 때 이뤄졌다. 그러나 노자는 그 뒤 주 왕조의 쇠퇴를 탄식하고, 5천 단어의 저작을 남기고 서쪽 방향으로 사라져 갔다고 한다.

후의 노자는 도교 속의 신으로 존숭되어, 신선의 상징적 존재가 된다. 노

자의 성명이 '이이(李耳)'였다는 데에서 같은 '이'를 성으로 하는 당 왕조에서는 그 신격화를 가속시켜 《노자》는 《도덕경(道德經)》으로 존경받았다. 게다가 노자가 인도에 가서 석가의 가르침을 받았다든가, 석가는 애초에 노자가 다시 태어난 것이라든가 하는 '노자화호설(老子化胡說)'이라는 전승까지 생겨나기에 이르렀다.

이 노자전승의 불가사의함이나 애매함과 마찬가지로 《노자》 그 자체도 성립 과정을 잘 알 수 없다. 그러므로 위진 남북조 이래 노장사상이 유행하는 가운데 위작되었다는 설조차 유력했다. 그 진상은 신선노자의 모습이 그대로, 짙은 안개에 싸여 있는 것이다.

돈황문서 속의 《노자》

그러나 근래 돈황문서, 마왕퇴한묘백서, 곽점초묘죽간 등의 발견을 통해 도가사상의 실태가 서서히 해명되고 있다.

돈황문서 가운데에는 《노자》 관계서가 여럿 포함되어 있다. 약 5천자로 되어 있는 무주본 《노자》 (본문만 있는 《노자》) 외에 《노자상이주(老子想爾注)》 (《노자》 주석의 형식에 따른 도교신자의 행동규범을 쓴 것), 《하상공주노자(河上公注老子)》 (한나라의 하상공, 실제로는 진〔晉〕나라의 갈홍〔葛洪〕이 주를 붙인 《노자》), 《당현종주노자(唐玄宗注老子)》 (당나라의 현종황제가 주를 붙인 《노자》), 《노자화호경(老子化胡經)》 (노자가 서방으로 떠난 뒤 호인을 교화하여 불교를 창시했다는 전설을 이야기하는 것) 등의 사본이 발견되었다.

이들은 종이에 필사된 것으로, 빠진 부분이 많지만 그 의의는 컸다. 왜냐하면 현재에 전해지는 《노자》의 텍스트는 중국에서 목판인쇄가 성행했던 송대 이후의 판본을 기원으로 하는 것이기 때문이다. 돈황문서는 이제까지 최고로 여겨졌던 판본을 훨씬 거슬러 올라갈 가능성이 있다. 거기서 이들 사본은 현존하는 다른 원전과의 조합을 통해 본문의 오기나 주석가들의 오해를 부분적으로 정정할 수 있는 자료가 되었다.

단지 《노자》의 원형이 형성되었다고 생각되는 시대와 돈황문서가 필사된 시기에는 여전히 수백 년에서 천 년의 거리가 있다. 진상의 해명에는 아직 먼 여정이 필요했다.

마왕퇴백서《노자》발견

그런데 이러한 상황을 크게 바꾼 자료가 출토되었다. 마왕퇴의 한묘백서이다. 1973년에 발견된 호남성 장사의 마왕퇴 3호 한묘는 전한 문제 12년(BC 168)에 조성되었다. 부장품으로 백에 기록된 두 종류의《노자》(편의상 갑본, 을본으로 불리고 있다)가 포함되어 있다.

이 필사년대를 추정하는 실마리가 된 것은, '휘(諱)'이다. '휘'란 죽은 사람의 살아생전 본명으로, 죽은 사람에 대해서는 그것을 피하고 사후의 이름인 '익(謚)'으로 부르는 것이 예의였다. 특히 황제의 휘를 문장에 그대로 기록하는 것은 용납되지 않았다. 피휘의 방법으로 그 글자를 다른 동의자로 고치거나, 그 자를 최후의 한 획을 일부러 긋지 않는 방법 등이 있었다. 후세에는 과거의 답안이나 황제의 상주문에 휘를 그대로 썼다는 이유로 죽을죄가 되었던 경우도 있었으며, 이것을 중국의 '필화(筆禍)'사건이라고 부른다. 문자의 나라이기 때문에 생겼던 일이다.

이 원칙이 언제부터 엄격하게 적용되었는지는 알 수 없지만, 백서《노자》중 갑본은 한나라 고조 유방의 휘를 피하지 않고 '방(邦)'자를 그대로 쓰고 있다. 따라서 갑본의 필사시대는 유방이 죽기(BC 195년) 이전이었다고 추정된다. 이에 반해 을본은 '방'자를 전부 '국(國)'자로 바꾸는 한편, 혜제(惠帝) 유영(劉盈)의 '영(盈)'자나 문제(文帝) 유항(劉恒)의 '항(恒)'자를 바꾸지 않는 것에서, 고조 사망 이후 혜제 사망 (BC 188년) 이전의 사본이라고 추정된다.

어느 쪽이든 백서《노자》는 전한시대의 극히 이른 시기의 사본이며, 그것은 돈황문서의《노자》를 한 번에 천년 가까이 거슬러 올라간 텍스트가 되었다.

그러면 이 마왕퇴백서《노자》는 노자 연구에 있어서 어떤 의의를 가지는가.

우선《노자》의 성립연대에 대해서는 노자전승의 애매함도 있고, 지금까지 명확한 것을 알 수 없이 위진 시대 이후의 위작이라는 견해도 유력했다. 그러나 백서본의 출토에 의해 이 견해는 성립하지 않게 되었다. 왜냐하면 한대 초기에 두 계통의 사본이 존재했다는 것은 그 조형이 그보다 훨씬 전(진대 이전)에 이미 성립하고 있었다는 것을 나타내기 때문이다. 인쇄기술이 발명되기 이전, 문헌의 전파는 전사(轉寫)를 거듭했음에 틀림없다. 그것을 반복해 텍스트가 유포되고, 두 계통의 사본이 병립하기까지에는 상당한 시간을 계산하지 않으면 안 된다.

다음으로 《노자》의 구성에 대해서는 다음과 같은 것이 판명되었다. 현행본 《노자》는 전 81장으로 되어 있다. 예를 들어 위(魏)나라의 왕필(王弼)이 주를 붙인 왕필본에서는 '1장', '2장', 하상공본에서는 '체도제일(體道第一)', '양신제이(養身第二)' 처럼 각 장의 제목과 같이 명확하게 구분되어 있다. 또 제1장부터 제38장까지가 '상편'(또는 도경〔道經〕), 제39장부터 제81장까지가 '하편'(또는 덕경〔德經〕)의 2부로 크게 구별된다.

이에 반해 백서본에는 각 장의 구별이나 배열이 현행본과 일부 다르게 되어 있다. 또 백서본에는 현행본 제39장에 상당하는 부분부터 필사되어 있으며, '도(상〔上〕)', '덕(하〔下〕)'로 편집이 거꾸로 되어 있다. 그러나 현행본에 대응하는 전 81은 확실히 존재하고 있다.

그렇다면 백서본 《노자》의 각 단어는 어떻게 되어 있는 것일까. 사실 백서본의 내용은 기본적으로는 현행본 《노자》와 거의 다른 부분이 없다. 현행본 《노자》를 후세의 위작이라고 생각하는 입장에 서면, 백서본과 현행본의 내용에는 큰 차이가 있기를 바란다. 그러나 이러한 기대와는 반대로, 사태는 오히려 현행본의 신뢰성을 확인하는 결과가 되어 있다.

예를 들어 위진시대 이후의 《노자》가 성립되었다고 생각하는 설은, 그 근거로 《노자》 본문 가운데 위나라의 왕필이 주가 섞여 있는 것을 들고 있다. 본래는 본문과 본문 사이의 틈에 주로서 기록해 놓은 작은 문자가 전사를 거듭하는 사이에 본문으로서 크게 기재되어 버렸다는 이유이다. 그러나 그렇게 생각해 온 장에 대해서도 백서 《노자》는 현행본과 마찬가지로 기재하고 있다. 전한 초기의 사본에 위나라의 왕필이 손을 댄다는 것은 절대 있을 수 없는 일이다. 즉 왕필의 주가 섞여 들어갔다는 설은 완전히 부정되고 있다.

마찬가지로 《노자》 가운데에는 병가(兵家), 음양가(陰陽家), 신선양생가(神仙養生家)의 사상 등 노자 본래의 사상과는 다른 요소가 있다는 설도 유력했었다. 예를 들어 다음과 같은 구절은 어떠한가.

전쟁은 불길한 노구이다. 《노자》 제31장

정도(正道)로 국가를 통치하고, 기책으로 군대를 운용하고, 아무것도 하지 않음으로써 천하를 취한다. 《노자》 제57장이들은 군사를 연상시키는 기술이다. 노자는 도가에서 '무위(無爲)'를 좋다고 하므로 군사에 대해 말할 리가 없다. 그러므로 이들은 후세 사람의 문장이 어떤 원인으로 섞였다고 생각되는 것이다.

그러나 역시 이것은 전부 백서《노자》안에도 거의 그대로 존재하고 있다. 따라서 지금까지 이질적이라고 생각되었던 요소에 대해서도, 그것들이 실제로는 본래의《노자》의 사건이었던 것은 아닌가, 라고 추측되고 있는 것이다.

이처럼 마왕퇴백서《노자》의 발견은《노자》연구에서 큰 의미를 갖고 있지만, 기본적으로는 현행본과 겹치는 텍스트임을 알게 되자, 연구자의 열의는 그 이상 타오르지 않게 되었다. 출토된 곳이 '한묘(漢墓)'이고, 직접 '제자백가' 시대의 사본이 아니라는 것도, 연구의 비약적인 진전을 막았다고 할 수 있다.

그런데 그로부터 약 20년 후 이번에는 정말로 제자백가 시대의《노자》사본이 발견되었던 것이다.

곽점초간의《노자》

1993년에 중국 호북성 형문시 곽점촌에서 발견된 곽점초간은 전국시대 중기, BC 300년 무렵의 초묘(楚墓)에서 출토된 문헌이다. 마왕퇴한묘백서보다도 100년 이상 이전 시대의 사본이다. 문자는 전국시대의 초(楚)문자로 기록되어 있다. 세 종류의 사본이 출토되었으므로 편의상 갑·을·병의 세 종류로 정리되어, 모든 죽간이 공개되었다.

그것에 의하면《노자》갑본은 죽간 39매, 을본은 18매, 병본은 14매로 되어 있다. 갑·을·병으로 분류된 것은 각각의 죽간의 형제(刑制 : 죽간의 길이, 상하단의 가공된 모양, 죽간을 철한 끈의 흔적 위치) 및 글자체의 차이 등이 실마리가 되어 구별된 것이다. 각 본 전부 편제나 장제는 기록되어 있지 않고, 장의 구별을 표시한다고 생각되는 기호가 보이므로, 그것이 엄밀하게 장을 나눈다는 의식에 기초한 것인지 어떤 것인지는 알 수 없다.

이들 세 종류의 사본과 현행본을 대비해 보면, 다음과 같은 것을 알 수 있다. 우선 갑·을·병 서로의 내용은 기본적으로 거의 겹치는 부분이 없다. 약간 번거로워지지만 복원된 죽간의 배열에 기초해서, 현행본에 해당하는 부분을 나열해 보면 다음과 같다.

갑본……현행본 《노자》의 19장·66장·46장 중단, 하단·30장 상단, 중단·15장·64장 하단·37장·63장·2장·32장·25장·5장 중단·16장 상단·64장 상단·56장·57장·55장·44장·40장·9장에 상당하는 문장을 포함한다.

을본……현행본 《노자》의 59장·48장 상단·20장 상단·13장·41장·52장 중단·45장·54장에 상당하는 문장을 포함한다.

병본……현행본 《노자》의 17장·18장·35장·31장 중단 하단·64장 하단에 상당하는 문장을 포함한다.

이처럼 초간의 갑본·을본·병본은 현행본의 제 64장 하단에 해당하는 부분이 갑본과 병본에 중복되는 것 이외에는 서로 겹치는 부분이 없다. 또 이들 셋의 기재를 총계하면 현행본 《노자》 전 81장의 약 5분의 2의 분량이 된다.

이러한 상황을 어떻게 이해해야 하는지에 대해서는 연구자들 사이에서도 크게 견해가 엇갈려, 지금도 논의가 계속되고 있다. 한쪽 입장은 늦어도 전국중기에는 현행본과 거의 비슷한 내용을 가진 《노자》의 문헌이 이미 존재했으며, 갑·을·병의 세 종류의 사본은 그것을 초록한 간략본이라고 해석한다. 다른 한쪽 입장은 당시는 아직 현행본과 같은 문헌은 성립되어 있지 않았고, 세 종류의 사본은 《노자》가 현행본의 모습으로 형성되어 가는 도중의, 과도기적 형태를 나타낸다는 해석이다. 게다가 이 두 설을 기본으로 갑·을·병이 각각 다른 저자에 의해 만들어진 문헌이었다고 상정하거나, 세 사본의 성립 선후관계를 추측하는 등 몇 개의 변형이 제시되어 있다.

안타까운 일이지만 어느 설에도 현 시점에서는 확정적인 논거가 없으므로, 이 문제의 해결은 또는 이후의 새로운 출토자료의 발견을 기다리는 것 이외에는 없을지도 모른다. 단 어느 쪽이든 《노자》는 상당히 오래전부터 일정한 형태를 가지고 전파되어 왔다는 가능성이 생긴 것이다. 본 절에서 소개해 온 노자의 말, 다음 절에서 소개할 노자의 '도'의 사상 등도 역시 제자백가 시대의 산물이라고 생각된다.

2 호접지몽과 《장자》의 사상

그렇다면 이 노자와 함께 '노장(老莊)'이라고 불리는 장자(莊子 : 장주〔莊周〕)의 사상은 어떠한 특색을 가지고 있는 것일까. 안타깝게도 장자에 대해서는《노자》와 같은 새로운 자료가 발견되지 않아 획기적인 연구의 전개라고 할 만한 상황은 발생하지 않았다. 단지 대략 유가의 맹자와 같은 시기(전국시대중기)에 활동했던 사상가로서, 노자보다 명확한 인물상을 새기고 있다.《사기》의 전승에 의하면 장자는 전국시대 송의 속국이었던 몽(蒙 : 지금의 하남성 상구현(商邱縣))나라 출신으로, 옻나무 밭의 일꾼이었다고 한다. 노자 사상에 기초해서 우언(寓言 : 알레고리)을 주체로 하는 '십여만언(十餘萬言)'의 책을 저술했다고 한다.

인상 깊은 것은 관리를 그만둔 이야기이다. 초나라의 위왕(威王)이 장주의 소문을 듣고 재상으로 맞이하려고 생각했다. 훌륭한 예물을 준비해 사자를 파견했다. 그러나 장주는 단박에 거절했다. '제물로 올리는 소는 소중히 길러져, 아름다운 옷을 입힌다. 그러나 막상 제사를 할 때가 되면 죽는 것이 싫다 해도 들어주지 않을 것이다. 나는 오히려 더러운 도랑 속에서 자유로이 노닐고 싶다. 생애, 벼슬 따윈 하지 않고 제멋대로 살아가고 싶다.'

세속을 초월한 장자의 모습이 생생히 나타나 있는 이야기이다. 이 장자의 사상을 정리한《장자(莊子)》는 전 33편. 장자 자신의 사상을 전하는 부분과 후세에 덧붙인 부분으로 구성되어 있는데, 그 중에서 소요유(逍遙遊), 제물론(齊物論), 양생주(養生主), 인간세(人間世), 덕충부(德充符), 대종사(大宗師), 응제왕(應帝王)의 일곱 편은 내편으로 총칭되어, 장자 자신의 사상을 전하는 부분으로 높이 평가되고 있다. 특히 제물론편에는 장자 사상의 근간인 '만물제동(萬物齊同)'의 이론을 엿볼 수 있다.

조삼모사

그러면 앞으로 제물론편에 보이는 세 단어를 단서로 장자 사상의 특색을 찾아보자. 우선 예로 드는 것은 성어 '조삼모사(朝三暮四)'로 알려진 한 절이다.

정신과 마음을 통일하려고 수고를 하면서도, 결국에는 모든 것이 같음을 알지 못한다. 이것을 '조삼(朝三)'이라고 한다. 무엇을 '조삼'이라고 하는가? 【옛날에 원숭이를 기르던 사람이 원숭이들에게 도토리를 주려고 '아침에 세 개, 저녁에 네 개 주겠다'고 제의를 하자 원숭이들은 모두 화를 내었다. 그러면 '아침에 네 개, 저녁에 세 개 주겠다'고 제의하자 원숭이들은 모두 기뻐하였다.】 명분이나 사실에서 달라진 게 없는데도 기뻐하고 성내는 반응을 보인 것도 역시 이 때문이다. 그래서 성인은 모든 시비를 중화시켜 천균(天鈞)의 자연에 몸을 쉬게 한다. 이것을 일컬어 '양행(兩行)'이라 말한다. 《장자》 제물론편

위쪽의 【 】로 표시된 부분이 '조삼모사'의 직접적인 근거가 되는 고사이다. 원숭이들은 원숭이를 기르는 사람의 교묘한 화술에 조롱당한다. 합계 7이라는 숫자는 변함이 없는데, '조삼모사'인지 '조사모삼'인지에 따라 화내거나 기뻐한다. 말 하나로 완전히 정반대의 반응을 나타내 버리는 것이다. 정말로 어리석은 원숭이들이다.

그러나 장자가 이야기하고 싶은 것은 원숭이들의 어리석음이 아닐 것이다. 말의 미묘한 차이를 증폭시켜 버리는 인간의 어리석음을 이야기하고 있는 것이다. 그러므로 이러한 표면적인 차이에 마음을 움직여서 멋대로 가치판단을 내리지 말라고 장자는 이야기하고 있다. 그리고 '시비(是非)'의 가치판단을 초월한 경지, 즉 '천균(天鈞 : 자연의 조화)'에 몸을 두라고 하는 것이다.

하나의 레코드판을 상상해 보자. 인간의 불행은 이 레코드판의 끝에 위치해 있다. 자신이 세계의 진실에서 멀리 떨어져 있는데도 그것을 전혀 눈치채지 못한다. 자신이야말로 세계의 중심에 있다는 착각하고, 자신의 가치관이 타인과도 공유될 것이라고 멋대로 상상한다. 거기에 여러 가지 마찰이나 혼란이 발생한다.

생각해 보면 이 우주에는 본래 무언가의 구별도 경계도 없었을 것이다. 거기에 인간이 등장해서 이것은 아름답다, 이것은 훌륭하다 여러 가지 가치를 덧붙인다. 그러나 그것은 사람에 따라 다른 것이다. 그러므로 사람은 불행해진다. 세계에는 분쟁이 끊이지 않는다. 장자는 이렇게 탄식하는 것이다.

단지 성인만은 이러한 세속의 가치관에 현혹되지 않는다. 레코드판의 예를 들면 그 중심은 먼 천공에 위치해 있는 것이다. 거기에 있으면 세계의 진실이 손에 잡힐 듯 알 수 있다. 저 사람과 이 사람이 어째서 싸우고 있는지도 잘 안다. 세속을 초월한 경지, 그것이 '천균(天鈞)'이다. 그리고 어리석은 사람들을 비웃지 않고 각각의 입장을 그대로 인정해 간다. 그것이 '양행

(兩行)'이다. 이 사상은《장자》가 설파하는 문명비판을 보다 철저하게 만드는 것이라고 할 수 있다.

침어낙안

같은 사상을 이야기하는 것으로 '침어낙안(沈魚落雁)'이 있다. 이것도《장자》제물론편을 전거로 하는 성어이다. 현재의 의미는 '절세 미녀'. 단 본래는 그러한 뜻이 아니다.

> 설결(齧缺)이 왕예(王倪)에게 물었다. '선생은 모두가 바르다고 인정하는 것을 알고 계십니까?' 왕예는 대답했다. '그런 것은 모르네.' '그러면 선생은 선생께서 모르는 것이 무엇인지 알고 계십니까?' '그런 것은 모르네.' '그러면 아무것도 모른다는 것입니까?' '그런 것은 모르네. 하지만 시험 삼아 말해 보겠네. 내가 알고 있다고 했지만 실은 알지 못하는지도 모르고, 내가 모른다고 했지만 실은 알고 있을 수도 있네. 우선 그대에게 묻겠네. 사람은 습한 곳에서 자면 허리에 병이 생겨 죽지만, 미꾸라지도 그렇던가? 나무 위에 있으면 사람은 떨고 무서워하지만 원숭이도 그렇던가? 이 셋 중 누가 진정한 거처를 알고 있는가? 또 사람은 가축을 먹고, 사슴은 풀을 뜯으며, 지네는 뱀을 즐겨 먹고, 올빼미는 쥐를 좋아한다. 그렇다면 이 넷 중 누가 진정한 맛을 알고 있는가? 원숭이는 긴팔원숭이를 짝으로 삼고, 순록은 사슴과 사랑하며, 미꾸라지는 물고기와 노닌다. 사람들은 모장(毛嬙)·여희(麗姬)를 미인이라 하지만 물고기는 그를 보면 물 속 깊이 숨고, 새는 그를 보면 높이 날아오르며, 순록은 그를 보면 반드시 달아난다. 이 넷 중 어느 쪽이 이 세상의 진정한 아름다움을 알고 있는 것인가? 내가 볼 때는 인의의 발단이나 시비의 길은 어수선하고 어지럽다. 그런데 내가 어찌 구별을 할 수 있겠는가.'
>
> 《장자》 제물론편

설결과 왕예의 문답체라는 형식을 취하면서, 절반은 왕예의 말로 구성되어 있다. 주제는 제물론편에 일관한 인간의 인식에 대한 불신, 세속적 가치관의 부정이다. 인간은 만물의 영장이라고 하지만, 정말로 세계의 진실을 알고 있는가. 이러한 질문에 장자는 왕예의 말을 빌려, 이렇게 대답한다. 인간은 주거, 맛, 아름다움이라는 가장 기본적인 대상에 대해서조차 세계의 진실을 바르게 인식하고 있지 않다, 라고.

'진정한 거처(正處)', '진정한 맛(正味)', '진정한 아름다움(正色)'에 대한 인식은 인간의 독자적인 제멋대로의 가치판단에 지나지 않는다. 인간이 이것이야말로 훌륭하다고 생각하는 것이 다른 동물에게는 그렇지 않고, 반대로 다른 동물이 좋아하는 것이 인간들에게 받아들여질 수 없는 경우도 있다. 인간의 판단은 결코 세계의 절대적인 진실은 아니다. 그것을 장자는 다른 동물의 가치관과의 대비를 통해 분명히 하고 있다.

그리고 이것을 근거로 한 결론으로 '인의의 발단이나 시비의 길은 어수선하고 어지럽다. 그런데 내가 어찌 구별을 할 수 있겠는가'라고 한다. 인의는 유가가 내건 신조이다. 선명한 유가 비판이다. 인의, 충신 등의 덕목을 건 사상활동을 전개하는 유가는 세속의 입장을 대표하며, 자신의 가치관으로의 반성이 결여된 사상집단의 전형이었다. 장자는 이 유가를 통렬히 비판한 것이다.

단 장자의 사상으로 흥미로운 것은 노자로부터 한 걸음 더 진보한 그러한 자기의 가치판단에도 의심의 시선을 보내고 있는 점이다. 왕예는 '나는 그런 것은 모르네' 라든가 '시험 삼아 말해 보겠네' 등 자신 없다는 듯 말하고 있다.

원래 인간의 가치판단이란 말에 의한 사고, 말을 사용한 표현에 기초한 것이다. 그 언어가 세계의 진실을 포착하고 있지 않다고 장자는 생각했다. 그런데 생각해 보면 장자 자신도 말에 의해 그것을 인식하고 표명하려 하고 있다. 여기서 큰 자기모순이 발생한다. 말에 의한 인식의 오류를 말에 의해 설명하려고 한다. 그것은 자가당착이라고 할 수 있을 것이다. 이것을 깨달은 장자는 앞에서와 같이 힘써 평소의 말을 회피하려고 하고 있다. '시험 삼아 말해 보겠네'라는 것은 그러한 태도를 나타낸 것이다.

그러나 말로 자신의 사상을 밝히는 것 이상, 이 모순은 언제까지나 따라다닌다. 그래서 장자는 이 문제를 한 번에 해결하기 위해, 제물론편 중에 '명(明)'이라는 개념을 등장시킨다. '명'이란 세속의 입장을 초월한 인식방법. 이른바 깨달음의 경지이다. 오감을 경유하는 통상의 인식방법이 아닌, 세계의 진실과 자신의 마음이 직접 마주보는 방법이다.

여기에 《노자》와는 다른 《장자》의 초월적 입장이 보인다고 할 수 있다.

《노자》도 세속 인간의 가치관이 세계의 실상과 동떨어져 있다고 비판했다. 그러나 비판하는 자기 자신에게는 비판의 화살은 돌아가지 않았다. 한편《장자》는 자기 자신을 포함한 인간 전체에 비판의 그물을 씌워 버린 것이다. 이것을 탈출하는 수단은 말을 통하지 않는 초월적 방법, 즉 '명'이라는 깨달음의 경지이다. 후의 중국에서 전래된 불교, 특히 선종(禪宗)이《장자》의 사상을 도움으로 수용하고 있는 것은 이러한 점에도 그 한 가지 원인이 있다. 《장자》에서의 '명'과 선종에서의 무언의 깨달음, 이 양자는 강한 공통성을 가진다.

호접지몽

이처럼 장자는 세속의 인식과 가치관을 부정하고 여러 가지 비판을 상대화했다. 인간이 절대적으로 바르다고 생각하는 것도, 세계의 진실을 비추면 결코 바르지 않다는 것이다.

이러한 세계의 상대화는 제물론편 끝에 다음과 같은 고사로서 실로 아름답게 이야기된다.

> 옛날 장주가 꿈속에 나비가 되었다. 하늘하늘 춤추며 즐기느라 자신이 장주라는 사실을 잊어버렸다. 깨어나 보니 틀림없는 장주였다. 장주가 나비가 되어 꿈에 날아다닌 것인가 나비가 꿈속에서 장주가 된 것인가.
>
> 《장자》 제물론편

제물론의 논리에 의하면 '시(是)'와 '비(非)'는 같고, '생(生)'과 '사(死)'도 같으며 게다가 '꿈(夢)'과 '깨어남(覺)'도 같은 것이다. 사람은 깨어 있을 때의 인식이 바르고, 꿈속에서의 일은 완전히 허구에 지나지 않는다고 생각한다. 그러나 모든 것을 상대화한 장주는 마침내 자기의 존재에 대해서도 확고한 판단을 피한다. 자신은 정말로 장주인가. 이 세상의 모든 것은 꿈이 아닌가. 이러한 경지에 이르는 것이다.

사람은 한평생 악착같이 일한다. 자신의 가치관을 의지하며 인생을 살아간다. 그리고 틀림없이 깨어 있다고 믿고 있다. 그러나 모든 것은 꿈속의 일이 아닌가. 이 세계의 진실을 바르게 알기 위해서는 꿈과 각성과의 큰 깨달음의 경지에 도달할 필요가 있는 것은 아닌가. 그것을 장자는 '대가(大覺)'이라 부른다.

3 '도'의 탐구

노자의 '도'

노자나 장자가 후에 '도가(道家)'라고 불리는 것은 그들이 함께 '도(道)'라는 단어를 통해 세계의 진실을 이야기하려고 하기 때문이다. 노자는 우주의 본원이 '도'라고 이야기한다. 거기에는 혼돈이라는 무(無)의 형태가 있으며, 거기에서 단계를 따라 천지만물이 태어난다고 생각했다.

혼돈된 무언가가 천지의 형성 전에 존재하고 있었다. 조용히 형체도 없이, 단지 이것만이 있어 변하지도 않고, 우주의 구석구석까지 골고루 미치며 사라지지도 않는다. 이것이야말로 만물의 어머니라고 해야 할 것이다. 그러나 나는 그 이름을 모른다. 그러므로 별명을 붙여 '도'라고 말하는 것이다.

천지만물이 태어나기 이전, 거기에는 우주의 어머니가 되는 무언가가 존재하고 있었다. 그러나 그것은 혼돈으로, 인간으로서는 포착할 수 없고, 노자 자신도 그 이름을 모른다고 한다. '도'란 그 가칭이다.

그리고 노자는 이 도의 모습을 이상으로서 처세의 방법을 말한다. 아는 체하는 것에 휘둘리지 않을 것, 많은 것을 소유하지 않을 것, 한 걸음 물러나는 것. 속세 중에서 여러 가지 지혜를 이야기하는 것이다.

장자의 '도'

한편 장자는 상대적인 가치관에 물든 이 세상의 모든 것을 받아들이려는 초속적(超俗的) 태도를 취했다. 스스로 가치판단을 내리지 않고, 세계의 실상을 그대로 인정해 가려고 한 것이다. 그러므로 장자에게 '도'란 이 세상의 모든 것이었다.

사물에는 본래부터 그러한 것이 있으며, 사물에는 원래부터 가능한 것이 있다. 어떤 사물도 그러하지 않은 것이 없으며, 어떤 사물도 가능하지 않은 것이 없다. 그러므로 가는 줄기와 굵은 기둥, 나병환자와 미녀 서시를 대비해 보면 기이하고 이상하겠지만, 도를 통해 하나가 된다.

장자는 세계 만물에 대해 이렇게 생각했다. 모든 것은 본래적으로 그 존재를 인식 받고, 그 가치를 존중받아야 한다. 그런데 인간의 제멋대로인 가치판단이 그것을 차별하고 있다. 그러므로 언뜻 기괴한 조합으로 보이는 것도 세계의 진실함으로부터 가장, 완전히 동등한 것이다.

같은 '도'를 이야기해도 노자와 장자는 약간 다르다. 그러나 양쪽 다 우리 인간의 세속적인 가치관을 부정하고 있다는 점은 동일하다.

우주의 본원

그러면 이 《노자》, 《장자》 이 외에는 이러한 궁극의 진실을 탐구하려는 시도는 이뤄지지 않았던 것일까. 이 질문에 대답해 주는 것은, 근래 발견된 도가계의 신출토문헌이다.

앞에서 소개했던 곽점초간 가운데 《태일생수(太一生水)》라는 문헌이 포함되어 있다. 또 곽점초간이 발견된 다음해에는 상해박물관이 입수한 같은 전국초간(상박초간)에도 《항선(恒先)》이라는 문헌이 포함되어 있다. 이들 모두 이제까지 전혀 알려지지 않았던 도가계의 신출토문헌이다.

《태일생수》는 우주의 근원적 물질 '태일(太一)'이 우선 '물(水)'을 낳고, 그 물의 힘을 빌려 세계 만물이 형성되어 간다는 것을 이야기한다. 《노자》가 세계의 모체인 '도'에서 단계에 따라 만물이 태어난다는 것을 이야기했던 것과 매우 닮아 있다. 큰 차이는 우주의 본원을 '태일'이라는 물질이라는 점과, 만물형성의 촉매 역할을 하는 것으로서 '물'이 주목된다는 점이다.

또 《항선》은 '항선'이라는 우주창생의 최초 시기부터 이야기하기 시작해서, 마침내 그 '불변하는(恒)' 세계에 '기(氣)'가 태어나, 서서히 세계가 열화(劣化)하여 마침내는 인간의 탄생·활동기에 들어간다고 이야기한다. '항선'이라는 말은 기존의 고전에서는 보이지 않았지만, 역시 《장자》의 '도'처럼 세계의 근원을 표현하려고 한 것이리라. 그리고 인간의 등장이 오히려 본래적인 세계의 모습을 왜곡시켜버린 것은 아닌가하는 비판도, 노장사상과 많이 닮아 있다.

제자백가의 시대에는 《노자》, 《장자》 이 외에도 풍부한 도가계의 사상이 발생했었다는 것을 알 수 있다. 게다가 그들은 인간탄생의 아득한 옛날로 거슬러 올라가서 장대한 우주생성의 과정을 그려 낸다. 이것은 분명히 도가사상의 중요한 특질을 나타내고 있는 것이다. 유가의 사상은 극히 인간적이다. 어떤 역사를 거슬러 올라가도 겨우 고대 성왕 요·순까지이며, 게다가 그들 고대 성왕에 의해 쌓아올려진 문명을 높이 평가한다.

그러나 도가의 사상은 인간의 탄생이나 활동이 오히려 우주의 근원적 상태를 혼란시켜 버린 것은 아닌가, 하는 문명 비판적 측면을 가지고 있다. 그 사상은 다른 제자백가에 비해 훨씬 거시적이라고 할 수 있을 것이다.

우리는 우주에서 보내져 온 영상을 통해 지구의 모습을 볼 수가 있게 되었다. 지구에서 달을 바라보는 우리는 달에서 '지구의 출몰'마저 볼 수 있게 되었다. 그것은 우리의 가치관이 한 순간에 상대화되어 버리는 불가사의한 영상이다. 이러한 불가사의함을 가지고 우리에게 말을 걸어오는 것이 도가의 사상이다.

〔고사성어로 읽는 제자백가〕 화광동진(和光同塵)

그 빛을 부드럽게 하여 먼지와 같게 한다. 《노자》 제4장·제56장

그대의 재능·지혜(光)를 감춰 세상에 드러내지 말고(和), 속세 가운데(塵) 동화시켜라(同), 라는 의미. 이 직전에는 '그 날카로운 기운을 꺾고, 그 혼란함을 푼다'라는 문장도 있다. 날카로움을 일부러 둔하게 보이게 하고, 난해한 복잡함을 일부러 보이지 않는다는 뜻이다. 《노자》 제4장에는 '도'의 모습을 말하는 내용으로 기록되어 있지만, 지금에는 유약한 처세술을 나타내는 한 구절로 이해되고 있다.

사람은 경쟁사회 안에서 타인보다 한 걸음이라도 먼저 나가기 위해 지혜를 쥐어짠다. 그러나 그것이 사람과의 마찰이나 충돌을 낳고, 자기 자신을

고통스럽게 만든다. 약간 힘을 빼고, 속세에 동화하려는 기분을 가지면, 인생은 매우 즐거워질 것이다. 세계의 근원인 '도'는 만물을 낳고, 모든 것을 완벽하게 처리하면서 그것을 결코 자랑하지 않는다. 사람도 이 도의 모습을 규범으로 삼고 살아간다고 《노자》는 이야기하고 있다.

또한 1993년에 발견된 곽점초묘죽간(곽점초간)에는 제4장에 상당하는 부분은 포함하고 있지 않지만, 제56장에 상당하는 부분은 존재하고 있다. 이 말은 《노자》의 말로 옛날부터 전해져 내려왔던 것이다.

제6장

정치의 본질이란 무엇인가

법가의 사상

아아, 과인(진왕〔秦王〕 정〔政〕)이 이 사람(한비자〔韓非子〕)과 만나서, 친교를 맺을 수 있다면 죽어도 여한이 없으리라.

1975년 중국의 호북성 운몽현 수호지에서 발견된 약 1,000매의 죽간(수호지진묘죽간). 그것들은 수수께끼에 싸여있던 진의 법치의 실태를 나타내는 법률관계 문서였다. 중앙집권화, 관료체제의 정비, 농업·군사를 중시했던 부국강병책의 퇴진 등 그 내용은 법가사상을 대성한 한비자의 사상을 방불케 하는 것이었다. 한비자의 사상에 공명한 시황제의 시책은 이들 법률이 되어 구체화되었다.

세상을 어떻게 다스리는가에 대해서, 제자백가는 여러 가지로 사색했다. 유가는 가족 내의 질서를 서서히 바깥쪽으로 확대시키는 방법을 제창했다. 전제가 된 것은 통치자의 뛰어난 인덕이다. 훌륭한 아버지가 가족에게 존경받듯이, 위대한 군주도 나라의 부모로서 백성들로부터 신망을 모은다는 발상이다.

그러나 작은 혈연공동체는 어떻든, '부모'의 눈길이 닿지 않는 거대한 제국을 운영해 가는 데에는 더욱 획기적인 방책이 필요했다. 그것은 법에 의한 통치였다. 위정자의 인덕에 의한 것이 아닌, 성문법과 상벌에 의해 사람들을 통제하려는 법치는 진제국의 탄생을 후원하며, 이후 2천 년에 걸쳐 중국 세계의 기본적인 통치 체계가 되었다.

시황제와 한비자

운명이 두 남자를 끌어당겼다.

한 사람의 이름은 정(政). 머지않아 중국 세계를 통일하고 진나라의 시황제라고 칭하는 왕이다. 다른 한 사람의 이름은 한비자(韓非子). 전국 칠웅 '한(韓)나라'의 공자(公子)로 태어나, 사자로서 진나라에 입국하려 했다.

한비자는 일찍이 순자에게서 공부한 적이 있었다. 동문으로는 후의 진나라의 재상이 되는 이사(李斯)가 있었다. 순자는 후천적인 노력이나 학문을 통해 처음으로 성이 선이 되는 것이라고 생각하고 있었다. 이른바 성악설(性惡說)의 주장이다. 그리고 수양도중의 인간을 바깥에서 규제하는 것으로서 '예'를 중시했다. '예'는 어디까지나 인간의 주체적 노력을 기다린다는 점에서 인간에 대한 신뢰를 기본으로 하고 있다. 맹자의 성선설은 원래부터 이러한 인간의 본성에 절대적인 신뢰를 두는 사상이었다. 유가에서 이야기하는 '덕치(德治)' 사상은 이 신뢰를 전제로, 위대한 성왕의 덕을 통해 백성을 감화시켜 가는 것이었다.

그러나 유가의 인간관찰은 너무나 낙관적이어서 전국의 현실은 그 기대를 배신했다. 사람은 법으로 엄하게 규제되지 않으면 비행을 저지르며, 인덕을 갖춘 군주 등은 쉽사리 눈에 띄지 않았다. 한비자는 신분의 상하를 막론하고 강제력을 가진 성문법의 중요성을 자각했다. 그리고 유가의 통치론을 엄하게 비판했다.

1 '모순'과 '수주'

《한비자》 55편

법치주의를 내걸고 전국시대를 크게 움직인 것은 법가의 사상이었다. 그 집대성자 한비자의 사상을 중심으로 묶은 것이 《한비자》이다.

《한비자》는 현존 최고의 도서목록인 《한서(漢書)》 예문지(藝文志)에, '한비자 55편'이라고 기록되어 있다. 그 내용은 첫머리에 '초견진(初見秦)', '존한(存韓)'이라는 프롤로그 부분, 다음으로 왕의 정치가 중신들에게 방해받는다는 울분을 기록한 '고분(孤憤)', 왕에게 진언을 하고 설이 채택되는 것의 어려움을 이야기하는 '설난(說難)', 군주를 위협하는 나쁜 신하에 대해 이야기한 '간겁시신(姦劫弑臣)', 국익을 좀먹는 다섯 가지 벌레(학자·언담자〔言

談者〕·대검자〔帶劍者〕 등)을 비판하는 '오두(五蠹)', 세상에 나타난 유명학파 유가와 묵가를 비판한 '현학(顯學)' 등 중심사상을 서술한 편들. 또 노자사상의 해설부분 '해로(解老)', '유로(喩老)', 그리고 한비의 사상을 후인들이 알기 쉽게 부연한 설화부분 '설림(說林)', '내저설(內儲說)', '외저설(外儲說)' 등이 있다.

이 《한비자》에 의해 알려진 부분을 보면, 한비자는 약소국인 한나라를 위해 왕을 둘러싼 무리를 비판하고, '법치'주의로의 전환을 강하게 주장한다. 그러나 한나라 왕의 적자가 아니었다는 이유로 받아들여지지 않는다. 그런 울분을 배경으로 그는 '고분', '오두' 등의 논문을 저술했다. 그 내용을 전해 들은 진왕 정(시황제)은 '이 사람(한비자〔韓非子〕)과 만나서, 친교를 맺을 수 있다면 죽어도 여한이 없으리라'라고 절찬했다고 한다.

진 제국이 멸망한 뒤, 한비자는 진시황과 함께 가혹한 법치의 상징으로 비판의 대상이 되었다. 그러나 그 사상과 시원시원한 명문은 높이 평가받아 《한비자》 55편은 소실되지 않고 오늘날까지 전해졌다. 문장은 다른 학파와의 대항이나 군주에 대한 상주를 의식했는지 극히 논리적이다. 또 설득력을 가진 교묘한 비유가 많이 쓰였다는 점에도 특색이 있다.

현대어로서 일상적으로 쓰이는 '모순(矛盾)'이나, 기다리다 허탕친다는 뜻의 '수주대토(守株待兎 : 그루터기를 지키며 토끼를 기다린다)'도 이 《한비자》에서 유래한 성어이다.

모순과 요순

'모순'의 토대가 된 고사는 다음과 같다.

> 옛날 초나라에 창과 방패를 파는 사람이 있었다. 이 창은 어떤 방패라도 뚫을 수 있으며, 또 이 방패는 어떤 창이라도 뚫을 수 없다고 선전을 했지만, '그렇다면 그 창으로 그 방패를 뚫으면 어떻게 되는가?'라는 질문에는 대답할 수 없었다.

《한비자》 난일편(難一篇)에 기록된 고사이다. 여기에서 '모순'이란 앞뒤가 어긋남, 논리적으로 이치가 맞지 않는다는 뜻으로 쓰이지만, 《한비자》가 주장하고 싶었던 것은 단순한 자가당착이 아니다. 여기서는 요나 순의 통치를 이상으로 하는 유가에 대한 통렬한 비판이 들어 있다.

고대의 성인 순은 세계의 혼란 상태를 근심하여 각지에 부임하여 스스로 솔선하여 노동에 종사하고, 3년이 걸려 세계는 정당화되었다고 한다. 공자는 이 순을 이상적인 현인으로 절찬한다. 이러한 순의 모습에 백성들이 감동하지 않을 리 없다. 이것이야말로 '성인의 덕화'라고 불러야 할 것이다.

그러면 그 때 다른 한 성인 요는 무엇을 하고 있었는가? 이 물음에 대해 '유자(儒者)'는 답한다. 요는 천자였다고. 그러면 위대한 성인 요가 천자의 위치에 있었는데도 세계가 혼란스럽고, 사태를 수습하기 위해 신하인 순이 분주해야 했던 것은 어째서인가. 애초에 요의 통치에 결함이 있었던 것은 아닌가. 아니면 혹시 요의 통치가 완벽했다면 세계에 혼란이 발생할 리 없고, 따라서 순이 활약해서 덕화를 행했다는 전설은 성립하지 않는 것이 아닌가. 당신네 유자는 입을 열면 요순을 이상의 성인으로 찬양하는데, 애초에 요순 두 사람을 동시에 위대한 성인이었다고 하는 설은 기본적으로 성립하지 않는 것이 아닌가.

이 비판을 한층 더 몰아붙인 것이 앞에서 이야기한 '모순' 설화이다. 즉 무엇에도 뚫리지 않는 견고한 방패와, 무엇이든 관통하는 예리한 창은 같은 세상에서는 양립할 수 없다. 지금 요순 두 사람을 위대한 성인으로 동시에 상찬할 수 없는 것은, 이 모순 이야기와 마찬가지이다.

그러면 어떠한 통치가 이상적인 형태인가. 그것은 법에 의한 통치이다. 유가의 이상은 현자의 '덕'이 서서히 세계를 덕화시켜 가는 '덕치주의(德治主義)'에 있다. 그러나 저 순조차 세상의 혼란을 바르게 잡는데 3년을 필요로 했다. 게다가 순과 같은 실행력과 덕성에 뛰어난 현인이 역사상에 뒤를 이어 나타나줄 리가 없다. 한계가 있는 개인의 힘으로 한없이 발생하는 천하의 폐해를 제거하기에는, 가장 효과적인 방책을 강구해야 했다.

법에 의한 통치는 상벌을 배경으로 천하에 적용할 수 있고, 그것도 즉효성이 있다. 일부러 현인이 현지에 갈 필요는 없다. 범용한 군주라도 관료체제라는 조직에 그 운영을 맡기고 스스로는 그 조직의 정점이 위치에 있기만 해도 된다.

이처럼 '모순' 고사의 앞뒤에는 엄격한 유가비판이 가로지르고 있다. 즉 유가의 덕치주의에 대한 비판, 법치주의의 주장이 거기에서 보이는 것이다.

그루터기를 지키는 유가

마찬가지로 '수주(守株)'도 역대 성왕의 통치를 후세에까지 소중히 지켜가려고 하는, 현실사회에는 적응할 수 없는 유가를 송나라 농부를 빗대어 야유하는 것이다.

> 옛날 송나라 사람이 마침 나무를 잘라 낸 그루터기에 토끼가 부딪혀 죽는 것을 보고, 또 같은 일이 일어나지 않을까하고 기대하여 그 그루터기 앞에서 가만히 기다렸지만 두 번 다시 토끼를 얻지 못했고, 그는 나라의 웃음거리가 되었다.

《한비자》 오두편에 기록된 고사도 현재에는 낡은 습관에 얽매여 융통성이 없는 것을 의미하게 되었지만, 원래에는 역시 고대 성왕의 치세를 우러러볼 뿐이고, 완전히 발상을 전환하는 것이 불가능한 유가를 비웃는 것에 중점을 두고 있다.

법가는 세상의 변화를 예민하게 살폈다. 인구의 증가, 영토의 확대, 교통의 발달, 전쟁의 대규모화 등 세상에서는 격렬한 변화가 계속되고 있었다. 정치도 그것에 대응해서 변화해야 하는데, 유가는 입을 열면 요순의 세상은 좋았다고 한다. 그것은 마치 그루터기에서 기다리다 웃음거리가 된 송나라 사람과 똑같다.

사실 송나라는 은주혁명 후 멸망해 간 은나라의 유민들을 모아 그 선조들의 제사를 계속하도록 허락된 나라였다. 오랜 문화를 전승하고 있다는 자부심을 가지고 있었지만, 군사적으로는 약소했고, 타국으로부터는 망국의 유민으로 비하되었다. 공자의 선조도 송나라 사람이었다고 전해진다.

2 한비자의 사상

그런데 시황제는 어째서 한비자의 사상에 이만큼 감격했을까. 그것에는 두 가지 뜻이 있었다고 생각된다.

첫 번째는 한비자의 사상이 진나라의 역사를 정당화해 준다는 점이다. 진나라는 전국 중기의 효공(孝公) 때, 재상으로 맞아들인 상앙(商鞅 : ?~BC 338년)에 의해 대개혁을 단행했다. '상앙변법(商鞅變法)'이다. 이후 진나라는 엄격한 법치제도를 진행해 왔다.

1975년 중국 호북성에서 발견된 대량의 죽간은 진나라의 법률(진률〔秦律〕)을 기록한 문서지만, 거기에서 복원된 진나라의 기본적인 정치이념은 상앙이나 한비자의 사상과 훌륭하게 합치하는 것이었다. 시황제의 눈에 한비자의 사상은 진나라의 법치의 전통에 정당성을 부여하는 것으로 비쳐졌다.

진나라의 법치와 한비자의 사상

한비자 사상의 특색으로 가장 먼저 드는 것은 결과주의·능력주의이다. 세습에 의한 신분지위가 아닌, 결과·능력을 중시하는 것이다.

지금 세상의 군주는 자세히 조사도 하지 않고 처벌을 하고, 분명한 공적을 기다리지도 않고 봉록을 부여한다. 《한비자》 고분편

명분과 실리와의 관계를 조합해서 시비를 결정하고, 자세한 조사에 의해 말의 진실을 밝힌다. 《한비자》 간겁시군편

번드르르한 직함이나 교묘한 말재주에 현혹되지 마라. 본인의 능력이나 결과와 조합해 그 시비를 결정하라는 것이다.

이러한 정신은 진율(秦律)의 규정에서도 그대로 엿볼 수 있다. 예를 들자면 군작제(軍爵制)에 관한 규정이다.

군2급을 반환하고, 친족 중 노예 신분이 된 자를 방면하고, 또 전장에서 적의 머리를 베어 공사(公士)가 된 노예가 그 공사의 지위를 반환하고 노예가 된 처를 방면해 달라고 청할 때에는 그것을 윤허하며, 서인의 신분으로 한다. 군작률(軍爵律)

이 조문이 단적으로 나타내듯이 진에서는 세습귀족이 특권적으로 작위를 획득하는 것이 아니라, 전장에서의 공적에 따라 작록이 바뀌었다. 군공을 올

리면 노예 신분이라도 서민의 위치로 상승하고, 친족을 해방시킬 수도 있었다. 반대로 귀족의 신분이라도 군공이 없으면 작위를 몰수당했다. 이러한 법률에 의해 진나라는 사람들을 전쟁에 세웠던 것이다.

또 식량·기물에 관한 법률은 다음과 같다.

곡물을 창고에서 반출할 때에는 반입한 자와 다른 자가 반출작업을 행하고, 그 분량을 달아 장부와 합치해야만 반출시킨다. 창률(倉律)

공용의 무기는 각각 그 군관의 이름을 새기고, 각인이 없는 경우 붉은색 또는 옻칠로 명기한다. 백성에게 무기를 대여할 때에는 그 인을 장부에 기록하고, 반납할 때 장부와 대조한다. 공률(工律)

이처럼 진율에서는 곡물의 반출·수입을 엄격하게 점검했다. 관아의 무기에는 전부 표시를 했고, 그것을 대여했다가 반납할 경우에 장부에 기록한 그 표시와 현물을 엄격하게 대조했다고 한다. 현대사회에서는 당연한 것이지만, 당시로서는 획기적인 방책이었음이 틀림없다.

다음으로 한비자 사상의 특징으로서 거론되는 것은, 신상필벌주의(信賞必罰主義)이다. 인간은 '모두 안락함을 추구하고 위험을 피한다.'(《한비자》 오두편) 이것을 찰지한 한비자는 신상필벌 제도가 중요하다고 생각했다. 자발적인 행동에 맡기는 것이 아닌, 당근과 채찍으로 사람을 다루려고 했다.

이 점도 분명히 진율과의 공통점이다. 진율은 실제로 세세한 점까지 단계적인 상벌을 설정한다. 특히 벌의 측면에서는 연좌제(緣坐制)의 적용으로 그 철저함을 꾀했다. 사람은 자신의 언동을 조심할 뿐만 아니라 이웃의 언동에도 신경을 곤두세웠다. 마치 전장에 있을 때처럼 긴장상태가 요구되었다.

세 번째, 한비자의 특징으로 거론되는 것은 직분엄수의 주장이다. 관료체제의 확립을 이상으로 하는 한비자에게 월권행위는 용서될 수 없는 행위였다. 《한비자》 이병편(二柄篇)에 다음과 같은 고사가 기록되어 있다.

어느 날 군주의 관을 담당하는 관리(전관(典冠))가 낮잠을 자는 군주를 발견했다. 담요도 덮지 않아 추워할 것 같아, 살짝 담요를 덮어 주었다. 눈을 뜬 군주가 담요를 덮어 준 이가 누구인지 물었다. 전관이 덮어 주었다고 들은 군주는 전관과 전의(典衣 : 군주의 의복을 담당하는 관리)를 함께 벌했다고 한다. 전의는 직무태만, 전관은 월권행위라는 것이 그 이유이다.

직무태만의 전의는 어찌되었든, 전관은 어째서 벌을 받았을까. 군주의 몸을 걱정해 담요를 덮어 준 행위는 확실히 훌륭하다. 그러나 이것이 확대되면 어떻게 될 것인가. 모든 신하가 자신의 직분을 넘어서서 제멋대로인 행동을 한다. 그것은 관료체제의 근간을 흔드는 행동이 된다.

이러한 정신은 진율에서도 마찬가지였다. 진율은 관료체제의 확립을 목표로 관리의 임면이나 문서를 통한 전달 등에 엄격한 규정을 정하는 한편, 아무리 우수한 기능을 가진 자라 해도 직분을 넘어선 활동은 허락하지 않았다. 예를 들어 다음과 같은 규정이다.

달필인 하급관리가 있다 해도 결코 역사관의 일에 종사시켜서는 안 된다.

내사잡(內史雜)

역사관은 국가의 기밀에 관련된 일을 담당한다. 그러므로 설령 문자에 능통한 이가 있다 해도, 그 직을 맡지 않은 하급관리라면, 안이하게 역사관의 일에 종사시켜서는 안 된다고 한다.

이처럼 결과주의·능력주의, 신상필벌주의, 직분엄수의 주장 등 한비자 사상의 주요한 특질은 전부 진율에서도 엿볼 수 있다. 또 이 기조를 이루는 중앙집권주의도 진율 전체를 관통하는 제1특징이었다. 상앙변법을 기반으로 발전해 온 진율과, 상앙의 법사상을 도입해 대성시킨 한비자의 사상이 그 기본적 성격을 일치시키고 있는 것은 오히려 당연한 현상이라고 해야 할지도 모른다.

술과 세

시황제가 감격했던 또 다른 이유 하나는 한비자의 사상이 시황제의 권위를 더욱 강화시켜 주었다고 생각되는 점이다. 그것은 '법'에 더해 '술(術)'과 '세(勢)'라는 요소였다.

'술'이란 전국시대의 신불해(申不害)라는 사상가가 제창한 것으로, 군주가 신하를 조종하기 위한 술책을 뜻한다. 법치의 정점에 위치하여, 절대적인 권력을 갖는 군주가 신하들 손에 다뤄지게 되면, 모처럼의 법치도 건전하게 기능하지 않는다. 한비자는 군주 쪽이 신하 쪽에 진의를 드러내지 않고, 권위를 범할 수 없게 하는 '술'의 중요성을 설파했다. 그것은 신하의 '명(名 : 언사)'과 '형(刑 : 행위)'을 엄격하게 대조해서, 그 결과나 책임을 묻는 특색에서, '형명참동술(刑名參同術)'이라고도 불린다.

또 '세'란 법치를 기능시키기 위한 필수적인 체세·권세를 말하며, 전국시대 신도(愼到)의 사상을 더욱 전개시킨 것이다. 한비자는 군주 개인의 덕성이라는 불안정한 요소에 의하는 것이 아닌, 절대적인 권력과 관료체제로 지지되는 자동적 법치를 구한 것이다.

이들 요소를 통합한 한비자의 사상은 군주의 권위를 높이고 신민을 자유자재로 조종하는 술로서의 성격이 강해서, '법술(法術)' 사상이라고 불리는 경우도 있었다.

그 사상은 시황제와의 운명적인 만남을 통해 주왕조의 봉건체제로 인도를 중개하고, 황제라는 절대적 권력을 정점으로 한 군현제와 법치제도, 그것을 운영하기 위한 관료체제를 출현시켰다.

3 법치의 한계

그러나 이 법사상을 도입한 진 제국은 BC 206년, 고작 15년 만에 붕괴되었다. 그 이유는 시황제의 정치가 너무 잔혹했기 때문이라고 설명되어 왔다. 중국 세계를 통일한 시황제는 군현제를 시행, 도량형이나 문자의 통일, 분서갱유를 통한 사상통제 등 중앙집권적인 시책을 용서 없이 단행했기 때문이다. 시황제를 만난 위료자(尉繚子)라는 사상가는 그 인상을 '벌처럼 높은 콧마루와 길게 찢어진 눈, 맹수처럼 돌출된 가슴, 승냥이와 같은 목소리, 은애의 정이 부족하고, 호랑이나 늑대 같은 마음'(《사기》 진시황본기)이라고 표현하고 있다. 확실히 제국멸망의 원인은 시황제의 성격에도 그 원인이 있었을 것이다.

그러나 신 제국이 단명으로 끝난 이유는 그것뿐이었을 것인가. 거기에는 법치의 근간에 관련되는 중대한 문제가 도사리고 있었다고 생각된다.

이 문제에 큰 단서를 부여하는 것은, 역시 수호지주진묘죽간이다. 이 죽간들 가운데에는 진의 법률과 함께 다음과 같은 법률관계문서가 포함되어 있다.

• '어서(語書)'……진왕 정 20년(BC 227년), 남군(南郡)의 장관이었던 등(騰)이라는 인물이 치하의 현·도에 보낸 문서. 남군이란 옛 초국령. '어(語)'는 알린다는 뜻. 현·도는 군 아래의 행정단위.

• '위리지도(爲吏之道)'……지방 관리들의 마음가짐을 거의 4글자씩 엮은 문서. 진나라의 말단 통치의 상황을 나타내는 귀중한 자료.

수호지진묘죽간 '어서'와 남군통치

'어서'는 전국최말기에 진의 점령지정책을 나타내는 귀중한 자료이다. 남군 장관 등은 다음과 같은 문서를 치하의 각 현에 통달했다(이하, 편의상 ① ② 등의 단락으로 나누어 개요를 나타냄).

① 20년(진왕 정 20년, BC 227년) 4월, 남군(소왕 29년〔BC 278년〕, 옛 초나라 수도 영〔郢〕 일대에 설치한 군)의 장관이 알리다. 옛날에는 백성에게 각 지방의 풍습이 있어, 그 이해·호오 등이 달랐다. 그것은 백성에게도 불편하고, 나라에도 해가 된다. 그리하여 성왕께서 법을 만들어 그 법을 통해 민심을 바로잡고 해악을 제거했다. 그러나 법률은 아직 부족하고, 백성들 가운데에는 지혜를 짜내어 법을 빠져나가는 자가 있다. 그리하여 다음의 추가령을 내린다.

② 원래 법률령이란 백성을 교도하고, 그 부정을 제거하며, 그 나쁜 풍속을 제거하고, 백성을 선으로 이끄는 것이다.

③ 지금 법률령은 완비되었지만 그럼에도 불구하고 이민(吏民 : 말단 관리와 백성)은 그에 따르지 않으며, 나쁜 풍속에 물든 백성은 줄어들지 않는다. 이것은 왕법을 폐하게 하고 부정한 백성을 조장하는 행위이다. 나라에 매우 해가 되며 백성들에게도 불편하다.

④ 그래서 나는 법률령 그 외의 법을 정리하고 통지하여 관리들에게 명시시키고, 이민들에게도 이것을 바르게 인식하고 죄를 짓는 일이 없도록 했다.

⑤ 지금 법률령은 이미 폐지되었음에도 불구하고 법을 범하는 이민은 사라

지지 않는다. 공권력에 반항하고 지방의 습속을 존중하는 마음이 계속 바뀌지 않는다고 한다.

⑥지금 사람을 파견해서 순행 시찰시키고 법령에 따르지 않는 자를 검거하여 관할의 관리도 같은 죄로 다스린다.

⑦역전(驛傳)을 통해 이 지령을 각 현·도에 전하여, 강릉(江陵 : 초나라의 옛 수도, 현재 호북성 강릉현)에는 다른 문서를 우송시켜라.

인간은 그 본성대로는 평화로운 사회를 만들 수 없으므로 법에 의해 교정할 필요가 있다. 그러므로 옛 성왕이 법을 작성했다. 그러나 법에 의해서도 평화로운 사회가 출현하지 않았던 것은 과거의 법령이 부족했기 때문이다. ①은 이러한 성악설적인 입장을 표명하고, 또 법치가 관철되지 않는 것은 법의 정신이나 법의 운용에 문제가 있기 때문이 아니라, 법의 그물망이 굵기 때문이라고 지적한다.

그러므로 법의 불비를 보충하기 위해 새롭게 '법률령'이 내려진다. 그러나 그럼에도 불구하고 통치에 지장을 초래한 것은 '이민(말단 관리와 백성)'이 그것을 준수하지 않았기 때문이다. ③은 이 점을 포착해 원래 백성을 지도해야 하는 '관리'가 법률령을 백성에게 명시하지 않은 것은 아닌가, 혹은 관리와 백성이 하나가 되어 그것을 위반하는 것은 아닌가라고 지적한다.

④는 그를 위한 추가조치이며, 이민에 대한 법률령을 철저히 꾀한다. 그러나 이러한 조치에도 불구하고 ⑤처럼 그 상황에는 개선이 보이지 않는다. 게다가 현령 이하, 통치감독의 입장에 있는 자가 그러한 이민의 부정을 모르거나, 혹은 알면서도 숨기고 있는 현실이 있다.

거기서 남군장관 등은 ⑥처럼 모든 지방 관리를 처벌의 대상으로 하는 구체적인 지시를 발하고, '악리(惡吏)'의 소탕을 기대한다. ⑦은 그 전달방법을 지시한 것이다.

이처럼 진나라의 법률은 지방의 습속이라는 벽에 부딪혀 쉽게 침투하지 못했다. 지방에서 채용된 관리가 심정적으로 백성 쪽에 가깝고, 관리와 백성이 유착하고 있는 것도 그 원인 중 하나였다. 특히 이 남부는 최후까지 진나라에 저항했던 옛 초나라의 영토이다. 그 습속은 '그 풍습이 우스꽝스럽고 화를 잘 낸다'(《사기》 화식열전〔貨殖列傳〕)라든가, '초나라 세 집이라고 해도, 진나라를 망하게 하는 데는 반드시 초나라가 있다'(《사기》 항우본기〔項羽本紀〕)라고 전해지듯이, 이 '어서(語書)'의 내용은 점령지에서 옛 공동체의 원리가 쉽사리 바뀌지 않는다는 실정을 나타내고 있다.

지역 관리의 각오 '위리지도'

그러면 이러한 실정을 진은 어떻게 타개하려고 했을까. 물론 '어서'는 이 통달에 의해 부정한 이민을 엄격하게 적발하고 있다. 그러나 한편, 수호지진모죽간에는 '위리지도(爲吏之道)'라는 이상한 문서가 포함되어 있다. 이것은 말단에서 일하는 관리들의 각오를 설명한 문서이다.

지방 관리들의 마음가짐을 엮은 '위리지도'는 진나라의 말단 통치의 상황을 나타내는 귀중한 자료이다. 거기에는 여러 가지 요소가 포함되어 있다. '어서'와 같은 강압적인 문서는 아니다. 사상적으로도 단순히 병가적이거나 유가적이라고 하는 관점으로는 나눌 수 없는 것을 포함한다.

예를 들어 '염결공정(廉潔公正)'이라는 말이 있다. 이것은 유가적이라고도 법가적이라고도 할 수 있다. 또 '자각·자성하고 부귀·욕망을 억제하라' 라든가, '명찰력을 가져라' 라든가, '언동을 신중히 하고 정보를 엄수하라', '백성의 실정을 파악하라' 등의 구절도 유가·법가라는 틀로는 구별하기 어렵다.

물론 '위리지도'는 전체적으로 정연한 논리전개를 나타내는 문서가 아닌, 이른바 경구를 모아 놓은 단편집이다. 그러나 안에는 주목해야 할 내용도 포함되어 있다. '만성(萬姓)을 자애하라'든가, '백성의 습속을 바꾸는 것에 신중하라'라는 공동체의 습속에 대한 배려, 또 '백성의 능력을 밝혀 내라'라는 백성의 실정에 대한 배려 등 이들은 법치의 관철을 최종 목적으로 하는 하나의 통치술일 것이다. 그러나 분명히 '어서'의 논조와는 다르다. 관리 쪽이 백성들의 실정에 유의하고, 지방의 습속에도 일정한 이해를 보이도록 지시하는 것이다.

이처럼 '위리지도'의 내용은 '어서'에 비하면 꽤 복잡하다. 그러면 이 두 자료의 성격의 차이는 어째서 발생한 것인가.

수호지진묘의 무덤 주인은 '희(喜)'라는 법리(法吏)였다. 그의 경력을 기록한 '편년기(編年記)'라는 문서도 동시에 출토되었다. 그것에 의하면 진율도, '어서', '위리지도'도 생전 희의 직무와 밀접한 관계가 있었던 자료이다.

그러므로 이것에 대해서는 현재 크게 두 가지 견해가 나타나고 있다. 하나는 '위리지도'의 유약한 내용을 중시하여 시황제 당시의 법치도 실제로는 법가사상 일색이 아니라, 상앙변법 당시로부터 꽤나 변질되어 있다는 입장이다. 또 이것에 관련해서 시황제 초기의 법치는 그만큼 가혹하지 않았다는 주장도 있다.

이에 반해 남군장관 등에 의한 '어서'의 발포를 중시하여, 이 무렵부터 진의 변법, 특히 남군의 통치가 엄격도가 증가되었다는 견해도 있다. 확실히 출토된 '편년기'에 의하면 '어서'가 발포되기 전년(BC 228년), '남군비경(南郡備警 : 남군에 대한 비상경비태세)'이라고 칭하는 통치의 강화가 꾀해졌음을 알 수 있다.

진나라 통치의 이중구조

그러나 이러한 두 가지 입장은 결국 '어서', '위리지도' 중 어느 쪽을 중시하느냐에 따라 나뉜 것이며, 두 가지 자료가 동일인물의 묘에서 나왔다는 사실의 의미를 해명한다고는 말하기 어렵다. '어서'를 중시하고 법치의 강화를 반영한 것이라면, 법가 이외의 다른 사상을 포함하는 '위리지도'의 존재의의를 알 수 없게 된다. 특히 백성에 대한 느슨한 대응을 이야기하는 일절은 가혹한 법치에서는 허락되지 않는 성격을 갖는다. 한편 '위리지도'를 중시해서 종래 엄격한 법가사상이 변용했다는 입장도 '어서'의 강경한 법치 선언을 경시하는 것이 될 것이다.

이 두 자료가 지방 법리의 수중에 있다는 사실의 의미에 대해서는 진나라 통치의 이중구조를 가정할 필요가 있을 것이다. 즉 진나라의 법치를 근본으로 지탱하는 법술사상은 상앙의 시대 이래 기본적으로는 변질하지 않았다. 그러나 남군장관 등이 '어서'에서 탄식한 대로, 이 법치는 결코 말단까지 침투하지 않았다. 그것은 '어서'에 나타나 있듯이 지방의 습속을 '악습'이라고 결정짓고 그것을 오로지 법으로만 바꾸려 하는, 진나라의 강경한 법사상에서 빠져나오기 힘든 약점이기도 했다. 그것도 한비자의 저작을 보고 감동한 진왕 정에게는 진나라의 법사상이나 군주권력을 보다 강화하려는 의지는 있더라도, 백성의 실정이나 지방의 습속에 느슨하게 대응하려는 발상은 희박했다.

게다가 변함없는 진나라의 강경한 법사상과 아직까지도 쉽사리 변하지 않는 백성의 습속과의 마찰을 어떻게 해소할 것인가 하는 중요한 문제가 국가의 기본적 정책이나 그 법사상 가운데서 추구되지 않은 채, 말단통치의 현장에서 일하는 관리들에게 맡겨져 온 것이다. 이러한 진나라의 이중 구조적 통치의 현실을 '어서'와 '위리지도'는 기이하게 반영하고 있는 것은 아닐까.

법치의 한계

이번 장에서는 수호지진묘죽간을 중심자료로 하여 진나라 법치의 실태와 그 법사상의 특질에 대해 생각해 보았다. 진율에서 엿볼 수 있는 진나라의 통치이념은 상앙·한비자 류의 법치주의와 중앙집권주의를 통해 관철되었다. 그러나 옛 초나라 영토인 남군에서는 진나라에 대한 반발도 있어 진나라의 법치는 제대로 기능하지 않았다. 남군장관 등은 '어서'를 통해 법의 의의와 정당성을 주장하고, 악덕관리의 적발을 선언한다. 이렇게 해서 진나라의 법은 그 근본적인 시비에 대해 반성을 결여한 채 계속 운용되어 왔다. 말단통치의 현장에서 일하는 관리에게 그 모순의 해소를 맡겨 버린 것이다.

법가의 사상은 유가의 덕치주의에 대한 비판에서 출발했다. '모순'이나 '수주'라는 성어가 나타내는 대로, 인덕에 의지하는 정치는 대제국을 통치하는 유효한 수단이 될 수 없다. 인덕 같은 불안전한 요소에 의지하는 것이 아니라, 보다 능동적인 법, 짜임새 있는 관료체제에 위임해야 한다는 것이 법가의 주장이었다. 그러나 그 법을 제정하고 운용하는 것은 결국 사람이다. 그 사람이란 무엇인가라는 중요한 문제를 법가는 보류해 두었다. 혹독하게 몰아붙이면 사람은 법에 따르게 되어 있다고 단순하게 생각해 버렸던 것이다.

법치와 관료체제. 이것은 이후의 중국만이 아니라 세계 통치의 모델이 되었다. 현대에도 통하는 듯한 세계통치의 방책은 이미 BC 3세기 중국에서 태어났던 것이다. 그러나 법치에도 한계는 있다. 인심을 잊은 법치. 그것이 한비자와 진시황의 비극을 불러왔다.

이 역사의 교훈을 바탕으로 다음의 한 대에서는 유가가 새로운 통치이론을 제창했다. 법가가 주장하고 시황제가 실천했던 '법치'를 황제의 '인덕'으로 조절하려는 방책으로, 이것이 한 제국에 채용되었다. 춘추전국시대에 보였던 '덕치'와 '법치'의 대립이 결과적으로 절충된 형태가 된 것이다. 법치는 높이 평가받았지만, 그것은 어디까지나 덕치를 지지하는 기술로서였다.

그러나 이 체제는 결국 위정자가 법을 지배하므로, 법의 기본적인 평등은 보장되어 있지 않다. 현대 중국에서도 사법은 독립되어 있지 않고, 중국공산당의 하부조직이 되어 있다. 이러한 '인치(人治)'의 전통은 실제로 이 진한 제국 시대에 형성되었던 것이다.

〔제자백가여담〕 한비자와 사마천과 연표

한비자의 용모에 대해 구체적으로 나타내는 자료는 남아 있지 않다. 한비자의 전기에 대해서는 사마천의 《사기》에 보이는 기록이 거의 유일한 전승이다.

그것에 의하면 한비자는 BC 3세기 무렵 전국칠웅 중 하나인 한(韓)나라 출신으로, 그 한나라의 공자(公子)였다. 태어나면서부터 말더듬이었으므로 사람 앞에서 웅변하는 것은 서툴렀지만 저술에는 재능을 발휘해 '고분', '오두' 등의 저술은 진나라 시황제를 감격시켰다. 그러나 한나라의 사자로서 진나라에 갔을 때, 재상 이사의 계략에 빠져 독살당한다.

그 비명의 죽음과 위대한 업적은 후의 한나라의 사마천에게 강렬한 인상을 주었다. 무제(武帝)의 분노를 사 궁형에 처해졌던 사마천은 《사기》를 저술할 때 스스로의 불우함을 한비자의 경우에 겹쳐 보았다.

그 사마천의 《사기》는 본기, 세가, 열전 등으로 되어 있지만, 각종의 표(表)도 주목받는다. 오늘날이야 컴퓨터 기능을 이용해서 괘선을 긋거나 표를 작성하는 것은 아주 간단히 할 수 있다. 그러나 죽간에 문자를 기록하던 시대, 문자는 죽간의 상단에서 필사되어 하단 끝까지 가면 다음 죽간 상단으로 옮겨가는 것이 통상의 서식이었다. 복수의 죽간을 횡단해서 표로 된 역사 연표를 만든다는 발상은 의외로 신선한 것이 아니었을까.

이러한 형식의 연표는 지금까지 《사기》 12제후연표나 육국연표 등에 있다고 생각되어 왔다. 사마천의 창작으로 여겨지며 높이 평가받아 왔던 것이다.

그러나 수호지죽묘죽간(운몽진간)에는 많은 진나라의 법률서적이 섞여 있으며, '편년기'라는 연표가 포함되어 있다. 이것은 진나라의 소왕 원년(BC 306년)부터 시황제 30년(BC 217년)에 이르는 진나라의 대사건을 간략하게 기술한 것이다. 흥미로운 것은 상단에 관중(關中)을 중심으로 하는 진나라의 전역이라는, 이른바 공적인 기사가 기록되어 있는 한편, 하단에는 묘주인(희라는 하급관리)의 경력이나 가족사라는, 이른바 사적인 내용이 보인다는 것이다. 또 연표에는 없지만, '위리지도'라는 관리들의 마음가짐을 쓴 문서도 죽간의 문자는 4자구의 5단조로 되어, 독자는 최상단의 구를 오른쪽에서 왼쪽으로 가로로 읽고 다음 두 번째 단락은 오른쪽으로 이동한다는 서식으로 되어 있다.

《사기》표의 아이디어는 사마천 시대가 되어 갑자기 나타난 것이 아니라, 전국시대에는 이미 여러 가지 조형이 있었던 것은 아닐까하고 생각된다.

제7장

싸우지 않고 이긴다

손자의 사상

백전백승이라는 것은 최선의 방책이 아니다. 전투를 행하지 않고 적의 병력을 굴복시키는 것이야말로 최선의 방책이다. 《손자(孫子)》 모공편

용병의 목적은 국력과 군사력을 보전하기 위한 것에 있다. '백전백승'은 최선이 아니다. 연이은 전쟁은 승패가 어떻든지 국력의 소모를 초래하기 때문이다. 승리를 구한 결과, 국가의 경제파탄을 불러일으키는 것은 본말전도이다. 또 모처럼 승리하더라도 적의 국력과 군사력을 철저히 파괴해 버리는 것은 전후 복구에 많은 시간과 경비를 필요로 하게 된다.

그러므로 실제 전투행동을 일으키기 전, 즉 정략·전략의 단계에서 승리한다. 이것이 최상의 방책이다.

《손자》는 그것을 '모공(謀攻)'이라고 정의했다.

그것은 또 중국병법과 외교의 기본자세가 되었다. 여러 가지 속임수, 모략, 술책. 그것들은 얼핏 보기에 정의로운 행동에서 벗어난 것처럼도 보인다. 그러나 국가와 인명을 존중한다는 기본정신이 이러한 사색을 깊이 있게 만들어 준 것이다.

《손자》의 등장

지금으로부터 2,500여 년 전, 중국 춘추시대의 전쟁은 상대방을 한눈에 내다볼 수 있는 대평원에서 양 군의 전차가 날짜와 시간을 정해 포진하고, 개전의 신호에 맞춰 전투를 시작했다. 귀족전사들로 구성된 군대는 병력 수가 수백에서 수천이었고, 최대 수만이라는 규모였다. 전투도 몇 시간에서 길게는 여러 날이 걸렸다. 승패가 나면 서로 군대를 철수하고 강화를 맺었다.

이러한 전쟁의 형태는 춘추시대말기(BC 5세기 초) 오나라의 대외항쟁에서 크게 전환된다. 오왕 합려(闔閭)·부차(夫差)의 시대에 대 초나라 전, 대 월나라 전은 종래의 상식을 뒤집었다. 이 전쟁은 대량의 보병을 주력으로 하는 군대 구성, 수년에 걸친 장기지구전, 국민을 총동원한 대부대 편성, 수천리에 걸친 장거리 진공작전의 반복 등 그때까지의 전쟁 모습을 완전히 뒤바꾼 것이었다.

그 변화의 모습을 총병력, 구성원, 주요 병과, 주요 병기, 전장·전술, 기간 등의 항목으로 정리해 보자.

오월전쟁을 계기로 한 전쟁형태의 변화

	〔춘추시대〕	〔춘추시대 말 ~ 전국시대〕
①총병력	수백~수만	→ 수백만~백만
②구성원	사(귀족)	→ 사 +백성
③주요 병과	전차	→ 보병, 기병
④주요 병기	궁(弓)·과(戈)·극(戟)·검(劍)	→ 궁·과·극·검 +노(弩)
⑤전장·전술	평원에서의 회전	→ 지형의 특질을 이용
	전차를 이용한 정면대결	→ 다채로운 용병·전술
⑥기간	수시간~수일	→ 최장의 경우 수십 년
⑦전쟁의 종결	강화(인질·금전·영토)	→ 국가의 존망

이 격동의 시기 가운데 태어난 것이 《손자(孫子)》이다. 춘추시대 말기, 오왕 합려(?~BC 496년)를 섬기던 손무(孫武)는 오나라의 대외전쟁의 교훈을 바탕으로 체계적인 군사사상을 수립했다. 지금도 세계의 병전(兵典)으로서 읽혀지는 《손자》의 탄생이다.

1 손무와 《손자》

손무의 전승

《손자》의 저자로 되어 있는 손무에 대해서 《사기》에는 다음과 같은 전승이 기록되어 있다.

손무는 어느 날 오왕 합려 앞에서 병법가로서의 재능을 보이게 되었다. 손무는 왕궁의 미녀 80명을 두 무리로 나누어, 왕이 총애하는 후궁 두 사람을 각 부대의 대장으로 임명하여 연병을 개시했다. 우선은 반복되는 군령을 설명하고 위반한 경우의 벌칙을 명시했다. 그리고 태고를 쳐 군령을 내렸지만, 부인들은 진지하게 응하지 않고 웃을 뿐 따르지 않았다. 손무는 '군령을 분명히 하지 않은 것은 장수되는 자의 죄이지만, 군령을 분명히 했는데도 움직이지 않는 것은 대장의 죄이다'라고 하여 대장역의 두 후궁을 참하려 했다.

놀란 합려는 '그대가 용병에 뛰어나다는 것은 알았다. 두 사람을 참하지 말아 주게'라고 부탁했다. 손무는 '저는 이미 군주의 명을 받들어 장수가 되었습니다. 장수 되는 자는 한 번 출군하면 군주의 명은 듣지 않습니다'라며 거절하여 마침내 대장 두 명을 참했다. 새롭게 대장을 임명하고 다시 군령을 내리자, 부인들은 다른 사람들처럼 엄격하게 행동했다.

이렇게 손무는 엄격한 군령에 입각해 용병술을 실연했고, 합려는 손무의 실력을 평가해 오나라의 장군으로 채용했다. 그 뒤 오나라는 손무의 힘으로 서방의 강력한 초나라를 치고, 북방의 제나라나 진나라를 위협하여 그 실력을 천하에 알렸다.

《손자》의 구성과 주역서

지금까지 전해져 오는 《손자》(현행본)는 전 13편으로 되어 있다. 계(計)·작전(作戰)·모공(謀攻)·형(形)·세(勢)·허실(虛實)·군쟁(軍爭)·구변(九變)·행군(行軍)·지형(地形)·구지(九地)·화공(火攻)·용간(用間)의 13편이다.

이중 계편은 전쟁에 대한 기본적인 생각과 개전 전의 주도면밀한 준비에 대해 이야기한다. 확실히 전체의 첫머리에 어울리는 편이다.

또 13번째의 용간편은 간첩 활동과 정보전에 대해 이야기하는 것으로, 정보 수집을 중시하는 《손자》를 매듭짓는 것으로 이해되어 왔다. 대표적인 주석으로는 삼국시대 위(魏)나라의 무제(武帝 : 조조〔曹操〕)가 주를 붙인 《손자》(위무제주〔魏武帝注〕 손자)가 있다. 후의 송대에도 《손자》를 필두로 일곱 개의 병서가 '무경칠서(武經七書)'로 편찬되었는데, 거기서 채용된 문헌도 이 위무제주 계통의 《손자》였다.

이에 반해 위나라 조조의 주석을 필두로 하여 11명의 주석을 편찬한 '십일가주 손자(十一家注孫子)'라는 계통의 문헌이 있다. 위나라의 무제, 양(梁)나라의 맹씨(孟氏), 당나라의 이전(李筌), 두목(杜牧), 두우(杜佑), 진호(陳皥), 가림(賈林), 송나라의 매요신(梅堯臣), 왕석(王晳), 하연석(何延錫), 장예(張預)의 주석을 합친 것으로, 이들의 주석을 일람하기에 편리하다.

은작산한묘죽간 《손자》의 발견

《손자》의 내용에 대해서는 오랜 의문이 있어 왔다. 지금까지 전해오는 13편이 춘추시대의 손무에 관한 병서인가, 전국시대의 손빈(孫臏)에 관한 병서인가, 그렇지 않으면 삼국시대 위나라의 조조 무렵에 위작된 것인가라는 의문이다. 그것은 춘추시대 오나라의 손무, 전국시대 제나라의 손빈이라는 두 병법가가 알려져 있는데 전해져 온 병법서가 하나의 《손자》였다는 수수께끼에도 관계되어 있다. 《손자》를 둘러싼 탐구는 이러한 입구에서 정체하게 된 것이다.

그런데 이런 상황에 큰 충격을 준 사건이 일어났다.

1972년 4월, 중국 산동성 임기현의 남쪽에 있는 조금 높은 언덕 은작산(銀雀山)에서 전한시대의 묘가 발견되었다. 1호묘·2호묘라고 이름붙인 두 묘의 관 속에는 각각의 백골이 있었지만 이미 부패해서 흩어져 있어 성별·연령 등을 알 수 없었다. 그러나 부장된 칠기·도기·화폐 등의 감정으로 이것들이 전한초기의 분묘라는 것이 확인되었다. 또 1호묘에는 대량의 죽간이 부장되어 있었다. 이것이 중국병학연구에 새로운 역사를 열게 된 은작산한묘죽간(은작산한간)의 발견이었다.

은작산한간은 약 2,000년 동안 흙탕물 속에 잠겨 있었으므로 죽간을 엮은 끈은 이미 부식되어 뿔뿔이 흩어져 있었다. 또 농민이 발견하고 거칠게 운반하였으므로 많은 죽간이 무참히 부러져 있었다. 단 그 후 정리해독을 통해 그 총수는 약 7,500매(파손된 일부 등을 포함), 그 중 문자를 확인할 수 있는 죽간은 약 5,000매라는 것을 알 수 있었다. 문자는 한 대의 통행문자인 예서로 씌어 있었으며, 붓과 먹을 써서 기록되었다.

죽간 하나의 길이는 27.5cm, 폭은 0.5~0.7cm, 두께는 0.1~0.2cm. 내역은 《손자》 223매, 《손빈병법(孫臏兵法)》 222매, 《위료자(尉繚子)》 72매, 《육도(六韜)》 136매 등 많은 병서가 있었다. (은작산한묘죽간정리소조 《은작산한묘죽간〔1〕》 문물출판사, 1985년)

이 안에 죽간본 《손자》는 현제 13편 《손자》에 거의 대응하며, 《손빈병법》은 제나라의 손빈에 관련된 병서라는 것이 밝혀졌다. 현행본 《손자》는 역시 춘추시대 오나라의 손무에 관한 병서였던 것이다.

《손자》와 《손빈병법》의 관계에 대해서도 새로운 사실이 판명되었다. 《손빈병법》 중에 '진기문루(陳忌問壘)'편에 '손씨(孫氏)의 도'라는 기재가 있다. 이것은 손무 이래의 병법이 '손씨'의 가학으로서 전승되어 왔다는 것을 나타낸다.

은작산한묘에서 발견된 두 개의 《손자》. 이것들은 《손자》의 성립 과정을 해명해 주는 것과 함께, 《손자》의 병법이 그 이후 어떻게 계승되어 왔는가에 대해서도 큰 단서를 알려주는 것이다.

2 《손자》 13편의 사상

손무의 《손자》는 13편으로 구성된다. 각 편의 개요를 정리하며, 《손자》 병법의 특징을 탐구해 보자.

계편

13편 《손자》의 첫머리를 장식하는 계편이다. 전쟁에 대한 기본적인 견해와 개전 전의 주도면밀한 준비에 대해서 이야기하는 것으로, 첫머리에 어울리는 편이다. '계(計)'란 도모한다는 뜻. '오사칠계(五事七計 : 다섯 개의 주요 항목과 일곱 개의 구체적 지표)'에 의해 피아(彼我 : 적과 아군)의 사정을 비교 계량하여, 승산의 유무를 냉정하게 판단하면 실제 전투를 행하기 전에 승패를 알 수 있다고 이야기한다. 또 전쟁의 본질이 '궤도(詭道 : 속여서 방심하게 하고 불의에 침)'에 있다는 것을 날카롭게 지적한다.

> 전쟁이란 국가의 대사이다. 사람의 생사를 결정하는 분기점이며, 국가의 존망을 좌우하는 길이므로 이것을 깊이 통찰하지 않으면 안 된다. 그러므로 다섯 개의 항목을 잘 검토하고, (일곱 개의) 계를 비교 분석하여 적과 아군의 사정을 탐구해야 한다. 《손자》 계편

《손자》 첫머리의 말이다. 정면대결을 원칙으로 하는 전차전에서 여러 가지 속임수를 구사하는 전략적인 보병·기마전으로. 귀족을 주 병력으로 하는 수천의 군대에서 국민을 총동원하는 수십만 규모의 대군으로. 오월전쟁으로 대표되는 전쟁형태의 큰 변화를 이어받아 《손자》는 탄생했다. 이처럼 대규모적인 전쟁은 국가의 가장 중요한 일로서 생각되어야 한다. 전쟁은 인간의 사생, 국가의 존망을 결정하는 것이며, 윗사람은 우선 이것을 깊이 생각할 필요가 있다. 그를 위해서는 피아의 전력을 사전에 세밀히 분석하지 않으면 안 된다. 그 지표로서 《손자》가 제창하는 것은 다음과 같은 다섯 개의 '사(事)'와 일곱 개의 '계(計)'이다.

《오사(五事)》

'도(道)', '천(天)', '지(地)', '장(將)', '법(法)'의 다섯 가지. '도'란 백성의 감정을 위정자에게 동화시킬 수 있도록 하는 정치의 바른 모습. 이것을 통해 백성은 위정자와 생사를 함께 하는데 아무런 의문도 품지 않게 된다. '천'이란 명암·한서·시절 등의 자연조건, '지'란 원근·광협, 유리·불리한 지형 등 전장에 관련된 지리, '장'이란 군사를 통괄하는 장군의 능력으로 구체적으로는 지(智 : 지혜), 신(信 : 신뢰), 인(仁 : 헤아림), 용(勇 : 용기), 엄(嚴 : 엄격)의 다섯 가지. '법(法)'이란 곡제(曲制 : 군대의 구성이나 지휘 계통 등의 결정), 관도(官道 : 조직의 상하나 상벌에 관련된 결정), 주용(主用 : 주군의 군수품이나 식량에 관한 결정), 즉 군을 통제하기 위한 각종 규제이다. 이것들은 적·아군의 실정이나 우열을 냉정하게 판단하기 위한 가장 중요한 지표이다.

《칠계(七計)》

오사를 계량하기 위한 보다 구체적인 일곱 개의 비교 지표. '주(主)', '장

(將)', '천지(天地)', '법령(法令)', '병중(兵衆)', '사졸(士卒)', '상벌(賞罰)'. 적과 아군의 군'주'는 얼마나 뛰어난가, 어느 쪽의 '장'군이 유능한가, '천지'의 자연조건은 어느 쪽이 유리한가, '법령'은 어느 쪽이 잘 행해지고 있는가, '병중' 즉 군대는 어느 쪽이 강한가, 개개의 '사졸'은 어느 쪽이 잘 숙련되어 있는가, 군공에 대응하는 '상벌'은 어느 쪽이 보다 명확하게 되어 있는가. 손무는 이것들을 통해 실제의 전투가 행해지기 전에 승패를 알 수 있다고 이야기한다.

계편은 행동하기 전에 계획이 필요하다는 것을 강조하고 있다. 조직적인 큰 행동이라면 더욱 그러하다. 그것이 조직의 존망에 관한 중대한 사업이라면 기획의 입안과 그 검토는 특히 정성껏 해야 한다. 엉터리 계획 아래 발동된 싸움은 비참한 결과를 불러온다.

중국의 병서는 전장에서의 전투기술을 설명하는 것이 아니다. 전투를 시작하기 전까지 무엇이 필요한가를 강조하는 책이다. 성패의 팔할은 이 기획의 단계를 결정하는 것이다.

작전편과 모공편

다음의 작전편 이후부터는 대략 전쟁의 진행에 따라 각 편이 배치되어 있다고 생각된다. 앞으로는 완만하게 두 편씩 짝을 지어 구성하는 것으로서 해설을 덧붙여 보자.

우선 작전편은 전쟁을 시작하기 전에 수많은 군비나 식량을 요하는 것을 이야기한다. 전쟁은 국가경제에 심각한 타격을 주는 것으로, 전쟁의 판단은 매우 신중해야 하며, 개전을 결단하는 경우에도 될 수 있는 한 신속하게 끝내야 한다고 주장하고 있다.

대체로 전력을 운용하는 방법은 전차 천 대, 무장병사 십만이라는 규모로 천 리의 상대방에게 식량을 운송할 때에는 국내외의 경비, 외국의 사절을 대접하는 비용, 아교나 옻 같은 전쟁도구의 재료, 진차나 갑주의 공급 등 하루에 천금을 소비하여야 처음으로 십만의 군대를 운용할 수 있다. 전쟁을 행할 때에 적에게 이길 때까지 장기지구전이 되면, 군을 피폐하게 만

> 들고 병사들의 사기를 꺾어 버리게 된다. 적의 성을 공격하는 경우에는 장기전이 되는 것이 필수적이고, 이쪽의 전력도 다해 버려 적이 농성을 각오하고 싸움을 끌게 되면 병사를 장기에 걸쳐 야영시키게 되며, 필연적으로 국가의 경비도 궁핍하게 되어 버린다. 《손자》 작전편

전쟁이란 사람이 싸우는 것이며, 물건이 싸우는 것이 아니다. 그러나 인간의 분투에는 한계가 있으며, 분투를 재촉하기 위한 물질적인 기반이 중요해진다. 애초에 거병을 가능하게 하기 위한 전비나 식량이나 무기는 충분히 비축되어 있는가. 그것을 전선에 보내기 위한 병참(후방지원부대)은 확보되어 있는가. 이러한 물질적인 지원체제가 정비되어 있어야 사기는 높아지고, 분전을 촉진하게 된다.

또 이러한 물질적 측면을 냉정하게 긍정해 보면, 전쟁이 너무나 수지타산이 맞지 않는 사업임을 알 수 있다. 개전 전의 전력은 전쟁개시와 함께 확실히 소모되어 간다. 그러므로 거병의 판단은 신중에 신중을 기하여 내리지 않으면 안 되며, 가능한 한 단기에 결판을 내야 한다.

이 정신을 '모공'이라는 관점에서 이야기하는 것은 다음의 모공편이다. 모공(謀攻)이란 모략에 의한 공격이라는 뜻. 이들 전력을 온존한 채 책략으로 실질적인 승리를 얻는다고 이야기한다. 또 모공으로 적의 병력을 그대로 수중에 넣으라고 서술한다. 《손자》 병법의 진수를 이야기하는 한 편이다.

> 원래 군대를 운용할 때의 원칙은 적국을 보전한 채 승리하는 것이 최상책이며, 적국을 격파하여 승리하는 것은 차선책이다. 적의 군단(주대의 군대편성에 의하면 1군은 12,500명)을 보전한 채 승리하는 것이 최상책이며, 적의 군단을 격파해서 승리하는 것은 차선책이다. 적의 여단(旅團 : 500명으로 편성된 부대)을 보전한 채 승리하는 것이 최상책이며, 적의 여단을 격파하여 승리하는 것은 차선책이다. 적의 졸(卒 : 100명으로 편성된 부대)을 보전한 채 승리하는 것이 최상책이며, 적의 졸을 격파하여 승리하는 것이 차선책이다. 적의 오(俉 : 군의 최소단위, 5명으로 구성)를 보전한 채 승리하는 것이 최상책이며, 적의 오를 격파하여 승리하는 것은 차선책이다. 그러므로 백전백승이라는 것은 최선의 방책이 아니다. 전투를 행하지 않고 적의 병력을 굴복시키는 것이야말로 최선의 방책이다. 《손자》 모공편

용병의 목적은 '나라'와 '군사'를 '전부 보존하는' 것에 있다. 모처럼 승리했어도 적국의 군사력을 철저히 파괴시켜 버리면, 전후복구에 많은 시간과 경비를 필요로 하게 된다. 승리의 의미는 반감한다. 그러므로 직접적인 구사력의 행사는 될 수 있는 한 피하고, 정략·전략의 단계에서 '싸우지 않고' 이기려 하는 것이다. 격투의 끝, 적국을 격파하는 듯한 승리는 차선책이다.

'백전백승'이 최선이 아니라는 것도 연전이 승패에 상관없이 국력의 소모를 불러일으키기 때문이다. 십만의 병력을 동원하여 천리의 먼 곳까지 원정하면 민간의 경비나 관비도 '하루에 천금을 소비해야(작전편, 용간편)' 한다. 승리를 구한 결과, 국가의 경비파탄을 불러일으키는 것은 본말전도. 정략·전략의 단계에서 승리한다, 즉 실제적인 전투행동을 전개하기 전에 결판을 짓는 것이 최상책이다. 《손자》는 그것을 '모공'이라고 정의했다.

> 그러므로 최상의 군대의 모습이란 적의 모략을 꿰뚫어 보고 그것을 미연에 타파하는 것이며, 그 다음으로는 적국과 동맹국 간의 외교관계를 분석하는 것이며, 그 다음은 적국의 야전군을 격파하는 것이며, 가장 하수는 적의 성을 공격하는 것이다.
>
> 《손자》 모공편

손자는 많은 병력을 투입하여 장기소모전이 되는 싸움, 즉 공성전을 '하(下)'책이라고 한다. 공성전은 공격하는 쪽이 불리하게 된다. 성을 지키기 위해 죽을 각오를 한 적은 통상의 백배의 기력으로 응전하지만, 공격하는 쪽의 사기는 반감해 버린다. 공성에는 공략하기 위한 긴 시간과 수많은 병력손실을 동반하기 때문이다.

《손자》는 이 모공편의 후절에서 '용병의 법은 적군보다 10배라면 포위한다'고 이야기하고 있다. 즉 적성을 포위하는 데에는 10배의 병력이 필요하다는 것이다. 또 포위되어 필사적으로 적군을 쫓지 않으면 안 된다고도 이야기한다. '궁지에 몰린 쥐는 고양이를 문다'라는 속담이 있듯이, 아군에게도 큰 손실이 발생하기 때문이다. 《손자》는 거기서 '패배해서 귀환하려고 하는 적군을 죽여서는 안 된다. 포위된 적군에게는 반드시 퇴로를 열어 주라(《손자》 군쟁편〔軍爭篇〕)'고 한다.

형편과 세편

형편(形篇)은 필승을 가져오기 위해 군의 형세에 대해 이야기한 편이다. 공격과 수비의 관계, 또 군사에서 계량적 사고를 중요시 하는 것도 지적한다.

> 옛날 싸움에 능숙한 자는 우선 적이 공격해 오더라도 결코 이길 수 없다는 태도를 취하고, 적이 진용을 붕괴하고 아군이 반드시 이긴다는 형세가 되는 것을 기다렸다. 그러므로 확실한 수비 태세를 만드는 것은 이것에 관련되는 것이며, 반드시 이길 수 있는 형세가 될 수 있는가는 적에게 관련되어 있다.
>
> 《손자》 형편

방위태세의 정비가 우선되고 있다. 중요한 것은 우선 방위이며, 공격은 그 뒤. 방어는 이쪽의 노력으로 가능하다. 그러나 공격은 적의 형세에 달려 있다. 이쪽이 공격에 나서는 것은 적에게 틈을 보이는 것일 뿐이다. 그러므로 우선 수비를 정돈하는 것이다. 《손자》의 병법이란 이른바 '지지 않는' 병법인 것이다.

그러나 수비에만 전념하면 된다는 것은 아니다. 애초에 전투는 크게 공격과 수비라는 두 형태로 나뉜다. 공격과 수비라는 다른 군대운용이 필요해진다. 공격형의 장군이 있으면 수비가 특기인 부대도 있다. 그러나 이 양자는 완전히 다른 것이 아니다. 공격은 최대의 방어이며, 적의 공격을 참을성 있게 막아내는 것에서 반전공격의 기회가 발생한다. 공격과 수비, 실제로 이 두 가지는 밀접한 관계에 있으며 공수의 반전은 한순간의 일이다.

> 승자가 백성을 동원하여 싸우게 하는 모습은 마치 천 길의 계곡에 가두어 둔 물을 단번에 쏟아내는 것과 같으며, 이것이야말로 군대의 이상적인 형세이다.
>
> 《손자》 형편

여기서 《손자》가 가정하고 있는 것은 귀족전사의 싸움이 아니다. 평상시에는 농경에 종사하고 있는 평범한 백성을 동원하는 전쟁이다. 그들은 전투의 기술도 열등하고 승리에 대한 의욕도 부족하다. 그러한 그들을 어떻게 싸우게 할 것인가. 《손자》는 그것에 대해 집단으로서의 형세의 중시를 이야기한다. '형'이 결정되지 않으면 싸움도 시작되지 않는다.

이렇게 '형'을 갖춘 군대에 어떻게 에너지를 주입할 것인가. 그것을 이야기하는 것이 다음의 세편이다.

세편(勢篇)은 군사집단으로서의 '기세'에 대해 이야기하는 편이다. 개인의 무용이나 분투가 아닌, 조직으로서의 압도적인 승리를 가져온다고 서술하고 있다.

> 전쟁을 잘 하는 자는 그 세력으로 승리하며 사람에게 의지하지 않는다.
>
> 《손자》 세편

이전에는 용사가 적에게 자신의 이름을 대면서부터 전투를 개시하고, 그 용사의 돌발 행동이 승패를 결정한 시대도 있었다. 그러나 여기서 《손자》가 이야기하는 것은 어디까지나 집단으로서의 힘, 즉 '세'이다. '세'란 개개의 사졸의 역량을 단순히 합산한 것 이상의 힘이다. 이름을 대는 용사도 이 압도적인 세 앞에는 어쩔 수 없다.

《손자》는 이에 계속해서 '둥근 돌을 천 길이나 되는 산 위에서 굴리는 것과 같은 것이 세(勢)다'라고 이야기하고 있다. 같은 무게의 돌이라도 평면 위에서 입방체의 암석이 굴러가는 경우와, 지금이라도 움직일 것 같은 둥근 돌이 높은 절벽에서 굴러 떨어지는 것, 어느 쪽이 에너지를 가지고 있는가. 물론 후자이다. 장군은 군대가 이러한 위치에너지를 가질 수 있도록, 병사들을 교묘하게 유도해야 한다.

허실편과 군쟁편

군대의 외형을 정돈하고 거기에 세력을 주입하면, 드디어 군대가 발동한다. 허실편은 군대의 공허와 충실에 대해 이야기하는 편이다. 또 이쪽의 허를 드러내지 않도록 형태 없는 군대(무형〔無形〕), 소리 없는 군대(무성〔無聲〕)의 중요성을 강조하고 있다.

> 군형(軍形)의 극치는 무형이다. 무형의 경지에 이르면 적의 간첩도 아군의 현실을 알아낼 수 없고, 적의 장수가 아무리 지혜롭다 해도 계책을

세울 수 없다. 《손자》 허실편

양쪽 군이 평원에서 전차를 늘어서 포진하고, 개전의 호령과 함께 전투에 돌입한다. 이것은 중국에서도 한 세대 전의 중원에서 벌어지는 전투의 방식이었다.

단 《손자》가 전제하는 전쟁이란 그러한 당당한 회전이 아니다. 군대의 실정을 덮어 두고 기동력을 살려 적의 허를 찌른다는 싸움이다. 그 때문에 군대가 그 형태를 적에게 노출시키는 것은 하책이 된다. 실정을 들키게 되면 적의 군사는 대응책을 마련하고, 여러 가지 책략이 궁리된다. 그렇게 되지 않기 위해서는 '무형'의 군대일 것이 요구된다. 예를 들어 다음 절에서 보이는 것처럼 '물'을 이상으로 하는 유연한 변화가 군의 '무형'을 유지하는 것이다.

군형은 물과 같아야 한다. 물의 흐름은 높은 곳을 피해 낮은 곳으로 흘러간다. 군형도 적의 실을 피해 허를 공격하는 것이다. 물이 낮은 땅에서는 흐름을 멈추듯, 군대 또한 적에 의해 승패가 갈릴 수 있다. 물에 일정한 형태가 없듯 군대에도 일정한 형태가 없다. 적에 따라 변화함으로써 승리를 거두는 자, 이를 신(神)과 같다 한다. 《손자》 허실편

군대의 유연한 변화를 《손자》는 '물'에 비유한다. 물은 언덕을 피하고 바위를 피해, 무리하지 않고 지형의 변화를 따르며 흘러간다. 물처럼 교묘하게 변화하는 군대는 모습 없는 병사로서 적에게 공포심을 주게 된다.

이러한 적과 아군의 허실은 전쟁 시작 전의 정보 분석으로 어느 정도는 파악이 가능하다. 게다가 전장에 한 걸음 빨리 도착하여 적의 기선을 제압한다. 이 싸움이 '군쟁'이다.

다음의 군쟁편은 기선을 제압하여 유리한 태세를 점하기 위한 싸움에 대해서 이야기하는 편이다. 이 싸움을 제어하기 위한 유연한 변화가 중시된다.

대체로 군대를 운용하는 법칙은 장수가 군주에게 명령을 받아 군대를 집합시키고 군사를 모아 화합을 이루고 군영을 만드는 것으로, 이보다 어려운 일은 없다. 군쟁의 어려움은 멀리 돌아가는 것을 직선로로 바꾸고,

> 불리함을 유리함으로 만들어야 하기 때문이다. 그러므로 길을 돌더라도 적군보다 유리한 듯 보여 현혹시켜야 하고, 적보다 늦게 출발해도 먼저 도착해야 한다. 이것이 '우직의 계(迂直之計 : 돌아가는 길을 지름길로 바꾸는 계책)'를 안다는 것이다.

이처럼 군대의 운용은 유연하지 않으면 안 된다. 그 '풍림화산(風林火山)'이라는 말도 이러한 군대의 모습을 이야기하고 있다.

> 전쟁에서는 적을 속여 우위에 서야 하고 유리한 것을 따라 움직이며, 분산과 집합으로 변화해야 한다. 빠를 때는 질풍처럼, 느릴 때는 숲처럼, 공격할 때는 불처럼, 움직이지 않을 때는 산처럼, 숨을 때는 어둠처럼, 움직일 때는 번개와 같아야 한다. 적에게서 빼앗은 전리품은 병사들에게 나누어 주고, 땅이 넓어져 생긴 이득도 나눠야 하며, '권한(임기응변)'의 대응에 따라 행동해야 한다.

《손자》는 이처럼 전쟁의 기본적 성격이 '사(詐 : 거짓)'이며, '이(利 : 이익)'이 행군의 기준이라고 거듭 말하고 있다. 또 군대의 운용을 '분(分)'과 '합(合)'에 있다고 한다. '분'은 부대를 복수로 나누어 전개시키고, 각각 별도의 루트로 행군시키는 것. 적을 사이에 두고 치는 경우 등에 유효하다. '합'은 병력을 분산시키지 않고 한 점에 집중시키는 것. 군의 주력을 한 번에 무찌르는 경우 등에 유효하다.

단, 더욱 중요한 것은 이들을 교묘하게 써서 전황에 응한 유연한 변화를 하는 것이다. 그러므로 이것을 체득한 군대의 움직임은 재빠르고, 역동적으로 그 모습을 변화해 간다. 이것들은 본편의 주제인 '군쟁'의 요점임에 틀림없다.

구변편과 행군편

군쟁을 제어하면 드디어 전투 국면에 돌입한다. 구변편은 그 국면에 응한 유연한 변화의 중요성에 대해 이야기한다. 하나의 현상에 대해 항상 종합적인 판단을 내리는 것, 그리고 유연한 태도를 취하는 것을 강조한다.

가서는 안 되는 길도 있다. 공격해서는 안 되는 적도 있다. 공격해서는 안 되는 성도 있다. 이익을 다투지 말아야 할 땅도 있다. 받들지 말아야 할 군주의 명도 있다. 《손자》 구변편

'길(道)', '군(軍)', '성(城)', '땅(地)', '군명(君命)'에 대해 경직한 대응을 취해서는 안 된다고 이야기한다. 길 중에서도 좁고 험한 길은 적이 매복했다 공격할지도 모른다. 적'군' 중에서도 날카로운 기력으로 가득 찬 군대나 죽음을 각오한 군대 등은 뼈아픈 반격을 받을지도 모른다. '성' 중에서도 견고하고 병량이 충실한 성은 장기의 농성전이 되므로 이쪽이 도리어 전력을 소모해 버린다. '땅' 중에서도 대국에 영향이 없는, 또는 이쪽에게 이익을 가져다 주지 않는 토지는 오히려 짐이 될 뿐이다. '군명'은 절대적이라고 해도 때로는 현장의 책임자(장군)의 판단이 적절하여, 주군의 명령이 도리어 군대에 불이익이 될 수도 있다.

여기서 《손자》가 이야기하는 것은 유연한 판단과 행동이다. 편 제목인 '구변(九變)'은 아홉 가지 변화. '구'란 단순한 아홉이라는 뜻이 아닌, 끝이 없다는 의미이다. 고정관념에 사로잡히지 않고 그때그때 임기응변의 조치가 취해지는가. 유연한 사고력을 요구하고 있다.

여기에 계속되는 행군편은 군대를 행군시킬 때의 유의점에 대해 이야기한다. 지형의 배려, 적의 상태를 살펴 아는 것의 중요성이 강조된다.

숲의 나무가 흔들리는 것은 적이 온다는 것이다. 풀에 장애물이 설치되었다면 아군의 의심을 불러일으키려는 것이다. 새가 날아오르는 것은 매복이 있다는 것이다. 짐승이 놀라 움직이는 것은 적이 기습공격을 하려는 것이다. 먼지가 높고 좁게 떠오르면 전차가 오는 것이다. 먼지가 넓고 낮게 퍼지면 보병이 오는 것이다. 먼지가 흩어지고 갈라지면 나무를 하는 것이다. 먼지가 적지만 흔들림이 있다면 군영을 설치하는 것이다.

《손자》 행군편

전장에서 얻을 수 있는 적의 정보를 서술하고 있다. 정보는 전쟁을 시작함에 앞서 수집·분석해야 한다. 그러나 작전행동을 일으킨 후에 얻을 수 있는

정보도 중요하다. 그러므로 항상 척후병을 파견하여 아군의 주위와 진격 예정로 부근에 대해 공을 들여 적을 탐색할 필요가 있다. 그렇게 얻어진 작은 정보를 바탕으로 얼마나 신속하고 적확한 행동을 하는가가 군대의 생사를 판가름하는 것이다. 작은 정보 안에 중대한 실마리가 숨겨져 있다고 할 수 있다.

지형편과 구지편

이러한 행군 때에 가장 주의해야 할 것은 지형이다. 계편의 '오사' 중 세 번째로 중시되는 '지(地)'를 거론하는 것이 지형편이다.

> 지형이란 군대를 돕는 것이다. 적의 상황을 알고 승리를 거두기 위해서는 지형의 위태로움과 험함, 가깝고 먼 거리를 잘 이용해야 한다. 이것이 장수의 도리이다. 이러한 점을 알고 전쟁에 이용하면 반드시 승리할 것이며, 잘 알지 못하고 전쟁을 하면 반드시 패할 것이다. 《손자》 지형편

전장의 지형은 승패에 큰 영향을 준다. 그 토지가 험한지 평탄한가, 아군과의 거리가 어느 정도인가. 유능한 장군은 반드시 그런 정보를 파악한다. 지형의 이점을 얻을 수 있는가가 승패를 좌우하는 것이다. 지형정보를 무시한 군대는 반드시 패한다.

이 지형편에 이어 전투를 행하는 아홉 가지 지세에 대해 이야기하는 것이 구지편이다. 지형편이 행군 때 주의해야 할 지형에 대해 이야기한 것에 반해, 구지편은 적과의 전투가 행해지는 지점의 형세에 대해 구체적으로 논하고 있다.

> 군대운용의 법칙에는 산지(散地)가 있고, 경지(輕地)가 있고, 쟁지(爭地)가 있고, 교지(交地)가 있고, 구지(衢地)가 있고, 중지(重地)가 있고, 비지(圮地)가 있고, 위지(圍地)가 있고, 사지(死地)가 있다.
>
> 《손자》 구지편

아홉 가지의 지세, 즉 '구지(九地)'에 대해 이야기하고 있다.

'산지'란 아군의 병졸이 흩어지기 쉬운 국내의 땅. 병졸은 군을 이탈해도 쉽게 고향으로 돌아갈 수 있을 거라 생각하여 필사적인 각오를 하지 않는다. 그러므로 그런 땅에서 싸워서는 안 된다.

'경지'란 국경을 넘어 적의 영지로 조금 들어간 곳. 병졸은 국경을 넘었다는 것으로 불안해 한다. 그러므로 이러한 땅에 언제까지나 우물쭈물 머물러서는 안 된다.

'쟁지'란 당장 빼앗아야 할 전략거점이 되는 유리한 땅, 또는 곡창지대와 같은 이익이 되는 땅이다. 이것을 어느 쪽이 먼저 탈취하는가에 따라 유리함·불리함이 역전된다. 그러므로 이러한 땅에는 먼저 도달하지 않으면 안 된다. 만약 적에게 빼앗겨 버린다면 적도 필사로 방위한다. 쉽게 싸움을 걸어서는 안 된다.

'교지'란 왕래하기 좋은 땅. 이쪽의 진군에 편리하지만 적으로서도 쉽게 습격할 수 있으므로 이쪽의 부대가 분단되어 버릴 염려가 있다. 그러므로 이런 땅에는 부대는 한 무리가 되어 나아가서 끊이지 않도록 주의할 필요가 있다.

'구지'란 그 앞에 제후국들이 이어져 있는 사통팔달의 땅. '구(衢)'란 갈림길이라는 뜻이다. 이러한 땅은 그 편리성으로 외교사절을 보내기 쉽고, 천하의 지원을 얻기 쉽다. 즉 요충지이다. 그러므로 이런 땅에서는 그 이익을 살려 제후와 외교관계를 맺도록 노력해야 한다.

'중지'는 중요한 땅. 적의 영토 깊숙한 곳에 있으며, 승리하면 적의 성읍을 다수 빼앗을 수 있는 땅이다. 단 이쪽도 자국 영내에서 멀리 떨어지므로 식량의 보급이 곤란해진다. 그러므로 이러한 땅에서는 보급로가 빌미가 되지 않도록 식량을 약탈할 필요가 있다.

'비지'란 산림이나 험준한 지형, 늪과 못 등 대체로 행군을 곤란하게 하는 땅이다. '비(圮)'란 부순다는 뜻이다. 그러므로 이런 땅에는 머무르지 않고 빨리 떠나는 것이 중요하다.

'위지'란 진입하기에는 좁고, 돌아가기에는 구부러진 길이다. 적은 소수라도 이쪽을 둘러싸고 공격할 수 있다. 그러므로 이런 땅에서는 탈출을 생각해 기책을 궁리할 필요가 있다.

'사지'란 필사적으로 싸우지 않으면 군이 전멸할 위험이 있는 땅. 예를 들어 눈앞에 높은 산이 있는 지형(적의 기세에 압도된다), 뒤에 큰 강이 흐르는 지형(이른바 배수진)이다. 그러므로 이런 땅에서는 존망을 걸고 격투할 필요가 있다.

사람은 타인이 어떤 상황에 있는가에 대해 비교적 잘 이해할 수 있다. 사람의 모습은 잘 보이기 때문이다. 그러나 자신이 지금 어떤 상황에 처해 있는가에 대해서는 여러모로 생각을 할 수가 없다. 지금 자신은 '중지'에 있는가, '경지'에 있는가, 그렇지 않으면 '사지'에 있는가. 그러한 자각이 중요하다.

화공편과 문답편

이상 계편에서 구지편까지의 각 편은 대략 전쟁의 진행이나 군대의 움직임을 따라 배치되어 있다고 생각된다. 이에 대해 화공편과 용간편은 이른바 특별편으로 끝부분에 배치되어 있다.

화공편은 화공(火攻)이라는 특수한 전법에 대해서 이야기하는 편이다. 은작산한묘출토의 죽간본 《손자》에는 이 12번째 화공편과 13번째 용간편의 순서가 거꾸로 되어 있다. 즉 죽간본에서는 이 화공편이야말로 《손자》를 매듭짓는 편이 되어 있는 것이다.

> 무릇 화공은 다섯 가지 방법이 있다. 첫째는 사람을 태우는 것(火人)이고, 둘째는 곡식을 태우는 것(火積)이며, 셋째는 장비를 태우는 것(火輜)이고, 넷째는 창고를 태우는 것(火庫)이며, 다섯째는 부대를 태우는 것(火隧)이다. 불을 쓰는 데에는 반드시 이유가 있어야 하고, 연기와 불을 내는 도구를 반드시 갖춰야 한다. 불을 발하는 데 적당한 날이 있고, 불을 일으키는 데 적당한 날이 있다. 적당한 때란 건조한 날이며 적당한 날이란 달이 28수 중 기(箕), 벽(壁), 익(翼), 진(軫)에 있을 때이다. 여기에 별이 위치할 때는 바람이 일어나기 쉽기 때문이다. 《손자》 화공편

화공이라는 특수기술에 대해 이야기하고 있다. 화공이란 언뜻 보아 효율 좋게 적을 치는 기술처럼 생각되지만, 그것에는 일정한 자연조건이 필요하다. 건조함과 바람이다.

28수(二十八宿)란 고대 중국에서 황도에 따라 하늘을 28개로 구분하여,

각각 하나의 성좌(성수)를 대응한 것이다. 여기서 갑자기 고대의 천문이 등장하는 것은 무언가 신비스러운 느낌도 든다. 그러나 《손자》는 결코 미신을 이야기하는 것이 아니다. 오랜 세월의 경험에서 달이 이 네 개의 성수(星宿)에 위치할 때에는 바람이 불기 쉽다는 것이다. 과학과 미신은 종이 한 장 차이. 단 《손자》가 이야기하는 것은 경험이 뒷받침된 합리적인 전술이었다.

이와 관련하여 화공으로서 유명한 것은 공명은 적벽대전(208년)에서 제갈공명(諸葛孔明)의 활약일 것이다. 《삼국지연의(三國志演義)》에서 공명은 칠성단(七星壇)을 쌓고, 그 제단으로 동남풍을 불러 일으켜, 조조의 선단을 화공으로 공격했다고 한다. 대단히 초인적인 병법가로 그려져 있지만 이것도 공명이 경험이나 정보를 통해 동남풍이 불기 쉬운 시절을 사전에 두루 살폈기 때문이라면 어떨까. 그도 이 《손자》 화공편의 가르침을 실천했을 뿐이라고 이야기할 수 있을 지도 모른다.

마지막의 용간(用簡)편은 간첩의 활용과 정보전에 대해 이야기하는 것으로, 정보 수집을 중시하는 《손자》의 마무리로 이해되고 있다. 단 은작산한묘 출토 죽간본 《손자》에서는 12번째 화공편과 13번째 용간편의 순서가 바뀌어 있다는 점에 대해서는 이미 언급한 바 있다.

> 명민한 군주와 현명한 장수가 군대를 일으켜 적을 쳐서 승리하여 발군의 공을 세우는 것은 먼저 알기 때문이다. 먼저 안다는 것은 귀신에게 묻는 것이 아니고 천문현상으로 아는 것도 아니며, 법칙에 따라 헤아릴 수 있는 것도 아니다. 반드시 사람을 통해 정보를 얻는 것이다. 《손자》 용간편

《손자》는 전쟁이 국가경제에 심각한 타격을 준다고 생각했다. 그렇기 때문에 싸우기 전에 적의 사정을 충분히 파악하고, 싸움의 성불성을 적확하게 예지할 필요가 있다고 한다.

단 여기서 말하는 예지란 결코 신비적인 능력이나 수상한 미신을 가리키는 것이 아니다. 사람은 머리맡에 선 귀신의 알림이라든가, 유성이나 일식이라는 천계의 사상 등에서 길조나 흉조를 느끼고, 일희일비할지도 모른다. 그러나 《손자》는 그런 신비와 미신을 일체 물리친다. '선지'는 인간의 인성에 의해서만 가능하다. 구체적으로는 간첩을 통한 정보의 수집활동과, 그것에

기초한 냉정한 정보 분석이다. 이 합리성이 손자를 관통하는 가장 큰 특색이 되고 있다.

3 손자병법의 전개

《손자》의 병법은 많은 독자를 얻어 그 뒤에도 중국제일의 병서의 위치로 계속 군림해 왔다. 《손자》를 크게 뛰어넘는 병서는 아직까지 저술되지 못했던 것이다.

단 시대의 변화에 응해 《손자》를 계승하고 전개시키려고 하는 노력은 계속되어 왔다. 《손자》의 말예에 해당하는 손빈이 저술한 병서가 그 대표이다.

지금까지 손빈에 대해서는 약간 전기가 나와 있는 것뿐이고, 병서의 실태에 대해서는 거의 수수께끼에 싸여 있었다. 그런데 1972년에 발견된 은작산 한묘죽간에 《손빈병법》이 포함되어 있다는 데에서 드디어 2,000년의 시간을 넘어 그 수수께끼가 해명된 것이다.

손빈은 '손씨의 도'(《손빈병법》 진기문루편)를 계승했다. 계모와 정보의 중시, 허와 실의 확인, 기책의 운용, 군사에서 기(氣)와 세(勢)의 사상 등 손자병법의 특질은 손빈에게도 그대로 이어져 내려왔다.

단 춘추시대의 손무와 전국시대의 손빈 사이에는 100년 이상의 시간차가 있었다. 그 사이 중국의 전쟁은 한층 대규모화되었다. 이러한 상황은 손빈에게 다음과 같은 새로운 사색을 촉진시켰다.

전쟁의 정당성

우선 전쟁의 정당성에 대한 사색이다.

고대 중국의 전쟁형태는 춘추시대 말 오월전쟁에서 큰 변혁을 일으켜, 그 후 전국시대도 중기가 되면 더욱 크게 변모한다. 전쟁의 주요 목적은 적의 전략적 거점을 빼앗는 것에 머무르지 않고, 노골적인 영토 확대나 타국의 합병으로 옮겨 간다. 또 강국 간의 '합종(合縱)'과 '연횡(連横)' 등에 의한 복잡한 정세도 나타났다.

합종이란 전국시대의 외교가인 소진(蘇秦)이 제창한 것으로, 한(韓)나라·

위(魏)나라·조(趙)나라·제(齊)나라·초(楚)나라·연(燕)나라의 여섯 나라가 남북으로 연합하여 서쪽의 강국인 진(秦)나라에 대항하려는 계책이다. 한편 연횡이란 외교가 장의(張儀)가 제창한 것으로, 한나라·위나라·조나라·제나라·초나라·연나라의 여섯 나라가 각각 진나라와 동서방향으로 제휴해야 한다는 계책이다. 전쟁은 더 이상 한 국가 대 한 국가의 양식을 취할 수 없게 되었던 것이다.

다음으로 주요 병과로는 보병과 기병이 완전히 전차를 대신하게 되었다. 기동성을 증가시키고 군대의 진격거리를 늘리며, 전쟁의 지리적 범위가 단번에 확대되었다. 최대 동원 병력수도 수십만에서 백만으로 증가했다. 전투기간도 장기화된다. 새로운 전술이 창출되고, 살상력이 높은 새로운 병기도 개발되었다. 전투로 인한 체력소모도 격렬해졌고, BC 262년, 진나라와 조나라가 싸운 장평(長平)전투에서는 조나라 측에서 40만 명의 사상자가 나왔다고 한다.

이러한 정세의 변화를 이어받아 무릇 전투의 정당성 그 자체를 묻게 되는 것은 당연할 것이다. 어째서 전투를 긍정하는가. 전쟁의 의의는 무엇인가 하는 문제이다. 거기서 《손빈병법》은 그 정당성의 문제를 인간의 본성(투쟁심)과 관련하여 추구했다. 손빈은 다음과 같이 설명한다.

> 원래 인간의 기쁨이나 분노라는 감정이 투쟁을 낳는다. 그것은 자연의 도리이다. 인간은 맹수처럼 공격·방어기능을 선천적으로 가지지 않는다. 그러한 인간을 위해 '성인(聖人)'이 무기를 창작해 준 것이다. 그 무기를 사용해 군사 장비로 쓰는 것은 당연하다. 《손빈병법》 세비편

《손빈병법》은 이렇게 서술하면서 역대 성왕이 무기나 배나 차를 만들었다는 전설은, 모두 이런 것을 가리킨다고 한다. 이러한 정당화의 이치는, 《손자》에는 보이지 않는다. 《손자》에는 전쟁이 당연하게 전제되어 있다. 이 점은 확실히 《손빈병법》의 특색이다.

병사의 선발

다음으로 병사선발의 사상이다.

《손자》는 병단을 한 무리로 취급하였고, 개개의 병사들의 돌출 행동을 기대하지 않았다. '전쟁을 잘 하는 자는 그 세력으로 승리하며 사람에게 의지하지 않는다(《손자》 세편)'는 말이 그것을 상징하고 있다.

그런데 《손빈병법》에서는 이것과 다른 사고, 즉 유능한 사졸을 선발하여 특별부대를 편성하려는 견해가 엿보인다.

《손빈병법》에는 '찬사(贊師 : 일부러 대열을 혼란시켜 적을 방심시킴)', '양위(讓威 : 부대의 최후를 숨겨 철수를 쉽게 함)', '추행(錐行 : 추처럼 날카로운 포진)', '안행(雁行 : 기러기처럼 열을 지어 전개하는 포진)', '선졸역사(選卒力士 : 선발된 유력 역사들의 부대)' 등이 있으며, 전술에 관련된 많은 용어가 보인다. 게다가 진법에 대해 논한 '진기문루'편·'팔진'편·'십진'편, 공성전을 위한 성의 지형상의 특색을 논한 '웅빈성(雄牝城)'편 등도 있다.

이것은 손빈의 뛰어난 군사적 지식이나 분성능력을 나타냄과 함께, 전국 중기에서 전쟁형태가 다양화되었다는 것도 나타내고 있다. 전차 대신 보병·기병이 주요 병과가 되었다는 것에서부터, 군대의 기동력은 현저하게 향상되었으며, 새로운 진법·전술이 승패의 귀추를 장악하게 되었던 것이다.

거기서 《손빈병법》은 이 다양한 진법·전술에 대응할 수 있도록 사졸집단의 성격을 크게 둘로 나누어 생각했다. 하나는 적진을 돌파해 적장을 잡아오는 우수한 '찬졸역사(篡卒力士)'이며, 다른 하나는 일반의 병사로 구성된 '중졸(衆卒)'이다. 손빈은 이렇게 둘로 구별한 데에, 뛰어난 군주나 장군은 수가 많다는 이유만으로 '중졸'을 의지하지 않는다고 한다.

그러면 이 '찬졸역사'를 분투하게 만드는 원동력은 무엇일까. 그것은 죽음의 공포도 잊어버릴 정도로 후한 상을 내리는 것이다. 상은 '찬졸역사'의 결사적인 분전을 보증하기 위해 중시되었다. 《손빈병법》의 '찬졸'은 다양화한 전쟁형태에 대응하기 위해 편성된 특별 부대였던 것이다.

이처럼 《손빈병법》은 몇몇 점에서는 《손자》에는 보이지 않는 요소가 더해져 있다. 그러나 그것은 손자병법이 근본적으로 바뀌었다는 것을 뜻하지는 않는다. 어디까지나 시대의 요청에 따라 일부를 첨가했다는 차원의 문제이다. 《손빈병법》에서도 손자병법의 기본적인 정신은 그대로 계승되고 있다.

'싸우지 않는 병법', '지지 않는 병법'이라는 중국병학의 특질은 《손자》 이래 변함없이 이어지고 있다.

〔고사성어로 읽는 제자백가〕 오월동주

오나라 사람과 월나라 사람은 사이가 나쁘지만, 같은 배를 탔다가 폭풍우를 만나면 오른손, 왼손처럼 단결하여 서로를 구하려 한다. 《손자》 구지편

춘추시대 말기 오나라와 월나라는 장강 하류 유역에서 격투를 전개했다. 그 전쟁은 종래의 전투형태를 완전히 바꾼 것으로, 사람들에게 강한 충격을 주었다. 거기서 여러 가지 고사성어가 생겨났다.

오월동주란 오나라 사람과 월나라 사람처럼 서로 적이라도 어려운 때에는 돕는다는 뜻이다.

이와 관련하여 이 직전에는 성어 '상산사세(常山蛇勢)'를 바탕으로 하는 구절도 보인다.

> 용병을 잘하는 자를 '솔연(率然)'같다고 한다. 솔연은 상산(常山)에 사는 뱀의 이름이다. 그 머리를 공격하면 꼬리가 덤빈다. 그 꼬리를 공격하면 머리가 덤빈다. 몸통을 공격하면 머리와 꼬리가 동시에 덤빈다.
>
> 《손자》 구지편

군대의 재빠른 제휴활동을 이야기하는 한 절이며, 그 구체적인 예로 오월동주를 들 수 있다.

또한 그 외에 오월전쟁에 관한 성어로 '와신상담(臥薪嘗膽)'도 있다.

오왕 부차가 부친의 적 월왕 구천(句踐)에 대해 복수의 의지를 잊지 않도록 섶 위에서 잠을 자며 몸을 혹사시켰으며, 부차에게 패한 구천이 복수의 뜻을 잊지 않도록 쓸개를 맛보며 몸을 혹사시켰다는 이 두 고사에 기본을 둔 성어이다. 즉 '와신'과 '상담'은 원래 다른 이야기였지만, 후에 네 글자 숙어로 굳어져 성어가 되었다. 현재는 목적을 이루기 위해 노력하고 고생한다는 뜻으로 쓰인다.

'회계지치(會稽之恥)'도 오월전쟁에 얽힌 성어이다. 패전의 치욕을 뜻한다. 회계란 산의 이름으로 현재 절강성(浙江省) 소흥시(紹興市) 남쪽에 있는 산이다. BC 494년, 여기서 월왕 구천은 오왕 부차에게 패해 항복했다.

살아있음으로 치욕을 드러낸 구천에게 있어서 회계산은 잊기 어려운 굴욕의 땅이었다.

한편 패전의 굴욕을 씻는 것을 '회계지치를 씻다'라고 한다. 월왕 구천이 회계의 치욕을 씻은 것은 그 뒤로 20년 후, BC 473년의 일이었다.

제자백가와 중국고전

좌전

《좌전(左傳)》에 대해서

《춘추좌씨전》 또는 《좌씨춘추》, 이를 생략해서 일반적으로 《좌전》이라고 한다. 한마디로 말해서 춘추시대의 역사를 한데 모은 책이다.

배경이 되는 시대는 노나라 은공 원년(隱公元年 : BC 722년)부터 애공(哀公) 14년(BC 481년)까지의 242년간이다.

춘추시대는 중국의 오랜 역사 가운데에서도 드물게 보이는 동란의 시대이고 수십 개의 나라가 자체의 존립을 위해 격전을 벌이며 뼈를 깎는 아픔을 겪었던 시대이다. 이 책에는 그들이 구사한 정치, 외교, 더 나아가 전쟁의 진퇴가 구체적인 사례를 통해 생생하게 기록되어 있다.

《좌전》의 말

대의멸친(大義滅親)——큰 의리를 위해서는 사사로운 정을 버린다.
〈은공〉

수기이불책인(修己而不責人), 즉면어난(則免於難)——자신의 몸을 충분히 닦고 타인의 허물을 탓하지 아니하면 위험에서 벗어날 수가 있다.〈민공〉

기즉다원(忌則多怨)——타인을 몹시 싫어하면 반드시 그 사람에게 원망을 산다. 〈희공〉

회여안실패명(懷與安實敗名)——회는 깊은 사랑, 안은 일시적인 안일(安逸)을 뜻한다. 즉 이 두 가지는 인간의 명예를 잃게 하는 것이다. 〈희공〉

형제투우장(兄弟鬩于牆) 외어기모(外禦其侮)——형제는 집의 울타리 안에서는 다투어도 외적에 대해서는 싸움을 그치고 하나가 되어야 한다.
〈희공〉

비양덕지기야(卑讓德之基也)——겸손히 타인에게 양보하는 것은 도덕의 근본이다. 〈희공〉

중노난범, 전욕난성(衆怒難犯, 專欲難成)——많은 사람들로부터 분노를 사게 되면 그것을 감당하기 어렵다. 또 자기욕심만을 채우려고 해도 그것은 성공하는 것이 아니다. 〈양공〉

화복무문, 유인소소(禍福無門, 唯人所召)——화의 문이나 복의 문 따위는 없다. 화도 복도 모두 본인이 가져오는 것이다. 〈양공〉

공사유공리(公事有公利), 무사기(無私忌)——공공의 일에 종사하는 자는 오로지 공공의 이익만을 생각해야 하고 사리를 추구해서는 안 된다. 〈소공〉

교이불망자(驕而不亡者), 미지유야(未之有也)——교만하고서 망하지 않은 사람은 아직까지 없다. 〈정공〉

《좌전》의 재미

《좌전》이란 책은 한마디로 말해서 춘추시대의 치란흥망(治亂興亡)을 기록한 역사서이다. 지금은 일반에게 그다지 익숙하지 않은 책이 되었으나 일찍이 중국에서나 우리나라에서나 상당히 널리 읽혀왔다.

예를 들어 '분명(奔命)에 지치다' '삼사(三舍)를 피하다' '대의(大義)를 위해 친(親)을 멸하다', 또는 '백년하청(百年河淸)을 기다리다' '병(病)이 고황(膏肓)에 이르다' '정(鼎)의 경중(輕重)을 묻다'와 같이 현대에도 잘 알려진 말 가운데도 《좌전》에서 나온 것이 많다.

《좌전》의 본디 명칭은 《춘추좌씨전》이다.

《춘추》란 노나라의 연대기이고 공자가 그 기록을 정리한 것으로 전해진다. 여기에서 다루어지고 있는 시대는 BC 722년부터 BC 481년까지 242년간으로, 이 시대가 '춘추시대'로 불리는 것은 이 《춘추》라는 책의 명칭에서 유래하는 것이다.

또 《춘추좌씨전》의 '전(傳)'은 주석(註釋)이란 의미이고 앞의 《춘추》에 좌구명이란 인물이 주석을 붙였기 때문에 '좌씨전'으로도 불리게 되었다. 원래 《춘추》라는 기록은 극히 간결하여 일반인이 읽기에는 그다지 재미가 없었으나, 좌구명이 주석을 붙인 '좌씨전'은 다양한 일화를 담아 이야기가 풍부하고 흥미진진한 한 권의 읽을거리가 되었다.

더구나 그 문장 또한 실로 훌륭하다. '야담가가 보고 온 것처럼 허풍을 떨지 않으면서도' 극히 구체적인 정경을 눈앞에 방불케 하는 훌륭한 표현력을 갖추고 있다. 그렇기 때문에 읽어도 싫증이 나지 않는다. 한 예를 들어보자.

춘추시대의 유명한 싸움 가운데 '필(邲)의 싸움'이 있다. 이것은 진(晉)과 초(楚) 두 대국이 싸우다가 진 쪽이 참패를 당한 싸움이다. 《좌전》은 진군이 패주하는 정황을 다음과 같이 묘사하고 있다.

'환자(桓子)는 어찌할 바를 몰라 군사들을 부추겨서 우선 강을 건넌 자는 상을 내리겠다고 했다. 중군, 하군(下軍)이 배를 타려고 다투어 배 안에는 손가락이 한 움큼…….'

'환자'는 진의 총사령관이다. 적의 맹공격을 받고 당황한 그는 북을 울려 철수를 명하고 '먼저 강을 건넌 자에게는 은상을 내리겠다'고 포고했다는 것이다. 그 결과 병사들은 앞을 다투어 배에 타려고 한다. 먼저 배에 오른 자는 뒤에서 밀려드는 자들이 타면 배가 뒤집히지 않을까 두려워해 뱃전에 매달린 자의 손을 잇따라 베어버렸다. 그 때문에 배 안에는 잘린 손가락이 손으로 주울 정도가 되었다. '배 안의 손가락이 한 움큼'이라는 표현은 이를 가리키는 것이다. 실로 생생한 묘사가 아닌가. 이와 같이 그때그때의 정황을 실감나게 묘사하는 것이 《좌전》 문장의 커다란 특징이다.

그뿐만이 아니다. 《좌전》의 재미는 누가 뭐라고 해도 '춘추시대'로 불리는 이 시대의 재미에 있다고 해도 좋다. 재미란 말에 어폐가 있을지도 모르나 현대에서 보기엔 극히 흥미로운 시대임에 분명하다.

춘추시대는 다 아는 바와 같이 격동의 시대이고 격렬한 생존경쟁이 펼쳐진 시대이다.

춘추시대로 접어들기 전의 중국은 위로 주 왕조라는 왕실이 있고, 그 밑으로는 제후로 불리는 나라가 몇 백이나 있어 주 왕조의 통제에 따르고 있었다. 그런데 춘추시대로 접어들자 주 왕조의 통제력이 힘을 잃어 제후끼리 치열한 다툼이 시작되었다. 이 정황을 맹자는 '춘추에 의로운 싸움이 없다'고 평하고 있다. 정의를 위한 싸움 같은 것은 전혀 존재하지 않았다는 것이다. 그와 같은 상황 속에서 차츰 '패자(霸者)'로 불리는 실력자가 등장해 통제력을 잃은 주 왕조를 대신해서 천하를 호령하게 된다.

그러나 말할 나위도 없이 패자들의 최종적인 관심은 자기 국익의 확대였다. 국제간의 질서확립 또는 평화의 유지 등 일단은 그럴듯한 대의명분을 내

걸고 있으나, 그 실태는 여전히 이어지는 약육강식의 다툼이었다. 그 결과 주 왕조 초에 800을 헤아리던 제후는 치열한 다툼 속에서 거의 모습을 감추고, 춘추시대 후반까지 생존한 것은 불과 10여 국에 지나지 않았다.

《좌전》은 이와 같은 시대의 실상을 극명하게 기록하고 있다. 그렇기 때문에 오늘날에도 흥미롭게 읽을 수 있을 뿐만 아니라 참고가 되는 점이 적지 않은 것이다.

이미 말한 바와 같이 이 책은 여러 나라에서 기본적인 교양서로서 널리 읽혀 왔다. 교양이라고 해도 단순한 액세서리는 아니다. 어떻게 하면 냉엄한 현실에서 생존할 수 있느냐와 같은, 경쟁사회를 살아가는 데 필요한 지혜로 가득하다. 우리의 선배들은 그것을 이 책에서 배워왔다. 《좌전》이란 책은 그와 같은 지혜를 몸에 익히는 데 걸맞은 책이라고 할 만하다. 다음에 그 몇 가지를 소개한다.

진(晉) 문공(文公)의 조직강화법

이 시대에 활약한 패자 가운데 한 사람으로 진의 문공이란 인물이 있다. 그는 당초 왕위 후계 경쟁에 얽힌 소동에 휩쓸려 타국으로 망명을 한다. 그 망명 생활은 19년의 오랜 세월에 걸친 것이었다고 한다. 보통 인간이라면 체념해버릴 것이건만 문공은 고난의 망명 생활을 견뎌내 초지를 관철했다. 그 끈기는 어느 의미에서 중국식 정치인의 전형이라고 할 수 있다.

문공은 오랜 고난의 대가로 19년 만에 귀국해 왕위에 오른다. 그러나 19년 동안이나 나라를 비우고 있었기 때문에 자신의 체제를 굳히기란 쉬운 일이 아니었다. 당연히 하나에서부터 다시 시작해야 했다.

거기에서 문공이 제일 먼저 손을 댄 것이 민생의 안정과 사회생활에서의 신의의 확립이었다. 그 정황을 《좌전》은 다음과 같이 전하고 있다.

문공은 망명 생활을 마치고 본국으로 돌아가자 인민의 교화에 전념했다. 그리고 2년 뒤 천하의 제패에 나서려고 한다. 그러자 심복인 구범(咎犯) 이란 인물이 "인민은 아직 의(義)가 무엇인지도 모르고 그 생활도 충분히 안정되었다고는 말할 수 없습니다"라고 간했다. 그래서 문공은 외교정책으로는 주 왕실의 지위를 존중하고, 내정면에서는 민생 안정에 힘을 쏟기로 했다.

그리하여 일정한 성과를 거둔 문공은 "이제, 됐다" 하고 드디어 싸울 준비에 착수하려 한다. 그때 구범이 다시 간했다.

"아직 안 됩니다. 국민들 사이에서는 아직 왕에 대한 신뢰가 부족합니다."

그래서 문공은 원(原)과의 싸움에서 병사들에게 본보기를 보여주었다. 즉 그는 3일간에 이 싸움을 끝내겠다고 병사들에게 약속을 하고, 그 기한이 되자 함락 직전임에도 불구하고 예정대로 철수를 명해 완고하게 공약을 지킨 것이다. 이 결과 국내의 상거래는 약속을 지켜 정당하게 이루어지고 서로 속이는 일이 사라지게 되었다.

문공은 이번에야말로 제패에 나서려고 했는데 또 구범이 간했다.

"국민은 아직 예(禮)가 무엇인지를 모르고 윗사람을 공경하는 마음이 부족합니다."

그래서 문공은 피려(被廬)의 땅에 병력을 집결시켜 크게 훈련을 하고 예의 본보기를 보여주어 감시역을 두고 군율을 바로잡았다. 이 결과 국민은 기꺼이 지도자의 명령에 따르게 되었다고 한다.

지극히 소박한 줄거리의 이 이야기에는 지도자의 기본적인 덕목이 몇 가지 제시되어 있다.

우선 첫째로 의(義)의 확립이다. 그것을 위해서는 올바른 목표를 제시하는 것이 중요하고, 이것이 없으면 국민 개개인의 의욕을 이끌어낼 수 없다.

다음으로 신뢰 관계의 확립이다. 공자도 '백성은 믿음이 없으면 일어서지 않는다'고 말할 정도로 신(信), 즉 신뢰관계를 확립하는 것이 정치의 기본이다. 문공도 이 기본에 극히 충실했다고 말할 수 있다.

셋째로 예의 확립이다. 예란 사회 생활의 규범이다. 예가 이루어지지 않으면 어떤 조직이건 조직으로서 성립할 수 없다.

문공이 외국에서 오랜 망명 생활을 보내고 있을 때 수행원 가운데 이부수(里鳧須)란 사내가 있었다. 이 사내는 계속 문공을 따르면 출세를 못할 것으로 생각했는지 수중에 있는 돈을 모두 가로채 가지고는 모습을 감추고 말았다. 그 때문에 문공 일행은 수중에 돈이 없어 식사조차 거르게 된 적이 있었다.

그런데 문공이 귀국해 왕위에 오른 지 얼마 되지 않았을 때였다. 하필이면 이 사내가 모습을 드러내 문공에게 면회를 요청해왔다. 문공은 말을 전하는 자에게 말했다.

"이제 새삼 그놈의 얼굴 따위는 보고 싶지도 않다. 목숨만은 살려줄 테니 깨끗이 사라지는 편이 좋을 것이다."

그러자 이부수는 '아니 주군께서는 머리라도 감고 계시는가'라고 중얼거렸다.

말을 전하는 자가 의아스런 표정을 짓자 또 말했다.

"머리를 감고 계시다면 머리를 거꾸로 하고 계실 것이니, 거꾸로 된 머리로 생각을 하면 시비의 판단도 거꾸로 된다는 말을 들은 적이 있어 물어본 것뿐이오. 그런데 묘하군. 머리도 감고 계시지 않는데 이런 이상한 말씀을 하시다니……."

이 말을 전해 듣고 문공은 만나 볼 생각이 들었다.

이부수는 깊이 고개를 숙이면서 이렇게 말했다.

"이번에 귀국하신 것을 축하드립니다. 그런데 주군께서도 아시다시피 나라에 머문 신하들 대부분은 주군의 보복을 두려워해 전전긍긍 불안에 떨고 있는 것이 현실입니다. 지금은 하루라도 빨리 이와 같은 민심의 동요를 진정시키셔야 합니다. 저에 대한 일입니다만, 망명 중인 주군의 돈을 제가 모두 가로채 모습을 감춘 일은 이 나라의 모든 사람들이 다 알고 있습니다. 그 죄야말로 일족을 멸한다고 해도 보상할 길이 없을 정도의 무거운 죄입니다. 그런데 만약 주군께서 저의 죄를 용서하신 다음 수레에 동승시켜 수도의 대로를 달리게 하신다면 어떻겠습니까. 주군이 과거의 죄 따위는 문제로 삼지 않는다는 것이 온 나라에 알려져 민심의 동요도 자연히 가라앉을 것으로 생각합니다만……."

문공은 곧바로 이 건의를 받아들였다. 그 결과 신하들은 '아아, 저런 사내조차 용서하셨다'고 서로 말했고, 동요하던 사람들의 마음도 차츰 안정을 되찾았다고 한다.

진이란 나라는 본래 국토도 넓고 인구도 많았다. 정치만 궤도에 올라 민심의 동요가 진정되면 자연히 국력은 증대할 터였다. 이렇게 해서 문공은 귀국해서 불과 몇 년 동안에 국력을 충실하게 해 패자의 지위에 올랐던 것이다.

서융(西戎)의 패자, 진(秦)나라의 목공(穆公)

진나라 시황제(始皇帝)가 중국의 전토를 통일하고 춘추전국시대에 종지부를 찍은 것은 BC 221년의 일이다. 단 이 시황제를 낳은 진나라는 사실 춘추전국시대 초부터 존재하던 상당히 오래된 나라로, 시황제 시대에 돌연 강력해진 것은 아니다. 오히려 몇백 년의 오랜 세월에 걸쳐서 착실하게 지력(地力)을 축적해 그것이 시황제의 치세가 되자 꽃피웠다고 말하는 편이 정확할 것이다.

하지만 춘추시대의 진나라는 서쪽의 벽지에 있는 미개의 후진국에 지나지 않았다. 이 후진국이 최초로 전성 시대를 맞이한 것은 목공 때였다. 이때 진은 급속하게 국력을 키워 중앙의 선진 여러 나라들이 '서융의 패자'로서 여기는 두려운 존재가 되어 간다. 이것이 BC 7세기의 일이므로 시황제 시대로부터는 거의 400년이나 앞선 옛날의 일이다.

그러면 목공은 어떻게 이 후진국의 활성화에 성공한 것일까. 가장 큰 이유는 인재의 확보, 등용에 힘을 쏟은 것에 있다.

진은 기묘한 나라여서 목공 이래 시황제까지의 400년이나 되는 동안 국내에서는 이렇다 할 인재는 거의 배출되지 않았다. 이 기간 동안 이 나라의 부강에 공헌한 인물은 모두가 외국에서 온 외지인이었다. 즉 외국에서 인재를 스카우트함으로써 부강의 길을 개척해온 것이다. 그 기선을 잡은 것은 다름 아닌 목공이었다.

목공은 열심히 인재를 찾았다. 그 결과 백리해(百里奚), 건숙(蹇叔), 유여(由余)와 같은 쟁쟁한 인재가 모여들었다. 더구나 목공의 진면목은 이와 같은 우수한 부하에게 전폭적인 신뢰를 두고 나라의 정치를 맡긴 것이다.

어떤 조직이건 조직을 활성화하기 위해서는 부하의 의욕을 이끌어내야만 한다. 제아무리 우수한 인재를 안고 있어도 의욕을 일으키지 못하면 활용은 커녕 그대로 썩히고 마는 것이다. 목공이란 지도자는 이런 점에서 탁월한 도량과 재치로 눈부신 성과를 거둔 것이다. 그 비밀은 부하를 진심으로 신뢰하고 구사한 데 있었다.

즉 부하를 부리는 데에 철저하게 신경을 썼다. 한번 등용한 사람은 설사 과실이 있어도 끝까지 버리지 않았다는 것이다.

그 실례를 두 가지 들어보자.

어느 해 목공은 맹명시(孟明視)란 인물을 총사령관에 임명해 이웃나라 진(晉)을 공략하게 했다. 그런데 맹명시가 이끈 진군은 효(殽)라는 곳에서 상대의 맹렬한 반격을 당해 괴멸하고 맹명시도 적에게 잡히고 만다. 뒤에 그는 석방이 되어 귀국하는데 목공은 상복을 입고 교외까지 마중을 나와 말했다.

"용서해주기 바라오. 모든 게 내 책임이오. 그대는 그 치욕을 잊지 말고 앞으로도 더욱 직무에 충실해주기 바라오."

이처럼 목공은 포로가 된 부하를 처벌하기는커녕 전보다도 더 중용을 했다.

3년 뒤, 목공은 또다시 맹명시에게 진을 치도록 명했다. 설욕의 의기에 불타는 맹명시는 결사의 각오로 황하를 건너 적을 격파해 지난번의 패전을 설욕했다.

목공은 일부러 효의 땅까지 가 그곳에 널려 있는 장병의 사체를 정중하게 매장한 다음 상을 치르고 전군에게 맹세했다.

"하늘의 영혼에 고한다. 제자를 죽음에 이르게 한 죄는 무겁다. 나는 자신의 과오를 깊이 뉘우침과 동시에 이를 자자손손에게 명기시켜 같은 과오를 되풀이하지 않도록 맹세하는 바이다. 평안히 잠드시라."

오늘날에도 책임은 부하에게 떠넘기고 공적만 독점하려는 지도자가 끊이지 않는다. 그러나 목공은 그와 정반대였다. 책임은 끝까지 자신이 지고 부하를 철저하게 신뢰했던 것이다.

또 이런 이야기도 있다.

어느 때 목공이 아끼던 준마가 왕궁의 마구간에서 도망을 쳤다. 담당 관리가 팔방으로 찾은 결과 준마는 기산(岐山)의 산기슭으로 도망을 가 그곳에서 마을 사람들에게 잡혀 있다는 것을 알게 되었다. 그런데 말을 찾으러 가보니 한 발 늦어서 준마는 이미 도축이 되어 마을 사람들에게 먹히고 만 것이다. 놀란 관리는 곧바로 관련자 300명을 붙잡아 놓고 서둘러 목공에게 경위를 보고했다. 그러자 목공은 다음과 같이 말했다.

"고작 말 한 마리가 아닌가. 처벌할 필요는 없다. 말고기를 먹고 술을 마시지 않으면 병이 난다고 하니 그 자들에게 술을 마시게 하라."

그는 마을 사람들의 죄를 용서했을 뿐만 아니라 술까지 대접해준 것이다.

그로부터 수년 후, 목공은 직접 군사를 이끌고 싸움터로 나갔다. 그러나 병력에서 열세인 그의 군은 고전을 면치 못하고 목공 자신도 적의 한가운데 남겨졌다. 절체절명의 위기에 빠진 것이다. 그런데 그때 한 무리의 병사들이 선봉처럼 적진으로 돌격해 목공을 구출하였다.

사실 그들은 일찍이 명마를 죽인 죄를 용서받고 게다가 술까지 대접 받은 기산의 마을 사람들이었다. 그들은 지난날의 은의에 보답하고자 자원해서 싸움에 참가하고 있었던 것이다.

자기 무덤을 판 '송양(宋襄)의 인'

남의 위에 선 자, 즉 리더가 갖추어야 할 덕의 하나로 '인(仁)'이 있다. '인'이란 알기 쉽게 말해서 '배려'이다. 상대의 마음, 상대의 입장이 되어 생각해주는 것, 이것을 '인'이라고 해도 좋다. 말을 바꾸어 온정이라고도 할 수 있을 것이다. 위에 있는 자가 일을 제멋대로 처리하거나 자기의 편리만을 생각해 진행하면 부하는 따라오지 않는다. 지시나 명령을 내린다고 해도 부하의 마음을 헤아리고 본인의 입장에 서서 생각해주는 그와 같은 따뜻한 배려가 있어야 비로소 아랫사람도 기개에 감동해 의욕이 생기는 것이다. 진(秦)의 목공(穆公)은 그와 같은 요소도 아울러 지니고 있었다.

그러나 온정에만 얽매이는 것도 실은 생각해볼 문제이다. 사물에는 정도라는 것이 있다. 중요한 것은 조화인 것이다. 배려가 지나치면 무턱대고 신경만 쓰게 되어 움직임을 취할 수 없고, 그 결과 결단을 내려야만 할 때에 결단을 내리지 못하게 될지도 모른다. 이렇게 되면 사람 위에 서는 자로서는 도리어 손해 보는 쪽이 커지게 된다.

《채근담(菜根譚)》에 '어질면서도 능히 결단력이 강하다〔仁能善斷〕'는 말이 나온다. 배려가 있으면서 결단력이 풍부하다는 의미이다. 이것은 이상적인 것에 가깝다.

현실에선 '인'에 지나치게 사로잡히면 아무래도 결단이 둔해진다. 이런 상황의 실례가 송나라의 양공(襄公)에 얽힌 '송양의 인'으로 불리는 유명한 고사(故事)이다.

송나라는 원래 그다지 큰 나라는 아니었다. 그러나 양공은 자신의 힘을 잊고 분수에 맞지 않게 패자가 되려는 야심에 불탔다.

어느 해 다른 작은 나라들과 짜고 정(鄭)이란 나라를 공격했다. 정나라도 그다지 큰 나라는 아니었다. 그래서 정나라는 초(楚)라는 강대국에 구원을 요청했다.

초나라는 곧바로 대군을 동원해 송나라의 수도로 쳐들어갈 태세를 보였다. 송나라 수도는 텅 비어 있어 공격을 당하면 남아나지 않을 상태였다.

그래서 양공은 서둘러 되돌아가서 초군을 맞아 싸우기로 했다. 이렇게 해서 양쪽 군사는 홍수(泓水)라는 강가에서 대진한다.

싸움이 시작된 그날 양공이 이끄는 송나라 군대는 이미 진형을 갖추고 상대를 기다리고 있었다. 그런데 상대는 포진은커녕 아직 강조차 다 건너지 않고 있었다.

그것을 보고 군사령관인 목이(目夷)가 양공에게 건의를 했다.

"상대는 대군입니다. 정면으로 싸워서는 승산이 없습니다. 적이 강을 다 건너기 전에 공격을 해야 합니다."

그러나 양공은 '아니다, 그런 비겁한 짓은 할 수 없다'고 듣지 않았다. 그동안에 상대의 군은 도강을 다 마치고 진형의 정비에 착수하려 했다. 목이는 지금이야말로 공격을 가해야 한다고 거듭 총공격을 건의했다. 그러나 이번에도 양공은 '아니다, 상대의 진형이 갖추어진 다음이라야 한다'라면서 공격 명령을 내리지 않았다.

결과는 뻔했다. 양공의 군은 완전히 격파당하고 근신(近臣) 한 사람도 살아남지 못했다. 양공 자신도 허벅지에 부상을 당하고 패주했다.

본국으로 철수한 뒤, 양공을 비난하는 목소리가 온 나라에 들끓었다. 그래도 양공은 자신의 실패를 인정하려 하지 않고 이렇게 변명했다고 한다.

"부상병을 추격해 백발이 성성한 병사를 포로로 잡는 행위는 군자가 할 짓이 아니다. 옛날에는 적과 싸우더라도 불리한 장소에 있는 적은 눈감아주었다. 나는 진형이 갖추어지지 않은 적을 공격할 정도로 비겁한 사내가 아니다."

이 말을 들은 총사령관 목이는 한숨을 내쉬며 이렇게 말했다.

"주군께서는 전쟁이 무엇인지를 모르기 때문에 그와 같이 만만하게 보시는 것입니다. 적이 불리한 지형에 있고 진형을 갖추지 않고 있는 것은 그야말로 하늘이 도우신 기회입니다. 그 경우, 적은 워낙 대군인지라 그만큼 유리한 조건에서 공격을 가했다 하더라도 승리할 수 있었는지는 의문입니다.

전쟁터에서는 다가오는 상대의 한 사람 한 사람이 아군의 적입니다. 비록 늙은 병사라도 생포할 수 있는 자는 계속 잡아야 합니다. 백발이 섞였다고 해서 사양할 게 어디 있습니까. 진형이 갖추어지지 않은 적을 공격하는 것은 당연한 일이 아닙니까?"

확실히 목이의 말은 정론이다. 먹느냐 먹히느냐의 싸움터에서 적에게 정을 주고서는 승리할 수 없다. 그것을 굳이 실행한 양공의 만만함을 비웃은 것이 바로 '송양의 인'이다.

적에게까지 정을 준 양공은 어쩌면 극단적인 예일지도 모른다. 그러나 정을 주는 상대가 아군이건 부하이건 지나치게 정으로 치달으면 지도자로서의 결단이 둔해진다.

정이라든가 배려와 같은 것은 인간의 미덕임에는 틀림이 없다. 그러나 그것이 지나치면 송의 양공과 같은 실패를 초래한다. 사람을 움직이는 조직의 우두머리는 이를 명심해야 할 것이다.

'오월(吳越)의 싸움'에서 배우다

'오월동주(吳越同舟)'란 지금도 종종 쓰이는 말이다. 이해가 상반하는 사람끼리 같은 자리에 앉는다는 것과 같은 의미이다. 이 말은 병법서인 《손자》에서 인용한 것인데, 《손자》에서의 원래의 뜻은 현재의 뜻과는 상당히 다르다.

《손자》에 따르면 병사를 일치 협력해서 싸우게 하려면—이것은 조직의 지도급에 있는 사람에게는 사활의 문제이다—병사를 '사지(死地)' 즉 절체절명의 상황에 몰아넣으라는 것이다.

"병사는 절체절명의 상황이 되면 도리어 공포를 잊는다. 도망갈 길이 없는 상태로 내몰리면 일치단결해 적의 영내 깊숙이 파고들어 결속을 굳히고, 구원될 길이 없는 사태에 이르면 필사적으로 싸우는 것이다. 따라서 병사는 지시를 하지 않아도 서로 자기들끼리 경계하고, 요구하지 않아도 사력을 다하고, 군의 규율로 구속하지 않아도 단결하고, 명령을 하지 않아도 신뢰를 저버리지 않게 된다."

이렇게 《손자》는 말하고 그것을 위한 예로서 '오월동주'를 끄집어낸다.

"오나라와 월나라는 본래 원수지간인데 때마침 두 나라 사람이 한 배를 탔다. 폭풍을 만나 배가 위태롭게 되자 두 사람은 왼손 오른손처럼 일치협력해 서로 도왔다."

즉 손자식 조직 관리의 예증으로서 이 '오월동주'가 사용되고 있는 것이다.

그러나 여기에서 《손자》의 병법에 대해서 이야기하는 것은 본의가 아니다. 단지 《손자》가 예로서 사용하고 있는 오와 월, 두 나라의 싸움을 다루어보고 싶은 것이다. 이 두 나라의 싸움에서도 오늘날과 같은 의미로 몇 가지 교훈을 얻을 수 있기 때문이다.

오나라나 월나라는 장강(長江 : 양쯔강)의 하류, 강남으로 불리는 지역에서 탄생한 나라이다. 두 나라는 춘추시대 말기가 되어 격렬한 싸움을 펼쳐 갑자기 시대의 각광을 받게 된다.

우선 대두한 것이 오(吳)나라이다. 이 나라는 합려(闔閭)라는 인물이 군주가 된 뒤부터 급속하게 국력을 길러 주변의 제국으로 세력을 확대해나간다. 그런데 오는 더욱 남쪽에 생긴 신흥국 월나라로부터 위협을 받게 된다.

이에 오왕 합려는 대군을 동원해 월을 치려고 한다. 그러나 월왕 구천(句踐)도 가만히 앉아 질 사람이 아니었다. 결사대를 조직해 이를 맞아 싸워 합려의 군을 격파했다. 대패를 당한 합려는 그 자신도 크게 부상을 당해 물러났다.

이윽고 합려는 이때의 부상으로 인해서 세상을 뜨고 만다. 그때 아들인 부차(夫差)를 머리맡에 불러 이렇게 유언을 했다.

"부차야, 이 아비의 원수는 구천이다. 설마 잊지는 않았겠지?"

"어찌 잊겠습니까. 3년 안에 반드시 원수를 갚아드리겠습니다."

그 뒤, 아들인 부차는 부친의 원한을 풀려고 모든 것을 제쳐두고 복수 준비에 착수했다. 그리고 2년, 월왕 구천과 싸워 그를 회계산(會稽山)까지 추격해 항복을 받아냈다. 목적을 달성한 것이다.

이번에는 구천의 차례이다.

'어떻게든 회계산에서의 치욕을 씻고 싶다.'

이런 생각이 그의 가슴에서 떠나지 않았다. 구천은 신하와 고락을 함께 하면서 한결같이 국력 증강에 힘써 부차의 틈을 노린다. 그런 지 20년, 드디어 라이벌인 부차를 쓰러뜨리고 '회계산의 치욕'을 설욕한다.

이와 같이 오왕 부차와 월왕 구천의 원한의 대결에서 '와신상담(臥薪嘗膽)'이란 말이 생긴 것도 다 아는 바이다. 《십팔사략》에 따르면 '와신', 즉 단단한 땔나무 위에서 잠을 자 그 아픔을 견디면서 복수의 마음을 새롭게 한 것은 오왕 부차이고, '상담' 즉 동물의 쓸개를 핥고 그 쓴맛을 견디면서 자신을 채찍질한 것은 월왕 구천이다.

어쨌든 역경에 처했을 때의 두 사람의 끈질김은 실로 훌륭한 것이었다. 그러나 부차이건 구천이건 한 사람의 리더로서 치명적인 실책을 범하고 있는 것을 간과해서는 안 된다.

우선 부차 쪽이다. 그는 회계산까지 구천을 바짝 추격하였지만, 상대의 항복 제의를 받아들여 이를 허용하였다. 이것은 부차의 중대한 실책이었다. 실은 이때 부차의 참모역인 오자서(伍子胥)란 인물이 맹렬하게 반대하고 나섰다. 오자서의 주장은 이러했다.

"지금 숨통을 끊어놓지 않으면 반드시 후회할 날이 올 것입니다. 구천은 명군이고, 게다가 참모에 범려(范蠡)와 같은 뛰어난 인물이 있습니다. 살려두면 언젠가는 이 나라의 우환이 될 것이 틀림없습니다."

그 뒤의 경과를 생각하면 오자서의 전망이 맞았다. 그런데 부차는 오자서의 건의에 귀를 기울이지 않고 항복을 받아들여 모처럼의 기회를 버리고 군을 철수시켰다. 철저하게 타격을 가하는 결단을 내리지 못한 것이 부차의 비극이었다.

다음으로 상대방인 구천 쪽도 부차와는 다른 의미에서 중대한 실책을 범하였다. 그는 부차를 격파해 자해(自害)를 시킨 뒤 완전히 긴장감이 느슨해지고 말았다. 한때는 중앙에 진출해 패자의 지위에 오른 적도 있건만, 그 뒤 급속하게 지난날의 활력을 잃고 월과 함께 역사의 뒤안길로 사라졌다.

즉 두 사람 모두 역경에 놓였을 때의 분발은 훌륭했다. 그런데 목적을 이루고 정상에 오른 순간 한 사람은 판단의 만만함을 드러내고, 한 사람은 긴장이 풀어져 평범하고 용렬한 지도자로 전락한 것이다. 이것 역시 현대에도 통하는 귀중한 교훈이라고 할 수 있다.

안영(晏嬰)의 외교 교섭

앞서 말한 바와 같이 춘추시대에는 크고 작은 수많은 싸움이 벌어졌다.

그러나 중국인의 전통적인 인식에서 보면, 분쟁을 해결하는 바람직한 방법은 무력보다는 대화를 통한 외교 교섭이었다. 예를 들어 《손자》의 병법만 해도 '싸워서 반드시 승리한다는 것은 최상의 용병술이 아니다. 싸우지 않고 적을 굴복시키는 것이야말로 최선이다'라고 역설하고 있다. 이러한 인식은 《손자》의 병법에만 그치지 않는다. 이것은 오히려 중국인 전반의 사고방식이기도 하다.

물론 춘추시대에도 무력에 의한 싸움만이 아니라 활발한 외교 교섭에 의해서 분쟁의 해결이 이루어졌다.

그 일단을 춘추시대 말기에 제(齊)나라 재상을 지낸 안영의 예에서 보기로 하자.

제나라는 본디 명문이고 국토도 넓었다. 그런데 안영이 재상에 취임한 무렵에는 내부의 세력 다툼 등이 얽혀 있어 국력이 신장되지 않았다. 따라서 어떻게든 외교 교섭을 통해서 국가의 안전을 도모해야 했다. 그와 같은 상황 아래에서 안영이 국민의 기대를 한 몸에 짊어지고 활약한 것이다. 예를 들면, 안영이 그 무렵의 강대국인 초나라에 사자로 갔을 때의 일이다. 요즘 식으로 말하면 영토 반환분쟁과 같은 민감한 사안을 해결하기 위해서였다.

초나라 왕은 안영이 온다는 말에 좌우 대신들과 상담을 했다.

"안영이라면 말재주가 뛰어난 상당한 인물이 아닌가. 이 자가 오면 창피를 한번 주려고 생각하는데 좋은 방법이 없을까?"

대신 하나가 대답을 했다.

"이런 방법은 어떻겠습니까. 주군께서 안영과 회담을 하실 때 관리가 한 사내를 끌고 지나칩니다. 그때 주군께서는 '무엇을 하는 놈이냐'고 말을 걸어주십시오. 관리는 '제나라 사내입니다'라고 대답을 합니다. 거기에서 주군은 또 '무슨 죄를 범했느냐'고 물어주십시오. 그러면 관리는 '도적질을 했습니다'라고 대답을 합니다. 어떻습니까. 이렇게 되면 안영은 크게 부끄러워할 것이 틀림없습니다."

이렇게 해서 군신의 상담이 정리되고 이윽고 안영이 모습을 드러냈다. 초의 국왕은 주연을 베풀어 환영한다. 주연이 한창 무르익을 즈음에 관리가 한 사내를 끌고 뜰 앞을 지나치려고 했다. 계획대로 왕이 관리에게 말을 걸었다.

"그 사내는 무슨 죄를 범했느냐?"

"제나라 사내인데 도적질을 해서……."

그 말을 듣자 왕은 안영을 돌아보고 말했다.

"귀국 사람들은 도벽이 있는 모양이군요."

초왕으로서는 단판 승부를 한 셈이었다. 안영은 자리에서 물러나면서 천천히 대답을 했다.

"저는 이런 이야기를 들었습니다. 귤은 회수(淮水) 남쪽에서 자라면 귤이지만 이를 회수 북쪽에 심으면 탱자가 된다고 합니다. 잎이 무성한 정도는 비슷해도 맛이 전혀 다른 것입니다. 왜 그렇게 되는가 하면, 남과 북의 토양이 전혀 다르기 때문입니다. 그 사내의 경우도 그와 마찬가지입니다. 제나라에 있을 때는 도적질을 하지 않았는데, 초나라에 와서 도적질을 하게 된 것입니다. 초나라의 풍토가 도적질을 하도록 만들기 때문일 것입니다."

깨끗한 반격이었다. 초나라 왕은 나중에 측근에게 '안영이란 사내는 과연 소문보다 뛰어난 인물이다. 도리어 내가 창피를 당하고 말았다'고 실토했다고 한다.

안영은 키가 작고 풍채도 그다지 좋지 않았다. 어느 때 안영은 또 초나라에 사자로 가게 되었다. 초왕은 이번에는 안영의 풍채가 좋지 않은 것을 트집잡아 놀려줄 속셈으로 접견을 하자마자 '제나라에는 사람이 없나. 아이를 보내다니' 하면서 고자세로 나왔다.

"저희 나라의 수도에는 사람이 넘쳐나고 있습니다. 사람이 없다니요, 당치도 않으신 말씀입니다."

"그렇다면 왜 그대와 같은 자를 사자로 보냈단 말인가?"

안영은 이렇게 대답했다.

"지당하신 말씀이십니다. 저희 나라에서는 사자를 파견할 때 현명한 자는 현명한 나라로, 어리석은 자는 어리석은 나라로 파견하도록 하고 있습니다. 저는 가장 어리석기 때문에 귀국으로 파견된 것입니다."

이것 또한 고압적인 상대에 대해서 의연한 태도로 반격을 했다는 이야기이다.

공자도 《논어》에서 훌륭한 지도자의 조건으로 '사방에 사자로 가서 어명을 더럽히지 않는다'는 것을 들고 있다. 여러 외국으로 가서 국민의 부탁에 부응할 수 있는 외교 교섭을 하고 올 수 있는 사람이 훌륭한 지도자라는 것이다. 이것은 구태여 나라의 정치만이 아니다. 비즈니스의 교섭에서도 완전히 똑같이 말할 수 있을 것이다. 그 일을 위해서는 평소에 응대사령(應對辭令)의 기술, 즉 교섭력을 몸에 익혀두어야 한다. 이것 역시 사람이 갖춰야 할 기본적인 조건의 하나인 것이다.

전국책

전국책에 대해서

《전국책(戰國策)》의 '책'이란 책략이란 뜻이다. 전국시대의 책략을 기록한 책이란 의미이다. 주로 그 무렵에 활약한 '유세(遊說) 선비-세객(說客)'의 언론 활동과 권모술수의 수법이 수록되어 있다. 전국시대에 패권을 다툰 진(秦), 제(齊), 초(楚), 한(韓), 위(魏), 조(趙), 연(燕) 나라의 7강과 동주(東周), 서주(西周), 송(宋), 위(衛), 중산(中山) 등 12개 나라에 대해서 나라별로 구성하여 합계 33편으로 이루어진다. 사마천(司馬遷)이 《사기》를 집필할 때 이 책에서 많은 자료를 취하였다.

원저자는 불확실하다. 전한(前漢)의 유향(劉向)이란 학자가 궁중의 장서를 교정(校定)했을 때 '국책(國策)' '국사(國事)' '단장(短長)' 등의 명칭으로 보존되어 있던 여러 자료를 33권으로 다시 편집해서 《전국책》이라는 이름을 붙였다.

그리하여 일단 역사서 가운데에 분류되어 있으나, 전편이 모두 이른바 책사, 세객들의 권모술수 언론 또는 행동으로 메워져 있다. 비교적 짧은 일화 중심으로 구성되어 있어 읽기 쉽다.

《전국책》의 말

행백리자반구십(行百里者半九十)——백 리를 가는 자는 90리를 갔을 때 반이 지난 것으로 생각해야 한다. 마지막 10리는 극히 어렵기 때문이다.

〈진책(秦策)〉

기린지쇠야(麒麟之衰也), 노마선지(駑馬先之)——하루 천 리를 달리는 말도 노쇠하면 그보다 못한 말이 앞지른다. 영웅도 노쇠하면 보통 사람에 미치지 못한다.

〈제책(齊策)〉

교토삼굴(狡兎三窟)——교활한 토끼는 세 개의 굴을 가지고 있어 어려운

고비를 모면한다. 사람이 난을 피하는데 교묘함을 비유한 말. 〈제책(齊策)〉

사위지기자용(士爲知己者用), 여위열기자용(女爲悅己者容)——사내는 나를 알아주는 사람을 위해 힘을 다해 일하고, 여인은 자기를 사랑해주는 사람을 위해 용모를 꾸민다. 〈조책(趙策)〉

성대공자불모어중(成大功者不謀於衆)——큰 사업을 성취하려는 자는 일일이 남에게 상담하지 않고 혼자 결정하여 행한다. 〈조책(趙策)〉

삼인언이성호(三人言而成虎)——세 사람이 증언을 하면 현실에 없는 호랑이도 있는 것이 된다. 실지로 없는 것이라도 많은 사람한테 소문이 나면 믿기 쉽게 된다. 〈위책(魏策)〉

영위계구(寧爲鷄口), 무위우후(無爲牛後)——닭의 주둥이가 될망정 쇠꼬리는 되지 말자. 작아도 우두머리가 되는 게 낫다. 〈한책(韓策)〉

순갈즉치한(脣竭則齒寒)——입술이 없어지면 입술에 가까운 이가 시리다. 입술과 이는 전혀 별개의 것이라도 관계가 깊기 때문이다. 세상에는 얼핏 보면 무관한 것 같지만 불가분인 것이 있다. 〈한책(韓策)〉

선종외시(先從隗始)——사람을 쓰려거든 우선 나부터 채용해 달라. 즉 곽외(郭隗)와 같은 하찮은 사람조차 쓸 수 있다면 국내뿐만 아니라 천하의 인재들이 모여들 것이 틀림없기 때문이다. 〈연책(燕策)〉

풍소소혜역수한(風蕭蕭兮易水寒), 장사일거혜불복환(壯士一去兮不復還)——바람은 쓸쓸하고 역수는 차갑기만 한데, 장수는 한번 떠나면 다시 돌아오지 않는다. 〈연책(燕策)〉

응대사령(應對辭令)의 보고

중국의 고전은 응대사령의 학문이다. 그 가운데서도 그 특징을 가장 잘 갖추고 있는 것이 《전국책》일 것이다. 응대사령이란 설득이나 교섭, 또는 부하를 거느리는 방법 등 인간 관계의 모든 것을 포함하고 있다. 《전국책》은 그와 같은 응대사령의 보고라고 해도 좋다.

공자가 자공(子貢)이란 제자로부터 지도자의 조건에 대해서 질문을 받았을 때 맨 먼저 든 것이 '사방에 사자로 나가 주군을 부끄럽게 하지 않는' 것이었다. 즉 지도자란 외교 교섭에 나서 훌륭하게 국민의 기대에 부응할 수 있는 인물이어야 한다는 것이다.

외교 교섭을 성공시키기 위해서는 당연히 응대사령의 묘수를 습득하고 있어야 한다. 그러므로 사회의 지도적 입장에 있는 경영자나 관리직이 교섭으로 주어진 직책을 수행하려고 한다면 《전국책》 정도는 읽어두어야 할 것이다.

《전국책》은 결코 딱딱한 책이 아니다. 한마디로 말해서 전국시대의 역사서로서, 이 시대에 활약한 '세객(說客)'들의 생생한 일화들이 모아져 있다.

지금으로부터 2000 수백 년 전, 중국은 바야흐로 약육강식의 전국시대였다. 제각기 천하의 통일을 지향해 피로 물든 무력 투쟁이 행해지고 있었다. 그러나 그런 한편으로 여러 나라가 모두 활발한 외교 교섭을 전개해 생존을 도모하였다. 그와 같은 외교 교섭을 담당한 것이 '세객'으로 불린 사람들이다.

세객들은 우선 여러 나라의 왕들에게 유세를 해 자신을 선전해야 했다. 선전에 성공해야 비로소 활약의 장이 주어지는 것이다. 순조롭게 외교 교섭의 능력을 과시할 무대에 나선다 해도 교섭에 실패하면 즉시 물러나야 된다. 그러므로 지위를 유지하기 위해서는 어떻게든 교섭을 성공시켜야 한다.

그런만큼 그들은 상대를 설득하기 위해 진지하고 다양한 연구를 골똘히 한다. 그들의 변설에는 상대를 설득시키고야 말겠다는 박력이 담겨 있었다. 중국의 전국시대에는 이와 같은 '세객'들이 몇 천, 몇 만이나 있어 세 치 혀 끝의 변설만으로 난세를 주름잡았다. 그들의 활약상을 기록한 것이 《전국책》이다.

이제 유명한 이야기를 소개해보도록 한다.

조(趙)나라가 연(燕)나라를 공격하려고 했을 때, 소대(蘇代)라는 '세객'이 연왕의 의뢰를 받아 조왕의 설득에 나섰다. 소대는 다음과 같이 말해 조왕을 설득한다.

"이곳에 오는 도중에 역수를 건너다 보니 모래 위에 조개가 입을 벌리고 있었습니다. 그곳에 도요새가 날아와 그 살을 쪼았습니다. 조개는 입을 닫아 도요새의 주둥이를 꽉 물었습니다. 도요새가 '이놈, 2, 3일 비가 오지 않으면 뻗어버릴 거다'라고 소리쳤습니다. 조개도 지지 않았습니다. '무슨 소리를 하는 거냐. 너야말로 이대로 있으면 주는 거다'라고 맞받아쳤습니다. 서로 조금도 양보할 생각이 없었습니다. 그런 와중에 그곳에 한 어부가 와서 모두 잡히고 말았습니다. 지금 이 나라는 연나라를 공격하려고 합니다. 그러나 싸움을 오래 끌어 국력이 바닥을 드러내면 이웃나라 진(秦)이 어부지리로 두 나라 모두 차지하게 될 것입니다. 부디 이 사정을 잘 생각해주십시오."

조왕은 '과연! 잘 알겠다' 말하고 연을 공격하는 것을 중단했다고 한다.

이 이야기에서 '어부지리(漁夫之利)'란 말이 나오게 된 것이다. 이런 교묘한 비유를 들어 순조롭게 설득에 성공한 점이 이 이야기의 특색이라고 할 수 있다. 상대에게 무엇인가 부탁할 때 아무리 고개를 숙여도 그다지 효과가 없을 때가 있다. 교섭에 능한 사람은 이렇게 하면 상대에게도 구체적인 이익이 있다는 것을 보여주고, 어느새 상대가 그런 생각을 갖게 하고 만다.

조왕을 설득한 소대의 방법은 그 전형이라고 해도 좋을 것이다. 《전국책》에는 이와 같은 응대사령의 비법이 여러 가지로 소개되어 있다.

의표를 찌르는 설득법

사람을 설득하는 방법에는 여러 가지 비결이 있다. 그 중 하나가 상대의 의표를 찌르는 방법이다. 엉뚱한 것을 말해 상대의 관심을 끌어내 서서히 본론으로 접어드는 것이다.

이것은 특히 설득하기 어려운 상대에게 효과를 발휘할 때가 많다. '세객'들도 종종 이 방법을 사용해 목적을 달성했다.

그 예를 둘쯤 소개해보자.

제나라의 재상에 정곽군(靖郭君)이란 인물이 있었다. 설(薛)이란 곳에 영지를 가지고 있었는데, 정곽군은 언젠가 그곳에 자기의 성을 세우려고 했다. 그러자 그에게 몸을 의지하고 있는 '세객'들이 번갈아 찾아와서는 이를 중지하도록 건의를 했다. 이에 진절머리가 난 정곽군은 안내를 맡은 자에게 말했다.

"이젠 그만해라. 손님이 와도 나한테 들여보내지 마라."

그런데 얼마 되지 않아서 한 '세객'이 찾아와 뵙기를 청했다. "세 마디만 이야기하고 싶소. 그 이상 이야기하면 가마솥에 삶아 죽여도 좋소"라고 말했다는 것이다.

'재미있는 놈이다.'

정곽군은 그렇게 생각하고 만나보기로 했다. 사내는 잰 걸음으로 들어와 '해(海), 대(大), 어(魚)'라고 말하고는 뛰쳐나가려고 했다. 확실히 세 마디이지만 그것이 무슨 뜻인지 전혀 알 수가 없었다.

"기다려라!"

정곽군이 엉겁결에 말을 걸자, 그 사내는 말했다.

"저는 허무하게 죽고 싶지 않습니다."

"상관없다. 상세하게 말해보라."

사내는 대답을 했다.

"대어를 알고 계실 겁니다. 그것은 커서 그물에도 걸리지 않습니다. 낚아 올릴 수도 없습니다. 그러나 그 정도의 대어라도 물에서 육지에 오르면 애석하게도 버러지의 먹잇감이 됩니다. 제나라는 당신에게 있어서 물에 해당합니다. 이것만 꽉 잡고 있으면 됐지 설 땅에 성을 세울 필요는 없습니다. 제나라에서 벗어나면 하늘까지 닿는 성을 세운다고 해도 아무 쓸모가 없을 것입니다."

"과연 그렇구나."

정곽군은 그렇게 말하고 성을 세울 뜻을 접었다.

사내가 말하려고 한 바는 분수를 모르는 것은 파멸의 근원이라는 것이다. 이 이야기의 재미는 독특한 설득법에 있다. 즉 '해, 대, 어' 등과 같은 기발한 것을 말해 상대의 관심을 이끌어 서서히 본제로 들어가는, 오늘날 광고에서의 캐치프레이즈 수법과 같다.

또 이런 얘기도 있다.

위(魏)나라의 안리왕(安釐王)이 이웃의 조나라를 침공하려고 했을 때의 일이다. 위나라의 계량(季梁)이란 '세객'은 때마침 여러 나라로 유세 여행을 떠나 있는 중이었다. 계량은 이 소문을 듣자 서둘러 귀국해 안리왕에게 면회를 청했다. 계량으로서는 어떻게든 이 전쟁을 중지시킬 생각이었다. 그도 설득에는 상당히 능한 사람이지만, 처음에는 그런 기미를 조금도 보이지 않았다. 그는 안리왕을 만나자 우선 아래와 같은 비유 이야기를 시작했다.

"지금 돌아오는 도중에 한 사내를 만났습니다. 그 사내는 수레를 북으로 달리게 하면서 '초나라로 갈 작정이다'라고 말했습니다. '남쪽 초나라로 가는

데 왜 반대로 북으로 가고 있는가'라고 묻자 사내는 '말은 최상이다'라고 대답했습니다. '좋은 말인지는 모르지만 길을 잘못 들어섰다'고 말하자 '여비도 충분하다'고 말했습니다. '그럴지도 모르지만 길을 잘못 들어섰다'고 거듭 충고하자 사내는 '좋은 마부가 따르고 있다'고 대답했습니다. 이렇게 조건이 갖추어져 있으면 더욱더 초에서 멀어져갈 뿐입니다."

안리왕이 무심코 무릎을 내밀고 다가앉자 계량은 서서히 본론으로 들어갔다.

"그런데 지금 주군께서는 천하의 신뢰를 얻고 패왕이 되어 천하를 호령할 생각을 하고 계십니다. 나라가 크다는 것, 군이 강한 것을 믿고 이웃 나라를 침공해 영토를 넓히고 명성을 얻고자 생각하고 계십니다. 그런데 지금 여기에서 선부르게 움직이면 그만큼 패왕의 길에서 멀어지게 될 것입니다. 그것은 마치 초나라에 가려고 하면서 반대 방향인 북으로 수레를 모는 거나 다름없지 않습니까."

안리왕은 이 설득으로 조를 침공할 생각을 접었다고 한다.

계량의 이야기는 기본 방침을 그르치면 제아무리 노력해도 목적에서 멀어지게 된다는 것을 가르쳐준다. 우리도 자칫 똑같은 과오를 범하기 쉽다. 기업 경영에 있어서나 인생을 살아가는 데 있어서나 끊임없이 기본방침의 확인을 게을리해서는 안 된다. 모처럼의 노력도 전혀 보람이 없게 될지도 모르기 때문이다.

그것은 그렇다 치더라도 능란한 비유로 상대의 관심을 끈 계량의 이야기는 의표를 찌르는 설득법의 전형이라고 해도 좋다. 실제로 이렇게 좋은 결과는 드물지 모르지만 효과적인 설득법임에는 틀림이 없다.

만만치 않은 술수

응대사령(應對辭令) 가운데에는 당연히 술수(術數)도 포함된다. 술수라고 하면 자칫 더러운 방법으로 받아들이기 쉽지만, 술수에 강해지지 않으면 사실 냉엄한 경쟁 사회에서 생존할 수 없는 것이다.

전국시대에 활약한 '세객'들도 이 만만치 않은 술수를 이른바 생활의 지혜로서 몸에 익히고 있었다. 그 수많은 '세객'들 가운데서 가장 술수에 능했던 것이 장의(張儀)라는 '세객'인데, 나중에 그는 국제 정치 무대에서 종횡무진

(縱橫無盡)의 활약을 펼치게 된다. 그가 젊었을 때의 일로 다음과 같은 이야기가 전해지고 있다.

초나라의 회왕(懷王)에게 유세할 때의 일이다. 회왕은 젊은 '세객'의 진언 따위를 가볍게 들어줄 리가 없었다. 장의는 순식간에 생활에 쪼들려 수행인마저 도망가버리고 마는 형편이 되었다. 그런데 여자를 좋아하는 회왕은 그 무렵 남후(南后), 정수(鄭袖)란 두 미녀를 총애하고 있었다. 그것을 점찍은 장의는 새삼 뜻을 가슴에 품고 회왕과 만났다.

"왕께서는 저를 기용하실 생각이 없는 것 같으니 이제 진나라로 가볼까 합니다."

"그것도 좋겠군."

"이 기회에 진나라에서 뭐 필요하신 것은 없으신지요?"

"이 나라에는 황금, 옥, 코뿔소, 코끼리, 무엇이든 다 있다. 원하는 것은 아무것도 없다."

"여자도 필요치 않다는 말씀이십니까?"

"그러고 보니……."

"진나라 여인들의 아름다움은 타국 사람들의 눈에는 마치 선녀가 하늘에서 내려온 듯이 보인다고 합니다."

"아무래도 이 나라는 외진 나라라 그런 미인과는 인연이 없다. 꼭 한번 사랑해보고 싶구나."

회왕은 미인이란 말만 들어도 사족을 못 쓴다. 곧바로 장의에게 듬뿍 자금을 주고 미인의 조달을 의뢰했다. 남후와 정주 두 여인은 이 이야기를 전해 듣고 안절부절못했다. 진나라 미인들을 데리고 오는 날에는 자신들이 받던 총애가 순식간에 빛이 바래지 않을까 불안해진 것이다. 남후는 곧바로 장의에게 사자를 보내 '진으로 곧 여행을 떠나신다는데 여기에 금 천 근이 있으니 부디 노자로 써주십시오'라고 회유책으로 나온다. 정수 또한 '부디 너그럽게 부탁을 드린다'고 하면서 금 5백 근을 보냈다. 장의는 재물을 듬뿍 챙긴 시점에 새삼 왕에게 이별의 인사를 드린다.

"여러 나라들이 모두 왕래를 엄격하게 통제하고 있으니 언제 또 뵙게 될지 모릅니다. 내친 김에 이별의 술잔을 받고 싶습니다."

"그야 좋지."

회왕은 술잔을 하사했다. 장의는 기회를 엿보다가 말을 꺼냈다.

"두 사람만으로는 쓸쓸하옵니다. 어느 분이든 마음에 드시는 분께 자리를 함께하기를 부탁드릴 수 없겠습니까?"

"듣고 보니 그도 그렇군."

회왕은 남후와 정수 두 사람을 불러 술을 따르게 했다. 그러자 장의는 순간 놀라는 빛을 보이면서 공손하게 아뢰었다.

"큰 잘못을 저질렀습니다."

"무슨 일인가?"

"저는 여러 나라를 돌아다녔습니다. 그런데 이처럼 아름다운 분들을 뵈온 것은 오늘 처음입니다. 그런 것도 모르고 미인을 찾아오겠다는 둥 엉뚱한 말씀을 드렸습니다."

"알겠네. 신경쓰지 말게. 나도 실은 천하에 이 두 사람만 한 미인은 없다고 생각했네."

이렇게 해서 장의는 밑천도 들이지 않고 대가도 없이 거금을 듬뿍 품에 넣었다. 회왕은 납득을 하고, 두 애첩도 만족했다. 이 얼마나 깨끗한 술수인가.

장의는 나중에 국제정치 무대에 등장한 뒤에도 이와 같은 술수를 성공시켜 거물 책사로서의 이름을 떨쳤다.

장의가 펼친 술수의 특징은 실로 인간이 지니고 있는 약점을 잘 꿰뚫는 것이었다. 이 회왕 이야기만 해도 여자를 좋아하는 그의 약점뿐만 아니라 여심의 약점까지 꿰뚫고 있다. 술수에 숙달하려고 생각한다면 우선 이와 같은 깊은 이해를 몸에 익혀야만 한다. 그것이 리더에게 요구되는 자질이 아닐까.

인간 관계의 기미(機微)

인간 관계에 어떻게 대처할 것인가. 이것 또한 오래되고도 항상 새로운 문제이다. 이것을 잘못하면 남의 원망을 사고 뜻하지 않은 곳에서 발목을 잡히기 십상이다. 특히 지도자는 인간 관계의 기미를 확실하게 터득해야 한다. 그렇지 않으면 부하를 움직이게 할 수도 없고 일을 유연하게 진행할 수도 없다.

그 같은 관점에서 지침이 될 만한 이야기를 《전국책》에서 두 개 정도 거론해보지.

전국시대에 중산(中山)이란 작은 나라가 있었다. 이 중산의 국왕이 어느 날 국내 명사들을 초청해 연회를 베풀었다. 그런데 이때 때마침 양고기 국물이 부족해 전원에게 고르게 돌아가지 않았다. 그 국물을 마시지 못한 한 사내가 그것에 앙심을 품고 초나라로 도망가더니, 초왕을 부추겨 중산을 공격하게 했다고 한다. 초나라는 강대국이어서 그들의 침공을 당하면 중산쯤은 남아나지 않을 것이 뻔했다. 중산의 왕은 어쩔 수 없이 국외로 탈출을 도모했다. 그러자 창을 손에 든 두 사내가 왕의 뒤를 쫓지 않겠는가. 왕이 뒤돌아보고 '어느 놈이냐'라고 말을 거니 이 같은 대답이 돌아왔다.

"그 옛날 왕에게서 한 그릇의 음식을 받아 죽음을 면한 사람이 있었습니다. 우리는 바로 그 사람의 아들들입니다. 부친은 죽음을 앞두고 '중산에 만일의 일이 있을 때에는 죽음으로 이 은혜에 보답하라'는 말을 남기고 숨을 거두었습니다. 이제야말로 은혜를 갚을 때라고 생각해 이렇게 달려온 것입니다."

그러자 중산왕은 엉겁결에 이렇게 말하면서 탄식했다고 한다.

"약간의 베풂이라도 상대가 곤란할 때에 하면 효과는 바로 나타난다. 사소한 원한이라도 상대의 마음에 상처를 주면 뼈아픈 보복을 당한다. 나는 한 종지의 국물로 나라를 잃고, 한 그릇의 음식으로 용사 두 사람을 얻었구나!"

이 탄식은 현대에도 그대로 들어맞는다. 그야말로 인간 관계의 기미에 대해서 언급한 것이 아닌가.

또 하나 소개하고 싶은 것은 유명한 맹상군(孟嘗君)에 관한 이야기이다. 맹상군은 제(齊)나라 재상을 지낸 인물이고 국제적으로도 명망이 높았던 정치가이다. 그의 저택에는 많은 식객들이 머물렀는데, 그 가운데 맹상군의 첩과 내통하는 자가 있었다. 이를 알게 된 부하 한 사람이 맹상군에게 이렇게 말한다.

"식객인 주제에 주군의 여자와 내통을 하다니 당치도 않은 일입니다. 즉각 벌을 내리셔야 합니다."

그러나 맹상군은 '그럴 수도 있지. 아름다운 여인에게 끌리는 것은 인지상정이니까. 내버려두게, 내버려두어'라고 말하고는 더 상대하려고도 하지 않았다.

이럭저럭 1년이 지났다. 어느 날 맹상군은 자기의 첩과 내통하고 있는 식객을 불러들였다.

"일부러 나에게로 와주셨는데 이제껏 좋은 지위에 오르게 해드리지도 못하고 참으로 면목이 없습니다. 그렇다고 해서 이 부근의 말단 관직 정도로는 만족할 수 없을 것입니다. 그런데 나는 위의 국왕과는 친밀한 사이입니다. 어떻습니까? 이제부터 거마(車馬)와 그 밖의 비용을 준비시키겠으니, 위나라로 가서 봉사해볼 생각은 없으십니까?"

이윽고 식객은 위나라로 가 그곳에서 중요한 자리에 오르게 되었다.

문제는 그 후일담이다. 제나라와 위나라의 국교가 단절되고, 이윽고 위나라 국왕은 다른 여러 나라들과 협의해 제나라를 공격하려고 했다. 이때 그 식객이 위나라 국왕에게 간한 것이다.

"내가 이렇게 주군께 봉사하고 있는 것은 맹상군이 하찮은 나를 굳이 추천해주셨기 때문입니다. 제·위 양국의 선조는 그 옛날 자자손손에 이르기까지 싸우지 않기로 맹세를 했다고 합니다. 그런데 주군께선 지금 다른 여러 나라와 협의해 제나라를 공격하려 하십니다. 이것은 선조의 맹세를 저버리는 것이요, 또한 맹상군과의 우정을 배신하는 것이기도 합니다. 부디 제나라를 치는 것을 중단하시기 바랍니다. 그렇지 않으면 저는 지금 여기에서 목숨을 버리고 저승길에 동반할 각오입니다."

위나라 국왕은 이 식객의 목숨을 건 설득으로 인해 제나라를 치는 것을 단념하였다.

제나라 사람들은 이 소식을 듣고 '맹상군이 일을 잘 처리한 것이다. 전화위복이 되었다'고 말했다 한다.

요컨대 지도자에게는 관용의 정신이 필요함을 역설하고 있는 것이다. 눈을 부릅뜨고 실패를 꾸짖는 좁은 마음에는 확실히 사람이 따르지 않는다.

부하의 전의를 고양시키는 방법

인간 관계의 기미를 좀 더 다른 각도에서 표현하는 것이 '선비는 자신을 알아주는 자를 위해 죽는다'는 유명한 말이다. 선비, 즉 훌륭한 인물은 자기를 이해해주는 인물을 위해 목숨을 내던진다는 것이다. 이 말의 출전도 《전국책》이다. 그 배경에 다음과 같은 이야기가 있다.

진(晉)나라에 예양(豫讓)이란 사내가 있었다. 예양은 처음에 범씨, 중행씨라는 중신 밑에서 벼슬했으나 중용이 되지 않았다. 그래서 지백(智伯)이란 중신에게로 옮겨간 결과 이번에는 중용이 되었다.

그러나 예양의 주인이 된 지백은 세력다툼의 와중에서 역시 중신인 조양자(趙襄子)란 자에게 살해되고 만다. 이 무렵 진나라에서는 중신끼리의 세력다툼이 치열해 서로 죽고 죽이는 사례가 흔했다.

한편 주인이 살해된 뒤 예양은 산속으로 도망을 가 "아아, 선비는 자신을 알아주는 자를 위해 죽고, 여인은 나를 기쁘게 하는 자를 위해 용모를 꾸민다. 원수는 내가 반드시 갚고야 말겠다." 이렇게 말하고 복수를 맹세했다. 이것이 그 유명한 '사위지기자사(士爲知己者死), 여위열기자용(女爲悅己者容)'이란 말이다.

그리하여 예양은 이름을 바꾸고 조양자의 궁전으로 잠입해 뒷간의 벽을 칠하면서 암살의 기회를 노렸다. 어느 날 조양자가 뒷간에 들어가려고 할 때 문득 가슴이 서늘함을 느꼈다. 벽을 칠하는 일꾼을 잡고 보니 예양이었다. 더구나 그가 지닌 흙손에는 칼날이 숨겨져 있었다.

조양자가 엄하게 캐묻자 예양은 죽은 주군, 지백의 원한을 푸는 것이라고 말했다. 당연히 조양자의 측근은 예양을 그 자리에서 베어버리려고 했지만 조양자는 이를 말렸다.

"이 사내는 의로운 자이다. 나만 주의하면 그것으로 끝난다. 지백은 이미 죽고 자손도 없는데 그 부하가 원수를 죽이려고 한다. 대단한 사내가 아닌가."

이렇게 말하고 풀어주었다. 이 이야기로 볼 때 조양자도 상당한 배짱의 인물이었던 것 같다.

그러나 용서를 받은 예양도 만만한 사내는 아니었다. 이번에는 몸에 옻칠을 해 나병환자로 보이게 하고 수염을 깎고 눈썹을 없애 용모를 바꾼 데다가, 숯을 삼켜 목소리까지 망가뜨리고 거지 행세를 하면서 끝까지 조양자를 노렸다.

어느 날 조양자가 외출을 했다. 그것을 안 예양은 다리 밑에서 기다렸다. 조양자가 다리에 다다르자 말이 놀라서 뛰었다.

'아무래도 예양이 틀림이 없다.'

그렇게 알아차린 조양자가 사람을 내려보내 수색을 시키자, 과연 예양이 었다. 이번에는 조양자도 정면으로 마주해 예양을 꾸짖었다.

"그대는 범씨, 중행씨에게서도 벼슬하지 않았나? 그들을 멸한 것은 지백이다. 그대는 그 원수를 갚기는커녕 맹세를 세워 지백에게 봉사했다. 그런데도 지백이 죽었을 때만 왜 원수를 갚으려는 것인가?"

이에 예양은 이렇게 대답을 했다.

"범씨, 중행씨에게 봉사를 하기는 했으나 대우는 보통 정도였다. 그렇기 때문에 보통 정도로 보답했을 뿐이다. 하지만 지백은 국사(國士)로서 대우를 해주었다. 그렇기 때문에 나도 국사로서 보답을 하는 것이다."

이 말에 예양의 심리가 고스란히 드러난다고 할 수 있다. 이 말을 듣고 조양자는 무심코 탄식을 한다.

"아아, 예양이여. 이제 지백에 대한 체면은 세웠다. 나로서도 용서할 만큼 용서를 했다. 각오를 해라. 더 이상은 용서할 수 없다."

부하인 병졸이 예양을 둘러쌌다. 예양도 이제는 끝장임을 깨닫고 조양자에게 말을 건다.

"당신은 한 번 나를 용서해주었다. 천하의 사람들은 모두 당신을 찬양하고 있다. 지금은 나도 기꺼이 죽겠다. 단 그전에 당신의 의복을 받아 그것을 베고 싶다. 그렇게 해주면 죽어도 여한은 없다."

조양자는 그 의기에 감동해 의복을 벗어주었다. 예양은 검을 빼자 기합과 함께 뛰어오르면서 세 번 그것을 베고, '이것으로 지백에게 보답하였다'고 외치자마자 자기 몸에 검을 찔러 자결했다고 한다. 이것이 '선비는 자기를 아는 자를 위해 죽는다'는 말에 얽힌 이야기이다.

예양이 원수를 갚아주려고 했던 지백이란 주인은 본래 그다지 평판이 좋은 인물은 아니었다. 그가 조양자에게 살해된 것도 이른바 자업자득이라고 할 만 했다. 예양은 그런 사내를 위해 목숨을 버리면서까지 원수를 갚으려고 했다. 그를 그렇게까지 내몬 것은 무엇이었을까. 그것은 지백이 자기를 이해해

주었고 자기를 국사로서 대우해 주었다는 뜨거운 생각이었음에 틀림이 없다.

우선 외(隗)부터 시작하라

'우선 외부터 시작하라'—이것도 잘 알려진 유명한 말이다. 무언가 일을 시작하려면 우선 말을 꺼낸 본인부터 시작하라, 그리고 먼저 가까운 일부터 시작하라, 이러한 의미로 사용되고 있다. 《전국책》에서 유래한 말로, 본래는 인재를 초빙할 때의 마음가짐에 대해서 이야기한 것이다.

전국시대, 지금의 베이징(北京) 일대에 연(燕)이란 나라가 있었다. 이 연나라는 이웃 제나라의 침공으로 대패한다. 그 전란 시대에 즉위한 것이 소왕(昭王)이었다. 그는 어떻게든 나라를 다시 세워 패전의 치욕을 씻겠다고 다짐한다. 그 일을 위해서는 우선 뛰어난 인재를 구해야 했다. 그래서 소왕은 현자로 명망이 높은 곽외(郭隗)란 인물을 초청해 상담을 했다.

"이 나라는 내란의 틈을 노린 제나라에 패했소. 이 치욕을 되갚고 싶지만, 작은 나라로서 역부족이라 어쩔 도리가 없구려. 이 기회에 인재를 모으고 그 협력을 얻어 선대의 수치를 설욕하고 싶은데 이에 대한 선생의 고견을 듣고 싶소."

곽외의 대답은 이러했다.

"예로부터 제왕에게는 훌륭한 보좌역이 있습니다. 또 왕이 된 자는 근사한 친구가, 패자는 근사한 부하가 주위에 있습니다. 그런데 나라를 망하게 한 왕은 하찮은 부하들에 둘러싸여 있습니다. 인재를 초빙하고 싶다고 말씀하셨는데 그 일에는 몇 가지 방법이 있습니다.

우선 예를 다해 상대를 대하고 삼가 가르침을 받는 것입니다. 이렇게 하면 자신보다 백 배 뛰어난 인재가 모입니다. 다음으로 상대에게 경의를 표하고 그 의견에 진지하게 귀를 기울입니다. 이렇게 하면 자신보다도 10배 뛰어난 인재가 모입니다.

상대와 대등하게 행동하면 자신과 엇비슷한 인간밖에 모이지 않습니다.

걸상에 앉아 지팡이를 잡고 곁눈질로 지시를 하면 말단직 관리밖에 모이지 않습니다.

무조건 소리부터 내지르면 하인배밖에 모이지 않습니다.

이것이 인재를 초청하는 마음가짐입니다. 지금 널리 국내의 인재를 발탁해 가르침을 받으십시오. 이 소문이 퍼지면 천하의 인재들이 앞을 다투어 모일 것입니다."

이 곽외의 의견과도 연관이 있거니와 '야랑자대(夜郎自大)'란 말이 있음을 알 것이다. 그 옛날 한(漢)왕조 시대 때, 중국 대륙의 남쪽 한 구석에 '야랑(夜郎)'이란 작은 나라가 있었다. 어느 때 이 나라에 한왕조의 사신이 들렀다. 이때 '야랑'의 왕이 '이 나라와 한은 어느 쪽이 큰가'라고 사신에게 물었다는 것이다.

이 이야기에서, 밖에 넓은 세상이 있는 줄도 모르고 좁은 세계 속에서 뽐내는 인간을 '야랑자대'라고 말해 비웃게 되었다고 한다. 그러고 보니 '우물 안 개구리는 큰 바다를 모른다'와도 통하는 말이다.

곽외가 말하고 있는 것도 바로 이를 두고 한 말이 아닌가. 우두머리는 우물 안 개구리가 되어서는 안 된다는 것이다.

한편 곽외는 인재를 초청하는 비법에 대해서 다음과 같이 말한다.

"이런 이야기를 들은 적이 있습니다. 옛날에 어느 임금이 천금을 걸고 하루에 천 리를 달리는 준마를 찾는 광고를 냈습니다. 그런데 3년이 지나도 손에 넣을 수가 없었습니다. 그때 한 신하가 '제가 찾아오겠습니다'라고 나섰습니다. 그래서 임금은 그 사내에게 맡겼습니다. 그리고 3개월 뒤, 사내는 준마가 있는 곳을 알아냈습니다. 그런데 막상 가보니 말은 이미 죽어 있었습니다. 사내는 말의 뼈를 500금에 매수하고 돌아와 왕에게 보고를 했습니다. 왕은 화를 벌컥 내고 사내를 꾸짖었습니다.

'필요한 것은 살아 있는 말이다. 죽은 말에게 500금이나 내놓는 바보가 어디 있나?'

사내는 대답을 했습니다.

'죽은 말조차 500금에 샀으니, 살아 있는 말이라면 더 비싼 값에 사줄 거라고 틀림없이 소문이 퍼지게 됩니다. 준마들이 곧 모일 것입니다.'

왕이 그 말을 따른 결과 과연 1년도 채 되기 전에 천하의 준마가 세 마리나 모였다는 것입니다."

곽외는 이런 비유를 얘기한 뒤 드디어 본론으로 접어들었다.

"주군께서도 진정으로 인재를 초청할 생각이시라면 우선 나, 이 외부터 시작하시기 바랍니다. 나와 같은 자가 소중하게 대접을 받는다면, 말할 것도 없이 더욱 뛰어난 인물들이 천릿길도 마다하지 않고 달려올 것입니다."

과연 옳다고 생각한 소왕은 곽외를 최고 고문으로 맞이하고 스승으로 떠받들어 가르침을 받았다. 그러자 각국에서 잇따라 인재가 모여들었다. 소왕은 그들의 협력을 얻어 성공적으로 제나라에 보복을 할 수 있었다고 한다.

사기

《사기》에 대해서

《사기(史記)》는 한대의 역사가 사마천(司馬遷)의 저서이다. 태고의 전설시대부터 하(夏), 은(殷), 주(周) 3대의 왕조를 거쳐 춘추전국시대, 진(秦) 제국의 통일과 와해, 더 내려와 BC 2세기, 한대 초기에 이르기까지의 역사가 엮어져 있다.

〈본기(本紀)〉 12권, 〈표(表)〉 10권, 〈서(書)〉 8권, 〈세가(世家)〉 30권, 〈열전(列傳)〉 70권, 모두 130권으로 이루어진다. 단순히 연대를 쫓아 기록하는 '편년체(編年體)'가 아니라 〈본기〉와 〈열전〉을 중심으로 하는 '기전체(紀傳體)'를 채용해 입체적으로 역사의 모습을 떠오르게 하는 구성을 취하고 있다. 이와 관련해서 이 '기전체'는 그 뒤 '정사(正史)' 편찬의 규범이 되었다.

저자인 사마천은 사관의 가문에서 태어나 패장 이릉(李陵)을 변호한 이유로 궁형(宮刑)에 처해졌으나 그 굴욕을 견뎌내고 이 책의 완성에 생애를 바쳤다. 그런 만큼 이 책의 행간에는 그의 개성이 약동해 위로는 왕후 귀족에서 아래로는 일개 서민에 이르기까지의 생활 모습이 박력 있는 필치로 생생하게 기술되어 있다. 단순한 자료집이 아니라 질 좋은 역사문학이라고 해도 좋을 것이다.

《사기》의 말

대행불고세근(大行不顧細謹), 대례불사소양(大禮不辭小讓)——큰 일을 행할 때에는 사소한 일은 고려하지 않는다. 〈항우본기(項羽本紀)〉

시난득이이실(時難得而易失)——좋은 시기는 얻기 어렵고 잃기 쉬운 것이다. 〈제태공세가(齊太公世家)〉

천금지자불사어시(千金之子不死於市)——부잣집 아들은 몸조심을 하여

저잣거리에서 죽지 않는다. 〈월세가(越世家)〉

왕후장상(王侯將相), 영유종호(寧有種乎)——왕후건 장군이건 재상이건 결코 특별한 인종일 리가 없다. 누구든 될 수 있을 것이다.

〈진섭세가(陳涉世家)〉

당단부단(當斷不斷), 반수기란(反受其亂)——결단을 해야 할 때에 결단을 하지 않으면 도리어 난을 불러일으키게 된다. 〈제도혜왕세가(齊悼惠王世家)〉

군자교절(君子交絕), 불출악성(不出惡聲)——군자는 절교를 한 뒤에는 상대에 대한 욕을 하지 않는다. 〈악의전(樂毅傳)〉

색쇠이애이(色衰而愛弛)——빛이 바래듯이 사랑도 시든다.

〈여불위전(呂不韋傳)〉

단이감행(斷而敢行), 귀신피지(鬼神避之)——단호하게 행할 때에는 귀신도 길을 비켜 그 사람의 의지에 따르는 법이다. 〈이사전(李斯傳)〉

패군지장(敗軍之將), 불가이언용(不可以言勇)——싸움에 패한 장군에게는 무용을 말할 자격이 없다. 〈회음후전(淮陰侯傳)〉

도리불언하자성혜(桃李不言下自成蹊)——복숭아나무나 자두나무에는 꽃이나 열매가 있으므로 부르지 않아도 사람이 다투어 가기 때문에, 그 밑에는 어느새 샛길이 생긴다. 덕이 있는 사람에게는 자연히 사람이 따른다.

〈이광전(李廣傳)〉

간부는 역사책을

《삼국지》 시대에 오의 손권(孫權) 부하로 여몽(呂蒙)이란 장군이 있었다. 싸움에 엄청나게 강해 장군의 자리까지 올랐으나 아쉽게도 학문과 교양이 부족했다. 젊어서 집이 가난해 공부를 할 여유가 없었던 것이다.

중국에서는 예로부터 지도자, 즉 리더가 되는 자에게는 학문이 꼭 필요한 것으로 생각되었다. 아무리 싸움에 강하고, 아무리 정치적 수완이 뛰어났다 해도 학문 교양이 부족하면 무식한 놈이라고 경멸당하는 것을 면할 수 없었다. 여몽의 경우도 마찬가지였다.

걱정을 한 손권은 어느 날 여몽을 불러 이렇게 말했다.

"이젠 그대도 중요한 지위에 올라 있다. 학문을 조금이라도 배워 자기 계발을 도모하는 게 좋겠다."

"워낙 군무에 바빠서 도저히 그럴 틈이 없습니다."

손권은 핑계를 대는 여몽을 더욱 다그쳤다.

"특별히 학자가 되라는 것도 아니다. 역사를 공부하라는 것이다. 바쁘다는 핑계를 댄다면 내가 더 바쁘지 않은가. 그래도 나는 어릴 때부터 책을 가까이하고 왕이 된 뒤에도 역사서나 병법서를 읽어 많은 가르침을 얻었다. 그대도 핑계만 대지 말고 꼭 책을 읽도록 하라."

이때 손권은 일부러 책의 목록까지 들어 여몽에게 권하였다. 그것을 보면 《손자》 이하의 병법서와 《사기》 이하의 역사서가 주로 들어 있었다. 상대는 장군이므로 병법서을 먼저 읽고 그것에 더해서 역사서를 읽도록 권한 것이다.

병법서에는 싸움의 원리 원칙이 씌어 있다. 그러나 그것만 완전히 습득한다 해서 이길 수 있느냐 하면 그렇지는 않다. 중요한 것은 오히려 임기응변(臨機應變)의 운용이다. 이것은 《손자》가 강조하는 점이기도 했다. 즉 승리하기 위해서는 원리 원칙을 통달한 다음, 더욱 임기응변의 운용에 숙달해야 한다.

그런 점에서 참고가 되는 것이 역사서이다. 왜냐하면 역사서란 과거에 있었던 싸움의 사례집이기도 하기 때문이다. 이와 같은 전법으로 이 사람은 승리를 했고, 또 이 같은 졸렬한 전법을 썼기 때문에 이 사람은 패배를 했다는 식이다. 그와 같은 사례가 이르는 곳마다 담겨져 있는 것이 역사서이다. 그렇기 때문에 그와 같은 사례를 머리에 각인시켜 두면 임기응변의 운용에 크게 도움이 된다는 것이다.

손권의 격려에 분발한 여몽은 그 뒤 학자 못지않은 열정으로 역사서와 친숙해졌다. 그 결과 힘으로 밀어붙이던 무장에서 머리, 즉 지략으로 싸우는 리더로 훌륭하게 변신을 했다.

그런데 역사서에 씌어 있는 것은 특별히 전법에만 국한된 것은 아니다.

예를 들면, 이 리더는 이러한 악정을 폈기 때문에 국가에 혼란을 가져와 약체화시키고 말았다, 또는 이 리더는 이러한 방법으로 부하 통솔에 성공했다, 이 인물은 이러한 치졸한 방법을 썼기 때문에 인심의 이탈을 가져와 자멸하고 말았다—등 다양한 사례가 담겨 있다. 그런 의미에서 역사서는 인간학의 보고라고 해도 좋을 것이다. 그러므로 예부터 역사서는 간부, 즉 리더의 필독 문헌이 되어온 것이다.

한편 중국인은 기록광으로 알려져 있다. 특히 역사 기록에 남다른 집념을 불태워왔다. 그 결과 오늘날까지 엄청난 역사책들이 전해져 온다. 그 가운데서 중심에 자리 매김을 하고 있는 것이 정사(正史)로 불리는 역사서이고, 이것은 거의 왕조마다 그 시대의 역사를 기록한 것이다. 이를테면 한대(漢代)의 《한서(漢書)》, 명대(明代)의 《명사(明史)》 등이 이 정사에 속한다. 정사는 오늘날까지 25종이나 쓰였다. 그 가운데에서 가장 먼저 쓰였고 가장 오래전의 일을 쓰고 있는 것이 《사기》이다.

《사기》는 지금으로부터 2000여 년 전에 역사가인 사마천(司馬遷)이 쓴 것이다. 다루어지는 시대는 전설상의 황금시대부터 사마천이 산 한대까지 1000년 이상에 걸쳐 있다. 역사서라고 하면 무미건조한 연대기쯤으로 상상할지도 모른다. 그러나 《사기》는 그런 책이 아니다. 위로는 왕후 귀족에서부터 아래로는 농민 서민, 나아가 시정잡배에 이르기까지 온갖 인간들이 등장하여 그 광대한 중국 대륙을 무대로 종횡무진 활약하는 대서사이다. 사마천은 그들의 성공과 실패의 발자취를 다양한 일화를 섞으면서 방대하게 묘사해내고 있다. 지금 당장 읽어도 재미있고 더구나 현대를 살아가는 우리에게 중요한 시사점을 항상 던져주고 있다. 이것이 《사기》의 커다란 특징이다.

여기에서 그 전체 내용을 소개하는 것은 도저히 불가능하다. 그래서 그 가운데 특히 리더에게 참고가 될 만한 사례를 몇 가지 골라 다루어보려고 한다.

배짱이 두둑했던 초(楚)나라의 장왕(莊王)

지금으로부터 2000 수백 년 전 중국이 춘추시대로 불리던 무렵, 초나라에 장왕이란 명군이 나타나 후진국이었던 초나라를 일약 최강 국가로 만들어냈다.

장왕은 리더로서의 장점을 수없이 지니고 있었던 듯하다. 다음과 같은 이야기가 있다.

장왕은 즉위해서 3년간 정치 따위는 제쳐두고 매일 밤 도락에 정신이 팔렸다. 더구나 온 나라에 '이를 간하는 자가 있으면 사형에 처한다'고 널리 고시를 했다. 그래도 개중에는 장왕의 행동을 못마땅하게 생각하는 신하가 있었다. 그 가운데 한 사람, 오거(伍擧)라는 중신이 뵙기를 청한다.

"수수께끼를 하나 들려드리겠습니다."

"말해 보라."

"언덕 위에 새가 있습니다. 3년간 날지도 않고 울지도 않습니다. 이것은 무슨 새입니까?"

장왕의 대답도 기발하다.

"3년을 날지 않았어도 한번 날면 하늘 끝에 이를 것이다. 3년을 울지 않았어도 한번 울면 세상을 놀라게 할 것이다. 그대가 말하고자 하는 뜻은 알고 있다. 이제 그만 물러가라."

그러나 수개월이 지나서도 장왕의 도락은 그치질 않는다. 오히려 전보다 더 심해졌다.

이번에는 소종(蘇從)이란 신하가 나섰다. 소종은 오거와 달리 드러내 놓고 직언을 했다. 처음부터 목숨을 건 간언이다. 장왕은 먼저 다짐을 받았다.

"간하는 자는 사형에 처한다고 포고를 했을 것이다. 알고 있겠지?"

"주군의 미망(迷妄)을 깨우칠 수만 있다면 죽어도 여한이 없습니다."

이 각오를 들은 장왕은 비로소 일체 도락을 끊고 정치 쇄신에 착수하기 시작했다. 우선 그 첫 단계로 이제까지 함께 도락에 빠져있던 추종자들 수백 명을 물리치고 신인을 등용했으며, 용기 있게 간언을 한 오거, 소종 두 사람을 국정의 최고책임자로 임명했다.

이 이야기에서 '3년 울지 않고 날지 않는다'는 속담이 생겼다. 이렇게 보면 장왕은 단순히 협기나 호기심으로 도락에 빠것은 아님을 알 수 있다. 그 동안에 차분하게 신하를 관찰하고 쓸 수 있는 재목과 쓸모없는 재목을 가려내고 있었던 것이다. 그리고 일단 일을 시작하자마자 일거에 인사를 쇄신하고 국정의 기반을 갖춘 것이다. 참으로 능란한 솜씨였다.

이 이야기에서도 알 수 있듯이 장왕이란 사람은 냉철한 인물이었다. 그러나 냉철한 인물이란 자칫하면 그 냉철함 때문에 부하를 떨게 할 수는 있는 반면에 좀처럼 승복하게 만들기는 어렵다. 그러나 장왕은 그 점에서도 예외적인 존재였다. 냉철하면서도 두둑한 배짱이 있었기 때문이다.

다음에 소개하는 일화도 장왕이 정치를 제쳐두고 도락에 빠져 있을 때의 이야기이다.

어느 날 밤, 많은 신하들을 모아 주연을 베풀고 '오늘밤은 지위의 고하를 가리지 말고 마시자'고 해 군신이 함께 어울리는 떠들썩한 술자리가 되었다. 그런데 이윽고 바람이라도 불었는지 방 안의 등불이 모두 꺼졌다. 이를 기회로 왕의 애첩에게 희롱을 한 사내가 있었다. 애첩은 당찬 여성이어서 사내의 갓끈을 잡아끊고 장왕에게 호소했다.

"관에 끈이 없는 사내가 범인입니다. 빨리 불을 밝혀 잡아주십시오."

그러자 장왕은 '내가 술을 마시게 했기 때문에 생긴 일, 계집 하나를 위해 부하를 창피하게 할 수는 없다'고 애첩을 제지하고 더 큰 목소리로 외쳤다.

"오늘밤은 지위를 가리지 않고 마시는 거다. 상관없다, 모두 관의 끈을 끊어버려라!"

불을 켜고 보니 모든 신하들의 갓끈이 끊어져 있었다.

그로부터 몇 년 후, 장왕은 진(晉)이란 강국과 싸움을 벌였다. 그때 언제나 아군의 선두에서 용맹 과감하게 싸우는 용사가 있었다. 초나라는 그 사내의 활약으로 결국 진을 격파할 수 있었다. 전투가 끝난 뒤 장왕은 그 사내를 불러들였다.

"그대 같은 용사가 있는 것을 깨닫지 못한 것은 내가 부덕한 까닭이다. 그런 나를 원망도 하지 않고 목숨을 걸고 싸워주었으니 필시 무슨 사정이라도 있는 것인가?"

사내는 엎드리자 대답을 했다.

"저는 한 번 죽은 몸입니다. 술에 취해 무례를 저질렀을 때 왕의 온정으로 살아남아 그 뒤로는 신명을 바쳐 은혜에 보답하기로 염원해왔습니다. 그날 밤 관 끊을 끊긴 자가 사실은 저였습니다."

사소한 일에까지 일일이 눈에 쌍심지를 켜면 부하는 승복하지 않는다. 관용과 포용을 베풂으로써 부하의 신뢰를 얻을 수 있다. 이 일화는 그것을 말해주고 있다.

오기(吳起)의 부하 통솔법

《손자》에 버금가는 유명한 병법서로 《오자(吳子)》라는 병법서가 있다. 《오자》의 작자는 오기(吳起)라고 해서 지금으로부터 2500년쯤 전에 위(魏)나라에 봉사한 장군이다. 이 오기에 관한 기록에서도 리더의 마음가짐에 대해서 몇 가지 중요한 시사점을 발견할 수 있다.

오기가 봉사한 위나라의 왕은 무후(武侯)였다. 어느 날 무후가 신하를 모아 회의를 열었다. 그런데 누구 한 사람 무후보다 뛰어난 의견을 말하는 자가 없었다. 무후는 퇴출할 때 득의만면했다. 그것을 보고 오기가 나아가 말했다.

"옛날에 초의 장왕이 신하와 회의를 열었을 때 누구 한 사람 장왕보다 뛰어난 의견을 낸 자가 없었습니다. 정무를 마치고 퇴출할 때 장왕은 얼굴에 슬픈 표정을 지었습니다. 그때 신공(申公)이란 중신이 '왜 그처럼 슬픈 표정을 지으시느냐'고 묻자, 장왕은 이렇게 대답했다는 것입니다.

'어느 시대에나 성인은 있고, 어느 나라에나 현자는 있다. 성인을 발견해 우러러보는 자는 왕자가 되고, 현자를 발견해 친구로 삼는 자는 패자(霸者)가 된다고 하지 않았나. 그런데 지금 나에게는 나보다 뛰어난 신하가 없는 것을 알았다. 이렇게 되면 이 나라의 앞날이 어떻게 될 것인가.'

장왕은 이처럼 신하의 무능을 슬퍼했습니다. 그런데 왕께서는 그것을 기뻐하고 계십니다. 이렇게 되면 이 나라의 앞날을 우려하지 않을 수 없습니다."

이를 듣고 무후의 얼굴에도 깊이 부끄러워하는 빛이 떠올랐다고 한다. 리더가 된 자는 반드시 겸허해야 하며 결코 '우쭐대지 말라'고 오기는 말하고 싶었던 것이다.

이와 같이 기회 있을 때마다 무후의 잘못을 지적한 오기였다. 그렇다면 오기 자신은 어떤 인물이었을까.

오기는 장군이었다. 장군은 부하를 이끌고 싸움터에 나서야만 한다. 목숨을 건 싸움터에서 병사들의 마음이 하나가 되지 않고 흩어져 있으면 승리는 도저히 바랄 수 없다.

오기는 부하의 마음을 헤아려 군에 있을 때에는 언제나 병사와 같이 최하급의 것을 몸에 걸치고 식사를 함께 했다. 또 잘 때에도 돗자리 같은 것은 깔지 않고, 행군을 할 때에도 수레에 타지 않았다. 자기의 식량은 스스로 휴대하고, 무슨 일에나 병사들과 고락을 함께 했다.

그 모습을 잘 보여주는 사례로서 다음과 같은 이야기가 전해진다.

한 병사가 진중에서 부스럼 때문에 괴로워하고 있었다. 그것을 본 장군 오기는 일부러 자기 입을 부스럼에 대고 그 고름을 빨아주었다. 그런데 나중에 이 이야기를 전해들은 병사의 모친은 와락 울음을 터뜨렸다. 이웃 사내가 이상하게 생각해 물었다.

"당신의 아들은 일개 병사인데도 장군이 직접 고름을 빨아주셨다고 합니다. 그런데 왜 울고 있는 거요?"

그러자 모친은 이렇게 대답했다.

"실은 지난 해 오기 장군님은 그 아이 아버지의 고름 또한 빨아내주셨습니다. 그 뒤 아이 아버지는 오기 장군님을 따라 전선으로 가서 어떻게든 그 은의에 보답하려고 적에게 등을 돌리지 않고 끝까지 싸우다 결국 전사하고 말았습니다. 듣자니 이번에는 아들의 고름을 빨아주셨다니……. 이제는 아들의 운명마저 정해진 거나 같아서 이렇게 울고 있는 것입니다."

오기는 군이 이렇게까지 하면서 부하의 마음을 잡으려고 한 것이다. 배려를 하고 고락을 함께 함으로써 부하를 승복하게 하는 이러한 마음가짐은 현대의 리더에게도 반드시 필요한 덕목이 아닐까.

강(剛)과 유(柔)의 조직 관리

지금으로부터 2500여 년 전 춘추시대 말기, 정(鄭)이란 나라에 자산(子產)이란 명재상이 있었다. 자산의 정치 특징은 강(剛)과 유(柔)로서, 엄격한 면과 부드러운 면의 균형이 잘 잡혀 있었던 것으로 알려져 있다.

이로써 자산은 정나라의 정치를 안정으로 이끌었다. 그의 방법은 오늘날 조직을 운영하는 데에도 참고할 부분이 많을 것이다. 그래서 그 일단을 소개해보기로 한다.

우선 강(剛)의 면이다. 자산이 재상을 지낸 정이란 나라는 작은 나라인데다 대국 사이에 끼어 생존을 도모하려면 무엇보다도 체질을 강화해 국력을 충실하게 하는 것이 지상 과제였다.

자산은 여러 가지 방법으로 농촌의 진흥책을 강구하는 한편, 군사비를 확보하기 위해 새로운 과세제도를 도입했다. 이때 국민이 과중한 세금 부담을 견디지 못해 '자산 따위는 죽여버리자'는 원성이 온 나라에 가득 찼다. 중신들 가운데에는 비난을 견디지 못해 이 제도의 중단을 건의하는 자도 있었다. 그래도 자산은 굽히지 않는다.

"국가에 이익이 되는 일이라면 이 몸을 희생해도 좋다. 선(善)을 행할 바에는 끝까지 한다. 그렇지 않으면 모처럼의 선도 도움이 되지 못한다. 국민의 비난을 받았다고 해서 중단할 수는 없다. 나는 단호하게 관철할 생각이다."

이렇게 말하고 끝까지 정책을 관철시키기 위한 방법을 연구했다.

3년, 5년 지나는 사이에 농촌의 진흥책이 궤도에 올라 농민의 생활도 향상되어 갔다. 처음엔 자산을 죽여 버리겠다고 흥분했던 국민들도 차츰차츰 자산의 시책을 어질게 잘 다스리는 정치라고 찬양하게 되었다.

이와 같이 비난에 굴하지 않고 자신이 확신하는 정책을 관철한 방법을 강(剛)이라고 한다면, 유(柔)의 면은 다음과 같은 학교 대책에 나타나 있다.

정나라에는 예로부터 지도자의 양성기관으로서 각 지방에 '향교(鄕校)'로 불리는 학교가 설치되어 있었다. 그러나 이 '향교'는 어느새 정부의 시책에 불만을 품은 사람들의 정치 활동 거점으로 이용되고 있었다. 내버려두면 반란 등으로 발전할 것 같은 기세였다. 걱정을 하는 측근들이 '향교'의 폐쇄를 건의하자 자산은 이렇게 말하면서 반대했다.

"구태여 그럴 필요는 없다. 그들은 아침 저녁의 일을 마친 다음 향교에 모여 우리의 정치를 비판하고 있다. 나는 그들의 의견을 참고로 해 평판이 좋은 정책은 계속 실행하고, 평판이 나쁜 정책은 고치도록 힘쓰고 있다. 그들은 말하자면 나의 은사이다. 물론 탄압을 하면 그들의 언론을 무리하게라도 막을 수는 있을 것이다. 그러나 그것은 강의 흐름을 막는 것과 같은 짓이다. 그런 짓을 하면 이윽고 둑이 무너져 대홍수가 되어 수많은 사상자를 내게 될 것이 뻔하다. 그렇게 되면 손을 쓸 방법이 없게 된다. 그보다는 조금씩 물을 흘려 보내 수로로 인도하는 것이 좋겠다. 국민의 언론도 이와 마찬가지로 탄압을 하기보다는 들어야 할 것은 들어 약으로 삼는 것이 좋다."

이와 같은 태도는 정치에 대해 유연한 자세를 보여주는 전형적인 예이다.

자산은 강과 유의 균형이 잡힌 정치를 해 명재상으로 찬양을 받았다. 강인가, 유인가. 막상 실제 문제에 임하면 그 균형을 잡기가 쉽지 않다. 자산은 병을 얻어 죽음을 앞두었을 때 후임인 자대숙(子大叔)을 머리맡에 불러 이렇게 충고했다고 한다.

"나는 정치에는 두 가지 방법이 있다고 생각하네. 하나는 강(剛)의 정치, 하나는 유(柔)의 정치일세. 일반적으로는 강의 정치를 행하는 쪽이 좋으네.

이 두 가지는 비유해서 말한다면 물과 불과 같은 것일세. 불의 성질은 격하고 보기에 무섭기 때문에 사람들은 두려워서 가까이하려고 하지 않지. 그렇기 때문에 도리어 불 때문에 죽는 자는 적다네. 그런데 물의 성질은 지극히 약해 사람들은 물을 두려워하지 않지. 그 때문에 도리어 물 때문에 죽는 자가 많은 걸세. 유의 정치는 물과 같은 것, 언뜻 보기에 부드러운 것 같지만 실은 대단히 어렵지."

일반적으로 정치가란 인기나 평판에 신경을 쓰는 나머지 유(柔)로 치우친 자세, 국민에게 아첨하는 정치 방침을 취하기 쉽다. 그러나 그렇게 되면 정치가 흐리멍덩해지게 된다. 자산은 그것을 경계한 것이다.

그러나 자대숙은 자산의 사후 엄격한 자세로 국민에게 임하는 것을 주저해 오로지 관용을 주로 한 정치를 폈다. 그러자 정치에 신축성이 없어져 순식간에 도적이나 날치기 등이 횡행하게 되었다. 자대숙은 '처음부터 자산 나리의 충고에 따랐다면 이렇게까지는 되지 않았을 텐데'라고 말하면서 탄식했다고 한다.

유에도 치우치지 않고 강에도 치우치지 않으며, 교묘하게 강과 유의 조화를 이룬 것이 자산의 정치였다. 즉 죄일 곳은 죄이고, 느슨하게 풀어줄 것은 풀어주는 것이 그 특징이었다.

협객의 인심 수람술(人心收攬術)

《사기》의 '유협열전'에는 그 무렵을 대표하는 유협, 즉 협객의 언동이 기록되어 있다. 본래 정사(正史)에는 다양한 인간 군상이 등장하지만 무뢰한의 두목에게도 그 공간을 할애하는 예는 거의 없다. 이것만 보아도 사마천은 협객들의 삶의 방식에 상당히 공감하는 바가 있었던 것 같다.

사마천과 같은 시대에 곽해(郭解)라는 큰 두목이 있었다. 사마천은 이 곽해에 대한 인상을 다음과 같이 기술하고 있다.

"나는 곽해를 본 적이 있다. 그 풍모는 보통 인간에도 미치지 못한다. 어조에도 이렇다 하게 눈에 띄는 것은 없었다. 하지만 실제로는 그 소문이 대단한 것이었다. 상당한 인물이라도, 또 면식이 있건 없건 모두 그의 명성을 따르고 협객이라고 하면 반드시 곽해가 인용되었다."

협객이란 본래 신분이나 자격으로 말하면 일개 서민에 지나지 않는다. 권력의 후원이 없을 뿐만 아니라 때때로 국가 권력과 대립하는 존재이기도 했다. 따라서 사람들의 지지를 획득해 생존을 도모하기 위해서는 남모르는 고심을 해야 한다. 곽해라는 두목이 이 정도로 인기를 모은 이유 중의 하나는 그의 탁월한 인심 수람술에 있었다.

곽해에게는 누이가 있었다. 그런데 그 누이의 아들이 곽해의 위세를 믿고 난폭한 행동으로 치달은 때가 많았다. 이런 이야기는 현대에도 흔히 들을 수 있다. 언젠가 이 조카가 싫다는 사내를 술집으로 데리고 가 강제로 술을 마시게 했다. 이제 더 이상 못 마시겠다는 사람에게 더욱 강요를 하자, 상대는 화를 벌컥 내며 비수를 꺼내 조카를 찔러죽이고 도망쳐버렸다. 화가 난 것은 곽해의 누이였다.

"이대로 내버려두어도 되는 거냐. 네 체면에도 연관된 것이다."

누이는 이렇게 곽해를 몰아세웠다. 곽해는 여기저기 부하들을 보내 원수의 행방을 쫓게 했다. 사내는 더 이상 피할 수 없다고 단념하고 제발로 곽해 앞에 나타났다.

곽해는 상대의 이야기를 다 듣자 이렇게 말했다.

"그대가 내 조카를 죽인 것도 무리는 아니다. 나쁜 것은 조카 쪽이다."

그리고 상대를 풀어주었다고 한다.

이것으로 곽해는 또 한 단계 사내로서의 입지를 높였다. 큰 두목 곽해의 힘으로 그 사내를 처치하는 것쯤은 아무것도 아니었다. 그런데도 그는 사내의 주장에 이유가 있음을 인정하고 그에 적절히 처리한 것이다. 이것은 보통 인간이 할 수 있는 일이 아니다.

또 이런 이야기도 있다.

곽해가 외출할 때 사람들은 언제나 길을 비켜주었다고 한다. 어느 날, 한 사내가 일부러 다리를 내민 채 곽해가 지나가는 것을 바라보고 있었다. 그래서 곽해는 사람을 보내 사내의 이름을 알아보도록 했다.

부하 한 사람이 미리 알아차리고 물었다.

"저런 놈을 죽여 버릴까요?"

그러자 곽해는 이렇게 말했다.

"안 된다. 고장 사람들에게 가볍게 보이는 것은 내가 부족하기 때문이다.

사내 탓이 아니다."

곽해는 부하를 제지하고 그 길로 마을 관리에게로 가 부탁을 했다.

"나에게 중요한 사람이다. 병역(兵役)을 교체할 때에는 명부에서 빼주게."

그 결과 사내는 몇 번이나 병역 교체의 시기가 와도 그때마다 병역 의무가 면제되었다. 이상하게 생각해 사내가 관리에게 그 이유를 물은 결과 곽해가 주선을 한 것을 알게 되었다. 사내는 곽해에게로 달려가 전의 무례를 사과했다. 그 이야기를 듣고 사람들은 더욱더 곽해를 존경하게 되었다고 한다.

이런 이야기도 있다.

낙양이라는 도시에서 어느 사내가 남의 원망을 사 곤혹스러워하고 있었다. 시의 유력 인사 몇 사람이 중재에 나섰으나 상대는 좀처럼 들어주지 않았다. 사내는 마지막 수단으로 곽해에게 중재를 의뢰해왔다.

곽해가 밤에 은밀히 상대의 집을 방문해 열심히 중재에 임한 결과 상대는 겨우 마음을 돌렸다. 보통 사람이라면 여기에서 공을 자랑할 만도 한데 곽해는 달랐다. 중재에 응한 상대에 대해서 이렇게 부탁했다고 한다.

"이번 문제를 놓고 낙양의 유력자들이 중재에 나서도 해결하지 못한 것으로 알고 있다. 다행히 당신이 나의 중재에 응해주었다. 하지만 타인인 내가 이 고장의 유력자를 제쳐두고 중재했다고 하면 의리에 벗어난다. 그러니 이 시점에서는 일단 중재에 응하지 않은 것으로 하고, 내가 돌아간 뒤 유력자인 누군가를 한 번 중간에 세워 결말을 지을 수 없을까?"

절묘한 배려라고 해야 할 것이다. 단순히 깊이와 품위가 있다는 표현만으로는 부족하다. 그것이 사람의 마음을 사로잡는 비결임을 곽해는 잘 알고 있었던 것이다. 이와 같은 배려도 리더에게는 필요한 조건이다.

범려(范蠡)의 명철보신(明哲保身)

BC 5세기 즉 2500여 년 전에 오늘날의 소주(蘇州)와 항주(杭州)가 있는 강남 땅에 오(吳)와 월(越)이라는 두 나라가 격렬하게 대립하고 있었다.

월왕 구천(句踐)은 오왕 부차(夫差)에게 뼈아픈 패배를 맛보고 회계산(會稽山)에 숨어들어 굴욕적인 강화를 맺는다. 부차에게 용서를 받아 귀국한 구천은 어떻게든 '회계산의 치욕'을 씻으려고 간난신고(艱難辛苦)를 잘 견더

20년 후 결국 오를 멸망시켜 원한을 푼다. 이때 월왕 구천을 도와 복수를 성공시킨 사람이 범려라는 인물이다.

여기까지는 확실히 전형적인 충신이라고 해도 좋을 것이다. 그러나 그 뒤의 삶의 방식을 보면 단순히 충신이라는 틀에는 걸맞지 않다.

공적을 세워서 대장군이라는 최고의 지위에 임명된 범려는 이렇게 생각했다.

'득의의 절정에 있는 군왕 밑에서 오래 봉사하는 것은 위험한 일이다. 첫째로 구천이란 사람은 노고를 함께 나눌 수는 있어도 즐거움을 함께 할 수 있는 인물은 아니다.'

범려는 구천에게 서신을 보내 사의를 표명한다. 구천으로서는 범려의 진의를 알 길이 없어 필사적으로 만류했다. 그러나 범려는 그것을 뿌리치고 모처럼의 지위도 아낌없이 버리고 제나라로 이주한다. 구천하고는 완전히 인연을 끊고 만 것이다.

이때의 직무에 나아감과 물러남은 전혀 충신의 이미지하고는 걸맞지 않는 것이다. 도대체 범려는 왜 모처럼의 지위를 버리고 구천의 곁을 떠난 것일까. 그것을 알기 위해서는 이야기를 좀 더 진행해야 한다.

제나라로 이주한 범려는 그곳에서 자식들과 함께 사업을 경영해 순식간에 수십만 금의 부를 축적했다. 능력이 인정된 그는 제나라에서도 재상 취임의 간청을 받는다. 그러나 그는 말했다.

"재야에서는 천금의 부를 축적하고 봉사를 해서는 재상의 지위에 올랐다. 필부의 몸으로 이 이상의 영달은 없다. 하지만 영예가 오래 이어지는 것은 화(禍)의 근원이다."

범려는 제나라의 초청을 고사하고 재산을 마을 사람들에게 나누어준 다음 은밀하게 제나라를 떠나 도(陶)라는 곳으로 이주했다.

이 도에서도 또 사업 경영에 성공해 순식간에 엄청난 부를 축적했다. 범려란 사람은 이재(理財)의 재능도 상당히 뛰어났던 것이다.

한편 그 무렵 범려의 차남이 초나라에서 사람을 죽여 붙잡히는 사건이 발생했다. 범려는 곧바로 막내에게 막대한 황금을 주어 초나라로 가서 차남을 구해오도록 한다. 그것을 보고 장남이 말한다.

"그것은 제가 해야 할 일입니다. 꼭 저에게 맡겨주십시오."

부인도 곁에서 '꼭 장남에게' 하면서 거들었다.

어쩔 수 없이 범려는 장남을 보내기로 했다.

그런데 장남은 모처럼 지참한 거금을 쓰는 것을 아까워하다가 결국 구출에 실패하고 처형된 동생의 주검을 안고 돌아왔다. 어머니는 섧게 울었다. 그러나 범려는 쓴웃음을 지으면서 이렇게 말했다.

"이런 결과가 되리라고 처음부터 짐작을 했다. 장남이 동생을 생각하지 않는다는 것은 아니다. 단, 지금 한 가지 미련이 남아 있을 뿐이다. 장남은 어릴 적부터 이 아비와 함께 생활의 쓴맛을 다 겪어왔기 때문에 좀처럼 돈을 내놓지 못한다. 그런데 삼남인 막내는 생활의 어려움 따위는 모르고 자라 돈을 쓰는 것쯤은 아무렇지도 않게 생각한다.

내가 처음 막내를 보내려고 생각한 것은 막내라면 태연하게 돈을 쓸 수 있기 때문이다. 그러나 장남은 그것이 안 된다. 그것이 결국 동생을 죽이는 꼴이 되었다. 하지만 그것도 자연스런 흐름이니 슬퍼할 것은 없다. 나는 처음부터 차남이 주검이 되어 돌아올 것으로 생각하고 있었다."

대단한 통찰력이다. 결국 범려는 정황을 이해하고 앞을 꿰뚫어보는 데 뛰어났던 것이다. 그가 구천의 곁을 떠난 것도, 제나라의 초청을 거절한 것도, 그리고 가는 곳마다 사업에 성공한 것도 사실은 이와 같은 통찰력에 따른 것이었다.

'명철보신(明哲保身)'이란 말이 있다. 명철이란 깊은 통찰력, 보신이란 몸을 지키는 것, 즉 깊은 통찰력을 발휘해 몸을 지키는 것이 '명철보신'이다. 범려라는 사람은 충신이라기보다는 오히려 명철보신에 능한 사람이라고 말하는 것이 더 타당하다 하겠다.

이상《사기》에 등장하는 몇 사람의 인물을 골라 살펴보았다. 물론《사기》에 등장하는 인물은 이에 그치지 않는다. 실로 다채로운 개성이 짜내는 두루마리와 같은 이 역사서는 인간을 연구하는 데 분명 훌륭한 자료가 될 것이다. 누구든 이 흥미진진한 인물상들에 한번 매료되면 결코 빠져나오지 못하리라.

삼국지

《삼국지》에 대해서

《삼국지(三國志)》는 《사기》《한서》《후한서》에 이은 네 번째의 정사(正史)이다. 후한 말에서 위(魏), 촉(蜀), 오(吳)의 삼국정립을 거쳐 진(晉)이 이룩한 통일까지를 기록하고 있다. 전 65권으로 《위서(魏書)》 30권, 《촉서(蜀書)》 15권, 《오서(吳書)》 20권의 3부 구성을 취하고, 3국의 흥망을 나라별로 기술하고 있다.

저자인 진수(陳壽)는 처음 촉나라에 봉사했다. 촉나라가 멸망한 후에는 진나라의 사관에 천거되어서 이 책을 완성했다. 하지만 이 책은 지나치게 간결한 흠이 있었다. 그 결함을 보완한 사람이 남조말(南朝末)의 배송지(裵松之)이다. 그가 주석으로서 일화 따위를 많이 보충함으로써 《삼국지》는 한층 정채(精彩)를 더하기에 이르렀다.

《삼국지연의》는 이 정사에서 자료를 취하면서 다양한 설화를 집대성한 것으로, 이르는 곳마다 상상력이 더해져 이야기가 재미있게 부풀려져 있다.

《삼국지》의 말

치세능신(治世能臣), 난세간웅(亂世奸雄)——태평한 때에는 유능한 신하로되, 난세에는 간사한 영웅이다. 〈위서(魏書)〉

식시무자재준걸(識時務者在俊傑)——그 시세(時勢)에서 해야 할 일을 간파하는 것은 그만한 위인이어야만 가능한 일이다. 〈촉서(蜀書)〉

지귀면화(智貴免禍)——지혜를 중히 여기는 것은 화를 면하는 데 있다. 〈촉서(蜀書)〉

사제갈(死諸葛), 주생중달(走生仲達)——죽은 제갈공명이 산 중달을 도망치게 한다. 〈촉서(蜀書)〉

교룡득운우(蛟龍得雲雨), 종비지중물야(終非池中物也)——교룡이 구름과

비를 얻으면 언젠가는 하늘에 올라가므로 언제까지나 작은 연못에 있을 리가 없다. 〈오서(吳書)〉

비오하아몽(非吳下阿蒙)——당신은 이제 오의 도시에 살던 무학문맹의 여몽이 아니다. 〈오서(吳書)〉

사별삼일(士別三日), 즉당괄목상대(卽當刮目相待)——유능한 인물이란 헤어졌다가 3일 뒤에 만났을 때에는 눈을 비비고 다시 보아야 한다.

〈오서(吳書)〉

《삼국지》의 재미

실제로 읽은 적이 없는 사람이라도 대부분은 《삼국지》란 책이름 정도는 알고 있을 것이다. 그 정도로 이 책은 우리에게 익숙한 고전이다. 《삼국지》는 대단히 규모가 큰 역사 이야기이다. 그 광대한 중국 대륙을 무대로 개성이 풍부한 인물들이 제각기 지닌 독특한 개성을 발휘하면서 권력을 지향해 격전을 벌인다. 인간의 욕망과 원한이 불꽃 튀기고 지모와 책략이 어지럽게 날며 파란으로 가득 찬 드라마가 펼쳐진다. 손에 땀을 쥐게 하는 재미, 이처럼 실감나는 책도 드물 것이다.

《삼국지》를 읽으면 모르는 사이에 권모술수라든가 정치 흥정의 속내를 알 수가 있다. 또 다양한 유형의 지도자가 등장하기 때문에 지도자나 관리직의 본연의 자세를 생각하는 데에도 안성맞춤이다. 읽어서 재미있고, 더구나 현대에도 통하는 귀중한 지혜가 이르는 곳마다 담겨 있다. 이 두 가지 점에 《삼국지》의 두드러진 인기의 비밀이 있다고 해도 좋을 것이다.

《삼국지》에는 두 종류가 있다. 하나는 소설인 《삼국지연의》이고, 다른 하나는 역사서인 《삼국지》이다. 연의(演義)란 이야기라든가 소설이란 의미이다. 옛날부터 《삼국지》라고 하면 《삼국지연의》를 가리키는 것이 통념으로 되어 있다. 그런만큼 이 연의 쪽이 많이 읽혀왔다.

그러면 역사서인 《삼국지》는 어떤가. 그것과 소설인 《삼국지연의》와의 차이는, 소설 쪽이 곳곳에 상상력을 더해 이야기를 재미있게 부풀렸다는 점에 있다. 그 점에서 볼 때 역사서인 《삼국지》는 어디까지나 사실을 비탕으로 쓰여 있다. 따라서 재미를 기대한다면 우선 소설인 《삼국지연의》부터 읽는 편이 좋을 것이다. 그러나 현실에 입각해 실천적인 지침이라든가 지혜를 짜내고 싶다면 소설만이 아니라 역사서인 《삼국지》도 읽어야 한다.

《삼국지》의 시대는 지금으로부터 1800여 년 전에 후한왕조(後漢王朝)가 쇠퇴한 뒤, 위(魏), 촉(蜀), 오(吳)의 세 세력이 정립(鼎立)한 시대를 일컫는다. 각 세력의 리더는 위의 조조, 촉의 유비, 오의 손권 세 사람이다. 그들이 벌인 생존을 건 각축 항쟁이 《삼국지》 전반부의 하이라이트이다. 그리고 이야기의 진행에 따라서 《삼국지》의 중심은 유비(劉備) 사망 뒤, 그의 아들 유선(劉禪)을 보좌한 제갈공명과 그를 맞아 싸운 사마중달, 두 지혜자의 대결로 옮겨진다. 기산(祁山)이나 오장원(五丈原)을 무대로 펼쳐지는 이 숙명의 라이벌 대결은, 《삼국지》 후반 부분의 최대의 절정이라고 해도 좋다.

여기에서는 역사서인 《삼국지》에 입각해서 이들 영웅의 인물됨에 다가가 보자.

난세의 간웅(奸雄) 조조

위나라 조조(曹操)는 소설 《삼국지》에서 전형적인 악인으로 묘사되고, 역사서인 《삼국지》에서도 난세의 간웅 등으로 평가된다. 실제의 조조 역시 악인의 요소가 없는 것은 아니다. 여기에서 말하는 간웅이란 악인의 요소를 지닌 영웅이란 의미이다. 왜냐하면 이 인물은 보통이라면 치사스럽다거나 야비하다고 해도 어쩔 수 없는 흉정을 태연하게 했기 때문이다. 이를테면 이런 이야기가 있다.

만년의 조조는 황제를 꼭두각시로 만들어 조정의 실권을 장악하고 위나라의 제1인자로서 국내외에 말없는 압력을 가하고 있었다. 조정의 고관들은 그런 조조에 반발해 어느 날 밤 동조자들과 모의해 조조의 저택에 불을 지르고 반란의 거사를 했다. 그러나 반란은 허망하게 진압되고 고관들은 한 사람도 남김없이 조조 앞에 끌려왔다. 조조는 그들을 보자 이렇게 명했다.

"잘 들어라. 불을 끄려고 달려온 자는 왼쪽에, 그렇지 않은 자는 오른쪽에 서라."

고관들은 불을 끄려고 달려온 자는 목숨을 살려줄 것으로 생각해 모두 왼쪽에 늘어섰다. 그런데 조조는 '불을 끄려고 달려온 자야말로 반역자다'라고 말하고 고관들을 모두 살해했다고 한다.

확실히 조조의 말에도 일리는 있다. 그러나 이 수법은 속임수와 다름없다.

이와 같은 속임수를 태연하게 쓴 것이 조조였다.

실제로 조직을 맡은 리더는 속임수라든가 권모술수의 수법을 잘 터득하고 있어야 한다. 그것을 모르면 상대로부터 당했을 때 막을 방법이 없기 때문이다. 그렇게 되면 내 몸을 지키지 못할 뿐만 아니라 조직의 생존을 꾀할 수도 없다. 권모술수에 정통한 것은 오히려 리더에게는 필요의 조건이라고 해도 좋다.

그러나 권모술수는 자기 쪽에서 사용하거나 또는 지나치게 사용하면 아무래도 비난을 받는다. 조조가 난세의 간웅으로 평가되는 것도 그 때문이다.

하지만 능력이라든가 재능이라는 점에서 보면 역시 조조는 삼국시대에서 제일 뛰어난 인물이라고 할 수 있다. 무엇보다도 그는 전쟁에 강했다. 생애에 30회 정도를 싸우고 승률 8할의 성적을 올렸다. 라이벌인 유비는 기껏해야 2할 정도의 승률이므로 조조가 얼마나 강했는지 알 수 있다.

조조의 전법에는 세 가지 특징이 있었다. 우선 《손자》의 병법을 상세하게 연구하고, 언제나 병법의 정석에 따른 싸움을 한 것이다. 이것이 첫 번째 특징이다.

그러나 조조도 생애에 5, 6회 정도는 몹시 뼈아픈 패배를 경험했다. 단 거기에서 과연 조조라고 생각하게 할 정도로 똑같은 실수를 두 번 다시 되풀이하지는 않았다. 그 자신도 '나는 똑같은 패배는 하지 않는다'고 호언장담했거니와 자세히 살펴보면 확실히 그대로임을 알 수 있다. 비록 패배를 하더라도 그 원인을 분석해 거기에서 교훈을 얻음으로써 결코 똑같은 과오를 범하지 않았던 것이다. 이것이 두 번째 특징이다.

셋째로 조조란 사람은 철수가 빠르다. 더 이상 싸워도 승산이 없다, 공연히 손해만 늘 뿐이다, 그렇게 판단했을 때에는 주저 없이 철수했다. 손자병법의 기본 원칙 가운데 하나로 '승산이 없으면 싸우지 말라'고 쓰여 있다. 조조는 이 기본 원칙에 극히 충실했다고 말할 수 있을 것이다. 이런 전법으로 하면 당연히 패전이 적어진다. 또 전력을 보전해 다음의 싸움에 승부를 걸 수가 있다.

조조는 이렇게 난세 속에서 승승장구했던 것이다.

덕이 있는 사람, 유비

조조의 라이벌이 유비이다. 유비는 조조와는 대조적으로 소설 《삼국지》에서는 전형적인 선인(善人), 더없이 훌륭한 인물로 묘사되어 있다. 확실히 그런 견해도 성립하지 않는 것은 아니다. 그러나 유비는 특히 능력면에서는 거의 무능한 인물이었다.

앞서 말한 바와 같이 조조는 승률 8할의 성적을 올렸지만 이 유비는 거의 패전뿐이어서 승률 2할에 그쳤다. 그 결과 조조는 순조롭게 큰 세력을 구축해 나갔으나 유비 쪽은 부침(浮沈)의 연속이고, 거병을 한 지 20년이 지나서도 전혀 두각을 나타내지 못하였다. 그도 당연한 것이, 유비는 싸움에 약할 뿐만 아니라 정치의 흥정도 완전히 졸렬(拙劣)했기 때문이다. 이렇게 되면 바로 성공할 리가 없다. 끊임없이 벽에 부딪거나 우회만 하게 되는 것이다.

그런데 유능한 조조는 자기보다 훨씬 떨어지는 무능한 유비를 최대의 라이벌로 인정하고 끊임없이 경계를 늦추지 않았다. 왜냐하면 유비는 자신의 무능함을 보완하고도 남을 만한 강력한 무기를 몸에 익히고 있었기 때문이다.

그것은 덕이라든가 인덕이라고밖에 말할 수 없는 것이었다. 바꾸어 말해서 인간적 매력이라고 할 수 있다. 이를 설명하는 것은 의외로 어려운 일이다. 하나만 암시하자면 《좌전》이란 고전에 '비양(卑讓)은 덕의 기본이라'는 유명한 말이 있다. 자신은 낮은 곳에 있고 상대를 세워 한두 걸음 뒤로 물러나 상대에게 양보하는 것이야말로 덕의 기본이라는 뜻이다.

유비가 몸에 익히고 있었던 덕이란 바로 이 비양이었다. 그것을 굳이 두 요소로 분해하면 겸허와 신뢰, 이 두 가지일 것이다.

이를테면 '삼고(三顧)의 예(禮)'란 유명한 일화가 있다. 유비가 제갈공명을 군사(軍師)로 맞이할 때 세 번이나 그의 집을 찾아가 예를 다해 맞이했다는 이야기이다.

이때의 두 사람의 입장을 생각해보자. 유비는 불우했다고는 하지만 이름은 천하에 알려져 있었다. 게다가 연령은 50세에 가까웠다. 이에 반해서 공명은 20대의 청년인 데다 전혀 이름 없는 존재에 지나지 않았다. 지금으로 말하면 대학을 갓 나온 애송이 정도였다. 그런 상대에 대해서 유비는 일부러

'삼고의 예'를 다해 군사로 맞아들인 것이다. 더구나 일단 자기 휘하에 맞아들이자 작전계획의 입안 책정은 모두 공명의 판단에 맡긴 것으로 알려져 있다.

그야말로 철저하게 겸허한 태도와 깊은 신뢰로 공명을 대했던 것이다. 그것은 공명 한 사람에 대해서만이 아니다. 공명 이외의 많은 부하에 대해서도 모두 똑같이 겸허한 태도와 깊은 신뢰로 대했다. 그 결과 유비는 만년이 되어 중경(重慶)이나 성도(成都)가 있는 사천성(四川省)의 촉 땅에 가까스로 자기 세력을 구축하는 데 성공하였다.

그것은 유비 자신의 재치라기보다는 부하의 분발에 따른 것이었다. 즉 공명, 관우, 장비, 조운, 그 밖의 여러 부하가 '유비를 위해서라면……' 하고 몸을 던져 분투한 것이다. 그들을 그렇게 하게 만든 것은 다름 아닌 유비 그 사람이 지니고 있었던 덕(德)이라고 해도 좋다.

유능한 조조가 무능한 유비를 경계한 까닭도 실은 여기에 있었다. 조조는 그 능력에서는 뛰어났지만 아쉽게도 덕은 몸에 익히지 않았다. 유비의 생애를 보노라면 덕도 또한 사람을 움직이는 중요한 요소임을 새삼 생각하게 된다.

《채근담》에 '덕은 사업의 기본이다'라는 유명한 말이 있다. 덕이 밑바탕에 없으면 사업계획은 벽에 부딪치고 만다는 의미이다. 유비에게 배워야 할 것은 리더에게는 덕이 필요하고, 그 덕이 때로는 능력을 보완하고도 남는 힘을 발휘한다는 점일 것이다.

생존에 성공한 손권(孫權)

《삼국지》에는 조조, 유비와 함께 또 한 사람, 오의 손권이란 리더가 등장한다. 그러나 이 사람은 《삼국지연의》에서나 《삼국지》에서나 앞의 두 사람에 비하면 존재가 희미하다.

거기에는 두 가지 이유가 있다. 하나는 조조나 유비는 거의 맨주먹으로 출발한, 밑바닥에서부터 오른 인물이고, 그들의 생애는 모두 파란으로 점철되었으며, 창업의 드라마로 가득 차 있다. 그런 점에서 손권은 부친과 형이 2대에 걸쳐서 구축해 놓은 지반을 물려받은 인물이고, 그가 리더의 자리에 올랐을 때에 오나라의 기반은 완성되어 있었다. 요컨대 손권은 창업의 드라마하고는 무관했던 것이다.

둘째로 조조와 유비의 싸움은 이른바 중앙 권력을 둘러싼 다툼인 데 비해, 손권은 이 다툼에 끼어들려는 자세가 희박하고, 모든 방침이 형으로부터 물려받은 영토를 보전하려는 소망에서 출발하고 있다. 그 때문에 처음부터 방어의 자세가 현저하고 그 점이 그의 인간으로서의 박력을 약화시키는 것이다.

그런데 손권의 오나라는 조조가 세운 위나 유비가 일으킨 촉이 멸망한 뒤에도 상당히 오랫동안 이어졌다. 손권은 이른바 생존 전략에 성공한 것이다.

여기에도 몇 가지 이유가 있으나, 아무래도 손권이 방어의 리더로서 뛰어난 인물이었던 것이 최대의 이유일 것이다.

손권은 리더로서 조조나 유비에게는 없는 장점을 두 가지 지니고 있었다.

하나는 경영 자세가 지극히 유연했다는 것이다. 예를 들어 조조에게 침공당했을 때에는 유비와 손을 잡고 싸우고, 이윽고 정세가 바뀌어 유비의 공격을 받게 될 단계가 되면 이번에는 일변해서 어제의 적이었던 위나라와 손을 잡고 유비에게 대항했다. 종래의 내친걸음이라 물러설 수 없다거나 하는 체면에 일체 사로잡히지 않고, 그때그때 최선으로 생각되는 전략을 채택해 난국을 극복하였다. 이것이 생존에 성공한 제1의 이유이다.

두 번째는 부하를 다루는 방법이다. 손권 스스로가 부하를 대하는 태도로서 '그 장점을 존중하고 그 단점을 잊는다'고 명언을 한 바 있다. 부하의 단점에는 눈을 감고 장점만을 발휘하게 했다는 것이다. 보통 인물은 좀처럼 흉내 낼 수 없는 흠잡을 데 없이 완벽한 방법이다.

이와 관련해서 부하를 다루는 방법에 대해서 조조는 능력 본위의 엄격한 선별주의를 채용하였다. 능력 있는 자는 계속 발탁했고, 능력이 없는 자는 전혀 상대를 하지 않았다. 이에 대해서 유비는 앞서도 말한 바와 같이 능력이 있건 없건 상관없이 모든 부하에 대해서 깊은 배려를 표시하고 철저한 온정주의로 일관했다.

유비, 조조의 경우는 제각기 나름대로 성공한 것인데, 우리가 단순히 이를 모방만 한다면 부족한 면이 강하게 나타날 수 있다. 왜냐하면 조조처럼 엄격한 태도로 대하면 대개의 경우 불필요한 반발을 일으킨다. 적어도 부하를 진심으로 따르게 할 수는 없다. 또 유비의 온정주의를 섣부르게 채용하면 조직

속에 만만한 구조를 낳게 되는 것이 보통이다. 그런 점에서 손권의 '그 장점을 존중하고 그 단점은 되도록 잊는' 부하를 다루는 방법은 우리가 고스란히 모방해도 통용되는 방법이다. 손권이 이와 같은 태도로 부하를 대한 결과 그의 휘하에서도 쟁쟁한 인재를 배출해 훌륭하게 고난을 극복해나갈 수 있었다.

이처럼 손권은 조조, 유비에 비하면 수수한 존재이지만, 유연한 경영 자세에 철저했던 것과 부하를 다루는 방법이 오늘날의 우리에게 시사하는 점이 많은 리더라고 할 수 있다.

건전 경영에 철저했던 공명

한편 《삼국지》 후반의 클라이맥스는 제갈공명(諸葛孔明)과 사마중달(司馬仲達)의 대결로 옮겨진다. 조조, 유비 두 사람은 이미 이 세상 사람이 아니고 손권만이 생존해 있었다. 하지만 그는 거의 움직이지 않고 가만히 두 사람의 결전을 지켜보고 있었다.

그런데 제갈공명이라고 하면 소설 《삼국지》에서는 신들린 기책을 써서 적을 괴롭히는 지모의 군사(軍師)로 묘사되어 있다. 그러나 역사서인 《삼국지》에 씌어져 있는 공명의 실상은 그러한 이미지하고는 완전히 반대이다. 기책은 결코 받아들이지 않는다. 언제나 돌다리를 두들기고 건너는 듯한 시종 견실한 용병으로 임했다. 한 예를 들어보자.

첫 번째 원정을 나갔을 때의 일이다. 작전회의 자리에서 위연(魏延)이란 휘하 장군이 직선 경로로 적의 본거지를 공격하자는 작전을 건의했다. 일종의 기습작전이다. 그러나 공명은 위연의 계책은 너무나도 위험이 많다고 이를 물리치고 일부러 저항이 적은 우회로를 택해 침공했다.

이를테면 공명이 자주 쓴 작전은 한 방에 홈런을 노리는 작전은 아니다. 볼넷으로 출루한 주자를 번트로 2루에 보내고 끈질긴 센터 앞 히트로 한 점을 올린다는 견실한 용병술인 것이다. 게다가 공명은 5회나 원정을 시도하면서도 결국은 작전 목적을 달성하지 못했다.

역사서 《삼국지》는 그런 공명에 대해서 '임기응변의 전략 전술은 그다지 자신이 없었던 것이 아닌가' 하는 비판을 하고 있다. 확실히 이와 같은 견해도 성립이 될 만하다. 그러나 공명에게도 동정해야 할 점이 있었다. 그 무렵

공명의 입장을 생각하면 그가 왜 이토록 신중한 용병에 철저했는지 모를 일도 아니기 때문이다.

공명은 선대인 유비로부터 전폭적인 신뢰를 얻어 뒷일을 맡게 됐다. 그리고 형식상으로는 아들인 유선(劉禪)이 2대 황제의 자리에 올라 있었다. 하지만 이 유선은 평범하고 용렬한 인물로, 유일한 장점은 부친의 유언을 지켜 국정의 실권을 모두 승상인 공명에게 맡긴 것뿐이었다.

그런 만큼 무거운 책임이 공명의 어깨를 짓누르고 있었다. 그와 같은 상황에서 위험한 승부수는 도저히 쓸 수 없었다. 어떻게든 신중하고 견실한 경영을 해야 하는 것이다. 이것이 공명이 처한 쓰라린 현실이었다.

더욱이 공명이 이끈 촉나라와 상대인 위나라를 비교하면 종합 전력에서 1대 7정도의 격차가 있었다. 공명은 촉나라의 전군을 이끌고 원정하는 데 비해 상대인 위나라는 지방군만으로 맞아 싸웠다. 그것만으로도 균형을 이루었으니, 기본적인 국력의 차이가 얼마나 컸는지 알 수 있다. 비유하자면 가까스로 2부 상장이 된 기업이 세계 굴지의 대기업에 도전장을 내민 것과 같은 형세인 것이다.

또 하나, 촉에서 위로 치고 나가려면 촉의 잔도(棧道)로 불리는 험한 길을 지나야 했다. 그것은 절벽 위에 건너지른 조교(弔橋)를 건너야 하는 것이었다. 당연히 식량이나 물자의 보급이 곤란했다. 공명이 여러 번의 원정에서 철수가 불가피해진 것은 모두 식량 보급이 계속되지 못했기 때문이었다.

이와 같은 이유를 헤아려보면 이 싸움은 처음부터 공명에게는 승산 없는 싸움이었다. 그 사실을 누구보다도 잘 알고 있었던 사람은 그 자신이었을 것이다.

손자의 병법에 '승산이 없으면 싸우지 말라'고 씌어 있다. 공명도 가능하면 이와 같은 싸움은 피하고 싶었을 것이다. 그러나 공명은 할 수 없이 이 싸움을 떠맡을 수밖에 없었다. 왜냐하면 그것이 선대 유비의 유언이었기 때문이다.

거기에서 공명이 생각한 것은 최악의 경우라도 지지 않는 싸움을 해야 한다는 것이었다. 확실히 병력의 차이를 어쩔 수 없고, 결과를 보아도 역시 이기지 못했다. 그러나 진 것은 아니었다. 여러 정황을 아울러 고려하면 오히려 공명이 선전했다고 해도 좋다.

주군의 유언을 지키면서 더구나 견실한 경영 자세로 철저하게 지지 않는 싸움으로 일관한 것을 볼 때 공명은 역시 훌륭한 리더였다.

솔선수범의 명재상

공명에게서 배워야 할 점은 이것뿐이 아니다. 그는 촉나라의 지도자로서 8년에 걸쳐, 몇 배의 국력을 지닌 상대에게 대 전쟁을 도전하면서도 나라의 정치에는 조금의 흐트러짐도 보이지 않았다.

공명은 촉의 승상, 즉 재상이었다. 재상으로서의 공명은 몇 가지 두드러진 특징이 있었다.

첫째는 솔선수범에 부지런히 애썼다는 것이다.

예부터 중국인이 생각해온 이상적인 재상상은 '사소한 일에 관여하지 않는 인물'이었다. 즉 재상은 사소한 일은 각 담당자에게 맡기고 자신은 높은 곳에서 살펴보면 그것으로 족하다고 보았던 것이다. 그런데 공명의 자세는 그것과는 대조적이다. 세세한 장부 종류까지 훑어보고 아침 일찍부터 밤늦게까지 직무에 몰두했다고 한다. 이런 이야기가 있다.

오장원에서 사마중달과 대진 중일 때의 일이다. 공명 쪽의 사자가 중달의 진영을 방문했다. 중달이 공명의 생활상을 묻자 사자가 이렇게 대답을 했다.

"제갈공은 아침 일찍 기상해 밤늦게까지 일을 하시고 태형 20대 이상의 형은 모두 직접 결재를 하고 계십니다. 식사는 약간밖에 들지 않으십니다."

중달은 사자가 돌아간 뒤 이렇게 중얼거렸다고 한다.

"공명의 목숨도 길지는 않겠군."

태형 20대 이상의 형이라면 고작 대대장급이 할 일이었다. 총사령인 공명이 그런 일까지 한다는 것은 확실히 정상은 아니다.

물론 공명도 '재상은 사소한 일에 관여하지 않는다'는 것을 모르지 않았다. 그러나 공명은 그것이 허용되는 입장에 있지 못했다. 왜냐하면 촉은 작은 나라이기 때문에 인재의 층도 엷고 느긋하게 대처할 여유도 없어 하나에서 열까지 재상 스스로 처리해야만 했기 때문이다.

게다가 선대의 전폭적인 신뢰로 뒷일을 맡았다는 무거운 책임이 공명 한 사람의 어깨에 무겁게 실린 것이다. 이와 같은 입장에서 공명은 문자 그대로 침식을 잊고 직무에 몰두한 것이다. 리더의 그와 같은 모습이 부하나 국민의 마음에 감동을 주지 않을 리가 없었다. 공명이 뛰어난 지도력을 발휘할 수 있었던 첫 번째 요인이 이것이다.

둘째는 공평무사한 태도이다.

공명은 신상필벌(信賞必罰)의 엄한 자세로 나라의 정치를 한 것으로 알려져 있다. 작은 나라가 큰 나라에 도전해야 했으므로 당연히 세금의 부담도 무거웠을 것이다. 그와 같은 가운데에서 엄하게 정치를 하면 부하나 국민의 불평 불만의 목소리가 높아지기 쉽다.

그런데 공명의 경우 '백성의 원성이 없었다'는 평가를 받은 것처럼 위정자를 원망하는 목소리가 하나도 들리지 않았다.

그 이유는 공명이 극히 공평무사한 태도를 취하고, 상벌의 적용에 전혀 불공평함이 없었기 때문이다. 처벌을 받은 자는 자신이 나빴기 때문이라고 납득하지 않을 수 없었던 것이다.

셋째는 사생활이 검소했다는 것이다.

공명은 원정을 떠날 황제인 유선에게 자신의 재산 상태를 보고하였다. 논과 밭은 얼마라고 재산을 공개하였다. 그리고 공개된 재산은 약소해서 그의 사후에 남은 유족이 생활해 가는 데 빠듯할 정도의 것이었다. 일상의 생활도 극히 검소했다. 그처럼 사심없이 국무에 힘과 정성을 다 한 것이다. 그러므로 부하나 국민에 대해서 강한 설득력을 갖게 되는 것도 당연하다고 말할 수 있다.

사마중달의 실력

공명의 군사를 맞아 싸운 것이 사마중달이고, 이 두 사람은 두 번에 걸쳐서 얼굴을 마주하였다.

《삼국지연의》에 의하면 중달은 공명의 교묘한 전략 전술 앞에 농락당하는 평범한 장군처럼 묘사되고 있으나 이것은 소설의 허구에 지나지 않는다. 실제의 중달은 극히 경험 많고 교활한 인물로서 그의 교묘한 전법 앞에 오히려 공명 쪽이 시달렸다.

공명을 맞아 싸운 중달의 기본 전략은 '싸우지 않고 이긴다'는 것이었다. 방어를 굳히고 싸움을 피해 상대의 후퇴를 기다린다는 작전이다. 즉 중달은 보급 곤란이라는 공명측의 약점을 간파하고 있었던 것이다. 방어를 굳히고 침공을 저지하기만 하면, 병력의 차이가 있는 데다 식량 보급이 계속되지 않아 상대는 철수하지 않을 수 없다. 그렇게 보고 철저하게 싸움을 피한 것이다. 대결의 경과는 바로 중달의 예상대로 진행되었다.

《삼국지연의》에 의하면 두 사람의 대결에서는 몇 번이나 격렬한 싸움이 전개된 것처럼 씌어져 있다. 더구나 언제나 공명이 이기고 중달이 철수한 것으로 되어 있다. 그러나 이것도 소설상의 허구에 지나지 않는다. 실제의 경과는 거의 대치 상태로 일관했다.

왜냐하면 공명은 '지지 않는 싸움'에 힘쓰고 신중한 용병에 주력했으며, 이에 대해서 중달은 '싸우지 않고 이기는' 것을 기본 전략으로 삼았기 때문이다. 이렇게 되면 싸움이 될 리가 없었다. 대치 상태로 일관한 것도 당연했다.

두 번에 걸친 대결 가운데에서 단 한 번 격렬한 싸움이 이루어졌다. 그것은 최초로 얼굴을 마주쳤을 때의 일이다. 이때도 역시 공명측이 식량 보급이 여의치 않아 후퇴가 불가피하게 되었다. 그것을 중달이 추격해 대단히 치열한 싸움이 되었다.

결과는 공명측의 자료에서는 공명이 이긴 것처럼 쓰여 있고, 중달측의 자료에서는 중달이 이긴 것처럼 기록되어 있다. 공평하게 보아 서로가 아픔을 나누었다는 것이 아닐까.

두 번째인 오장원에서의 대결은 완전히 대치로 일관했다. 그러나 원정군을 이끌고 도전을 하고 있는 공명측으로서는 이런 대치 상황이 좋은 게 아니었다. 그래서 여러 가지로 방법을 바꾸어 도발을 했으나 중달은 좀처럼 계략에 넘어가지 않았다. 싸울 생각 따위는 없었다. 가만히 방비를 굳혀 공명이 철수하길 기다리고 있었다.

공명측으로서는 이 이상 까다로운 상대는 없었다. 그만큼 중달의 전략이 노련했다고 할 수 있다. 이윽고 공명은 과로로 쓰러지고 오장원의 진중에서 숨을 거둔다. 그리고 두 사람의 대결도 종막을 고한다.

'죽은 공명이 살아 있는 중달을 달아나게 하다'란 유명한 일화를 낳게 된 것은 이때의 일이다. 공명을 잃고 촉의 군세는 철수하기 시작했다. 그것을 알고 중달은 추격을 명하였으나 상대가 갑자기 반격 태세를 보이자 '물러가자'고 말해 그 이상 추격을 하려고 하지 않았다. 그것을 본 근처의 농민들이

'죽은 제갈이 살아 있는 중달을 달아나게 했다'라는 소문을 주고받았다. 그러나 그 소문을 들은 중달은 '살아 있는 인간이 상대라면 어떻게든 해볼 수 있지만, 죽은 인간을 상대로 어찌할 도리가 없다'고 쓴웃음을 지으면서 중얼거렸다고 한다.

아무래도 중달은 부하 앞에서 모양새를 보여주기만 했을 뿐 진정으로 추격할 생각 따위는 애초에 없었던 것이 아닌가 생각된다. 실제의 중달은 소설에서 묘사되고 있는 것처럼 평범한 장군이 아니라, 이와 같이 지략에 뛰어난 경험 많고 교활한 인물이었다. 이런 인물을 상대해야 했던 것이 공명의 비극이었다고 할 수 있을 것이다.

십팔사략

《십팔사략(十八史略)》에 대해서

'십팔사'란 《사기》에서 송대(宋代) 역사까지 18대의 역사서를 말한다. '략'이란 요약의 의미이다. 따라서 《십팔사략》이란 태고의 시대부터 송대까지의 역사를 초보자용으로 요약한 역사서이다.

저자는 증선지(曾先之), 송말 원초(宋末元初)의 사람인데 그 사적(事蹟)은 전혀 전해지지 않는다. 저작으로서 남아 있는 것도 이 책뿐이다.

그 무렵 중국은 몽골〔원(元)〕의 침략을 받아 멸망의 위기에 빠져 있었다. 그런 가운데에서 중화의 전통을 전하려고 한 것이 이 책의 목적이었는지도 모른다.

기술은 어디까지나 간략하다. 개인의 일화를 중심으로 해서 치란흥망(治亂興亡)의 발자취와 엄청난 인간 군상의 삶의 방식을 통해서 현대를 사는 우리가 지혜를 배울 수 있도록 배려되어 있다.

또 역사서에 있는 고사(故事)나 명언(名言) 등이 거의 남김없이 수록되어 있으므로 중국의 역사나 사상을 빠르게 아는 데에도 편리한 책이다.

《십팔사략》의 말

방민지구(防民之口), 심어방천(甚於防川)——백성의 입을 막는 것은 강의 흐름을 막는 것보다 더 위험하다. 〈주(周)〉

천자무희언(天子無戲言)——천자된 자에게 진실이 아닌 거짓은 있을 수 없다. 〈진(晉)〉

가빈사양처(家貧思良妻), 국란사양상(國亂思良相)——집이 가난할 때에는 어진 아내를 생각하고, 나라가 어지러울 때에는 비로소 훌륭한 재상을 생각하게 된다. 〈위(魏)〉

순덕자창(順德者昌), 역덕자망(逆德者亡)——덕을 따르면 반드시 번영하

고 덕에 거스르는 자는 반드시 망한다. 〈서한(西漢)〉

추적심(推赤心), 치인복중(置人腹中)——진심으로 사람을 대하고 믿어 의심치 않는다. 〈동한(東漢)〉

빈천지교불가망(貧賤之交不可忘). 조강지처불하당(糟糠之妻不下堂)——가난할 때의 친구들을 언제나 잊어서는 안 되고, 조강지처는 소중하게 대하여 결코 집에서 내보내서는 안 된다. 〈동한(東漢)〉

불입호혈(不入虎穴), 부득호자(不得虎子)——호랑이굴에 들어가지 않으면 호랑이새끼를 잡을 수 없다. 〈동한(東漢)〉

인생여백구과극(人生如白駒過隙)——인생은 백마가 지나치는 것을 틈새로 보듯 짧은 것이다. 〈송(宋)〉

형상천하지형상(刑賞天下之刑賞)——형벌에 처하는 것도 상을 내리는 것도 천하의 일이니, 황제 한 사람의 사적인 희로(喜怒)에 의해서 행하여져서는 안 된다. 〈송(宋)〉

여일리불약제일해(與一利不若除一害)——무슨 일에나 하나의 이익이 있는 것을 시작하기보다는 하나의 해를 제거하는 쪽으로 힘을 쏟아야 한다.

〈남송(南宋)〉

훌륭한 보좌역의 정치 자세

'중국 3000년의 역사'라고 하듯이 중국의 역사가 오랜 전설의 시대에 종지부를 찍고 기록의 시대로 접어든 것은 지금으로부터 약 3000년 전의 일이다. 3000년 전 무렵 오늘날의 황하(黃河) 유역에 주(周)라고 하는 왕조가 세워졌으니 이것이 중국 문명의 개막이 되었다.

주 왕조는 문왕(文王), 무왕(武王), 성왕(成王)의 3대에 걸쳐서 왕조의 기초를 다졌다. 그들의 창업을 도운 것이 주공 단(周公旦)이란 이름난 보좌역이다.

주공은 무왕의 동생이고 3대 성왕에게는 숙부가 되는 인물로서, 특히 어린 성왕이 3대의 자리에 오른 뒤부터는 재상으로서 국정의 실권을 장악해 주 왕조의 기초다지기에 힘썼다.

훨씬 뒷날 정치에 뜻을 세운 공자(孔子)가 이상적인 정치가로 우러러본 인물이 주공이다. 또 오랜 중국 역사에서 뛰어난 보좌역으로 맨 먼저 거론되는 것도 역시 이 주공이다. 그래서 이 《십팔사략》에서도 우선 주공을 소개해 보도록 한다.

주공은 여러 해의 공적에 의해서 노(魯)라는 곳에 영지가 부여되고 그 지방의 영주로 임명된다. 그러나 주공 자신은 국정의 최고 책임자로서 수도에 머물러 있어야만 했다. 그래서 노 땅에는 자신을 대리해 백금(伯禽)이란 아들을 파견하는데, 그때 주공은 아들에게 다음과 같이 주의를 주었다.

"나는 무왕의 동생이고 지금의 성왕에게는 숙부가 된다. 수많은 제후 가운데서도 유달리 신분이 높은 몸이다. 그런 나조차도 사람의 방문을 받으면 세수나 식사를 중단하고 만나서 예를 소홀히 하지 않도록 힘쓰고 있다. 너도 아직 모자람은 없었는지, 우수한 인재를 놓치고 있는 것은 아닌지, 걱정이 된다. 아무쪼록 노에 부임하면 아무리 영주라고 해도 결코 오만한 태도를 보여서는 안 된다."

사람 위에 서는 자는 마땅히 겸허해야 한다는 것이다. 《논어》에 의하면 이때 주공은 다음과 같이 말을 계속해 자기 아들을 훈계하였다.

"잘 들어라. 높은 지위에 있는 자는 우선 첫째로 친족을 소홀히 해서는 안 된다. 둘째로, 중신에게 자기가 무시당했다는 불만을 갖게 해서는 안 된다. 셋째로, 오랜 친구는 웬만한 일이 아닌 한 버려서는 안 된다. 넷째로, 한 인간에게 모든 것을 기대해서는 안 된다."

영주로서 세심한 배려를 요구하고 있으며, 이것 또한 철저한 훈계라고 말할 수 있을 것이다.

그러면 주공의 정치란 구체적으로 어떤 정치였을까.

백금은 노에 부임한 뒤, 3년 뒤에 시정 보고를 위해 귀국했다.

"몹시 늦었구나."

주공이 말하자 백금은 이렇게 대답을 했다.

"오랜 관습을 고치고 규범을 갖추어 3년상(三年喪)을 지키도록 지도하느라 이렇게 늦었습니다."

한편 낚시의 명인으로서 알려져 있는 태공망(太公望)은 공적에 의해서 제(齊)의 영주로 임명되었다. 이쪽은 부임한 지 불과 5개월 만에 시정을 보고하기 위해 돌아왔다.

"너무 빠르지 않은가?"

주공이 말하자 태공망은 대답했다.

"저는 군신의 예를 간소하게 하고 백성의 관습을 존중해 정치를 하고 있습니다."

주공은 백금의 보고를 들었을 때와는 대조적인 태공망의 이 말을 듣고 탄식을 하면서 이렇게 독백을 했다.

"대체로 법도와 규칙이 번잡하면 민중과 친숙해질 수 없다. 속박으로 의식하지 않고 자연스럽게 민중을 승복하게 하는 것이야말로 정치의 요체라고 말할 수 있다. 유감스럽게도 백금은 그런 낌새를 알아차리지 못하고 있구나."

한마디로 말해서 간소하고 알기 쉬운 정치, 이것이 주공의 이상이었던 것 같다. 겸허한 자세, 간소하고 이해하기 쉬운 정치, 이것이 조직 관리의 요체로서 현대에도 크게 참고가 되지 않을까.

항우(項羽)와 유방(劉邦)의 대결

진(秦)의 시황제(始皇帝)가 사망한 뒤 각지에 반란이 일어나 진나라는 천하를 통일한 지 불과 15년 만에 멸망하고 말았다. 그 뒤 천하를 양분해서 다툰 것이 초(楚)의 패왕 항우와 한(漢)의 왕 유방, 두 호걸이다. 이를 중국 역사상 '초한(楚漢)의 싸움'이라고 한다.

두 사람의 격돌은 3년 이상 계속되었다. 이 싸움에서 처음에는 항우 쪽이 압도적으로 우세했다. 유방은 고전의 연속이어서, 항우의 정예 군단에 압도당해 싸울 때마다 패배를 맛보았으니 전선을 유지하는 것이 고작이었다.

그런데 1년이 지나고 2년째로 접어들 무렵부터 서서히 형세가 변하기 시작했다. 전술적으로는 여전히 항우 쪽이 우세를 유지하고 있으나 공세를 취하고 있는 항우 쪽의 고전이 눈에 띄게 되었다. 역으로 공격을 당하고 있는 유방 쪽은 여유조차 보이기 시작한다.

2년째를 지나자 형세는 완전히 역전되었다. 전술적으로나 전략적으로나 유방 측이 우위에 서고 항우의 열세는 뚜렷했다. 이윽고 항우는 사면초가(四面楚歌)의 상태로 내몰려 '우(虞)야, 우야. 너를 어찌하면 좋단 말인가'라고 우미인(虞美人)을 끌어안으면서 한탄을 했다.

우세한 항우가 왜 패했을까. 열세인 유방이 어떻게 역전 승리에 성공한 것일까. 거기에는 다음 세 가지의 이유를 들 수 있을 것이다.

우선 첫째로, 유방 쪽은 항우에 대한 포위망을 완성한 것이다. 유방은 처음 열세에 빠졌을 때 이미 이 포위망 만들기에 착수한다. 그것이 이윽고 성과를 거두어 차츰 항우를 '자루 속의 쥐'와 같은 상태로 내몰았다. 정치 전략의 승리라고 할 수 있다.

둘째로, 모략 공작으로 항우의 진영을 이간시켜 상대의 군신 관계를 흐트러지게 한 것이다. 이것으로 항우 쪽은 조직으로서의 힘이 완전히 약화되고 말았다.

셋째로, 보급의 문제이다. 유방 쪽은 병참, 즉 후방의 원호 체제가 확립되어 있었다. 그렇기 때문에 병력이나 물자의 보급을 충분히 받을 수가 있었다. 패하면서도 다시 전열을 가다듬어, 상대에게 결정타를 허용하지 않은 것은 그 때문이다. 그 점에서 볼 때 항우 쪽은 보급을 받을 수 있는 후방을 확보하지 못했다. 그 때문에 소멸한 전력을 회복하지 못하고 서서히 열세로 내몰린 것이다.

전략 전술상으로 보면 이상의 세 가지 점을 지적할 수 있다. 그러나 이런 이유보다도 더 승패를 가름하는 분기점이 된 것은 두 지도자의 그릇 차이였다.

유방은 항우를 멸망시키고 낙양으로 개선했을 때, 자신의 승인(勝因)과 항우의 패인에 대해서 다음과 같이 말하고 있다.

"유막(帷幕 : 진영이나 본진)에서 작전을 모의하고 승리를 천 리 밖에서 결정짓는 점에서 나는 장량(張良)을 당해낼 수 없다. 내정의 충실, 민생의 안정, 군량의 조달, 보급로의 확보에서 나는 소하(蕭何)를 당해낼 수 없다. 또한 백만이나 되는 대군을 자유자재로 지휘해 승리를 거두는 점에서 나는 한신(韓信)을 당해낼 수 없다.

이 세 사람은 모두 뛰어난 인물이다. 나는 그 뛰어난 인물들을 마음대로 다룰 수가 있었다. 이것이야말로 내가 천하를 얻은 이유이다. 한편 항우에게는 범증(范增)이란 뛰어난 인물이 따르고 있었는데, 항우는 이 한 사람조차 다루지 못했다. 이것이 나의 먹잇감이 된 이유이다."

여기에서 유방이 들고 있는 장량, 소하, 한신, 세 사람은 하나하나의 능력을 비교하면 모두가 유방을 훨씬 웃돌았다. 그와 같은 유능한 부하가 많고 더구나 그들을 잘 다룬 것이 유방이 승리한 요인이 되는 것이다. 이것이 중요한 점이다. 사람을 다룬다고 해서 턱으로 지시를 내렸다거나 손발처럼 다루었다는 의미는 아니다.

유방이 부하를 다루는 방법에는 두 가지 특징이 있었다.

우선 첫째로 부하의 의견에 자주 귀를 기울인 것이다. 유방이란 사람은 자기 쪽에서 지시나 명령 따위를 거의 내리지 않는다. 무언가 문제가 생기거나 벽에 부딪치거나 하면 '어떻게 해야 할지' 부하에게 먼저 의견을 묻는다. 그렇게 의견을 물은 다음에 결단은 스스로 내린다. 이것이 유방의 방법이었다.

둘째의 특징은 성공 보수를 듬뿍 주는 것이다. 전쟁을 하면 당연히 전리품이 손에 들어온다. 그러나 유방은 그것을 한 푼도 자기 수중에 넣지 않고 모두 공을 세운 부하에게 나누어주었다. 현대식으로 말해서 이익이 올랐을 때에는 시원스럽게 보너스를 주었다고나 할까.

부하로서는 자기 의견이 채택되면 기쁨을 느끼는 동시에 책임도 느끼게 된다. 따라서 어떻게든 성공시키려고 분발한다. 성공하면 그것에 걸맞은 성공 보수가 약속되고 있다. 이렇게 되면 분발하지 않을 수 없다. 이 두 가지 방법으로 부하의 의욕을 이끌어낸 것이 바로 유방이었다.

이 점에서 항우의 방법은 대조적이다.

항우란 사람은 자신의 재능을 지나치게 과신하고 있었다. 싸움을 하면 연전연승, 무적의 힘을 발휘했고 게다가 나이도 젊었다. 24세에 거사를 해 유방에게 쫓겨 장렬하게 전사한 것이 30세이므로, 그가 활약한 것은 20대의 불과 몇 년 간이었다. 자신 과잉에 빠진 것도 무리는 아니다. 그런 탓인지 부하의 진언에는 전혀 귀를 기울이지 않고 언제나 독단전행(獨斷專行)으로 일을 처리했다. 또 전리품이 손에 들어와도 모두 독차지하고 부하에게는 나누어주지 않은 것으로 알려져 있다. 그 결과 항우는 유능한 부하들에게 잇따라 버림을 받아 고군분투하는 상태가 되었다.

요컨대 유방이 집단의 힘을 잘 이끌어내 싸운 데 비해 항우는 그것에 실패했다. 이 차이가 두 사람의 승패를 가르는 가장 큰 이유였던 것이다.

한신과 소하의 활약

유방의 위업을 도운 세 인물 가운데 한신(韓信)은 '가랑이 밑을 기어간'

고사(故事)로 알려져 있다.

젊어서 제대로 된 직업이 없이 무위도식으로 지내고 있을 때 불량배들이 시비를 걸었다.

"목숨을 내던질 용기가 있으면 날 찔러봐라. 그것이 무서우면 내 가랑이 밑을 기어서 지나가 보라."

한신은 조롱하는 상대의 안색을 한동안 살피다가 이윽고 땅바닥에 엎드려 가랑이 밑을 기었다는 이야기이다. 이것은 '참을 수 없는 것을 잘 참는' 좋은 예로 잘 알려져 있다.

한신은 백만이나 되는 대군을 자유자재로 지휘할 수 있었다고 한다. 그토록 용병의 재능에 뛰어났던 것이다. 그의 천재성을 가장 잘 말해주고 있는 것이 '배수의 진' 고사이다.

유방이 항우와 사투를 벌일 때 한신은 유방의 명령을 받아 북방의 약정(略定)에 머물고 있었다. 북방에서 항우의 배후로 돌아 대포위망을 구축한다는 작전이었다.

이때 한신은 20만의 적과 마주쳤다. 더구나 상대는 견고한 요새를 구축하고 있었다. 이에 대해서 한신의 군은 불과 1만, 게다가 보잘것없는 오합지졸(烏合之卒)의 군세였다. 정면으로 싸우면 승산이 없었다. 한동안 생각에 잠겨 있던 한신은 적의 요새 앞을 흐르는 강을 등지고 포진했다. 그것을 깨달은 적은 병법의 정석을 모르는 놈이라고 비웃었다.

이윽고 적은 기세도 등등하게 공격을 가해왔다. 한신의 군은 강을 등지고 있기 때문에 그 이상 도망을 갈 수도 없었다. 살기 위해서는 죽음을 무릅쓰고 싸우는 수밖에 없었다. 정신없이 싸우는 사이에 결국 적의 대군을 격파하고 크게 승리를 거두었다.

싸움이 끝난 뒤 휘하 장군들이 물었다.

"병법에는 산을 등지고 물을 앞에 두고 싸우라고 되어 있습니다. 그런데 이번의 싸움은 물을 등지고 싸우면서도 크게 승리를 거둘 수 있었습니다. 저희로서는 전혀 이유를 알 수 없습니다."

한신은 이렇게 대답을 했다.

"아니다. 이것도 훌륭한 병법이다. 그 증거로 '스스로를 사지(死地)에 두면 비로소 살 수가 있다'고 병법서에도 있지 않은가. 그것을 응용한 것이 이번의 배수진(背水陣)이다. 아무튼 우리 군은 오합지졸의 군세이므로 이를 안전한 곳에 두면 흩어져버려 해체되고 말 우려가 있다. 그렇기 때문에 일부러 사지에 두어 본 것이다."

"송구스럽습니다. 저희가 미처 생각지 못했습니다."

장군들은 이렇게 말하고 고개를 숙였다.

'사지'란 죽는 길밖에 없는 곳이란 의미이다. 《손자》의 병법에도 병사를 결사적으로 싸우게 하기 위해서는 사지에 두라고 했다. 한신의 배수진은 그것을 응용한 것이었다.

정석에서 벗어난 것처럼 보이면서도 실은 정석에 따르고 있었던 것이다. 정석을 머리에 익히고 그것을 임기응변으로 활용하는 곳에 한신의 천재성이 있었다.

한신 이상으로 유방의 승리에 공헌한 것이 소하(蕭何)라는 승상이다. 그는 한신과 달리 한 번도 전선에 나온 적이 없었다. 언제나 후방에 머물면서 국가의 경영에 임하고 전선의 유방에게 병력과 물자를 계속 보냈다. 유방이 패해도 전선을 재정비할 수 있었던 것은 이와 같은 소하의 공이 컸던 것이다.

후방 근무란 그저 수수한 일이다. 공성야전(攻城野戰)의 전공에 비하면 혁혁함이 없고 그다지 눈에 띄지도 않는다. 그러나 유방은 과연 달랐다. 그는 전후의 논공행상에서 수수한 후방 활동을 공적 제1위로 인정해 그 노고에 보답하였다.

소하가 공적 제1위로 인정되었을 때 역전(歷戰)의 장군들은 저마다 불만을 터뜨렸다.

"우리는 몸을 내던져 제1선에 서서 많은 자는 100수십 회의 전투에 참가하고 적은 자라도 수십 회는 싸웠습니다. 공훈에 대소의 차이는 있을망정 똑같이 성을 공략하고 땅을 점령한 것입니다. 그런데도 소하 나리는 한 번도 싸움터를 돌아다닌 적이 없고 오로지 탁상에서 문서 작성만 하고 있었던 것이 아닙니까. 그런데 우리보다 우위로 인정되다니 아무래도 납득이 안 갑니다."

이에 유방은 이렇게 말했다.

"그대들은 사냥이란 것을 알고 있나?"

"알고 있습니다만……."

"그러면 사냥개를 알고 있겠지?"
"알고 있습니다."
"그렇다면 잘 들어라. 사냥을 할 때 사냥감을 쫓아 숨통을 끊어놓는 것은 개이다. 그런데 그 개의 줄을 풀어 지시하는 것은 사람이겠지? 말하자면 그대들은 도망다니는 사냥감을 잡은 것뿐이고 공이라고 해도 개의 공이다. 거기에 비해 소하는 그대들의 고삐를 풀어 지시한 것이므로 결국은 인간의 공인 것이다."
여기에는 역전의 장군들도 말문을 닫고 말았다고 한다.
큰일을 성취하려고 생각하면 훌륭한 보좌역이 있어야만 한다. 유방에게 그 보좌역에 해당하는 사람이 이 소하였다. 소하는 마지막까지 일관해 충실한 명보좌역으로서 그 생애를 마쳤다.

명군사(名軍師) 장량

유방의 위업을 도운 세 사람의 뛰어난 인물 가운데 남은 한 사람이 장량(張良)이란 군사(軍師)이다. 한신이 영업담당 중역, 소하가 총무담당 중역이라고 한다면 장량은 요컨대 기획담당 중역이라고 할까. 중국 3000년 역사 가운데에서 지략이 뛰어난 군사라고 할 때 맨 먼저 인용되는 것이 이 장량이란 인물이다.
그런데 지략이 뛰어난 군사라고 말했을 때 신이 내린 기적 따위를 연상하는 경향이 있을지도 모르지만 그것은 아직 수준이 낮은 지략에 지나지 않는다. 진정 뛰어난 지략이란 다가오는 위험을 미연에 알아차리고 일찍부터 대책을 강구하는 능력을 가리킨다. 그와 같은 지략은 거의 사람의 눈에 띄지 않는다. 왜냐하면 사람들이 깨닫기 전에 이미 문제가 해결되고 있기 때문이다. 장량이 지니고 있었던 지혜도 실은 그와 같은 지략이었다. 하나만 예를 들어보도록 한다.
유방이 숙적 항우를 쓰러뜨리고 전후에 그 논공행상이 이루어졌다. 주된 공신들 20여 명에 대해서는 결정을 보았으나, 그 밖에는 평정이 늦어져 좀처럼 결정이 나질 않는다.
그런 어느 날, 유방이 회랑 2층에서 뜰에 시선을 보내고 있었다. 장군들이 이쪽저쪽에서 무리를 지어 툇마루 근처에 앉아 무언가 대화를 하고 있는 것 같았다. 이를 수상쩍게 여긴 유방이 뒤에 대기하고 있는 장량을 돌아보고 물었다.

"저자들은 무슨 이야기를 하고 있는 건가?"

"모르고 계셨습니까? 반란을 꾀하고 있는 것입니다."

"천하가 안정되었는데 반란이라니 무슨 이유인가?"

"폐하는 일개 서민의 몸으로 거사를 하고 그들을 지휘해 천하를 장악하셨습니다. 그런데 모처럼 폐하가 천자가 되셨다는데 봉지(封地)가 부여된 것은 소하를 비롯해 일찍부터 폐하의 마음에 드는 사람들뿐입니다. 한편 처벌을 받은 것은 모두 평소부터 미움을 받고 있었던 자들입니다. 지금 관계자가 각자의 공적을 평정하고 있는데 필요한 봉지를 합계하면 천하를 모두 내놔도 부족할 것 같습니다. 그들은 폐하가 모두에게 봉지를 주지 못하는 것이 아닐까, 과거의 실패로 처벌을 받는 것 아닐까 그것이 마음에 걸려 이렇게 모여서 반란을 꾀하고 있는 것입니다."

"어떻게 했으면 좋겠나?"

"폐하가 평소에 가장 미워하고 계시고 더구나 그것을 누구나 알고 있는 그런 인물은 없습니까?"

"있고말고. 옹치(雍齒)에게는 옛날부터 원한이 있다. 그 놈은 몇 번이나 나에게 대들었다. 죽여버리고 싶지만 공적이 커서 참고 있다."

"그러면 우선 옹치에게 봉지를 부여하시고 모두에게 그것을 발표해주십시오. 옹치가 봉지를 받았다면 모두가 자연스럽게 안정이 될 것입니다."

그래서 유방은 주연을 베풀고 옹치를 십방후(什方侯)라는 영주로 발탁하고 이를 기회로 관계되는 관리를 독촉해 논공행상을 서두르겠다는 뜻을 발표했다. 그 순간 장군들은 술을 마시다 그치고 '와' 하고 환성을 질러 '옹치도 영주가 되었다. 우리도 기대할 수 있다'는 희망을 나타냈다.

장량의 계책이 반란 일보 직전의 위기를 미연에 방지한 것이 된다. 대단한 일은 아닌 것 같지만 막상 자기가 그와 같은 판단의 입장에 서게 된다면 이처럼 티도 없이 더구나 효과적인 계책을 쉽게 생각해낼 수 있는 것은 아니다. 이런 것을 진정한 지모라고 해도 좋을 것이다.

장량은 대대로 한(韓)이란 나라의 재상을 지낸 뼈대 있는 가문 출신이었다. 유방을 비롯해서 그 부하 대부분이 최하층의 서민 출신이었던 것에 비하면 색다른 존재였다. 그런 탓인지 재능을 떨치는 것과 숨기는 것도 어딘지 모르게 유연하다. 유방의 천하가 이루어지자 완전히 현세에 대한 관심을 끊고 오로지 몸을 가볍게 하는 도인술(導引術)을 실행해 선인수행(仙人修行)에 힘썼다고 한다.

"나는 세 치의 혀로 제왕의 스승이 되어 1만 호의 영지를 감히 받아 열후의 반열에 올라 있다. 일개 서민의 몸으로서 이 이상의 영달은 없다. 나는 이제 이것으로 충분하다. 나머지는 속세를 버리고 옛날의 선인처럼 선계에서 노닐고 싶다."

장량이 어쩌다가 입궐해 유방과 이야기를 나눌 기회가 있어도 현실 정치에 관한 화제는 피하고 오로지 지난날의 추억담에 그치는 것이 상례였다고 한다.

유방은 황제의 자리에 오른 다음 8년 뒤에 세상을 떴다. 그동안 여기저기에서 반란이 발생해 진압에 애를 먹는다. 이때 모반의 혐의를 뒤집어쓰고 주살된 공신도 두세 사람에 그치지 않는다. 정치의 세계는 아직도 난세의 여운이 남아 어딘지 모르게 떠들썩하고 시끄러웠다. 장량의 선인수행은 이와 같은 정치의 계절을 내다본 지모군사(知謀君師)의 명철보신책(明哲保身策)이었는지도 모른다.

재상은 사소한 일에 관여하지 않는다

재상은 황제의 임명을 받아 정치를 도맡아 관리하는 입장에 있다. 문무백관의 리더이고 정치의 최고 책임자라고 해도 좋다. 그와 같은 입장에 놓여 있는 재상의 이상적 본연의 자세란 어떤 것인가. 이런 물음에 반드시 인용이 되는 유명한 이야기가 두 가지 있다.

우선 최초로 등장하는 것이 진평(陳平)이라는 인물이다. 그는 젊어서 유방에 봉사하고 지모의 작전 참모로서 유방의 승리에 공헌했다. 여섯 번 계책을 내 여섯 번 유방의 위기를 구한 것으로 알려졌을 정도로 뛰어나게 두뇌가 명석한 참모였다.

이 진평이 만년에 재상에 임명되어 한(漢) 제국의 버팀목이 된다. 그 무렵 유방은 이미 세상을 뜨고 젊은 문제(文帝)의 시대로 접어들고 있었다.

어느 날, 문제는 진평과 또 다른 재상인 주발(周勃)을 불러들였다. 중국에서는 원칙적으로 복수(複數)의 재상을 둘 때가 많았는데, 이때에도 주발과 진평 두 재상이 있었다.

문제는 우선 주발 쪽을 향해 물었다.

"재판 건수는 연간 어느 정도인가?"

"불초 소생은 알지 못하고 있습니다."

"그러면 국고의 수지(收支)는 연간 어느 정도로 되어 있는가?"

"참으로 면목이 없사옵니다. 그것도 확실한 것은……."

주발은 솔직하게 사죄할 수밖에 없었다. 송구스러워 등에 식은땀이 흘렀다. 문제는 하는 수없이 진평 쪽을 향해 똑같은 것을 물었다. 진평은 대답하였다.

"송구스러우나 그 건이라면 각 담당자에게 물어주십시오."

"담당자란 누굴 말하는 것인가?"

"재판에 관해서는 법무 장관, 국고의 수지에 관해서는 재무 장관입니다."

"제각기 담당자가 있다면 재상이란 도대체 무엇을 담당하고 있는 것인가?"

"송구스러우나 말씀드리겠습니다. 폐하께서는 저의 어리석음을 모르시고 황공하옵게도 재상에 임명해 주셨습니다. 본래 재상의 임무란 위로는 천자를 보좌하고 음양의 조화를 꾀해 사계의 순환을 순조롭게 하며, 아래로는 만민이 제각기 평안함을 얻게 하는 점에 있습니다. 또 밖으로는 사방의 오랑캐 및 제후를 어루만지며, 안으로는 만민을 따르게 하고 모든 관리가 맡은 바 직책을 완수하게 하는 데 있습니다."

"과연, 잘 알겠다."

문제는 그 같이 말하고 진평을 칭찬했다고 한다.

얼마 안 가서 주발은 자신의 부족함을 깨닫고 사임을 청원했으며, 그 뒤로는 진평이 혼자서 재상을 지내게 되었다. 그 재상의 일처리도 문제에게 스스로 말했던 것과 같았을 것이다. 즉 적재적소에 인재를 배치해 일을 맡기고 본인은 보조자로 일관해 조직이 원활하게 움직이도록 배려하는 그런 자세 말이다. 그만큼 무거운 역할이라고 해도 좋다. 그와 같은 진평을 그 무렵 사람들은 명재상으로 찬양했다.

진평과 함께 인용이 되는 또 한 사람이 있다. 병길(丙吉)이란 인물이다. 진평보다 120년 쯤 뒤, 선제(宣帝)라는 황제에 봉사한 재상이다. 그 병길에 대해서 이런 이야기가 전해지고 있다.

어느 봄날 병길이 수레에 올라 도시의 인파 속을 달리고 있었다. 그러다 때마침 난투 사건 현장에 이르게 되었다. 많은 사상자까지 나오고 있었다. 그러나 병길은 아무 일도 없었던 것처럼 지나쳤다. 얼마쯤 가자 이번에는 저쪽에서 소가 끄는 수레가 왔다. 소는 혀를 내밀고 몹시 허덕였다. 그것을 본 병길은 곧 수행자를 보내 묻게 했다.

"그대의 수레는 어느 정도의 길을 끌고 왔느냐?"

이때 이 상황을 이해하기 곤란했던 것은 수행하는 서기관이었다. 왜 난투 사건은 내버려두고 소가 허덕이는 것을 걱정하는가. 재상 나리는 경중(輕重)의 판단을 그르치고 있는 것이 아닐까. 서기관은 과감하게 물어보았다. 병길의 대답은 이러했다.

"아니다, 그렇지는 않다. 난투 사건을 단속하는 것은 '장안의 영(令 : 도지사)'이나 '경조윤(京兆尹 : 경시총감)'의 직책이다. 재상은 해마다 1회 근무평가를 해 그 상벌을 상주하면 그것으로 그친다. 재상은 세세한 일에 스스로 관여하지 않는 것으로, 노상에서 단속하는 일 따위는 당치도 않은 일이다. 소를 보고 수레를 멈추게 한 것은 다른 것이 아니라, 아직 봄도 이른데 소가 허덕이고 있으므로 너무 기운을 쓴 탓이 아닌가 해서 걱정이 되었기 때문이다. 재상의 직책은 음양의 조화를 꾀하는 데 있다. 그래서 일부러 수레를 멈추게 해 물어본 것이다."

서기관은 이를 듣고 자신의 어리석음을 부끄러워했다고 한다.

앞의 진평의 이야기 가운데에서도 음양의 조화를 꾀한다고 했는데 옛날의 중국인들은 이 세상의 일은 모두 음과 양의 조화 위에 성립한다고 생각했다. 이 조화가 이루어지면 평화롭게 다스려지고, 조화가 무너지면 이변이 생긴다는 것이다. 즉 음양의 조화를 꾀한다는 것은 그 조화가 깨지지 않도록 높은 곳에 서서 지켜보고 있는 것이 된다.

이상 두 이야기를 종합하면 재상에게 요구되는 자질이란 것은, 첫째로 대국적 판단, 둘째로 전체적인 조정 능력, 셋째로 적재적소에서 부하의 능력을 끄집어내는 것이라고 말할 수 있다. 지난날 중국 재상들의 자세에서 현대의 경영 간부들도 배우는 바가 많지 않을까.

리더가 자멸하는 구도

중국에는 또한 파격적인 폭군들이 많이 등장해 인간의 무시무시함을 엿보게 해준다.

중국의 역사에서 폭군이라고 하면 우선 들 수 있는 것이 은(殷)의 주왕(紂王)이란 인물이다. 그는 대단히 명민한 인물이었다. 그 명민함의 정도를 《십팔사략》은 다음과 같이 기술하고 있다.

'주왕은 천부적으로 변설에 뛰어나고 동작은 민첩하며 맹수를 때려눕힐 정도로 엄청난 힘의 소유자였다. 머리의 회전이 빨라 간언을 하는 자 따위는 간단하게 잠재우고 자신의 비행은 득의의 변설로 얼버무리고 만다.'

이것으로 보아도 대단히 명민한 인물이었음을 알 수 있다. 이와 같은 좋은 소질을 순수하게 꽃피웠더라면 명군까지는 아니더라도 훌륭한 왕으로서 이름을 남겼을지도 모른다. 그러나 주왕은 전형적인 폭군으로서 그 이름을 역사에 남긴다. 그 이유는 자기 조절 능력이 결여되어 언제나 욕망대로 행동했기 때문이다. 중국의 황제란 마음에 안 드는 신하를 죽이는 것쯤은 식은 죽 먹듯 할 정도의 절대 권력자였다. 그렇기 때문에 자기 통제가 안 되면 그 그릇된 길을 계속 치닫고 만다. 폭군이 폭군인 이유는 거기에 있다.

주왕은 달기(妲己)라는 미녀에게 빠져 그의 말이라면 무엇이건 들어주었다. 그리고 세금을 무겁게 부과해 궁전에 보물이나 곡물을 가득 채우고, 별궁을 확장하여 그곳에 술의 연못, 고기를 매단 숲을 두어 이른바 '주지육림(酒池肉林)'에 빠졌다. 이처럼 밤낮없이 노는 데만 정신이 팔렸던 것은 모두가 달기의 환심을 사려는 것이었다.

당연히 백성 가운데에서 불만의 소리가 높아지게 되었다. 그러자 주왕은 형벌을 무겁게 하고 엄하게 탄압했다. 신하 가운데에는 보다못해 간언하는 자까지 나타나게 되었다. 하지만 주왕은 듣는 둥 마는 둥 하고 간언하는 자를 모조리 죽여 버렸다. 그러다가 주왕은 신하에게도 백성에게도 버림을 받고 주의 무왕(武王)에 의해 멸망하고 말았다.

이와 같지는 않아도 비슷한 이야기는 현대에도 완전히 사라지지 않고 있나. 주왕과 똑같은 운명의 길을 걷지 않기 위해서는 리더인 자가 끊임없이 자기 조절을 게을리해서는 안 된다는 것이다.

주왕과 같은 근본적인 폭군과는 다르지만 치세 중반에 전락해 그동안의 실적과 명성이 도로아미타불이 되고 마는 황제도 적지 않았다. 그 전형으로서 양귀비와의 로맨스로 유명한 당(唐) 왕조의 현종(玄宗) 황제를 들 수가 있다.

현종은 당나라의 6대째 황제이고 그 치세는 44년의 긴 세월이었다. 그가 황제의 자리에 올랐을 때에는 27세, 의욕이 충만하여 힘을 다해 정치에 몰두했다. 그 결과 치세의 전반에는 '개원(開元)의 치(治)'로 불리는 훌륭한 시대를 구축하는 데 성공했다. 그것을 가능하게 한 이유로서 두 가지를 들 수가 있다.

첫째로, 현종은 본래 영특한 인물이고 리더로서의 결단력도 풍부했다. 그런 인물이 긴장해서 정치에 몰두하면 잘 될 수밖에 없다.

둘째로, 훌륭한 보좌역이 많았다. 현종은 그들의 의견에 귀를 잘 기울이고 그들도 또 힘을 합쳐 현종을 보좌했다.

이런 이야기가 전해지고 있다.

요숭(姚崇)이란 재상이 있었다. 어느 날 요숭이 말단 관리의 등용에 대해서 아뢰고 있는데, 현종은 궁전 지붕으로 시선을 돌린 채 일체 상대하려고 하지 않는다. 요숭은 송구스러워서 물러나왔다. 나중에 측근이 현종에게 간했다.

"재상이 정무를 아뢰는데 상대를 하려고 하지 않으신 것은 무슨 이유에서입니까. 국정을 총람(總攬)하시는 입장이신 황제로서의 태도로는 심히 납득이 되지 않습니다."

현종은 이렇게 대답하였다.

"짐은 서정(庶政)의 일체를 요숭에게 맡기고 있다. 국가의 중대사라면 또 몰라도 말단 관리의 인사 정도의 일로 일일이 짐을 귀찮게 할 필요가 있을까?"

나중에 이 이야기를 전해들은 사람들은 '폐하는 황제로서의 자세를 터득하고 계시다'라고 서로 평했다는 것이다.

또 이런 이야기도 있다.

한휴(韓休)라는 강직한 재상이 있었다. 현종은 주연 등으로 약간 도가 지나쳤을 때에는 언제나 측근에게 '한휴에게 알려지면 난처한데'라고 털어놓곤 했다.

어느 날 측근이 '한휴 나리를 재상으로 앉힌 뒤부터 폐하는 무척 여위셨습니다'라고 은연중 한휴의 경질 의사를 내비쳤는데 현종은 '한휴 덕택에 나는 여위었다. 하지만 천하는 살이 쪘다'고 말했다는 것이다.

이와 같이 뛰어난 보좌역이 많아 자신도 마음의 긴장을 풀지 않고 정치에 임했기 때문에 훌륭한 시대를 구축할 수가 있었던 것도 당연하다.

그러나 현종은 치세 후반으로 접어들자 태평함에 익숙해져 정치에 싫증이 나고 긴장이 완전히 풀어지고 말았다. 긴장감을 잃은 그는 오로지 양귀비(楊貴妃)와의 로맨스에 빠져 있었다. 그렇게 되자 보좌를 하는 재상 자리에도 아첨을 하는 자나 무능한 자를 등용하게 되었다. 그 결과 나라 정치의 근본은 흔들리고 이윽고 대규모의 반란이 발발해 당나라 왕조는 붕괴 위기에 직면하게 되었다. 이 모두가 원인을 따지자면 황제인 현종이 긴장감을 잃고 정치를 돌보지 않게 되었기 때문이다.

이것 또한 결코 남의 일이 아니다. 리더가 긴장감을 잃고 소홀하게 경영을 하면 순식간에 조직은 붕괴의 위기를 맞게 된다. 현종 황제의 실패는 그것을 가르쳐주고 있다.

손자

《손자(孫子)》에 대해서

《손자》는 전부 6000 수백 자, 중국의 고전 가운데에서는 결코 긴 편은 아니다. 시계편(始計篇)에서 시작해 작전(作戰), 모공(謀攻), 군형(軍形), 병세(兵勢), 허실(虛實), 군쟁(軍爭), 구변(九變), 행군(行軍), 지형(地形), 구지(九地), 화공(火攻), 용간(用間)의 계 13편으로 이루어진다. 각 편 모두 '손자 왈'로 시작된다. 즉 손자의 말을 수록한 것으로 구성으로 되어 있다.

손자는 이름을 무(武)라고 했다. 이 사람에 대해서는 그다지 상세한 것은 알려져 있지 않다. 제(齊)나라의 사람으로도 오(吳)나라의 사람으로도 전해진다. 《사기(史記)》에 따르면 《손자》 13편을 저술해 오왕 합려(闔閭)에게 인정을 받아 장군으로서 그 부강(富强)에 공헌했다고 되어 있다. 그러나 그 이상의 상세한 사적은 모르고 있다.

손무 이후 전국시대에 걸쳐서 많은 병법서가 씌어졌으나 그 가운데에서 《손자》는 대표적인 병법서로서 살아남아 널리 읽혀져 왔다. 그 이유는 인간에 대한 깊은 통찰에 바탕을 두고 승부에 관한 행동 법칙을 알아내고 있기 때문이다.

《손자》의 말

병자궤도야(兵者詭道也)——전쟁은 모략으로 적을 기만하는 것이다. 상도(常道)가 아니다. 〈시계편(始計篇)〉

백전백승(百戰百勝), 비선지선자야(非善之善者也)——싸우면 반드시 이긴다는 것은 최상의 용병은 아니다. 싸우지 않고 적을 굴복시키는 것이야말로 최선이다. 〈모공편(謀攻篇)〉

지피지기(知彼知己), 백전불태(百戰不殆)——적을 알고 동시에 내 힘까

지도 아는 경우, 싸움에 지는 일은 없다. 〈모공편(謀攻篇)〉

선전자승(善戰者勝), 승이승자야(勝易勝者也)——잘 싸우는 자, 즉 선전하는 자가 이긴다는 말이 있는데 그것은 이기기 쉬운 필승의 전망이 있는 상대와 싸워서 이기는 것을 말한 것이다. 〈군형편(軍形篇)〉

병형상수(兵形象水)——군세의 움직임은 물의 흐름으로 비유해야 한다. 〈허실편(虛實篇)〉

이우위직(以迂爲直), 이환위리(以患爲利)——우회를 직선으로 한다. 즉 간접이면서 직접의 실효를 거두고 자신의 화를 바꾸어 유리하게 하는 것. 형세역전의 법, 또 급할수록 돌아가라는 뜻. 〈군쟁편(軍爭篇)〉

기질여풍(其疾如風), 기서여림(其徐如林), 침략여화(侵掠如火), 부동여산(不動如山)——빠르기는 바람과 같고, 고요하기는 숲과 같다. 또 적지에 침공을 개시하면 타오르는 불길의 기세로 하고, 수비를 하면 산처럼 움직이지 않는다. 그것이 전선에 있는 군의 태세이어야 한다. 〈군쟁편(軍爭篇)〉

시여처녀(始如處女), 후여탈토(後如脫兎)——처음에는 처녀처럼 부드럽게 조용히, 일단 결심이 서면 그물에서 빠져나가는 토끼처럼 재빠르게 단행한다. 〈구지편(九地篇)〉

승산이 없으면 싸우지 않는다

《손자》는 말할 것도 없이 병법서의 대표적인 고전이다. 중국의 고전이라기보다는 오히려 세계의 고전이라고 할 수 있다. 지금으로부터 2500여 년 전에 쓰인 것이지만 그 내용은 지금도 결코 낡은 것이 아니다. 오히려 현대를 살아가는 우리에게 아직도 귀중한 암시를 해주고 있다.

《손자》는 본래가 병법서이므로 쓰여 있는 내용은 어떻게 하면 싸움을 유리하게 진행할 수 있는지, 즉 승리하기 위한 전략 전술, 패배를 맛보지 않기 위한 전략 전술이 많이 담겨 있다.

그러나 《손자》의 매력은 그와 같은 싸움의 원리 원칙이 쓰여 있는 곳에만 있는 것은 아니다. 그 가운데에서 전개되고 있는 전략전술론이 인간에 대한 깊은 통찰에 의해서 뒷받침되고 있으므로, 전쟁뿐만 아니라 인간 관계의 모든 면에 걸쳐서 응용할 수 있는 점에 또한 매력이 있다.

재계의 유명한 인사 중에 '손자를 읽고 인간 사회를 사는 지혜를 배웠다'고

술회하는 경우를 종종 본다. 인간 관계의 참고서로서, 더 나아가 경영 전략의 텍스트로서도 읽을 수 있다는 점에 《손자》의 현실적인 의미가 있다.

《손자》의 병법은 극히 유연한 사고 방식으로 일관한다. 그곳에서 역설되고 있는 전략 전술은 크게 두 전제 위에 성립되어 있다.

첫째는 승산이 없으면 싸우지 말라—승리할 가망이 없는 싸움은 하지 말라는 것이다.

둘째는 싸우지 않고 이긴다는 것이다.

이 둘째의 전제에 대해서는 나중에 언급하기로 하고, 우선 첫째의 '승산이 없으면 싸우지 말라'는 것에 대해서 생각해보자. 《손자》에서는 이렇게 말하고 있다.

'승산이 많을 때에는 이기고 승산이 적을 때에는 이기지 못한다. 하물며 승산이 전혀 없을 때에는 말할 나위도 없다.'

또 이렇게도 말한다.

'전력이 열세이면 철수한다. 승산이 없으면 싸우지 않는다. 아군의 전력을 무시하고 강력한 적에게 도전을 하면 무모하게 적에게 미끼가 될 뿐이다.'

이 두 글귀를 접하고 보통 사람들은 특별히 새로운 것이 없다고 생각할지도 모른다. 하지만 이 전법은 오늘날의 비즈니스 전략에도 쓰이는 경향이 있다. 확실히 어떤 의미에서는 적극적이고 과감한 경영 자세가 오늘날의 경제 번영의 기초를 구축해왔다고도 말할 수 있으나, 앞으로는 정말 어렵지 않을까. 승산 없는 싸움은 반드시 벽에 부딪칠 때가 온다. 새로운 사업을 시작한다, 또는 새로운 분야에 진출한다, 그와 같은 때에는 반드시 확실한 전망을 세운 뒤에 시작하길 바라는 것이다.

어느 나라건 명장으로 일컬어지는 사람들은 결코 무리한 싸움이나 승산이 없는 싸움은 하지 않는다.

이를테면 《삼국지》에 등장하는 조조 같은 뛰어난 인물이 그렇다.

그가 펼치는 전법의 특징은 '행운에 의한 승리는 없는' 것으로 평가되고 있다. 행운의 승리란 요행으로 승리하는 것이다. 조조의 경우, 이와 같은 승리는 없었다. 바꾸어 말해서 확실한 승산을 세워 작전 계획대로 싸워서 승리를 거두는 것이 그가 승리하는 방법이었다는 것이다. 즉 '승산이 없으면 싸우지 말라'는 기본 원칙대로 실천함으로써 무적의 군단을 만들어낸 것이 조조였다.

《손자》를 배우려는 사람은 우선 이 '승산이 없으면 싸우지 말라'는, 언뜻 보기에 흔해빠진 말을 우선 명심하고 곱씹어보기 바란다.

싸우지 않고 승리한다

《손자》 병법의 둘째 전제는 '싸우지 않고 이긴다'는 것이다. 즉 '백전백승이 최선은 아니다. 싸우지 않고 적을 굴복시키는 것이야말로 최선이다'라는 말이 그것이다.

이것은 워낙 유명한 말이기 때문에 알고 있는 분도 많을 것으로 생각한다. 요컨대 백 번 싸워서 백 번 이겼다고 해도 최선책이라고 말할 수는 없다. 싸우지 않고 적을 굴복시키는 것이야말로 최선의 방법이다, 라는 것이다. 《손자》는 또 이렇게도 말한다.

'최고의 전법은 사전에 적의 의도를 간파해 이를 봉쇄하는 것이다. 여기에 이어지는 것이 적의 동맹 관계를 분단해 고립시키는 것, 셋째가 전투를 벌이는 것, 그리고 최하의 방책이 성을 공략하는 것이다. 성의 공략은 어쩔 수 없이 사용하는 최후의 수단에 지나지 않는다.'

힘으로 상대를 굴복시키는 것은 비록 승리를 했다고 해도 최하의 방책이라는 것이다. 왜 그럴까. 여기에는 두 가지 이유가 있다고 생각한다. 하나는 힘으로 밀어붙이는 싸움은 아무리 잘 싸웠다고 해도 상당한 손해를 면할 수 없다. 그것은 상책이 아니다. 또 하나는 오늘날의 적은 정황이 바뀌면 내일의 우군이 될 가능성이 있다. 그럴 바에는 상대에게 상처를 입히지 말고 우군으로 붙게 하는 것이 상책인 것이다. 따라서 싸우지 않고 상대를 굴복시키는 것이 최고의 전법이 된다.

그러면 '싸우지 않고 승리'하기 위해서는 구체적으로 어떤 방법이 있을까. 두 가지 방법을 생각할 수 있다.

하나는 외교 교섭으로 상대의 의도를 봉쇄하는 것이다. 그것을 위해서는 당연히 외교 교섭의 흥정에 뛰어나야 한다.

또 하나는 모략이라든가 지략을 구사해 상대를 얼빠지게 하는 방법이다. 힘으로 이기는 것이 아니고 머리로 이긴다고 해도 좋을 것이다.

《손자》에 '전쟁은 궤도(詭道), 즉 모략으로 적을 기만하는 것이다'라는 유명한 말이 있다. '궤도'란 말은 곧 적을 기만하는 것, 적의 눈을 혼란하게 하는 것이다.

이 '궤도'에 대해서 《손자》는 이렇게 말하고 있다.

'이를테면 할 수 있는 것을 못하는 척하고, 필요한데도 불필요한 것처럼 보이게 한다. 멀어지는 것처럼 보이게 하고 다가가고, 다가가는 것처럼 보이게 하고 멀어진다. 휴식이 충분한 적은 지치게 만들고 단결하고 있는 적은 이간질한다. 적의 약점에 파고들어 적의 의표를 찌른다.'

이것이 '궤도'이다. 또한 모략이라든가 지략이라고 해도 좋다.

복싱에서 비슷한 예를 들 수 있을 것 같다. 복싱 챔피언들은 흔히 '복싱은 어차피 속임수'라고 말하고 '자신보다 고도의 기술을 보유하고 있는 상대를 때려눕히기 위해서는 상대 전술의 의표를 찔러 싸웠다'고도 말한다. 이와 같은 것도 《손자》가 말하는 '궤도'에 해당할 것이다.

요컨대 '싸우지 않고 이긴다'는 것은 힘으로 이기는 것이 아니라, '머리를 써서 이기는 것'이다. 현대식으로 말해서 아이디어로 승부한다는 것과 일맥상통할 것이다.

병력의 형태는 물을 본뜬다

이미 말한 바와 같이 '승산이 없으면 싸우지 말라', '싸우지 않고 이긴다.' 이것이 《손자》 병법의 두 가지 대전제이다.

그런데 힘으로 밀어붙여 상대를 굴복시키는 것은 어리석기 그지없는 짓이라는 《손자》의 입장에서 보면, 굳이 싸우지 않을 수 없는 경우의 싸움도 극히 유연한 사상으로 일관하고 있다.

《손자》는 싸움의 이상을 물의 모습에서 추구하여 '병력의 형태는 물을 본뜬다'고 말하고 있다. 물이란 넣는 그릇 여하에 따라서 변환이 무상한 유연성을 지니고 있다. 상대의 저항을 피해 낮은 쪽으로 낮은 쪽으로 흘러간다. 그와 동시에 사용 방법 여하에 따라서 엄청난 에너지를 간직하고 있다. 소용돌이치는 격류가 되면 어떤 큰 바위나 나무라도 쓸어버리고 만다.

유연하면서 속 깊은 곳에 간직한 엄청난 에너지—《손자》가 생각하는 싸움의 이상이 이것이다.

이와 같은 발상에 가까운 것으로 '처음에는 처녀처럼, 나중에는 달아나는 토끼〔脫兎〕처럼'이란 말이 있다. 사람들의 입에 자주 오른 이 말도 실은《손자》에서 인용한 것이다.

'처음에는 처녀처럼'이란 것은 수세(守勢)로 돌아섰을 때에는 방비를 굳히고 움직임을 멈춘다는 의미이다. '나중에는 달아나는 토끼처럼'이란 말은, 일단 공세로 전환하면 상대에게 틈을 주지 않고 단숨에 공격을 가해나가는 전법이다.

그 반대는 멋이 없다. 수세로 돌아섰을 때에 달아나는 토끼처럼 뛰쳐나간다는 것은 졸렬한 전법이다. 또 공격으로 돌아섰을 때 처녀와 같은 공격법을 쓴다는 것은 실격이다. 어디까지나 '처음에는 처녀처럼 나중에는 달아나는 토끼처럼' 해야 한다.

이런 것도 명백히 물의 형태에서 배운 용병이라고 할 수 있다.《손자》의 병법에는 또 '실(實)을 피하고 허(虛)를 친다'는 전법이 있다. '실'이란 전력이 충실한 상태, '허'란 전력이 허술한 상태를 의미한다.

즉 '실을 피해 허를 친다'는 것은 상대의 전력이 충실해지고 있는 곳은 피하고 허술한 곳을 공략하라는 것이 된다. 확실히 이런 전법이라면 패배할 걱정이 적고 승리할 확률이 극히 높다.

《손자》는 다음과 같이 말한다.

'물은 높은 곳을 피해 낮은 곳으로 흘러가는데, 충실한 적을 피해 상대의 허점을 치고 나가야 한다.'

《손자》의 병법은 이상 말해온 것에 국한하지 않고 이르는 곳마다 무리가 없는 유연한 전법을 역설하고 있다. 정면 돌파의 강행 작전이라든가, 병력을 무시한 무리한 공세라든가, 또는 결사적인 옥쇄(玉碎 : 충절 등을 지켜 깨끗이 죽는 것) 전법은《손자》에 의하면 소용없는 계책일 뿐이다.

그러면 강대한 적과 싸우지 않을 수 없을 때에는 어떻게 하면 좋을까. 정면으로 싸워서는 승산이 없다. 하지만 아무래도 싸우지 않을 수 없을 때가 때로는 있다. 이와 같은 때에는 우선 생각할 수 있는 다양한 계책을 강구해 상대의 방심을 유도하고, 그런 다음 상대가 전혀 예상하지 않고 있는 부분에 공격을 가하라고 말하고 있다.

둘째로 적의 병력을 분산시켜 두고 아군은 집중해서 싸우라고 말한다. 예를 들어 아군의 병력은 1이고 적의 병력은 5라고 치자. 그대로 1대 5의 싸움을 벌이면 처음부터 고전을 면할 수 없다. 이때 적의 병력을 10으로 분산시켜 그 하나에 공격을 가하면 1의 병력으로 0.5의 병력과 싸우게 된다. 이거라면 유리하게 싸움을 진행시킬 수 있다는 것이 《손자》의 사고 방식이다.

셋째로 《손자》는 상대를 이쪽의 페이스에 말려들게 하라고 말한다. 누구에게나 잘하는 것과 못하는 것이 있다. 상대에게는 장점을 발휘하지 못하게 하고 자신은 충분히 장점을 발휘해 싸울 수 있는 상태로 가져가라는 것이다.

물의 모습에서 배울 것을 역설하는 《손자》는 더 나아가 그때그때의 정황에 따라서 임기응변으로 싸우라고 역설하고 있다.

'물에 일정한 형태가 없는 것처럼 싸움에도 불변의 태세 따위는 있을 수 없다. 적의 태세에 따라 변화하면서 승리를 쟁취해야만 절묘한 용병이라고 말할 수 있다.'

병법서란 싸움의 원리 원칙을 정리한 책이다. 그러나 원리 원칙을 머릿속에 넣어두기만 하면 싸움에 이길 수 있는 것이 아니다. 중요한 것은 임기응변의 운용이다. 물론 원리 원칙을 알아두는 것은 필요하다. 그러나 승리를 거두는 열쇠는 원리 원칙을 어떻게 적절하게 운용할 수 있는지, 이 점에 달려 있다.

이와 같은 물의 모습에서 배우는 유연한 전법은 전쟁에만 유효한 것은 아니다. 인생을 사는 지혜로서도 크게 참고가 될 것이다.

곡선 사고(曲線思考)의 권유

인생을 사는 지혜를 말할 때 역시 《손자》에 '우(迂)로 직(直)을 이룬다' 또는 '우직(迂直)의 계'로 불리는 계모(計謀)가 있다.

우(迂)란 멀리 도는 것, 직(直)은 곧다는 뜻이다. 즉 공격을 할 때에는 쉴 새 없이 퍼붓지 않는다. 멀리 돌면서 결과적으로는 빠르게 목적을 달성한다는 것이다. 알기 쉽게 말해서 급할수록 돌아가라는 사고 방식이다.

우(迂)란 거리상으로, 시간적으로 우회로를 가리키는 말이다. 언뜻 봐서는 길이 멀어보이는 방법이 도리어 빠르고 확실하게 목적을 달성한다는 것이다.

이를테면 엉킨 실타래가 있을 때, 이 실의 엉킴을 풀려고 무턱대고 잡아당기거나 하는 사람은 없다. 그렇게 하면 실의 엉킴은 더욱더 심해진다는 것을 경험으로 알고 있기 때문이다. 풀기 위해서는 역시 시간을 들여서 조심조심 풀어나가는 것 이외에는 방법이 없다.

인간 관계에 대해서도 완전히 똑같이 말할 수 있다. 뒤틀린 인간 관계를 제자리로 되돌리려면 역시 시간을 들여서 대처해야 하는 것이다.

일을 진행하거나 교섭을 할 때에도 무턱대고 맹렬하게 공격을 가하거나 갑작스럽게 일을 매듭지으려고 하면 도리어 망가지고 만다. 이와 같은 때에는 냉각 기간을 두고 서서히 이야기를 진행해 나가는 편이 오히려 효과가 있다. 이른바 '곡선 사고(曲線思考)'라고 해도 좋을 것이다.

곡선 사고라고 하면 《손자》에 '막다른 지경까지 내몰린 궁구(窮寇)에게는 다가가지 말라'는 유명한 말이 있다.

궁구란 궁지에 몰린 적을 말하는 것이다. 이런 적은 공격을 해서는 안 된다고 말한다. 왜냐하면 그럴 경우에는 적도 결사적으로 저항을 해 뜻하지 않은 손해를 입게 되기 때문이다. 이미 말한 '싸우지 않고 이기는' 것과도 일맥상통하는 발상이다.

그러면 적을 궁지에 몰아넣었을 때 어떻게 하면 좋을까. 《손자》는 그 회답으로서 다음과 같이 말하고 있다.

포위한 적에게는 반드시 도망갈 길을 열어두라는 것이다. 어떻게든 살길이 있음을 알게 되면 결사적으로 반격을 해오지 않는다는 것이다.

이것은 인간 관계에서도 고스란히 들어맞는다. 아무리 상대에게 잘못이 있다고 해도 설 자리가 없는 상태로 내몰면 언제 어딘가에서 그 보복을 당할 것을 각오하지 않으면 안 된다.

상대를 도망갈 곳이 없는 곳까지 내몰면 비슷한 경우의 일이 현실로 발생할 수 있다. 꾸짖을 때라도 피할 길만은 열어두라, 이것이 《손자》의 '위사필궐(圍師必闕 : 포위된 적에게 반드시 도망갈 구멍을 열어 준다)'이란 말의 가르침이다.

타인과 토론을 할 때에도 똑같이 말할 수 있다. 치밀한 논쟁을 펴 완벽할 정도로까지 상대를 몰아세우고 만족한 표정을 짓고 있는 사람을 가끔 목격한다. 자신은 기분이 좋을지 모른다. 하지만 수세에 몰린 상대의 입장이 되어보기 바란다. 아무리 생각해도 좋은 결과는 기대할 수 없을 것이다. 상대의 지지를 얻지 못할 뿐만 아니라 언제 어딘가에서 강렬한 반격을 당할 것이 뻔하다.

타인과의 사이에 마찰이 생겼을 때에는 우선 상대의 의견에 귀를 기울인다. 그리고 상대의 체면을 손상하지 않도록 빠져나갈 구멍을 만들어주면서 주장해야 할 것은 주장한다. 그쪽이 도리어 잘 될 때가 많다. 이런 것도 《손자》가 자랑하는 유연한 곡선 사고라고 할 수 있다.

지(智), 용(勇), 신(信)

《손자》를 비롯해서 병법서의 분야에 속하는 책들은 기본적으로 장수라든가, 지도자라든가, 조직의 리더가 읽어야 하는 것이다. 그러면 《손자》는 리더의 조건으로서 무엇을 추구하고 있는지, 그것을 조금 살펴보기로 하자.

《손자》는 리더의 조건으로서 다음과 같은 다섯 항목을 들고 있다.

첫째는 '지(智)', 둘째는 '용(勇)', 셋째는 '신(信)', 넷째는 '엄(嚴)', 다섯째가 '인(仁)'이다.

우선 '지'. 흔히 이해가 깊다고 말하는데 정황을 이해하는 힘이 '지'이다. 바꾸어 말해서 선견력이라고 할 수 있다.

《손자》에 '상대를 알고 나를 알면 백번 싸워도 위태롭지 않다'는 유명한 말이 있다. 그를 알고 나를 알기 위해 필요한 것이 이 '지'인 것이다.

앞서 말한 것처럼 '승산이 없으면 싸우지 않는다'는 것이 《손자》 병법의 대전제인데, 승산이 있는지 없는지를 확인하는 것이 즉 이 '지'이다.

다음은 '용'. 즉 용기, 또는 결단력이다.

《손자》는 무턱대고 돌진하는 용기는 평가하지 않는다.

그러면 《손자》가 말하는 진정한 용기란 어떤 용기인가. 그것은 승산이 없는, 승리할 가망이 없다고 판단했을 때에는 단호하게 철수하는 용기, 즉 과감하게 뒤로 물러나는 것을 터득한 용기인 것이다.

예부터 천하를 잡은 자들은 한결같이 철수의 결단이 빠르다. 이것이 그들의 공통적인 특징이 되고 있다. 결코 무리하게 밀어붙이지 않는다. 이 이상 밀어붙여도 승산이 없다고 확인했을 때에는 주저하지 않고 재빠르게 철수한다.

예를 들면 진 왕조가 멸망한 뒤, 숙명의 라이벌로서 패권을 다툰 '항우와 유방'에서 유방의 경우도 그랬다. 이 두 사람은 처음에 항우 쪽이 압도적으로 우세하고 유방은 지고만 있었다. 그러나 유방은 결코 무리한 싸움은 하지 않았다. 틀렸다고 보면 깨끗이 철수해 다음의 싸움에 대비했다. 이렇게 해서 도망을 다니고 있는 사이에 항우 쪽에 피로가 나타나 형세가 역전되었다. 즉 유방의 승리는 철수의 승리라고 해도 지나친 말은 아니다.

그리고 《삼국지》의 조조라는 인물도 도망가는 발걸음이 빠른 점에서 유명했다. 그는 《손자》의 병법을 잘 연구해 싸움에 임해서는 대단히 높은 승률을 올렸다. 승리한 이유는 역시 결코 무리한 싸움은 하지 않는 것에 있다. 그가 그 시대에 북중국의 패자로 승승장구한 이유는 한마디로 철수의 결단을 재빠르게 내리는 재능에 있었다고 할 수 있다.

한편 손자가 지적하고 있는 리더의 조건, 그 셋째는 '신(信)'이다. 이 말의 본래의 뜻은 거짓을 말하지 않고 약속을 지킨다는 것이다. '신'은 예부터 중국인 사회에서 인간으로서 최소한의 조건으로 간주되어 왔다. 태연하게 거짓을 말하고 약속을 지키지 않는 그런 부류의 인간은 도저히 인간으로 간주되지 않는 존재였다.

그러면 왜 《손자》는 이 자명한 '신'을 특별히 리더의 조건으로 든 것일까. 그것은 다분히 부하에 대한 통솔력에 크게 연관이 되기 때문이 아니었을까. 왜냐하면 태연하게 한 입으로 두 말을 하는 리더에게는 부하가 따르지 않는다. 그렇게 되면 부하의 마음을 장악할 수가 없다.

우리가 자칫 인간 관계에서 실패하는 것은 이른바 경솔하게 떠맡는 것이 원인일 때가 많다. 깊이 생각도 하지 않고 '알았다, 알았다'고 고개를 끄덕인 뒤에 그런 이야기는 없었던 일로 해달라고 할 때가 흔히 있다. 이렇게 되면 부하가 따르지 않는다. 이를 피하려면 리더는 발언에 신중을 기하여야 한다.

이상, 《손자》가 든 리더의 기본적 조건 지(智), 용(勇), 신(信)의 세 가지에 대해서 기술해 보았다.

엄(嚴)과 인(仁)의 조절

《손자》가 든 리더의 조건, 나머지는 엄(嚴)과 인(仁) 두 가지이다.

'엄'이란 엄격한 태도 , 즉 신상필벌로써 부하에게 임한다는 것이다. 이에 대해서는 《손자》의 저자인 손무에 대해 다음과 같은 유명한 일화가 있다.

어느 때 손무가 왕의 부탁으로 후궁인 미녀 180명을 모아 부인 부대를 편성해 훈련을 하게 되었다. 우선 180명을 두 부대로 나누고 왕의 마음에 드는 미녀 두 사람을 각각 대장에 임명한 다음 우선 호령에 대해 설명을 했다.

"우향우 하면 우로 향하고, 엎드려 하고 말하면 맨바닥에 엎드린다."

그는 이것을 되풀이해 설명한 다음 드디어 훈련에 착수했다.

그런데 북을 울려 호령을 붙여도 여자들은 낄낄대고 웃기만 할 뿐, 좀처럼 호령에 따르려고 하지 않는다. 손무는

"내가 잘못했다. 호령을 이해하지 못했을 것이다."

라고 말하고 다시 한 번 알기 쉽게 풀어서 설명을 하고 그런 뒤 다시 북을 울려 구령을 붙였다.

"우향우."

그러나 여자들은 또다시 낄낄대고 웃기만 했다. 그러자 손무는

"앞서 나의 설명은 나빴으나 이번에는 다르다. 모두가 구령을 이해했을 것이다. 구령대로 움직이지 않는 것은 대장의 책임이다."

라고 말하고 두 대장을 그 자리에서 베어버리고 말았다. 그리고 새롭게 대장을 임명하고 세 번째 훈련에 착수했다.

그러자 여자들은 이번에야말로 대장의 구령 아래 정연하게 행동하고 누구 한 사람 소리를 내는 자조차도 없었다.

이것이 《손자》가 말하는 '엄(嚴)'의 비법인 것이다. 부하를 통솔하려면 우선 이와 같은 엄한 태도가 필요하다고 《손자》는 말한다.

그러나 '엄함'만으로는 명령에 따르게 할 수는 있어도 승복하게 할 수는 없다. '면종복배(面從腹背 : 겉으로는 복종하는 체하면서 내심으로는 배반함)'의 사태를 종종 일으키게 된다. 그래서 필요한 것이 '인(仁)'이라는 게 《손자》의 사고 방식이다. '인'이라는 말은 좀처럼 설명하기 어려우나 알기 쉽게 말해서 배려라는 의미이다. 상대를 이해하는 것, 상대의 입장이 되어 생각하는 것이라고 할 수 있다.

어느 중대장이 의사 소통을 밀접하게 함으로써 대원의 의욕을 끄집어내는 데 성공했다면 그와 같은 배려 역시 《손자》가 말하는 '인(仁)'이다.

또 하나 예를 들어보자.

일찍이 명재상으로 알려진 주은래(周恩來)에 관한 이야기이다. 홍콩의 어느 대학 교수가 이런 이야기를 했다. 제자들이 대륙을 여행하고 돌아오면 열이면 열 모두 주은래의 심취자(心醉者)가 되어 돌아오는 것이 아닌가. 이 대학은 사상적으로는 본래 '반공주의(反共主義)'를 내세우는 대학이었다. 따

라서 대학생들도 중국공산당의 방법에는 의문을 가지고 있었을 것이다. 그런데 한 번이라도 주은래를 만나 이야기를 들으면 이상하게도 누구나 주은래의 지지자가 되고 만다는 것이다.

수상 직위에 있던 주은래는 몹시 바쁜 몸이었다. 그런데도 틈을 내 학생들을 만나고, 더구나 그 의견에 열심히 귀를 기울여 의문이나 질문에도 하나하나 지극히 자상하고 친절하게 대답을 해주었다. 보통 정치가라면 속이거나 얼버무리거나 할 곳에서도 주은래는 성심 성의껏 대답했다는 것이다. 그것이 젊은 학생들의 마음을 사로잡은 것도 무리가 아니라고 그 대학의 어느 교수가 말했던 것이다. 약간의 배려에 불과하지만 이런 것도 그야말로 일종의 '인(仁)'이라고 할 수 있을 것이다.

단, '인'만 있고 '엄격함'이 없으면 조직의 기강이 흔들리게 된다. 야합(野合)이 생기고 조직에 짜임새가 없어지고 마는 것이다. 그렇게 되지 않기 위해서는 '인'으로 부하를 대하면서 한편으로는 '엄격함'으로 일관할 필요가 있다.

요컨대 '인(仁)'만으로도, '엄(嚴)'만으로도 안 된다. '인'과 '엄'의 조화를 어떻게 취할 것인가가 부하를 대하는 리더의 마음가짐이라고 《손자》는 말하고 있는 것이다.

오자

《오자(吳字)》에 대해서

'손오(孫吳)의 병법'으로 일컬어지듯이 《오자》는 《손자》와 나란히 중국의 병법서를 대표하는 고전이다. 전국시대 초기의 병법가 오기(吳起)의 지론을 정리한 것으로 도국(圖國), 요적(料敵), 치병(治兵), 논장(論將), 응변(應變), 여사(勵士)의 6편으로 이루어져 있다.

오기는 전국시대 초, 위(魏)의 문후(文侯 : 재위 BC 445~396년)에게 용병의 재능이 인정되어 봉사하고 그 부강에 공헌했다. 그런데 문후의 사후에는 중신들과 의견이 맞지 않아 위를 떠나서 초(楚)의 도왕(悼王 : 재위 BC 401~381년)에게 봉사하고, 이곳에서는 오로지 정치의 재건에 임한 것으로 알려져 있다. 오기는 단순한 용병가(用兵家)가 아니라 정치가로서도 한 몫을 한 일류의 인물이었던 것 같다.

《오자》라는 병법서는 그와 같은 오기의 생애를 반영하고 있다. 싸움의 전술 전략뿐만 아니라 정치 본연의 모습과 위정자의 마음가짐에 대해서도 열정적인 호소를 하고 있다.

《오자》의 말

선화이후조대사(先和而後造大事)——먼저 화합한 후에 대사를 이룬다.

〈도국편(圖國篇)〉

시이수승득천하자희(是以數勝得天下者稀), 이망자중(以亡者衆)——여러 차례 승리해 천하를 얻은 자는 드물고 망한 자는 많다. 〈도국편(圖國篇)〉

견가이진(見可而進), 지난이퇴야(知難而退也)——승리할 조건이 있으면 진격을 하고 승리하기 어려움을 알면 물러간다. 만일의 승리를 믿고 행동해서는 안 된다. 〈요적편(料敵篇)〉

용병필수심적허실(用兵必須審敵虛實), 이추기위(而趨其危)——전쟁을 할

경우에는 적진의 견고한 곳과 약점을 상세하게 알아내 그 약점을 치는 것이다. 〈요적편(料敵篇)〉

진유중상(進有重賞), 퇴유중형(退有重刑), 행지이신(行之以信) ——나아가면 많은 상이 있고 물러가면 무거운 형이 있다. 이를 행하는데 믿음으로 한다. 〈치병편(治兵篇)〉

용병지해(用兵之害), 유예최대(猶豫最大), 삼군지재(三軍之災), 생어호의(生於狐疑) ——전군 최대의 재난은 진퇴의 거취가 헷갈리는 데에서 생긴다. 결단을 내렸으면 강행해야 한다. 〈치병편(治兵篇)〉

삼군복위(三軍服威), 사졸용명(士卒用命), 즉전무강적(則戰無强敵), 공무견진의(攻無堅陣矣) ——전군이 위엄에 복종하고 사졸이 명령에 따르면 어떠한 적과 맞붙어도 이길 수 있고 아무리 견고한 진지도 무너뜨릴 수 있다. 〈응변편(應變篇)〉

인유장단(人有長短), 기유성쇠(氣有盛衰) ——사람에게는 장단점이 있고 기세에는 성쇠가 있다. 〈여사편(勵士篇)〉

병법가 오기

예부터 '손오(孫吳)의 병법'으로 알려져 왔듯이 《오자(吳字)》란 병법서는 《손자(孫子)》와 나란히 중국의 대표적 병법서로서 널리 애독되어 왔다. 《손자》는 말할 것도 없고 《오자》 또한 리더에게는 필독 문헌이다. 여기에서 《오자》의 내용으로 접어들기 전에 본서를 저술한 오기(吳起)란 인물에 대해서 우선 간단히 소개해두고자 한다.

오기가 활약한 것은 전국시대 초, 지금으로부터 약 2400여 년 전의 일이다. 《손자》의 저자 손무(孫武)보다 약 100년 뒤가 된다. 그 무렵 중국은 10여 개의 국가로 분할되고 있었는데, 그들 국가 사이에 생존을 건 냉혹한 다툼이 전개되었다. 각국이 모두 인재를 초청해 부국 강병을 꾀하고 타국보다 조금이라도 우위에 서려고 필사적 노력을 기울였다. 끝내 그것에 성공한 자는 생존하고 실패한 자는 사라져갔다.

오기는 그와 같은 격동의 시대에 병법가로서 출세해 파란 많은 생애를 보냈다. 우선 그는 병법가로서의 재능이 인정되어 노(魯)나라에 봉사하였다. 어느 때 노나라가 이웃의 대국으로부터 공격을 받았다. 이때 오기는 노나라

총사령관으로 발탁되어 훌륭하게 적의 대군을 격파함으로써 일약 병법가로서의 명성을 높였다. 그러나 그것이 도리어 중신들의 시샘으로 이어져 모처럼 큰 공을 세웠으면서도 그것이 화가 되어 실각하였다.

하는 수 없이 오기는 새로 봉사할 곳을 찾아 위(魏)나라로 향했다. 위는 아직 새로운 나라 만들기에 대한 의욕으로 불타고 있었다. 그 무렵은 초대 문후(文侯)의 시대였다. 문후는 또 전국시대에서도 으뜸을 다투는 명군 가운데 한 사람으로, 여러 나라에서 널리 인재를 초청해 국력의 강화를 꾀하고 있었다. 오기는 이 문후에게 봉사하게 된 것이다.

그런데 처음에 문후는 오기에 대해서 아무것도 몰랐다. 즉 예비 지식이 전혀 없었다. 그 때문에 고용을 할 때 오기란 어떤 인물인지 중신 한 사람에게 물었다. 중신은 이렇게 대답을 했다.

"욕심이 많고 여자를 좋아합니다만 아마도 군사에 관해서는 옛날의 명장조차 그의 발밑에도 미치지 못할 것입니다."

이 말로 미루어볼 때 오기는 인격면에서 문제가 있었던 것 같다. 그러나 그 무렵의 문후에게 필요한 것은 단순한 인격자가 아니고 능력이 있는 인물이었다. 결국 오기는 병법의 전문가로서의 수완에 평가를 받아 문후에게 봉사하게 되었다.

문후에게 봉사한 오기는 장군으로서 훌륭하게 그 기대에 부응했다. 오기의 활약상을 《오자》는 다음과 같이 전하고 있다.

'여기에서 문후는 오기를 대장으로 해 서하(西河)를 지키게 했다. 제후와 76회 싸우고 완전히 승리를 거둔 것이 64회이다. 영토의 확장에 성공한 것은 모두 오기의 활약에 따른 것이다.'

이렇게 해서 오기는 문후에게 발탁되어 그가 지닌 재능을 유감없이 발휘하고 위나라의 중신으로서 확고한 지위를 다진 것으로 생각된다. 그런데 이윽고 문후가 사망해 2대 무후(武侯)가 왕의 자리에 오르면서 차츰 양상이 달라지게 된다. 위나라에서도 유서 깊은 직계인 보수파가 정치의 실권을 장악하여 오기와 같은 타관의 실력파는 배제되는 것이었다. 그와 동시에 국가로서의 기세도 상승의 한계점에 이르렀다.

이것은 국가나 기업이나 같다. 업적이 늘어날 때에는 반드시 기세가 있다. 그러나 이 기세가 무한히 이어지는 것은 아니다. 언젠가는 정체가 되고 하강

선으로 바뀐다. 따라서 경영의 중임을 맡은 자는 우선 그 기세를 일으키고 그것을 어떻게 지속시킬 것인가를 생각해야만 한다.

위나라는 문후라는 뛰어난 리더를 얻어 이 기세를 일으키고 그 틈을 타 최대의 강국으로 발돋움을 했다. 그런데 리더가 바뀌는 순간 그 기세에 그늘이 지기 시작하고 이윽고 하강선으로 바뀌기 시작했다. 이런 때에는 당연히 내부의 세력다툼도 격렬해져 몰락에 더욱 박차가 가해진다.

아무튼 최고 자리를 차지한 자도, 중역진도 보수화해 공세로 나오지 못하고 감점주의가 위세를 부리게 된다. 그러면 오기와 같은 외래(外來) 실력파는 견뎌낼 수 없게 된다. 결국 오기는 단념을 하고 위나라를 떠나 이번에는 초(楚)나라로 갔다. 초나라 도왕(悼王)이란 군주에게 봉사하고, 그 수완이 높이 평가되어 재상에 임명되었다. 이 나라에서도 오기는 눈부신 업적을 올렸다. 즉 나라의 정치를 쇄신해 후진국인 초나라를 일약 강대국의 반열에 오르게 한 것이다.

그러나 도왕에게 봉사한 지 6년 뒤, 도왕이 갑자기 사망해 오기의 운명은 또 크게 뒤틀리고 만다. 어쩌면 오기의 방법이 너무나도 엄격하고 지나치게 과격했는지도 모른다. 도왕의 죽음을 계기로 중신들의 불만이 폭발해 오기는 그들의 손에 살해되고 말았다.

이와 같이 오기란 인물은 병법가라고 해도 단순한 병법가는 아니었다. 정치가로서도 뛰어난 재능을 지니고 위나라나 초나라의 부강에 이바지하였다. 요즘 식으로 말해서 수완이 있는 컨설턴트, 수완이 많은 기업 재건 청부인이라고 할까. 병법서 《오자》는 그와 같은 인물에 의해서 정리된 병법 철학의 진수인 것이다.

우선 조직을 다져라

병법서의 주제는 한마디로 말해서 어떻게 하면 싸움에 이길 수 있을까, 어떻게 하면 지지 않는 싸움을 할 수 있을까에 있다. 이 점은 《오자》도 예외는 아니다.

오자는 모두 6편으로 이루어져 있다. 분량으로는 《손자》의 반 정도이고 그다지 긴 것은 아니다. 그런데 싸움을 승전으로 이끌려면 어떻게 하면 좋은지, 일관해서 전편을 모두 이 주제의 추구에 할당하고 있다.

싸움에 이기기 위해《오자》가 가장 중요시하고 있는 것은 전략이나 전술이 아니다. 물론 그것도 중요하지만 그보다 더 중요시해야 할 것은 국내 태세를 강화하는 것이었다.

어느 때 위나라의 무후가 오기에게 물었다.

"적과 대진해도 노릴 틈을 주지 않는다. 방어로 돌아도 조금도 흐트러짐을 보이지 않는다. 그리고 싸우면 반드시 승리한다—이 세 가지 방책에 대해서 들려주기 바란다."

오기는 이렇게 대답하였다.

"들려드릴 것도 없이 지금 당장 보여드릴 수가 있습니다. 군주가 현명한 인물을 높은 지위에 앉히고 무능한 인간을 낮은 지위에 머물게 하면 적에게 노릴 틈을 주지 않습니다. 또 백성의 생활을 안정시켜 백성이 위정자에게 전폭적인 신뢰를 보내도록 힘쓰면 나라의 방어에 조금도 흐트러짐을 보이지 않습니다. 그리고 만민이 주군의 정치에 만족하고 적국의 정치에 불만을 안게 되면 싸우지 않고 승리를 거둘 수가 있습니다."

즉 인재를 등용해 민생의 안정을 꾀하고 국민의 신뢰를 얻는 것이 먼저 해결할 문제라는 것이다.

또 '옛날의 군주는 우선 첫째로 신하를 교육해 백성의 단결을 쟁취하는 데 힘썼다. 현명한 군주일수록 백성을 동원할 때에는 우선 단결을 꾀하고 그런 다음 결단을 내린다'고도 말하고 있다.

그러면 국내의 태세를 강화하고 내부의 결속을 다지자면 무엇이 필요한가. 그것은 리더 자신의 덕이다, 라고 말한다.

오기가 위나라의 무후를 수행해 배로 서하라는 강을 내려갔을 때의 일이다. 도중에 강기슭의 경치를 바라보던 무후가 오기를 뒤돌아보며 이렇게 말을 걸었다.

"얼마나 대단한가. 이 험준한 지형을 보라, 이것이야말로 이 나라의 보배이다."

이런 지형이라면 방비는 아주 안전하다고 말한 것이다. 그런데 오기는 홀로 즐거움을 만끽하고 있는 무후에게 찬물을 끼얹었다. 험준한 지형에 의존해 역으로 나라를 망하게 한 예를 몇 가지 든 다음 이렇게 말을 이어갔다.

"나라의 보배는 지형이 아니라 위정자의 덕임은 이 같은 예로도 명확합니다. 만일 우리 주군이 덕을 소홀히 하신다면 지금 이 배에 타고 있는 자까지 적군 쪽에 붙고 말 것입니다."

현대식으로 말하자면 공장의 최신 설비를 '이것이야말로 우리 회사의 보배이다'라고 자랑하는 사장을 향해서 '그보다도 중요한 것은 사장 자신의 덕입니다'라고 논한 것이다.

한편 《오자》는 군주의 덕으로서 도(道), 의(義), 예(禮), 인(仁)의 네 가지를 든다.

우선 도(道)란 기본 원칙과 같은 의미이다. 잔꾀로 치닫지 말고 끊임없이 기본 원칙에 따라서 행동한다. 이것이 도이다.

둘째의 의(義)는 대의명분과 같은 의미이다. 남에게 비난을 받게 되는 일은 하지 않는다. 어디까지나 올바른 길에서 벗어나지 않는다. 이것이 의라는 것이다.

셋째의 예(禮)는 비겁하고 천박한 행동을 하지 않는다. 분간을 할 줄 안다는 뜻이다.

마지막의 인(仁)은 제멋대로 행동하지 않는다. 언제나 상대의 기분이나 상대의 입장을 배려하는 것과 같은 의미이다.

《오자》는 이 네 가지 덕을 들어 다음과 같이 말하고 있다.

"도를 지키면 근본으로 돌아가 원점으로 돌아갈 수가 있다.

의를 행하면 큰 일을 성취해 공적을 올릴 수가 있다.

예를 행하면 손해를 면하고 이익을 얻을 수가 있다.

인을 행하면 업적을 유지해 성과를 지킬 수가 있다.

높은 지위, 귀한 신분으로 있으면서 만일 그 행동이 도에 거스르고 의에 반하고 있다면 반드시 몸을 망치고 나라를 잃는 결과가 된다. 그러므로 성인은 도로써 천하를 편안하게 하고, 의로써 백성을 다스리고, 예로써 백성을 움직이고, 인으로 백성에게 자비를 베풀었다. 이 네 가지 덕을 지키면 나라는 발전하고 지키지 않으면 멸망한다."

조직의 정점에 있는 인물이 이 네 가지 덕으로 일에 임하면 조직을 다져 불패의 태세를 구축할 수 있다고 말한다. 약간 에둘러 말하는 것 같지만 결국 이와 같은 방법이 승리를 쟁취하는 지름길일지도 모른다.

조직 관리의 핵심

승리를 거두기 위해서는 우선 지반을 확실하게 다진 다음에 착수할 것, 그리고 윗자리에 있는 자의 덕이 중요하다고 말했다. 그러나 물론 그것만으로 충분할 리가 없다. 또 하나, 평상시 확실한 조직 관리가 이루어져 있어야만 한다.

《오자》 또한 조직에 대한 관리 통제를 극히 중요시하고 있다.

어느 날 위의 무후가 오기에게 물었다.

"싸움에서 승리를 결정짓는 요인은 무엇인가?"

"평소부터 관리 통제에 힘쓰는 것입니다."

오기가 대답하였다.

"결정적인 수단이 되는 것은 군대의 숫자가 아닌가?"

무후가 더욱 다그쳐 되묻자 역으로 다음과 같이 되받아친다.

"군령이 철저하지 못하고, 상벌이 공평함을 잃고, 정지 신호를 해도 멈추지 않고, 진격 신호를 해도 나아가지 않는 이런 군은 설사 백만의 대군이라고 해도 아무런 쓸모도 없습니다.

제가 말하는 관리 통제란 다음과 같은 것을 가리키고 있습니다. 즉 평시에는 질서가 있어 예의 바르고, 유사시에는 순식간에 적을 압도하고, 전진하면 이를 막을 자가 없고, 후퇴하면 이를 쫓을 자가 없다. 전진, 후퇴 모두 절도가 있고, 좌우로의 전개도 명령이 떨어지면 정연하게 이루어지고, 연락이 끊겨도 진영이 흐트러지지 않고, 산개해도 대열이 흐트러지지 않는다. 장병이 하나가 되어 생사를 함께 하고, 이간질을 해도 결속이 견고하고, 아무리 싸워도 지칠 줄 모른다. 이와 같은 군대는 어떤 전장에 투입해도 패할 염려가 없습니다."

요컨대 오기가 말하는 관리 통제란 첫째로 군령을 철저하게 주지시킬 것, 둘째로 상벌을 공평하게 적용할 것, 이 두 가지를 골자로 하고 있다.

오기는 또 다음과 같이 말을 잇는다.

"군사를 이끌고 싸움터로 향할 때에는 다음의 세 가지에 유의한다.

1. 나아가야 할 때에는 나아가고, 물러나야 할 때에는 물러난다. 즉 진퇴

의 절도를 터득하여야 한다.

2. 병사를 굶주리게 해서도 안 되고 사치로 흐르게 해서도 안 된다. 요컨대 음식의 구분을 확실하게 한다.

3. 병사를 너무 혹사시키지 말고 충분한 휴식을 취하게 한다. 요컨대 언제라도 힘을 발휘할 수 있도록 여유를 갖게 해둔다.

이 세 가지를 지키면 주어진 임무를 완수할 수 있고 또 군의 통제도 확립된다. 이와는 반대로 진퇴에 절도가 없고, 음식에 구분이 없고, 병사가 지쳐 있는 데도 휴식을 주지 않으면 어떻게 될까. 주어진 임무를 완수하지 못할 것은 뻔하다. 이렇게 되면 평소에도 통제가 결여되어, 싸우면 반드시 패하게 된다."

관리 통제는 위에서 엄하게 하는 것만이 능사는 아니다. 여유가 있는 완급자재(緩急自在)의 관리에 유의하라는 것이다.

그리고 조직 관리상 또 하나 중요한 것은 병사의 교육 훈련이다. 아무리 숫자가 많아도 확실한 훈련을 받지 않은 병사는 유사시에 아무런 쓸모가 없다. 당연한 일로 《오자》도 병사의 교육 훈련을 중요시해 이렇게 말하고 있다.

"패배를 가져오는 원인은 무엇인가. 능력이 부족하고 훈련도 불충분하기 때문이다. 따라서 싸움에서는 무엇보다도 우선 병사의 교육 훈련을 중요시해야 한다. 한 사람이 전술을 습득하면 10명을 가르칠 수가 있다. 마찬가지로 10명이 100명을 가르치고, 100명이 1000명을, 1000명이 만 명을 가르치면 전군의 교육 훈련이 완료된다."

그러면 교육 훈련에 의해서 무엇을 가르치는가.

"원진(圓陣)을 폈는가 하면 방진(方陣)이 되고, 엎드렸는가 하면 일어서고, 나아갔는가 하면 멈추고, 좌로 갔는가 하면 우로 향하고, 전진했는가 하면 후퇴하고, 분산했는가 하면 집중하고, 집합했는가 하면 산개한다. 이와 같은 변화에 따른 전법을 반복해서 훈련하는 것이다. 이를 습득해야 비로소 싸움에 임할 수가 있는 것이다."

병사의 교육 훈련에서 《오자》가 역설하는 것은 두 가지 원칙이다. 첫째는 한 사람이 10명을 훈련하고, 10명이 100명을 훈련하는 방식이다. 이 방식이라면 그만큼 빠르게 전군을 고르게 훈련시킬 수가 있다.

둘째로 어떤 사태에도 대응할 수 있는 실전을 상정한 훈련이다. 즉 응용면을 중요시한 훈련이고 거기까지 하지 않으면 훈련으로서는 완전하지 않다는 것이다.

교육 훈련에서 또 하나 잊어서는 안 되는 것이 병사의 능력이다. 능력의 정도는 개개인이 모두 다르다. 《오자》는 병사의 능력을 구분해 그 능력에 따라서 활용하라고 말하고 다음과 같이 역설한다,

"키가 작은 자는 접근전에 유리하므로 검이나 창을 배우게 한다. 키가 큰 자는 멀리까지 꿰뚫어볼 수가 있으므로 궁시(弓矢)를 배우게 한다. 몸이 약한 자는 후방 근무를 맡게 하고 명민한 자는 참모로 기용한다. 같은 마을의 출신자는 하나의 부대로 통합해 협력하게 하고 분대마다 일치단결해서 행동하게 한다."

물론 이런 것들을 그대로 고스란히 오늘날에 통용하기는 어렵다. 그러나 능력에 따라서 적재적소에 배치하라는 발상은 그대로 참고가 될 수 있지 않을까. 인재 부족을 한탄할 시간이 있다면 우선 데리고 있는 부하를 철저히 교육해 재능을 개발해서 그 적절한 배치를 도모해야 할 것이다.

신상필벌(信賞必罰)과 온정주의

일에 대한 의욕이 없는 부하 100명보다는 차라리 의욕이 있는 부하 한 사람이 훨씬 의지가 되는 것은 말할 것도 없다. 또 같은 일을 해도 마지못해 하는 것과 기쁜 마음으로 하는 것은 이것 또한 천양지차(天壤之差)이다. 저(低)성장하에 있는 오늘날 조직의 비대화는 허용되지 않는다. 냉혹한 현대에서 생존하기 위해서는 어떻게든 조직의 활성화를 도모할 필요가 있다. 그러기 위해서는 지금 있는 인재에게서 의욕을 이끌어내는 길밖에 다른 방법이 없다.

언젠가 무후가 오기에게 물었다.

"신상필벌로 부하를 대하면 승리를 거둘 수가 있을까?"

오기는 다음과 같이 대답하였다.

"상벌 그 자체는 승리의 보증이 될 수 없습니다. 군주가 명령을 내리면 기꺼이 복종한다, 동원령을 내리면 기꺼이 전쟁터로 향한다, 적과 대진하면 기

꺼이 목숨을 내던진다. 이 세 조건이 충족됨으로써 승리가 보장되는 것입니다."

신상필벌의 엄격한 관리 방침만으로는 불충분하다는 것이다.

"그러면 부하의 의욕을 끄집어내기 위해서는 무엇이 필요한가?"

무후가 묻자, 오기는 이렇게 대답하였다.

"공적이 있었던 자는 발탁을 해서 극진하게 보상을 합니다. 이것은 당연한 일입니다만 공적이 없었던 자를 격려하는 일도 결코 잊어서는 안 됩니다."

신상필벌에 어느 정도는 온정주의를 가미하는 것이 바람직하다는 것이다. 일반적으로 신상필벌의 엄격함만으로 일관하면 명령에 따르게 할 수는 있어도 복종시킬 수는 없다. 온정이 있음으로써 부하는 비로소 진심으로 따르는 것이고, 양자의 조화를 어떻게 취하느냐가 조직 운영의 안목이 된다. 오기가 말하고자 한 것도 바로 이것이었다.

명장들은 일찍부터 모두 이 문제로 고심해왔다. 오기도 예외는 아니다. 여러 가지로 배려를 하고 병사의 마음을 사로잡으려고 눈물겨운 노력을 해온 것이다

오해를 무릅쓰고 말한다면 당근과 채찍에 의한 조직 관리라고 해도 좋다. 양자를 병용하면 조직에 긴장감을 주는 동시에 개개인의 의욕도 낳게 된다.

유연한 전략 전술

이제까지 조직 관리를 중심으로 《오자》의 주장을 소개해왔다. 그것은 오기가 조직 관리를 특히 중요시하고 있기 때문이다.

하지만 조직 관리가 아무리 중요한 것이라고 해도 그것만으로는 싸움에 이길 수 없다. 이를테면 전략 전술의 능란함과 서투름도 승패를 가름하는 커다란 핵심이 된다. 《오자》도 또 전략 전술에 대해서 독자적으로 정열을 기울여 말하고 있다. 그 특징을 간단히 말한다면 극히 유연하고 무리가 없는 사고법이다.

우선 《오자》의 말에 귀를 기울여 보자.

"승리를 쟁취하는 작전의 비결은 다음의 여러 점에 있다.

우선 적장의 기량이나 재능을 충분히 조사한 다음, 상대가 취하는 양태에

따라서 임기응변으로 싸운다. 이렇게 하면 힘들이지 않고 성과를 올릴 수가 있다. 적장이 변변치 못해 가볍게 사람을 믿는 인물이라면 속임수를 써서 유인한다.

탐욕스럽고 창피함을 모르는 인간이라면 재화를 주어 매수한다.

계책이 부족한 단조로운 인간이라면 책략을 써서 지치게 만든다.

윗자리에 있는 자가 재력이나 권력을 남용하고 아랫사람이 거기에 불만을 안고 있으면 이간책을 강구해 분열을 꾀한다.

적의 작전 행동에 헷갈림이 많고 부하가 장군의 지휘에 불안을 느끼고 있다면 위협 공격을 가해 패주시킨다."

또 이렇게도 말하고 있다.

"전술의 기본이란, 원정을 피해 멀리서 온 적을 맞아 싸우고, 충실한 전력으로 지친 적에게 맞서, 충분히 배를 채운 다음 적이 굶주리기를 기다리는 것이다."

《손자》의 병법에 '싸움은 속임수이다'라는 유명한 말이 있다. 이 말은 다 아는 바와 같이 힘으로 밀어붙이는 싸움이 아니라 적의 판단을 흐리게 해 그 약점을 노리는 전법을 권한 것이다. 《오자》의 발상도 이와 마찬가지이다. 무리를 하지 않고 효율적으로 승리하려면 어떻게 하는 것이 좋을까. 이것이 《오자》 발상의 원점인 것이다.

어느 때 무후가 물었다.

"강력한 적과 맞닥뜨렸을 때 승기를 잡으려면 어떻게 하면 좋을까?"

이에 대해서 오기는 이렇게 대답한다.

"이것은 중요한 문제입니다. 단순한 전력 비교의 문제가 아니라, 뛰어난 대국적 판단이 요구됩니다."

그러고는 다음과 같이 말했다.

"승리하기 위해서는 우선 전차 1000대, 기마 1만에 각각 보병을 배치하고 이를 5개 부대로 나누어 5개소에 포진시킵니다. 이렇게 하면 적은 아군의 어디를 공격해야 좋을지 혼란스러울 것입니다. 만일 적이 공격을 보류하고 방어를 굳히면 간첩을 잠입시켜 상대의 움직임을 탐지하게 하고, 그런 다음 사자를 보내 화평 교섭을 제의합니다. 적이 교섭을 받아들여 철수하면 좋지만 만일 화평 교섭을 거부하면 5개 부대를 잇따라 내보내 싸웁니다.

단 승리를 해도 깊이 추격을 해서는 안 됩니다. 승리할 가망이 없으면 재빠르게 철수하는 것입니다. 이렇게 해서 일부러 도망을 가 적을 유인하고 전력을 그대로 유지하면서 기회를 보아 과감하게 공격합니다. 한 부대는 적의 정면을 가로막고, 한 부대는 적의 배후로 돌고, 측면에 배치된 2군이 좌우에서 은밀하게 접근합니다. 이와 같이 5개의 부대가 잇따라 공격을 가하면 아군의 승리는 틀림없습니다."

과연 오기의 말대로 쉽게 승리할 수 있을지 의문도 들지만, 그 발상법에서 보면 간과할 수 없는 점이 몇 가지 있다.

첫째는 병력을 분산한다는 사고 방식이다. 이렇게 하면 결정적인 손해를 피할 수 있고 또한 공격으로 전환했을 때 2차, 3차, 4차로 연속적으로 공격을 가하는 것도 가능하다.

둘째는 야구에서 말하는 히트 앤드 런의 전법이다. 이와 같은 기동적인 전법으로 나가면 아군의 전력을 유지하면서 마음껏 적을 지치게 할 수가 있다.

《오자》식의 무리가 없는 전법은 다음의 문답에도 잘 나타나 있다.

어느 때 무후가 물었다.

"적이 접근해 싸움을 강요하고, 한편 아군은 철수하려고 해도 퇴로가 끊겨 병사가 안절부절못하고 있다. 이런 정황에서는 어떻게 하면 좋은가."

오기는 이렇게 대답했다.

"그와 같은 정황에서는, 만일 아군의 병력이 적의 병력을 웃돌고 있으면 병력을 분산 배치하고 적의 허술한 곳을 노려 공격합니다. 역으로 아군의 병력이 밑돌고 있으면 임기응변의 전술로 대처해야 합니다. 이렇게 해서 적의 의표를 찌르면서 계속 싸워나가면 어떤 대군이라도 격파할 수가 있습니다."

상대의 허술한 곳을 노리고 상대의 의표를 찔러 싸우라는 것이다.

장수를 말하다

싸움의 승리 여부는 군을 이끌고 싸우는 장군, 즉 장수가 된 자의 능력이나 자질과도 크게 연관이 된다. 장수가 된 자의 책임은 참으로 무겁다.

《오자》도 일부러 '논장(論將)' 즉 '장을 논하다'에서 이 문제를 설명하고 있다. 그 첫머리를 소개하자.

"군을 통솔하려면 문(文)과 무(武)에 통달해야 한다. 승리를 쟁취하려면 강(剛)과 유(柔)의 유용에 숙달해야 한다. 장수가 된 자의 자격을 논할 경우 자칫하면 용기만을 중요시한다. 하지만 용기는 장수가 된 자가 갖추어야 할 조건의 몇 분의 1에 지나지 않는다. 용기가 앞서는 자는 앞뒤 가리지 않고 싸움을 건다. 이와 같이 대국적 판단이 결여된 싸움은 어떻게든 피하지 않으면 안 된다."

무턱대고 싸우는 것만이 능사는 아니라는 것이다. 《오자》는 이렇게 전제하고 장수가 된 자의 마음가짐으로 다음의 다섯 가지를 들고 있다.

첫째는 '이(理)'이다. 이것은 '많은 부하를 한데 모아 하나로 뭉치는 것'이라고 하듯이 조직 관리의 묘(妙), 자기 조직을 확실하게 장악한 다음 착수한다는 것이다. 부하의 마음에 통합이 결여되면 싸움에 이길 도리가 없다.

둘째는 '비(備)', 즉 '준비'라는 것이다. 싸움에 임할 때는 만반의 준비를 해야만 된다. 이 경우의 준비에는 물심양면의 준비가 포함되어 있음은 말할 나위도 없다.

셋째가 '과(果)'이다. 이것은 과감하게 마음껏 행동하고 끝까지 해낸다는 의미이다. 일단 목표를 세웠으면 다소 장애에 직면하더라도 기죽지 않고 상대의 움직임에 기민하게 대응한다. 이것이 '과'의 의미이다.

넷째의 '계(戒)'는 신중하게 일을 행한다는 의미이다. 작전 행동을 할 때에는 끊임없이 정황의 변화에 주의를 기울이며, 어떠한 징후도 놓치지 않고 신중하게 대응해야 한다. 또 비록 이기고 있더라도 방심하지 않고 나중의 싸움에 대비하는 것, 이것도 '계'라고 한다.

다섯째는 '략(約)'이다. 이것은 간소, 간약(簡約)을 말하는 것이다. 《오자》는 이 '략'에 대해서 '형식적인 규칙을 폐지해 군령을 간소화하는 것이다'라고 설명하고 있다. 즉 지휘 명령 계통을 간소화하는 것이 '략'의 의미이다. 당연한 이야기이지만, 실전에서 지휘 명령 계통이 번잡하면 정세 변화에 대응하지 못해 순식간에 뒤처지고 만다.

이상의 다섯 항목이 장수가 된 자의 마음가짐, 즉 장수의 책임 아래 처리해야 할 사항이다.

《오자》는 이 다섯 항목을 예로 든 다음 더욱 한 걸음 나아가 장수가 된 자의 자질에 대해서도 말했다. 그 요건으로서 위(威), 덕(德), 인(仁), 용(勇)의 네 가지를 들고 있다.

우선 첫째의 '위(威)'는 그 사람이 윗자리에 있으면 조직이 자연히 긴장이 된다. 조직에 대한 통솔력이 있다는 말이다. 위엄이라든가 위신으로 바꾸어 말해도 좋다.

둘째는 '덕(德)'이다. 이 말은 주로 인격면의 조건을 가리킨다. 의미하는 범위는 대단히 넓은데 특히 주된 것으로 겸허, 신뢰와 같은 것을 들 수 있다. 장수가 된 자가 이 같은 덕을 몸에 익힘으로써 부하들로 하여금 '저분을 위해서라면 무엇이든 하겠다.' 이런 각오를 다지게 할 수가 있는 것이다.

셋째는 '인(仁)', 즉 부하에 대한 배려이다. 밑에서 고생을 하고 있는 자의 마음을 상대의 입장에서 헤아려주는 이것이 '인'이다.

넷째는 '용(勇)'이다. 현대식으로 말해서 결단력이다. 이 결단력에 대해서 《오자》 가운데 다음과 같은 유명한 말이 있다.

'군을 통솔할 때는 무엇보다도 우유부단(優柔不斷)을 배제해야 한다. 장수가 된 자가 호의준순(狐疑逡巡 : 지나치게 의심하여 물러섬)하면 전군괴멸의 사태를 가져올지도 모른다.' 결단을 내려야 할 때에 적확한 판단이 안 되면 역시 리더로서는 실격이다.

《오자》는 이 네 가지 조건에 언급한 뒤 다음과 같이 말하고 있다.

"장수 된 자는 이 네 가지 조건을 갖춤으로써 비로소 부하를 통솔하고 백성을 안심시키며 적을 위압해 주저 없이 결단을 내릴 수 있는 것이다. 또 그래야만 부하는 결코 명령에 위반하지 않고 적 또한 감히 맞서지 못한다. 이와 같은 장군이 있으면 나라는 강해지고, 없다면 멸망을 면할 수 없다."

이것은 오늘날의 경영자나 관리직의 조건으로서도 고스란히 들어맞는 것은 아닐까.

오기라는 인물은 단순한 이론가가 아니라 스스로 장군, 재상으로서 현장에서 고생한 실전파이다. 그런 만큼 그의 주장은 체험의 무게로 뒷받침되어 있다. 그의 언설이 여러 가지 면에 걸쳐서 아직도 설득력을 잃지 않고 있는 것은 그 때문일 것이다.

육도·삼략

《육도(六韜)·삼략(三略)》에 대해서

《육도》와 《삼략》 역시 중국을 대표하는 병법서이다. 보통 '육도삼략'으로 하나로 묶어서 불리는 것은, 두 권 모두 명군사(名軍師) 태공망(太公望)과 연관이 있는 병법서로 간주되기 때문일 것이다.

《육도》는 문도(文韜), 무도(武韜), 용도(龍韜), 호도(虎韜), 표도(豹韜), 견도(犬韜)의 6편으로 이뤄져 있다. 모두 주(周)의 문왕, 무왕과 태공망 사이의 문답 형식으로 되어 있고, 앞의 3편에서는 주로 정치론, 용병론이, 뒤의 3편에서는 구체적인 전략과 전술이 해설되어 있다.

이에 대해서 《삼략》은 상략, 중략, 하략의 3편으로 구성되고 비교적 짧은 문장으로 정치나 병법의 요점을 정리하고 있다.

두 권 모두 후세 사람이 태공망의 입을 빌려 정리한 것이다. 내용으로는 중국식 병법의 진수가 응축되어 있어 대단히 시사하는 바가 많다. 예부터 병법서의 고전으로 널리 읽혀 왔다.

《육도·삼략》의 말

덕지소(德之所), 천하귀지(天下歸之)——덕이 있는 곳으로 천하는 돌아간다. 〈문도(文韜)〉

범모지도(凡謀之道), 주밀위보(周密爲寶)——대체로 책략은 주도면밀하게 해야 한다. 〈무도(武韜)〉

병자국지대사(兵者國之大事), 존망지도(存亡之道)——전쟁은 국가의 대사, 존망이 달려 있다. 〈용도(龍韜)〉

선제환자(善除患者), 이이미생(理於未生), 선승적지(善勝敵者), 승어무형(勝於無形), 상전무여전(上戰無與戰)——재난을 미연에 제거할 수 있는 자야말로 진정한 지혜 있는 사람이다. 그와 마찬가지로 싸우지 않고 승리를 거

두는 자야말로 진정으로 싸움을 잘하는 자이다. 〈용도(龍韜)〉

유능제강(柔能制剛), 약능제강(弱能制强)——부드러움이 능히 강(剛)을 제압하고 약한 자가 능히 강한 자를 제압한다. 〈상략(上略)〉

향이지하(香餌之下), 필유사어(必有死魚), 중상지하(重賞之下), 필유용부(必有勇夫)——좋은 미끼 밑에는 죽은 물고기가 있고 후한 상 밑에는 용사가 있다. 〈상략(上略)〉

태공망과 연관이 있는 병법서

《육도·삼략》은 《손자》나 《오자》와 나란히 중국의 병법서를 대표한다. 보통 《육도 삼략》으로 일괄해서 부를 때가 많은데, 사실 이것은 한 권의 책이 아니라 《육도》와 《삼략》으로 제각기 다른 책이다.

그럼 왜 다른 책이 함께 다루어지느냐. 이 모두 태공망과 연관이 있는 책이기 때문이다.

태공망이란 인물은 낚시의 명인으로 알려져 있다. 지금으로부터 3000년 전에 위수(渭水)라는 강가에서 낚시를 하고 있다가 주나라 문왕에게 발탁되어, 다음 무왕의 시대에 군사(軍師)로서 활약하고 주왕조의 창립에 공헌한 인물이다. 물론 단순히 낚시의 명인이라기보다는 오히려 명군사라든가 명참모와 같은 면이 그의 본질이었다.

우선 《육도》의 '도(韜)'에 대해 알아보자. 원래 활이나 칼을 넣어두는 자루를 뜻하는 말이지만 거기에서 '거두어둔다'는 의미가 되고, 더욱 나아가 '전략 전술의 비법'이란 의미로 바뀌었다. 이 책 전체가 문도, 무도, 용도, 호도, 표도, 견도의 6편으로 구성되어 있기 때문에 '6개의 도', 즉 《육도》로 불리게 된 것이다.

내용상으로 보면 전편이 모두 태공망과 문왕, 무왕과의 문답으로 성립해 있다. 즉 문왕, 무왕이 질문을 하고 거기에 태공망이 대답을 하는 형식이다. 그리고 전반의 문도, 무도, 용도의 3편은 주로 정치론으로 구성되어 나라를 다스리려면 어떻게 하면 좋은지, 위정자는 어떤 마음가짐이 필요한지 등등, 윗자리에 있는 자의 조건이 다양한 각도로 이야기되고 있다. 뒤의 3편은 주로 전술론이다. 싸움의 구체적인 정황에 따라서 유리하게 싸움을 진행하려면 어떻게 하면 좋을지 그 방법이 설명되어 있다.

하지만 이 전술론 부분은 옛날에 비해 지금은 전쟁의 스타일이 크게 달라졌기 때문에 현재에는 그다지 도움이 안 되는 부분도 있다. 다만 전반 3편에 역설되고 있는 정치론이나 병법론, 지도자론은 오늘날에도 리더의 마음가짐으로서 고스란히 통용될 것으로 생각된다.

한편 다른 한 권인 《삼략》, 여기서 사용되고 있는 '략(略)'이란 전략이라든가 전술과 같은 의미이다. 그것이 상, 중, 하의 3편으로 나뉘어 있기 때문에 '3개의 략', 즉 《삼략》으로 이름이 붙여졌다.

이 《삼략》은 태공망이 남긴 병법서로 전해지고 있다. 《육도》와 달리 병법의 비법이 비교적 짧은 코멘트식 문장으로 정리되어 있는 것이 그 특징이다. 이와 관련해서 유도(柔道)에서 흔히 사용되는 '유(柔), 능히 강(剛)을 제압한다'는 말은 이 《삼략》에서 나온 것이다.

또 《삼략》에 대해서는 다음과 같은 유명한 이야기도 전해진다.

한나라 고조 유방(劉邦)에게 봉사한 군사로 장량(張良)이란 인물이 있었다. '유막 안에서 계략을 짜 승리를 천리 밖에서 결정지었던' 것으로 알려진 명군사이다. 이 장량이 아직 젊었을 때 시황제의 암살에 실패해 추적을 벗어나기 위해 이름을 바꾸고 어느 지방에 몸을 숨겼다.

때마침 다리를 건너고 있을 때 허술한 옷차림을 한 노인이 맞은편에서 오고 있었다. 노인은 일부러 신을 다리 밑으로 떨어뜨리고는 장량을 불러 세웠다.

"이봐, 저 신발 좀 집어다주게."

장량이 신을 집어다주자 이번에는 신겨달라고 한다. 할 수 없이 신겨주자, 노인은 싱긋 웃고는 떠나더니 몇 걸음 가다가 뒤돌아보고 말했다.

"장래성이 있는 놈이다. 5일 후 새벽에 이곳으로 와보거라."

약속한 날 장량이 지정한 곳으로 나가자 노인은 이미 와 있었다.

"노인을 기다리게 하다니 이런 법이 어디 있나?"

상대는 그렇게 큰 소리로 호통을 치고는

"5일 뒤, 새벽에 또 와야 한다."

는 말을 남기고 사라졌다.

그러나 5일 후 가보니 또 노인이 먼저 와 있었다. 그래서 또다시 5일 후 이번에는 밤중에 일어나서 나갔다. 얼마 지나자 노인이 나타났다.

"좋아, 그런 마음가짐이 중요한 거다."

노인은 이렇게 말하면서 품 안에서 한 권의 책을 꺼냈다.

"이것을 읽으면 반드시 왕의 스승이 될 수 있다. 10년 후에는 반드시 이름을 떨치리라."

그 말만 남기고 물어볼 틈도 없이 노인은 사라져버렸다고 한다. 이때 장량이 노인에게서 받은 것이 태공망의 병법서이고, 그것이 바로 《삼략》이었다는 것이다. 물론 이 일화는 단순한 전설에 지나지 않겠지만 태공망과 장량 두 명군사를 결부시킨 점이 재미있다.

한편 《육도》나 《삼략》이나 태공망과 연관이 있는 병법서라고 되어 있으나, 실제는 태공망 자신의 저서는 아니다. 한참 뒤의 사람들이 태공망의 이름을 빌려 정리한 것이다. 확실히 태공망이 활약한 것은 지금으로부터 3000년 전인데, 이들 책이 정리된 것은 아무리 거슬러 올라가도 고작 2200여 년 전의 일이다.

그러나 타인이 정리한 책이라 해서 이들 책에 가치가 없다는 것은 아니다. 예부터 《손자》나 《오자》와 함께 널리 읽혀온 것이 그 가장 큰 증거라고 해도 좋다. 그리고 일찍부터 지도자의 필독서가 되어 왔다.

여기에서는 《육도》를 중심으로 해서 이 두 책의 정수를 소개해 본다.

정치의 요체란

중국의 병법서는 《손자》건 《오자》건, 또 《육도》나 《삼략》이건 단순히 싸움의 술수만을 역설하고 있는 것은 아니다. 물론 병법서이므로 어떻게 하면 싸움에 이길 수 있느냐와 같은 문제에 많은 페이지가 할애되어 있다.

그러나 그것만은 아니다. 그와 같은 주제보다 더 역설되고 있는 것이 정치 문제이다.

이것은 어느 의미에서 당연한 일이다. 왜냐하면 싸움에 이기기 위해서는 아무리 열심히 전략 전술을 논해보았자 스스로 한계가 있기 때문이다. 물론 전략 전술을 연구하는 것도 필요하지만 그 이상으로 나라의 정치 그 자체가 안정되어 있어야만 한다. 국민에게 지지를 받는 확실한 정치를 하고 있을 때, 이것이 싸움에 이기기 위한 기본적인 전제가 되는 것이다.

그렇기 때문에 중국의 병법서는 모두 이 정치 문제를 기본으로 삼고 있다. 《육도》 《삼략》도 예외는 아니다.

그러면 정치의 요체란 무엇일까. 태공망은 이 점에 대해 '백성을 사랑하는 것뿐'이라고 단언하고 있다. 그러면 백성을 사랑한다는 것은 구체적으로 무엇을 가리키는 것일까. 태공망에 의하면 다음의 네 가지이다.

1. 국민을 위한 것이 아닌 것은 하지 않는다.
2. 형벌을 가볍게 한다.
3. 세금을 가볍게 한다.
4. 낭비를 억제한다.

이들 항목을 든 다음 태공망은 다음과 같이 말하고 있다.

"백성이 굶주리고 있거나 고생을 하거나 하는 것을 보면 마음 아파한다. 상벌을 가할 때는 내 몸에 가하는 듯한 마음으로 하고, 세금을 부과할 때는 자기에게 과하는 것 같은 마음으로 한다. 이것이 바로 국민을 사랑하는 정치이다."

즉 국민의 마음이 되어 일에 임하라는 것이다. '내 몸을 꼬집어 남의 아픔을 알라'는 격언도 있는데, 그와 똑같은 마음이 필요하다는 것일지도 모른다.

《삼략》도 똑같은 말을 하고 있다. 정치의 요체는 국민의 마음을 헤아리고 그런 다음에 만반의 시책을 행하는 것이라고 말한다. 마음이 통하는 정치라고 해도 좋을 것이다. 이것이 정치의 요체라는 것이다.

그러면 윗자리에 있는 사람은 배려만 있으면 그것으로 충분한 것일까. 반드시 그렇지는 않은 것 같다.

어느 때 주나라 문왕이 '어떻게 천하를 다스려야 할 것인가' 하고 묻자 태공망은 윗자리에 있는 자에게 요망되는 조건으로서 다음의 여섯 가지를 들었다.

첫째는 천하를 포용할 만한 큰 도량
둘째는 국민의 신뢰를 얻을 수 있는 깊은 신의
셋째는 국민의 추앙을 받는 깊은 애정
넷째는 영내에 고르게 미치는 은혜를 베풀 것
다섯째는 나라를 하나로 통합해나가는 큰 권력

여섯째는 과감하게 정책을 실행해나가는 강한 신념

즉 윗자리에 있는 사람의 조건으로서 도량, 신의, 인애, 은혜, 권력, 신념의 여섯 가지를 들고 있다. 다섯째, 여섯째의 권력과 신념에 주목하기 바란다. 앞의 넷은 윗자리에 있는 사람의 덕을 강조하고 있는데, 그것들이 효과적으로 기능하기 위해서는 더욱 큰 권력과 강한 신념이 필요하다고 한다. 강력한 권력 기반 위에서 단호하게 관철하는 강한 의지력이라고 해도 좋을 것이다.

태공망은 상벌의 적용에 대해서도 '신상필벌(信賞必罰)'의 방침으로 임하라고 역설한다.

배려나 덕은 확실히 윗자리에 있는 사람에게는 필수 조건이긴 하지만 그것만을 선행(先行)하면 조직 운영에 불가결한 긴장감을 잃고 만다. 그것을 막기 위해서도 반드시 어딘가에 엄격한 면을 넣어두어야 한다. 태공망이 권력이라든가 신념이라든가, 또는 '신상필벌'을 역설하는 것은 이를 가리키는 것이다.

그리고 윗자리에 있는 사람의 조건으로서 중요한 것이 결단이다. 결단을 내려야 할 때에 잘못 없는 결단을 확실하게 내릴 수 있는 것 또한 지도자의 필수 조건이다. 태공망은 결단에 실패하는 경우로도 다음의 세 가지를 들고 있다.

첫째는 '선(善)을 보고서도 게으르다.' 즉 훌륭한 의견인 줄 알면서도 게으른 마음 때문에 실행하려고 하지 않는 경우이다.

둘째는 '때가 이르렀는데도 주저한다.' 이것은 우물쭈물해 모처럼의 기회를 놓치고 마는 것과 같은 경우이다.

셋째는 잘못인 줄 알면서도 그 잘못을 전혀 고치려 하지 않는 것이다.

이 세 가지도 시대를 초월한 경구로서 크게 스스로 경계해야 할 일들이다.

인재 등용의 안목

리더가 아무리 유능해도 한 사람의 능력에는 한계가 있다. 그래서 널리 인재를 모아 그들의 능력을 빌릴 필요가 있다. 이것은 오래고도 항상 새로운 과제라고 해도 좋다.

《삼략》도 '나라를 다스려 가정을 평안하게 하려면 사람을 얻어야 되고 나라를 망하게 하고 가정을 파괴하는 것은 사람을 잃기 때문이다'라고 말하고 있다. 확실히 냉혹한 현실에서 살아남기 위해서는 적절한 인재를 구해 그 협력을 얻어야만 한다.

그러면 어떻게 해야 인재를 모을 수 있을까. 《삼략》에 의하면 그 핵심은 '예를 깍듯이 하고 녹(祿)을 충분히 주는 데 있다'고 말하고 있다. 즉 유비가 군사(軍師)인 공명을 '삼고의 예'로 초빙한 것처럼, 예를 깍듯이 해 맞아들이는 것이 제일이다. 하지만 그것만으로는 충분하지 않다. 여기에 더하여 한 가지 극진한 대우, 이것이 반드시 필요하다는 것이다.

평범한 답일지도 모르나, 그런만큼 어느 시대에나 통용되는 보편적 진리인 것이다.

그리고 당연한 일이지만 인재는 유능하고도 신뢰할 수 있는 인물이 아니면 안 된다. 그와 같은 인재를 확보하기 위해서는 그 이전에 과연 상대가 인재 값을 하는 인물인지의 여부를 명확하게 확인하는 안목이 필요하다.

어느 대기업의 경영자가 후계자를 고르는 기준으로 '사내(社內)의 여론'을 들었다. 회사 안에서 여러 사람의 인망을 얻고 있는 인물을 후계자로 삼는다는 것이다. 그것은 그 나름대로 훌륭한 견식이다. 단 사람들의 평판만을 기준으로 한다면 약간의 불안이 있을 수도 있다.

《육도》에 다음과 같은 문답이 실려 있다. 어느 때 문왕이 물었다.

"군주가 인재 등용에 힘쓰고 있는데도 정치가 혼란해 멸망에 빠진 예가 있다. 무엇 때문인가?"

태공망은 이렇게 대답을 했다.

"모처럼 등용한 인물이 쓸모가 없기 때문입니다. 이렇게 되면 인재 등용도 말뿐이고 아무런 효과도 없습니다."

"그 원인은 어디에 있는가?"

"타인의 소문만을 듣고 등용하기 때문에 정말로 뛰어난 인물이 모이지 않는 것입니다."

"그 이유는?"

"타인의 소문이 기준이 되면 당연히 동료가 많은 자에게 유리하고, 동료가 적은 자에게는 불리합니다. 따라서 악당들이 한통속이 되어 뛰어난 인물의 등용을 방해하게 됩니다. 충신은 무고한 죄로 말살되고, 한편 간신은 입에 발린 말만으로 높은 지위를 얻게 될 것입니다. 이렇게 되면 정치는 더욱 더 혼란해져 나라의 멸망을 가져오게 되는 것입니다."

확실히 중국의 역사에는 태공망이 말한 것처럼 평판만으로 사람을 고른 결과 나라를 파멸시킨 경우가 적지 않다. '사내의 여론'이라고 해도 그것이 의도적으로 만들어진 것은 아닌지 여부를 신중하게 확인할 필요가 있다는 것이다.

그러면 인재를 구분하는 핵심은 어디에 있는가? 《육도》는 다음의 8항목을 들고 있다.

1. 질문을 해보고 어느 정도 이해하고 있는지를 관찰한다.
2. 추궁을 해보고 순간의 반응을 관찰한다.
3. 간첩을 보내 내통을 권해서 그 성실성을 관찰한다.
4. 기밀을 털어놓고 그 인덕을 관찰한다.
5. 재정을 다루게 해 정직성 여부를 관찰한다.
6. 여자를 접근하게 해서 인물의 견실함을 관찰한다.
7. 힘든 일을 시켜보아 용기가 있는지를 관찰한다.
8. 술에 취하게 해서 그 태도를 관찰한다.

상당히 엄격하고 치밀한 관찰법으로, 확실히 이 가운데 몇 가지는 그런대로 사리에 맞는다. 요컨대 인재의 등용은 그 정도로 신중해야 한다는 것이다. 《육도》는 더 나아가 등용해서는 안 될 인간으로서 구체적으로 다음과 같은 7개 유형을 들고 있다.

1. 지혜도 없고 계책도 없는 주제에 무턱대고 용감하다는 것만을 강조하는 인간
2. 인기가 떨어지고 실력도 없이 의견을 자주 바꾸고 자신의 진퇴에만 신경을 쓰는 인간

3. 새삼 욕심이 없다는 것을 가장하고 있으나, 실은 명예나 이익만을 추구하는 인간

4. 교양을 과시하고 자신은 아무 일도 하지 않은 채 남을 비판만 하는 인간

5. 확고한 견식 없이 무턱대고 주위와 보조를 맞추어 눈앞의 이익만을 좇는 인간

6. 취미나 도락에 빠져 주어진 직책을 소홀히 하는 인간

7. 수상한 점괘나 종교 따위에 넋을 잃는 인간

《육도》는 이러한 7개의 유형을 언급해 이런 자는 결코 중용해서는 안 된다고 못을 박는다. 현대의 조직에서도 이 같은 유형이 위세를 부리는 것을 볼 수 있다. 윗자리에 있는 사람은 이런 면을 신중하게 고려해서 인재의 등용을 꾀하여야 한다.

중국식 병법의 비법

《육도》도 《삼략》도 병법서이므로 용병의 비법에 대해서 자신이 지니고 있는 지식을 모두 기울이고 있다. 그 정수를 한마디로 말하면 '싸우지 않고 이긴다'는 것이다.

《육도》 가운데에서 태공망은 이렇게 말하고 있다.

"재난을 미연에 막을 수 있는 자야말로 진정한 지혜 있는 자이다. 그와 마찬가지로 싸우지 않고 승리를 거둘 수 있는 자야말로 진정으로 싸움을 잘하는 자이다."

확실히 무기를 손에 들고 싸우면 아무리 잘 싸워도 손해를 각오하지 않을 수 없다. 잘못하면 싸움에는 이겨도 막대한 손해를 입어, 완전히 국력을 소모시킬 수도 있다. 그와 같은 승리는 현명한 승리가 아니라는 것이다.

이와 같은 주장은 《육도》나 《삼략》만이 아니고 《손자》도 크게 역설하고 있고, 이것은 중국식 병법의 커다란 특징이 되고 있다.

그러나 '싸우지 않고 이기는' 것이 가장 이상적이라고는 해도 도저히 싸우지 않을 수 없는 경우가 있다. 그와 같은 때의 대응으로서 《육도》는 다음과 같은 말을 준비하고 있다. 즉 '승산이 있다고 확인을 했으면 단숨에 쳐들어

가고, 반대로 가망이 없으면 우선 병력을 철수하라'는 것이다.

태공망도 이렇게 말하고 있다.

즉 '기회인 줄 알았으면 단숨에 쳐들어가라. 모처럼의 기회를 놓치면 성공할 수 없다'는 것이다.

반대로 기회가 아닌데도 공격에 조급한 나머지 뛰쳐나가는 전법도 실패를 가져올 것이 틀림없다. 이것 역시 칭찬할 만한 전법은 아니다. 요컨대 공격을 하건 철수를 하건 정확한 정황 판단 아래 유연하게 대응할 수 있는 자야말로 진정으로 싸움을 잘하는 자이다.

《삼략》도 그 유명한 '유(柔)가 능이 강(剛)을 제압하고 약(弱)이 능히 강(强)을 제압한다'는 말을 인용해 이렇게 말하고 있다.

"그렇게 말은 해도 단지 유(柔)만을 소중하게 여기고 약(弱)만을 금과옥조로 하고 있으면 아무런 의미도 없다. 유와 강(剛), 약과 강(强)의 4가지를 겸비한 다음 그때그때 정세에 따라서 유연하게 대처하는 것이 중요하다."

이것도 또 공격을 할 때에는 단숨에 공격을 가하고 방어를 할 때에는 확실하게 지킨다, 그와 같은 유연한 대응을 말한 것일 것이다.

더욱이 《삼략》은 싸움에 임하는 자세로서 다음의 세 가지를 들고 있다.

첫째는 '장수의 계책은 은밀함을 요한다.' 이쪽의 계책이 적에게 새어나가면 처음부터 고전을 면할 수 없다. 이것은 절대로 비밀을 요한다.

둘째는 '사중(士衆)은 하나임을 요한다'이다. '사중'이란 장병을 말하며, 그들의 일치단결이 없으면 이것 또한 싸움이 되지 않는다.

셋째는 '적을 공격하려면 재빨라야 한다'는 것이다. 이것은 몇 번이나 되풀이한 것처럼 기회라고 판단되면 단숨에 공격하라는 것이다.

이제 드디어 실전에 임하는 경우의 비법이다. 이에 대해서 《삼략》은 다음과 같이 말하고 있다.

"적이 움직였으면 그 노리는 것을 알아차리고, 접근해오면 대비를 강화한다. 적이 강력하면 저자세로 나가 방심을 유도하고, 충실해져 있으면 싸움을 피한다. 적의 기세가 오르고 있으면 시간을 벌고, 우쭐해서 공격을 가해오면 지치는 것을 기다리며, 적의 결속이 강해졌으면 계책을 강구해 이간을 꾀한다."

'누르면 빼고 빼면 누르는' 유도의 비법을 생각하게 하는, 변환이 자유로운 전법이다.

태공망은 또 《육도》 가운데에서 병법의 비법은 상대의 판단을 헷갈리게 해 '은밀히 적의 기미를 알아차려 재빠르게 기습을 가하는' 것이라고 말하고 있다. 일찌감치 상대의 움직임을 알아차려 기선을 제압하고 상대의 허를 찌르라는 것이다. 단적으로 말해서 기민하고도 유연한 대응, 이것이 《육도》《삼략》에 정리되어 있는 병법의 비법인 것이다.

'싸우지 않고 이기는' 법

중국식 병법의 최고의 목표는 '싸우지 않고 이기는' 데에 있다. 확실히 무기를 사용하지 않고 이길 수 있다면 이 이상 효율적으로 승리하는 방법은 없다. 태공망은 《육도》 가운데에서 그것을 위한 방법으로서 12개 항목을 들고 있다. 그것을 차례대로 소개해보기로 한다.

1. 상대의 환심을 사는데 힘쓰고 결코 거스르거나 하지 않는다. 이렇게 하면 적은 방심해 반드시 실책을 범할 것이다. 그 틈을 노리면 상대를 멸망으로 내몰 수가 있다.

2. 적의 리더가 신뢰하고 있는 부하에게 접근해 리더와 대립시킬 것. 부하가 두 마음을 안게 되면 적의 힘은 약해진다. 충실한 부하가 없어지면 조직에 반드시 동요가 생긴다.

3. 매수 공작으로 적의 측근을 아군 쪽으로 끌어들인다. 측근이란 명목뿐이고 마음은 이미 떠나 있다. 이렇게 되면 적의 조직에는 반드시 혼란이 생긴다.

4. 적의 리더를 유흥에 빠지게 할 것. 보물이나 미녀를 보낸 다음 이쪽에서 저자세로 나가면 상대는 자연히 전의를 상실한다.

5. 적의 충실한 부하를 리더에게서 떼어놓을 것. 우선 그 부하와 리더 양쪽에 선물을 보낸다. 이 경우 부하 쪽에 고가의 것을 선물하는 것이 좋다. 그리고 만일 이 부하가 교섭 책임자로서 파견되어 왔을 때에는 일부러 교섭을 질질 끌어 교체자를 보내게 한다. 교체자가 오면 우호적인 태도를 취해

교섭을 성립시킨다. 그렇게 하면 적의 리더는 전의 담당자보다 교체한 자 쪽을 신뢰하게 될 것이다. 이렇게 해서 상대를 모략에 빠뜨리면 된다.

6. 적의 부하를 회유해 이용할 것. 유능한 부하가 외국에 협력해 내란이 발생하게 되면 대부분의 국가는 멸망할 것이다.

7. 적의 리더를 정보 차단의 상태로 둘 것. 뇌물을 보내 측근을 매수하고 농업 생산을 저하시켜 곡물의 저장 창고를 비우게 한다.

8. 상대를 신뢰하게 할 것. 우선 선물을 보내 상담을 제의하고 그 결과가 상대에게 이익이 되도록 한다. 그렇게 하면 상대는 반드시 신뢰한다. 이 우호 관계가 거듭되면 언젠가는 이용할 수 있다. 한 국가의 리더이면서 다른 나라에게 이용되는 상대는 반드시 나라를 잃게 된다.

9. 입에 발린 말로 추켜세울 것. 상대를 강하다고 말해 두려워하는 표정을 보이면 상대는 그런 생각이 들게 된다. 상대 리더에게 이런 수법을 쓰면 반드시 우쭐해서 정치를 소홀히 하게 된다.

10. 성의를 가지고 상대에게 봉사할 것. 상대의 마음에 들도록 해서 모든 일을 상대의 말에 따라 일심동체로 생각하게 한다. 이렇게 해서 충분히 신뢰를 얻었으면 은밀하게 준비를 진행한다. 좋은 기회를 노리고 기다려 공격을 가하면 쉽게 멸망시킬 수가 있다.

11. 적의 리더를 굴복시킬 것. 그러려면 우선 적국 안에 도당을 만들게 하는 것이다. 즉 부하란 어디에서나 지위가 오르기를 바라고 실패를 두려워한다. 이를 이용해 유능한 부하를 회유한다. 또 이쪽은 국내에 충분한 물자를 비축하면서 짐짓 가난한 나라로 보이게 한다. 그리고 적국 안에 정보원을 잠입시켜 공작을 하도록 하고 이쪽을 가볍게 보는 마음을 갖게 한다. 상대의 부하를 포섭해 도당을 만들게 하는 데 성공하면 상대의 리더는 어쩔 수 없이 고립된다. 그렇게 되면 나라를 지탱할 수가 없다.

12. 온갖 방법을 다해 적의 리더를 헷갈리게 할 것. 부하가 리더에게 등을 돌리게 하는 것도 좋다. 미녀나 경박한 음악을 권하는 것도 좋다. 명견이나 준마를 보내 사냥에 열중하게 하는 것도 좋다. 이렇게 해서 기회가 있으면 정세 유리한 쪽으로 판단하게 해서 도발하게 하고 단숨에 멸망시키는 것이다.

태공망은 이상 12항목을 열거한 다음에 말했다.

"이들 계책을 시행한 다음 비로소 무력에 호소한다. 즉 천시(天時)와 지리(地利)를 확인하고 적이 멸망의 징후를 나타낸 뒤 비로소 공격을 가하는 것이다."

이러한 책략은 아득한 옛날의 단순한 이야기에 지나지 않는다, 라고 할지 모르지만 결코 그렇지 않다. 국제간의 외교 전략에서도 지금 말한 책략의 수법이 원용되고 있다.

기업은 냉혹한 경쟁 속에서 조금이라도 업적을 올리려고 혈안이 되기 일쑤이다. 개중에는 온갖 수법을 다 동원해서 라이벌 쓰러뜨리기를 꾀하는 기업도 있다. 태공망과 같은 선철(先哲)의 가르침을 마음에 새겨두는 것은 결코 헛된 일은 아닐 것이다.

장수가 된 자의 조건

여기에서 '장수가 된 자'라는 것은 제일선 부대의 지휘관을 의미하고 군주, 이른바 한 국가의 원수를 지칭하는 것은 아니다. 현대의 기업에서 말하면 부과장급, 또는 지방의 영업과장급에 해당된다.

이 '장수가 된 자의' 조건에 대해서 태공망은 예(禮)를 터득하고 있을 것, 수고를 아끼지 않을 것, 욕망을 억제할 것, 이 세 항목을 들어 다음과 같이 말하고 있다.

"예를 터득한 장수란 겨울에도 따뜻한 가죽옷 따위를 입지 않고 병사와 추위를 함께 견디며, 여름에도 부채 따위를 사용하지 않고 병사와 더위를 함께 하며, 비가 오면 병사와 함께 비를 맞는 인물이다. 이와 같이 스스로를 자제하지 않으면 부하의 처지를 이해할 수가 없다.

또 수고를 아끼지 않는 장수란 험한 지형이나 진흙탕을 행군할 때 수레에서 내려 걷는 인물이다. 수고를 아끼게 되면 부하의 노고를 이해하지 못한다.

그리고 욕망을 억제하는 장수란 모든 병사의 잘 곳이 정해진 뒤에 함께 잘 곳으로 들어가고, 모든 병사의 식사가 준비된 뒤에 함께 식사를 하고 부하가 식사를 하지 못할 때에는 자신도 식사를 하지 않는 인물을 말하는 것이다. 이와 같이 장수가 된 자가 욕망을 억제하지 못하면 부하의 배고픔을 이해하지 못한다."

태공망은 이렇게 말한 뒤, 장수 된 자가 부하와 노고를 함께 함으로써만 병사를 분발하게 할 수 있다고 말하고 있다.

《삼략》 또한 명장의 예를 들어 다음과 같이 말하고 있다.

"한 군대의 대장이 된 자는 언제나 병사와 생활을 함께 하고 운명을 같이 해야만 한다. 그렇게 해야만 병사는 적을 두려워하지 않고 싸우는 것이다.

예를 들면 어느 명장에 대해서 다음과 같은 일화가 남아 있다. 어느 날 그에게 술이 한 병 보내졌다. 그것은 한 사람 분량으로 모두가 마시기에는 지나치게 적었다. 그런데 그 대장은 그것을 개울물에 쏟고 병사들과 함께 개울물을 마셨다고 한다. 불과 한 병의 술이다. 개울물에 술맛이 날 리가 없었다. 그래도 병사들은 그를 위해 목숨을 던지겠다고 생각했다. 병사의 마음에 그의 배려가 스며든 것이다.

병사 한 사람 한 사람에게 운명을 함께 한다는 연대감이 있음으로써 끝까지 지칠 줄 모르고 싸우는 것이다. 그것은 평소부터 병사에게 따뜻한 마음을 베풀 때 비로소 가능해지는 것이다."

장수가 된 자에게 배려가 있음으로써 부하의 의욕을 이끌어내고 조직을 하나로 통합해 나갈 수가 있다는 것이다. 부하와 고락을 함께 하는 배려, 이것은 아무리 강조해도 지나침이 없다.

그러나 그것만으로는 아직 불충분하다. 태공망은 장수가 된 자의 조건으로서 용(勇), 지(智), 인(仁), 신(信), 충(忠)의 다섯 가지 조건을 들고 있다.

용(勇)이란 용기라든가 결단력과 같은 의미이다. 이것이 있으면 단호하게 행동하기 때문에 적에게 무시당하는 일이 없다.

지(智)란 통찰력이라든가 판단력을 말하는 것이다. 지가 있으면 확실한 판단위에서 행동할 수가 있고 적에게 파고들 틈을 주지 않는다.

인(仁)이란 이미 말한 배려하는 마음이다.

신(信)이란 거짓을 말하지 않는 것이다. 부하의 신뢰를 모을 수가 있는 것은 오로지 장수에게 믿음이 있기 때문이다.

마지막의 충(忠)이란 충실하다거나 성실하다는 의미이고, 이것이 있으면 윗사람의 신뢰를 얻어 일을 맡을 수가 있다.

이상의 다섯 항목은 이른바 플러스의 조건이다. 태공망은 여기에 계속해서 더욱 경계해야 할 마이너스의 조건으로 10항목을 열거하고 있다.

첫째는 '용감하면서 죽음을 가볍게 하는 자'이다. 이것은 말할 것도 없이 '용'은 플러스의 조건이지만 지나치게 되면 혈기로 치닫기 쉽다. 그렇게 되면 한 군대의 장수로서 도리어 마이너스라는 것이다.

둘째는 조급하고 빠른 이해도 곤란하다. 장수 된 자에게 바람직한 것은 '숙려단행(熟慮斷行)'이기 때문이다.

셋째는 금전욕이 강한 인간은 장수로서 부적격이다.

넷째는 앞서 말한 바와 같이 '인(仁)' 즉 배려는 플러스의 조건이지만, 이쪽도 배려하고 저쪽도 배려하다 보면 중요한 결단이 둔해진다. 그런 의미에서 '인'도 지나치면 역효과가 나타난다는 것이다.

다섯째는 판단력은 확실한데 결단을 내리지 못하는 인물, 이것도 한 군대의 대장으로서는 곤란하다.

여섯째는 '신(信)', 즉 거짓을 말하지 않는 것은 플러스의 조건이지만 남까지 그렇게 여기고 덤비는 단순한 인물, 이것도 장수로서는 부적격이다. 그와 같은 인물은 적이 행하는 모략에 쉽게 걸려들고 만다.

일곱째는 '염결(廉潔)' 즉 청렴결백은 미덕이다. 그러나 그것을 자랑거리로 삼아 모든 사람에게 똑같이 요구하면 도리어 역효과를 낳는다. 이런 소견이 좁은 인물 밑에는 아무도 모여들지 않는다.

여덟 번째는 판단력은 있는데 정세 변화에 대응하지 못하는 자, 이것도 실격이다.

아홉 번째는 자신 과잉에 빠져 부하에게 일을 맡기려고 하지 않는 사람, 이것도 곤란하다.

열 번째는 아홉 번째와 반대로 자기에게 자신이 없어 무엇이건 부하에게 맡겨버리는 것, 이것도 실격이라는 것이다.

이상은 장수 된 자가 해서는 안 되는 경계 사항들이다. 철저한 체크리스트의 형식을 갖추고 있는 것으로 생각된다. '장수 된 자', 또는 '장수를 지향하는 사람'은 이와 같은 조건에 비추어서 때로는 내 몸을 돌아볼 필요가 있지 않을까.

제갈량집

《제갈량집》에 대해서

제갈량(諸葛亮 : 자는 공명(孔明))은 삼국시대. 촉의 유비에게 봉사한 지모의 군사이다.

정사 《삼국지》의 〈제갈량전〉에 의하면 그가 오장원에서 웅대한 꿈을 이루지 못하고 전몰했을 때 그 저작으로서 《제갈씨집》 24편, 대략 10만 4000여 자가 남겨진 것으로 기록이 되어 있다. 하지만 이것은 그 뒤에 없어져서 오늘날에는 전해지지 않는다.

뒤에 공명의 저작이나 그에 관해 남겨진 글 따위를 편집한 《제갈량집》 등이 종종 편집이 된 것 같다.

그런 것들 가운데서 비교적 뛰어난 것이 청(淸)나라 때의 장주(張澍)라는 인물이 편집한 《제갈량집》이다. 그 내용은 문집 4권, 부록 2권, 고사(故事) 5권으로 이루어져 있다. 이 책은 최근에도 몇 번인가 중국에서 출판되었다.

여기에서는 문집에 수록되어 있는 것 가운데서 비교적 체계적인 내용을 지니고 있는 〈장원(將苑)〉과 〈편의(便宜) 16책〉에 의거해 그의 정치론, 용병론, 장수론을 거론해보기로 한다.

《제갈량집》의 말

부지인지성(夫知人之性), 막난찰언(莫難察焉) ――인간의 본성을 아는 것보다 어려운 관찰은 없다. 〈장원(將苑)〉

장불가교(將不可驕), 교즉실례(驕則失禮), 실례즉인리(失禮則人離) ―― 장수는 오만해서는 안 된다. 오만하면 예를 잃게 된다. 그리고 예를 잃으면 사람들은 멀어지게 된다. 〈장원(將苑)〉

부국지대무(夫國之大務), 막선어계비(莫先於戒備) ――나라의 큰일에 국방보다 앞서는 것은 없다. 〈장원(將苑)〉

부용병지도(夫用兵之道), 재어인화(在於人和), 인화즉불권이자전의(人和

則不勸而自戰矣)——용병의 관건은 인화(人和)에 있다. 인화가 이루어지면 권하지 않아도 스스로 나아가 싸운다. 〈장원(將苑)〉

부계모욕밀(夫計謀欲密), 공적욕질(攻敵欲疾)——계략은 치밀해야 하고 적에 대한 공격은 질풍처럼 빨라야 한다. 〈편의(便宜) 16책〉

상불가불평(賞不可不平), 벌불가불균(罰不可不均)——상은 공평하지 않으면 안 되고 벌은 균등해야 한다. 〈편의(便宜) 16책〉

고욕사기리(故欲思其利), 필려기해(必慮其害), 욕사기성(欲思其成), 필려기패(必慮其敗)——일의 이로움을 생각한다면 반드시 그 해를 생각해야 하고 그 성공을 생각한다면 그 실패를 생각해야 한다. 〈편의(便宜) 16책〉

《삼국지》의 주역

제갈공명이라면 《삼국지》 독자에게는 친숙한 등장 인물이다. 비록 《삼국지》를 읽은 적이 없더라도 '삼고초려(三顧草廬)' '수어지교(水魚之交)' '읍참마속(泣斬馬謖)' '죽은 공명, 산 중달을 달아나게 하다'와 같은 말은 한두 번쯤은 들은 적이 있을 것이다. 일찍부터 중국의 역사상 인물 가운데서 진나라 시황제에 버금가는 뛰어난 지명도의 소유자가 이 제갈공명이다.

뒤에 기술하는 바와 같이 공명은 《삼국지》의 주역이고 유비(劉備)가 일으킨 촉한(蜀漢)의 승상으로서 눈부신 활약을 했다. 그가 남긴 저작은 모두 24편, 약 10만 4000자나 되는 방대한 양에 이르고 있다. 그 뒤 그 대부분이 사라지고, 오늘날에는 후세 사람이 편집한 《제갈량집》이란 책만 약간 남아 있다. 이 책에 의해서 공명의 병법론을 더듬어나가면 그 특징은 《손자》 이하 고전적인 병법서의 전통을 충실하게 물려받고 있음을 알 수 있다.

공명의 병법론도 병법서인 이상, 전략과 전술을 해설하고 있음은 말할 나위도 없다. 그러나 단순한 전쟁 기술의 책이 아니라, 인간 그 자체에 대한 날카로운 통찰이 있고 분석이 있으며, 따라서 내용 전체가 전형적인 '인간학'의 책이라고 해도 좋다.

따라서 그곳에 전개되고 있는 전략, 전술론은 극히 폭이 넓어 경영 전략의 책으로서도, 인간 관계의 책으로서도, 또는 처세 지침의 책으로서도 통용되는 밀도와 넓이를 지니고 있다. 현대를 사는 우리에게 필요한 실천적인 지침을 많이 포함하고 있는 것이다.

본론으로 들어가기 전에 우선 제갈공명의 사람됨과 시대 배경에 대해서 간단하게 언급해둔다.

제갈공명이 탄생한 해는 181년이다. 200년 가까이 이어진 후한(後漢) 왕조가 내정의 혼란으로 말미암아 붕괴할 무렵은 바야흐로 군웅할거의 양상을 나타내게 되었다. 많은 군웅 가운데서 두각을 나타낸 것이 '난세의 효웅(梟雄)'으로 일컬어진 위(魏)의 조조이다. 조조는 소설의 세계에서 전형적인 악인으로 묘사되어 있으나, 실제의 그는 빼어난 경영 수완의 소유자로서 거의 맨주먹으로 출발했으면서도 순식간에 난세 속에 승승장구하였다. 끈질기기로 유명한 유비도 조조의 기세에는 도저히 버티지 못하고 손을 쓸 방도가 없었다.

유비는 한때 조조 밑에 몸을 의지하였으나 이윽고 반기를 든다. 그러나 역으로 공격을 당해 몸 둘 곳조차 없어지자, 형주(荊州)의 유표(劉表)란 인물을 의지해 달아났다. 그 뒤 6년, 외로운 처지에 '비육지탄(髀肉之嘆 : 재능을 발휘할 기회가 없는데 대한 한탄)'을 곱씹고 있을 때, 그런 유비에게 희망을 가져다 준 것이 제갈공명과의 만남이다. 그때 유비의 나이 47세, 그 시대로 말하면 이미 인생의 노경에 접어들 무렵이었다. 이에 비해서 공명은 27세, 한창 청년기였다.

유비는 청경우독(晴耕雨讀)의 나날을 보내는 공명의 집에 세 번이나 찾아가서 가르침을 청한 것으로 전해진다. 이른바의 '삼고초려(三顧草廬)'가 그것이다.

한편 공명은 자기의 나아가야 할 길을 묻는 유비에게 유명한 '천하 삼분(三分)의 계(計)'로 불리는 계책을 알렸다. 삼분이란 조조, 유비, 오(吳)나라의 손권, 이 세 사람이 천하를 셋으로 분할한다는 것이다. 북쪽에서 남하해 오는 조조의 세력을 손권과의 연합으로 막고 우선 '삼국정립(三國鼎立)'—세 나라가 나란히 서는 상태를 만들어낸다. 그런 다음 유비에 의한 천하통일을 이루려는 전략, 이것이 '천하 삼분의 계'였다.

쫓기고 있던 유비는 이 말을 듣고 어둠 속에서 광명을 찾은 듯한 생각을 틀림없이 했을 것이다. 곧바로 공명을 군사(軍師)로 맞아들여 날이 갈수록 그 전략·전술론에 심취해간다.

이를 보고 불만을 털어놓은 것이 관우(關羽)와 장비(張飛)였다. 이 두 사람은 유비와 의형제이고 처음 거병을 했을 때부터 의기투합한 관계를 계속해왔다. 이를 방치하면 그들의 불만이 폭발할지도 모른다. 이를 우려한 유비는 어느 날 두 사람을 불러 '나에게 공명이 있는 것은 마치 물고기에게 물이 있는 것 같은 수어(水魚)의 관계이다. 그는 없어서는 안 될 소중한 사람이다. 원컨대 그대들은 더 이상 말하지 말라'고 타일렀다. 그 뒤, 두 사람은 더 이상 불만을 말하지 않았다고 한다. 이것이 이른바 '수어지교(水魚之交)'의 어원이다. 이 일만 보아도 유비가 얼마나 공명을 신뢰하고 있었는지 그 일단을 엿볼 수가 있다.

그리고 《삼국지》의 그 뒤의 정세는 바로 공명이 말한 '천하 삼분의 계'의 시나리오대로 진행되어 갔다. 그리고 그 전환점이 된 것이 208년 조조와 유비·손권의 연합군 사이에서 벌어진 '적벽의 싸움'이었다.

공명은 이 싸움에서 오의 손권을 설득해 그 수군을 움직여 장강(長江)을 거슬러 올라가 적벽에서 조조의 대군을 격파한다. 그리고 그 승리를 발판으로 삼아 유비는 221년에 촉한을 건국했다. 이렇게 공명의 계책인 '천하 삼분의 계'가 완성된 것이다. 조조의 사후, 그의 아들 조비(曹丕)가 건국한 위(魏), 손권의 오(吳), 그리고 유비의 촉한(蜀漢)—이른바 '삼국정립'의 시대로 접어든다.

공명은 건국과 동시에 승상, 즉 재상에 임명되어 내정 통괄 책임자가 되었다. 그리고 오장원에서 사망할 때까지 촉한의 버팀목으로서 유비와 그 뒤를 이은 유선(劉禪)을 보좌했다. 《삼국지》를 저술한 진수(陳壽)란 역사가는 공명을 평해서 '다스릴 줄 아는 좋은 재상, 관(管), 소(蕭)의 아필(亞匹 ; 버금가는 짝)이다'라고 높이 평가하고 있다. 관이란 제나라 재상 관중(管仲), 소란 한나라 재상 소하(蕭何)를 가리키고, 공명은 그들과 어깨를 나란히 할 수 있는 명재상이란 뜻이다.

그러면 실제로 공명의 정치란 어떤 것이었을까.

통솔력의 비밀

《삼국지》의 저자 진수는 공명의 정치 특징을 다음과 같이 말하고 있다.

간명하게 말해서 신상필벌로 부하나 국민에게 임하고, 또한 그 집행이 극히 공평했다는 것이다. 여기서 그의 특징을 볼 수가 있다. 더구나 '백성에게 원성이 없었다'고 할 정도로 국민으로부터 불만의 소리가 없었던 것은 그 집행이 공평무사했기 때문이다.

그 집행이 어땠느냐 하면 '침식을 잊었다'는 표현 그대로 아침 일찍부터 밤늦게까지 정무에 정려하였다. 더욱이 사생활도 한 나라의 재상으로서는 드물게 간소한 것이었고, 사망한 뒤 조사해보니 여분의 재산은 전혀 남기지 않았다. 이러한 것에서 제갈공명이란 인간의 남다른 근엄(謹嚴) 성실, 게다가 책임감이 강한 인간상이 부각된다.

한편 여러 가지 작전 준비를 갖춘 공명은 드디어 위를 치기 위해 촉한의 총력을 결집해 원정의 길에 오른다. 이때 유비는 이미 없고 그의 아들 유선이 촉한의 2대 군주 자리에 앉아 있었다. 이 유선에게 제출한 출진의 인사장이 그 유명한 '출사표(出師表)'이다.

"선제가 창업해 아직 반도 이루지 못했는데 중도에 붕어하시고, 지금 천하는 삼분이 되어 익주(益州)는 피폐해 참으로 위급한 때입니다."

이렇게 시작되는 이 격조 높은 명문에는 출진을 앞둔 공명의 남다른 결의가 표명되어 있다.

그러나 이 원정은 실패로 끝났다. 그 원인은 선봉 부대의 지휘관으로 기용한 마속(馬謖)이 크게 실패를 범했기 때문이다. 마속은 젊은 참모 장교이고 이론가로서 알려졌다. 그런 그를 선봉대의 지휘관으로 기용한 것은 장래성이 있는 젊은이에게 공을 세우게 해주고 싶다는 배려가 작용했을 것이다.

공명은 마속의 출진에 앞서 면밀하게 지시를 했다. 막상 적과 맞닥뜨리자 마속은 산 위에 포진하는 졸렬한 작전을 취하고 말았다. 위나라 군대의 총사령관 장합(張郃)은 백전노장답게 상대의 약간의 틈도 놓치지 않았다. 곧바로 산을 둘러싸고 물이나 군량의 보급로를 차단해 지구전으로 끌고 갔다. 앉아서는 죽음뿐이라고 판단한 마속은 전군에게 총공격을 명해 산에서 뛰어내렸다. 이것이야말로 장합이 생각한 그대로였다. 대기하고 있던 위나라 군사에게 전멸을 당하다시피 했다.

이 첫 싸움의 참패로 공명의 작전 계획은 파탄을 가져왔다. 결국 제1차 원정은 실패로 끝났다. 당연히 실패의 책임은 마속에게 있었다. 이를 간과해서는 군율을 유지할 수가 없다. 공명은 '읍참마속(泣斬馬謖)', 즉 눈물을 머금고 마속을 베어버리고, 마속을 중요한 직책에 올린 자신의 잘못을 인정해 유선에게 강등을 청원했다.

이 이야기만이라면 공명이란 인물은 피도 눈물도 없는 냉철한 무장처럼 생각된다. 그러나 사실은 마속을 처형하면서도 한편으로는 그의 유족에 대해서 종래대로 따뜻한 대우를 보장하는 인정 깊은 면도 보여주고 있다. 이와 같은 점이 사람들이 '두려워하면서도 사랑한' 이유의 하나이고, 공명이란 사람이 지닌 매력의 원천이다.

패전의 상처를 치유하고 군의 태세를 재정비한 공명은 계속해서 2차, 3차, 4차로 원정을 감행한다. 그러나 모두 물자의 보급, 이른바 병참에서 정체 상태에 빠져 눈물을 머금고 철수를 했다. 그리고 제5차에, 새로이 결의하고 촉한의 총력을 기울여 마지막 원정이 이루어지게 된다.

공명의 군대는 진령산맥(秦嶺山脈)을 넘어 위수(渭水) 부근의 오장원(五丈原) 일대까지 진출했다. 맞아서 싸우는 위군의 총사령관은 노련한 무장 사마중달(司馬仲達)이었다. 중달은, 결전은 철저하게 피하여 끝까지 지구전으로 끌고 가려고 했다. 지구전이 되면 어차피 원정군이 불리할 수밖에 없다. 두 영웅이 대치한 지 100일에 이르고 그 사이에 공명은 병으로 쓰러진다.

이렇게 해서 공명은 작전 목적을 달성하지 못한 채 원정지 오장원에서 숨을 거두고 만다. 그러나 이 한 가지로 지휘관으로서의 공명의 자질을 말할 수는 없다.

왜냐하면 이 싸움은 국력의 차이, 보급면에서의 곤란 등, 누가 보아도 공명 측에 불리한 조건이 지나치게 많았기 때문이다. 더구나 공명은 선대의 유언에 따라서 승산이 없는 싸움을 하지 않을 수 없었다.

그와 같은 상황 속에서 공명이 세운 작전은 쉽게 이길 수 없다면 최악의 경우라도 지지 않는 싸움을 한다는 것이었다. 패배는 나라의 멸망으로 통한다. 이것만은 어떻게든 피하지 않으면 안 된다.

결과를 보면 확실히 이기지는 못했지만 진 것도 아니었다. 그런 의미에서는 선전했다고 할 수 있다.

더구나 8년 동안에 대규모의 원정을 다섯 번이나 했으므로 보통 지도자였다면 완전히 나라를 피폐하게 하고 말았을 것이다. 그러나 공명의 경우는 그동안 나라의 정치에 약간의 흐트러짐도 일으키지 않았다. 부하나 국민은 일치협력해서 공명의 지도에 따랐다고 한다. 공명의 비길 데 없는 통솔력이야말로 이에 미루어 알 수 있을 것이다.

그 비밀은 이미 말한 바와 같이 첫째로 신상필벌, 둘째로 공평무사, 셋째로 솔선수범의 정려이고, 이것으로 부하나 국민에게 임한 점에 있었다. 정치, 군사 양면에서 역시 공명이란 사람은 뛰어난 지도자였음을 알 수 있다.

공명의 지도자론

다음으로 제갈공명의 저작 가운데서 그의 장수론, 용병론을 소개해보자. 장수란 지도자, 또는 관리직, 용병론은 부하를 다루는 방법으로 이해하는 것도 가능하다.

우선 공명은 장수에는 9개 유형이 있다고 말한다.

우선 첫째로 인장(仁將). 이는 덕과 예로 부하와 노고를 함께 하는 유형이다.

둘째는 의장(義將). 이는 왕성한 책임감을 지니고 장수 된 자의 임무를 수행하고, 자신의 이익을 돌아보지 않는다. 명예를 위해 죽음도 무릅쓰고 살아서 치욕을 당하는 것을 떳떳하게 여기지 않는 인물이다.

셋째는 예장(禮將), 이는 높은 지위에 있어도 자랑을 하지 않고 적에게 승리를 해도 우쭐대지 않는다. 현명하지만 겸손하고, 강직하지만 참아야 할 때는 잘 참는 장수를 이른다.

넷째는 지장(智將). 이는 기략종횡(奇略縱橫), 어떠한 사태에도 대응할 수 있고 화를 복으로 전환해 위기에서도 승리할 수 있는 유형이다.

다섯째는 신장(信將). 이는 신상필벌로 부하에게 임하고 한 번 약속한 것은 반드시 지키는 인물을 가리킨다.

여섯째는 보장(步將). 이는 군마보다도 빨리 달리고 투지가 만만하며, 국경의 방비를 견고하게 하고 칼과 창을 쓰는 데 뛰어난 장수를 뜻한다.

일곱째인 기장(騎將)은 높은 산이나 험한 길도 아랑곳하지 않고, 말 위에서 쏘는 화살은 날아가는 것 같으며, 진격할 때에는 선봉, 후퇴할 때에는 후미를 맡는다. 이도 실전형 관리직의 한 유형이라고 말할 수 있을 것이다.

여덟 번째는 맹장(猛將). 선두에 서서 전군을 질타하고 어떤 강적에도 뒷걸음질치지 않으며, 상대가 대적(大敵)일수록 투지를 불태우는 인물을 말한나.

그리고 아홉 번째는 대장(大將). 이는 상대가 현자임을 알면 몸을 낮추어서 대하고 기꺼이 간언에 귀를 기울이며, 너그러우면서도 강직함을 잃지 않고 용감한 데다가 기략도 풍부하다.

이상이 공명이 든 9가지 장수의 유형이다. 공명은 더욱 6개의 등급을 매겨 다음과 같이 말하고 있다.

"속이 검은 엉큼한 인간을 구분해 위기를 미연에 알아차리고 부하를 잘 통솔할 수가 있다. 이뿐이라면 10명의 장(將)에 지나지 않는다.

아침 일찍부터 밤늦게까지 군무에 정려(精勵)하고 언어 사용도 지극히 신중하다. 이는 아직 100명의 장에 지나지 않는다.

왜곡된 것을 싫어하고 게다가 사려도 풍부하며 용감하고도 전투 의욕이 왕성하다. 이는 1000명의 장이다.

보기에도 용맹스럽고 내면에는 투지를 간직한 데다가 부하 장병의 노고를 배려하는 마음을 지니고 있다. 이런 사람이라면 만 명의 장(將)이라고 말할 수 있다.

더욱 유능한 인재를 등용함과 동시에 자신은 매일 수양에 게으르지 않도록 힘쓴다. 신의가 두텁고 관용성이 풍부하며 어떤 사태에 직면해도 마음이 흔들리지 않는다. 이런 사람이라면 십만 명의 장이라고 말할 수 있다.

마지막으로 백성을 사랑하고 신의로 이웃 여러 나라를 심복시킨다. 천문, 지리, 인사 만반에 통하고 모든 백성으로부터 경모의 대상이 된다. 이런 사람이라면 천하 만민의 장이 될 수 있는 그릇이라고 말할 수 있다."

공명은 이렇게 말하고 있으나, 10명의 장, 100명의 장이라고 해도 막상 자신이 그 수준을 지향하려면 쉬운 일이 아니다. 현실로는 제각기 자신의 입장에 따라서 이런 것들을 노력의 목표로 삼아야 한다는 주장일지도 모른다.

한편 공명은 단순히 노력의 목표를 제시하는 데 그치지 않고, 장수 된 자는 구체적으로 무엇을 노력해야 할 것인가에 대해서도 여러 가지 각도에서 말하고 있다.

우선 그는 "장수에게는 다섯 가지 선과 네 가지 욕심이 있다"고 말해 장수의 임무에 대해서 다음과 같이 정리하고 있다.

'장에게는 오선(五善)과 사욕(四欲)이 있다. 오선이란 ①적의 형세를 알고, ②진퇴의 길을 잘 알고, ③나라의 허실을 잘 알고, ④천시, 인사를 잘 알고, ⑤산천의 험조(險阻)를 잘 안다. 사욕은 ①싸움은 기(奇)이길 원하고, ②모(謀)는 밀(密)하길 원하고, ③중(衆)은 조용하길 원하고, ④마음은 하나이길 원한다.'

'오선'이란 다섯 가지 핵심이란 의미이다. ①적의 정황을 파악하는 것이다. ②진퇴의 판단을 적확하게 하는 것이다. ③국력의 한계를 분별한다. ④천시(天時)를 알고 부하를 파악할 것, ⑤지형의 험준함을 조사하는 일, 이 다섯 항목을 가리킨다.

다음의 '사욕'은 네 가지 마음가짐이란 뜻으로, ①싸움은 상대의 의표를 찌른다. ②모든 비밀을 엄수한다. ③병력의 통제에 힘쓴다. ④전군의 마음을 하나로 통합하는 것이라고 한다. 이 오선 사욕이 장수 된 자에게 기본적 임무라는 것이다.

더 나아가 공명은 장수 된 자의 조건으로서 '오강팔악(五强八惡)'을 들고 있다. 요컨대 다섯 가지 필요 조건과 여덟 가지 실격 조건이란 뜻이다.

우선 '오강'의 첫째는 고절(高節)일 것. 고절이란 지조를 굽히지 않는 태도를 말한다. 그렇게 함으로써 부하의 분발을 촉구할 수 있다는 것이다. 둘째는 효제(孝悌)일 것. 즉 부모에게 효도하고 형제간에는 우애있게 지내야 한다는 것이다, 셋째는 신의를 존중하는 것. 신의를 존중하는 마음이 있음으로써 비로소 친구와 교제할 수 있다는 것이다. 넷째는 깊이 생각하는 것. 다섯째는 전력을 다하는 것이다.

이상의 다섯 가지를 플러스의 조건이라고 한다면, 다음의 '팔악'은 모두 마이너스의 조건이다.

치밀한 공명은 우선 '이래야만 한다'는 모습을 긍정적으로 예를 들고, 그런 다음 좀 더 알기 쉽게 다짐하기 위해 이번에는 '이래서는 안 된다'는 부정적인 유형을 들고 있는 것이다.

그 첫 번째는 계략이 부족해 시비의 판단을 내리지 못하는 것. 둘째는 결례. 셋째는 정치 능력의 결여. 넷째는 경제력은 있어도 가난한 자를 구제하려고 하지 않는 것. 다섯째는 지혜가 부족하여 불의의 사태에 대비하지 못하는 것. 여섯째는 사려가 부족하여 극비 사항이 밖으로 새는 것을 막지 못하는 것. 일곱째는 영달을 해도 구면의 사람들을 추천하려고 하지 않는 것. 그리고 여덟 번째는 싸움에 패했을 때 국민의 비난의 표적이 되는 것. 이런 것들은 모두 평소에 신뢰를 얻지 못하고 있다는 것을 반증한다.

이상으로 플러스와 마이너스의 양면에서 장수 된 자의 조건에 대해 기술했다. 마지막으로 공명은 그 마음가짐으로써 다음의 15개 조항을 들고 있다.

첫째로 간첩, 즉 스파이의 활용을 도모한다. 둘째로 적의 파악에 힘쓴다. 셋째로 대적이라고 해도 겁먹지 않는다. 넷째로 눈앞의 이익에 흔들리지 않는다. 다섯째로 상벌이 공평할 것. 여섯째로 치욕에 잘 견딘다. 일곱째로 배짱이 있을 것. 여덟째로 거짓을 말하지 않는다. 아홉째로 인재의 등용을 도모한다. 열 번째로 참언(讒言)—중상이나 비방에 귀를 기울이지 않는다. 열한 번째로 겸허하게 행동한다. 열두 번째로 병사를 위로한다. 열세 번째로 몸을 던져 나라에 충성한다. 열네 번째로 한계를 분별한다. 열다섯 번째로 나를 알고 적을 안다. 이상의 15항목이다.

이상으로 일단 공명의 장수론의 전모가 밝혀졌다고 생각한다. 공명의 인품을 그리게 하듯이 지극히 자상하고 치밀하다. 그 가운데에는 오늘날의 우리가 보아도 당연한 점이 없지 않은데 그보다 더 참고가 되는 점도 많이 있을 것이다.

조직 활성화의 지혜

조직론이라고 하면 약간 이야기가 과장되는 점이 없지 않으나, 장수 된 자가 자신의 조직을 장악하려면 어떻게 하면 좋을까. 그리고 조직을 활성화하려면 어떻게 하면 좋을까. 이 문제에 대해서 공명의 견해에 귀를 기울여보자.

공명은 이렇게 말한다. "대체로 장수 된 자에게는 반드시 심복(心腹), 이목(耳目), 조아(爪牙)가 있다." 심복이란 말할 것도 없이 깊이 신뢰하는 부하, 이목이란 문자 그대로 귀가 되고 눈이 되는 부하, 그리고 조아는 손발이 되어 일하는 부하를 말한다.

뛰어난 부하를 갖는 것이 뛰어난 리더가 되는 필수 조항이라고 공명은 말했다. 그리고 그 선정에는 기준이 있어 '심복'에는 널리 학문에 통달하고 지능이 뛰어난 인물, '이목'에는 침착 냉정하고 입이 무거운 인물, '조아'에는 용맹 과감하고 적을 두려워하지 않는 인물을 선정해야 한다는 것이다.

또 조직의 편성에서는 반드시 막료를 두어야 한다고 말한다. 그리고 막료에는 고급, 중급, 하급의 구별이 있다고 다음과 같이 말하고 있다.

"말에 막힘이 없고 지모가 샘솟듯 하고 모르는 것이 없는 인물이 있다. 이런 인물은 만인이 동경하는 표적으로서 초청해 고급 참모로 삼으면 좋다. 다음으로 곰이나 호랑이처럼 사납고, 바위를 기어오르는 원숭이처럼 기민하고 쇠나 돌처럼 강하고, 명검처럼 날카로운 인물이 있다. 초청해서 중급 참모로 하면 좋다. 마지막으로 입이 가볍고 때로는 바른 말을 하는데 각별한 기능도 재능도 없다. 이는 보통 인물이다. 초청해서 하급 참모로 하면 좋다."

다음으로 실전 부대—예를 들면 영업의 제일선 부대라고나 할까—이를 편성하는 요령으로서는 다음과 같은 항목을 들고 있다.

첫째로 싸움이 밥보다도 좋아 전진에 있는 것을 즐기고 어떤 강적을 만나도 태연하게 대처한다. 이런 병사를 골라 '구국대'를 편성한다.

둘째로 의욕이 충분하고 체력도 있으며 행동도 민첩하다. 이런 병사를 골라 '돌격대'를 편성한다.

셋째로 건강해서 말보다도 빨리 달릴 수가 있다. 이런 병사를 골라 '특별공격대'를 편성한다.

넷째로 말 위에서 활을 잘 쏘고 백발백중의 수완을 자랑한다. 이런 병사를 골라 '기습대'를 편성한다.

다섯째로 활의 명수로서 한 방에 적을 쓰러뜨린다. 이런 병사를 골라 '사격대'를 편성한다.

여섯째로 강한 활을 잡아당기는 강력한 힘의 소유자이고 게다가 멀리서도 반드시 명중시킨다. 이런 병사를 골라 '포격대'를 편성한다.

이와 같이 세밀하게 표시하고 마지막으로 '각각 그 능력에 따라 이를 활용한다'고 매듭을 짓고 있다. 즉 어느 시대에나 들어맞는 능력 본위의 적재적소주의의 철칙이 여기에도 명시되어 있는 것이다.

다음으로 편성한 조직을 기능하게 하기 위해서는 숙련, 즉 교육과 훈련을 해야 한다고 말하고 '숙련이 없으면 백으로도 하나를 당할 수 없고, 배워서 이를 활용하면 하나로도 백을 당할 수 있다'고 말한다.

그 숙련 방법에는 대단히 시사하는 바가 많다.

"우선 교육을 해 병사에게 예와 의, 충과 신을 가르쳐야 한다. 그리고 군령으로 상벌을 명확하게 하면 백성은 자진해서 전쟁터로 가게 된다. 그런 다음 군사 훈련을 하면 한 번 명령으로 자유자재로 움직이게 할 수 있다. 한 사람이 10명을 가르치고 10명이 100명을, 100명이 1000명을, 1000명이 만 명을 교육하고 전군으로 교육의 폭을 넓힌다. 그렇게 하면 적을 물리칠 수가 있다."

이 부분은 부하의 관리, 육성에 대해서 상당히 중요한 교훈을 품고 있다. 즉 기술 훈련을 실시하기 전에 일반적인 종합 교육을 하고 교육과 훈련은 집단 전원의 동시 교육보다도 급격한 확산형 교육을 시행하라는 것이다. 이것을 현대의 사원 교육에 적용하면 전문 교육 전에 우선 사회인으로서의 기본 교육을 실시하라는 말이다.

장(長)이 된 자, 즉 조직의 리더에게는 부하의 능력을 끄집어내 조직의 활성화를 꾀하는 것이 중요한 과제임은 말할 나위도 없다. 그 점에 대해서 공명은 다음과 같이 말하고 있다.

"옛날의 장수가 된 자는 사람 키우는 것을 내 자식 키우듯 했다."

즉 부하에 대해서 내 자식에게 임하는 것과 똑같은 태도로 임하라는 것이다.

"옛날의 뛰어난 장수는 곤란에 직면하면 스스로 선두에 서서 타개하고, 설사 공적을 세워도 그것을 부하에게 넘겼다. 부상자를 진심으로 위로하고 전몰자를 따뜻이 장사지냈다. 굶주린 자에게는 자기의 먹을 것을 나누어주고 추위에 떠는 자에게는 자신의 옷을 벗어주었다. 지자(智者)를 예(禮)로써 맞아들이고 용사에게는 상을 주어 그 공에 보답했다."

공명의 정치 자세의 근본 원칙 속에 '신상필벌'이 일관되어 있었던 것은 이제까지도 몇 번이나 언급해왔다. 그러나 여기에서는 신상필벌의 엄격한 태도로 임하는 것만으로는 부하의 마음을 사로잡을 수 없다. 일찍부터 명장으로 일컬어진 사람들은 엄격함과 동시에 부하의 몸을 배려하는 따뜻함을 지니고 있었다. 이 따뜻한 배려가 부하를 기꺼이 사지로 향하게 하는 동기

부여가 된다고 말한다. 공명 자신이 부하로부터 '두려워하면서도 사랑을 받게 된' 것은 오로지 그의 따뜻한 마음의 온기가 부하 사이에 침투해 있었기 때문이었을 것이다,

다음으로 실전적인 부하의 능력이나 의욕을 끄집어내는 방법에 대해서 살펴보자. 부하 장병에 대한 장수의 마음가짐으로써 공명은 다음의 다섯 가지를 들고 있다.

1. 충분한 대우를 보장한다. 이렇게 하면 유능한 인재가 모여든다.
2. 예의와 신뢰로 대한다. 이렇게 하면 부하는 죽음까지도 서슴지 않는다.
3. 은혜를 베풀고 법의 적용에 공평을 기한다. 이렇게 하면 부하는 기꺼이 복종한다.
4. 솔선해서 그 일에 임한다. 이렇게 하면 뒷걸음질치는 자가 없게 된다.
5. 선행(善行)은 아무리 작은 일이라도 기록에 남기고, 공적은 어떤 작은 일이라도 포상을 해준다.

이렇게 하면 부하는 자신있게 일에 임하게 된다고 말한다. 관리라고 말하면 일반적으로 '압박'을 연상하기 쉬우나, 이상적인 관리 시스템이란 본래 인간을 관리하는 것이 아니라 인간이 자진해서 움직이는 상황을 만들어내는 데 있다. 이 공명이 든 5항목은 바로 관리직의 임무는 부하의 '의욕'을 불러일으키도록 상황을 만들어주는 데 있다고 가르친다.

부하의 지도와 인물 감정

한편 조직이 견고해졌다면 다음으로 이를 실전에서 어떻게 움직여갈 것인가. 즉 병법에서의 용병의 문제가 부각된다. 공명은 이 점에 대해서 다음의 3단계로 나누어 설명하고 있다.

첫째로 최선의 용병이란, 곤란을 미연에 방지하고 사태를 확대되지 않도록 해결한다. 앞을 내다보고 손을 써, 형벌의 규정은 있어도 그것을 실제로 적용할 필요가 없도록 진행시키는 것이다.

둘째로 적과 대치해 포진하고 군마를 달리게 하고 활을 쏘아대 적진으로 바짝 육박한다. 이 단계에서 적은 아군의 기세에 놀라 갑자기 도망치려고 한

다. 이것이 중간 정도의 용병이다.

그리고 셋째인 최저의 용병이란, 장수가 스스로 선두에 서서 적의 화살 표적이 되고 눈앞의 승부에 혈안이 된다. 서로가 모두 많은 사상자를 내면서 승패의 귀추는 명확하지 않다. 이와 같은 용병은 어리석기 짝이 없다.

중국의 병법서는 모두 '싸우지 않고 이기는' 것을 최선의 방책으로 인정하고 있다. 공명의 용병론도 그 노선에서 벗어나지는 않는다.

그러나 현실로 싸우지 않을 수 없게 되는 경우도 적지 않다. 그런 때에 조직에 가장 필요한 것은 무엇일까. 공명은 조직의 통제라고 말한다. 그 통제가 취해져 있는 상태란 다음과 같다.

1. 평시에는 규율을 유지하고 전시에는 기대한 대로 전력을 발휘한다.
2. 진격을 시키면 파죽지세를 보이고, 후퇴를 명해도 적이 끼어들 틈을 주지 않는다.
3. 각 부대가 밀접한 연계 아래 일치 협력해 곤란 타개에 임한다.
4. 전군이 일체가 되어 행동하고 적의 분열 공작에 현혹되지 않는다.
5. 전의가 왕성하고 적의 맹공에도 굽히지 않는다.

이것이 통제가 취해진 상태라면 반대로 다음의 상태에서는 통제가 흐트러지게 마련이다.

1. 간부끼리 서로 반목하고 있다.
2. 병졸이 명령에 따르지 않는다.
3. 훌륭한 작전 계획을 세워도 채용되지 않는다.
4. 부하가 간부를 비난한다.
5. 중상이나 비방, 발목잡기가 횡행한다.

이런 경우는 오늘날의 기업사회에서도 종종 보게 되는 광경이다. 이것이 심해지면 조직에서 활력을 잃게 되고 조직이 조직으로서 기능할 수 없게 된다.

그러면 조직의 통제를 유지하는 비결은 어디에 있을까. 공명은 '인화(人

和)'라고 말한다.

'용병은 인화에 있다. 인화하면 권하지 않아도 스스로 나서서 싸운다.'

조직 속에 인화를 만들어내는 것. 이것이 리더가 해야 할 중요한 일이다. 그러나 어떤 조직에도 반드시 인화를 깨는 인간이 나타난다. 공명은 다음 5종류의 인간을 조직의 인화를 깨는 자로서 경계하고 있다.

1. 동료들과 짜고 패거리를 만들어 능력이 있는 자를 비방한다.
2. 일부러 남의 눈에 띄는 화려한 옷을 착용한다.
3. 불가능한 이상론을 주장해 주위의 판단을 헷갈리게 한다.
4. 공적인 규율을 무시하고 제멋대로 판단해 주위를 선동한다.
5. 손익계산을 해 은밀히 적과 내통한다.

이런 인간에 대해서는 일찌감치 대책을 강구해야 한다. 공명은 그렇게 충고하고 있다.

이렇게 되면 상대 인물을 확인하는 감식안의 유무도 지도자로서 중요한 조건이 된다. 단 공명 자신도 '그 사람의 성품을 아는 것처럼 어려운 일은 없다'고 말한 것과 같이 이 인물 감정이라는 것은 상당히 어렵다. 공명은 판단기준이 되는 핵심으로서 다음의 7항목을 들고 있다.

1. 어느 사항에 대해서 선악의 판단을 찾아 상대의 뜻이 어디에 있는지를 관찰한다.
2. 말로 꼼짝 못하도록 만들고, 상대의 태도가 어떻게 변하는지를 관찰한다.
3. 계략에 대해서 의견을 구하고 그것에 따라서 어느 정도의 지식을 지니고 있는지를 관찰한다.
4. 곤란한 일에 대처하게 해보고 상대의 용기를 관찰한다.
5. 술에 취하게 해보고 그 본성을 관찰한다.
6. 이익으로 꾀어보아 얼마나 청렴한지를 관찰한다.
7. 일을 시켜보고 명령대로 수행했는지 여부에 따라서 신뢰도를 관찰한다.

상당히 세심한 관찰법이 아닌가. 특히 2의 '말로 꼼짝 못하게 해 반응을 본다.' 5의 '술에 취하게 해 그 본성을 관찰한다.' 7의 '일을 제대로 했는지의 여부' 등은 흠잡을 데 없는 완벽한 시점(視點)이다. 지도자의 입장에서 볼 때 공명의 지적은 극히 현대적이지 않은가.

평범함으로 일관한 비범

마지막으로 공명의 병법론에서 싸움을 승리로 이끌기 위한 핵심을 찾아보자.

이미 말한 바와 같이 공명이란 인물은 초대(初代)인 유비가 사망한 뒤, 비교적 평범한 인물이었던 2대 유선을 도와 촉한의 정치를 맡아 몇 번이나 큰 싸움을 하면서 나라의 정치에 약간의 흐트러짐도 보이지 않았다. 그 이유의 하나로는, 무리를 하지 않는 극히 신중한 자세로 정치에 임한 데 있다. 이 신중한 정치에 대해서 공명은 이렇게 말하고 있다.

'정치에 임하는 자는 우선 주변의 일에 대해서 생각을 하고, 이어서 먼 장래의 일까지 대책을 생각해두어야 한다. 그렇지 않으면 가까운 곳에서 발목을 잡히게 된다.'

또 다음과 같은 말도 있다.

'중대한 문제는 본래 해결이 어렵고 사소한 문제는 해결이 쉽다. 그러나 어쨌든 문제를 해결하기 위해서는 한 방향으로만 임해서는 안 된다. 즉 이익을 얻으려고 한다면 손해 쪽도 계산에 넣어두어야 한다. 성공을 꿈꾼다면 실패했을 때의 일도 고려에 넣어둘 필요가 있다.'

이와 같은 신중한 자세는 정치만이 아니라 싸움에서도 당연하게 일관되고 있다.

우선 만전의 준비를 한 다음 싸움에 임한다는 것이다.

'싸움에 능한 자는 감정에 좌우되지 않는다. 만전의 작전 계획을 짜낸 자는 적을 두려워하지 않는다. 본래 현명한 사람은 싸움을 걸기 전에 만전의 작전 계획을 세워 승리를 확고하게 한다. 이에 대해서 어리석은 인간은 승리의 전망도 세우지 못한 채 무턱대고 싸움을 걸고 그 뒤에 활로를 찾으려고 한다. 승리하는 자는 길에 따라서 나아가려고 하는데 패하는 자는 지름길을 택해 결국은 길에서 헷갈리고 만다. 하는 짓이 반대인 것이다.'

그러면 만전의 준비란 구체적으로 무엇을 가리키는 것일까. 공명은 군사 행동에 필요한 준비를 몇 개 들고 있다.

인심의 동향을 알아차린다. 전투훈련을 거듭한다. 적과 아군의 전력을 분석한다. 호기를 택한다. 전의의 고양을 꾀한다. 병졸의 능력을 끄집어낸다. 면밀한 작전 계획을 세운다. 사지로 향하는 각오를 다지는 것 등등이 그것이다.

이러한 준비를 갖추고 덤비는 것이 승리의 지름길이라고 말한다.

그리고 승리를 획득하는 두 번째 핵심은 결코 무리한 싸움을 하지 않는 것이다. 공명은 본래 주사위 도박과 같은 위험이 큰 싸움은 피하고 견실한 용병으로 일관했다. 소설의 이미지하고는 상당히 분위기가 다르지만 이것이 공명의 실상이었다. 유리하다고 생각되면 맹공격을 가한다. 불리하다고 보면 일단 물러나 다음 기회를 기다린다. 물이 낮은 데로 흐르듯이 어디에도 무리가 없는 것이 공명의 용병이다.

'장수가 된 자가 위엄을 유지하고 병졸은 제각기 맡은 임무를 다한다. 이렇게 함으로써 군은 본래의 힘을 발휘한다. 그것은 마치 둥근 돌을 고개 위에서 굴리는 것과 같이 어디에도 무리가 없이 가로막는 것 모두를 쓰러뜨릴 수 있다.'

즉 용병의 비법이란 첫째로 무리를 하지 않고 자연의 흐름에 따르는 것, 둘째로 흐름을 타고 가속도를 붙여 파괴력을 배가시키는 것이라고 말한다. 이 공명의 지혜는 싸움에만 국한하지 않고 모든 사업에 들어맞는 철칙이라고 해도 좋다.

지금까지 공명의 장수론, 용병론을 중심으로 소개해 보았다. 의외로 평범하다고 생각되는 면이 있을지도 모른다. 공명이란 사람은 소설의 세계에서는 지모의 군사(軍師)로서 알려져 있기 때문에 더더욱 그런 느낌이 들기도 한다. 하지만 현실의 공명은 돌다리도 두들겨 보고 건너는 견실한 경영으로 일관한 것은 이미 말한 대로이다. 그의 언설에서도 자연스럽게 그와 같은 견실함이 스며 나온다. 오늘날 그에게서 배울 점은 오히려 평범함으로 일관한 견실함에 있는 것인지도 모른다.

삼십육계

《삼십육계》에 대하여

《삼십육계(三十六計)》는 중국인이 자랑해 온 지략(智略)의 집대성이다. 어느 시대에 누구에 의해서 정리된 것인지는 명확하지 않다.

그러나 '삼십육계'란 말은 상당히 오래전부터 사용되어 왔다. 지금으로부터 1500년 정도 전의 역사를 정리한 《남제서(南齊書)》란 정사에 '단공(檀公)의 삼십육계, 달아나는 것이 상책'이라고 쓰여 있는 것이 최초의 출전인 것 같다. 이와 관련해서 '책(策)'이나 '계(計)'나 같은 뜻이다.

《삼십육계》란 책은 후세 사람이 이 말에 힌트를 얻어 정리한 것 같다. 종래에는 그다지 일반적인 것은 아니었으나 근년에 재발견되어 각광을 받았다.

내용으로는 승전(勝戰)의 계, 적전(敵戰)의 계, 공전(功戰)의 계, 혼전(混戰)의 계, 병전(併戰)의 계, 패전(敗戰)의 계 등 합계 6편으로 구성되고 거기에 각각 6계씩 합쳐서 36계로 이루어져 있다. 이 같은 책에 흔히 있는 현실과 동떨어진 요소도 없고 극히 유연하고도 합리적인 사고로 일관되어 있다.

《삼십육계》의 말

공적불여분적(共敵不如分敵)——적을 집중시키기 보다는 적을 분산시키는 것이 낫다. 〈승전(勝戰)의 계〉

인우살적(引友殺敵), 부자출력(不自出力)——우군을 끌어들여 적을 죽이게 하고 스스로는 힘을 사용하지 않는다. 〈승전(勝戰)의 계〉

적지해대(敵之害大), 취세취리(就勢取利)——적의 불이익이 크면 그 기세를 틈타 이익을 취한다. 〈승전(勝戰)의 계〉

신이안지(信而安之), 음이도지(陰以圖之)——신뢰를 표시해 상대를 안심

시키고 은밀하게 계략을 짠다. 〈적전(敵戰)의 계〉

미극재소필승(微隙在所必乘)——틈이 조금만 있어도 노린다. 약간의 이익이라도 있다면 반드시 손에 넣는다. 〈적전(敵戰)의 계〉

승기음란(乘其陰亂), 이기약이무주(利其弱而無主)——내부혼란을 틈타 그 약체화한 상태를 효과적으로 활용한다. 〈혼전(混戰)의 계〉

대릉소자(大凌小者), 경이유지(警以誘之)——강한 자가 약한 자를 거느리려면 경고로써 유도해야 한다. 〈병전(倂戰)의 계〉

승극삽족(乘隙插足), 액기주기(扼其主機)——틈을 노려 발을 들여놓고, 그 주도권을 빼앗는다. 순서대로 진행하는 것. 〈병전(倂戰)의 계〉

장지자(將智者), 벌기정(伐其情)——장이 지혜로운 자라면 그 정을 먼저 공격한다. 〈패전(敗戰)의 계〉

주위상(走爲上)——승산이 없으면 싸우지 말고 도망을 가라. 도망을 가는 것은 지는 것이 아니다. 이기진 못하지만 지진 않는다. 즉 병력을 보존해 다음 번 싸움에 대비하는 것이다. 〈패전(敗戰)의 계〉

제1부 승전의 계

'춘추오패(春秋五霸)'로 불리는 5명의 패자가 패권을 서로 겨룬 춘추시대, 그리고 제(齊), 초(楚), 진(秦), 연(燕), 한(韓), 위(魏), 조(趙)의 7개국이 할거해 천하의 통일을 지향한 전국시대. 시황제가 사망한 뒤 라이벌로서 격렬한 싸움을 벌인 유방(劉邦)과 항우(項羽). 더 나아가 위·촉·오의 세 나라가 분립해 조조와 유비, 제갈공명, 사마중달 등의 영웅 호걸들이 활약한 삼국시대.

유구한 역사를 지닌 중국에서는 BC 700년 무렵부터 광대한 영토를 무대로 다양한 나라가 생기고 망하고 또 들어서곤 했다.

그 이면에는 힘과 힘, 온갖 지혜를 다한 싸움의 드라마가 있고, 희비가 엇갈린 인간상이 연출되어 온 것이다. 이 장대한 싸움의 역사 속에서 수많은 뛰어난 병법서를 낳게 되었다. 이를테면 《손자》《오자》《육도·삼략》, 그리고 앞으로 소개하는 《36계》 등이 그것이다.

중국식 병법의 기본은 '싸우지 않고 이기는' 데에 있다. 바꾸어 말해서 무력이 아닌 지략으로 이기는 것, 즉 인간의 심리를 교묘하게 이용해 효율적으로 이기는 것을 그 이상으로 삼아왔다. 《36계》는 그와 같은 '심리적' 책략의 비법을 36가지로 집대성한 것이다. 오늘날에도 처세훈으로서, 또는 경영·관리의 참고서로서 얻는 바가 적지 않은 것은 여기에 정리되어 있는 책략의 하나하나가 인간의 마음의 기미(機微)를 정확하게 파악하고 있기 때문일 것이다. 이하 제1부 〈승전(勝戰)의 계〉부터 읽어나가기로 한다.

제1부 〈승전의 계〉의 제1계는 '만천과해(瞞天過海)' 즉 '하늘을 기만해 바다를 건넌다'는 책략이다. 인간은 평소 익숙한 것, 안전하다고 단정하고 있는 것에 대해서는 그다지 의문이나 경계심을 품지 않는다. 그와 같은 심리의 맹점이 역용되면 믿어지지 않을 정도의 유치한 책략에도 쉽게 넘어가고 만다.

삼국시대의 지장 태사자(太史慈)가 성을 둘러싼 적의 포위망을 돌파해 구원을 청하기 위해 달려갔을 때에도 이 책략을 교묘하게 사용했다. 우선 그는 매일 아침 성에서 나오면 적병의 눈앞에서 유유히 궁시(弓矢)의 연습을 하고 끝나면 다시 성내로 돌아가는 일을 되풀이했다. 처음에는 경계도 하고 무기를 잡고 태세를 취하고 있었던 적병도 얼마 지나자 태사자의 모습을 보고도 일어서려고도 하지 않았다. 그것을 본 태사자는 어느 날 아침 여느 때처럼 성을 나서자 재빠르게 채찍질을 해 적진을 빠져나갔다고 한다.

그 다음의 제2계는 '위위구조(圍魏救趙)'이다. 이것은 전국시대의 이야기로서, 위나라의 대군에 의해 수도 한단(邯鄲)이 포위된 조나라가 이웃나라 제(齊)에 구원을 청했다. 그 요청에 응해 제의 장군인 전기(田忌)가 즉시 한단으로 달려가려고 하자 군사(軍師)인 손빈(孫臏)이 이렇게 진언을 했다.

"위의 대군과 정면으로 싸우면 아군의 손실이 커서 상책이라고는 말할 수 없습니다. 이 시점에서는 우선 수비가 허술한 위나라 수도를 공격해야 합니다. 그렇게 하면 위군은 틀림없이 한단의 포위를 풀고 서둘러 철수할 것입니다. 그러면 그곳에 잠복했다가 이를 공격하는 게 좋을 것입니다."

전기 장군은 이 계책을 받아들여 곧바로 위나라 수도를 공격했다. 놀란 것은 위군이다. 손빈의 예상대로 본국이 위기라고 생각하자 곧 조나라로부터 회군을 했다. 제나라 군은 이를 맞아 싸워 대승을 거두고 동시에 조나라까지도 구한 것이다.

제2계인 '위위구조(圍魏救趙)는, 위를 포위해 조를 구한 이 고사(故事)에서 이름이 붙여진 책략이다. 그 주된 의미는 강대한 적은 분산해서 치는 것에 있다고 해도 좋다.

그런데 이 예에서 제나라는 조나라에 구원부대를 보냈는데, 조나라가 평소 눈에 거슬리는 존재라면 고의로 위의 힘을 빌려 멸망시키는 수단도 생각할 수 있다. 그것이 바로 제3계인 '차도살인(借刀殺人)'으로 불리는 책략이다. A라는 상대를 처치하려고 할 때 자신은 직접 손을 쓰지 않고 B의 힘을 빌려서 처리하는 것이다. 이것이 '차도살인' 즉 남의 칼을 빌려서 사람을 죽인다는 뜻으로, '싸우지 않고 이기는' 것에 무게를 둔 자못 중국인다운 책략이라고 말할 수 있다.

제4계인 '이일대로(以逸待勞)'는, 숨어서 지치길 기다린다는 것이다. 여기에서 일(逸)이란 여유가 있는 상태, 노(勞)란 지쳐 있는 상태를 말한다. 즉 아군은 여유를 가지고 방어를 굳히고 적이 지치길 기다린다. 이것이 '이일대로'로 불리는 책략이다. 그러나 기다린다고 해도 단순히 운을 하늘에 맡기고 있는 것만으로는 안 된다. 적에게 공격의 단서를 주지 않기 위해 쳐야 할 때에는 확실하게 치고, 아군의 기상을 일으켜 기다리는 것이 이 책략을 성공시키기 위한 열쇠가 된다.

제5계인 '진화타겁(趁火打劫)'은 제4계와는 반대로 공격 작전이다. 공격을 할 것인가, 방어를 할 것인가의 판단은 적에게 기세가 있는지, 도망갈 태세인지에 따라서 달라지게 된다. 기세가 있을 때에는 '이일대로(以逸待勞)'로 적이 지치도록 유도하고, 도망을 할 태세이면 기세등등하게 공격을 가해 단숨에 숨통을 끊어놓는다. 이것이야말로 병법의 묘인 것이다.

이와 관련해서 '진화타겁'이란, '화재의 틈을 타 도적질을 한다'는 의미이다. 알기 쉽게 말해서 불난 집에 도적질을 권하는 것이다. 더러운 수법으로 비칠지도 모르지만 승부의 세계에서는 정(情)은 금물이다. 상대의 약점을 잘 이용해 쓰러뜨리는 것은 스포츠나 전쟁, 그리고 비즈니스도 같은 것이다. 상대가 틈을 보이면 즉시 공격을 가해 숨통을 끊어놓는다. 이것이 '진화타겁'으로 불리는 책략이다.

또한 제1부의 마지막인 제6계는 '성동격서(聲東擊西)'로 되어 있다. 이것은 '동에서 소리치고 서를 친다', 즉 '동을 친다'고 거짓 정보를 흘려 적의 방어를 동으로 붙게 하고 그 의표를 찔러 서를 급습하는 책략으로 일찍부터 종종 사용되어 왔다. 적의 병력을 분산하는 데에도 효과가 있고, 그대로 되면 적에게 커다란 타격이 된다. 그러나 섣부르게 이쪽의 의도가 간파되어 매복이라도 당하게 되면 역으로 전멸을 당할 위험성도 있다. 무엇보다도 '상대의 지휘 계통을 흐트러뜨리는 것'이 이 책략을 성공시키는 필요 조건이다.

제2부 적전(敵前)의 계

당(唐)나라 시대에 안록산(安綠山)이 반란을 일으켜 옹구(雍丘)의 성을 포위했을 때의 일이다. 성 안에서는 화살이 다 떨어져 이대로는 성 안에서 전멸할 사태까지 내몰리게 되었다. 이때 수비대의 장순(張巡)이란 지휘관이 꾀를 하나 생각해냈다.

우선 병사에게 명해서 1000개 정도의 짚으로 된 인형을 만들게 해 그것에 검은 의복을 입혀 자못 병사처럼 만들어냈다. 그리고 그 1000개의 짚으로 된 인형을 새끼로 묶어 한밤중에 은밀하게 성벽에서 아래로 내린 것이다. 이것을 본 반란군은 적병으로 착각을 해 화살을 비 오듯 쏘아댔다. 짚 인형인 줄 알았을 때는 이미 사후약방문(死後藥房文), 장순은 인형에 꽂힌 몇만 개의 화살을 반란군에게 보여주고 속인 것을 자못 자랑하는 듯 의기양양한 태도를 보였다.

그러나 여기까지는 다음 작전을 위한 사전 준비에 지나지 않는다. 다음에 장순은 짚 인형 대신에 진짜 수비병을 밧줄로 내린 것이다. 반란군 병사들은 또다시 짚 인형으로 화살을 가로챌 속셈이라고 생각하고 이번에는 화살을 하나도 쏘지 않았다. 순조롭게 아래로 내려간 수비병들은 반란군을 급습해 이들을 마음껏 격파했다.

우선 처음에 거짓으로 상대를 헷갈리게 하고, 다음에 거짓을 진짜로 바꾸어 허를 찌른다.

제7계는 허와 실을 교묘하게 구분해서 사용해 적을 치는 책략으로 '무중생유(無中生有)'를 말한다. 실로 인간의 심리를 잘 꿰뚫은 책략이며 새삼 중국식 병법의 깊은 지혜에 감탄하게 되는 이야기이다.

제8계인 '암도진창(暗渡陳倉)'이란 옛날에 유방의 장군 한신(韓信)이 관중(關中)으로 치고 나갈 때 정면 돌파를 하는 듯이 보이고는 은밀하게 진창이라는 곳으로 우회한 작전에서 이 이름이 붙여졌다. 요컨대 A를 공격하는 것으로 생각하게 하고 B를 치는 작전이다. 발상으로서는 제6계인 '성동격서'와 흡사하다.

'사상 최대의 작전'으로 일컬어진 1944년 6월의 연합군에 의한 노르망디 상륙작전은 바로 '암도진창'을 그대로 말해주고 있다. 그 무렵 상륙 경로는 칼레와 노르망디 양쪽이 고려되고 있었다. 연합군측은 일찌감치 노르망디로 정해놓고 있었지만, 이 계획이 작전상 독일군에게 알려지면 안 되기 때문에 계속 칼레상륙의 거짓 정보를 흘려보내고 더구나 폭격까지 해 작전 수행이 임박했음을 은근히 내비쳤다. 처음부터 칼레 쪽이 물자의 수송이나 공군의 지원 등에서 유력 후보지였기 때문에 독일군은 이 연막 작전에 보기 좋게 걸려들고 허를 찔려 노르망디로의 상륙을 허용하고 만 것이다. 일설에는 히틀러가 이면 탐색을 지나치게 했다고도 하지만, 결과적으로는 '암도진창'이 완벽하게 성공한 것이다. 그러나 제6계에서도 언급한 바와 같이 한 걸음 잘못 내딛으면 형세가 단숨에 역전할 가능성도 있어, 연합군으로서는 사상 최대의 작전임과 동시에 사상 최대의 도박이기도 했던 것이다.

그런데 자신은 아무렇지 않다는 사물의 비유로 '강 건너 불' 등으로 말하기도 한다. 그 강 건너의 불에 일부러 얼굴을 들이밀고 화상을 입는 것은 어리석기 짝이 없는 일이다.

제9계인 '격안관화(隔岸觀火)', 즉 '기슭을 사이에 두고 불을 본다'는 책략도 이와 똑같은 발상이다. 여기에서 말하는 '화(火)'란 적의 내분을 가리킨다. 내분을 일으키고 있는 상대를 섣부르게 공격해 단결을 시켜버리면 도리어 손해를 본다. 한동안 차분하게 바라보며 적의 자멸을 기다리는 것이 좋다고 말한다, '과보(果報)는 기다리라'는 속담이 있다. 이것도 '격안관화'의 책략과 같은 것이다.

제10계인 '소리장도(笑裏藏刀)'는 품 안에 비수(匕首)를 품고 있으면서 겉으로는 상냥하게 행동하는 책략이다. 문자 그대로 우호적인 태도로 접근해 상대가 경계심을 누그러뜨린 틈을 노려 단숨에 치는 기계(奇計)이다.

송(宋) 시대에 조위(曹瑋)란 인물의 일화 가운데 다음과 같은 것이 있다.

수천의 병사가 적 쪽으로 도망을 갔다는 보고를 받았을 때, 그는 동요하는 부장들 앞에서 상냥하게 웃으면서 이렇게 말했다.

"떠들지 마라. 그들은 내 명령으로 행동한 것이다."

이 말을 전해들은 적측에서는 도망해온 병사들을 의심해 모두 목을 베어 버렸다고 한다. 이것도 '소리장도'의 수법 가운데 하나이다.

제11계는 '이대도강(李代桃僵)'으로 '오얏나무, 복숭아나무를 대신해 쓰러지다'란 말은 국부적인 손해 대신 전면적인 승리를 쟁취하는 책략이고, 비유해서 말하자면 바둑에서 말하는 사석(捨石) 작전이다. 전쟁이거나 비즈니스이거나 손실은 따르게 마련이다. 문제는 그 손실을 어떻게 장래의 이익으로 결부시키느냐에 있다. 그런데 무능한 리더일수록 국부적인 손실에 넋을 잃어 결과적으로 도리어 상처를 커지게 하고 만다. 그것을 《손자》도 다음과 같은 말로 지적하고 있다.

'현명한 자는 반드시 이익과 손실의 양면에서 사물을 생각한다. 그렇게 하면 사물은 순조롭게 진전이 된다. 역으로 손실을 입었을 때에는 그것으로 인해서 받는 이익 면도 고려한다. 그렇게 하면 끙끙 앓지 않아도 된다.'

어느 시대에나 국부적인 손해를 언제까지나 후회하지 않고 그 손해를 사석(捨石)으로서 활용해 더 큰 이익을 잡도록 힘써야 하는 것이다. 그것이 바로 '이대도강'의 책략이다.

제2부의 마지막인 제12계는 '순수견양(順手牽羊)', 즉 '기회에 순응해 손으로 양을 끌어 온다'는 책략이다. '순수견양'이란 본래 그 자리에 있는 것을 닥치는 대로 슬쩍한다는 의미이다. 그 뜻을 헤아리면, 무리하지 않고 손에 들어오는 이익은 사양하지 말고 받아두라는 것이 된다. 그렇다고 해서 눈앞의 이익에만 정신이 팔려 있으면 실패를 가져온다. 역시 그것을 전제로 확고한 목표가 설정되어 있고, 그 목표 가운데서 임기응변으로 대처하는 것이 중요하다.

고도 성장기라면 몰라도 전망을 하기 어려운 저성장 시대에는 착실하게 작은 이익을 축적해 나가는 것도 중요하다. 그것을 말해주는 것이 제12계인 '순수견양'의 책략이다.

제3부 공전(攻戰)의 계

'그를 알고 나를 알면 싸워서 지는 일이 없다'고 말한 것은 손자였다. 적의 움직임을 파악하지 않은 채 무턱대고 군을 진격시키는 것처럼 위험한 일은 없다. 그래서 동향을 알기 위해 자주 사용되는 것이 탐지를 위한 책략이다.

이것은 전쟁에만 국한하지 않고 교섭이나 설득에서도 종종 사용되는 수법이다.

제13계인 '타초경사(打草驚蛇)'는 '풀을 쳐서 뱀을 놀라게 한다'는 뜻으로 이와 같이 상대의 동향을 탐지하는 책략이다.

단 여기에는 또 하나의 의미로 뱀을 치는 대신에 풀을 쳐서 유인하려는 뜻도 있다. 주목적인 거물을 검거하는 데 주변의 작은 것부터 차근차근 증거를 확보해나가는 작전 같은 것이다.

제14계는 '차시환혼(借屍還魂)'이다. 세상에는 아직 이용 가치가 있는데도 버려진 거나 다름없는 것이 적지 않게 있다. 그것에 착안해 자기 방어나 세력 확대의 도구로서 이용하는 책략이 이런 것이다.

'차시환혼—시체를 빌려 혼을 되살린다.' 실로 멋진 타이틀이 붙여진 것이다.

예를 들어 《삼국지》 영웅의 한 사람인 위나라 조조는 대단히 권모술수에 뛰어난 인물이었다. 그는 불운한 처지의 황제를 자기의 본거지로 맞이해 세력 확대에 이용했다. 조조가 이용한 황제는 실권이 없었다. 그런데 조조는 그 이용 가치를 간파해 활용한 것이다. 그가 난세 속을 일찌감치 빠져나올 수 있었던 것은, 이미 가치가 없는 것으로 생각되고 있었던 상대의 이용 가치를 간파해, 그것을 재빨리 이용하는 빈틈없는 철저함이 승기를 잡은 커다란 요인이 되었기 때문이다.

다음의 15계 '조호이산(調虎離山)'은 '호랑이를 잘 다루어 산을 떠나게 하는' 책략이다.

호랑이는 산 속에 있어야만 천하무적이다. 평지로 유인하면 산속보다 훨씬 퇴치하기 쉽게 된다. 그와 마찬가지로 요새 안에 있는 강적을 밖으로 꾀어내 치는 것이 이 '조호이산'의 책략이다. 단 상대가 호랑이가 아닌 인간의 경우는 꾀어내는 데 상당히 교묘한 책략을 사용하지 않으면 걸려들지 않는다. 그것을 잘 하느냐 못 하느냐가 이 책략을 성공시키는 열쇠가 된다.

제16계는 '욕금고종(欲擒姑縱)', '잡기를 원한다면 한동안 풀어준다'는 것이다. '궁지에 몰린 쥐가 고양이를 문다'는 격언이 있듯이 도망갈 길을 끊고 공격을 가하면 상대도 필사적으로 반격해온다. 오히려 도망가도록 놔두면 자연히 기세가 꺾여 편하게 격파할 수 있다. 이것이 '욕금고종'의 책략이다.

이것을 훌륭하게 실천해보인 것이 《삼국지》에 등장하는 제갈공명이다. 공명은 남방 이민족의 반란을 평정할 때 주모자인 맹획(孟獲)을 일곱 번 잡고 일곱 번 풀어주었다. 인망이 있는 맹획을 죽이면 반란군은 더욱 결속을 다지고 반격해올 것으로 생각한 것이다. 그래서 사로잡을 때마다 자군의 진지를 보여주고 언제든지 쳐들어오라고 일곱 번 풀어주었다. 결국 맹획도 공명에게 승복하고 두 번 다시 배반하지 않겠다고 진심으로 복종을 맹세했다는 것이다.

이것이 공명의 유명한 '칠종칠금(七縱七擒)'의 고사이거니와, 이 '욕금고종'의 책(策)은 그대로 인간 관계에도 들어맞을 것이다. 예를 들어 《채근담》이란 고전은 인간 관계의 기미(機微)에 대해서 다음과 같이 말한다.

'사람을 쓸 때에 좀처럼 잘 안 될 때가 있다. 그런 경우에는 한동안 내버려 두고 상대의 자발적인 변화를 기다리는 것이 좋다. 귀찮게 간섭을 해서 상대를 외고집으로 만들어서는 안 된다.'

이와 같은 대응 방법도 '욕금고종'과 같은 발상이다.

제17계 '포전인옥(拋磚引玉)'은 '벽돌을 던져서 옥을 끌어온다'는 것으로, 혼동하기 쉬운 것을 사용해 적의 판단을 헷갈리게 함으로써 사고를 혼란시키는 책략이란 뜻이다. 어쨌든 상대를 달콤한 미끼로 낚아 그곳을 치는 작전이다. 이 작전을 성공시키는 핵심은 미끼를 미끼로 생각하지 않게 하는 데에 있다. 달콤한 미끼일수록 걸려드는 물고기도 크다. 이 수법에 걸려들지 않기 위해서는 미끼인지 아닌지를 구분할 만한 냉정한 판단력을 지니고 있어야 한다. 《순자(荀子)》도 '무슨 일이든 이익만을 보고 반면의 해(害)를 돌아보지 않으면 실패한다'고 경고하고 있는데, 눈앞의 이익에 현혹되어도 그 이면에 잠재한 해를 생각할 만한 마음의 여유를 가져야 하는 것이다.

제18계는 '금적금왕(擒賊擒王)'이다. 이것은 '적을 잡으려면 왕을 잡아라'라는 것으로 문자 그대로 적의 왕, 즉 주력이나 중추부를 쳐서 적 그 자체를 괴멸시키는 작전이다. 이것 역시 싸움의 한 철칙이다. 동시에 또 처세술로서도 훌륭하게 통용되는 지혜이기도 하다.

사물에는 급소라는 것이 반드시 있다. 분규가 있을 때 어디서부터 손을 써야 좋을지 모를 경우, 요점만 치고 나가면 의외로 간단히 해결될 때가 있다. 그렇다면 우선 급소를 발견해 치는 것이다. 또 사람은 누구나 허점을 지니고 있다. 그곳을 공격하면 교섭이나 설득을 원활하게 진행할 수가 있다.

이와 같은 것이 바로 '금적금왕'이 역설하는 심리 작전이다.

제4부 혼전(混戰)의 계

가마솥이 펄펄 끓고 있을 때에는 뜨거워서 도저히 손을 댈 수가 없으나 솥 밑에서 장작을 빼버리면 자연히 식어 쉽게 처리할 수가 있다. 이와 마찬가지로 적의 세력이 강대해 대항할 수 없을 때에는 그 기세를 꺾어 얼빠지게 만든다. 이것이 제19계인 '부저추신(釜底抽薪)'으로 '가마솥 밑에서 장작을 빼내는'책략이다. 구체적으로는 적의 보급을 끊는 것, 적의 병사의 사기를 떨어뜨리게 하는 두 가지를 포함하고 있다.

《삼국지》에서 위나라 조조는 '관도(官渡)의 싸움'에서 원소(袁紹)의 대군을 격파하고 단숨에 북중국의 지배자가 되었다. 이 싸움 도중에 한때 열세로 내몰렸던 조조가 원소의 보급 기지에 야습을 가해 형세를 역전시킨 작전은 전자의 경우의 한 예라고 말할 수 있을 것이다.

한편 후자의 예로서는 반란군의 주모자와 일반 병사를 분리하고 일반 병사를 설득함으로써 사태를 수습한 송나라 시대의 설장유(薛長儒)란 감독관의 이야기가 들어맞는다. 아무튼 적의 기세인 에너지원을 끊음으로써 기세 그 자체도 멈추고 마는 것이다.

제20계인 '혼수모어(混水摸魚)'는 '물을 섞어 물고기를 잡는' 책략이다.

1944년 12월 히틀러는 프랑스 국경에 가까운 아르덴 언덕에 수십만의 병사와 2000대의 전차를 집결시켜 최후의 총반격을 감행했다. 그때 영어를 잘하는 장병을 2000명 선발해 미국 군복을 입혀서 적군의 후방으로 잠입시켰다. 이른바 교란 공작이다. 이 작전은 그대로 들어맞아 한때 미군의 지휘 계통은 대혼란에 빠졌다. 주력군의 진출이 저지되었기 때문에 모처럼의 계책도 실효를 거두지 못했으니 이것이야말로 '혼수모어'의 훌륭한 응용이었다.

이 책략은 적이 내부 혼란을 일으켜 전력이 저하되거나 지휘가 흐트러져 있는 틈을 노려 이쪽의 의도대로 조종하는 것을 노린 것이다. 히틀러는 공작원을 잠입시켜 의도적으로 그것을 행하고 그리고 반쯤 성공했다. 잘 활용하면 이것 또한 상당히 응용 범위가 넓은 수법일지도 모른다.

한편 싸움에서 어려운 것은 공격보다 철수하는 것이라고 흔히 말한다. 타이밍, 방법, 스피드 등등, 어느 하나를 잘못해도 적의 제물이 되므로 지휘관의 역량이 더욱 요구되는 것이다.

제21계인 '금선탈각(金蟬脫殼)'이란 책략은 이러한 철수 작전의 하나이다. 즉 진지를 다져 끝까지 싸울 자세를 보여준 다음 상대가 움직이지 않는 틈을 노려 조용히 주력을 이동시키는 책략이다. 매미가 허물을 벗을 때 껍질은 그대로 두고 감쪽같이 날아가는 것처럼 상대의 눈을 속여 철수 작전을 성공시키는 것도 생존을 위해서는 필수 조건인 것이다.

한편, 제16계인 '욕금고종(欲擒姑縱)'에서는 '궁지에 몰린 쥐, 고양이를 문다'는 격언을 비유하면서 기세등등하게 상대를 몰아붙여서는 안 된다고 말했었다.

그러나 제22계인 '관문착적(關門捉賊)', 즉 '문을 닫고 적을 잡으라'는 책략은 주석에 '약소한 적은 포위해서 섬멸하라'고 되어 있는 것처럼 앞의 제16계와는 정반대의 책략이다. 언뜻 보기에 모순된 것 같으나 요점은 상황에 따라서 강유(剛柔) 양면의 계책을 쓰라는 뜻이다.

예를 들어 적의 병력이 소수이고 게다가 약한 경우, 또는 놓쳐버리면 장래에 커다란 화근을 남길 우려가 있는 경우, '관문착적'의 계가 필요하다. 요컨대 상대가 약하다고 보았으면 정에 끌릴 필요 없이 철저하게 쳐부수라는 책략이다.

다음의 제23계는 '먼 나라와 손을 잡고 가까운 나라를 공략한다'로 잘 알려진 '원교근공(遠交近攻)'의 책략을 들고 있다. 이것은 예로부터 많은 나라가 대립 항쟁을 하고 있는 상황에서는 가장 효율적인 책략으로 간주되어 왔다. 왜냐하면 먼 곳으로 군을 보내는 데에는 힘이 많이 들고 공은 적기 때문이다. 그런 점에서 먼 나라와 동맹을 맺고 가까운 이웃나라를 치는 '원교근공'의 책략은 착실하게 세력권을 확대하고 적은 노력으로 많은 효과를 올릴 수가 있다. 이 책략을 가장 교묘하게 활용한 것이 진의 시황제이고 한·조·위·초·연과 가까운 나라부터 잇따라 공략을 하고 마지막으로 가장 먼 제나라를 멸망시켜 천하의 통일을 이룬 솜씨는 '원교근공'의 본보기라고도 할 수 있는 뛰어난 것이었다.

제4부의 마지막 제24계는 '가도벌괵(假道伐虢)'다. 이것은 '거짓으로 길을 빌려 괵나라를 친 것'으로 작은 나라의 어려움을 틈타 이를 병합하는 책략이다. 괵(虢)이란 춘추시대에 있었던 작은 나라의 명칭이다. 이 '가도벌괵'은 진(晉)이란 대국이 소국인 우(虞)나라에게 길을 빌려 괵을 치고 여세를 몰아 우나라까지도 멸망시켰다는 고사에서 유래하고 있다.

본래 강자가 약자를 집어삼키는 것쯤은 그럴 생각만 있으면 그다지 어려운 일은 아니다. 문제는 어떻게 효율적으로 대의명분을 손상하지 않고 행하느냐에 달려 있다. 상대가 도저히 자립하지 못해 지원을 요청해 왔을 때가 기회이다. 그때야말로 즉시 군을 보내 영향력을 확대하고 기회를 보아 병합한다. 이것이 바로 '가도벌괵'의 책략이다. 오늘날에도 강한 입장에 있는 자에게 길을 빌려주어 괵을 치는 일이 적지 않다. 인간이 생각하는 것은 예나 지금이나 그다지 다르지 않은 것 같다.

제5부 병전(併戰)의 계

권모술수가 소용돌이치는 난세에는 '오늘의 친구'가 언제 '내일의 적'으로 돌변할지 모른다. 방심을 하면 바로 발목이 잡혀 멸망의 늪으로 내몰리고 만다. 그러면 타국과 연합해서 싸우려면 무엇을 주의해야 할 것인가—그것을 정리한 것이 제5부의 〈병전의 계〉이다.

진의 시황제가 원교근공의 책략을 구사해 천하를 평정한 것은 앞서 말했다. 그는 마지막으로 남은 제나라를 멸망시킴에 앞서 후승(后勝)이란 실력자를 매수하고 차근차근 내통자도 늘려, 싸우기도 전에 이미 제나라를 알맹이 없는 허수아비로 만들어버렸다. 상대의 동량이나 버팀목이 될 수 있는 인물을 잇따라 농락해 한 나라를 빼앗은 이 책략이야말로 바로 제25계인 '투량환주(偸梁換柱)'로 불리는 책략인 것이다.

'투량환주'는 '대들보를 훔치고 기둥을 바꾼다'는 뜻이다. 대들보도 기둥도 집을 지탱하고 있는 뼈대이다. 그것을 도적맞으면 아무리 튼튼한 집이라도 무너지고 만다. 책략 가운데서도 특히 대단한 것이 아닐 수 없다. 현대 기업의 쟁탈에도 비슷한 수법이 사용되고 있어, 형태는 바뀌었으나 오늘날에도 계속 살아 있다고 말할 수 있다. 그것을 악랄한 짓으로 볼 것인지의 여부는 차치하고라도 조직의 리더가 된 자는 여기에 이용당하지 않도록 내부를 확실하게 관리해둘 필요가 있다.

제26계 '지상매괴(指桑罵槐)'는 '뽕나무를 손가락질하며 홰나무를 욕한다'는 것이다. 이것은 본마음은 A라는 인물을 비판하고 싶은데 대놓고 비판할 수 없는 경우, A 대신에 B에게 호통을 쳐서 간접적으로 A를 비판하는 수법을 말한다.

《36계》 가운데서는 우호국이나 부하를 길들이는 책략으로서 다루어지고 있다. 즉 우호국에 대해서는 드러내놓고 비판을 하는 것이 주저되고, 부하에 대해서는 무조건 호통을 쳐도 효과가 없을 때가 있다. 이와 같은 때에는 오히려 이해할 수 있는 형태로 간접적으로 비판을 하거나 꾸짖거나 하는 것이 더한층 효과가 있을 수 있다. 이 '지상매괴'는 모든 조직 관리의 기술로서도 통용되는 것이다. 꾸짖는 인간이 지위도 높고 인망도 있으면 더한층 효과가 있을 것이 틀림없다.

그러면 다음에는 제27계인 '가치부전(假痴不癲)'—'바보인 척은 해도 미친 척은 하지 마라'라는 책략을 살펴보자.

'영리한 척 경거망동을 하기보다는 오히려 바보인 척 행동을 삼가는 것이 좋다. 확실한 계산을 마음속으로 하면서 밖으로는 드러내지 않는 것이다.'

작자는 이렇게 해설하고 있으나 결국 바보인 척해서 상대의 방심을 유도한다는 것이다.

대체로 뛰어난 지도자는 자신의 재기(才氣)를 과시하거나 하지 않는다. 노자(老子)의 말을 빌리면 '지도자된 자는 지모(智謀)를 속 깊은 곳에 간직하고 있으므로 겉보기에는 어리석은 사람으로만 보인다. 그것이 이상적인 모습이다'라는 것이다.

이렇게 되면 리더로서 최고의 수준이라고 해도 좋을 것이다. 그것을 책략, 즉 연기(演技)로서 권하고 있는 것이 '가치부전'의 계인 것이다.

제28계인 '상옥추제(上屋抽梯)'는 '사람을 지붕 위에 올려놓고 사다리를 치우는' 것으로 일부러 틈을 보여 적을 유인하고 후속 부대를 단절시켜 포위섬멸하는 책략이다. 만만치 않은 라이벌을 함정에 빠뜨리기 위해 이 수법이 자주 사용된다. 어쨌든 상대를 지붕으로 올리려면 웬만큼 달콤한 유혹과 주도면밀한 준비가 없으면 성공하지 못한다. 입장을 바꾸어서는, 달콤한 말에 속아 넘어가 사다리를 치우는 일을 겪지 않도록 평소에 조심해야 할 필요가 있다. 나중에 아무리 후회해도 소용이 없다.

제29계인 '수상개화(樹上開花)'는 '나무 위에 꽃을 피우는 것'으로 깃발이나 허수아비 등으로 아군을 대병력으로 보이게 하는 책략이다. 아군이 소수일 때나 열세일 때에 사용되는 책략이다. 적에 대해서는 말할 것도 없고 동맹국에 대해서도 상대를 신뢰하게 해 주도권을 잡기 위한 수단으로 사용될 때가 많다.

한편 제5부 '병전(併戰)의 계' 말미에 오는 제30계는 '반객위주(反客爲主)'로 '객이 반대로 주인이 되는 것'이다. 이 책략은 객의 입장에서 서서히 주인의 자리를 차지해 나가는 것이다. 이 경우, 객이란 문자 그대로 주인이 초청한 손님이란 의미도 있지만, 한편으로는 주력군에 대한 동맹군으로 해석할 수도 있다. 어쨌든 그 주목적은 객의 입장에서 집주인을 대신해 주도권을 빼앗는 데에 있다.

단 이를 성공시키려면 순서를 밟아 한 걸음 한 걸음 목적을 달성해나가야 한다. 조급함은 금물이다.

제6부 패전(敗戰)의 계

승부는 시운(時運)이 불리해서 패세로 내몰릴 때도 있다. 그러나 마지막까지 체념하지 않고 약간의 승리 가능성까지도 추구하는 것이 진정한 지도자이다. 그 기사 회생의 책략이 이 제6부의 패전의 계이다.

춘추시대에 오왕 부차(夫差)에게 패한 월왕 구천(勾踐)이 복수를 한 일화는 잘 알려져 있다. 구천은 그때 서시(西施)란 미녀를 부차에게 헌상해 부차의 마음을 헷갈리게 하는 책략을 썼다.

이것이 제31계인 '미인계(美人計)'이고 그 목적을 이렇게 말하고 있다.

'병력이 강대한 적에 대해서는 지휘관을 교묘하게 설득한다. 상대가 지모의 지휘관이라면 책략을 강구해 의욕을 상실하게 한다. 지휘관도 병사도 의욕을 상실하면 상대는 자연히 붕괴된다.'

이 책략의 안목은 말할 것도 없이 상대의 마음을 빼앗는 데에 있다. 따라서 여기에 이용되는 여성은 절세의 미녀가 아니면 안 된다. 그 점에서 서시는 중국 3000년의 역사 가운데서 손꼽히는 미녀로 평가되고 있었기 때문에 그야말로 안성맞춤의 배역이었다.

다음에 오는 것이 제32계 '공성(空城)의 계', 즉 성을 텅 비우는 책략이다.

소설 《삼국지연의》 가운데 제갈공명이 '공성의 계'로 사마중달의 대군을 퇴각시킨 정황이 묘사되어 있다. 이 이야기를 간단히 소개하면 중달의 대군이 밀려왔을 때 공명은 성문을 모두 열고 자신은 도사의 모습으로 변장해 성루에 올라 한가롭게 거문고를 타고 있었다. 이를 본 중달은 '그 사려 깊은 공명이 어딘가에 복병을 숨기고 있는 것이 틀림없다'고 생각하여 서둘러 철수했다. 이와 같이 새삼 무방비인 것처럼 가장해 적의 판단을 헷갈리게 하는 작전이 '공성의 계'로서 제29계 '수상개화'와 반대인 심리를 이용한 것이다. 물론 간파당하면 그뿐이고 그야말로 죽음 속에서 활로를 찾는 기책 중의 기책이다. 몸을 버리는 것인 만큼 도리어 진실미가 있어 상대도 이 수법에 쉽게 넘어가고 마는 경우가 있다.

판단을 헷갈리게 하는 것은 다음의 33계 '반문(反間)의 계'도 극히 고도의 것 가운데 하나이다. 이 계는 '효과적인 것은 상대의 첩보원을 역용하는 것이다'라고 설명하고 있는 것처럼 적의 간첩에게 거짓 정보를 흘려 상대를 혼란시키는 수법이다. 이 경우 스파이를 매수하는 방법과 모르는 척하고 고의로 거짓 정보를 파악하게 하는 수법이 있다. 어느 수법을 사용하건 '이 수법이라면 힘들이지 않고 승리를 거둘 수가 있다'고 말하고 있다.

《삼국지》의 적벽 싸움은 위의 조조와 오의 주유, 촉의 유비 연합군이 사투를 벌인 유명한 수상전이다. 그 승패를 가른 것은 오나라 노장 황개(黃蓋)의 책략이었다, 황개는 우선 주유의 부하에게 자기 몸을 마구 때리게 하고 주유와 자못 사이가 나빠진 것처럼 소문을 흘렸다. 그 뒤 조조에게 배신의 밀서를 보내고 나서 우군이 되려는 듯이 배를 접근시켜 위의 선단에 불을 지른 것이다. 이 때문에 위군은 불에 휩싸여 갈팡질팡하고 조조도 겨우 목숨만 부지해 도망을 쳤다. 여기에서 황개가 조조에게 믿게 하기 위해 자기 몸에 상처를 입히는 책략이야말로 《36계》의 제34계 '고육(苦肉)의 계'인 것이다.

황개의 이 이야기는 사실 소설의 작자가 만들어낸 허구 같으나, 책략 그 자체는 예로부터 실제의 싸움 속에서 몇 번인가 채용되어 왔다. 개중에는 사랑하는 처자나 충신을 희생한 예도 종종 볼 수 있듯이 그 무렵 지도자들이 승부에 거는 집념은 대단했던 것 같다.

제35계는 '연환(連環)의 계'이다. 적벽의 싸움에서 황개의 화공이 성공한 제2의 이유는 위의 함선이 연환(연결고리)처럼 사슬로 이어져 꼼짝할 수 없었기 때문이다. 이를 계획한 것이 촉의 군사 방통(龐統)으로 알려져 있다. '연환의 계'는 이 고사에 따르고 있다. 즉 우선 적의 움직임을 봉쇄하고 그런 다음 제2, 제3의 계략을 구사해 강대한 적을 쓰러뜨리는 책략인 것이다. 말하자면 선명한 단판 승리를 노리는 것이 아니고 2개 이상의 계략을 짜 맞추어 승리를 거두는 것에 이 책략의 묘미가 있다.

이제 '병법 36계'도 드디어 하나만을 남기게 되었다. 그 마지막 제36계야말로 '도망을 가는 것이 상책'이란 명언을 낳은 '주위상(走爲上)', 즉 '도망가는 것을 상책으로' 하는 책략이다.

《36계》의 작자도 '정황에 따라서는 철수도 사양하지 않는다. 이것 또한 싸움의 철칙이다'라고 말하고 있다. 또 《손자》도 '병력이 열세라면 퇴각하고 승산이 없으면 싸우지 않는다'고 역설하고 있다. 죽으면 아무것도 없는 것이 되지만 우선 퇴각해 전력을 유지하면 언젠가는 또 재기할 수 있지 않은가. 그런 의미에서 퇴각할 용기를 지닌 지도자야말로 진정한 지도자라고 말할 수 있을 것이다.

《36계》가 언제쯤 누구에 의해서 씌어진 것인지 상세한 것은 밝혀져 있지 않다. 다분히 《남제서(南齊書)》란 서책에 있는 '단공(檀公)의 36책(策), 도망가는 것을 상책으로 한다'라는 말에 실마리를 얻은 후세 사람이 병법의 비법을 36계로 정리한 것으로 생각된다. 그 밑바탕에는 '싸우지 않고 이긴다'는 중국식 병법의 사상이 짙게 흐르고 있다. 싸움으로 지새고 인간 심리의 깊은 곳을 이해하는 데 생사를 건 중국의 병법가들, 이 '36계'는 그와 같은 병법가들의 지혜의 결정이다.

여기에서는 그 전모를 요약해 소개했다. 냉엄한 현실을 살아가기 위한 인생의 지침서로서 지금도 여전히 그 유효성이 지속되고 있다고 하겠다.

논어

《논어》에 대해서

《논어》는 지금으로부터 약 2500년 전, 춘추시대 말기에 활약한 사상가 공자의 언행을 수록한 책이다. 학이편(學而篇)에서 시작해 요왈편(堯曰篇)까지 모두 7권 20편(篇)으로 되어 있다.

공자 사상의 키워드는 '인(仁)'이고, 《논어》는 '인'에 대해서 60장(章), 전체의 10분의 1 이상을 할애하고 있다. 이 '인'에 입각해서 인간론·인생론·정치론·지도자론이 전개되어 있는데, 그 사상은 반드시 체계가 갖추어져 있는 것은 아니다. 오히려 생생한 인간 기록이라는 것에 이 책의 진가가 있다.

공자(BC 522~BC 479년)의 이름은 구(丘), 자는 중니(仲尼), 노(魯)나라 사람으로 유가의 비조(鼻祖)이다. 생애의 30여 년 동안 치국의 도를 펴기 위해 여러 나라를 두루 돌아다녔다. 그러나 그의 정치활동은 대체로 한결같이 불우했고, 늘그막에는 노나라로 돌아가 기록의 정리와 제자 교육에 전념했다.

그는 육경(六經), 곧 예(禮)·악(樂)·시(詩)·서(書)·역(易)·춘추(春秋)를 산술(刪述)했을 뿐만 아니라 중국 역사상 최초로 학문적 집단을 이루었는데, 그 중 70명이 후세에 현인으로 불릴 정도로 성공을 거두었다.

《논어(論語)》는 공자와 그의 제자들의 문답록으로서 그 제자들이 서로 논의하여 편집했다 하여 책이름이 붙여졌다. 그 편집 연대는 대략 주 말(周末), 즉 기원전 247년 경이나 진(秦)나라 초기로 사료된다.

《논어》에 나타난 공자의 사상은 중용(中庸)사상과 인도주의 사상으로 요약되지만, 그보다도 유가의 근본적 덕목과 규범을 가장 쉽게 집약적으로 기술했다는 데 더 큰 평가를 받는다. 현실에 입각하면서 이상을 잃지 않고 꿋꿋하게 산 인간의 모든 기록, 이것이 《논어》이다.

《논어》의 말

교언영색(巧言令色), 선의인(鮮矣仁)——입에 발린 말을 하고, 얼굴빛을 꾸미는 사람 중에는 어진 이가 드물다. 〈학이편(學而篇)〉

과즉물탄개(過則勿憚改)——잘못이 있으면 즉시 고치는 것을 꺼리지 말라. 〈학이편(學而篇)〉

조문도(朝聞道), 석사가의(夕死可矣)——만일 아침에 도를 듣는다면 저녁에 죽어도 좋다. 〈이인편(里仁篇)〉

덕불고(德不孤), 필유린(必有隣)——덕을 행하면 외롭지 않다. 반드시 이웃이 있다. 〈이인편(里仁篇)

삼인행(三人行), 필유아사언(必有我師焉)——세 사람이 함께 길을 가면 반드시 그 가운데 내 스승이 있다. 〈술이편(述而篇)〉

인지장사(人之將死), 기언야선(其言也善)——사람이 죽으려 할 때는 그 말이 착하다. 〈태백편(泰伯篇)〉

과유불급(過猶不及)——정도를 지나침은 미치지 못함과 같다. 중용(中庸)이 중요하다. 〈선진편(先進篇)〉

군자화이부동(君子和而不同)——군자는 타인과 화합은 하지만 경솔히 무리를 짓지 않는다. 〈자로편(子路篇)〉

과이불개(過而不改), 시위과의(是謂過矣)——잘못을 하고서도 고치지 않는 것이 바로 잘못이다. 〈위령공편(衛靈公篇)〉

유여자여소인(唯女子與小人), 위난양야(爲難養也), 근지즉불손(近之則不孫), 원지즉원(遠之則怨)——여자와 소인은 대하기가 힘들다. 가까이하면 버릇없이 우쭐대고 멀리하면 곧 원망한다. 〈양화편(陽貨篇)〉

언필신(言必信), 행필과(行必果)

어느 때 제자인 자공(子貢)이란 인물이 공자에게 물었다.

"선비(士)란 어떤 인물을 말하는 것입니까?"

선비란 사회의 지도적 입장에 있는 인물로 이해해도 좋다. 즉, 자공은 지도자의 조건에 대해서 물은 것이다.

공자는 '요컨대 선비란 자신의 행동에 대해서 부끄러움을 아는 사람이다' 라고 대답하고 있다. 자신의 언행에 대해서 부끄러움을 알고 여러 외국에 사신으로 가 훌륭하게 외교 교섭을 수행할 수 있는 인물, 이것이 선비라는 것이다.

거기에서 자공은 '조금 수준을 낮추면 어떤 인물을 가리킵니까?'라고 물었다. 공자는 이에 '부모에게 효도하고 형제간 우애가 좋은 인물이라면 선비라고 말할 수 있을 것이다'라고 말하였다. 지나치게 평범해 맥빠지는 대답 같지만 평범하기 때문에 막상 실행하려면 도리어 어려운 것인지도 모른다.

이것은 자공도 어렵다고 느꼈는지 더욱 계속해서 '더 한 단계 수준을 낮추면 어떤 인물을 가리킵니까'라고 물었다. 공자는 이렇게 대답하였다.

"그 말은 반드시 진실해야 하고, 해야 할 일은 반드시 수행해야 한다. 이것은 선비로서 지녀야 할 훌륭한 자질이다. 그러나 만일 그것뿐이라면 인간으로서는 작다."

'약속은 반드시 지킨다. 손을 댄 것은 끝까지 해낸다'는 유형은 융통성이 없는 소인이긴 하지만 아무튼 선비로 쳐도 좋다는 것이다. 요컨대 '언필신, 행필과'는 지도자로서 최소한의 조건이었던 것이다.

이와 관련해서 자공이 거듭 그 무렵 정치가에 대해서 공자의 의견을 물은 결과, 공자는 '한 말, 또는 한두 되의 되로 잴 수 있을 정도의 소인 따위를 어찌 정치가로 논할 수 있단 말인가'라고 대답하였다. 쓰레기 같은 자들이다. 말도 안 된다고 말하는 것이다.

이와 같은 《논어》의 문맥으로 보면 '언필신(言必信), 행필과(行必果)'란 쓰레기 같은 자들보다는 약간 위, 선비로서는 최저점에서 합격한 수준이라고 말할 수 있을 것이다. 적어도 100퍼센트 칭찬하는 말이라고는 할 수 없다.

서방의 《성서》, 동방의 《논어》라고 말하듯이 《논어》는 예부터 가장 기본적인 교양서로 읽혀왔다. 오늘날에도 사회의 지도적 입장에 있는 경영자, 관리직 인사들의 필독서라고 해도 좋을 것이다. 왜냐하면 《논어》에는 인간으로서 자기를 어떻게 높여나갈 것인가, 또는 인간 관계에 어떻게 대처할 것인가 등등, 인간학의 기본이 다양한 각도에서 해명되고 있기 때문이다.

일반적으로 중국의 고전은 어느 정도 인생 체험을 거친 다음에 읽어야 머리에 와 닿는다. 《논어》는 특히 그런 책이다. 젊어서 반발을 느꼈던 부분도 나이가 들어 다시 읽어보고 새삼 이해할 수 있었다는 예는 종종 있는 일이다. 한 번 읽고 버리는 것이 아니라 기회가 있을 때마다 되풀이해 읽음으로써 더욱 의미 깊게 읽을 수 있는 책이다.

자신의 삶의 방식을 체크하기 위해서도 한 번쯤은 《논어》를 다시 읽어보는 것이 좋을 것이다. 인생의 전환기 때에는 되풀이해서 읽어보는 것도 나쁘지 않다.

인생의 고행인, 공자

《논어》는 공자의 언행록, 즉 인간이나 인생, 정치에 대한 감상이나 의견을 수록한 책으로, 대부분 한두 줄의 짧은 문장으로 이루어져 있다.

실제로 《논어》를 읽지 않은 사람이라도 《논어》라는 책이름, 또는 공자라는 이름을 모르는 사람은 없을 것이다. 그러나 요즈음은 전처럼 《논어》가 읽히지 않고 있다. 딱딱한 도덕 교과서 같은 인상이 강한 탓인지도 모른다. 확실히 《논어》라는 말을 듣기만 해도 의례적인 설교를 듣게 되는 것이 아닌가 하고 읽지도 않고 거부반응부터 일으키는 사람이 많은 것 같다.

여기에는 공자가 성인(聖人)이라고 하는 이미지도 크게 연관이 있다. 공자의 가르침을 물려받은 사람들을 유가(儒家)라고 하는데, 후세의 유가가 공자를 존경한 나머지 신격화해서 성인으로 치켜세웠다. 그것이 역으로 공자나 《논어》를 우리에게서 멀어지게 하는 요인 중 하나로 생각된다.

그러나 실제의 공자는 결코 완전무결한 성인은 아니었다. 오히려 인생의 고행인(苦行人)이라고 하는 것이 더 적절할지도 모른다. 그는 어려서 부친을 잃고 모친의 손에 키워졌는데, 그 모친도 17세 때에 세상을 뜨고 말았다. 따라서 그의 집은 결코 풍요롭지 못해 어려서부터 생계를 꾸리기 위해 일을 하지 않을 수 없었다.

훗날 공자는 스스로 '어려서 고생을 해 하찮은 일까지 배우고 말았다'고 말했다. 생활의 어려움을 모두 맛보고 자란 것이다. 그것만이 아니다. 나중에 정치 세계에 뜻을 둔 뒤에도 유세 활동은 실패로 끝나고 결국 정치 활동을 단념해야 하는 상태로 내몰리고 말았다. 밑바닥 인생의 고초를 충분히 맛본 인간, 그것이 공자인 것이다.

《논어》에 이런 말이 있다.

'먹고 마시고 머리도 쓰지 않은 채 빈둥거리고 있을 바에는 차라리 도박이라도 하는 것이 낫다.'

놀랄지도 모르지만 그 공자가 이렇게 말하고 있는 것이다. 완전히 깨달음을 얻은 성인이라기보다는 대단히 세상 물정에 밝은 인품이 상상되지 않는가. 《논어》에는 그런 고행인만이 할 수 있는 말이 많이 기록이 되어 있다.

우선 그것을 두세 개 소개해보자. 공자는 언젠가 다음과 같은 감상을 말했다.

"가난한 처지에 원망하지 않는 것은 어렵고, 부자가 되어 교만하지 않음은 쉽다."

세상에는 돈이 조금 모이면 순간 남을 깔보는 사람이 많다. 그렇기 때문에 부자가 되었다고 해서 거드름을 피우지 않는 것은 그 나름대로 훌륭한 인물이라고 말할 수 있다. 그러나 공자는 그것은 그런대로 쉬운 일이고, 어려운 것은 가난해도 오히려 비뚤어지지 않는 것이라고 말하고 있다. 이것은 역시 가난의 쓰라림, 괴로움을 체험한 인간이 아니면 할 수 없는 말이 아닐까.

공자는 또 자공의 '생애의 신조로 삼을 만한 말씀 한마디를 해주십시오'라는 청에 이렇게 대답하였다.

"내가 원하지 않는 것을 남에게 하지 마라."

남에게 당하고 싶지 않은 일은 자신도 남에게 하지 말라는 것이다. 이런 것들은 인간 관계의 기본적인 마음가짐이라고 해도 좋다.

자로(子路)라는 제자가 '스승께서 이상으로 삼는 것은 어떤 삶입니까?'라고 물었을 때 공자는 이렇게 말하였다.

"연장자로부터는 안심이 되고, 동년배로부터는 신뢰를 받고, 연소자로부터는 흠모를 받는다. 이것이 나의 이상이다."

평범한 것 같은데도 잘 생각해보면 함축적 의미가 풍부한 말임을 깨닫게 된다. 이런 것들은 모두 성인의 말이라기보다 인생의 신산(辛酸)을 다 겪은 고행인의 말이라는 것이 더 걸맞을 것 같다.

《논어》가 곱씹으면 곱씹을수록 깊은 맛이 있다는 것은 이런 점을 가리키고 있는 말인지도 모른다.

긍정적이고 꿋꿋한 삶의 방식

그러나 공자만이 고행인이었던 것은 아니다. 고생을 한 사람은 얼마든지 있다. 그런데 공자의 훌륭한 점은 고생을 해도 조금도 굴하지 않고, 비굴해

지지 않고, 언제나 긍정적인 자세로 꿋꿋하게 산 것이다.

'나는 15세에 학문에 뜻을 두었고 30에 자립하고, 40에 미혹되는 일이 없었으며 50에 천명(天命)을 알았다. 60에 귀에 거슬리는 일이 없었고 70에 원하는 대로 행동해도 법도에서 벗어나는 일이 없었다.'

이것은 공자의 일생을 요약한 것과 같은 말이다. 이에 따르면 15세 때 학문으로 출세할 결심을 했다. 즉 인생의 목표 설정을 15세 때 한 것이다.

그리고 자립해 사회인으로서 설 자리를 만든 것이 30세 때이다. 이어서 40세가 되어 자신의 진로에 확신을 가질 수 있게 되었다는 것이다. 이와 관련해서 공자 시대의 40세는 현대의 60세 정도에 해당할지도 모른다. 이때에 비로소 공자는 미혹됨이 사라진 것이다.

이것으로 보면 공자는 처음부터 깨달음을 얻은 사람이 아니라 우선 인생의 목표를 설정하고 그 목표로 향해 끊임없이 자신을 단련한 인물임을 알 수 있다.

공자는 늘그막에는 정치 활동을 단념하고 오로지 제자의 교육에 힘을 쏟았다. 그는 교육에 대해서 이런 말을 했다.

"자신의 힘으로 마지막 한 걸음까지 와서 진척이 잘 안 되고 있는 그런 상대가 아니면 도움을 주지 않는다. 말하고 싶은 것은 머릿속에 있는데 말을 잘 하지 못해 초조해하고 있는 그런 상대가 아니면 구원의 손길은 뻗지 않는다. 예를 하나 든다면 즉 유추(類推)를 살려 바로 응하는 것이 아닌 바에는 그 이상의 지도는 삼갈 수밖에 없다."

즉 교육이란 우선 본인의 자발성, 향상을 추구하는 마음이 중요하다고 말하는 것이다. 그리고 그 자발성을 남보다 배로 지니고 있었던 것이 공자 바로 그 사람이었다.

공자의 74년 생애는 불운의 연속이었다. 그와 같은 불우한 삶 속에서 고통에 좌절하지 않고 의연하게 전향적인 자세로 일관해 자기계발을 잊지 않았던 것이 공자의 삶의 방식이었다.

만년의 일이다. 여러 나라를 다니며 유세하던 중 공자 일행은 적국 병사들에게 둘러싸여 들판에서 오도 가도 못 하게 되고 말았다. 식량도 다 떨어지고 굶주림과 피로로 쓰러지기 직전의 상황이었다. 그러나 공자 한 사람만은 꼼짝도 하지 않았다. 제자인 자로(子路)가 애를 태운 나머지 공자에게 따지고 들었다.

"군자도 궁할 때가 있습니까?"

스승은 평소에 군자가 어떠니 하면서 짐짓 위엄이 있는 체하셨는데, 그처럼 위엄이 있는 군자도 이런 곤경에 처하게 되는 일이 있느냐는 것이다.

공자는 다음과 같이 대답한다.

"군자도 물론 궁지에 빠진다. 소인은 궁하면 흐트러진다."

군자란 훌륭한 인물, 소인이란 하찮은 인간이란 의미이다. 군자라도 물론 궁지에 빠질 때가 있다. 하지만 군자라면 그와 같은 때에도 태연하지만, 소인은 궁지에 몰리면 순간 흐트러진다. 공자는 그렇게 대답하고 태연했다고 한다.

복싱 선수 중에 맷집이 강한 선수가 있다. 맞고 또 맞아도 주저앉지 않는다. 끝내 상대가 지고 만다. 역경에 강한 인물은 어딘가 맷집이 강한 복서를 닮았다. 공자의 삶의 방식은 그 전형이라고 해도 좋다. 더구나 공자는 역경에 견딤으로써 자신을 꿋꿋한 인간으로 단련해갔다.

공자는 강한 인간이었다. 강하기만 한 인물이었는가 하면 결코 그렇지는 않다. 강함, 엄격함 속에 무어라 말할 수 없는 따뜻함을 지니고 있었다. 공자의 인간상에 대해서 제자들은 이런 의미의 말을 한다.

"인품은 온화하면서 엄격하고, 위엄을 갖추면서도 위압감이 없고, 예의 바르면서 거북함을 느끼게 하지 않았다."

"멀리서 보면 다가가기 어려운 위엄이 있다. 친숙하게 접해보면 그 인품의 따뜻함이 전해져온다. 더욱 말을 곱씹으면 그 말의 엄격함을 알게 된다."

자못 균형이 잡힌 인간상이 떠오르지 않는가.

공자란 사람은 또 어떤 처지에 놓여도 인생을 즐기는 방법을 터득하고 있었던 것 같다. 《논어》 속에서도 '사생활에서의 공자는 온화했다'는 평을 발견할 수가 있다.

불우한 생활 속에서도 이처럼 매력이 풍부한 인간상을 형성할 수 있었던 것에 공자의 위대함이 있었다고 해도 좋을 것이다.

인간 관계의 요체

어느 때 자로(子路)가 공자에게 '신(神)에게는 어떻게 봉사(奉仕)하면 좋겠습니까?'라고 묻자, 공자는 '신에게 봉사하기보다도 우선 사람에게 봉사하는 것을 생각하는 것이 좋다'고 말하였다.

자로가 거듭 '죽음이란 도대체 무엇입니까?'라고 물었다. 이에 대해서 공자는 '삶의 의미조차 아직 잘 모르고 있다. 하물며 죽음에 대해서 알 방법이 없지 않은가'라고 대답하였다.

이 응답으로도 명확한 것처럼 공자의 관심은 일관해서 이 인생을 어떻게 살 것인가, 눈앞의 현실에 어떻게 대처할 것인가,라는 사회 생활의 자세에 대해 집중해 있다. 사회 생활 속에서 우리의 마음을 가장 괴롭히는 문제의 하나가 인간 관계이다. 《논어》는 이 문제에 대해 여러 가지 각도에서 암시한다.

우선 공자가 인간 관계의 기본으로서 중요시한 것이 '신(信)'이다. 신이란 거짓을 말하지 않는다는 뜻이다. 약속한 것은 반드시 지킨다는 말이다. 굳이 번역하자면 '성실'이란 의미에 가까울지도 모른다.

《논어》 가운데에서 공자는 '신의가 없으면 인간 관계도 사회도 성립하지 않는다.' 신이 없으면 인간으로서 평가할 가치조차 없다고 단언하고 있다. 이 점에 대해서 다음과 같은 문답도 널리 알려져 있다.

어느 때 자공(子貢)이란 제자가 "정치에서 가장 중점 과제로 삼아야 할 것은 무엇입니까?"라고 물었을 때, 공자는 이렇게 대답했다.

"식량의 충족, 군비의 충실, 거기에 사회 속에 신의를 확립하는 것이다."

"그러면 그 셋 가운데 가령 하나를 포기해야 한다면 어느 것을 버려야 합니까?"

"군비이다."

"나머지 둘 가운데 가령 또 하나를 포기해야 한다면 어느 것이 되겠습니까?"

"물론 식량이다. 인간은 언젠가는 죽는다. 죽음은 피할 수 없는데, 이 사회에서 신의를 잃게 되면 살아 있어도 그 보람이 없지 않은가."

이 문답 하나만 보아도 공자가 인간 관계의 기본으로서 신(信), 즉 성실함에 바탕을 둔 신뢰 관계를 중요시했음을 잘 알 수 있다.

이 밖에도 고행인인 공자는 인간 관계에 대해 여러 각도에서 약이 되는 쓴소리를 하고 있다. 우선 친구를 택하는 방법에 대해서 공자는 '자기보다 못한 자를 친구로 삼지 말라'고 말하고, 교제를 해서 유익한 친구, 유익하지 않은 친구를 각각 3종류씩 들고 있다.

교제해서 유익한 친구란 강직한 인물, 성실한 인물, 교양이 있는 인물 등의 세 유형이다. 그리고 유익하지 않은 인물이란 편벽한 인간, 착하기만 하고 줏대가 없는 인간, 말만 많고 성실하지 않은 인간이라고 말한다. 이것 또한 엄정한 말이 아닌가.

다음으로 윗사람과의 교제에서 해서는 안 될 일이 세 가지 있다고 공자는 말한다.

첫째로 듣지도 않는데 말을 꺼내는 것.
둘째로 물어도 대답하지 않는 것.
셋째로 상대의 안색도 살피지 않고 말하는 것.

이 세 가지이다. 윗사람을 회사의 상사와 바꾸어 생각해도 좋을 것이다. 이 세 가지를 지키는 것만으로도 상사와의 인간 관계는 상당히 원활해질 것이다.

이상적인 인간상

공자 자신은 생애에 걸쳐서 자신을 완성시키는 노력을 아끼지 않았던 인물이다. 그런 그가 기대하는 인간상으로서 무엇을 가장 중요시하고 있었을까. 그것을 한마디로 말한다면 '인(仁)'이 될 것이다. 인을 구현하고 있는 인물이야말로 그에게 있어서, 가장 이상적인 인간상이었다.

그러나 인이란 무엇인가에 대해서 공자는 명확한 회답을 하지 않고 있다. 상대에 따라서, 때에 따라서 다양한 표현을 한다. 우선 잘 알려진 것으로는 '교언영색(巧言令色)에, 인은 적다(鮮矣仁)'는 유명한 말이 있다. 이를 번역하면 '교묘한 말, 아첨하는 얼굴빛, 그런 사람 중에 어진 이는 드물다'는 의미이다.

또 유명한 말로 '강의목눌(剛毅木訥)은 인에 가깝다(近仁)'고도 했다. 즉 '강직하고 수수하며 입이 무거운 인간은 인에 가깝다'는 것이다. 이것만으로는 이해하기 어려우므로 좀 더 공자의 말에 귀를 기울여보자.

제자 가운데 번지(樊遲)란 인물이 있었다. 그는 다소 이해력이 둔했던지 《논어》 가운데서 세 번이나 인(仁)이란 무엇인가 묻고 있다. 이에 대한 공자의 대답은 세 번 모두 표현이 다르다.

처음엔 '인(仁)이란 사람을 사랑하는 것이다'라고 대답했다. 다음으로는 '인간으로서 올바른 일은 비록 힘이 많이 들고 공이 적음을 알더라도 굳이 실천하는 것이 인이다'라고 대답하였다. 마지막에는 좀 더 구체적으로 '일상생활에서는 신중하게 하는 것, 일을 중요시하는 것, 타인에 대해서는 어디까지나 성의를 다하는 것, 그것이 인이다'라고 말하고 있다.

인(仁)이란 자신에 대해서나 타인에 대해서나 성실한 삶을 사는 것이라고 말해도 좋을 것이다. 그것은 공자가 어떤 유형의 인간을 싫어했는지를 알면 더 한층 잘 이해할 수 있다.

어느 날 제자인 자공이 '스승님도 싫어하는 유형의 인간이 있습니까?'라고 묻자 공자는 다음의 네 가지 유형을 들었다.

첫째로 타인의 실패를 기뻐하는 자.
둘째로 부하로서 상사의 험담을 하는 자.
셋째로 단순한 난폭을 용기로 착각하는 자.
넷째로 독단을 결단으로 착각하는 자이다.

공자는 더 나아가 '정열가인데 그런 주제에 안팎이 다르다. 순정가인데 그런 주제에 속임수를 쓴다. 우직한데 그런 주제에 인색하고 교활하다. 이런 자들은 어쩔 도리가 없다'고 포기하고 있다.

또 '지도적 입장에 있으면서 관용이 결여된 자, 의례를 행할 때에 성실성을 잃은 자, 장례에 참석하는데 애도하는 마음이 없는 자, 이런 인간은 전혀 평가할 가치가 없다'고도 말하였다.

그리고 다음의 말에도 공자가 싫어한 유형의 인간이 잘 표현되고 있다.

'공허한 겉치레 말, 지나친 친절, 그와 같은 비굴함을 좌구명(左丘明 : 공자와 같은 시대의 역사가)은 부끄럽게 여겼다. 나도 동감이다. 또 속으로는 상대를 경멸하면서 겉으로만 친구로서 사귀는 것을 좌구명은 부끄럽게 여겼다. 이에 대해서도 나는 동감이다.'

이런 말들로도 명확한 것처럼 공자가 싫어한 인간은 자신에 대해서나 타인에 대해서나 성실함이 부족한 인간이었다.

'군자'의 조건

조직의 책임자, 관리직, 더 나아가 널리 사회의 지도적 입장에 있는 사람들을 일괄해 리더라고 부른다면, 여기저기에서 리더로서의 설득력이 부족하다고 생각되는 리더를 흔히 보게 된다. 왜 그와 같은 리더가 있는 것일까. 그것은 다름 아닌 자신을 단련하는 노력을 게을리하고 있기 때문이 아닐까.

리더에게는 다른 사람에게 없는 무거운 짐이 지워져 있다. 그 책임을 다하기 위해서는 능력, 인격이 모두 뛰어나야 한다. 따라서 리더가 된 자에게는 언제나 자신의 능력이나 인격을 높이는 노력이 요망되는 것이다. 그것을 게을리 하면 리더로서 실격이라고 말하지 않을 수 없다.

공자는 상당히 빠른 시기부터 제자를 두고 교육에 임했다. 특히 정치 활동을 단념한 뒤부터의 늘그막에는 제자의 교육에 전력을 쏟았다. 그 교육의 내용은 단순한 읽기 쓰기나 주판이 아니고 교양 과목 전반을 망라해 국정을 맡는 엘리트, 즉 지도자의 양성을 지향했다. 그 엘리트를 그 무렵의 표현으로 '군자(君子)'라고 한다.

'군자는 해야 할 일은 재빠르게 처리하고, 발언에는 책임을 질 것. 더 나아가 그 방면의 선배에게 사사(師事)해 독선성(獨善性)에서 탈피하는 것이다.'

다음도 똑같은 내용으로 '군자는 말은 잘 못해도 실행은 빠르도록 힘쓴다'는 말이 있다. 공자는 말만 앞서는 인간을 싫어했다. 결코 변설을 경시한 것이 아니라, 필요한 때에 필요한 것을 말할 수 있으면 그것으로 충분하다는 것이 그의 입장이다.

'군자는 자신감이 가득 차 있어 함부로 남과 다투지 않는다.' 이것은 화합은 잘 하지만 무리는 짓지 않는다와 같은 의미일 것이다. 다음도 똑같은 말이다.

'군자는 태연하면서 교만하지 않다.' 이것은 군자는 태연하지만 그러면서도 남을 깔보지 않는다는 의미이다.

'군자는 어떤 경우에도 마음이 평안하고 여유롭다.' 이것은 군자란 아득바득하거나 끙끙대거나 하지 않고 언제나 느긋하게 몸가짐을 갖는다는 것이다.

군자라는 말을 리더로 바꾸어 말하면 현대에도 고스란히 들어맞는다.

한편 공자는 앞서 말한 바와 같이 아무런 대가도 없이 은퇴했는데 그 후 정치 개혁에 크게 정열을 불태웠다. 어떻게든 이상적인 정치를 실현하려고 악전고투한 것이 공자의 일생이었다고 말할 수 있다.

그런 탓인지 《논어》에도 정치에 관한 문답이 많이 수록되어 있다. 그 가운데에는 정치가의 본연의 자세에 대해서 이야기한 것도 적지 않거니와 이것 역시 리더론으로서 이해할 수가 있다.

예를 들면 제자의 물음에 공자는 이렇게 대답하고 있다.

"될 대로 되라는 식으로 일을 해서는 안 된다. 언제나 성실함을 잃지 말아야 한다."

또 다음과 같이 말하고 있다.

"부하가 충분히 능력을 발휘할 수 있도록 할 것. 또 작은 실패는 꾸짖지 말고 인재의 발탁에 유의할 것."

또 이렇게도 말하고 있다.

"조급하게 서두르지 말 것. 그리고 작은 이익에 사로잡히지 말 것. 서두르면 실수를 하고 작은 이익에 현혹되면 큰일을 수행할 수 없게 된다."

공자는 리더의 자세에서 무엇을 기대하고 있었을까. 그 일단을 소개한 것이 한마디로 말해서 다음의 말에 요약되어 있다고 생각한다.

"그 몸가짐이 올바르면 명령을 하지 않아도 이루어진다. 그 몸가짐이 올바르지 않으면 명령을 해도 따르지 않는다."

간명한 말이므로 해설할 필요도 없을 것이다. 즉 리더로서의 설득력을 높일 생각이라면 인간으로서의 덕을 몸에 익혀야 한다. 그것을 위한 노력을 아끼지 마라. 그렇게 공자는 말하는 것이다.

맹자

《맹자(孟子)》에 대해서

전국시대의 사상가 맹자의 언행과 사상을 그의 사후 맹자의 제자들이 정리한 것이 《맹자》이다. 양혜왕(梁惠王), 공손추(公孫丑), 등문공(滕文公), 이루(離婁), 만장(萬章), 고자(告子), 진심(盡心)의 7편, 260장으로 구성되어 있다.

7편 가운데 전반의 3편은 주로 유세 활동의 기록이고, 후반의 4편은 은퇴 후의 어록을 정리한 것이다.

맹자의 이름은 가(軻)로, BC 372년 무렵 추(鄒)나라에서 태어났다. 공자의 손자인 자사(子思)의 제자가 되어 유학(儒學)을 배우고, 공자의 '인'사상을 다듬어 인간의 성품은 본래 선(善)하다는 '성선설(性善說)'과 인의(仁義)에 의한 '왕도정치'를 역설해 유학에 새로운 생명력을 불어넣었다.

42, 3세 무렵부터 유세 활동으로 들어가 등(滕), 양(梁), 임(任), 제(齊), 노(魯), 설(薛) 등의 여러 나라를 돌면서 인의에 의한 '왕도정치'를 역설했다.

그러나 현실의 이익 추구에만 급급해하던 각국의 왕들에게 맹자의 주장은 너무나도 이상적인 것으로 비쳤던 것 같다. 유세 활동은 결국 실패로 끝나고 만년에는 고향에 틀어박혀 저술과 강학(講學)에 전념했다. BC 289년 무렵, 84세에 사망한 것으로 알려져 있다.

맹자는 후대인 송나라 학자들에게 재평가를 받으면서부터 공자의 정통으로 추앙되기 시작하였다.

《맹자》의 말

하필왈리(何必曰利), 역유인의이기의(亦有仁義而已矣) ——어찌 이익에 대해서 말하는가. 오직 인의(仁義)가 있을 뿐이다. 〈양혜왕편(梁惠王篇)〉

무항산(無恒產), 무항심(無恒心)——일반 민초는 확실하게 생활해나갈 수 있을 만큼 수입이나 재산이 갖추어져 있지 않으면 불변의 사상, 부동의 도의심을 유지하기 어렵다. 정치가는 백성에게 우선 항상심을 갖게 하는 것이 필요하다. 〈양혜왕편(梁惠王篇)〉

천시불여지리(天時不如地利), 지리불여인화(地理不如人和)——하늘의 시운은 땅의 이로움만 못하고, 땅의 이로움은 사람의 화합만 못하다. 즉 성공하려면 무엇보다도 인화(人和)를 얻는 것이 중요하다. 〈공손축편(公孫丑篇)〉

도재이(道在爾), 이구제원(而求諸遠)——도(道)는 일상 생활 속에 있다. 그것을 잊고 사람은 먼 곳에서 찾으려고 한다. 〈이루편(離婁篇)

군자유종지우(君子有終身之憂), 무일조지환야(無一朝之患也)——군자는 언제나 수양이 부족함을 알기 때문에 걱정은 평생 계속된다. 그러나 갑자기 하루 아침에 생기는 근심은 없다. 〈이루편(離婁篇)〉

생우환(生憂患), 사안락(死安樂)——우환 속에서는 살아남았다가 안락이 닥쳐오자 죽는다. 〈고자편(告子篇)〉

앙불괴어천(仰不愧於天), 부부작어인(俯不作於人)——하늘을 우러러 부끄러움이 없고, 사람들을 굽어보아도 부끄럽지 않다. 〈진심편(盡心篇)〉

진신서즉(盡信書則), 불여무서(不如無書)——책에 씌어 있는 것을 모두 믿는다면 오히려 책이 없는 것이 낫다. 〈진심편(盡心篇)〉

전투적인 이상주의자

맹자란 사람은 한마디로 전투적인 이상주의자였다. 그가 활약한 때는 지금으로부터 2300년 전의 일이고 전국시대의 혼란 속이다. 그 무렵 각국이 모두 앞을 다투어 부국강병을 도모하고 이익 추구에 여념이 없었다.

그런 시대에 맹자는 굳이 인의(仁義)에 의한 왕도정치를 주장하고 각국의 왕에게 유세를 해 그 실현을 도모했다.

그러면 그가 주장한 왕도정치란 어떤 정치였을까. 《맹자》는 그의 주장과 행동을 정리한 서책이다. 그 첫머리에 다음과 같은 유명한 이야기가 수록되어 있다.

맹자가 위나라의 혜왕(惠王)에게 유세를 했을 때의 일이다. 맹자의 얼굴을 보자마자 혜왕은 이렇게 물었다.

"선생께서 먼 길도 마다하지 않고 일부러 와주셨을 때에는 무언가 이 나라에 이익이 되는 묘안을 가지고 계실 텐데요."

맹자는 이에 이렇게 대답하고 있다.

"왜 그처럼 이익만을 말씀하십니까. 중요한 것은 인의입니다. 임금은 나라의 이익밖에 생각하지 않고, 중신은 일가의 이익밖에 생각하지 않고, 관리나 서민은 내 몸의 이익밖에 생각하지 않습니다. 이렇게 제각기 이익만을 추구하기 때문에 나라가 망하는 것입니다.

만승(萬乘)의 국왕을 죽이는 것은 반드시 천승(千乘)의 녹을 먹는 중신, 천승의 국왕을 죽이는 것은 반드시 백승의 녹을 먹는 중신입니다. 만승의 나라에서 천승의 녹을 먹고, 천승의 나라에서 백승의 녹을 먹으면 그것으로 부족함이 없을 텐데, 나라 전부를 빼앗으려는 것은 인의를 무시하고 이익을 제일로 생각하고 있기 때문입니다.

인(仁)의 마음이 있으면서 부모를 버린 예가 없고, 의(義)에 따르면서 주군을 소홀히 한 예가 없습니다. 왕이시여, 부디 인의를 말씀하십시오. 왜 이익만을 말씀하십니까."

간단히 말해서 '인'이란 배려와 애정과 같은 의미이고 또 도리에 맞는 일, 인간으로서 올바른 일을 하도록 힘쓰고 잘못된 일은 하지 않는 것이 '의'이다.

군주, 즉 위에 있는 자가 이 두 가지 덕, 인과 의를 몸에 익혀 그것을 널리 사람들에게 펴지도록 한다. 이것이 바로 맹자가 역설하는 왕도정치이다.

그것을 더욱 상세하게 말하고 있는 것이 위(魏)나라 혜왕과 맹자의 다음과 같은 문답이다.

위나라 혜왕이 맹자에게 물었다.

"나는 정치에 꽤 심혈을 기울이고 있다고 생각하오. 이웃 나라의 정치를 보아도 나만큼 배려를 하고 있다고는 생각하지 않소. 그런데도 그다지 실적을 올리지 못하는 것은 무슨 이유입니까?"

"왕께서는 싸움을 좋아하시는 것 같으므로 싸움 이야기로 비유를 해서 말씀드리지요. 진격의 북소리가 울려 퍼져 막상 싸움이 벌어졌을 때 갑옷을 버리고 도망을 가기 시작한 병사가 있었습니다. 한 사람은 100보를 도망을 가 멈추고, 한 사람은 50보를 도망가 멈추었습니다. 그런데 그때 50보를 도망간 자가 100보를 도망간 자를 겁쟁이라고 비웃었다면 왕께서는 어떻게 생각하십니까?"

"그것은 말이 안 되지. 단지 100보를 도망가지 않았을 뿐, 도망을 간 것에는 변함이 없으니까."

"그 이치를 아신다면 당신께서 이만한 선정(善政)으로 실적이 오르기를 기대하는 것도 말이 안 됩니다.

농번기에 농민을 징용으로 내몰지 않으면 식량에는 부족함이 없게 됩니다. 남획(濫獲)을 금하면 생선은 부족하지 않게 됩니다. 남벌을 금하면 목재는 부족하지 않게 됩니다. 식량이나 생선에 부족함이 없고 목재가 풍부해지면 백성은 생활에 불안이 없어지고 죽은 자를 따뜻이 장사지낼 수도 있습니다. 그렇게 되면 백성은 불평불만을 품지 않게 됩니다. 백성에게 불평불만을 품지 않게 하는 것이야말로 왕도정치의 첫걸음입니다.

그런데 당신께서는 개나 돼지가 인간의 식량을 먹고 있는 것을 보아도 단속하려고 하지 않습니다. 길가에 굶어죽은 자가 널려 있어도 곡창을 열어 구제하려고 하지 않습니다. 백성이 굶어죽어도 '내 탓이 아니다. 가뭄 탓이다'라고 말씀하십니다. 이렇게 되면 사람을 찔러죽이고도 '내가 죽인 것이 아니고 칼이 죽인 것이다'라고 시치미를 떼는 것과 아무런 차이도 없습니다.

당신께서 가뭄 탓으로 돌리는 태도를 버릴 때 비로소 국민으로부터 존경을 받는 훌륭한 군주가 될 수 있는 것입니다."

무엇보다도 우선 민생의 안정을 도모한다. 그것이 왕도정치의 첫걸음이라는 것이다. 현대식으로는 복지사회이다.

'왕도(王道)'의 반대는 '패도(霸道)'이며 그것은 힘으로 상대를 굴복시키는 방법, 권력으로 지배하는 정치이다. 이에 대해서 왕도란 윗자리에 있는 자가 덕을 몸에 익혀 그 덕으로 사람들을 가르쳐 이끌어가는 방식이다. 즉 즐거움을 국민과 함께 하는 정치이다.

그러나 맹자가 살았던 전국시대도 현시대 이상으로 패도가 위세를 부리는 시대, 이익만 추구하는 사회였다. 그런 가운데에서 맹자는 인의(仁義)에 의한 왕도정치를 내걸고 그 실현을 향해 혼신의 노력을 기울인 것이다.

전투적인 이상주의자, 또는 늠름한 이상주의자, 한마디로 맹자는 그런 인물이었던 것이다.

인간에 대한 깊은 신뢰

맹자가 역설하는 왕도정치란 인간에게는 영원한 이상일지도 모른다. 맹자가 산 2000 수백 년 전의 중국은 말할 것도 없고, 오늘날에도 그 이상을 실현하는 것은 극히 곤란하다.

하지만 맹자는 왕도정치의 실현에 확신을 가지고 있었다. 왜냐하면 그는 인간의 본성은 본래 착하여 노력만 아끼지 않으면 그 본성을 전면적으로 꽃피울 수 있다고 믿고 있었기 때문이다. 이른바 성선설(性善說)로 불리는 사고방식이 그것이다.

그러나 인간의 본성은 선해도 내버려두면 악으로 향할지도 모른다. 그렇게 되지 않기 위해서는 인격을 도야하는 끊임없는 노력이 필요하다. 노력만 하면 본래의 선한 소질을 신장시킬 수 있다고 한다.

그러려면 우선 윗자리에 있는 자가 자신의 본성을 자각해 덕을 몸에 익히고 그것을 타인에게로 미치게 한다. 그런 사람들의 본성도 선하기 때문에 윗사람의 덕에 감화되어 자연히 선으로 향한다. 이와 같은 성선설에 바탕을 두고 왕도정치의 주장이 나온 것이다.

맹자는 이렇게 말하고 있다.

"자비의 마음은 인간이라면 누구나 지니고 있다. 옛 성인이 인간적인 정치를 할 수 있었던 것은 이 마음을 지니고 있었기 때문이다. 지금 만일 자비의 마음을 가지고 인간미 흐르는 정치를 행한다면 천하는 잘 다스려질 것이다.

어린 아이가 아장아장 우물가로 다가가는 것을 보았다고 치자. 누구라도 정신이 번쩍 들어 불쌍하다, 살려주자고 생각한다. 그것은 아이를 살려주어 부모와 가까워지려는 생각에서가 아니다. 마을 사람들이나 친구들로부터 칭찬을 들으려는 생각에서 하는 것도 아니다. 또 구하지 않으면 비난받을 것을 두려워해서도 아니다.

그러고 보면 가엾다고 생각하는 측은한 정은 인간이면 누구나 지니고 있는 것이다. 더욱이 악을 부끄러워하는 마음, 서로 양보하는 마음, 선악을 판단하는 마음은 인간이라면 누구나 시니고 있다.

가엾다고 생각하는 마음은 인(仁)의 싹이다. 악을 부끄러워하는 마음은 의(義)의 싹이다. 서로 양보하는 마음은 예(禮)의 싹이다. 선악을 판단하는 마음은 지(智)의 싹이다.

인간은 태어나면서부터 네 개의 손발을 지니고 있는 것처럼 이 네 개의 새싹을 지니고 있다. 그럼에도 불구하고 자기는 인(仁), 의(義), 예(禮), 지(智)의 덕 같은 것에 관계가 없다고 단정하는 것은 자신에게 상처를 입히는 짓이다. 군주에 대해서도 똑같이 단정하는 것은 군주에게 상처를 입히는 짓이다.

자기에게 갖추어져 있는 이 네 가지 싹을 키우려고 노력하면 불길이 치솟기 시작하고 샘이 솟듯이 한없이 커져간다. 이것을 키워나가면 천하를 안정시킬 수가 있다. 그런데 이를 키우려고 하지 않는다면 부모를 봉양하는 일조차 할 수 없다."

인간의 본성은 본래 풍부한 가능성을 안고 있으므로 그것을 확실하게 키울 노력만 아끼지 않는다면 훌륭한 인간이 될 수 있다고 말한다. 맹자는 이것을 우산(牛山)의 나무로 비유해 이렇게도 말하고 있다.

"저 우산에도 일찍이 나무들이 아름답게 자라고 있었다. 그런데 도시 가까이에 있는 탓에 나무는 도끼로 모두 잘려나가고 말았다. 이렇게 되면 아름다움도 엉망이다. 그러나 다 베어졌다고 해도 나무에는 끊임없이 생장하는 힘이 작용하고 있고, 비와 이슬도 이를 적셔준다. 그렇기 때문에 새싹이 돋지 않는 일은 없다. 하지만 그 뒤에 소나 양을 방목하기 때문에 결국 벌거숭이 산이 되고 말았다.

사람들은 그 벌거숭이 산을 보고 이 산에는 본래 나무가 자라지 않는 것으로 단정한다. 그렇지만 그것은 결코 이 산의 본성은 아니다.

인간에게도 결코 인의의 마음이 없는 것은 아니다. 그 마음을 잃게 되는 것은 우산의 나무가 도끼로 다 잘려나가는 것과 같다. 매일같이 베어버리면 인간의 아름다움도 엉망이 되고 만다."

벌채만 하고 조림(造林)을 하지 않으면 어떤 산이건 벌거숭이가 되고 만다. 산에는 자연히 나무를 키우는 잠재력이 있으므로 그것을 소중하게 해주면 푸른 나무가 자랄 수 있게 된다.

인간도 그와 마찬가지로 본래 풍부한 가능성을 지니고 있다. 따라서 그것을 잘 신장시켜주기만 하면 인(仁), 의(義), 예(禮), 지(智)의 마음을 지닌 훌륭한 인간으로 자란다. 개개인이 그와 같은 뛰어난 인간이 되는 것이 훌륭한 성지의 출발점이 된다는 것이다.

이와 같은 맹자의 성선설은 인간성에 대한 깊은 신뢰 속에서 태어난 것이다. 따라서 그의 사상은 오늘날 우리가 살고 있는 이익에만 급급한 사회나 인간 불신의 사회에 대해서 날카롭게 반성을 촉구하고 있다. 그리고 그것은 숨이 막힐 듯한 이 이익 추구의 사회에서 시원한 일진(一陣)의 바람과도 같은 역할을 하는 것이 아닐까.

'이를 바로 대장부라고 한다'

인간의 본성은 선(善)이고 누구나 노력만 하면 탁월한 인간이 될 가능성을 지닌다고 맹자는 생각했거니와, 특히 그 노력이 요구되는 것은 남의 윗자리에 선 사람이다. 그 같은 사람들이 한편에서 나쁜 짓을 하거나, 약한 자를 괴롭히거나, 자신의 이익만을 추구하고 있으면 어떤 정론(正論)을 토한다고 해도 전혀 설득력을 가질 수 없다. 지도자로서 설득력을 갖기 위해서는 솔선해서 인, 의, 예, 지의 덕을 몸에 익혀야 된다고 맹자는 말한다.

배려, 자비를 가리키는 인(仁), 도리에 맞고 악을 부끄럽게 여기는 의(義), 분수를 알고 남에게 양보하는 예(禮)의 셋에 더해서 '지(智)'는 시비선악을 판단하는 힘을 말한다. 앞의 세 개가 인격적 요건이라고 한다면, 이 지(智)는 능력적인 요건이라고 해도 좋다. 이런 것들은 누구나 노력에 따라서 몸에 익힐 수 있는데, 그러기 위해서는 역시 수양과 수신이 중요하다. 그리고 그것은 앞서 말한 바와 같이 위에서 밀어붙이는 것이 아니라, 자신을 단련하고 향상시키려는 자각적인 노력 없이는 생각할 수 없다.

그런데 현실적으로는 인격적 수양이 부족하고 설득력이 없는 지도자가 위세를 부리고 있다. 그것은 그 무렵의 중국에서도 마찬가지였다. 맹자도 다음과 같이 탄식하고 있다.

"옛날의 현자는 우선 자기 인격을 연마함으로써 사람들을 지도했다. 그런데 오늘날의 지도자는 자신의 인격은 제쳐두고 지도자인 척만 하고 있을 뿐이다."

이 맹자의 탄식은 오늘날에도 통하는 비가 있다.

맹자는 더 나아가 자신의 수양이 부족함을 끊임없이 반성한다. 그 스스로의 반성에 의해서 한 단계 자신을 높일 수가 있다고 말하고 있다.

"사람을 대할 때 애정을 쏟아도 상대가 자기에게 친숙하게 하지 않으면, 자신이 인(仁)으로 교제했는지의 여부를 반성하라. 이끌어도 상대가 따르지 않으면 예지(禮智)로 이끌었는지를 반성하라. 노력을 해도 대가가 없으면 원인이 자기에게 있지는 않은지 반성하라. 자기가 올바르지 않으면 사람들을 따르게 할 수는 없는 것이다."

이와 같이 끊임없는 노력과 반성 위에 비로소 맹자가 말하는 이상적인 지도자상이 성립한다. 그 이상적인 상은 다음과 같이 묘사된다.

"인이라는 광대한 세계에 살고 예라는 공정한 입장을 지켜 의라는 큰 길을 걷는다. 중요한 직책에 등용이 되었을 때에는 백성에게도 인, 의, 예를 실천하게 하고, 물러나 있을 때에는 자기 혼자서 실천한다. 금전에 의해서 마음이 현혹되는 일이 없고, 빈곤에 의해서도 지조가 바뀌는 일이 없고, 권력에 의해서도 뜻을 빼앗기지 않는다. 이런 인물이야말로 진정으로 훌륭한 인물이라고 말할 수 있는 것이다."

그리고 후반의 말은 너무나도 유명해 표시해둔다.

"부귀의 쾌락으로도 그 정신을 타락으로 이끌지 못하고, 또 빈천(貧賤)의 고통으로도 그 도의(道義)의 뜻을 바꿀 수가 없으며, 어떠한 권위·무력에 의한 위협에도 굴하지 않는 불굴의 사내를 대장부라고 한다."

그야말로 당당한 인물이 눈에 선하게 떠오르지 않는가.

맹자는 또 남에게 인정을 받건 말건 언제나 담담하라고 말하고, 그렇게 되기 위한 마음가짐을 다음과 같이 말하고 있다.

"자기의 덕을 소중하게 여기고 의를 지키는 일에 기쁨을 느끼면 담담해질 수 있다. 지도적 입장에 있는 자는 가난해도 의(義)를 잊지 말고 영달(榮達)해도 도의에서 벗어나지 않는다. 가난해도 의를 잊지 않으면 자존심이 유지된다. 영달해도 도의에서 벗어나지 않으면 백성의 신망이 모인다."

이것 역시 맹자가 마음에 그린 이상적인 지도자상이었음에 틀림이 없다.

부동심의 경지

맹자가 주장하는 지도자의 조건 가운데서 또 하나 반드시 있어야 하는 것은 부동심(不動心)이다. 부동심이란 외부의 사물이나 정세의 변화에 조금도 마음이 흔들리지 않는 경지를 가리킨다.

《맹자》만이 아니고 중국의 고전에는 종종 '군자(君子)'라는 말이 나온다. 이 '군자'란 영어로는 젠틀맨에 해당하고, 사회의 지도층, 이상적인 인간상을 의미한다. 이 '군자'에 대해서 맹자는 다음과 같이 말하고 있다.

군자가 일반인과 다른 것은 자신의 마음을 반성하는 점에 있다. 가령 부당한 처사에도 군자는 반드시 자기 자신을 반성한다.

'내가 인(仁)이 부족했을 것이다. 예(禮)가 부족했을 것이다. 그렇지 않다면 이렇게 될 리가 없다.'

반성해보고 자신이 인과 예에 어긋나지 않았는데도 그래도 상대의 무도(無道)가 고쳐지지 않으면 군자는 더욱 자신을 반성한다.

'틀림없이 나에게 성실함이 부족했을 것이다.'

그렇게 반성해보아도 역시 자기 쪽이 성실하고, 그런데도 상대의 무도함이 고쳐지지 않을 경우, 비로소 군자는 이렇게 생각한다.

'상대는 무법자이다. 그 꼴은 축생(畜生)과 무슨 차이가 있을까. 축생을 비난한들 무슨 소용이 있을까.'

그러므로 군자에게는 생애를 통해서 내면적인 고뇌는 있어도 외부에서 오는 마음의 동요는 있을 수 없다. 그러면 군자의 고뇌는 무엇인가. 고대의 제나라 순(舜) 임금은 성인인데 그 순도 인간이고 내 자신도 인간이다. 하지만 순은 천하에 모범을 보여 후세에 그 이름을 남겼다. 그것에 비해서 내 자신은 평범하기 이를 데 없는 속된 사람에 지나지 않는다. 이것은 고뇌할 만한 것이다. 그러면 어떻게 하면 좋을까. 순을 본받는 것, 그것밖에 없다.

군자에게 마음의 동요는 없다. 인에 어긋나는 일은 행하지 않고 예에 벗어나는 일은 행하지 않기 때문에, 설사 밖에서 무엇이 덮쳐오더라도 동요하는 일은 없는 것이다.

군자가 어떤 사태에 직면해도 마음을 동요시키지 않고 끝나는 것은 수양을 쌓음으로써 인, 의, 예 등의 덕을 확실하게 자신의 몸에 익히고 있기 때문이다. 그러나 맹자란 사람은 그것을 말로 할 뿐만 아니라 일찍부터 스스로도 그와 같은 경지에 도달해 있었던 것 같다. 어느 때 공손추(公孫丑)란 제자가 물었다.

"스승만한 분이 제나라의 재상이 되시어 마음껏 수완을 발휘했다고 합시다. 그렇게 되면 제나라가 천하의 왕으로 올라섰다고 해도 이상할 것이 아무것도 없습니다. 그런데 실제로 그와 같은 중책을 맡게 되면 역시 동요되지 않을까요?"

맹자가 대답한다.

"아니, '나는 40을 지나서부터 무슨 일에도 동요하지 않게 되었다.' 즉 '나는 40에 마음을 움직이지 않았다.'"

'40에 마음을 움직이지 않았다'는 말은 공자가 '40에 미혹하지 않았다'고 말한 것과 똑같은 울림을 지니고 있다. 이렇게 단언하는 그는 그야말로 자신만만하다.

그러면 어떻게 그러한 경지에 도달할 수 있었을까. 맹자는 '나는 말을 안다[知言]. 나는 호연지기(浩然之氣)를 기른다'고 두 가지 이유를 들고 있다. 첫째의 '말을 안다'는 것은 남의 이야기를 이해한다, 판단한다는 의미이다. 그것이 어떻게 마음을 동요시키지 않는 것으로 결부되는 것일까. 맹자는 이렇게 설명하고 있다.

"타당하지 않은 이야기를 들으면 상대가 어느 면에 어두운지를 판단한다. 엉터리 이야기를 들으면 무엇에 현혹되고 있는지를 판단한다. 사악한 이야기를 들으면 어디서 도리에 벗어났는지를 판단한다. 핑계 이야기를 들으면 어디서 막히고 있는지를 판단한다."

즉 이쪽이 확실한 판단력을 지니고 있으므로 엉터리 정보에 놀아날 일도 없고 마음이 움직이게 될 일도 없다는 것이다.

둘째로 맹자가 동요하지 않기 위한 이유로서 들고 있는 것이 '호연지기(浩然之氣)'이다. 이에 대해서 맹자는 '말하기 힘들다'는 전제 아래 다음과 같이 설명하고 있다.

"더없이 광대하고, 더없이 강건(剛健)한 것이다. 자신은 언제나 올바른 일을 행하고 있다는 자신을 가지고 그것을 키워나가면 이윽고 그 기(氣)가 천지 사이에 충만해진다.

그러나 그것은 도와 의가 있음으로써 비로소 존재하고 그것이 없으면 순식간에 사라지고 만다. 의(義)를 되풀이하고 있는 사이에 자연히 얻게 되는 것이다. 어쩌다가 의를 행하였다고 해서 얻을 수 있는 것은 아니다. 또 마음에 꺼림칙한 것이 사라지고 믿다."

이 설명으로는 약간 이해하기 어려울지 모르겠으나, 요컨대 '호연지기'란 자신은 올바른 일을 행하고 있다는 확고한 신념의 뒷받침이 있어야 비로소 생긴다는 것이다.

그러면 '호연지기'를 기르려면 어떤 마음가짐이 필요할까. '그것이 염두에서 떠나도 안 되지만, 그렇다고 해서 성급하게 재촉해도 안 된다.' 맹자는 이렇게 전제한 다음 유명한 예를 들어 다음과 같이 말하고 있다.

"송나라의 어느 농민은 벼의 생장을 앞당기기 위한 조급한 마음에 볏모를 잡아 빼고 말았다. 그러고는 지쳐서 집으로 돌아와 이렇게 말했다.

'아아, 오늘은 지쳤다. 벼의 키를 늘리고 왔더니!'

아들이 서둘러 논에 나가 보니 이미 볏모는 모두 시들어버린 뒤였다.

세간에는 이런 인간이 적지 않다. 호연지기를 기르는 것을 무익하다고 단정하는 것이 논의 풀 뽑기도 하지 않는 인간이라면, 무리하게 자라게 하려고 조급해하는 것은 볏모를 잡아 빼는 인간이다. 그것은 무익할 뿐만 아니라 해롭기까지 한 것이다."

'호연지기'를 길러 부동심을 자기의 것으로 만들기 위해서는 착실하고 끊임없는 수양이 필요하다는 것이다.

유연한 처세 태도

인의(仁義)도 그렇고 왕도(王道)도 그렇고 맹자란 사람은 자못 융통성이 없다는 인상을 줄지도 모른다. 그러나 실제의 맹자는 결코 그렇지 않았으며 그 처세 태도는 오히려 극히 유연했다.

그 자신도 이렇게 말하고 있다.

"훌륭한 인물이 자신의 발언에 반드시 충실한 것은 아니다. 또 시작한 일을 반드시 끝내는 것도 아니다. 단지 의(義)를 따르는 것이다."

즉 올바른 길만 걷고 있으면 된다. 한때의 약속을 고집할 필요도 없고 하찮은 일 따위는 중도에 그만두어도 전혀 상관이 없다는 것이다.

바꾸어 말해서 기본적인 것에만 따르고 있으면 나머지 일은 임기응변으로 처리해도 좋다는 사고방식이다.

"관직에 오르는 것은 생활을 위해서가 아니다. 그러나 생활을 위해 관직에 올라야 할 때도 있다. 아내를 맞이하는 것은 신변을 돌보는 일을 시키기 위해서가 아니다. 하지만 때로는 신변을 돌보는 일을 시키기 위해 장가를 들어야만 할 때도 있다."

맹자는 이처럼 상당히 이해심이 많은 면을 보여준다.

다음의 이야기도 그의 유연한 대응을 잘 보여주고 있다.

어느 때 제나라의 선왕(宣王)이 맹자를 초청해 중신의 자세에 대해서 물었다. 그러자 맹자는 말한다.

"중신에게도 여러 유형이 있는데, 어떤 중신에 대해서 물으셨습니까."

"중신이라면 모두 같지 않소?"

"아닙니다. 친족인 중신도 있는가 하면 친족이 아닌 중신도 있습니다."

"그럼, 친족인 중신에 대해서 묻겠소."

"군주에게 중대한 과실이 있으면 간합니다. 때때로 간해도 받아들이지 않을 때에는 군주를 갈아치우는 것입니다."

왕의 안색이 확 바뀌었다.

"심기가 언짢으십니까. 모처럼의 질문이시라 감히 올바른 답을 말씀드렸을 뿐입니다."

왕은 안색을 누그러뜨리고 이어서 친족이 아닌 중신에 대해서 물었다. 맹자는 이렇게 대답하고 있다.

"군주에게 과실이 있으면 간하고 때때로 간해도 받아들여지지 않으면 그 나라를 떠나는 것입니다."

각각 입장에 따라서 대응 방법을 유연하게 바꿔도 좋다는 것이 맹자의 사고방식의 기조가 되고 있다.

그리고 이런 이야기도 있다.

옛날에 주왕조(周王朝)에 봉사하는 것이 싫어서 산에 숨어 굶주리다가 죽은 백이(伯夷)라는 성인이 있었다. 또 은(殷)의 왕조에 봉사해 명재상으로 일컬어졌던 이윤(伊尹)이란 훌륭한 인물이 있었다. 맹자는 이 두 사람에 공자를 더해 세 사람의 삶의 방식을 비교해서 이렇게 평했다.

"나는 백이나 이윤과는 삶의 방식이 다르다. 백이는 봉사할 만한 군자라면 봉사하고, 지도할 만한 백성이라면 지도를 했다. 안정된 세상이라면 정치를 하고 혼란한 세상이라면 은둔했다.

이윤은 누구에게 봉사해도 군주는 군주, 누구를 지도해도 백성은 백성으로 단정하고 안정된 세상에서도 난세에서도 정치를 맡았다.

이에 대해서 공자는 봉사해야 할 군주에게는 봉사하고 물러나야 할 때에는 물러나고, 오래 머물러야 할 때에는 머물고, 일찍 떠나야 할 때에는 서슴지 않고 떠났다.

이 세 사람은 모두 성인이다. 나로서는 도저히 그 흉내를 낼 수는 없다. 그러나 희망으로서는 공자를 본받고 싶다."

백이, 이윤, 공자 세 사람은 제각기 다른 삶의 방식으로 살았다. 그들을 모두 성인으로 인정하고 있는 것은 삶의 방식은 다를망정 인(仁)으로 일관하고 의(義)를 지켰다는 점에서 같기 때문이다. 즉 원칙에 충실하기만 하면 수단, 방법은 달라도 상관이 없다는 것이 맹자의 생각이었다.

이것은 현대의 우리도 명심해서 배워야 할 태도이다. 타인의 삶의 방식, 대응 방법이 자기와 다르면 자기를 정당화해 상대의 잘못을 따지기 쉬우나, 인간으로서의 원칙만 지키고 있다면 개성적이고 다양한 삶의 방식을 인정해야 하지 않을까. 아울러 그와 같은 유연한 자세도 맹자로부터 배워야 할 점이다.

박력이 풍부한 설득술

마지막으로 또 하나, 맹자로부터 배워야 할 점은 박력이 풍부하고 교묘한 설득술이다. 맹자는 장년기인 20년간을 거의 유세 활동으로 보냈다. 여러 나라의 왕을 회견해 인의에 의한 왕도정치를 역설하고 다닌 것이다. 그 무렵에는 제자백가로 불리는 다양한 사상가들이 저마다 '치국평천하(治國平天下)'의 경륜을 내걸고 유세 활동을 하였다. 그들과 어깨를 나란히 하고 왕도정치의 이상을 실현시키기 위해 설득하는 것은 쉬운 일이 아니었다.

맹자가 주장하는 왕도정치는 무엇보다도 군주 개인의 덕을 중요시한다. 우선 군주가 덕을 몸에 익혀 그 덕을 널리 사람들에게 미치도록 해나간다. 이것이 왕도정치의 안목이었다. 그러므로 왕도정치를 실현하려면 우선 군주를 설득해 그럴 생각을 갖게 해야 한다. 설득 그 자체에도 자연히 힘이 들어간다는 것이다.

《맹자》에는 그와 같은 유세 활동 기록이 많이 수록되어 있는데 그것은 설득술이라는 관점에서 보아도 흥미롭다. 다음의 세 가지 특징을 지적할 수 있을 것으로 생각한다.

첫째로 반문(反問)의 형식이 많이 사용되고 있는 것. 상대의 물음에 대해서 역으로 이쪽에서 되물어 상대의 반응을 확인한 다음, 이쪽의 의견을 내는 방법이다.

둘째로 상대를 추켜세우는 방법. 처음부터 무조건 반론을 하면 반발을 살 뿐이고 설득 효과가 없다. 우선 상대를 칭찬해 그럴 마음을 갖게 하는 수법이 종종 사용되고 있다.

셋째로 하나하나의 논리에 다짐을 하면서 연거푸 질문을 퍼붓는 수법도 맹자가 자랑하는 것이었다. 여기에서 상대는 어느새 맹자의 페이스에 말려든다.

한마디로 말해서 교묘하고 박력이 풍부한 것이 맹자 설득술의 특징이다. 예를 들면 다음과 같은 것이다.

제나라의 선왕(宣王)과 회견을 했을 때의 일이다. 이야기는 음악에 관한 화제로부터 시작된다. 우선 맹자 쪽에서 말했다.

"들리는 바에 의하면 음악을 즐기신다고요."

"그게 아니고, 내가 좋아하는 것은 고전 음악이 아니라 오로지 속곡(俗曲) 쪽이어서……."

선왕 쪽은 맹자를 두려워해 처음부터 피하려는 태도였다. 그러자 맹자는 계속해서 말한다.

"음악을 즐기시는 것은 나라가 거의 태평해졌다는 징조입니다. 고전 음악이건 속곡이건 아무런 차이도 없습니다."

"허허, 그럼 그 이유는…… ?"

선왕은 자신도 모르게 말려든다.

맹자는 그 말에는 대답하지 않고 역으로 되묻는다.

"음악은 혼자서 연주하는 것과 다른 사람과 함께 연주하는 것 중 어느 쪽이 즐겁겠습니까?"

"그것은 다른 사람과 함께 하는 것이 즐겁지."

"그러면 소수로 즐기는 것과 여럿이서 즐기는 것과는 어떻습니까."

"물론 여럿이서 하는 쪽이 즐겁겠지."

여기까지 상대의 의견을 이끌어낸 다음 맹자는 서서히 주제로 접어든다.

"실은 그 즐거움에 대해서 말씀드리고 싶은 것입니다. 가령 왕께서 연주회를 주최했다고 칩시다. 그 피리나 북소리를 들은 사람들이 눈살을 찌푸리고 '왕은 음악을 즐기신다. 그런데 우리는 끼니를 때우기에도 힘든 비참한 삶이다.' 이런 불평을 말하는 것은 무엇 때문입니까. 그것은 다름이 아니라 왕께서 혼자서 즐기고 사람들과 즐거움을 서로 나누지 않기 때문입니다.

반대로 피리나 북소리를 들은 사람들이 자못 기쁜 표정으로 '임금님은 아무래도 기분이 좋으신 것 같군. 그렇지 않고서야 음악을 즐기실 리가 없다'는 말을 나누었다고 칩시다. 그것은 바로 사람들과 서로 즐거움을 나누기 때문입니다.

앞으로 왕께서 솔선해 백성과 즐거움을 서로 나눌 수 있도록 힘쓰신다면 제나라는 물론이거니와 천하의 왕도 될 수 있을 것입니다."

상대를 추켜세워서 흥미를 갖게 해 교묘한 물음으로 이쪽의 페이스에 말려들게 하고, 그리고 마지막으로 주문을 하고 있다. 교묘한 설득술이라고 해야 할 것이다.

《맹자》란 책에는 이와 같은 설득술의 묘미가 많이 소개되어 있다. 이것 또한 《맹자》를 읽는 즐거움의 하나라고 할 수 있다.

순자

《순자》에 대해서

순자의 이름은 황(況), 순경(荀卿)이라고도 부른다. 경(卿)은 자(字)라고 하는 이도 있고 존칭이라고 하는 이도 있다. 또 한대(漢代) 이후로는 손경(孫卿)이라고 부른다. 손경이라고 부르게 된 것은 순(郇)나라 공손(公孫)씨 집안이기 때문이라고도 하고 한나라 선제 이름 순(詢) 을 피하여 그렇게 부른 것이라고도 한다.

《순자(荀子)》는 〈권학편(勸學篇)〉〈요문편(堯問篇)〉까지 모두 20권 32편이다.

각 편마다 다양한 주제를 설정해 논하고 있는데, 전체적으로 흐르는 사상의 종주는 성악설이다. '사람의 본성은 태어나면서부터 악하다'고 맹자의 성선설과 반대되는 학설을 제창하고 있다. 공자의 사상을 이어받은 유학자인데도 불구하고 그가 이단자로 몰리게 된 원인이기도 하다.

32편의 내용을 굳이 분류하면

(1) 개인의 수양과 교육에 대해서 논한 것

(2) 정치에 대해서 논한 것

(3) 각 학파의 주장에 비판을 가한 것

(4) 인식론이나 논리학에 대해서 논한 것

(5) 문학 그 밖의 잡기

이 다섯 항목으로 나눌 수 있을 것이다.

거의 순자 자신이 집필한 것으로 되어 있는데, 이것은 그 무렵의 저작으로서는 드문 경우이다.

순자는 자각적(自覺的)으로는 유가(儒家)이지만 근본적으로는 공자의 가르침을 수정해 맹자와 대립하고 법가(法家)에 접근했다. 그는 '성악설(性惡說)'을 주장하고 '예(禮)'에 의한 규범이 필요함을 역설했으며, 유가(儒家)

에서 나와 유가를 초월한 것이 그 특이한 점이다. 그런 의미에서는 현대에 적합한 사상가라고 말할 수 있을 것이다.

《순자》의 말

인지성악(人之性惡), 기선자위야(其善者僞也)——본래 인간의 성질은 악이다. 그것이 선이 되는 것은 인간의 의지로 노력하는, 즉 인위(人爲)의 결과이다. 〈성악편(性惡篇)〉

청취지어람(靑取之於藍), 이청어람(而靑於藍)——푸른색은 쪽〔藍〕에서 나오는데, 그 쪽보다도 더욱 푸르다. 제자가 스승보다도 오히려 한 걸음 앞선 수양을 쌓아온 것을 비유한 말. 〈권학편(勸學篇)〉

봉생마중(蓬生麻中), 불부이직(不扶而直)——쑥은 본래 고부라지게 자란다. 그러나 똑바른 마(麻)속에서 자라면 받쳐주지 않아도 똑바로 뻗는다. 인간의 자람도 환경 여하에 달려 있다. 〈권학편(勸學篇)〉

용병공전지본(用兵攻戰之本), 재호일민(在乎壹民)——싸움의 기본은 우선 민심을 하나로 하는 것이다. 민심이 통일되어 있지 않으면 아무리 군비가 갖추어지고 전략에 빈틈이 없어도 싸움에 이길 수는 없다. 〈의병편(議兵篇)〉

무급승이망패(無急勝而忘敗)——단지 이기는 것에만 서둘러 패한 경우의 일을 잊어서는 안 된다. 전쟁의 뒷수습을 잘못하면 모처럼 이긴 전쟁도 효과를 발휘하지 못한다. 〈의병편(議兵篇)〉

폐어일곡(蔽於一曲), 이암어대리(而闇於大理)——사람은 한쪽으로 치우친 이론에 지배되면 큰 줄거리, 천하의 공리를 알 수 없게 된다. 이것은 인간이 빠지기 쉬운 약점이다. 〈해폐편(解蔽篇)〉

이의결의(以疑決疑), 결필부당(決必不當)——처음부터 자기 마음에 의혹을 품고 있으면서 다른 의혹이 있는 문제를 해결하려고 하면 그 결정은 결코 적절한 것이 될 수 없다.

순자와 '성악설'

지금으로부터 2000 수백 년 전, 중국 역사상 전국시대로 불린 시대에 많은 뛰어난 사상가들이 나와 그들은 제각기 자신의 우위성을 주장하며 활발히 논쟁을 펼쳤다. 이들 사상가들을 '제자백가(諸子百家)'라 하고 그들이 펼친 논쟁을 '백화제방(百花齊放), 백가쟁명(百家爭鳴)'이라는 말로 부르고 있다.

앞으로 거론하는 순자도 그 가운데 한 사람이다. 더구나 순자란 사상가는 그 가운데서도 독특한 자리매김을 하고 있다.

일반적으로 공자의 가르침을 물려받은 사람들은 '유가(儒家)'로 불리고 있다. 그리고 그 가장 대표적인 인물이 맹자였다. 맹자는 '성선설' 즉 인간의 본성은 본래 선하다고 주장하고 덕에 의한 정치, '덕치주의'를 역설해 인의에 의한 왕도정치를 주장했다.

이에 대해서 순자는 맹자와 똑같이 공자의 가르침을 물려받아 사상적으로는 유가의 흐름을 따르면서도 맹자와는 두드러진 차이를 보이고 있다. 그의 사상 밑바탕에 있었던 것은 '성악설' 즉, 인간의 본성은 본래 악하다는 주장이었다.

"인간의 본성은 악이다. 선한 성질은 후천적인 수양 결과일 뿐이다.

인간에게는 선천적으로 이익에 의해서 좌우되는 일면이 있다. 이것이 그대로 성장해가면 남에게 양보하는 마음을 잃어 다툼이 생긴다.

또 사람에게는 선천적으로 상대를 증오하는 일면이 있다. 이것이 그대로 성장해가면 성의를 잃고 상대를 배신하게 된다.

그리고 또 선천적으로 눈이나 귀를 즐겁게 하고 쾌락을 추구하려는 일면도 있다. 이것이 그대로 성장해가면 사회의 규범을 잃게 되어 좋지 않은 일을 하게 된다."

확실히 개개의 인간이 제각기 이익이나 쾌락을 쫓기 시작하면 사회가 성립할 수 없게 될 우려가 있다. 그것을 막기 위해서는 본래 악인 인간의 본성을 선으로 향하게 해야 한다. 순자는 그렇게 생각한 것이다.

그 일을 위해서는 확고한 규범을 세워 사람들을 가르쳐 인도해야 된다. 거기에서 순자가 세운 규범이 '예(禮)'와 '의(義)', 이 두 가지였다.

"이와 같이 본성이나 감정대로 행동하면 반드시 다툼이 생겨 질서도 도덕도 파괴되고 사회가 혼란해지고 만다. 거기에서 아무래도 지도자와 법에 의한 지도가 필요하고 예와 의에 의한 교화가 필요해진다. 그렇게 하면 자신을 억제해 질서와 도덕을 지키게 되고 사회도 안정이 되어간다."

"구부러진 나무를 곧게 하려면 버팀목을 대야 한다. 잘 안 드는 칼을 예리하게 하려면 숫돌에 갈 필요가 있다. 그와 마찬가지로 인간은 본성이 악하므로 지도자와 법으로 교화하지 않으면 바르게 되지 않고, 예와 의로 이끌지 않으면 사회의 질서를 지킬 수 없다."

공자는 사회 생활의 규범으로서 '인(仁)'을 중요시했다. 맹자는 여기에 또 하나 '의(義)'를 더 해 '인의(仁義)'를 주장했다. 그들이 주장한 '인' 또는 '의'는 개개인의 내면에 관한 것이었다.

그런데 순자가 주장한 '예'와 '의'는 그와 같은 내면과는 관계없이 외부세계에 엄연히 확립되어 있는 규범이다. 이 규범을 확립해 인간의 성정(性情)을 규제하고 그 성정이 향하는 방향을 통제하고 조절하려는 것이다. 이 점에서 종래의 유학 사상과는 결정적으로 다른 것이다. 이른바 순자가 말하는 '예·의'란 법률과 거의 같은 뜻을 말하는 것이다.

공자, 맹자를 비롯한 유가는 덕(德)에 의한 덕치주의를 주장했다. 위에 선 자가 덕을 몸에 익혀 그 덕을 아래로 미치게 해나가면 자연히 나라는 잘 다스려진다는 사고방식이다. 이와 정반대의 사고방식을 지닌 것이 법률에 의한 통치, 즉 '법치주의'를 주장한 법가의 사람들이었다. 그들은 덕 같은 미적지근한 방법으로서가 아니라, 우선 법률을 제정해 그것을 엄격하게 집행해야만 나라는 잘 다스려진다고 주장했다.

이 법가의 이론을 집대성한 것이 뒤의 한비자(韓非子)이다. 한비자는 순자로부터 직접 가르침을 받은 제자 가운데 한 사람이었다. 순자의 제자 중에는 한비자 이외에 또 한 사람 잊어서는 안 될 인물이 있다. 그것은 진(秦) 시황제의 승상, 즉 재상으로서 실제로 법가의 이론을 정치에 적용해 큰 업적을 남긴 이사(李斯)란 인물이다.

즉 순자 자신은 유가의 흐름에 따르면서 그 문하에서 법가를 대표하는 이론가와 실천가인 두 인물을 배출했다. 여기에 사상가로서 순자의 특이성이 있다고 할 수 있다.

순자는 유가에서 나와 유가로부터 불거져나온 인물이다. 그 갈림길이 된 것이 인간의 본성은 본래 악이라는 '성악설'이었다.

순자의 주장을 정리한 것이 《순자》라는 서책이다. 그 내용은 교육론에서 시작해 정치·경제·군사, 그리고 문학이나 철학의 영역에까지 미치고 있다. 이 정도로 넓은 장르에 걸쳐서 논하고 있는 서책은 동시대의 것에서는 그 유례를 볼 수가 없다. 그 가운데서도 순자가 역설하고 있는 것이, 사회의 안정과 질서의 확립이고 그것을 위한 인격 도야였다.

자신을 단련한다

'인간의 본성은 악이다'라는 것이 순자의 기본적인 인식이다. 내버려두면 사회는 혼란해진다. 따라서 교육으로 악한 본성을 좋은 방향으로 이끌어야 한다. 더구나 악한 본성을 수정해 올바른 방향으로 가지고 갈 능력은 누구나 갖추고 있다. 그러므로 누구라도 노력만 하면 훌륭한 인간이 될 수 있다. 그 일을 위해서는 무엇보다도 교육이 중요하다. 순자는 그렇게 생각한 것이다.

후천적인 노력만 아끼지 않으면 인간의 개조는 가능하다는 입장, 순자는 이것은 당연한 일로 교육에 의한 교화를 극히 중요시했다. 유명한 '청출어람(靑出於藍)', 이른바 '청색은 쪽에서 나오지만 쪽보다 푸르다'는 말은 《순자》에서 나온 말이다. 순자 자신은 이 말을 인용해 다음과 같이 말하고 있다.

"푸른빛은 쪽이란 풀로 물들여서 만드는데 원래의 쪽빛보다도 한층 더 푸르다. 얼음은 물로 만들어지는데 원래의 물보다도 한층 더 차다.

나무는 먹줄에 대고 깎으면 똑바로 되고, 쇠는 숫돌에 갈면 날카로워진다. 그와 마찬가지로 인간도 매일 반성하고 학문에 힘쓰면 지혜도 연마되고 잘못된 일도 하지 않게 된다."

여기에서 말하는 학문이란 이른바 학자가 되기 위한 학문이 아니라 자신의 능력이나 인격을 향상시키기 위한 공부를 가리킨다. 즉 사회인으로서 살아가기 위한 기본적인 교양이다.

그러면 이와 같은 학문을 몸에 익히는 데에는 어떤 마음가짐이 필요할까. 그 조건으로서 순자는 다음의 네 가지를 들고 있다.

첫째는 환경을 갖출 것.

'쑥은 마에 섞여서 자라면 버팀목이 없어도 똑바로 뻗을 수가 있다. 그와 마찬가지로 군자도 반드시 주거지를 골라서 살고 뛰어난 인물과 교제를 하는 것이다. 도움이 되지 않는 것을 멀리하고 올바른 것에 다가가기 위해서이다.'

주거지를 고르라고 하면 그것은 그렇게 쉬운 일이 아니지만 친구를 고를 정도의 일은 우리도 쉽게 할 수 있지 않을까.

둘째는 마음가짐으로서 계속적인 노력을 기울이는 것이다.

'천릿길도 한 걸음 한 걸음이 쌓여서 도달할 수 있는 것이고, 아무리 큰 강이라도 작은 흐름이 모아져서 생긴다. 또 아무리 명마라도 10보의 거리를 한 번에 뛰어넘을 수는 없고, 아무리 형편없는 말이라도 10일 동안 계속 달리면 명마의 하루 노정(路程)쯤은 편하게 갈 수 있다. 그것은 달리는 것을 중도에 그치지 않기 때문이다.'

이렇게 비유를 들어서 말한 다음 순자는 이렇게 말을 잇는다.

'마찬가지로 눈에 보이지 않는 곳에서 노력을 쌓지 않는 자나, 눈에 띄지 않는 곳에서 일손을 놓는 자에게 빛나는 성과가 있을 리가 없다.'

모처럼 뜻을 세워도 도중에 중단해 버리면 아무 일도 안 된다는 것이다. 요즘 유행하는 평생 학습을 권고하는 것이라고도 할 수 있다.

셋째는 뛰어난 스승을 택해서 배우라고 말하고 있다.

"책만 읽고 있으면 노력에 비해서 효과가 오르지 않는다. 그렇기 때문에 훌륭한 인물에게서 군자의 가르침을 몸에 익힐 필요가 있다. 그렇게 하면 성과가 올라 일찌감치 제몫을 하는 사회인이 될 수가 있다."

순자는 이렇게도 역설한다.

"시시한 질문에는 대답을 하지 않는 것이 좋다. 제대로 대답도 하지 못하는 상대에게는 처음부터 묻지 않는 것이 좋다. 수준 낮은 이야기에는 귀를 기울이지 말아야 한다. 남의 말꼬투리나 잡는 상대하고는 논의 따위는 하지 않는 것이 좋다."

이것은 학문을 하는 데 필요한 마음가짐일 뿐만 아니라 타인과 교제를 할 때 주의 사항으로도 그대로 통용될 수 있겠다.

넷째는 무언가를 할 때에는 철저하게 하도록 역설하고 있다.

'소인은 귀로 배운 학문을 바로 입으로 말한다. 입과 귀의 거리는 불과 4치, 이렇게 되면 7척의 몸 전체에 고르게 미치게 할 수가 없다.

이에 대해서 군자는 종이에 구멍이 뚫릴 정도로 읽고 납득이 갈 때까지 사색을 거듭한다. 또 귀로 배운 학문을 마음에 정착시켜 몸 전체에 고르게 미치게 한다. 그 성과는 일상의 행동이 되어 나타난다. 따라서 어떤 사소한 언동이라도 모든 사람들의 모범이 될 수 있는 것이다.'

순자에 의하면 여기까지 철저하게 습득하면 어떤 사태에 대해서도 유연하게 대응할 수가 있고, 또한 인격적으로도 완성 수준에 도달하는 것이라고 말한다.

확실히 중도에 그치는 마음으로 배우면 아무리 훌륭한 것을 배워도 몸에 배지 않는다. 배운 것을 산 지혜로서 작동시키기 위해서는 온 신경을 집중해 배울 필요가 있다는 것이다.

이와 같은 자세로 배우면 설사 인격의 완성에까지는 이르지 못해도 배운 것을 확실히 몸에 익히게 될 것이 틀림없다.

균형이 잡힌 조직 관리

순자가 활약한 것은 전국시대가 한창일 때, 몇몇 나라가 대립 항쟁을 해 제각기 생존을 건 격렬한 싸움을 벌이던 시대이다. 그의 관심은 당연히 정치로 향하게 된다. 흐트러진 천하가 다시 질서와 안정을 회복하려면 어떻게 하면 좋을까. 《순자》라는 책에도 이 문제가 뜨겁게 역설되어 있다.

순자란 인물은 단순히 이론만을 앞세우는 학자는 아니었다. 초나라에 초청되어 20년간이나 지방장관을 지내 실지로 행정 체험을 했다. 널리 여러 나라를 방문해 정치 실정도 시찰했다. 그의 정치론은 그와 같은 체험 위에 짜 맞추어져 있으므로 그 나름의 박력과 설득력을 갖추고 있다.

앞서 말한 바와 같이 순자는 '성악설'에 입각해 '예'와 '의'에 의한 규범의 확립을 역설했다. 정치론의 전제가 되고 있는 것도 바로 이것이다.

군주의 자세에 대해서 순자는 이렇게 말하고 있다.

"군주는 예(禮)·의(義)에 의거해 행동하고 법에 따라서 재단을 내린다. 어떠한 사소한 문제도 놓치지 않고, 또 정세가 어떻게 변화하건 임기응변으로 대처해 반드시 극복할 수가 있다. 이래야만 군주라고 말할 수 있는 것이다."

물론 이것은 이상에 지나지 않았고 현실에서 군주의 지위는 극히 불안정했다. 순자가 보고 들은 그 무렵의 실정도 그랬고, 현대의 지도자에 대해서도 똑같이 말할 수가 있다.

그와 같은 군주의 불안정한 상태를 순자는 배와 물의 관계로 비유한다.

"물이 거세게 파도를 치면 배는 순식간에 전복되고 만다. 배의 안정 여부는 '물'에 달려 있다."

물이란 바로 백성을 가리키는 것임은 말할 나위도 없다. 그러므로 군주의 지위를 안정시키기 위해서는 무엇보다도 백성의 신뢰를 얻는 것이 우선이다. 그러자면 다음의 세 가지에 유의해야 한다.

1. 공평한 정치를 행하고 민초를 위로할 것
2. 예를 존중하고 뛰어난 인물에게 경의를 표할 것
3. 현자를 등용하고 유능한 인물에게 일을 맡길 것

순자는 '이 세 가지만 확실히 하면 나머지는 모두 잘 된다. 반대로 이 점을 벗어나면 다른 사소한 일을 아무리 잘 처리했다고 해도 아무런 도움이 되지 않는다'고 못을 박는다.

이런 것은 유가가 주장한 '덕치주의' 즉 덕으로 다스리는 방법과 그다지 큰 차이가 없다. 그러나 그 내용은 상당히 엄격하게 되어 있다. 예를 들어 인재의 등용에 대해서는 다음과 같은 생각을 말하고 있다.

"유능한 인재는 서열에 얽매이지 말고 대담하게 발탁하고, 무능한 자는 일찌감치 해고하는 것이 좋다. 법률을 확실하게 지키지 않는 자는 가문이 아무리 훌륭해도 격하시켜 서민으로 낮춰야 한다. 반대로 학문을 배워 언행을 삼가고 법률을 준수하는 자는 비록 서민이라도 중용해야 한다."

철저한 실력주의를 권한 것이다. 이런 면에서는 한비자 스승의 면목이 드러난다고 할 수 있다.

엄격함으로 말하면 조직 관리에 대해서도 신상필벌을 제안하고 있다.

"공적이 있는 자에게는 반드시 상을 주고 죄를 범한 자는 반드시 벌한다. 이렇게 하면 무능하면서 관직에 욕심을 내는 자는 없어지고 부정으로 돈을 버는 자도 없게 된다. 상벌의 적용을 엄정하게 하면 이윽고 사소한 선행이라도 상을 받게 되고 은밀하게 꾸민 나쁜 일도 반드시 발견되어 벌을 받는다는 것을 알게 된다. 이것이 군주의 조직 관리인 것이다."

이와 같은 엄격한 조직 관리를 주장한 이면에는 행정관으로서의 오랜 실무체험이 바탕이 되어 있다. 어쨌든 법가(法家)가 주장한 법치주의에 크게 기울고 있음은 부인할 수 없다.

그렇다고 해서 순자가 가혹한 면만을 강조하고 있는 것은 아니다. 군주의 정치 자세에 대해서는 인기몰이로 치닫는 것도 나쁘지만 엄하게 하는 것만이 좋은 것은 아니라고 하면서 다음과 같이 말하고 있다.

"명성을 얻으려고 하는 나머지 민생의 향상을 구실로 국가의 대사를 소홀히 하는 군주가 있다. 이런 방법은 오래 가지 못한다. 무엇을 하건 결실을 보지 못하고 실적도 오르지 않는다. 이와 같은 정치는 도리에 어긋나는 것이다.

그런가 하면 무턱대고 단속을 엄하게 하는 군주도 있다. 업적을 올리는 데만 열중해 백성이 악평을 하거나 민심이 나쁘거나 전혀 개의치 않는다. 이렇게 되면 설사 업적은 오른다 해도 백성의 원망을 살 뿐이다. 한때는 잘 나가도 언젠가는 실패한다.

국가의 대사를 소홀히 하고 명성만을 추구하는 것도 잘못이고 공적만을 추구해 민초의 고통을 강요하는 것도 잘못이다. 이 모두가 도리에 어긋나는 것이다."

순자는 이렇게 말한 뒤, 다음과 같이 못을 박는다.

"짧은 기간에 사업을 마무리하고 싶다면 민초에게 엄격한 노르마(할당된 노동의 기준량)를 부과하기보다는 이해와 협력을 구하는 편이 훨씬 능률이 오른다. 상으로 낚기보다는 성실과 공평한 태도로 임하는 것이 훨씬 민초에게 환영을 받는다. 형벌로 위협하기보다는 우선 자신의 행동을 바로잡은 다음 타인을 비판하는 것이 훨씬 효과가 있다."

신상필벌의 엄격한 조직 관리가 좋은지, 그렇지 않으면 이해와 협력을 구하는 원활한 조직 관리가 좋은지, 어느 한쪽이 좋다고 단언할 수는 없다. 유가에서 나와 법가로 방향을 돌린 순자에게는 동전의 앞과 뒷면처럼 그 양면이 있었던 것이다.

조직 속의 인간학

순자는 실력 본위의 발탁 인사를 주장했다. 유능한 신하를 등용해 일을 맡겼다. 그것이 업적을 올리는 커다란 핵심이 된다는 것이다.

그는 이렇게 말하고 있다.

"명군(明君)은 신하의 협력을 요구하는데, 암군(暗君)은 모든 일을 혼자서 다 하려고 한다. 명군은 인재를 소중하게 다루어 성공을 거두는데 암군은 인재를 시샘하고 멀리해 모처럼의 공적을 망쳐버리고 만다."

현명한 군주가 되느냐, 어리석은 군주가 되느냐, 그 열쇠는 전적으로 신하를 다루는 방법에 있다고 말한다.

순자는 군주의 관점에서, 신하의 유형을 넷으로 나누었다.

첫째는 알맹이 없는 신하.

"백성의 마음을 파악하지도 못하고 외부의 침략을 막지도 못한다. 민중에게는 인망이 없고 제후에게는 신용이 없다. 그런데도 아부만은 잘해 상사의 비위를 맞추는 일에는 뛰어나다."

둘째는 나라를 빼앗는 신하.

"군주를 위해 일할 생각은 없고 오로지 자기의 인기를 얻는 데에만 골몰한다. 정의나 도덕에는 관심이 없고 파벌을 만들며, 군주를 구슬려 자기의 이익만을 추구한다."

셋째는 도움이 되는 신하.

"백성의 마음을 파악할 수도 있고 외적의 침입을 막을 수도 있다. 인망도 있고 동료로부터 신뢰도 받고 있다. 진심으로 군주를 위하고 신하를 배려하기도 한다."

넷째가 이상적인 신하.

"철저히 군주의 권위를 높임과 동시에 백성을 보살핀다. 올바른 정치에 의해서 교화하기 때문에 백성은 기꺼이 따라온다. 어떤 사태에 이르러도 적절하게 대책을 강구한다. 또 장래의 예상 밖 사태에 대비해 주도면밀한 대책을 갖추어둔다."

순자는 이상 네 가지 유형을 든 다음 '알맹이 없는 신하가 설치면 군주는 반드시 파멸한다. 나라를 빼앗는 신하가 설치면 편안히 잘 수 없다. 반대로 도움이 되는 신하가 힘을 지니면 군주의 명성이 높아진다. 이상적인 신하가 힘을 얻으면 군주는 천하의 존경을 모을 수가 있다'고 말하고 마지막으로 다음과 같이 계속하고 있다.

"군주가 명군이 될지 암군으로 끝날지는 신하에 의해서 결정된다. 군주된 자는 이 점을 명심해 실패가 없도록 힘써야 한다."

그러면 이번에는 입장을 바꾸어 봉사하는 측에서는 어떤 마음가짐이 필요할까.

순자는 군자의 유형을 셋으로 나누어 제각기 유형에 따라서 봉사하는 방법을 바꿔야 한다고 말하고 있다,

우선 첫째는 이상적인 군주이다. 이런 군주에게 봉사할 때에는 '모든 일에 조심스럽게 행동하고 명령대로 솜씨있게 처리해나간다. 자기의 생각만으로 결정을 내리지 않고 상벌도 행하지 않고, 오로지 명령에 충실하도록 힘쓰면 된다'고 말한다.

둘째는 평범한 군주. 이 경우에는 "오로지 성실에 힘쓰고 간언할 일이 있어도 비위를 맞추는 일은 하지 않는다. 의연한 태도로 신념에 따라서 행동한다. 올바른 것은 올바르다고 말하고 잘못이 있으면 잘못이 있다고 말하는 것이 좋다"는 것이다.

셋째는 폭군형.

순자는 처세의 편법(便法)으로서 일시적으로 폭군과 같은 군주에게 봉사하지 않을 수 없는 경우도 있다고 하면서 다음과 같이 말했다.

"그런 경우에는 오로지 상대의 좋은 점에만 주목하고 결점에는 눈을 감는 것이다. 성과를 칭찬하고 실패는 언급하지 않는다. 장점만을 말하고 단점은 입에 올리지 않는다. 더구나 그것을 극히 자연스럽게 해야 한다."

또 폭군에게 봉사하는 것은 사나운 말에 오르는 것과 같다고 말해, 사나운 말을 다루는 비결을 이렇게 전수하고 있다.

"타협을 잘 지을 필요는 있으나 상대의 페이스에 휩쓸려서는 안 된다. 어른스럽게 봉사는 해도 자기의 신념을 굽혀서는 안 된다. 상대가 말하는 것을 결코 거슬러서는 안 되지만 부정(不正)한 일을 거들어서는 안 된다."

거스르지 말라. 그러면서도 자기 페이스를 지키라는 것이다. 폭군에게 봉사하는 것은 확실히 어렵다. 순자는 말을 계속한다.

"만일 상대의 결점을 고치고 싶다면 상대의 불안 심리를 이용하면 된다. 만일 방침을 바꾸게 하고 싶다면 상대의 고민을 이용하면 된다. 또 군주로서의 마음가짐을 깨닫게 하려면 상대의 기쁨을 이용하면 된다. 주위의 소인들을 몰아내려면 상대의 분노를 이용하면 된다. 이것이 폭군을 조종하는 요체

이다."

이와 같은 말에서는 '성악설'에 바탕을 둔 순자의 깨어 있는 안목이 느껴진다. 그것은 또 냉혹한 현실을 사는 군자(君子)의 지혜이기도 하다.

왕이 된 자의 병법이란

순자는 군사나 병법에 대해서도 논하고 있다. 《전쟁론》을 쓴 크라우제비츠의 말에 '전쟁은 다른 수단을 가지고 하는 정치의 계속 이외에 아무것도 아니다'라는 말이 있듯이 원래 군사는 정치와 뗄 수 없는 것이므로 이것도 당연한 일일 것이다.

다만, 순자 병법론의 특징은 싸움의 흥정이나 전략 전술 등을 지엽말단(枝葉末端)의 일로 간주하고 있는 점에 있다. 중요한 것은 오히려 다른 곳에 있다는 것이다.

"백성의 마음을 장악하는 자야말로 진정으로 싸움을 잘하는 자이다. 전략의 급소는 백성의 마음을 장악하는 것에 있다."

적을 치기에 앞서 우선 발 밑을 다지라는 것이 그 본뜻이다. 그것을 위해 빼놓을 수 없는 요건으로서 다음과 같은 것을 말하고 있다.

"인간이란 포상을 목표로 행동하게 마련인 한 그 반대로 손해를 볼 것을 알게 되면 순식간에 그만두고 만다. 그러므로 상벌로 위협하거나 어르거나 하는 것만으로는 부하로 하여금 목숨을 걸고 움직이게 할 수는 없다.

상벌로 위협하거나 어르거나 하는 방법이라면 이것은 인부를 고용하거나 장사를 하는 경우와 다를 것이 없다. 이것으로는 도저히 백성의 힘을 한데 모을 수가 없다. 옛날의 군주는 이와 같은 방법을 부끄럽게 여겼다. 그들은 우선 자신의 덕을 높여서 백성의 모범이 되고 예(禮)와 의(義)의 규범을 확립해 사람들의 교화에 힘쓴 것이다."

무엇보다도 우선 예와 의의 규범을 확립해 군주 스스로 그것을 실천함과 동시에 백성에 대해서도 그 예·의로써 교화에 힘쓴다. 이렇게 하면 백성을 하나로 통합할 수 있다는 것이다. 순자로서도 전략 전술을 모르는 것은 아니다. 다 알지만 예·의에 의한 교화가 우선이라고 단언하고 있다.

이 사고방식은 타국과의 관계, 대외전략에 대해서도 적용된다. 순자에 의하면 타국에 대한 것으로 세 가지 방법이 있다고 한다.

첫째는 덕(德)에 의한 전략이다.

"이쪽에 덕이 있으면 이웃 나라들은 그 덕을 흠모해 귀속을 희망해온다. 병합한 뒤에도 상대편의 의사를 존중해주므로 상대의 신뢰를 얻을 수가 있다. 법령을 발포하면 한 사람도 지키지 않는 자가 없다. 그 결과 영토가 늘어남에 따라서 권위가 높아지고 백성이 늘어감에 따라서 군사력도 강해진다."

이것이 덕에 의한 전략의 개요이다.

둘째는 무력에 의한 전략이다. 순자는 이렇게 말하고 있다.

"덕이 없는 나라는 무력을 사용하려고 한다. 이웃 나라들은 이쪽에 경의를 표하고 있는 것도 아니고 덕을 흠모하고 있는 것도 아니다. 이렇게 되면 상대를 제압하기 위해 많은 군대가 필요하게 되고 경비도 늘어만 갈 뿐이다. 그 결과 영토가 늘어감에 따라서 반대로 권위는 잃게 되고 백성이 늘어감에 따라서 더욱더 군사력은 약해진다."

셋째는 경제력에 의한 전략.

"이웃의 가난한 나라들은 이쪽의 덕을 흠모하고 있는 것은 아니다. 단지 가난한 나머지 돈에 눈이 어두워지고 기아에서 벗어나기 위해 귀속해오는 것이다. 이렇게 되면 식량을 주어 먹여야만 하고 돈을 주어서 삶을 윤택하게 해주어야 한다. 또 유능한 관리를 파견해 보호를 해주어야 한다.

하지만 적어도 3년이 지나지 않으면 그들의 신뢰를 얻을 수가 없다. 이렇게 되면 영토가 늘어남에 따라서 도리어 권위는 실추되고 국민이 늘어감에 따라서 국가는 더욱더 가난해지고 만다."

이것이 경제력에 의한 전략이다.

이상 세 가지 방법을 든 다음 순자는 다음과 같이 계속 말한다.

"덕에 의해서 진출하면 군주가 된다. 무력에 의해서 진출하면 약해진다. 경제력에 의해서 진출하면 가난해진다. 이것은 진리이다. 예나 지금이나 변함이 없다."

이 교훈은 현대의 우리 나라에도 고스란히 적용할 수 있을 것 같다.

순자의 주장을 이상론이라고 해서 물리치는 것은 쉽다. 그러나 그 전에 그의 주장에도 겸허하게 귀를 기울일 필요가 있을 것이다.

이야기를 병법론으로 되돌리면 순자는 군주가 된 자의 조건으로서 6가지 마음가짐과 5가지 핵심을 들고 있다. 이것도 크게 참고가 된다.

첫째로 명령과 포고는 엄격하게 권위를 가지고 할 것
둘째로 상벌은 적확하게 신념을 가지고 행할 것
셋째로 진지나 창고는 빈틈이 없이 튼튼하게 만들 것
넷째로 부대의 이동은 신중하고도 신속하게 행할 것
다섯째로 적의 움직임이나 정세의 변화는 충분히 조사 검토를 할 것
여섯째로 전투가 시작되었으면 확신할 수 있는 계책만을 실행에 옮길 것

이것이 6가지 마음가짐이다. 그리고 5개의 핵심이란 다음과 같다.

첫째로 해임을 두려워해 지위에 연연해서는 안 된다.
둘째로 이기는 것에만 마음을 빼앗기는 경우도 있음을 잊어서는 안 된다.
셋째로 내부의 위신을 높이는 것에 마음을 빼앗겨 중요한 적을 소홀히해서는 안 된다.
넷째로 유리한 점만을 보고 불리한 점을 잊어서는 안 된다.
다섯째로 계획은 어디까지나 신중을 기할 것. 또 자재나 경비를 아껴서는 안 된다.

이 다섯 가지이다.
이런 것들은 현대의 경영을 이끄는 데에도 크게 참고가 될 것이다.

잘못이 없는 판단을 내린다

인생에서는 단 한 번 판단을 그르쳐 사업에 실패하거나 운명이 달라지거나 하는 경우가 적지 않다. 그러므로 잘못이 없는 확실한 판단을 내려야 한다. 이것은 인생을 살아가는 데서나 사업을 경영하는 데서나 반드시 필요한 조건의 하나라고 할 수 있다. 앞서 말한 바와 같이 순자는 다양한 분야의 문제를 논하고 있는데 그 하나로 인식론, 즉 사람은 왜 판단을 잘못 하는가, 잘못이 없는 판단을 내리려면 어떻게 하는 것이 좋은지를 도마 위에 올려놓고 검토하고 있다.

순자에 의하면 인간이 판단을 잘못하는 것은 마음에 헷갈림이 있기 때문이라고 말한다.

"술에 취하면 넓은 강을 건너도 좁은 도랑을 건너는 정도로밖에 느껴지지 않고, 높은 성문을 지나도 머리에 닿을까 말까 한 낮은 문을 지나는 정도로밖에 느껴지지 않는다. 그것은 술에 의해서 마음이 헷갈리고 있기 때문이다.

사물을 관찰할 때 마음이 헷갈리고 있으면 확실하게 인식할 수가 없다. 자신의 사고가 정해지지 않으면 시비선악(是非善惡)을 판단할 수도 없는 것이다."

그러면 왜 마음에 헷갈림이 생기는가. 순자는 어느 한 가지 일, 사물의 일면에만 사로잡히기 때문이라고 말한다.

"인간에게는 사물의 일면에 사로잡혀 전체를 파악하지 못하는 약점이 있다. 편견을 바로잡기만 하면 올바른 판단을 할 수 있다. 그러나 일면만을 보고 그것을 전부라고 믿으면 헷갈림은 깊어질 뿐이다.

마음을 작용시키지 않으면 눈 앞의 백과 흑조차 구별이 안 되고 귓가의 북소리조차 들리지 않는다. 하물며 마음이 헷갈리고 있으면 오해는 더욱 심해진다."

순자는 이어서 이렇게 말하고 있다.

"잘못된 길을 걷고 있는 인간이라도 어떻게든 올바른 길을 걸으려고 원하지 않는 것은 아니다. 단지 왜곡이나 헷갈림이 있기 때문에 그것에 말려들어 잘못된 길로 빠져들고 마는 것이다. 그들은 자신의 방법을 고집해 남의 비판에 귀를 기울이지 않는다. 그리고 어디까지나 자신이 올바르다고 주장한다. 사물의 일면에 현혹되어 올바른 목표를 상실하고 있는 것이다."

그러면 사물의 일면에 사로잡히지 않고 올바른 판단을 형성하기 위해서는 무엇이 필요한가. 순자는 기본적으로 다음의 세 가지를 말하고 있다.

첫째는 '허(虛)'이다. 잡념이 많이 채워져 있으면 공연히 망설이고, 고뇌하고, 헷갈리고 만다. 그리고 잘못이 없는 판단을 할 수가 없다. '명경지수(明鏡止水)'란 말이 있다. 맑디맑은 심경이란 의미이다. 순자의 '허'는 이 상태에 가까운 것일지도 모른다. 잘못이 없는 판단을 형성하기 위해서는 자신의 마음을 언제나 맑은 상태에 둘 필요가 있다는 것이다.

둘째는 '일(壹)'이다. 이것은 하나의 일에 집중한다는 의미이다. 집중력이라고 해도 좋을 것이다. 한꺼번에 두 가지 일, 세 가지 일을 생각하고 있으면 아무리 시간을 소모해도 사고의 정리가 되지 않는다. 순자도 '이것저것 하면서 욕심을 내면 아무 것도 인식할 수 없다. 다른 것에 마음이 끌리면 아무 일에도 전념할 수 없다. 동시에 두 가지 일을 생각하고 있으면 인식의 실타래가 엉켜 혼란해지고 만다'고 말하고 있다. 잘못이 없는 판단을 내리려면 말할 것도 없이 하나의 일에 마음을 집중해야 한다.

셋째는 '정(靜)', 글자 그대로이니 설명할 필요조차 없을 것이다. 마음이 들떠 동요하고 있을 때, 시끄러운 환경에 몸을 두고 마음이 안절부절못할 때, 이런 때에 좋은 지혜가 떠오를 리가 없다. 몸이 바쁜 사람일수록 때로는 조용한 환경에 몸을 두어 마음을 쉬게 하는 것이 좋다는 것이다.

이상 《순자》에 대해서 몇 가지 측면을 소개했다. 유가(儒家)에서 나와 유가를 초월한 그 주장은 어느 의미에서는 극히 현대적이다. 그의 주장에 귀를 기울이면 현대를 사는 우리도 귀중한 시사점을 발견할 수 있을 것이다.

근사록

《근사록(近思錄)》에 대해서

송대(宋代)에 번성한 유학(儒學)은 남송(南宋)의 사상가 주자(朱子)에 의해서 집대성되어 주자학으로 불리게 되었다.

주자학은 훈고주석(訓詁註釋)으로 흐르던 종래의 유학의 면모를 일신해 우주의 근본 원리에서부터 개인의 수양까지를 포함하는 장대한 철학체계를 만들어낸 것으로, 초학자에게는 극히 난해했다.

거기에서 주자가 친구인 여조겸(呂祖謙)의 협력을 얻어 주자학의 기초를 만든 네 선배들, 주염계(周濂溪), 정명도(程明道), 정이천(程伊川), 장횡거(張橫渠)의 저작 가운데서 그 정수를 골라 편집한 것이 《근사록》이다.

도체(道體), 위학(爲學), 치지(致知), 존양(存養), 극기(克己), 가도(家道), 출처(出處), 치체(治體), 치법(治法), 정사(政事), 교학(教學), 경계(警戒), 변이단(弁異端), 관성현(觀聖賢)의 14편으로 이루어지고 622의 짧은 문장이 수록되어 있다.

여기에는 주자학의 골격이 요령 있게 담겨 있으므로, 옛날부터 주자학에 적합한 입문서로서 널리 읽혀 왔다.

《근사록》의 말

소견소기(所見所期), 불가불원차대(不可不遠且大)——보는 것, 즉 견식과 바라는 일, 즉 희망이나 이상은 가능한 한 원대하지 않으면 안 된다.

〈위학편(爲學篇)〉

불학편노이쇠(不學便老而衰)——배우지 않으면 일찍 노쇠하고 만다. 배움에는 끝이 없으므로 배움에 충실한 사람에게 노쇠는 없다.

〈위학편(爲學篇)〉

서불필다간(書不必多看), 요지기약(要知其約)——책은 반드시 많이 읽을

필요는 없다. 읽은 책의 요점을 파악하는 것이 필요하다. 〈치지편(致知篇)〉

실인어이양기덕(失言語以養其德), 절음식이양기체(節飮食以養其體) ——말을 삼감으로써 덕을 기르고, 또 음식을 삼감으로써 몸을 기른다. 이 평범한 일이 실은 덕을 유지하고 건강을 유지하는 길이다. 〈존양편(存養篇)〉

현자순리이안행(賢者順理而安行), 지자지기이고수(智者知幾而固守) ——현자는 무슨 일이나 도리에 따라서 편안히 행한다. 지자는 낌새를 미리 깨닫고 굳게 지킨다. 〈출처편(出處篇)〉

인지어환난(人之於患難), 지유일개처치(只有一個處置), 진인모지후(盡人謀之後), 각수태연처지(却須泰然處之) ——사람이 환난을 당했을 때에는 오직 하나의 조치가 있을 뿐이다. 인지(人智)를 다한 뒤에는 모름지기 태연하게 대처해야 한다. 〈출처편(出處篇)〉

인간 형성의 지침으로서

공자, 맹자가 주장한 가르침은 다 아는 바와 같이 유교로 알려져 있다. 또 그 학문을 유학으로 부르고, 유학을 신봉하는 사람들을 유가라든가 유자(儒者)라고 부른다. 유교는 2000 수백 년 동안 중국 사상의 주류로서 국민의 의식이나 행동을 규정해왔을 뿐만 아니라 한국이나 일본 등의 주변 여러 나라에도 거대한 영향을 끼쳐왔다. 이 유학의 특징을 한마디로 말하면 '수기치인(修己治人)' 즉 내 몸을 닦아 남을 교화하는 것에 있다.

어느 때 자로(子路)라는 제자가 공자에게 군자의 자격 조건에 대해서 물었다. 군자란 지도자로서의 덕을 몸에 익힌 이상적인 인간상을 가리킨다. 공자는 '내 몸을 닦아 남을 교화한다'고 대답하고 있다. 이 경우의 '남을 교화한다'는 것은 사람을 다스리는 것과 거의 같은 뜻이다.

나를 닦는 것은 학문, 교양을 몸에 익혀 인격을 연마해 자신을 단련하는 것이다. 그것은 오로지 사회의 지도적 입장에서 사람들을 위해 일하기 위해서이다. 역으로 말해서 능력과 인격 양면에 걸쳐 자신을 연마한 자가 아니면 남의 위에 설 자격이 없다, 남의 위에 서려고 하는 이상 무엇보다도 자신을 단련해야 한다는 사고방식이다.

이와 관련해서 자신을 단련하기 위한 자각적인 노력을 수양(修養)이라든가 수신(修身)이라고 하고 있다. 공자도 맹자도 그것을 실천한 것은 말할 나위도 없다.

그러나 사상이건 조직이건 시일이 지남에 따라서 창업자가 지니고 있었던 활력을 잃게 된다. 유학도 예외는 아니다. 시대가 지남에 따라서 중요한 '수기치인'의 대원칙을 상실해 주석을 위한 학문, 연구를 위한 연구로 전락하고 만다. 사상으로서의 활력을 잃고 만 것이다.

이와 같은 유학에 새로운 활력을 불어넣어 지도 철학으로서 되살아나게 한 것이 송(宋) 시대에 융성한 새로운 유학이다. 이를 송학(宋學)이라고 하는데, 대성시킨 주자의 이름을 따 주자학(朱子學)으로도 부르고 있다.

주자학의 특징을 간략하게 설명하기는 어려우나, 그 사상의 핵심을 이루고 있는 것은 '이(理)'로 일컬어지는 것이다. 그래서 주자학은 일명 '이학(理學)' '성리학(性理學)'으로도 불리어 왔다.

'이(理)'란 우주 만물의 근원이고 만물로 하여금 제자리에 있게 하는 근본 원리이다. 그리고 이 이는 외계의 사물뿐만 아니라 인간 내면의 마음에도 본래 갖추어져 있는 것이라고 한다. 주자학의 근본 명제인 '성즉리(性卽理)'란 그것을 가리키고 있다.

이상적인 인간상을 지향하려면 이 '이'에 따를 필요가 있다. '이'는 언제나 정(情)이나 탐욕에 의해서 흐려지게 될 위험도 지니고 있다. 따라서 '이'를 다하려면 끊임없이 그와 같은 꺼림칙한 것을 뿌리치는 노력이 필요해진다.

사회적인 실천의 장에서 확실하게 행동하고 유연하게 대응하기 위해서는 무엇보다도 우선 만물에 관통하고 있는 '이'를 깊이 이해해야 한다. 그렇지 않으면 잘못된 판단을 형성해 잘못된 방향으로 치닫게 될 우려가 있기 때문이다.

그것을 말해주는 것이 '거경궁리(居敬窮理)'이다. '거경'이란 마음을 집중해 오직 하나의 상태로 유지하는 것이다. '궁리'는 또 '격물치지(格物致知)'라고도 하는데, 요컨대 '이'를 깊이 연구하는 것이다. 즉 '거경'에 의해서 인간으로서의 도덕성을 높이고, '궁리'에 의해서 폭넓은 지식을 몸에 익힌다. 이 두 가지를 인간 형성의 기본으로 삼은 것이 주자학의 특징이라고 할 수 있다.

주자학은 일찍이 중국과 그 주변 국가에서 크게 유행을 했다.

주자학은 이 학문이 한창 흥성했던 무렵 '도학(道學)' 즉 도에 관한 학문으로 불리었다. 하지만 뒤에 '도학자(道學者)'라고 하면 융통성이 없는 자를 연상시키게 되고, 그것과 함께 주자학 그 자체도 내용이 없는 빈껍데기로 전락해 활력을 잃게 되었다. 그 가운데에는 주자학을 가리켜 일방적으로 봉건 도덕의 유물로 단정하는 사람도 없지는 않았다.

그러나 본래의 주자학은 사상으로서의 활력을 지니고 있었고, '경세제민(經世濟民)'의 뜻으로도 넘쳐 있었다. 그 때문에 자신을 어떻게 단련할 것인지, 사회인으로서 일상의 사태에 어떻게 대처할 것인지, 주자학이 가르치는 바는 오늘날에도 참고가 될 점이 많다.

《근사록》은 이와 같이 주자학의 입문서로서 일찍부터 널리 읽혀온 서책이다.

송학(宋學), 즉 주자학은 주자에 의해서 집대성되었는데, 주자 이전에 송학의 기초를 구축한 사상가가 이미 몇 사람이나 활약을 하였다. 주염계, 정명도, 정이천, 장횡거와 같은 사람들의 가르침을 물려받아 완성된 것이 주자학이란 대산맥이다. 《근사록》은 주자가 이들 네 선배의 저술 가운데에서 특히 중요한 가르침을 골라 편찬한 것이다.

주자학은 방대한 체계를 이루고 있기 때문에 초보자들이 근접하기 어렵다는 측면이 있다. 그러나 《근사록》은 비교적 짧은 문장으로 이루어져 있어 알기 쉽고, 주자학에 적합한 입문서로서 귀하게 여겨져 널리 보급되어 왔다.

여기에서는 가능한 한 난해한 이론은 피하고 사회인으로서 또 리더로서 자신을 어떻게 단련해 나갈 것인가 하는 문제를 중심으로 현대에도 도움이 될 만한 실천적인 지침을 끄집어낼 생각이다. 사실 이것이야말로 주자학의 가장 중요한 주제인 것이다.

배우지 않으면 노쇠한다

사람은 도대체 무엇을 위해 학문을 닦고 연구를 하는 것일까.

《논어》에 '옛날의 학자는 자기 수양만을 목적으로 학문을 닦았는데, 지금의 학자는 세간의 평판만을 문제로 학문을 하고 있다'는 말이 있다. '옛날 사람은 자기 완성을 지향해 학문을 닦았다. 그런데 지금 사람들은 이름을 팔 목적으로 학문을 하고 있다'는 의미가 될 것이다.

《근사록》은 《논어》의 이 말을 인용해 다음과 같이 기술하고 있다.

"옛날에는 자기를 위해서 이를 배우기를 원했고, 지금 배우는 자는 남을 위해서이다. 남에게 알려지길 원해서이다."

즉 처음부터 이름을 알리는 것을 목적으로 하는 학문은 사도(邪道)이다. 진정한 학문이란 자기를 향상시키는 것이 아니면 안 된다는 것이다.

이상적인 인간상을 '성인(聖人)'이라고 한다. 이 '성인' 수준을 지향해 자신을 단련해가는, 그와 같은 연구야말로 진정한 학문이라는 것이다. 그렇기 때문에 여기에서 말하는 학문이란 단순히 지식을 위한 지식을 추구하는 학문이 아니라, 밖으로는 통찰력을 높이고 안으로는 자신을 단련하기 위한 학문을 가리키고 있는 것은 말할 나위도 없다.

그러면 그것을 위해 어떤 공부에 힘쓰면 좋을까. 《근사록》은 이렇게 말하고 있다.

"우선 책을 읽을 것. 그리고 책을 읽는 방법은 한 권의 책을 차분하게 읽어 그 뜻을 이해하는 것이다. 잇따라 산만하게 읽어 넘기는 것은 책방 주인이나 다름이 없다."

이렇게 말한 뒤 다음과 같은 말을 덧붙이고 있다.

"모름지기 이 성인의 언어를 곱씹어 마음에 담아 새겨두어야 한다. 그런 다음 힘써 이를 행하면 얻는 바가 있을 것이다."

'성인의 언어'란 넓게 해석해 '고전'이란 의미로 이해할 수 있다. '고전'이란 바로 성인의 지혜의 결정이다. 오랜 역사의 풍상(風霜)을 견디고 살아남은 서책이므로 오늘날 읽어도 반드시 참고가 되는 점이 있다. 특히 중국 고전은 현대에도 통용되는 실천적인 교훈으로 가득 차 있다. 이런 것을 숙독하고 음미해 명심해서 실행한다면 그 안에 담겨 있는 깊은 의미를 자연히 체득할 수 있다는 것이다.

물론 현대를 살아가기 위해서는 고전을 읽는 것만으로는 불충분할 것이다. 세상의 움직임이나 세계의 정세 등, 폭넓게 정보를 수집할 필요가 있다. 그러나 인간의 본질이라든가, 인간 관계의 기미(機微)에 대해서는 예나 지금이나 그다지 바뀌지 않았을 것이다.

한편 연구하는 마음가짐에 대해서 언급한 것을 두 가지 더 말하고자 한다.

"목표는 크게 멀리까지 내다보고 시작할 필요가 있다. 하지만 실행을 할 때에는 자신의 역량을 생각해 한 걸음 한 걸음 착실하게 나아가야 한다. 실력도 없는데 처음부터 큰 목표를 내걸면 결국 계획을 망치게 되고 만다"는 것이다.

험준한 산에서 발생하는 조난 등이 그 한 예이다. 되풀이되는 비극도 대부분 자신의 역량을 헤아리지 않고 무리한 계획을 세우는 데에 원인이 있다. 학문도 마찬가지, 큰 목표를 설정하는 것은 좋지만 동시에 자신의 역량을 잘 생각해 한 걸음 한 걸음 착실하게 나아가는 것, 이것이 중요하다는 것이다.

또 하나의 조언은 다음과 같은 것이다.

학문을 하는 데 있어서 경계해야 할 것은 두 가지이다.

1. 뜻, 즉 목표를 처음부터 작게 설정하는 것.
2. 마음이 들떠 안정이 안 되는 것.

목표가 작으면 낮은 수준에서 만족하게 되므로 그 이상의 진보를 바랄 수 없다. 목표가 서지 않으면 모처럼의 공부도 중도에 그치고 만다.

《근사록》에는 '배우지 않으면 쉬 늙는다'는 말도 있다.

세상에는 현역에서 물러난 뒤 갑자기 노망이 드는 사람이 있다. 그 원인은 여러 가지가 있겠지만 그 가운데 하나는 역시 배움의 의욕을 상실했기 때문이 아닐까.

배움에는 끝이 없다. 늙어 쇠약해지지 않기 위해서라도 배움의 의욕만은 잃지 않아야 하겠다.

일상의 수양에 대해서

주자학의 안목이 '거경궁리(居敬窮理)'에 있다는 것은 이미 말했다. 주자 자신도 '학문에 뜻을 둔 자의 마음가짐으로서는 오직 거경과 궁리의 두 가지가 있을 뿐이다'라고 말하고 있다.

이 두 가지 가운데서도 자기의 수양, 즉 도덕성을 높이는 데 핵심이 되는 것은 '경(敬)'이다.

유학은 '수신제가(修身齊家), 치국평천하(治國平天下)'를 지향하는데, 주자에 의하면 그런 것들 모두가 이 '경'으로 뒷받침되어 있어야 한다는 것이다. 주자학은 이토록 '경'을 중요시한다. 그럼 '경'이란 무엇인가. 앞서 마음을 집중해 오직 하나의 상태로 유지하는 것이 기본이라고 말했으나 실은 그것만이 아니다.

우선 주자의 말에 귀를 기울여보자.

"경(敬)이란 가만히 앉은 채 귀는 아무것도 듣지 않고, 눈은 아무것도 보지 않고, 마음은 아무것도 생각하지 않는, 그것만을 말하는 것은 아니다. 중요한 것은 몸가짐을 신중히 하고, 제멋대로 행동하지 않는 것이다. 그렇게 하면 자연히 몸도 마음도 긴장해 신중해진다. 언제나 이와 같이 행동하면 인간으로서의 품격을 높일 수가 있다."

요컨대 '경'이란 마음의 내면만의 문제가 아니라 그것이 자연스럽게 밖으로 나타나 용모, 태도, 더 나아가 일상의 행동 등, 외면의 자세까지 연관이 되는 것이다. 역으로 말해서 '경'을 지키기 위해서는 그러한 외면의 조건을 가볍게 볼 수는 없다는 것이다.

《근사록》의 '근사(近思)' 즉 '가깝게 생각한다'는 말은 《논어》에 나와 있다. 이것은 본래 갑자기 고매한 이상으로 치닫지 말고 일상의 가까운 것을 중요시하라는 의미인 것이다. 책명으로 보아도 이미 일상의 가까운 문제에 따라서 자신을 단련하도록 권하고 있는 것이다.

다음으로 그것에 연관된 말을 두 개 정도 소개해보겠다.

"언어를 삼가 그 덕을 기르고, 음식을 절제해 그 몸을 기른다. 지극히 가까우면서도 연관된 것이 지대한 것은 언어나 음식보다 더한 것은 없다."

극히 가까운 문제이고 더구나 중대한 의미를 지니고 있는 것은 언어와 음식보다 더한 것이 없다. 그러므로 평소에 이 두 가지에 주의해 지나치게 말이 많거나 지나치게 과식을 하거나 해서는 안 된다는 것이다.

또 하나는 '무언가 잘못을 저질렀으면 우선 자신을 책망하라. 결코 남을 책망해서는 안 된다. 과오는 고치면 그것으로 괜찮은 것이니 언제까지나 그것에 얽매여서 끙끙 앓을 것은 없다'는 것이다.

이상 소개한 두 가지 말은 모두가 실천적인 충고이다.

그런데 사회인으로서 또 리더로서 높은 수준을 지향하기 위해서는 그것에 걸맞는 덕을 몸에 익히는 것이 필요하다. 그것에 대해서 《근사록》은 다음의 9가지 덕을 말한다.

첫째는 '관(寬)이면서 율(栗)' 즉 너그러우면서도 적당히 엄격함을 지니고 있는 것

둘째는 '유(柔)하면서 입(立)' 즉 온화하면서도 주장해야 할 것은 단호하게 주장하는 것

셋째는 '원(愿)하면서 공(恭)' 즉 가식이 없으면서도 거칠고 천하게 행동하지 않는 것

넷째는 '난(亂)이면서 경(敬)' 즉 무엇이건 해내는 능력을 지니고 있으면서도 자기의 분수를 알고 있는 것

다섯째는 '요(擾)이면서 의(毅)' 즉 점잖으면서도 남에게만 따르지는 않는 것

여섯째는 '직(直)이면서 온(溫)' 즉 올곧은 성격이면서도 남의 결점을 까발리거나 하지 않는 것

일곱 번째는 '간(簡)이면서 염(廉)' 즉 대범하면서도 핵심을 파악하고 있는 것

여덟 번째는 '강(剛)하면서 색(塞)' 즉 무슨 일에나 적극적으로 대처하되 혈기로 치닫지 않는 것

아홉 번째는 '강(彊)하면서 의(義)' 즉 신념을 가지고 행동하되 사물의 대강을 터득하고 있는 것

이상 '9가지 덕'에서 이해할 수 있는 것은 균형이 잡힌 인간상이다. 모처럼의 미덕도 지나치거나 치우치면 도리어 마이너스의 면이 커지게 된다. 적당히 균형을 취하는 것이 바람직한데 그것을 말해주고 있는 것이 이 '9덕'의 가르침이다.

이와 같은 덕을 몸에 익히기 위해서는 역시 평소의 노력, 수양이 중요하다.

그러면 그와 같은 노력 끝에 형성되는 이상적인 인간상이란 어떤 것일까. 그 일단은 정명도(程明道)를 평한 다음의 말에서 이해할 수가 있다.

'명도 선생은 앉아 있을 때에는 니소인(泥塑人)과 같고 사람을 대할 때에는 온화한 분위기를 풍긴다.'

'니소인'이란 흙으로 빚은 인형을 말한다. 명도 선생이란 사람은 앉아 있

을 때에는 흙인형처럼 단정하게 앉아 있는데, 그러면서도 사람을 대할 때에는 무어라 말할 수 없는 온화한 분위기를 자아낸다는 것이다. 수양 끝에 형성되는 인간상이란 비유해서 말하자면 그와 같은 것이라는 뜻이다.

위에 선 자의 마음가짐

인격 형성의 교과서로서 읽혀진 이 《근사록》 가운데서 남의 위에 선 자의 마음가짐에 통하는 말을 몇 개 소개한다.

우선 첫째의 말은 다음과 같다.

"남의 위에 서서 아랫사람에게 명령을 하는 것은 오히려 쉽다. 어려운 것은 밑에서 윗사람에게 봉사하는 것이다. 그런데 윗사람에게 잘 봉사를 하지 못한다면 위의 지위에 올랐을 때 아랫사람을 부릴 수 없다. 왜냐하면 봉사하는 쪽의 심리나 노고를 이해하지 못하기 때문이다. 일반적으로 말해서 사람을 쓸 경우 남에게 부림을 당한 경험이 있으면 잘 쓸 수 있는 것이다."

대체로 이와 같은 의미이다.

확실히 윗자리에 있는 자가 아랫사람의 심리를 이해하지 못한다면 잘 부릴 수 없을 것은 당연하다. 내 명령을 왜 모르느냐는 등 화만 내고 있다면 윗자리에 있는 자로서는 실격이다.

흔히 중소 기업의 경영자 중에 아들이 대학을 나오면 곧바로 자기 회사에 넣어 후계자로 키우려는 사람이 있다. 젊어서부터 후계자 교육을 해두려는 마음을 모르는 것은 아니지만, 지금의 말에 비추어보면 이 방법은 생각해볼 일이다. 역시 한 번은 타인의 밥을 먹게 하고 남의 밑에서 일하는 입장을 경험하게 해야 앞으로 더욱 크게 발전하는 것이다.

그러면 윗자리에 있는 자의 마음가짐으로 다음과 같은 말은 어떨까.

당면한 일로 가장 우선시해야 할 것이 세 가지가 있다.

1. 뜻을 세운다.
2. 임무를 맡긴다.
3. 현명한 인재를 구한다.

'뜻을 세운다'는 것은 커다란 목표의 설정, 확실한 방침의 확립으로 이해할 수 있다. 이것이 조직 책임자의 가장 중요한 임무라는 것이다. 단 1년 계획의 할당기준량이라든가 목표와 같은 정도의 일은 여기에서 말하는 '뜻' 가운데는 들지 않는다. 기업경영으로 말하면 경영이념을 확실하게 내걸고 그것을 실천에 옮길 것, 이것이 '뜻을 세운다'는 뜻에 가까울 것이다.

둘째의 '임무를 맡긴다'는 것은 사원 개개인이 제각기 담당 부서에서 주어진 책임을 확실하게 수행하도록 하는 것이다. 그것이 윗자리에 있는 자의 역할이라고 말한다.

셋째는 '현명한 인재를 구한다'는 것인데, 이 말은 말할 것도 없이 인재의 발탁 등용을 의미한다. 조직이란 어느 시대에나 아래로부터 젊은 발상을 받아들이지 않으면 조직 전체가 동맥경화에 빠져 활력을 잃게 된다. 대담하게 인재 발탁을 도모해야만 냉엄한 시대에 생존할 수가 있는 것이다.

이상 세 가지가 윗자리에 있는 자의 가장 중요한 책무라고 말한다. 모두가 현대에 그대로 통용하는 날카로운 지적이 아닌가.

또 세 가지 정도로 윗사람의 마음가짐을 소개해 보자.

"무엇을 하건 조금 지나치지 않았나 싶을 정도가 '적기(適期)'이고 균형이 취해져 있을 때가 많다. 단 극단으로까지 치달으면 안 된다. 너무 지나치게 되면 이번에는 도리어 손해가 커진다."

이것 또한 현실을 이해하라는 조언이라고 해도 좋다.

다음으로 주목해야 할 것은 이런 말이다.

"인간의 판단은 상대에 대한 호오(好惡)에 따라서 좌우된다. 그렇기 때문에 사랑하는 처자가 말하는 것은 설사 잘못된 것이라도 들어주고, 싫어하는 상대의 말은 설사 진실이라 해도 들어주지 않는다. 이와 같이 사사로운 정이 끼어들면 올바른 판단을 할 수가 없다."

인간의 감정에는 호오가 따르게 마련이다. 그러나 신하에 대해서는 절대로 그것을 억제해야 한다. 그렇지 않으면 잘못된 판단을 형성하고 만다. 이 또한 윗자리에 있는 자로서는 중요한 마음가짐인 것이다.

끝으로 정명도에 관한 일화를 하나 소개하고자 한다.

어느 때 그는, 언제나 바쁘다면서 계속 움직이고 있는 사람에게 물었다.

"왜 그렇게도 바쁩니까?"

"몇 가지 문제를 처리해야만 하기 때문에……."

상대가 이렇게 대답하자 명도 선생은 다시 말했다.

"나도 많은 문제를 안고 있어요. 그러나 그렇게 바쁘다는 생각은 한 번도 한 적이 없습니다."

윗자리에 있는 사람은 사방팔방으로 세밀하게 배려를 하고 있어야 한다. 하지만 그런 내색은 조금도 비치지 않고 느긋하게 대하고 있는 것이 바람직하다. 명도 선생은 그것을 말하고 있다.

약함을 자각한다

인간은 약한 존재이다. 그 약함 때문에 여러 가지 실패를 범하고 만다. 인간이 범하는 실패의 대부분은 인간의 본질적인 약함에 원인이 있다고 할 수 있다.

역으로 말해서 자칫 범하기 쉬운 과오를 줄이려면 그와 같은 약함을 자각해 끊임없이 그것을 검증해가는 노력이 필요하다. 즉 어디에 주의할 점이 있는지 그것을 알고 있는 것만으로도 과오를 줄일 수 있을 것이다.

《근사록》은 그것을 위한 주의 사항을 몇 개 들고 있다. 그 가운데서 주요한 것을 소개한다.

우선 '군주가 몸을 망치는 원인은 몇 가지 있다. 그 가운데서 가장 많은 것은 '여(予)' 즉 즐거움에 빠지는 것이다'라고 말한다.

일반적으로 말해서 우리 인생에는 제각기 처지에 따라서 즐거움이 있는 것이 좋다. 즐거움이 없다면 그게 무슨 인생인가. 그러나 즐거움만을 추구하는 인생은 허무하다. 일이 있음으로써 즐거움이 있다. 이것이 가장 이상적인 모습이 아닐까 생각한다.

위에 있는 자의 경우는 더더욱 그렇다. 개인적인 즐거움을 우선시하게 되면 순식간에 조직은 망하고 만다. 즐거움도 일정한 구분이 있어야만 할 것이다. 앞의 말은 그것을 말해주고 있다.

또 다음과 같은 말도 곱씹어보기 바란다.

"성인이란 모든 일이 순조롭게 돌아가고 있을 때야말로 더욱 마음을 가다듬어 경영에 임하는 것이다. 순조롭다고 긴장을 풀어 당면한 안락에 익숙해져 버리면 순식간에 교만한 마음이 생기게 된다. 마음에 긴장감이 없어지면 조직은 붕괴한다. 장래에 대비할 일을 잊으면 어느샌가 실패의 싹이 자라게 된다. 이런 일은 모르는 사이에 숨어들기 때문에 깨달았을 때에는 이미 시기를 놓치고 만다."

이것도 또한 많은 실패에서 공통으로 볼 수 있는 원인임은 예나 지금이나 거의 변함이 없다. 실패를 면하고 싶다면 순조로울 때나 전성기에 한층 신중한 경영이 요망된다는 것이다.

특히 변화가 심한 현대에서는 순간의 방심도 허용되지 않는다. 이 정도는 허용될 것이라고, 조금이라도 편안해지려는 마음이 생기면 순식간에 뒤로 처지고 말 것이다.

'교언영색(巧言令色), 선의인(鮮矣仁)'이란 《논어》의 유명한 말이 있다. 그 뜻은 '교묘한 말, 아첨하는 태도, 그런 자들 중에는 어진 이가 드물다'는 것이다. 이 '교언영색'은 순(舜)과 같은 성인조차도 두려워하였다.

왜냐하면, 그런 이야기는 듣지 않겠다, 그런 놈은 가까이하지 않겠다고 경계를 하고 있어도 어느새 귀를 기울이거나 가까이하게 되기 때문이다. 순과 같은 성인조차 그토록 경계하였던 사항이라면 우리와 같은 평범한 사람은 더더욱 엄하게 스스로 경계해야 할 일이다.

그리고 그 다음에 '사람이 욕심이 있으면 강(剛)하지 않고, 강하면 욕심에 굽히지 않는다'는 말을 생각해보자.

'강'이란 어디까지나 자기의 신념을 관철하는 의연한 태도를 말한다. 윗자리에 있는 자에게는 그와 같은 면도 필요한데, 이것을 틀어지게 하는 것이 곧 인간의 욕심이라고 말한다. 욕심이 연관이 되면 아무래도 비굴해져 자신의 신념을 관철할 수가 없다. 그렇게 되면 리더로서 실격이라고 해도 어쩔 수 없다.

사람의 욕망은 한편으로는 생활을 향상시키고 사회의 진보를 촉진하는 원동력이 된다. 그런 점에서는 반드시 부정되어야 할 일은 아니지만 너무나도 욕심이 지나치게 되면 잘못된 길로 들어서게 되어 자신감을 상실하고 만다. 욕망의 추구는 '강(剛)'을 잃지 않는 범위에 머무는 것이 좋다는 것이다.

마지막으로 다음의 말을 들어둔다.

"공공(公共)의 일이라고 해도 거기에 조금이라도 사심이 끼어들면 그것은 이미 사사로운 일이 되고 만다."

윗자리에 있는 자에게는 역시 이 정도로 엄격한 자계(自戒)가 필요하다.

실의에 빠졌을 때에도 태연하게

일상의 일을 어떻게 처리할 것인가, 일상의 생활을 어떻게 극복할 것인가, 또는 인간관계에 어떻게 대처할까. 이런 일들은 우리에게 모두 절실한 문제이다. 《근사록》은 이와 같은 신변의 문제를 중요시해 몇 가지 귀중한 명언을 기술하고 있다.

마지막으로 그 일단을 소개해보고자 한다.

"이심(利心)이 있어서는 안 된다. 무언가 일을 할 때에 자기에게 편리한 것을 찾는 것은 모두 이심이다."

'이심'이란 자기의 이익이나 자기의 편리함만 생각하는 것을 가리킨다. 즉 사리사욕으로 치닫는 것으로, 무언가 일을 행할 때에 이 '이심'이 끼어들면 안 된다는 것이다.

오늘날의 정치가에게 들려주고 싶은 말이지만, 이런 '이심'을 버리길 바라는 것은 정치가에게만 해당되는 것은 아니다. 기업만 해도 어느 정도의 규모에 도달하면 이제는 단순한 사기업이 아니라 사회의 공공기관으로서의 성격을 띠게 된다. 그렇게 되면 이익을 위해서는 무엇을 해도 좋다는 사고방식은 허용할 수 없게 된다.

일반적으로 최고 지도자라든가 리더는 자기 희생이 요구되는 힘든 입장에 있다. 그런 사람에게서 조금이라도 '이심'이 보이게 되면 그 정도의 사람이었나 하고 주위의 지지를 잃게 될지도 모른다. 이런 사실을 윗자리에 있는 사람은 확실히 명심해야 한다.

한편 인간의 처신에서 가장 어려운 것은 불우한 때에 어떻게 대처하느냐이다. 그와 같은 때의 대처 방법으로 그 인물의 기량을 평가하기도 한다.

《근사록》은 이렇게 말하고 있다.

"차분하게 때를 기다린다. 더구나 그 기다림은 그대로 불우한 상태로 끝나도 어쩔 수 없다는 심경으로 기다리라."

또 《근사록》은 이렇게도 말하고 있다.

"기다린 보람이 있어 윗자리로 발탁되었다고 하자. 하지만 처음에는 좀처럼 윗사람의 신뢰를 얻을 수 없다. 그런 때에는 차분하게 천천히 윗사람의 신뢰를 얻도록 하는 것이 좋다.”

뭐든지 전광석화처럼 돌아가는 오늘날, 그것은 지나치게 느긋하다는 생각도 없지 않을 수 있으나, 그래도 확실히 선부르게 행동하기보다는 이와 같은 기다리는 삶의 방식에 힘쓰는 것이 앞으로 크게 신장할 가능성이 있을 수도 있다.

인생에는 골이 있고 산이 있다. 실의에 빠질 때도 있는가 하면 득의절정(得意絶頂)일 때도 있다. 그런 인생에 대처하는 마음가짐으로서 ‘실의태연(失意泰然), 득의담연(得意澹然)’이란 말이 있다. 실의에 빠졌을 때에는 차분한 자세로 움직이지 않는다. 또 득의절정일 때에는 그것을 과시하지 않고 담담하게 대처한다. 그와 같은 달관한 태도를 말한 것이 바로 이것이다.

《근사록》도 비슷한 것을 말하고 있다.

“사람은 환난에서 오직 하나의 조치가 있을 뿐이다. 인지(人智)를 다한 뒤에는 모름지기 태연하게 대처해야 한다.”

역경에 처했을 때에는 팔방으로 손을 다 써서 대책을 강구한다. 그리고 그 뒤에는 태연하게 결과를 기다리라는 것이다. 흔히 ‘최선을 다하고 천명(天命)을 기다린다’는 말을 하는데 이를테면 그와 같은 사고방식이다.

할 일도 하지 않은 채 천명만을 기다리는 것은 논외로 하더라도, 할 일을 다 한 뒤에 언제까지나 고뇌를 하는 것도 소용이 없다. 나머지는 하늘에 맡기는 마음의 여유가 필요하다.

그러면 이 장의 말미에 다음의 말을 인용하면서 매듭을 짓기로 하자.

“현자(賢者)는 올바른 도리에 따라서 살고 있기 때문에 실의에 빠졌을 때나 득의절정일 때나 담담하게 대처한다. 한편 지자(智者)는 머지않아 발생할 움직임을 징조 단계에서 알아차려 적절한 대책을 강구하므로 내 몸을 지킬 수 있는 것이다.”

가능하면 우리도 현자나 지자처럼 이 ‘명철보신(明哲保身)’의 기술을 몸에 익혀야 할 것이다. 그것을 위해서는 평소부터 자신을 단련하고 연마하는 일을 게을리해서는 안 된다.

전습록

《전습록(傳習錄)》에 대해서

《전습록》은 왕양명(王陽明)의 주장을 정리한 어록이다. 서간집이며 양명학의 입문서로서 중국에서 널리 읽혀왔는데 상·중·하의 3권으로 이루어져 있다. 그 원형은 왕양명 생전에 제자들의 손으로 정리되었으며 그의 사후인 1556년, 제자인 전덕홍(錢德洪)에 의해서 정리 증보되어 오늘날까지 전해지게 되었다.

어록, 서간집의 형식을 갖추고 있으므로 양명학을 체계적으로 이해하는 데에는 반드시 적합하다고는 말할 수 없지만, 왕양명의 육성을 들을 수 있다는 점이 이 책의 커다란 매력이다.

왕양명, 이름은 수인(守仁). 젊어서는 열렬한 주자학 학도였다. 그러던 어느 날 이에 의문을 품고 오랜 번민 끝에, 실천에 무게를 둔 양명학을 주장하기에 이르렀다. 《전습록》 전편에 약동하고 있는 것은 실천에 대한 누를 길 없는 그의 욕구이며, 그로 인해 많은 신봉자가 생기게 되었다.

《전습록》의 말

처붕우무상하즉득익(處朋友務相下則得益), 상상즉손(相上則損) ——친구들과 사귀면서 겸손에 힘쓰면 득이 되고, 상대에게 오만한 태도를 취하면 손해를 본다. (상권)

인수재사상마(人須在事上磨) ——사람은 모름지기 일을 하면서 배워서 얻은 게 있으면 실천하여 자신을 향상시켜야 한다. (상권)

지자행지시(知者行之始), 행자지지성(行者知之成) ——아는 것은 행동의 시작이고 행동은 아는 것의 완성이다. 성인의 학문은 오직 하나이고 지와 행은 둘로 나누어질 수 없다. (상권)

심외무리(心外無理), 심외무사(心外無事) ——마음 밖에는 이(理)가 없으며, 마음 밖에는 일〔事〕이 없다. 마음이란 공허해서 형체가 없지만 그 기능은 밝고 맑아 모든 이(理)가 갖추어져 만사가 여기에서 나온다. 마음은 만물의 근원이다. (상권)

여기위수경무원지당수(與其爲數頃無源之塘水), 불약수척유원지정수(不若數尺有源之井水) ── 넓고 근원이 없는 호수가 되기보다는, 작아도 근원이 있는 맑고 깨끗한 우물이 되는 편이 낫다. (상권)

개양지지재인심(蓋良知之在人心), 긍만고새우주이무부동(亘萬古塞宇宙而無不同) ── 대개 사람의 마음속에 있는 양지는, 극히 오래전부터 우주 속에서 같지 않음이 없다. 생각하지 않고도 알 수 있고 쉽게 위험을 알아낼 수도 있으며 배우지 않고도 할 수 있다. (중권)

지선지악시양지(知善知惡是良知), 위선거악시격물(爲善去惡是格物) ── 선과 악을 아는 것을 양지(良知)라 하고, 선을 행하고 악을 버려서 선을 이루는 것을 격물(格物)이라고 한다. (하권)

인생대병지시일오자(人生大病只是一傲字) ── 인생의 가장 큰 병폐는 오직 오(傲)라는 한 글자에 있다. 자식으로서 오만하면 불효가 되고, 신하로서 오만하면 불충이 되고, 어버이로서 오만하면 자애롭지 못하고, 친구로서 오만하면 우애가 없어진다. (하권)

양명학과 《전습록》

양명학(陽明學)에 관심이 있는 사람이라면 《전습록(傳習錄)》을 모르는 사람은 없을 것이다. 이 《전습록》은 일찍부터 양명학의 '입문서'로서 널리 친숙해져 《전습록》이라고 하면 양명학, 양명학이라고 하면 《전습록》이라고 할 정도로 밀접하고도 불가분의 관계에 있다. 따라서 《전습록》을 이야기하는 것은 바로 양명학을 말하는 것이 되는 것이다.

그러면 《전습록》을 통해서 양명학이란 어떤 사상인지 간단히 소개해 보고자 한다.

양명학을 처음으로 주창한 사람은 지금으로부터 500년 전, 명(明) 시대에 활약한 왕양명(王陽明)이었다. 그 무렵 절정의 전성기를 누리던 것이 주자학(朱子學)이다. 왕양명도 처음 이 주자학을 배웠는데 차츰 이에 의문을 품고 결국 주자학에 반대해 양명학을 주장하기에 이르렀다.

주자학이나 양명학이나 뿌리는 모두 유교에서 비롯되고 있으므로 지향하는 바는 모두 '수기치인(修己治人)' 즉 내 몸을 닦아 남을 교화하는 점에 있다. 단 '수기치인'에 이르는 방법이 약간 달라졌을 뿐이다.

양자의 차이점의 본래의 발단은 '격물치지(格物致知)'라는 기본적인 방법론 차이에서 비롯하고 있다. 주자학은 '성즉리(性卽理)'라는 명제를 주장했다. 즉 '이(理)'란 인간의 마음에 있을 뿐만 아니라 외부의 모든 사물에 관통하고 있다고 생각해 '격물', 즉 사물에 이름으로써 그것들의 '이'를 규명해 지(知)를 완성시켜야 한다고 한다. 그것이야말로 인간 형성의 길이라고 역설한 것이다.

그런데 왕양명은 주자학의 이와 같은 해석을 납득할 수 없었다.

'주자는 '격물'을 구명해 온전한 지식에 다다른다고 했는데 도대체 천하의 사물 모두에게 어떻게 다다를 수가 있을까. 게다가 한 그루의 나무나 풀, 모두에게 '이(理)'가 있다는 것이므로 더욱더 다다를 수 없는 것이다'라고 의문을 품은 것이다.

젊었을 때의 왕양명의 모습을 전하는 일화로서 다음과 같은 이야기가 있다.

어느 때 왕양명은 친구와 둘이서 뜰의 대나무를 격물(格物 : 사물의 이치를 철저하게 연구하여 밝힘)하려고 했다. 주자의 '격물치지'설을 실천해 대나무의 '이치'를 구명하려고 한 것이다. 그 결과 친구는 3일 만에 신경증에 걸리고 양명 자신도 7일째에 역시 병에 걸리게 되자, 왕양명은 성인은 거저 되는 것이 아니라고 말하면서 쓴웃음을 지었다고 한다.

다소 우스꽝스러운 이야기이기는 하지만 그만큼 젊은 날의 왕양명은 이 '격물치지'의 해석을 둘러싸고 고뇌하고 있었던 것이다.

이 고뇌는 오랫동안 풀리지 않았던 것 같다. 겨우 깨달음을 얻어 주자학을 초월한 것은 30세 때였던 것으로 전해지고 있다.

그 깨달음이야말로 '심즉리(心卽理)'로 불리는 유명한 명제이다. 양명의 말을 빌리자면 마음이야말로 '이치'이고, 그 마음을 두고 밖에 '이치'는 존재하지 않는다는 것이다. 즉 '격물'의 주체는 어디까지나 마음에 있다는 것이다.

그리고 왕양명은 타고 난 마음의 본체를 '양지(良知)'로 이름 붙이고 이

'양지'를 충분히 발휘하는 것이 바로 '치지'라고 주장했다.

"내가 말하는 '격물치지'란 내 마음의 양지를 사물마다 행하는 것이다. 내 마음의 양지를 사물마다 행하면 사물마다 모두 '이치'를 얻는다. 내 마음의 양지를 행하는 것이 '치지'이고, 사물마다 모두 그 '이치'를 얻는 것이 '격물'이다."

즉 인간의 내면인 '양지'에 절대의 권위를 인정하고, '치지'란 만물의 이치를 구명하는 것이 아니라 제각기 지니고 있는 '양지'를 충분히 발현시키는 것이라고 주장한 것이다.

알기 쉽게 말해서 주자학은 약간 딱딱하고 의례적으로 만물의 '이치'를 구명하려고 하는 데 대해서, 양명학은 무엇보다도 주체적인 입장을 중요시해 각각의 마음의 움직임, 의욕의 기백을 중요하게 보는 것이다. 이것이 양명학의 첫째 특징이다.

그리고 거기에서 즉시 제2의 특징이 도출된다. 다름이 아닌 '지행합일(知行合一)'이란 주제이다. 양명의 말을 빌린다면

"이제껏 알고서 행하지 아니 한 자는 없고 알고서 행하지 않음은 아직 모르고 있는 것이다."

여기에서 행동으로의 누를 길 없는 열기와도 같은 것을 낳게 된다. 이것이 양명학의 제2 특징이 되고 있다.

이와 같은 사상을 정리한 것이 《전습록》이다. 단 이 책은 왕양명의 그때그때의 대화나 편지류를 모은 것으로 양명학을 체계적으로 이해하는 데 적합하다고는 말할 수 없다. 그러나 반면에 왕양명 자신의 육성에 의해서 이야기되고 있는 것이 커다란 매력이다. 일찍부터 양명학의 입문서로서 널리 읽혀온 것은 그와 같은 이유에서일 것이다.

다음으로 좀 더 구체적으로 양명학의 몇 가지 측면을 언급하면서 현대에도 통하는 행동의 지침을 찾고자 한다.

'지행합일(知行合一)'에 대해서

행동이 수반하지 않는 발언은 단순한 잡담에 지나지 않는다고 말해도 어쩔 수 없다. 그러나 세상에는 언행이 일치하지 않는 예가 실로 많다.

사상이란 그것이 사상이란 이름에 걸맞는 사상인 한, 본래적으로 행동이

나 실천에 대한 누를 길 없는 욕구를 지니고 있는 것이다. 행동이나 실천이 뒤따르지 않는 사상은 단순한 잡담에 지나지 않는다고 할 수 있을 것이다.

그런데 양명학만큼 행동이나 실천에 대한 누를 길 없는 욕구를 지니고 있는 사상은 없다. 그것을 말해주고 있는 것이 '지행합일'로서, 아는 것과 행하는 것은 본래 하나라는 유명한 명제이다.

왕양명은 이렇게 말하고 있다.

"아는 것은 행하는 것의 시작이고 행하는 것은 아는 것의 완성이다. 따라서 아는 것은 이미 행하는 것의 예정이며, 행하는 것은 이미 알고 있는 것을 전제로 해서 성립해 있다."

알기 쉽게 말하면 음식 맛의 좋고 싫음도 자기의 혀로 맛보지 않으면 진정한 맛은 모른다는 것이다.

왕양명은 그 같은 예를 다음과 같이 말하고 있다.

"진정한 지(知)란 행동으로의 계기를 포함하고 있다. 행동이 수반하지 않으면 그것을 지로 부를 수 없다."

또 어느 때 왕양명은 제자들의 질문에 이렇게 대답하고 있다.

"아름다운 색(色)을 보는 것은 지(知)에 속하고 그것을 선호하는 것은 행(行)에 속한다. 아름다운 색을 본 순간 이미 그것을 좋아하고 있는 것이고, 본 뒤에 다른 마음이 작용해 그것을 선호하는 것은 아니다. 나쁜 냄새를 맡는 것은 지에 속하고 그것을 싫어하는 것은 행에 속한다. 그러나 나쁜 냄새를 맡은 순간 이미 그것을 싫어하고 있는 것이고, 맡은 다음 다른 마음이 생겨 그것을 싫어하는 것은 아니다.

부모에 대한 효도를 알고 있는 경우에도 이와 같다. 그것을 실행하고 있어야만 비로소 알고 있다고 말할 수 있는 것이다. 거기에 대해서 약간 바른 말을 할 수 있다고 해서 알고 있는 것으로 여기지 않는다.

마찬가지로 아픔을 아는 것도 스스로 체험해서 비로소 알 수가 있다. 또 추위를 느끼는 것도 굶주림을 아는 것도 스스로 그것을 체험해서 비로소 알 수가 있는 것이다. 어떻게 지와 행을 나눌 수가 있을까. 그것이 지와 행의 본래의 모습이고 멋대로 나눌 수는 없는 것이다.

성인의 가르침이란 반드시 이와 같은 지와 행의 일치를 요구하고 있다. 그래야만 비로소 지(知)라고 부를 가치가 있다. 그렇지 않으면 지라고 말할 수 없다. 그것을 지향하는 것은 극히 절실하고 실천적인 과제이다."

이상이 양명학이 주장한 '지행합일'의 설이다. 요컨대 그것은 지와 행의 분열은 본래 있어서는 안 된다는 입장이다. 그리고 거기에서 양명학 특유의 행동으로의 열기가 생긴다. 이것은 현대를 사는 우리에게도 절실한 과제가 아닐까.

현대에 범람하고 있는 것은 행동이 뒤따르지 않는 지식과 단순한 잡담에 지나지 않는다. 잡담에 소모할 시간이 있다면 현실에 날카로운 도전을 해보고, 실패하면 그 원인을 규명해 다시 도전하면 된다. 왕양명의 주장이 아직도 빛바래지 않은 이유이다.

단 아무리 행동을 중요시한다고 해도 지식의 뒷받침이 없는 행동은 망발에 지나지 않는다. 행동으로 옮기려면 충분한 정보를 수집해 명석한 사려분별 아래 착수해야만 한다.

이렇게 보면 '지행합일'의 가르침은 현대에 사는 우리에게도 아직도 크게 효과적인 가르침이다.

인간 형성의 네 가지 지침

인간 형성이란 점에 대해서 말하자면 주자학이나 양명학이나 목적은 모두 사회에 유용한 인간을 지향한다. 단 양명학은 주자학과 달리 정신의 연소(燃燒)와 행동으로의 열기를 지니고 있는 것이 커다란 특징이다.

그러면 사회에 유용한 인간을 지향해 자신을 단련해 나가려면 어떤 행동, 어떤 실천이 바람직한 것일까.

이 점에 대해서 왕양명은 다음의 네 가지를 들고 있다.

우선 첫째는 '입지(立志)' 즉 뜻을 세우는 것이다. '뜻'이란 목표를 설정하고 그것을 실행하려는 의욕, 이 두 측면을 포함하고 있다.

양명은 다음과 같이 말한다.

"우선 뜻을 세우지 않았다면 세상의 무슨 일이건 성공할 리가 없다. 다양한 기술이나 예능만 해도 우선 뜻을 세우는 것이 그 바탕이다."

또 다음과 같이 말하기도 한다.

"뜻을 세우지 않은 것은 노가 없는 배나 재갈이 없는 말과 같은 것이다.

파도 속에 표류해 어떻게 될지 모른다."

확실히 확고한 목표를 설정하고 그 목표를 끈질기게 실현해가려는 의지가 없으면 아무 일도 성취할 수 없다. 그렇게 되면 모처럼의 인생은 의미도 없이 취생몽사로 끝나고 마는 것이 고작이다.

사회의 유용한 인간을 지향하기 위해서는 우선 뜻을 세우는 것이 첫째 조건이지만 뜻을 세우는 것만으로는 아직 불충분하다.

둘째로 '근학(勤學)', 즉 학문에 힘쓰는 것을 들고 있다.

"이미 군자가 되기로 뜻을 세웠다면 스스로 배움에 나서야 한다. 배움에 힘쓰지 않는 것은 반드시 그 뜻이 아직도 뜨겁지 않기 때문이다."

단, 학문이라고 해도 단순한 지식의 습득에 도움이 되기 위한 학문이 아니다. 양명이 말하는 것은 자기의 인격을 향상시키는 데 도움이 되는 학문이다. 그 증거로 왕양명은 이렇게 말하고 있다.

"겸허한 태도로 자신의 무능을 자각해 열심히 학문에 힘쓰고, 남의 장점은 칭찬하고, 자신의 결점은 반성하고, 진지하고 온화하면서 겉과 속이 동일한 인물은 자질은 떨어져도 주위 사람들에게 흠모를 받게 될 것이다. 그와 같은 인물은 스스로 남의 위에 서려고 하지 않아도 사람들의 경의를 받을 것이 틀림없다. 이렇게 생각하면 학문으로 무엇을 배울 것인지 자명한 일이 아닐까."

왕양명이 권하는 학문이란 오늘날 학교에서 가르치는 학문과는 크게 취지가 다른 것 같다.

그리고 세 번째는 '개과(改過)', 잘못을 고치는 것이다. 왕양명은 이렇게 말한다.

"현자도 과오를 범할 때가 있다. 현자가 현자인 이유는 스스로 범한 과오를 고치기 때문이다. 그러므로 중요한 것은 과오를 범하지 않는 것이 아니라 범한 과오를 고치는 일이다."

물론 과오는 범하지 않는 것이 좋다. 하지만 인간인 이상 누구에게나 과오는 따른다. 문제는 그 뒤 어떻게 처리를 하는지에 달려 있다. 과오를 깨달았으면 솔직하게 인정하고 고친다. 이와 같은 태도가 있음으로써 인간으로서의 진보도 향상도 기대할 수 있는 것이다. 공자도 《논어》 가운데에서 '과오를 고치는데 주저하지 말라'고 권하고 있다. 왕양명도 똑같이 말하고 있다.

그는 또 다음과 같이 되풀이한다.

"새삼스럽게 과오를 고쳐도 남이 신봉해주지 않을 것이라고 말하며 과오를 고치려고 하지 않는 인간이 있는데, 그런 인간에 대해서는 조금도 기대를 할 수 없다."

사람의 행동이 더럽다는 어조이다. 그런 말을 듣지 않기 위해서라도 자신의 과오에 엄하게 대처해야 하는 것이다.

마지막 넷째는 '책선(責善)' 즉, 선을 권하는 것이다.

인간은 어차피 혼자서는 살 수 없다. 무엇을 하건 동료가 필요하다. 인간 형성을 도모한다고 해도 좋은 동료가 있어 서로 절차탁마(切磋琢磨)하면 그만큼 효과도 오른다. '책선(責善)'이란 그런 동료에 대한 마음가짐에 대해서 한 말이다. 왕양명 자신의 발언은 대체로 다음과 같은 것이다.

"만일 친구에게 좋지 않은 점이 있으면 자진해서 충고를 한다. 그러나 배려가 없는 질책이나 매도(罵倒)는 삼가는 것이 좋다. 자신에게는 엄하되 타인에게는 관용으로 대해야 한다. 남에게 아무리 혹독하게 비판을 당해도 대범하게 귀를 기울이는 아량이 필요하다. 그런 의미에서 선을 권하는 것은 남보다도 우선 자기부터 시작해야 한다."

또 이렇게도 말하고 있다.

"대체로 남의 단점이나 은밀한 것을 까발리고 자기만을 좋게 포장하려는 것은 선을 권하는 이유가 아니다."

지금까지 말한 입지(立志), 근학(勤學), 개과(改過), 책선(責善)의 네 가지가 자신을 단련하기 위한 출발점이라고 왕양명은 말한다. 행동의 지침으로써 오늘날에도 그대로 들어맞는 탁견이다.

'성찰극치(省察克治)'의 수양법

왕양명의 유명한 말에 '산속의 도적을 무찌르기는 쉬워도 마음속의 도적을 무찌르기는 어렵다'는 것이 있다.

이것은 그가 46세 때 조정으로부터 반란을 평정하라는 명령을 받고 지방으로 갔을 때 어느 제자에게 써 보낸 편지 속에 나오는 말이다. 물론 반란을 평정하는 것도 쉬운 일은 아니다. 그러나 그것보다도 내 마음속의 도적을 깨는 것이 훨씬 어렵다고 말한다.

왕양명에 의하면 사람은 누구나 훌륭한 마음을 지니고 태어난다고 한다. 이 마음을 '양지(良知)'로 부르고 있다.

하지만 현실적으로 볼 때 우리 마음속에는 이 '양지'만이 둥지를 틀고 있는 것은 아니다. 다양한 욕망이라든가 사악한 생각이 자리잡아 '양지'의 작용을 방해하고 있다. 이 같은 욕망을 왕양명은 '인욕(人欲)'이라 부르고 있다.

이를테면 모처럼 책을 읽으려고 생각은 해도 그만 TV 야구 중계를 보아 시간을 낭비하고 만다. 또는 일을 계속하려고 생각해도 도박의 유혹에 못이기는 것은 명백히 '인욕' 탓이다. 즉 '인욕'이란 인간이 지니고 있는 본질적인 나약함이라고 바꾸어 말할 수 있다.

이 나약함을 극복하는 것은 쉬운 일이 아니다. 우리는 일반적으로 이 나약함과 타협해 적당히 인생을 보내고 마는 것이다. 왕양명이 마음속의 도적이라고 하는 것은 그와 같은 인간적인 나약함을 말한 것이다.

이 나약함의 극복을 게을리하면 인간 형성을 도모할 수가 없다. 왕양명은 그 노력을 '성찰극치(省察克治)'로 일컫고 있다.

'성찰'이란 편안함에 붙으려 하거나 악으로 향하려는 요소를 하나하나 점검해 잡아내는 일, 또 '극치'란 뿌리째 뽑아버리고 마는 것이다. 왕양명은 이렇게 말하고 있다.

"평소부터 마음속에 둥지를 틀고 있는 색욕, 금전욕, 명예욕과 같은 사욕을 하나하나 찾아내 그것들이 두 번 다시 고개를 들지 못하게 뿌리째 뽑아버리는 것이 중요하다. 마치 고양이가 쥐를 잡을 때처럼 뚫어지게 노려보고 귀를 기울여 조금이라도 사욕이 싹트기 시작하면 곧바로 제거한다. 못을 뽑고 쇠를 자르듯이 완전히 욕심의 숨통을 끊어놓고 구멍에 숨거나 도망가거나 할 틈을 없애고 만다. 이렇게 하면 어떤 사욕도 모습을 감추고 말 것이 틀림없다."

또 이렇게도 말하고 있다.

"'나를 이기기' 위해서는 사욕을 깨끗이 제거해야 한다. 아주 조금이라도 남아 있으면 여러 가지 악을 그곳에 끌어들이게 된다."

고식적인 대증요법은 통용되지 않는다. 마음속에 싹트는 여러 악의 근원을 뿌리째 뽑아버리라는 것이다. 이것이야말로 말하기는 쉽고 행하기는 어려울 것이다. 적어도 이것을 실천하려면 남다른 의지력을 필요로 한다.

굳이 말하자면 왕양명은 우리 개개인에게 그 각오를 촉구하고 있다. 그와 같은 강한 의지력이 없으면 도저히 성실한 인간이 될 수 없다고 말하는 것이다.

왕양명의 제자 가운데 맹원(孟源)이란 인물이 있었다. 이 사람은 남보다 배로 자부심이 강하고 명예욕도 강하다는 결점을 지니고 있었다. 양명은 몇 번이고 그에게 주의를 주어왔다. 어느 때나 똑같은 주의를 준 그 직후, 때마침 다른 제자가 평소의 수행에 대해서 발언을 하고 양명의 비판을 원했다. 그때 맹원이 옆에서 '아아, 그 문제는 언젠가 내가 거론한 것이다'라고 끼어들었다. 양명이 곧 '또 그대의 병이 도졌다'고 타이르자 맹원은 뭐라고 투덜거리면서 변명을 하려고 한다.

그러자 양명은 다음과 같이 말했다.

"이것은 그대의 생애에 걸친 고질병이다. 비유해서 말하자면 1장(丈) 4방(方)의 좁은 땅에 한 그루의 거목이 심어져 있는 것과 같은 것이다. 설사 비와 이슬의 혜택으로 토양이 비옥하다고 해도 모처럼의 양분이 이 거목에 다 빨리고 만다. 그 주위에 좋은 곡물을 심는다고 해도 위로는 잎에 햇빛이 가려지고 아래로는 나무 뿌리에 뒤엉켜 도저히 자랄 수가 없다. 좋은 곡물을 자라게 하기 위해서는 우선 이 거목을 베어버리고 뿌리를 완전히 제거할 필요가 있다. 그렇지 않으면 아무리 애써 경작을 해도 나무 뿌리만 굵게 하는데 지나지 않는다."

근본을 잊고 지엽적인 것만을 아무리 손질한다고 해도 성과는 오르지 않는다. 옆길로 새지 말라, 오로지 근본에 집중하라는 이 가르침은 인간의 수양만이 아니라 인생의 모든 영위(營爲)에 들어맞는 보편적인 가르침이 아닐까.

사상마련(事上磨鍊)의 마음가짐

'지행합일(知行合一)'을 역설하는 양명학은 인간 형성이라는 면에서도 두드러지게 실천적이다.

긴 인생 가운데에서 누구라도 한두 번은 역경에 빠져 모진 시련을 맞이할 때가 있다. 문제는 그런 때에 어떻게 대응할 것인가이다.

모든 일이 순조로울 때에는 누구나 나름대로 대응할 수가 있다. 그 사람의 진가를 알 수 있는 것은 오히려 역경에 처했을 때이다. 흐트러지거나 자포자기하거나, 위험에 손을 대 자멸을 앞당기거나, 중요한 때에 대응을 잘못하는 사람이 얼마나 많은가. 그렇게 되지 않기 위해서는 평소에 자기를 확실하게 단련해두는 수밖에 없다.

자기를 단련하는 데에서 양명학이 중요시하는 것은 '사상마련(事上磨鍊)'이다. 일 가운데에서 연마하는, 즉 일상의 일 가운데에서 자신을 단련하는 것이 중요하다는 것이다.

왕양명은 이렇게 말하고 있다.

"단순한 지식을 아무리 축적해도 인생의 수라장에서는 거의 도움이 되지 못한다. 그런 경우에 도움이 되는 것은 백 가지 지식보다도 실제 체험 속에서 몸에 익힌 직감과 같은 것이다."

기업 경영을 예로 들어보아도 경영의 직감이라든가 비결 같은 것은 책을 읽거나 가르침을 받거나 해서 몸에 붙는 것은 아니다. 역시 스스로 애써 몸으로 배우는 것 이외에는 방법이 없다.

흔히 경영 컨설턴트에게 경영을 지나치게 의존해 순식간에 회사를 파산시키고 말았다거나, 또는 2대째의 경영자는 궁지에 몰렸을 때 무력하다는 얘기를 듣는다. 그것은 바로 경영학의 이론은 일단 몸에 익히고 있어도 실제 체험은 부족하기 때문이다.

왕양명이 사상에서 연마하라고 말하고 있는 것은 바로 그것을 말하는 것이다. 바꾸어 말해서 단순한 지식이 아닌 살아 있는 지식을 몸에 익히라는 것이다.

왕양명은《전습록》가운데에서 그것을 되풀이해 말하고 있다.

어느 때 제자 한 사람이 질문을 했다.

"아무 일도 없을 때에는 마음의 작용도 막힘이 없는데 무언가 일에 부딪치면 그렇게 되지 않으니, 그 이유가 무엇입니까?"

왕양명은 이렇게 대답하고 있다.

"그것은 단순히 조용한 환경에만 마음이 사로잡혀 극기의 수행을 게을리하고 있기 때문이다. 그렇게 되면 일과 마주치는 순간 마음이 동요하고 만다. 인간이란 일상의 일 가운데에서 자기를 연마해야 한다. 그렇게 하면 확실하게 자신을 확립할 수 있어 언제 어떠한 사태에 직면해도 냉정하게 대처할 수가 있다."

위기에 직면해 동요하지 않기 위해서는 일상에서 '사상마련'으로 단련해두라는 것이다.

또 다음과 같은 이야기도 전해지고 있다.

어느 때 관공서의 하급 관리로 있는 제자 한 사람이 불만을 털어놓았다.

"스승의 학문은 대단히 좋다고 생각하는데 저는 관공서에서의 장부 정리와 재판의 처리에 쫓겨 느긋하게 공부를 할 틈이 없는 것이 유감입니다."

그러자 양명은 이렇게 타일렀다고 한다.

"나는 이제까지 그대에게 관공서의 일을 내버려두고 학문에 힘쓰라고 가르친 적이 없다. 그대에게는 확실하게 관공서의 일이 있으므로 그 일을 하는 가운데에서 자신을 연마하도록 힘쓰면 그것으로 좋은 것이다. 관공서의 일 하나라도 실제의 학문의 장이 아닌 것이 없다. 만일 그 일을 떠나서 학문을 하려고 한다면 도움이 안 되는 불필요한 학문이 되고 말 것이다."

이것은 어떤 환경 속에서도 그럴 마음만 있으면 모두 자신을 연마하는 자료로서 활용할 수가 있다는 사고방식을 말해준 것이다. 중요한 것은 본인의 의욕이 있느냐의 여부이다.

또 이런 이야기도 전해지고 있다.

어느 제자에게 고향에서 아이가 병이 걸려 중태라는 소식이 알려졌다. 그 사람은 아이의 일이 걱정이 되어 안절부절못했다. 그것을 보고 왕양명은 다음과 같이 말했다.

"이런 때야말로 자신을 단련해야 한다. 이런 기회를 놓치면 평소의 공부는 아무런 도움도 되지 못할 것이다. 실은 이런 기회야말로 자신을 단련하는 절호의 기회인 것이다."

요컨대 언제 어떤 경우에도 자신을 단련한다는 의욕을 가지고 일에 대처한다, 이것이 왕양명이 말하는 '사상마련'인 것이다. 우리도 이와 같은 마음가짐으로 일에 대처한다면 이제까지와는 또 다른 일이 전개될지도 모른다.

왕양명의 인물 됨됨이와 명언

양명학을 주장한 왕양명은 1472년에 태어나 1528년 57세에 세상을 떠났다. 그의 57년에 걸친 생애를 보면 특징적인 것이 두 가지 있다.

우선 그는 주자학 전성 시대에 태어나 처음에는 열렬한 주자학의 신봉자로서 출발했다. 그러나 얼마 안 가서 주자학에 의문을 느끼고 오랜 번민 끝에 깨달음을 얻어 양명학을 주장하기에 이른 것이다. 그동안 그는 상당이 시간을 낭비했다. 즉 정통 학문이었던 유학에서 벗어나 다른 일에 빠져들었던 것이다.

이것을 왕양명의 '오익(五溺)'이라 부른다.

'오익'의 우선 첫째는 '임협(任俠)'이다. 약한 자를 돕고 강한 자를 누르는 협객의 세계이다. 둘째는 '기사(騎射)'로 말을 타고 활을 쏘는 것이고 군인으로서의 생활을 동경한 것이다. 셋째는 '사장(辭章)' 즉 문학이다. 넷째는 '신선(神仙)', 즉 불로장수를 추구하는 신선의 세계를 동경한 것. 그리고 다섯째는 '불교(佛敎)'이다.

이와 같이 빠진 대상이 많은 것은 그만큼 주자학에 대한 불만이 커 사상적인 고뇌가 깊었기 때문일지도 모른다. 그와 같은 번민 끝에 도달한 것이 양명학이었다. 젊었을 때의 낭비는 의외로 헛되지 않았던 것이다.

또 28세 때는 과거로 불리는 어려운 시험에 합격해 고급 관료로서의 길을 걷기 시작한다. 그 경력 가운데서 특징적인 것은 종종 군사령관으로 기용되어 반란 진압에 나선 것이다. 더구나 그때마다 훌륭하게 목적을 달성했다. 그렇다고 소규모의 반란은 아니다. 그 가운데에는 자칫 잘못 처리하면 전국적인 규모로까지 확대될지도 모를 반란도 포함되어 있었다.

그러나 왕양명은 군사령관으로서 이러한 반란 진압에 모두 성공했다. 정치가, 용병가로서도 남다른 역량을 지니고 있었던 것이다.

양명학은 공리공론을 혐오하는 실학이다. 그것을 왕양명은 몸으로 보여주고 있다. 그런 만큼 그의 주장에는 설득력이 있다.

마지막으로《전습록》가운데서 왕양명이 말한 유명한 말을 몇 가지 소개해 보기로 한다.

우선 첫째로 다음과 같은 말에 주목해 보자.

"탁하게 고여 있는 넓은 저수지가 되기보다는 좁더라도 언제나 콸콸 새로운 물이 샘솟는 그런 우물이 되는 것이 낫다."

말할 것도 없이 이것은 언제나 마음속에 뜨거운 도전의 불길을 계속 불태우면서 일에 임하라는 것이다. 이런 것도 양명학의 진수(眞髓)라고 말할 수 있을 것이다.

다음으로 '잘못을 뉘우치는 것은 병을 낫게 하는 약이다. 그런데 중요한 것은 고치는 것이다. 언제까지나 끙끙 앓고 있는 것은 도리어 새로운 병을 일으키는 원인이 된다.'

잘못을 범하고 고치려 하지 않는 것은 말할 것도 없지만, 반대로 물심양면에 걸쳐서 과거의 잘못으로부터 빠져나오지 못하는 것도 곤란한 것이다. 고쳤으면 기분을 확 전환해 새로운 목표를 향해서 나아간다. 그와 같은 기민한 대응이 필요한 것이다. 이것 또한 상당히 실천적인 충고로 생각된다.

세 번째는 다음의 말이다.

"시비(是非)의 두 자는 사물을 판단하는 커다란 기준이다. 하지만 그 운용의 묘는 그것을 다루는 사람 쪽에 있다."

아무리 훌륭한 기준이라도 획일적이고 융통성이 없으면 적용을 잘못할 수가 있다. 따라서 임기응변에 힘써야 한다는 취지이다. 이것도 또 실천을 중요시하는 왕양명다운 말이 아닌가.

네 번째로 들고 싶은 것은 '인생의 큰 병은 오직 하나 오(傲)라는 글자이다'라는 극히 단정적인 말이다.

'오'라는 것은 겸허의 반대이고 아집이 세다는 것이다. 내가 어쩌니 하면서 잘난 체 나서서 남을 깔보는 듯한 태도를 취하는 것이 바로 '오'이다. 이 '오'가 인생을 살아가는 데 최대의 장애가 된다는 것이다.

왕양명은 이 뒤에 바로 계속해서 '겸(謙)은 중선(衆善)의 기본이고 오(傲)는 중악(衆惡)의 앞잡이'라고 덧붙이고 있다.

겸허하면 그 위에 여러 가지 선이 겹쳐지게 된다. 반대로 '오만' 하면 그 주위에 여러 가지 악이 모여든다는 것이다.

지금까지 내용의 극히 일단을 소개한 것뿐이지만, 이 《전습록》이란 고전은 인간학상으로도 귀중한 잠언(箴言)으로 가득 차 있다. 그런 것들의 하나하나가 아직도 우리의 마음에 다가오는 것은 왕양명 자신이 다양한 고뇌를 극복해 진지하게 인생을 산 사람이기 때문이다.

노자

《노자(老子)》에 대해서

《노자》는 모두 81개의 짧은 장(章)으로 이루어진 잠언집이다. 모진 현실을 사는 지혜를 역설하고 있으며, 후세 도가(道家)의 원전(原典)이 되어 왔다. 일명 '도덕경(道德經)'으로 불리듯이 '도(道)'와 '덕(德)'을 그 주장의 근거로 삼고 있다.

《노자》는 만물의 근원에 보편적인 원리가 작용하고 있는 것으로 생각하고 그것을 '도(道)'라고 이름을 붙였다. 그리고 이 '도'를 체득하면 '도'가 지니고 있는 광대한 '덕'을 몸에 익힐 수가 있다고 주장했다. 그 '덕'이란 (1)무심(無心), (2)무욕(無慾), (3)유연(柔軟), (4)겸허(謙虛), (5)유약(柔弱), (6)질박(質朴), (7)삼감 등으로 이루어져 있다.

《노자》의 저자는 공자의 약간 선배에 해당하는 노담(老聃)이란 인물이라고 하는데 다른 설도 많다. 오늘날 전해지는 《노자》라는 책은 특정 개인이 썼다기보다는 오히려 사상이 같은 불특정 다수의 사람들이 정리한 것으로 보는 것이 자연스럽다. 성립한 시기는 공자보다는 상당히 뒤인 전국시대로 추정되고 있다.

《노자》의 말

공수신퇴(功遂身退), 천지도(天之道)——공을 이루었으면 그 자리에서 물러나는 것이 하늘의 도리이다. (9장)

대도폐유인의(大道廢有仁義)——대도가 쇠퇴하자 인의의 덕이 필요하게 되었다. 유교의 인의의 가르침은 천지자연의 대도가 아니라고 한 노자의 말. (18장)

자긍자부장(自矜者不長)——자기를 과시하는 자는 오래 가지 못한다. (24장)

선행무철적(善行無轍迹)——최고의 선행은 무위(無爲)라야 하므로 자취가 없다. (27장)

병자불상지기(兵者不詳之器)——무력은 상서롭지 못한 것이다. (31장)

대기만성(大器晩成)——위대한 인물은 만년에 이르러 비로소 대성한다. (41장)

지족불욕(知足不辱)——만족할 줄 알면 결코 과오를 범하는 일이 없고, 자연히 세간에 치욕을 당하는 일도 없다. (44장)

대변약눌(大辯若訥)——큰 웅변은 눌변(訥辯)을 닮아서 많은 것을 말하지 않는다. 많은 것을 말하지 않고 사람을 감복시키는 것이 최상의 변론이다. (45장)

보원이덕(報怨以德)——원한은 덕으로 갚는 것이 좋다. 그렇게 하면 원한을 준 사람도 결국에는 이에 감화되어 온순해진다. (63장)

선승적자불여(善勝敵者不與)——잘 이기는 사람은 함부로 다투지 않는다. (68장)

천망회회(天網恢恢), 소이불실(疎而不失)——하늘은 큰 그물을 치고 있다. 그 그물코는 거친 것처럼 보여도 결코 새어나가지 않는다. 긴 눈으로 보면 좋은 사람에게는 행운을 주고 나쁜 사람에게는 불행을 가져다준다. (73장)

끈질긴 처세의 지혜

일반적으로 유교와 도교를 나란히 놓고 논할 때가 많다. 확실히 중국에서는 일찍부터 이 두 철학이 미묘하게 교차하면서 사람들의 의식이나 행동을 규제해왔다.

말하자면 유교가 천하의 국가를 다스리는 엘리트 사상인데 비해서, 도교는 현실에 밀착한 서민의 사상으로서 존재했다. 또 유교는 지당한 이상을 역설한 표면의 도덕이라고 한다면, 도교는 생활에 버팀목이 되는 이면의 도덕이라고 해도 좋을 것이다.

다 아는 바와 같이 유교의 근본이 되고 있는 것은 공자, 맹자의 가르침이다. 이에 대해서 도덕은 다양한 요소로 이루어져 있는데, 그 근간을 이루는 것은 노장사상(老莊思想)이다. 그리고 노장사상의 근원이 되는 것은 말할 것도 없이 《노자》와 《장자》의 두 서책이었다.

그런데 노장사상으로 한 묶음이 되고는 있어도 《노자》와 《장자》는 상당히 그 내용이 다르다. 그 차이를 대체로 파악하면 《장자》가 현실로부터의 초월, 해탈의 사상을 역설하고 있는데 대해서, 《노자》는 냉엄한 현실을 사는 끈질긴 처세의 지혜를 역설하고 있다.

흔히 노장사상이라고 하면 자칫 현실에 등을 돌리고 사는 은둔사상으로 생각하기 쉬운데, 그것은 일면적인 이해에 지나지 않는다. 《장자》는 어떻든 간에 《노자》의 경우는 현실에 등을 돌리기는커녕 매우 강한 처세의 지혜를 역설하고 있다.

중국인들은 집단으로 움직이는 것을 싫어하고 내버려두면 곧 뿔뿔이 흩어져 개개인의 개성이 표출된다. 그들은 그렇게 개인이 되면 강함을 발휘한다. 역경에 놓여도 좌절하기는커녕 시간을 들여서 끈질기게 기회를 기다린다. 《노자》가 역설하는 처세철학은 이와 같은 중국인의 끈질긴 삶의 방식, 정신적 풍토를 빼고 생각할 수 없다.

그런데 그와 같은 끈질긴 삶의 방식을 가장 잘 표현하고 있는 말 가운데 '상선(上善)은 물과 같다'는 말이 있다. 이상적인 삶의 방식은 물과 같은 것이다, 라는 의미가 될지도 모른다. 앞서 말한 바와 같이 《노자》는 싸우는 방법의 이상을 물의 모양에서 추구했는데, 《노자》는 더욱 그것을 이상적인 삶의 방식으로 비유한다.

그러면 왜 물의 모습을 이상으로 삼는 것일까. 《노자》에 의하면 거기에는 세 가지 이유가 있다고 한다.

우선 물은 상대를 거스르지 않고 상대에 따라서 어떻게든 대응할 수 있는 유연성을 갖추고 있다. 다음으로 물은 낮은 데로 흘러가 인간의 겸허한 자세를 구현하고 있다. 셋째로 물은 약함으로 일관하고 있다. 그리고 약함에 일관함으로써 오히려 역으로 강한 힘을 낳고 있다.

바로 《노자》의 말을 들어보자. 《노자》는 다음과 같이 말한다.

"가장 이상적인 삶의 방식은 물과 같은 것이다. 물은 만물에 은혜를 베풀면서 상대에게 거스르지 않고 사람이 싫어하는 낮은 곳으로 흘러간다.

낮은 곳에 몸을 두고 늪처럼 깊은 마음을 아울러 지니고 있다. 줄 때에는 차별이 없고 말하는 것에는 거짓이 없다. 나라를 다스리는 데에는 파탄이 생기지 않고, 사물에는 적절하게 대처하고 절묘한 때를 포착해 행동으로 옮긴다. 이것이야말로 바로 물의 본연의 모습이다. 물과 똑같이 거스르지 않는 삶을 살아야만 실패를 면할 수가 있다."

이것이 《노자》의 발상이고 중국인의 전통적인 지혜이기도 하다.

《노자》는 또 다음과 같이 말하기도 한다.

"이 세상에서 물만큼 약한 것은 없다. 그런데도 강한 것을 이기는 데는 물만한 것이 없다. 그 이유는 물이 약함으로 일관하고 있기 때문이다."

이렇게 말하는 《노자》의 말은 약간 추상적이고 이해하기 어렵다. 이것을 더욱 구체적으로 말하고 있는 것이 다음의 말이다.

"뛰어난 지휘관은 무력을 남용하지 않는다. 싸움에 능한 자는 감정에 사로잡혀 행동하지 않는다. 이기는 데 능한 명인은 힘의 대결로 치닫지 않는다. 사람을 부리는 데 능한 명인은 상대에게 겸손하다."

《노자》는 이와 같은 자세를 '부쟁(不爭)의 덕'으로 부르고 있다. 상대를 거스르지 않는다, 상대와 다투지 않는다, 그러면서 어느샌가 상대 위에 서 있다. 이것이 '부쟁의 덕'이다.

따라서 《노자》가 말하는 '상선(上善)은 물과 같다'는 것도, '부쟁의 덕'도 단순한 수동적인 자세가 아니라, 말하자면 적극성을 안에 간직한 수동의 자세라고 할 수 있다. 그곳에 《노자》가 말하는 처세철학의 끈질김이 있다.

재능을 과시하지 마라

2000년 전의 중국 고전에서는 책 이름과 그것을 저술한 저자의 이름이 같은 경우가 많다. 《노자》도 그 가운데 하나이다.

한편 이 노자라는 인물에 대해서는 몇 가지 설이 있어 확실한 것은 알 수 없다. 역사상 확실히 실재한 인물인지도 분명하지 않은 것이다. 반쯤은 전설상의 인물이라고 해야 적당할지 모른다.

《사기》라는 역사서에 따르면 젊은 날의 공자는 멀리까지 노자를 방문해 가르침을 받는다.

그때 노자는 이렇게 말해 공자를 훈계했다.

"총명하고 통찰력이 풍부한데도 죽음의 위험에 노출되는 사람이 있는데 그것은 타인을 지나치게 비판하기 때문이다. 웅변에다 박식하면서 그 몸을 위태롭게 하는 사람이 있는데 그것은 타인의 결점을 까발리기 때문이다. 그대도 자기 주장은 삼가는 것이 좋다."

즉 신중하게 행동하라, 주제넘은 행동은 하지 말라는 것이다.

또 노자는 이때 '군자는 성덕(盛德)이 있는데 용모는 어리석게 보인다'고도 말한 것으로 알려져 있다.

성덕이란 '뛰어난 재능'으로 이해해도 좋을 것이다. 즉 군자란 속에 대단한 재능을 지니고 있으면서 언뜻 보기에 어리석은 자와 같은 용모로 보인다는 것이다. 거꾸로 말해서 남을 깔보는 듯한 그런 삶을 살지 말라는 것이다.

또 《장자(莊子)》에 의하면 양자(楊子)란 학자가 가르침을 청했을 때 노자는 다음과 같이 훈계했다.

"좀 더 여유를 가지고, 어리석은 짓을 하지 마라. 도대체 그처럼 성급하게 굴어서 누구와 함께 살 생각인가. 나는 그대의 자만이 마땅치 않다."

이처럼 노자는 마땅히 겸허해야 하고 신중하게 행동하라고 기회 있을 때마다 후배들에게 말한다. 이것은 당연히 《노자》 가운데에서 되풀이해 강조되고 있다.

'겸허'하라거나 '신중'하라거나, 이런 말을 하면 왠지 소극적인 덕목처럼 들릴지 모르지만 결코 그런 것은 아니다. 《노자》의 경우는 그 이면에 겸허하면 남에게 칭찬을 받는다, 신중하게 행동하면 남에게 존중을 받는다는 확실한 계산이 숨겨져 있음을 지나쳐서는 안 된다.

이를테면 《노자》는 이렇게 말한다.

"스스로 앞에 나서지 않기 때문에 도리어 남이 내세우게 된다. 자신을 도외시하기 때문에 도리어 남에게 존중된다."

이와 같은 계산을 미리 용의주도하게 하는 것에 노자 처세철학의 대단함이 있다고 할 수 있다.

《노자》는 또 이렇게도 말한다.

"자신을 내세우지 않기 때문에 도리어 남의 인정을 받는다. 자기를 과시하지 않기 때문에 도리어 남에게 존중을 받는다. 자신의 공적을 자랑하지 않기 때문에 도리어 남에게 찬양을 받는다. 자신의 재능을 내세우지 않기 때문에 도리어 남에게 존중을 받는다."

똑같은 것을 반대 각도에서도 말하고 있다. 조금 집요하긴 해도 중요한 부분이므로 인용해보자.

"발돋움을 해서 서려고 하면 도리어 발밑이 불안해진다. 자기를 내세우면 도리어 무시당한다. 자기를 과시하면 도리어 배척당한다. 자기의 공적을 자랑하면 도리어 비난의 표적이 된다. 자기의 재능을 과시하면 도리어 발목이 잡힌다."

겸허하라, 신중하라고 말하는 것은 인간 누구에게나 요망되는 것이다. 그러나 노자의 경우 특히 이것을 남의 윗자리에 있는 자, 조직의 리더에게 반드시 필요한 조건으로 생각하였다.

"훌륭한 지도자는 백성을 통치하려고 할 때에는 겸허한 태도로 백성에게 자기를 낮춘다. 백성을 지도하려고 할 때에는 자신은 뒤로 물러나 전혀 지도자인 체하지 않는다. 그렇기 때문에 위에 앉아 있어도 백성은 무겁게 느끼지 않고 앞에 서 있어도 백성은 방해자로 느끼지 않는다.

이처럼 백성에게 환영을 받는 것은 지도자가 재능이나 공적을 겨룰 생각을 하지 않기 때문이다. 그렇기 때문에 백성은 자연스럽게 복종하는 것이다."

실로 함축성이 있는 말이므로 인용해둔다.

"그처럼 다툼이 없음으로써 천하에서 그와 대적할 아무것도 없게 마련이다."

만족함을 아는 마음

상대의 입장이나 이익을 무시하고 무턱대고 자기의 이익만을 추구하고 있으면 일시적으로는 통용되어도 오래 지속되지는 않는다. 언제 어딘가에서 발목을 잡히거나 뭇매를 맞을 우려가 있다. 《노자》도 이 '지나침'을 강하게 훈계했다.

"이 세상 최대의 죄는 끝없는 욕망에 기인하고 있다. 또 최대의 불행은 만족할 줄 모르는데 기인하고, 최대의 과실은 이익을 탐내는 마음에 기인하고 있다."

더욱 한 걸음 나아가 처세의 요체는 만족함을 아는 데 있다고 하면서 다음과 같이 말을 잇고 있다.

"지위에 지나치게 집착하면 반드시 생명을 줄인다. 재산을 지나치게 축적하면 반드시 모두 잃고 만다. 만족함을 알고 있으면 모욕을 당하지 않는다. 멈출 줄 알고 있으면 위험은 없다."

이를 '지족(止足)의 계(戒)'라고 한다.

또 '난세'에 살아남는 데에 필요한 마음가짐을 세 가지 들고 있다.

첫째는 남에게 자비를 베풀 것
둘째는 사물을 신중하게 할 것
셋째는 사람들 앞에 나서지 말 것

이 세 가지를 든 뒤에 《노자》는 이렇게 말한다.

"남을 사랑하기 때문에 용기가 샘솟게 된다. 사물을 신중히 하기 때문에 벽에 부딪치지 않는다. 사람들 앞에 나서지 않기 때문에 오히려 지도자로서 떠받들게 된다."

이것 또한 '만족함을 아는 것'의 권고이다.

그리고 《노자》에 '공을 이루었으면 물러나는 것이 천도(天道)이다'라는 유명한 말이 있다. 물러날 때를 알고 깨끗이 실행하라는 것이다. 이것 또한 '만족함을 아는' 처세법이 낳은 인식이다.

《노자》는 말한다.

"넘칠 정도로 쏟아 부은 물은 곧 넘쳐흐른다. 날카롭게 간 칼은 부러지는 것도 빠르다. 재물을 방 안 가득히 쌓아도 지켜낼 수가 없다. 출세해서 우쭐대면 발목을 잡힌다. 일을 성취했으면 물러나는 것이 천도(天道)이다."

왜 물러나는 것이 좋다고 하는 것일까. 말할 것도 없이 이제까지 쌓아온 공적이나 명성을 온전하게 유지할 수 있기 때문이다. 그러므로 지위가 오를 대로 올랐으면 물러날 일을 생각하라는 것이다.

모두가 경제 성장을 추구해 짧은 기간에 많은 이익을 얻으려고 한결같이 달려왔다. 《노자》가 역설하는 '만족함을 아는' 처세법은 우리에게 크게 참고가 될 것이다.

얻으려고 한다면 우선 주라

일반적으로 직선적인 행동이 장점이라고 한다. 목적을 향해 똑바로 돌진하고 벽에 부딪쳐도 무작정 중앙 돌파를 시도할 때가 많다. 이런 방법으로 경제 성장을 달성해왔으므로 이것은 커다란 장점이기도 하다. 그러나 이 방식에는 단점도 있다.

첫째로 언제나 전력 질주하기 때문에 여유가 없다. 힘을 다 써버리는 순간 속도를 잃을 우려가 있다. 상승하는 것도 빠르지만 하락하는 것도 빠르다. 지속력이 부족한 경향이 있다.

둘째로 우리 주위에는 느긋하게 경치라도 바라보면서 자신의 방식으로 달리고 싶다는 사람도 많이 있다. 하지만 중앙 돌파 방식에서는 그런 사람들을 헤집고, 때로는 치고 달려야 한다. 당연히 주위에서 백안시할 때도 있을 것이다. 무슨 일이 있을 때마다 생기는 여러 외국과의 마찰 따위가 그 좋은 예일 것이다.

이런 결점을 보완하는 데에도 《노자》의 사고방식은 상당히 참고가 된다.

《노자》는 직선적인 삶의 방식보다는 곡선적인 삶의 방식이 좋다고 한다. 또 앞으로 나아가는 것만 생각하고 있으면 벽에 부딪치고 만다. '나아가려면 우선 물러나라'고 말하는 것이 그 기본적인 사고방식이다. 유명한 한 구절을 소개하자.

"굽어 있기 때문에 생명을 유지할 수가 있다. 굽어 있기 때문에 뻗을 수가 있다. 패어 있기 때문에 물을 채울 수가 있다. 낡아 있기 때문에 새로운 생명을 깃들게 할 수가 있다."

첫머리의 말은 '곡(曲)이면 온전하다'가 된다. '곡'이란 굽어져 힘을 축적하고 있는 상태를 말하는 것이다. 그와 같은 상태에 있으면 오래 지속한다. 똑바로 뻗은 상태는 어딘가 무리가 있고 취약하다는 것이다. 또는 똑바로 나아가기보다는 굴절된 진행 방법이 도리어 효율적으로 목적을 달성할 수가 있다. 그와 같은 의미로 해석해도 좋을 것이다.

여기에서 '곡전(曲全)'이란 말이 생겼다. 이것도 노자 스타일의 유연하면서도 확실한 처세철학을 대표하는 언어의 하나로 되어 있다.

이와 같은 사고방식을 발전시키면 더욱 나아가 다음과 같은 인식에 도달한다.

"오므리려고 한다면 우선 뻗어준다. 약하게 하려고 한다면 우선 강하게 해준다. 내쫓으려고 한다면 우선 끌어들인다. 취하려고 한다면 우선 준다."

《노자》에서 이렇게 말하고 있는 것은 참으로 확실한 흥정이라고 해도 좋다. 주는 것은 그 전제로서 언젠가 2배, 3배로 되돌려 받을 것이라는 계산이 서있기 때문이다. 이와 같은 인식은 노자만이 아니라 많은 중국인에게서 공통적으로 볼 수 있는 경향이다.

예를 들면, 관중(管仲)이란 명재상이 있었다. 그는 지금으로부터 2700년 전 제(齊)나라의 재상으로서 부국강병에 성공하고 제나라를 일약 강대국으로 끌어올린 대정치가이다. 그런 그도 '취하려고 한다면 우선 주라. 이것이 정치의 요체이다'라고 말하고 있다.

그러면 관중의 정치란 어떤 정치였을까. 중국의 대표적인 역사가인 사마천(司馬遷)이 관중의 정치를 다음과 같이 평하고 있다.

"마치 물이 낮은 곳으로 흐르듯이 끊임없이 백성의 의향에 따라서 적절하게 대처한다. 이것이 관중의 시정(施政)이었다. 따라서 정책을 논의할 경우, 실행 쪽에 주안점을 두고 끊임없이 백성이 무엇을 요구하고 있는지를 염두에 두어 그것을 정책에 반영시켰다. 실패를 범해도 거기에서 교훈을 끄집어내 성공으로 이끈다. 또 끊임없이 균형을 생각해 지나침이 없도록 힘쓴다. 이것이 관중의 특징이다."

무리가 없는 유연한 정치, 그것이 '취하려 한다면 우선 주라'는 방침에 따른 정치였던 것이다. 사원을 몰아세워 무작정 일을 시키는 방법이 아니라 스스로 일을 하지 않을 수 없도록 해준다. 그 같은 환경 조성을 첫째로 생각하는 방법이라고 해도 좋을 것이다.

노자가 노린 것도 실은 그곳에 있다.

"천하를 잡으려고 술책을 쓴 자에게 천하가 잡힌 예는 거의 없다. 천하란 불가사의해서 잡으려 해도 잡히는 것이 아니다. 잡으려 하면 무너져 버리고 장악하려고 하면 도망가버리고 만다."

잡으려고 하면 도망을 가는 것은 천하만이 아니다. '취하려 한다면 우선 주라'는 노자 스타일의 삶의 방식을 몸에 익힐 수 있으면 머지않아 크게 성공을 거둘 수 있을 것이다.

노자식 조직 관리의 요체

이제까지는 주로 《노자》의 사상이나 처세철학을 중심으로 소개해 왔다. 물론 《노자》에는 그것만 있는 것은 아니다.

예부터 중국인은 정치인간으로 일컬어지고 있는 것처럼 정치에 강한 관심을 보여 왔다. 그 결과 모든 고전이 정치를 중요한 주제로서 논하고 있으며 《노자》도 예외는 아니다. 어느 의미에서 《노자》는 정치학의 책이라고 해도 좋을 정도로 열심히 정치를 논하고 이상적인 정치 형태를 추구하고 있다.

《노자》 정치론의 정수는 한마디로 말해서 '무위(無爲)' 또는 '청정(淸靜)'이란 말로 설명할 수 있지 않을까 한다. '무위'도 '청정'도 거의 같은 의미인데, 우선 《노자》의 말을 들어보자.

"천하를 다스리려면 무위로 일관해야 한다. 왜 무위가 아니면 안 될까?

잘 보기 바란다. 금지령이 늘면 늘수록 백성은 가난해지고, 기술이 진보하면 진보할수록 사회는 혼란하지 않은가. 인간의 지혜가 늘면 늘수록 불행한 사건이 끊이질 않고, 법령이 갖추어지면 갖추어질수록 범죄자가 늘고 있지 않은가."

또 《노자》는 윗자리에 있는 자의 마음가짐으로써 '무위로 있으면 백성은 자연히 교화된다. 청정이면 백성은 자연히 정도로 돌아간다'고도 말하였다.

요컨대 《노자》가 말하는 '무위' '청정'이란 간명하게 말해서 첫째로 위로부터의 지시나 금지령 따위는 가능한 한 삼가는 것, 둘째로 백성에게 부담을 강요하는 것과 같은 정책은 행하지 않을 것, 셋째로 정부의 개입을 피해 민간의 활력에 맡긴다는 것이다. 단, '무위'이건 '청정'이건 때때로 오해가 되는 것처럼 아무것도 하지 않고 가만히 있는 것은 아니다.

윗자리에 있는 인물은 누구나 늘 전체의 움직임에 신경을 써 쉴 틈이 없다. 그러나 그것을 입 밖으로 힘들다고 말하거나 불만을 털어놓거나 하면 리더로서는 실격이다. 아무리 힘이 들어도 그것은 윗자리에 있는 자의 당연한 임무인 이상 겉으로 표현하지 말고 태연한 표정으로 있어야 한다. 물 위의 집오리는 편하게 보이지만 물갈퀴는 끊임없이 움직이고 있다. 그것이 《손자》가 말하는 '청정'인 것이다.

《노자》의 이와 같은 정치철학을 잘 표현하고 있는 것이 '큰 나라를 다스리는 것은 소선(小鮮)을 조리는 것과 같다'는 말이다.

'소선'이란 생선이란 뜻이다. 생선을 조릴 때 무턱대고 찌르거나 휘젓거나 하면 형태도 흐트러지고 맛도 떨어지고 만다. 살짝 조려야 한다. 나라의 정치도 마찬가지, 위에서 권력적으로 참견을 하지 말아야 잘 다스려진다는 것이다.

이와 같이 '무위' '청정'을 주지로 한《노자》의 정치철학은 일명 '황로(黃老)의 도(道)'라든가 '황로의 술(術)'로 불리고 있다. 그 유래는 노자의 가르침을 물려받은 사람들이 자신들의 주장에 권위를 부여하기 위해 황제(黃帝)라는 전설상의 황제 이름을 만들어내 노자 위에 씌워서 '황로'로 부르게 되었다고 한다.

예부터 중국의 정치가 가운데에는 이 '황로의 술' 신봉자가 적지 않았다. 그 가운데 조참(曹參)이란 인물이 있다. 그와 관련해서 '황로의 술'이란 것을 좀 더 구체적으로 살펴보도록 한다.

조참은 본래 한의 고조 유방(劉邦) 휘하의 대장으로서 활약한 인물로, 유방이 천하를 통일한 뒤 제(齊)라는 지방의 재상에 임명된다.

조참은 전장에서의 활약은 뛰어났으나 정치에는 완전히 문외한이었다. 그래서 그는 제 땅으로 부임하자 나라 안의 학자를 모아 정치란 어떤 요령으로 해야 하는지 가르침을 청했다고 한다. 그런데 학자들의 조언은 개개인이 달라 이해가 잘 되지 않았다.

때마침 그곳에 '황로의 술'을 배운 노인이 있다는 소문을 들었다. 조참은 곧바로 그 노인을 초대해 가르침을 청한 결과 '치도(治道)는 청정(淸淨)을 주지(主旨)로 한다. 그렇게 하면 백성은 자연히 안정이 된다'고 그 노인은 말하고 정치의 요령을 상세하게 가르쳐주었다. 치도(治道) 즉 정치의 도는 청정을 주지로 한다. 그렇게 하면 백성은 자연히 생활이 안정된다는 것이다.

조참이 노인의 가르침에 따라서 정치를 행한 결과 제나라는 잘 다스려져 그는 오래도록 명재상으로 칭송되었다.

그러면 조참은 어떤 정치를 한 것일까. 그는 얼마 안 가서 실적이 평가되어 중앙 정부의 승상으로 발탁되어 부임지인 제 땅을 떠나게 되었다. 그때 후임 재상에게 다음과 같은 말을 남기고 있다.

"재판과 시장(市場), 이 두 가지에 대해서 부디 신중하게 대처하길 바라오."

후임자는 왜 이 두 가지에만 주의를 촉구했는지 이유를 알 수 없었다. 그래서 그에게 물었다.

"정치에는 이 두 가지보다도 더 중요한 것이 있지 않겠습니까?"

그러자 조참은 이렇게 대답했다.

"아니, 그렇지 않소. 재판도 시장도 둘 다 선과 악이 모여 있는 곳이오. 단속을 너무 엄하게 하면 악인들은 몸 둘 곳이 없어져 좋지 않은 일을 꾸며 사회불안의 요인이 될 것이오. 그래서 나는 이 두 가지에 대해서 주의를 촉구한 것이오."

이 말에서 알 수 있듯이 '황로의 술'에 따른 조참의 정치란, 선도 악도 허용하면서 요점에만 집중하면 그것으로 족하다는 정치였다. 그리고 이것이야말로 《노자》가 주장하는 바로 '무위' '청정'의 정치이다.

이 방법이 모든 경우에 통용된다고 할 수는 없으나 이것으로 잘 되어간다면 조직 관리로서 이상적인 방법에 가까운 것이 아닐까 싶다.

지도자의 4등급

《노자》는 일명 《도덕경》으로도 불리듯이 그 주장의 근저에는 도(道)와 덕(德), 두 가지가 있다.

즉 《노자》는 만물의 근원에 만물을 만물로서 성립시키고 있는 존재가 있다고 생각해 그것을 '도(道)'라고 했다. '도'는 만물을 낳는 것과 같은 그처럼 큰 일을 하면서 조금도 자기를 주장하지 않는다. 겸허하고 더구나 신중한 자세로 일관하고 있다. 이 '도'를 몸에 익힘으로써 '도'가 지닌 뛰어난 기능을 몸에 익힐 수가 있다고 생각했다. 그것이 바로 '덕'이다.

직접 《노자》의 발언에 귀를 기울여보자.

"도란 희미하고 아련한 존재에 지나지 않는다. 그 속에 무언가 형체가 있고 실체가 있다. 속 깊은 곳에 대단한 기운이 숨겨져 있다. 그 기운은 확실히 실재하고 의심할 여지가 없다. 크나큰 덕을 몸에 익히려고 한다면 이 도와 일체화하지 않으면 안 된다."

이와 같이 도를 체득하고 덕을 몸에 익힌 인물이야말로 《노자》가 말하는 이상적인 지도자상인 것이다.

《노자》는 이상적인 지도자상을 '속 깊고 그 깊이를 헤아릴 수 없는' 인물로 단정하면서 다음과 같은 몇 가지 특징을 들고 있다.

첫째로 얼음 언 강을 건너듯이 신중함 그 자체이다.

둘째로 사방의 적에 대비하듯이 조심스럽다.

셋째로 손님으로 초대받은 것처럼 언제나 단정하다.
넷째로 얼음이 녹듯이 얽매임이 없다.
다섯째로 손을 대지 않은 원목처럼 가식이 없다.
여섯째로 흐려진 물처럼 포용력이 풍부하다.
일곱째로 대자연의 골처럼 넓다.

이 말에서 연상되는 것은 여유로운 소박함이다. 그러나 주의 깊게 보면 어디에도 끼어들 틈이 없는 인물이다.

《노자》는 또 이렇게도 말하고 있다.

"도를 체득한 인물은 지식을 과시하지 않는다. 지식을 과시하는 인물은 도를 체득하고 있다고는 말할 수 없다.

욕망에 사로잡히지 않고, 지식에 현혹되지 않고, 재능을 숨기고 세속과 동조한다. 이런 인물이야말로 가장 이상적이다."

또 다른 곳에서는 '훌륭한 지도자는 일을 해도 자기가 했다는 내색은 하지 않고 공적을 세워도 과시하지 않는다. 자기의 재능을 과시하려고 하지 않는 것이다'라고도 말하고 있다.

이상을 종합해보면 《노자》가 말하는 이상적인 지도자란 적어도 다음 두 가지 조건을 충족시켜야만 한다는 것이다.

"첫째로 재능이 풍부해도 그것을 과시하지 않는다.
둘째로 큰일을 성취해도 그것을 내세우지 않는다."

위의 두 가지를 갖추는 것이 최소한의 조건이 될 것 같다.

더 나아가 《노자》는 지도자를 다음과 같이 몇 개의 등급으로 나누었다.

"태상(太上), 즉 최상의 정치란 국민이 위에 누군가가 있다는 것을 아는 것뿐, 그밖에는 아무렇지도 않게 생각하는 정치이다."

그 다음의 등급은 부하로부터 존경받고 친근감을 갖게 하는 자세이다.

셋째의 등급은 부하가 두려워하는 지도자이다. 이것은 상당히 수준이 낮은 상태라고 말한다. 지도자로서 최하인 것은 부하로부터 무시당하는 경우이다. 이렇게 되면 지도자로서 실격이라고 해도 좋을 것이다.

《노자》의 이와 같은 주장을 거울삼아 좀 더 높은 수준의 지도자를 지향해야 할 것이다.

장자

《장자》에 대해서

제자백가의 여러 책 중에서도 가장 이채롭고 문학적 상상력의 보고(寶庫)라고 일컬어지는 《장자(莊子)》의 저자는 장주(莊周)이다.

장주는 유가(儒家)·묵가(墨家)와 더불어 정립하는 도가(道家)의 중심인물이기 때문에 노자(老子)와 아울러 '노장(老莊)'이라고 불리기도 한다.

장주의 생몰 연대는 분명하지 않은데, 《사기(史記)》에서는 위 혜왕(재위 BC 370~319년) 및 제 선왕(재위 BC 319~301년)과 동시대 인물이라고 기록되어 있다. 학자 중에는 장주의 생존 시기를 BC 369년에서부터 BC 286년까지로 추정하기도 한다.

그의 출생지는 몽(蒙), 즉 현재의 하남성(河南省) 상구현(商邱縣) 부근으로 전하는데 당시는 송나라에 속했다.

장주의 활동 시기는 대체로 전국시대이지만, 그는 당시 풍조인 세객들의 유세에 대해서 오히려 초연한 태도를 보였을 뿐 아니라, 《사기》에 의하면 초 위왕에게서 재상 자리의 권유를 받고서도 웃으며 거절했다고 한다. 그렇게 그는 재야의 자유인으로서 생애를 마친 것으로 알려져 있다.

그의 저서인 장자는 논문과 우화로 이루어졌으며, 전문 6만 6천여 자 33편인데, 다시 〈내편〉 7편, 〈외편〉 15편, 〈잡편〉 11편으로 나뉜다. 편명의 이름은 내편에만 의미가 있고, 외편과 잡편에서는 글 첫머리의 문자에 의해서 형식적으로 붙여져 있다. 또한 잡편의 경우, 내용과 문장에 차이가 많아 후세의 위작이라는 설이 일반적이다.

장주의 사상은 노자의 도를 발전 종합한 것으로서 '부지(不知)의 지(知)'와 '만물제동(萬物齊 同)' 등으로 요약된다. 다시 말해서 세속의 권위나 명예 및 도덕 따위는 전혀 무가치한 것이며, 생사는 자연계의 한 현상에 지나지 않는다는 것이다.

《장자》는 처음에 그것이 인간성 회복을 내포한다 하여 체제 유지에 전력을 기울이는 권력 계급에게 질시 받았지만, 근대에 이르러서는 '무위자연의 다스림', 즉 이상적인 정치 형태를 제시했다고 높이 평가받는다.

한편 장주의 신선사상은 민간신앙과 결합, 변질되면서 더욱 세력을 떨쳐, 한때 당나라에서는 《장자》를 《남화진경(南華眞經)》, 장주를 '남화진인(南華眞人)'이라고까지 존숭할 정도였다.

또한 《장자》의 그 자유분방한 상상력은 후세의 문학가에게 《장자》를 필독서로 받아들이게 했을 뿐 아니라, '무용(無用)의 용(用)'이라는 장주의 견해는 문학이 정치·도덕에서 떨어져 나와 독자적인 갈래를 형성하는 근대적인 문학관 확립에도 커다란 역할을 해냈다.

《장자》는 새로운 가치창조의 원천으로 이용될 뿐 아니라 인간이 구현한 현대 문명에 인간이 압박받는 오늘과 같은 역구조(逆構造) 속의 현대인에게 새로운 의의와 반성을 갖게 하는 것이다.

《장자》의 말

초료소어심림(鷦鷯巢於深林), 불과일지(不過一枝)――굴뚝새는 깊은 숲속에 둥지를 만들지만, 그 둥지가 깃드는 곳은 단지 하나의 나뭇가지에 지나지 않는다. 아무리 욕심을 부려도 실제로 사용하는 재보(財寶)는 뻔한 것이다.

〈소요유편(消遙遊篇)〉

대변불언(大辯不言), 대인불인(大仁不仁)――진정한 웅변가는 말하지 않아도 의지가 통하고, 진정한 인자는 정을 베푼 모습을 남에게 보이지 않는다.

〈제물론편(齊物論篇)〉

안시이처순(安時而處順), 애락불능인야(哀樂不能仁也)――죽을 때가 되면 그 순서에 따라서 편안하게 죽는다. 그렇게 하면 슬픔도 즐거움도 끼어들 틈이 없다. 빈부귀천의 경우도 그와 같다. 〈양생주편(養生主篇)〉

지유용지용이막지무용지용(知有用之用而莫之無用之用)――세상 사람들은 유용한 것의 필요함은 알고 있으면서도 무용한 것의 필요함은 잘 모른다.

〈인간세편(人間世篇)〉

인막감어유수(人莫鑑於流水), 이감어지수(而鑑於止水)――누구나 흐르는 물에는 진정한 모습이 비치지 않아 거울로 삼지 않고, 고요한 물에 자기를 비쳐본다. 사람은 언제나 지수(止水)처럼 조용한 마음을 지니고 있으면 세간의 진정한 모습을 포착할 수가 있다. 〈덕충부편(德充符篇)〉

상시이소(相視而笑), 막역어심(莫逆於心), 수상여위우(遂相與爲友)——서로 보면서 웃고 마음에 거스름이 없으니 결국에는 모두가 친구가 된다.
〈대종사편(大宗師篇)〉

수즉다욕(壽則多辱)——오래 살면 욕된 일이 많다. 〈천지편(天地篇)〉

직목선벌(直木先伐), 감정선갈(甘井先竭)——곧은 나무는 먼저 베이고, 수질이 좋은 우물은 먼저 마른다. 〈산수편(山水篇)〉

궁역락(窮亦樂), 통역락(通亦樂)——성인의 도에 도달한 자는 곤궁하면 그 곤궁을 즐기고 뜻대로 되는 경우라면 또 그것을 즐긴다. 〈양왕편(讓王篇)〉

발상의 전환을 촉구

《장자》란 책은 재미에 있어서 다른 고전에는 없는 매력이 넘친다. 그 이유의 하나는 이 책이 두드러지게 문학적이란 데서 찾게 된다. 다른 고전은 대체로 이론이나 이치가 중심에 자리잡고 있어 아무래도 딱딱하다는 인상을 지울 수 없다. 그 점에서 《장자》에는 비유나 우화 등이 많이 사용되고 있어, 이론서라기보다는 문학서의 경향이 짙고 그만큼 재미있게 읽을 수가 있다.

둘째로 내용에 대해서는, 다른 고전이 이 현실을 어떻게 살 것인가 하는 문제를 다루는 것에 비해 《장자》는 현실 그 자체로부터의 초월을 역설하고 있다. 해탈(解脫)의 사상이라고 해도 좋다. 세간의 상식에 사로잡히지 않는 견해와 세속의 가치관을 초월한 삶의 방식, 그것을 말해주고 있는 것이 《장자》이다. 그런 의미에서 수많은 중국 고전 가운데에서도 유달리 이채를 띤다.

서론은 이 정도로 해두고 곧바로 《장자》를 펼쳐 보자. 우선 첫머리에 언급되는 것이 붕(鵬)이란 큰 새에 관한 유명한 설화이다.

아득히 먼 북쪽 바다에 곤(鯤)이란 물고기가 있다. 머리에서 꼬리까지 몇 천 리나 될까, 헤아릴 수 없는 크기이다.

이 곤이 변신하면 붕이라는 새가 된다. 몇천 리가 될지 모르는 몸통, 날개를 펴고 날아오르면 하늘은 검은 구름에 뒤덮인 것처럼 된다. 바람이 불고

파도가 거센 계절이 되면 붕은 멀리 남쪽 바다를 향해 날아간다.

《제해(齊諧)》라는 책에는 여러 가지의 괴기(怪奇)가 기술되어 있는데, 그 가운데서 붕은 다음과 같이 묘사되어 있다.

'남쪽 바다로 향할 때 해면 3000리에 날개를 쳐서 날고 바람을 타고 9만 리 높이로 날아오른다. 그리고 6개월 동안 남쪽 바다를 향해 쉬지 않고 계속 날아간다.'

지상에는 아지랑이가 피어오르고, 먼지가 날고, 생물의 입김이 가득하다. 하지만 하늘은 온통 푸른빛이다. 푸른 것은 하늘 그 자체의 빛은 아니다. 끝없는 거리가 하늘을 푸르게 보이도록 하는 것이다. 9만리 상공을 나는 붕의 눈에는 이 지상이 온통 푸른빛으로 보인다.

물은 깊게 담겨져 있지 않으면 큰 배를 띄울 수 없다. 바닥의 패인 곳에 한 잔의 물. 여기에는 볏짚 부스러기 정도는 뜨지만 술잔을 띄우려고 하면 바닥에 닿는다. 하늘을 나는 것도 이와 마찬가지이다. 큰 날개를 띄우려면 두텁게 쌓인 바람이 필요하다. 9만 리 높이로 날아올라야만 붕의 날개는 강한 바람의 힘으로 지탱이 된다.

바람을 타고 푸른 하늘을 등지고 나는 붕, 그 앞길을 가로막는 것은 아무것도 없다. 이렇게 해서 붕은 남쪽 바다를 목표로 나는 것이다.

매미나 비둘기는 그런 붕을 보고 비웃는다.

"느릅나무나 참빗살나무 가지에 날아 앉는 것조차 큰일인데다가, 날아 앉지 못하고 지면에 내동댕이쳐지는 일도 있다. 9만 리 먼 곳까지 날아가려는 놈의 마음을 알 수 없다."

여행을 해도 교외로 나가는 것이라면 하루치의 식량을 준비하면 충분하지만 100리 길을 떠나는 자는 전날부터 쌀을 찧고, 1000리 여행을 하는 자는 3개월 전부터 준비를 시작한다. 매미나 비둘기가 어찌 알까. 작은 세계에 사는 자에게는 상상도 안 되는 커다란 세계가 있는 것이다.

시간에 대해서도 똑같이 말할 수가 있다. 초나라 남쪽에 명령(冥靈)이란 나무가 있다. 이 나무는 1000년에 한 번 나이테를 더한다. 또 아득한 옛날에 대춘(大椿)이란 나무가 있었다. 이 나무는 1만 6000년 전에 1회, 나이테를 더했다고 한다. 이에 비하면 인간이 장수했다고 해봤자 뻔하다. 장수하길 원하는 인간이 얼마나 가련한가.

대충 이런 식이다. 대붕을 비웃은 매미나 비둘기는 말할 것도 없이 세속의 가치관을 대표한 것이다. 이에 비해서 유유히 하늘을 나는 대붕의 모습은 《장자》가 말하는 인간의 이상적인 삶의 방식을 상징하고 있다.

《장자》를 읽으면 우리가 이제까지 가치가 있다고 인정해온 것이 진실로 가치가 있는 것이었던가 하고 의문을 품게 된다. 좁은 시야에 사로잡혀 있는 것은 아닌가. 좀 더 눈을 크게 뜨면 커다란 진실이 보이게 된다고 발상의 전환을 촉구해오는 것이 《장자》이다. 그것이 이 책의 신비한 매력을 형성하고 있다고 말할 수 있다.

인간의 그릇을 크게 한다

다만 현실을 초월한다는 것은 현실에서 눈을 돌리는 것은 아니다.

《장자》는 이 세상의 모든 것에 '도(道)'가 관통해 있다고 말한다. 그것은 온갖 존재의 근원이고 온갖 존재를 지배하고 있는 근본 원리와 다름없다. 이와 같은 '도(道)'에서 보면 모든 사물에 차별은 없다는 것이 된다. 옳고 그름도 없고, 선도 악도 없다. 가치가 있는 것과 가치가 없는 것의 구별도 있을 수 없다.

설사 차별이 있는 것처럼 보였다고 해도 그것은 일시적인 것에 지나지 않는다. 그렇기 때문에 그 같은 차별에 얽매이는 것은 어리석은 일이라고 《장자》는 말한다.

그것을 말해주고 있는 '조삼모사(朝三暮四)'라는 유명한 이야기가 있다.

원숭이에게 재주를 부리게 해서 돈은 버는 사람이 어느 날 원숭이에게 도토리 먹이를 주면서 말했다.

"앞으로는 아침에 3그릇, 저녁에는 4그릇을 주기로 한다."

원숭이들은 일제히 화를 냈다. 그래서 주인이 '미안, 미안, 그러면 아침에 4그릇, 저녁에 3그릇 주기로 하지' 하면서 설득을 한 결과 원숭이들은 그 순간 화가 풀렸다고 한다.

조삼모사와 조사모삼은 실질적으로 아무런 차이도 없다. 그것을 모르고 눈앞의 일에 사로잡히는 어리석음을 비웃은 것이 이 이야기이다. 우리도 자칫하면 작은 이해 관계에 마음을 빼앗겨 대국적인 판단을 그르치기 쉽다. 원숭이들의 어리석음을 비웃을 수만은 없다.

이와 똑같이 시야가 좁고 세상 물정을 모르는 태도를 경계한 것이 '와우각상(蝸牛角上)의 다툼'이라는 유명한 이야기이다.

옛날, 위(魏)나라에 혜왕(惠王)이란 임금이 있었다. 제(齊)나라와 동맹을 맺고 있었는데 어느 때 상대가 일방적으로 이것을 파기해왔다. 격노한 혜왕은 어떻게든 보복을 할 생각으로 중신 회의를 열어 대책을 도모했다. 그런데 중신들은 즉각 전쟁할 것을 주장하는 자, 평화적인 해결을 주장하는 자, 두 파로 갈려 쉽게 결론이 나지 않는다.

이때 대진인(戴晉人)이란 현자(賢者)가 앞으로 나와 혜왕에게 물었다.

"왕은 와우(蝸牛 : 달팽이)를 알고 있습니까?"

"알고 있소."

"그 와우의 왼쪽 뿔에는 촉(觸)이란 나라가 있고, 오른쪽 뿔에는 만(蠻)이란 나라가 있어 끊임없이 영토 분쟁을 되풀이하고 있었습니다. 어느 때에는 격전이 15일간 계속되었고, 쌍방의 사망자가 수만 명에 이르러 병력을 철수했을 정도라고 합니다."

"농담도 어지간히 해두지."

"결코 농담이 아닙니다. 그 증거로 이제부터 말씀드리는 것을 잘 들어주십시오. 왕께서는 이 우주의 아래 위 사방에 끝이 있다고 생각하십니까?"

"끝은 없겠지."

"그러면 자기의 마음을 그 무궁한 세계에 놀게 하는 자로부터 이 지상의 나라들을 보면 거의 있을까 말까 한 존재라고 말할 수 있지 않을까요."

"과연 그렇게 말할 수도 있겠군."

"그 나라들 가운데에 위나라가 있고, 위나라 안에 수도가 있으며 그 수도 안에 왕이 살고 계십니다. 그렇게 보면 왕과 만나라의 왕은 어느 정도의 차이가 있겠습니까."

"음, 차이가 없다는 것이로군."

혜왕은 대진인이 물러간 뒤에도 한동안은 망연하여 어찌할 바를 몰랐다고 한다.

끝없이 넓은 대우주에서 보면 이 지구상에서 생기는 일 따위는 모두가 '아주 하찮은' 것에 불과하다. 그와 같이 작은 이해 관계에 사로잡히지 않는 태도, 그것이 《장자》가 말하는 '현실에서 초월한다'는 것이다.

반대로 우리의 생활은 여러 가지 이해 관계 속에서 영위되고 있다. 사로잡히지 말라고 말해도 쉽게 초월할 수 있는 것이 아니다. 역시 여러 가지 장애 속에서 아득바득 살아가지 않을 수 없는 것이 우리의 인생인 것이다.

그렇다고 해서 《장자》가 역설하는 세계가 우리와 전혀 무관하다고는 말할 수 없다. 이를테면 당대에 성공한 경영자를 만나는 기회가 있다고 치자. 모두 제각기 박력을 느끼고 찬탄하는 사람과, 반면에 인간적인 폭이 좁다고 느끼는 사람이 있다. 또 기업의 관리직만 해도 그 유능함은 명백히 이해할 수 있으나, 이야기를 나누다 보면 시야가 좁은 것을 느끼는 경우가 적지 않다.

왜 그와 같은 인상을 주느냐 하면, 자기의 생활이나 일에만 사로잡혀 그 밖의 넓은 세계로 눈을 돌리려 하지 않기 때문이 아닐까. 《장자》는 바로 이런 사람들이 읽어야 하는 고전이다. 이것을 읽으면 인간으로서의 그릇을 배로 크게 할 수 있지 않을까. 적어도 그 계기를 만들어주는 것이 《장자》라는 고전이다.

무용(無用)한 것에서 필요한 것을 발견하라

이 세상의 가치는 모두 상대적인 것에 지나지 않는다. 그러므로 그것에 사로잡혀 눈빛을 바꾸는 것은 어리석은 일이다, 라는 것이 《장자》의 기본적인 사고방식이다. 더욱이 《장자》는 거기에서 한 걸음 더 나아가 무용(無用)한 것이야말로 실은 유용한 것이다, 라고 무용의 가치를 적극적으로 평가하고 가치관의 전환을 주장한다.

《장자》는 몇 가지 우화를 빌려 '무용(無用)의 용(用)'에 대해서 말하고 있다. 그 가운데서 가장 유명한 목수의 이야기를 소개해보자.

옛날에 장석(匠石)이라는 뛰어난 목수가 제나라를 여행했을 때의 일이다. 때마침 곡원(曲轅)이란 지방에 다다랐을 때, 그곳에 거대한 상수리나무가 신목(神木)으로 모셔져 있었다.

그 거대함으로 말하면 그 나무 그늘에서 몇천 마리의 소가 쉴 수 있을 정도였다. 줄기의 굵기는 백 아름, 높이는 산을 내려다볼 정도, 지상 2, 30m쯤에서 가지가 갈라져 있는데 그 가지 하나로 충분히 배를 만들 수 있을 정도였다. 그것이 몇십 가지나 퍼져 있었다. 이 거목을 한 번 보려고 찾아오는 자가 끊이지 않아 주변은 마치 시장처럼 북적거렸다. 장석의 제자들은 숨을 죽이고 거목을 바라보았다.

그러나 장석은 눈길도 주지 않은 채 그대로 지나치고 말았다. 가까스로 뒤쫓은 제자들이 물었다.

"주인님, 주인님 밑에 온 뒤로 이제까지 이런 훌륭한 재목을 본 적이 없습니다. 그런데도 눈길 하나 주지 않고 지나치시다니 도대체 이유가 무엇입니까?"

"건방진 소리 마라. 저 나무는 아무런 쓸모도 없다. 배를 만들면 가라앉아 버리고 관을 만들면 금세 썩는다. 가구를 만들면 망가지고 문을 만들면 수액(樹液)투성이가 된다. 기둥을 만들면 순식간에 벌레에 먹히고 만다. 아무런 쓸모도 없는 거목이다. 이렇게 크게 자랄 수 있었던 것도 사실은 쓸모가 없었기 때문이다."

과연 장인답게 제자들과는 안목이 달랐다.

그런데 장석이 여행에서 돌아온 그날 밤, 거목의 영(靈)이 꿈에 나타나 장석에게 이렇게 말했다.

"너는 도대체 나를 무엇에 비교해 쓸모가 없다고 말하는 것인가. 결국 인간에게 도움이 되는 나무와 비교했을 것이다. 과연 배나무나 유자나무 등 열매가 열리는 나무는 너희들에게 도움이 된다. 하지만 열매를 맺기 때문에 가지를 꺾이고 잡아 찢기는 나머지 천수를 다하지 못하고 죽어야만 한다.

자기의 장점이 자신의 생명을 단축하고 있다. 즉 스스로 찾아서 세속에 짓밟히고 있는 것이다. 대체로 이 세상의 사람이나 사물도 모두 쓸모가 있다고 해 똑같은 어리석음을 되풀이하고 있다. 하지만 나는 다르다. 나는 오늘날까지 일관해서 쓸모가 없기만을 힘써 왔다. 천수를 다하려는 이제 확실히 쓸모없는 나무가 되었다. 만일 내가 쓸모가 있었다면 틀림없이 옛날에 베어졌을 것이다."

이 거목이 말하고 있는 뜻이야말로 《장자》가 하고 싶은 말이다. 즉 굳이 유용함을 추구하지 않고 무용으로 일관해왔기 때문에 오래 버틸 수 있었다는 것이다.

《장자》에는 저자인 장자라는 인물과 그 라이벌인 혜자(惠子)라는 인물과의 논쟁이 많이 실려 있다. 다음의 이야기는 그 가운데 하나이다.

어느 때 혜자가 장자의 주장을 비판했다.

"그대의 이론은 현실적으로 아무런 도움이 되지 않는다."

장자는 곧바로 반박했다.

"무용(無用)이 무엇인가를 알고 있는 인간만이 유용(有用)한 것에 대해서 말할 자격이 있다. 이를테면, 우리 두 사람이 서 있는 이 대지는 끝도 없이 넓다. 하지만 지금 우리에게 필요한 것은 발을 딛고 서 있는 약간의 면적에 지나지 않는다. 그러나 그렇다고 해서 발을 딛고 있는 크기만 남기고 주위를 땅 속까지 파내려 가면 어떻게 될까. 그래도 남긴 부분이 우리에게 도움이 될까?"

"그야, 도움이 될 리가 없지 않은가."

"그것 보라고. 무용한 것이야말로 진정으로 유용하다는 것을 이제 알았을 것이다."

과연 그렇다 생각하고 우리 주위를 다시 살펴보면 '쓸모가 없는 것이 쓸모가 있는' 역할을 하고 있는 것이 많이 있다. 단지 우리가 쓸모가 있는 것에만 시선을 빼앗겨 그것을 깨닫지 못할 뿐이다.

《장자》도 '사람이 모두 유용한 것의 쓸모만 알고 무용한 것의 쓸모를 모른다'고 탄식한다. 유용성만을 한결같이 추구하는 인간은 장래 대성하기 어려울 것으로 생각된다. 《장자》가 말하는 '무용한 것의 쓸모'를 발견할 수 있으면 틀림없이 인생에 새로운 전망이 열리게 될 것이 틀림없다.

잊는 것의 효용

사람은 무슨 일이건 시종 그것이 가슴 속에서 떠나지 않고 마음에 걸려 있으면 견뎌낼 수 없다. 이른바 좌망(坐忘 : 도(道)와 일체가 되는 것)이라고 해서 무슨 일이건 모두 잊고 가슴을 시원하게 비운 경지에 이르러야만 비로소 만사에 자유로운 판단이 가능해지는 것이다.

속을 비운 경지에서만 어떤 사태에도 유연하게 대응할 수 있는 판단력이 몸에 붙는다고 한다.

《장자》에는 공자와 안회(顔回)의 다음과 같은 좌망문답이 소개되어 있다.

어느 때 안회라는 제자가 공자에게 말했다.

"저의 수양도 상당히 진전이 있는 것 같습니다."

"허허, 왜 그렇게 생각하나?"

"저는 인의(仁義)를 잊을 수 있게 되었습니다."

"과연, 그것은 좋은데 아직 충분하다고는 할 수 없네."

그 뒤 안회가 다시 공자에게 말했다.

"저는 그 뒤 더한층 진보했습니다."

"허허, 말하자면……."

"저는 예악(禮樂)을 잊을 수 있게 되었습니다."

"좋다. 하지만 아직 충분하다고는 말할 수 없네."

그 뒤 또 십여 일이 지나서 안회는 세 번째로 공자에게 말했다.

"저는 더욱 진보했습니다."

"그렇다면 그것은……."

"저는 좌망할 수가 있습니다."

"좌망?"

공자는 자세를 바로잡고 되물었다.

"그것은 무엇을 말하는 것인가?"

"오체(五體)에서 힘을 빼고 일체의 감각을 없애 몸도 마음도 모두 비워 '도(道)'의 작용을 받아들이는 것입니다."

그 말을 듣자 공자는 이렇게 말했다.

"도의 작용을 받아들이면 시비선악(是非善惡)의 감정에 사로잡힘 없이 도와 함께 변화해 무한한 자유를 획득할 수 있을 것이네. 그건 그렇다 치고 그대는 거기까지 진보했단 말인가. 나도 뒤처지지 않도록 해야겠네."

이것이 유명한 공자와 안회의 좌망문답이다. 요컨대 좌망이란 마음을 비운 경지, 잡념을 없앤 상태라고 이해해도 좋을 것이다.

그것을 더욱 설명하고 있는 것이 역시 공자와 안회의 다음과 같은 문답이다.

어느 때 안회가 공자에게 물었다.

"언젠가 깊은 늪을 나룻배로 건넌 적이 있는데 사공이 나룻배를 다루는 솜씨가 정말로 신기(神技)였습니다. 그래서 제가 물어보았습니다. '그 정도의 솜씨는 누구나 터득할 수 있습니까?' 그러자 그는 '아무것도 아닙니다. 수영만 잘하면 당장이라도 할 수 있습니다. 잠수의 명인이라면 배 같은 건 본 적이 없어도 곧 저을 수 있습니다'라고 대답했습니다. 저는 그 이유를 물었으나 아무런 대답도 해주지 않았습니다. 도대체 이것은 무엇을 말하는 것입니까?"

공자는 다음과 같이 대답하였다.

"수영을 잘 하는 자라면 당장 할 수 있다는 것은 물을 의식하지 않기 때문일세. 잠수의 명인이라면 바로 저을 수 있게 된다는 것은 늪도 물도 똑같이 보이기 때문일세. 그렇기 때문에 눈 앞에 어떤 사태가 벌어져도 마음이 흐트러지지 않는 거네. 언제나 태연자약하게 대처할 수가 있는 것일세.

도박을 예로 들어보세. 기왓장처럼 그다지 가치가 없는 것을 걸었을 때에는 잘 되는데, 허리띠 장식과 같은 다소 돈이 되는 것을 걸었을 때에는 평정심을 잃고, 황금과 같은 고가의 것을 걸게 되면 마음이 흔들리게 되네. 솜씨에 변함은 없으나 아쉽다는 마음이 강해짐에 따라서 마음의 흐트러짐도 격해지는 것일세."

의식을 비우고 아무 것에도 사로잡히지 않는 상태, 그와 같은 경지에 도달할 수 있게 되면 일체의 고정 관념에 좌우되지 않고 허심으로 유동하는 정세에 대처할 수 있을 것이다. 특히 지도자가 중요한 결정을 내릴 때에는 자신을 무심의 경지, 무아의 상태로 둘 필요가 있다. 즉 '좌망(坐忘)'의 경지에 도달해야만 비로소 오류가 없는 결정을 내릴 수 있는 것이다.

이상적인 지도자는 목계(木鷄)와 같다

《장자》는 이상적인 지도자상에 대해서 다음과 같이 말한다.

"역경에도 불만을 품지 않고, 영달을 기뻐하지도 않으며 만사를 있는 그대로 맡겨 일을 꾸미려고 하지 않는다. 실패해도 아파하지 않고 성공해도 우쭐하지 않는다."

또 다음과 같이 말하기도 한다.

"마음은 거울과 같은 것이다. 자체는 조금도 움직이지 않는다. 오는 것은 그대로 비추는데 떠나 버리면 아무런 흔적도 남기지 않는다. 따라서 어떤 사태에도 대응할 수 있고, 게다가 상처를 입는 일은 없다."

이 두 설명은 약간 추상적이고 이해하기 어려울지도 모른다. 이것을 좀 더 구체적으로 말해주고 있는 것이 양자거(陽子居)와 노담(老聃)이 나눈 다음의 문답이다.

어느 때 양자거가 노담에게 물었다.

"신속 과감한 행동력, 투철한 통찰력을 겸비하고 게다가 끈질기게 '도(道)'를 배우는 인물이 있다면 이상적인 지도자라고 말할 수 있지 않겠습니까."

노담은 고개를 가로저었다.

"무슨 말씀, 그런 자는 기껏해야 말단 관리에 지나지 않아. 약간의 재능밖에 없고 더구나 그것에 얽매어 몸도 마음도 지치게 만드는 가련한 놈이지. 게다가 어설픈 재능 따위를 지니면 도리어 몸을 망치네. 호랑이나 표범은 아름다운 모피 탓에 사냥꾼에게 살해되고, 원숭이나 사냥개는 그 민첩한 탓으로 사슬에 묶여진다. 그런 놈을 어찌 이상적인 지도자라고 말할 수 있을까?"

양자거는 부끄러움에 몸이 움츠러들었다. 그러나 그는 더욱 다그쳐 물었다.

"그러면 이상적인 정치란 어떤 것입니까?"

"글쎄, 그 공덕은 천하를 뒤덮고 있는데 일반인의 눈에는 그와 아무런 관계도 없는 것처럼 보인다. 그 교화는 만물에 미치고 있는데 사람들은 전혀 그것을 깨닫지 못한다. 천하를 다스리고 있어도 시책의 뒤를 남기지 않는다. 그러면서도 만물에 제각기 고르게 미치게 한다. 이것을 이상적인 정치라고 하는 것일세."

넘쳐날 정도로 재능이 풍부하면서도 굳이 무능으로 일관해 말없는 설득력으로 사람들을 감화한다. 이것이 《장자》에서 본 이상적인 지도자상이라고 할 수 있다. 이것을 더욱 잘 설명해주는 것이 유명한 목계(木鷄)의 이야기이다.

옛날에 투계(鬪鷄)를 훈련하는 기성자(紀渻子)란 명인이 있었다. 그는 어느 날 왕으로부터 닭 한 마리를 훈련시키라는 지시를 받았다.

10일쯤 지났을 때 왕이 물었다.

"어떤가, 이젠 쓸 만하지 않은가?"

그러자 명인이 대답을 했다.

"아닙니다. 아직 멀었습니다. 지금은 살기가 등등해 무턱대고 계속 적을 찾고 있습니다."

그 뒤 10일이 지나서 왕이 또 묻자 명인이 대답했다.

"아직 더 있어야겠습니다. 다른 닭의 울음 소리를 듣거나 낌새를 느끼면 순식간에 투지를 불태웁니다."

또 10일이 지나서 왕이 물었다.

"아직 안 되겠습니다. 다른 닭을 보면 노려보거나 흥분하거나 합니다."

다시 10일이 지난 뒤 왕이 묻자 이번에는 명인이 이렇게 대답했다고 한다.

"이제 좋습니다. 곁에서 다른 닭이 아무리 울고 도전해도 전혀 움직일 기색이 없습니다. 마치 나무로 만든 닭처럼 보입니다. 이것이야말로 덕이 충실하다는 증거입니다. 이렇게 되면 어느 닭이든 당해낼 수 없습니다. 모습을 보기만 해도 도망을 가고 말 것입니다."

'덕(德)'이라는 것은 이 경우 재능이라든가 권모술수도 포함되는 것으로 생각해도 좋다. 그와 같은 요소를 충분히 몸에 익히고 있으면서도, 보기에는 나무를 깎아 만든 닭처럼 보이기만 한다는 것이다. 다른 닭이 보기만 해도 꽁무니를 빼고 도망을 하므로 그 설득력이야말로 뛰어난 것이다.

이와 같은 목계(木鷄)야말로 《장자》에서 말하고 있는 이상적인 지도자상인 것이다.

명리(名利)에 사로잡히지 않는 삶의 방식

《장자》의 저자는 장자이다. 《사기》에 의하면 이름을 주(周)라 하고 송(宋)나라 몽현(蒙縣) 사람으로, 젊어서는 칠전(漆畑)의 관리를 지냈다 하지만 상세한 경력은 알려진 것이 없다.

장자가 살았던 때는 지금으로부터 2300년 전, 전국시대의 와중이었다. 그 무렵에는 여러 나라들이 모두 널리 인재를 찾아 부국강병을 도모하고 있었기 때문에 재능만 있으면 출세할 기회는 얼마든지 있었다.

그러나 장자는 그와 같은 풍조에 등을 돌리고 재야의 숨은 군자로서 생애를 마친 것으로 전해져 있다. 그와 같은 의미에서 몸으로 자신의 주장을 실천했다고 해도 좋다. 그런 그에게 이런 이야기가 있다.

장자가 여느 때와 다름없이 복수(濮水)란 강에서 낚시를 즐기고 있었다. 초(楚)나라의 중신 두 사람이 왕의 내명(內命)을 받고 찾아왔다. 사자는 장자를 만나자마자 이렇게 부탁을 했다.

"부디 이 나라의 재상이 되어주십시오. 왕의 소망이십니다."

장자는 낚시를 드리운 채 돌아보지도 않고 대답을 했다.

"이 나라에는 죽은 지 3000년이나 된 영험이 있는 거북의 등딱지가 있다고 들었습니다. 그리고 왕은 그것을 비단에 싸서 상자에 넣어 소중하게 모시고 있는 것으로 알고 있습니다. 그런데 그 거북에게는 죽은 뒤 모셔지고 있는 상태와, 진흙탕에 꼬리를 질질 끌면서 살아 있었던 때의 상태 중 어느 쪽이 좋았다고 생각하십니까?"

"그야 살았을 때가 좋았겠죠."

그러자 장자는 말했다.

"자, 이제 그만 돌아가 주십시오. 나도 진흙탕 속에서 꼬리를 질질 끌면서 살고 싶습니다."

묘당(廟堂)에 서서 천하를 다스리기보다는 한 자유인으로서 한가롭게 살고 싶다는 것이다. 이것이야말로 명리에 사로잡히지 않은 장자다운 삶의 방식이 아닌가.

장자의 삶의 방식에 대해서는 이런 이야기도 전해진다.

송나라에 조상(曹商)이란 사내가 있었는데 송왕의 명을 받아 진나라에 사자로 가게 되었다. 갈 때에는 수레가 불과 몇 대에 지나지 않았으나, 어찌 된 일인지 진나라 왕에게 신임을 얻어, 돌아올 때에는 수레 100대를 거느리고 돌아왔다. 사내는 장자를 만나자 이렇게 자랑했다.

"가난해서 뒷골목 공동 주택에 살면서 짚신을 만들거나 하는 것은 힘들지만, 큰 나라의 군주를 설득해 순식간에 수레 100대를 거느리는 신분이 되는 것쯤은 문제도 없소이다."

그러자 장자는 이런 말로 되받았다.

"진나라 왕은 병으로 여러 나라에서 명의를 모으고 있다 하지 않소? 종기를 터뜨려 고친 자에게는 수레 한 대, 치질을 핥는 자에게는 수레 5대. 아래로 내려가면 내려갈수록 수레 수가 많아진다지. 그대는 그렇게 수레를 많이 받은 것을 보니 치질이라도 고쳐주었나? 자, 이제 그만 돌아가 주오."

이것 역시 명리에 담담한 자유인으로서의 면목이 분명함을 엿보게 하는 것이다.

장자 자신에 관한 이와 같은 이야기는 《장자》 안에 많이 소개되어 있다. 그것들이 모두 좋은 이야기만은 아니다. 개중에는 장자 자신이 뜻하지 않게 실수를 한 흥미로운 이야기도 있다.

장자가 숲에서 사냥을 즐기고 있었을 때 남쪽에서 이상한 까치가 날아왔다. 그것이 장자의 이마를 스치면서 날아가 가까운 밤나무 숲에 앉았다.

"이상한 새로구나. 큰 날개를 지니고 있으면서 날지 못하고 큰 눈을 지니고 있으면서 아무것도 보이지 않는 것 같다."

장자는 이렇게 중얼거리면서 옷자락을 걷어 올리고는 밤나무 숲으로 들어가 까치를 노리고 화살을 시위에 메겼다.

그런데 자세히 보니 까치는 잎 그늘에 있는 사마귀를 노리고 있다. 그 사마귀는 시원한 나무 그늘에서 울고 있는 매미를 노리고 있다. 사마귀도 까치도 눈앞의 사냥감에 마음을 빼앗겨 내 몸에 닥쳐오는 위험을 깨닫지 못하고 있다.

"먹이를 노리는 자, 또 먹잇감이 되는구나. 이익을 쫓는 자는 해를 가져온다. 위험하다, 위험해."

장자는 그렇게 중얼거리면서 활을 버리고 서둘러 숲에서 빠져나왔다. 그런데 뒤쫓아 온 밤나무지기에게 밤 도둑으로 몰려 욕을 먹는다. 그 뒤 3개월간 장자는 방에 틀어박혀 울적하게 지냈다고 한다.

명예나 이익 따위는 안중에도 없는 장자조차 때로는 이 같은 실수를 범한다. 하물며 우리 같은 범인은 더 말할 나위도 없다. 좀처럼 《장자》가 말하는 '좌망(坐忘)'이나 '목계(木鷄)'와 같은 경지에는 이르지 못해도 더욱 노력을 축적하는 것이 인간으로서의 성장으로 이어지게 될 것이 틀림없다. 그 실마리를 《장자》라는 고전에서 얻을 수 있을 것이다.

관자

《관자(管子)》에 대해서

《관자》는 춘추시대, 제(齊)나라의 재상이었던 관중(管仲)의 언설을 수록한 것이다. 원본은 86편이지만 오늘날 전해지고 있는 것은 모두 76편이다. 그 가운데서 관중 자신이 쓴 것은 목민(牧民), 형세(形勢), 권수(權修), 입정(立政), 승마(乘馬), 7법(七法), 판법(版法), 유관(幼官), 유관도(幼官圖)의 9편이고 나머지 여러 편은 후세 사람이 쓴 것으로 간주되고 있다.

그 특징을 말하자면 경제력의 상승과 민생의 안정을 도모한, 2000 수백 년 전으로서는 대단히 선견성이 풍부한 사고방식이다. 관중은 재상으로서 제나라 환공(桓公)에게 봉사하고 평범한 나라에 지나지 않았던 제를 일약 최대의 강국인 '패자'로까지 키워냈다. 그만큼 그가 채용한 정책이 적중했다는 것이다.

그와 같은 배경도 있어 《관자》는 후의 위정자들로부터 주목을 받고 널리 읽혀왔다.

《관자》의 말

창름실(倉廩實), 즉지예절(則知禮節), 의식족(衣食足), 즉지영욕(則知榮辱)——곳간이 차야 사람은 비로소 예절을 알 수가 있고, 일상 생활에 필요한 의식이 충분해지면 비로소 진정한 명예와 치욕이 무엇인지를 안다.

〈목민편(牧民篇)〉

정지소흥(政之所興), 재순민심(在順民心), 정지소폐(政之所廢), 재역민심(在逆民心)——정치의 발흥은 위정자가 민심에 따르는 데 있다. 반대로 정치의 황폐는 민심을 거스르는 데 있다. 〈목민편(牧民篇)〉

필득지사(必得之事), 부족뢰야(不足賴也), 필낙지언(必諾之言), 부족신야(不足信也)——수단 방법을 가리지 않고 무조건 얻고자 하는 일은 믿을 수

없고, 만사를 좋다고 승낙만 하는 말은 믿을 것이 못 된다. 〈형세편(形勢篇)〉

지지생재유시(地之生財有時), 민지용력유권(民之用力有倦), 이인군지욕무궁(而人君之欲無窮)——흙의 산물은 계절의 제한이 있고 백성의 노동력은 한계가 있는데, 군주의 욕심은 끝이 없다. 〈권수편(權修篇)〉

군국지중기(君國之重器), 막중어령(莫重於令), 영중즉군존(令重則君尊)——군주와 나라의 중요한 수단으로 법령보다 중한 것이 없다. 법령이 중하면 곧 군주가 존경받는다. 〈중령편(重令篇)〉

이불명어기수(而不明於機數), 불능정천하(不能正天下)——천하의 기수(機數 : 알맞은 시기와 책략)를 두루 알지 못하면서 천하를 바로잡을 수 없다. 〈칠법편(七法篇)〉

애자증지시야(愛者憎之始也), 덕자원지본야(德者怨之本也)——사랑이 미움의 발단이 되고 은혜가 원망의 원인이 된다. 〈추언편(樞言篇)〉

쟁천하자(爭天下者), 필선쟁인(必先爭人)——무릇 천하를 얻고자 다투는 사람은 반드시 백성을 얻고자 먼저 다툰다. 〈패언편(霸言篇)〉

관포지교(管鮑之交)

《관자》라는 고전은 몰라도 명재상 관중의 이름은 어딘가에서 들은 적이 있을지도 모른다. 지금으로부터 2000 수백 년 전, 춘추시대에 활약한 재상인데 중국의 오랜 역사 가운데서도 명재상이라고 하면 반드시 이름이 오르는 것이 이 관중이다.

탁월한 정치가였던 관중의 지론을 정리한 것이 《관자》라는 고전이다.

관중이 활약한 춘추시대는 주왕조의 권위가 쇠퇴하고 그것에 대신해 실력 있는 제후가 잇따라 나타나 천하의 정치를 주름잡았다. 이를 '패자(霸者)'라고 한다. 춘추시대에 최초로 '패자'가 된 것은 제나라의 환공(桓公)이다. 이 환공에게 봉사한 사람이 다름 아닌 관중이었다.

제는 오늘날의 산둥반도(山東半島)에서 그 일대를 통치하던 나라인데 환공이 즉위한 무렵에는 그다지 강한 나라는 아니었다. 또 군주인 환공도 평범한 인물이었다. 그런데 관중을 맞이한 뒤로는 갑자기 힘이 붙기 시작해 일약 '패자'로서 천하에 호령을 하기에 이른 것이다. 그 공적 모두가 재상 관중의 역량에 따른 것이었다. 이것으로 그의 남다른 역량의 정도를 가늠할 수 있는 것이다.

중국 속담에 '관포지교'란 말이 있다. 이것은 관중과 그의 어릴 적 친구였던 포숙아(鮑叔牙)라는 인물과의 우정을 이야기한 것으로, 이 속담이 생긴 배경에는 다음과 같은 일화가 있었다.

관중은 처음부터 환공의 참모는 아니었다. 요즘식으로 말하면 중도에 스카우트된 인재이다. 이야기는 거슬러 올라가 환공이 즉위했을 때의 일이다. 왕위의 계승권을 둘러싸고 환공과 규(糾)라는 형과의 사이에 골육상쟁이 전개되었다. 결국, 환공이 규를 쓰러뜨리고 즉위했는데 이 싸움에서 관중은 패한 규쪽의 참모였다. 관중은 그 싸움에서 환공에게 화살을 겨누었던 한 사람으로 체포되는데, 중간에 나서서 그 관중을 구해준 것이 환공의 참모로 있었던 어릴 적 친구인 포숙아였다. 포숙아는 환공을 향해 다음과 같이 설득을 했다.

"저는 다행스럽게도 주군에게 봉사할 수 있게 되었고, 그리고 지금 주군께서는 왕위에 오르셨습니다. 그러나 앞으로의 일을 생각하면 저에게는 짐이 지나치게 무겁습니다. 주군께서 제(齊) 한 나라의 왕으로서 만족하신다면 저만으로도 충분할 것입니다. 그러나 천하의 패자가 될 생각이시라면 관중 외에는 달리 적임자가 없습니다. 관중을 쓰는 나라는 반드시 천하에 군림할 것입니다. 부디 관중에게 이 나라의 정치를 맡겨주십시오."

이렇게 해서 관중은 죄를 용서받았을 뿐만 아니라 일찍이 적이었던 나라의 재상에 등용이 된 것이다. 그가 정치의 무대에서 지닌 능력을 충분히 발휘할 수 있었던 것은 포숙아의 중재가 있었기 때문이다.

포숙아로서 관중은 라이벌이었다. 사람은 누구나 자기의 지위를 위협하는 우수한 인재를 혐오한다. 당해낼 재간이 없다고 생각되면 뒤로 돌아 정치적인 흥정 등으로 어떻게든 상대의 지위를 위태롭게 하려는 것이 인지상정이다. 그런데 포숙아는 달랐다. 누구보다도 자신의 그릇이 어느 정도인지를 잘 알고 있었다. 그래서 나라와 환공을 위해 굳이 관중을 추천했던 것이다.

훗날 관중은 포숙아와의 우정을 다음과 같이 회상하고 있다.

"나는 지난날 가난했을 때 포숙아과 함께 장사를 한 적이 있다. 몫을 나눌 때 내가 더 차지했으나 그래도 그는 욕심을 부리지 않았다. 내가 가난한 것을 알고 있었기 때문이다. 또 그에게 이름을 떨치게 하려고 계획한 일이 도리어 그를 궁지에 빠지게 한 적도 있었다. 그러나 그는 나를 어리석은 자로 부르거나 하지는 않았다. 모든 일에는 잘 되는 경우와 그렇지 않은 경우가 있음을 알고 있었기 때문이다.

또 나는 몇 번인가 관직에 오르고 그때마다 해고를 당했는데, 그래도 그는 내가 무능하다는 말은 하지 않았다. 내가 때를 잘못 만난 것을 알고 있었기 때문이다. 또 나는 싸움에 나갈 때마다 도망쳐왔지만, 그는 내가 겁쟁이라고 말하지도 않았다. 나에게는 노모가 있다는 것을 알고 있었기 때문이다.

그리고 공자(公子)인 규가 후계자 다툼에서 패했을 때 나는 살아 죄인으로서 오랏줄에 묶이는 치욕을 당했는데, 그는 나를 파렴치하다고 말하지는 않았다. 내가 눈앞의 명예에 얽매이지 않고 천하에 공명(功名)이 나타나지 않는 것이야말로 치욕으로 생각하고 있는 것을 알고 있었기 때문이다. 나를 낳아준 것은 부모인데 나를 이해해준 것은 포숙아이다."

관중의 이 회상은 이상적인 우정이란 어떤 것인지를 잘 말해주고 있다. 그리고 이 두 사람의 우정에서 '관포지교(管鮑之交)'란 말이 나오게 된 것이다.

포숙아는 관중을 재상으로 추천한 뒤, 자신은 관중보다 낮은 자리에 올라 환공에게 봉사했다. 그것을 본 세상 사람들은 관중의 수완을 칭찬하기보다도 오히려 포숙아의 인품을 높이 평가했다고 한다.

한편 환공에게 봉사하게 된 관중은 그 뒤, 40년의 오랜 기간에 걸쳐서 재상을 지내고 약소국에 지나지 않았던 제나라를 최대의 강국으로 성장시켰다. 어떻게 이와 같은 급성장이 가능했는지, 그 비밀을 풀어주는 열쇠가 《관자》인 것이다. 《관자》의 내용에 따라 관중이 펼친 정치의 특징을 더듬어보자.

현실에 바탕을 둔 이상

관중이 한 말로 널리 알려져 있는 것이 '의식이 족해야 예절을 안다'는 것이다. 그런데 이것은 원전에 비쳐보면 정확하지가 않다. 《관자》에 있는 말은 '창름(倉廩)이 차야 예절을 알고 의식(衣食)이 족해야 영욕을 안다'고 되어 있다. '창름'이란 곡물을 넣어두는 창고, '영욕'이란 명예와 치욕과 같은 뜻이다.

이것을 축소해 일반적으로는 '의식이 족해야 예절을 안다'고 말하고 있는데, 아무튼 생활이 안정되면 자연히 국민의 도덕 의식이 높아진다는 의미임에는 틀림이 없다.

오늘날의 사회상을 보면 풍요롭기는 하지만 누구든지 반드시 예절을 지킨다고는 말할 수 없으므로 이 말이 꼭 들어맞지 않는 것처럼 생각되기도 한다. 그러나 관중이 강조하고 싶은 점은 경제를 중요시하라는 것이다. 국가의 번영을 꾀하려 한다면 무엇보다도 먼저 경제력을 높여 민생의 안정을 도모할 것, 이것이 우선이라는 것이다. 관중은 이렇게 말한다.

"물자가 풍부한 나라에는 아무리 멀어도 백성은 모여들고, 개발이 진전된 나라에서 빠져나가는 백성은 한 사람도 없다.

위정자는 무엇보다도 우선 경제를 중요시하지 않으면 안 된다. 형벌 등은 양의적(兩義的)인 것에 지나지 않는다. 우선 민생을 안정시키고 도덕 의식을 높이는 것, 이것이 국가 존립의 기초이다."

경제를 중요시하라는 주장은 현대에서는 너무나 상식적일지도 모른다. 그러나 관중이 살았던 시대는 지금으로부터 2000 수백 년 전, 피비린내 나는 전국의 세상이었다. 보통이라면 오로지 군사력의 확장으로만 치달을 때인데 관중은 경제 중시를 주장하고 더구나 그것을 실천해 훌륭한 성과를 거두고 있다. 과연 대단한 견식과 역량이 아닌가.

단, 관중은 단순히 경제력을 높이면 족하다고 말하는 것은 아니다. 경제력을 높이는 것은 어디까지나 수단이고 목적은 그것으로 도덕 의식의 향상을 꾀하는 데 있었다.

그러면 도덕 의식이란 구체적으로 무엇을 가리키고 있는 것일까. 관중은 예(禮), 의(義), 염(廉), 치(恥)의 네 가지를 든다.

우선 첫째의 예, 이것은 절도를 지킨다는 것이다.

둘째의 의는 자기 선전을 하지 않는 것.

셋째의 염은 자신의 과오를 숨기지 않는 것이다.

마지막의 치는 타인의 나쁜 일에 끌려들지 않는다는 의미이다.

《관자》는 이 네 가지 덕을 들고 다음과 같이 계속한다.

"백성이 절도를 지킬 수 있게 되면 질서는 안정된다. 누구나 자기 선전을 하지 않으면 거짓은 없어진다. 자신의 과오를 숨기는 자가 없으면 부정(不正)은 자연히 모습을 감춘다. 타인의 나쁜 일에 끌려드는 자가 없어지면 당치도 않은 나쁜 짓은 꾸밀 수 없게 된다.

나라는 이 예, 의, 염, 치, 네 가닥의 줄로 유지되고 있다. 네 개 가운데 하나라도 끊어지면 안정을 잃는다. 두 개가 끊어지면 휘청거린다. 세 개가 끊어지면 뒤집힌다. 네 개가 모두 끊어지면 멸망하고 만다. 안정은 되찾을 수가 있다. 기울거나 뒤집혀도 다시 세울 수가 있다. 하지만 멸망해버리면 더 이상 어찌할 도리가 없다."

이와 같이 《관자》는 정치의 근본은 도덕 의식의 향상에 있다고 역설하였다. 그러나 그렇다고 해서 관중이란 정치가를 도덕지상주의의 고집불통으로 받아들인다면 곤란하다. 오히려 그의 정치는 어느 의미에서는 극히 유연했다.

"백성의 소망을 알아차려 그것을 이루는 것, 이것이 정치의 요체이다. 백성의 소망을 무시한 정치는 반드시 벽에 부딪친다."

즉 정치를 입안(立案)할 때는, 지금 백성이 무엇을 소망하고 있는지 그것을 잘 확인해 그 소망에 따른 정치를 펼치라는 것이다. 흐름에 거스르지 않는 정치라고 해도 좋다.

《관자》의 말에 좀 더 귀를 기울여보자.

"백성은 누구나 노고를 싫어한다. 그러므로 군주는 백성의 노고를 덜어줄 방법을 강구해야 한다.

백성은 누구나 가난을 싫어한다. 그러므로 군주는 백성의 생활을 풍요롭게 해야 한다.

백성은 누구나 재난에서 벗어나려고 한다. 그러므로 군주는 백성의 안전을 도모해야 한다.

백성은 누구나 일족 멸망의 쓰라림에서 벗어나려고 한다. 그러므로 군주는 백성의 번영을 도모해야 한다."

이상의 조건이 충족되면 그 결과는 어떻게 될까.

"노고를 덜어주는 군주를 위해서라면 백성은 어떤 노고도 서슴지 않을 것이다. 생활을 풍요롭게 해주는 군주를 위해서라면 백성은 어떤 가난도 견뎌낼 것이다. 안전을 도모해주는 군주를 위해서라면 백성은 어떤 재난도 감수할 것이다. 번영을 도모해주는 군주를 위해서라면 백성은 목숨을 걸고서라도 싸울 것이다.

백성의 마음을 잡으려고 하지 않고 단지 형벌로 위압하고 복종시키려 해도 그것은 불가능하다. 백성이 복종하지 않는다고 형벌을 엄하게 하고 사람을 처형해 위협하려고 한다. 이것은 스스로 무덤을 파는 것과 같은 것이다."

이렇게 말한 뒤 '취하려고 한다면 우선 주라. 이것이 정치의 요체이다'라고 단언하고 있다. 나라가 백성에게 요구하기보다는 우선 백성의 소망에 귀를 기울이고 그것을 실현하는 것이 우선이라는 것이다.

이상을 내걸면서 이상에 치우치지 않고 현실주의의 유연성을 혼합한 것이 관중 정치의 특징이었다.

위정자의 마음가짐

《관자》가 주장한 정치는 어떤 정치였을까. 이번에는 위정자 쪽에서 살펴보도록 하자. 《관자》는 군주가 범하기 쉬운 과오에는 세 가지가 있다고 이렇게 말하였다.

"군주는 백성에 대해서 세 가지 일을 하려고 한다. 그러나 이것은 한도를 모르면 군주의 지위를 위태롭게 한다. 세 가지 일이란 무엇인가. 요구하는 것, 금하는 것, 명령하는 것이다."

그러면 왜 이 세 가지가 서투를까.

《관자》는 이에 대해 이렇게 설명하고 있다.

"반드시 요구하는 것 이상으로 얻어내고 싶다. 금하는 것 이상으로 반드시 중단시키고 싶다. 명령을 내린 이상으로 반드시 지키게 하고 싶다. 그것이 인지상정이다. 하지만 무턱대고 무리한 요구를 하면 도리어 얻는 것이 적어진다. 이것도 안 된다, 저것도 안 된다고 금지령을 남발하면 도리어 위반자가 많아진다. 함부로 명령을 내리면 도리어 실행하는 자가 적어진다.

사실 과거에 요구를 많이 해 성과가 오른 예는 거의 없고, 금지를 많이 해 위반자가 적어진 예는 없다. 또 명령을 많이 해 그것이 모두 실행되었다는 예도 없다.

즉 위정자가 가혹하면 백성은 명령에 따르지 않게 된다. 따르지 않는다고 해서 형벌로 위협하면 국민은 반항적으로 나아가게 된다. 이렇게 되면 지위의 안정을 소망해도 애당초 무리한 이야기가 되는 것이다."

요컨대 일방 통행의 밀어붙이기 정치는 하지 말라는 것이다.

또 《관자》는 군주된 자가 특히 마음에 담아두어야 할 것이 세 가지가 있다고 했다.

1. 신하가 그 지위에 걸맞은 인격을 갖추고 있는가.
2. 신하가 그 봉록에 걸맞은 실적을 올리고 있는가.
3. 신하가 그 지위에 걸맞은 능력을 지니고 있는가.

이 세 가지 점을 들어 '이 세 가지 기본을 그르치면 엉큼한 인간이 설치고 아첨하는 자가 위세를 부린다'고 말하고 있다.

여기에서 말하는 인격·실적·능력의 세 가지는 오늘날에도 인물을 평가할 때 크게 기준이 될 것이다. 그것을 그르치지 않는 것이 명군이라고 《관자》는 말하는 것이다.

어느 시대에나 사람을 보는 안목이 없으면 군주는 될 수 없다. 《관자》는 부하를 평가할 때의 주의 사항을 다음과 같이 기술하고 있다.

"시기심이 많고 공정하지 못한 인물에게는 설사 유능해도 큰일을 맡겨서는 안 된다. 안이하게 눈앞의 공적만을 추구하는 인간은 멀리해야 한다. 이런 일은 아주 쉽다고 가볍게 말하는 인간은 믿을 것이 못 된다. 이런 정도라면 맡겨두라고 가볍게 떠맡는 인간은 신용해서는 안 된다. 말을 함부로 하지 않고 앞을 내다보아 착수하는 인물이야말로 신뢰할 수가 있다."

평범한 것 같지만 이것 또한 적절한 조언이다.

《관자》는 또 위정자에 대해서 확고한 신념을 갖도록 권하고 있다.

"일단 내린 명령을 거두고 다른 명령을 내리거나, 일단 정한 법률이나 제도를 바로 바꾸고 만다. 이와 같은 조령모개(朝令暮改)를 되풀이하면 백성은 법률을 지킬 의욕을 잃고 군주를 무시하게 된다. 위정자에게 확고한 신념이 없으면 백성의 신뢰를 잃고 마는 것이다."

입만 가볍고 실언이나 취소를 되풀이하는 지도자는 도저히 그 책임을 수행할 수 없다는 것이다. 더욱이 《관자》는 세상의 위정자에게 다음과 같은 엄한 주문을 하고 있다.

"뛰어난 신하가 없다고 고뇌하기 전에 우선 신하를 잘 다루고 있는지 반성하라. 물자가 적다고 걱정하기 전에 우선 물자가 적절하게 배분되고 있는지의 여부를 생각하라. 때에 따라서 적절한 대책을 세우는 것이 지도자의 조건이고, 공평무사함이 위정자가 된 자의 덕이다. 군주된 자는 언제나 적절한 대책을 세우고 신하를 통솔해 그 능력을 충분히 발휘할 수 있도록 해야 한다.

위정자가 우유부단하면 그 정책은 언제나 선수를 빼앗긴다. 물욕만 왕성하면 백성의 마음은 잡지 못한다. 무능한 자를 믿고 있으면 진정한 신하에게 버림을 받는다."

이것은 나라의 정치에만 한정된 것은 아니다. 특히 유능한 인재의 등용, 임기응변의 대응 능력, 공평무사한 조직 관리, 이 세 가지 점은 현대의 기업 경영에도 고스란히 들어맞는 이치이다.

천하를 얻으려면 우선 사람을 얻는다

관중은 제나라의 재상으로서 경제 우선의 정치로 국력을 충실하게 해 자신이 봉사한 환공을 '패자'의 지위에 오르게 했다. '패자'는 권위가 쇠퇴한 주 왕조를 대신해 천하를 호령한 실력자이다. 밖으로는 이민족의 침입을 막고, 안으로는 대국의 횡포를 억제해 천하의 질서를 유지한다. 이것이 패자가 해야 할 임무였다.

당연히 패자란 다른 나라들을 제압할 만한 뛰어난 힘을 갖추고 있지 않으면 안 된다. 《관자》도 이렇게 말한다.

"영토가 광대하고 인구가 많고 병력도 강대하다. 이것이 패자가 되기 위한 근본 조건이다."

그러면 힘만 있으면 되느냐 하면 그렇지는 않다. 힘에 더해서 국가로서의 덕이 필요한 것이다. 덕은 덕망이라든가 위신으로 바꾸어 말할 수 있는데, 이것이 있음으로써 다른 나라들의 지지와 승복을 취할 수가 있는 것이다. 《관자》는 이렇게 말하고 있다.

"영토가 광대하고 인구도 많은데 다른 나라를 침략하지 않는다. 군주도 교만하거나 방자하지 않다. 재정이 풍부해도 나태에 흐르거나 욕망에 굴복하지 않는다. 군대가 강해도 타국을 업신여기거나 얕잡아 보지 않는다. 이와 같은 나라야말로 패자로서의 자격을 갖추고 있는 것이다."

요컨대 힘과 덕, 이 두 가지를 겸비하고 있지 않으면 패자의 자격이 없는 것이다. 힘으로 제압해도 다른 나라들의 신뢰는 얻지 못한다. 감복시키기 위해서는 덕으로 임할 필요가 있다고 말한다.

"권력을 천하에 행사하려고 하는 자는 우선 다른 나라들에게 덕을 베풀어야 한다. 영토를 확장하기 위해서는 우선 이쪽에서 주어야 한다. 상대를 복종시키기 위해서는 우선 이쪽에서 양보해야 한다. 이렇게 해서 상대의 마음을 잡아야만 권력을 천하에 행사할 수가 있다."

이것 또한 나라와 나라와의 관계뿐 아니라 인간 관계에도 그대로 응용할 수 있는 철칙이라고 할 수 있다. 힘에 의존해 고압적으로 행동하면 상대를 공포에 빠뜨리게 할 수는 있어도 그 마음을 잡을 수는 없다. 그러므로 한때는 번영해도 오래 지속하지는 못하는 것이다.

《관자》는 또 이렇게도 말하고 있다.

"천하를 얻으려면 우선 사람을 얻어야 한다. 그것을 위해서는 군주에게 대국을 꿰뚫어 볼 만한 기량이 갖추어져 있어야 한다. 만일 눈앞의 이익에만 사로잡혀 대국을 잘못 판단하면 사람의 마음을 잡을 수는 없다. 대국을 꿰뚫어 봄으로써 천하 만민의 마음을 잡아 그것에 성공한 자가 패자가 된다."

그러면 패자를 지향하기 위해서는 무엇부터 시작해야 할 것인가. 그러기 위해서는 우선 지반을 확고하게 다져야 한다. 즉 군주로서의 위신을 확립하고 나라 안의 지지를 확고히 하는 것이다.

"무엇보다도 백성이 기초라는 인식, 이것이야말로 패자의 출발점이어야 한다. 기본이 확고함으로써 나라는 평안한 것이다. 그 반대로 기본이 흔들리면 국가는 위태롭다. 백성의 존경을 받음으로써 비로소 군주의 권위가 높아지는 것이다."

이렇게 해서 지반을 확고하게 다졌으면 행동을 개시한다. 그런데 개시하기 전에 치밀한 준비를 하고 시작할 필요가 있다.

"준비가 갖추어져 있지 않으면 어떤 계략도 성공할 가망이 없다. 또 어떤 사업도 계획의 차질로 끝나고 만다. 행동을 개시할 때는 우선 주도면밀한 준비가 갖추어진 다음 신중하게 시기가 도래하길 기다린다. 그리고 시기가 무르익었다고 생각될 때 즉시 행동을 개시한다. 이것이 중요한 점이다."

또 행동을 일으킬 때 또 하나 잊어서는 안 될 것은 행동을 일으키는 시기이다. 지나치게 앞서 가도, 뒤처져도 안 된다. 그때그때 정세에 따라서 적절한 시기를 파악하는 것이 필요하다.

"명군쯤 되면 언제나 천하의 형세를 관찰해 그것에 따라서 행동의 시기를 결정한다. 그리고 행동을 개시할 때에는 우선 무엇부터 착수해야 할 것인지를 결정한다. 무엇을 먼저 하고 무엇을 뒤로 하느냐에 따라서 결과가 반대로 될 때도 있기 때문이다.

예를 들어 강한 경쟁 상대가 많을 때에 먼저 행동을 일으키는 것은 위험하다. 그런 경우에는 상대가 나오는 것을 본 뒤에 행동을 일으키는 것이 유리하다. 그 반대로 만일 이렇다 할 경쟁 상대가 없을 때에는 상대보다 앞서 행동을 일으키는 것이 좋다. 왜냐하면 공연히 시간을 끌고 있으면 상대에게 당하기 때문이다."

이와 같이《관자》는 우선 지반을 다지고 주도면밀하게 준비를 갖춘 다음에 기민하게 행동을 일으키면 천하를 제패할 수 있다고 말한다.

신의를 존중한 외교

어느 때 제나라 환공과 재상 관중 사이에 다음과 같은 문답이 있었다.

"옛날에 나라를 망하게 한 군주는 어떤 과오를 범했을까?"

환공이 묻자 관중은 이렇게 대답했다.

"토지나 재물에 마음을 빼앗긴 나머지 다른 나라들의 지지를 얻으려 힘쓰지 않았던 일.

세금을 거둬들일 뿐 국민의 지지를 얻으려 노력하지 않았던 일.

사람들에게 친숙해지려고 조급했을 뿐 싫어하는 것이 무엇인지 깨닫지 못했던 일.

과오는 이 세 가지입니다. 이 중에서 한 가지라도 범하면 영토를 빼앗길 정도의 손해를 입습니다. 세 가지를 모두 범하면 나라는 반드시 망합니다.

이런 군주도 자신이 원해서 나라를 망하게 한 것은 아닙니다. 조금 정도는 괜찮겠지 하고 생각하고 있는 사이에 어느샌가 깊게 빠져버린 것입니다."

여기에서 관중은 나라를 망하게 하는 첫째 이유로서 다른 나라들의 지지를 잃는 것을 들고 있다. 이것은 어느 시대나 또 어느 나라인 경우에도 적용되는 존립의 기반인 것이다.

그러면 다른 나라들의 지지를 모으려면 어떻게 하는 것이 좋을까. 이미 말한 바와 같이 무력으로 제압하려 하거나 하면 역효과밖에 나오지 않는다. 역시 기본은 국가로서의 덕을 몸에 익히는 것이다.

그와 동시에 또 하나 잊어서는 안 되는 것이 외교 교섭이다. 다른 나라들의 지지를 모으기 위해서는 덕의 유무도 물론이지만 외교 교섭을 잘 하느냐 못하느냐가 크게 좌우한다.

《관자》도 이렇게 말한다.

"일면으로 보면 나라의 강약은 타국과 연합하느냐 고립되느냐에 따라서 결정된다. 타국들과 연합을 하면 강해지고 고립되면 약해진다. 천 리를 달리는 명마도 백 마리의 말이 잇따라 대항해오면 도저히 대적할 수 없다. 그와 마찬가지로 아무리 불패를 자랑하는 강국이라도 다른 나라들이 한 덩어리가 되어 대항하면 반드시 쓰러진다.

따라서 군주는 자국이 놓여 있는 정황을 잘 인식해 그것에 따른 외교를 전개할 필요가 있다."

관중이 다스리던 제나라는 그 무렵 차츰 국력을 증강해 군사력·경제력을 함께 갖춘 제1급의 강국으로 발전하였다. 그러므로 힘으로 밀어붙여도 안 될 것은 없었다. 그러나 그와 같은 방법을 쓰면 타국의 신뢰를 얻지 못한다는 것을 관중은 잘 알고 있었다.

《관자》에는 다음과 같은 이야기가 있다.

환공이 즉위한 지 5년째, 국력이 충실해진 제나라는 라이벌이었던 노(魯)나라와 싸워서 승리를 거두었다. 노나라 왕은 영토를 할양(割讓)하고 강화를 제의해왔다. 환공은 이를 받아들여 강화회의를 열게 되었다.

그런데 그 자리에서 노나라 왕이 강화 조건을 받아들여 조인하려고 했을 때 노왕을 수행해온 조말(曹沫)이란 장군이 갑자기 단상에 뛰어올라 환공에게 비수(匕首)를 들이댔다.

"빼앗은 영토를 돌려 달라. 그렇지 않으면 목숨을 받고 말 테다!"

위협을 하자 놀란 환공은 '알았다'고 대답을 했다. 그러자 조말은 비수를 버리고 신하의 자리로 돌아갔다.

한편 환공은 위협을 당해 일단은 영토 반환을 승낙했지만 분한 마음을 억누르지 못해 조말을 처치하고 그 약속을 무효로 하려고 생각했다. 그 말을 들은 관중은 환공에게 이렇게 간했다.

"위협에 어쩔 수 없었다고는 하지만 약속은 어디까지나 약속입니다. 그것을 무시하고 상대를 죽이는 것은 신의에 어긋납니다. 어차피 한때의 화풀이에 지나지 않습니다. 더구나 그 결과는 여러 나라의 신뢰를 저버려 천하에서 버림을 받게 될 것입니다. 온갖 해로운 일이 있을지언정 아무런 이익도 없습니다."

그래서 환공은 조말과의 약속을 지켜 이제까지 빼앗은 영토를 모두 노나라에 반환했다. 이 이야기는 순식간에 천하에 소문으로 크게 퍼졌다.

"환공은 신의가 두터운 사람이다. 그 나라와 손을 잡으면 손해는 안 본다."

누구나 이렇게 생각하게 되어 환공의 명성과 덕망은 날로 높아져 갔다.

관중은 약간의 영토와 맞바꾸어 천하의 신뢰를 얻은 것이다. 미리 그것까지 알고 있었는지는 불확실하지만 결과적으로 그렇게 되었다. 그것은 신의를 존중한 외교의 선물인 것이다.

환공이 패자로서 천하에 호령을 할 수 있었던 것은 한편으로 관중이 이와 같은 외교를 전개해 다른 나라들의 신뢰를 모았기 때문이다. 관중은 적절한 정책을 채용해 국력의 충실을 도모했다. 동시에 그는 힘에만 의존하는 것의 어리석음을 잘 알고 있었다. 환공이 오랫동안 패자의 지위에 머물 수 있었던 것은 말할 것도 없이 내정, 외교, 양면에 걸친 관중의 적절하고도 절묘한 지휘가 있었기 때문이다.

관중의 병법론

관중의 발상의 밑바탕에는 '말초에 사로잡히지 말고 근본을 파악하라'는 뜻이 도사리고 있다.

"마른 풀이 바람에 날려도 돌아보는 자는 없다. 제비나 새가 시끄럽게 울어대도 아무도 상대하지 않는다. 군주도 말초에 사로잡혀 있으면 대업을 성취할 수 없다. 근본 정책이 잘못되어 있으면 신의 도움도 얻을 수 없다."

무엇이 근본인가를 간파하고 그것에 힘을 집중하라는 것이다. 정치에도, 경제에도 이와 같은 사고방식이 철저하게 일관되어 있다.

《관자》는 병법론에 한 장(章)을 할애하고 있다. 그 논지의 특징도 근본을 파악하라는 한 점에 모인다. 싸움의 술수보다도 우선 이기기 위한 물질적 조건을 만드는 것이 우선이라고 말한다. 이야기되고 있는 내용은 특이한 것은 없어도 설득력은 조금도 손상되지 않는 것이다.

관중은 이론가라기보다는 실무가였다. 따라서 이론가가 지닌 화려한 논리의 전개는 볼 수 없다. 그러나 그 반면에 실무 체험으로 뒷받침된 설득력이 넘친다.

병법론도 바로 그 전형이라 할 수 있다. 우선 잠시 그의 말에 귀를 기울여 보자.

"싸움의 승패는 병력의 다소, 장비의 우열, 전술의 양부(良否)만으로 판단해서는 안 된다. 승패를 가름하는 열쇠는 이 세 가지 외에도 있음을 터득하지 않으면 큰일을 성취할 수 없다."

그러면 승리하기 위해서 첫째로 필요한 조건은 무엇일까. 《관자》는 다음의 8가지를 들고 있다.

1. 물자를 풍부하게 할 것.
2. 기술자를 중요시할 것.
3. 뛰어난 무기를 만들 것.
4. 우수한 인재를 발탁할 것.
5. 군율을 엄하게 할 것.
6. 끊임없는 훈련을 할 것.
7. 널리 정보를 수집할 것
8 임기응변의 대응을 할 것.

이 8항목을 든 뒤에 이렇게 말하고 있다.

"아무리 천하를 평정하려고 해도 풍부한 물자가 없으면 그 소망은 이룰 수 없다. 아무리 물자가 풍부해도 뛰어난 기술이 없으면 그 소망은 이룰 수 없다. 아무리 기술이 뛰어나도 강력한 무기가 없으면 그 소망은 이룰 수 없다. 또 아무리 무기가 강력해도 인재를 얻지 못하면 그 소망은 이룰 수 없다. 아무리 인재를 얻어도 규율이 엄하지 않으면 그 소망은 이룰 수 없다.

아무리 규율이 엄해도 훈련이 충분하지 않으면 그 소망은 이룰 수 없다. 아무리 훈련이 충분해도 빈틈이 없는 지식, 정보가 없으면 그 소망은 이룰 수 없다. 또 아무리 빈틈이 없는 지식, 정보가 있어도 임기응변의 대응을 하지 않으면 그 소망은 이룰 수 없다."

이 8가지 조건이 모두 갖추어져야 비로소 승리할 수 있는 태세가 갖추어지는 것이라고 한다. 하지만《관자》에 의하면 이것도 아직 충분하지 않은 것 같다.

"일을 시작하려면 이것만으로는 불충분하다. 역시 예(禮)에 따르고 의(義)에 맞게 할 필요가 있다. 아무리 강대한 군대를 가지고 있어도 예에 따르지 않으면 천하를 잡을 수 없다. 의에 맞지 않으면 천하의 사람들을 심복시킬 수는 없다. 이상의 모든 것을 아는 군주는 패배하지 않는다."

여기에서《관자》가 말하고 있는 '예에 따르고 의에 맞는' 것이란 군대의 사기와 싸움의 대의명분을 가리킨다. 모럴이 없는 군대는 폭도의 집단에 지나지 않고 대의명분이 없는 싸움은 무의미한 폭력에 지나지 않는다. 이렇게 되면 지지도 신뢰도 얻지 못할 것이 뻔하다.

그리고 이상의 조건이 갖추어졌다면 다음은 작전이다. 전략 전술은 양의적(兩義的)이라고 해도 경시하는 것은 허용되지 않는다.《관자》는 작전을 위한 전제 조건으로서 다음의 4항목을 들고 있다.

1. 적측의 정치 정황을 모를 때에는 군대를 동원하지 않는다.
2. 적군의 정황이 불확실할 때에는 싸움을 시작하지 않는다.
3. 적장의 능력을 파악하지 못할 때에는 공격을 가하지 않는다.
4. 적군의 사기나 훈련 정도가 불확실한 때에는 출진하지 않는다.

적을 모르면 당연히 승리의 전망도 서지 않는다. 그런 싸움은 하지 말라는 것이다. 그러면 확실하게 이길 수 있는 것은 어떤 경우인가.《관자》는 다음의 5가지 경우를 들고 있다.

1. 아군은 다수이고 적은 소수이다.
2. 자국은 잘 다스려지고 적국은 혼란스럽다.

3. 아군은 풍요롭고 적은 빈궁하다.
4. 아군의 상군은 유능하고 적의 장군은 무능하다.
5. 아군은 정예군이고, 적은 오합지졸이다.

이 5가지 조건을 든 뒤에 '이 5가지라면 백전백승, 싸우면 반드시 이길 수 있다'고 단언한다.

그러면 이러한 조건이 갖추어졌다고 보고, 마지막은 제1선 지휘관이 해야 할 일이다. 《관자》는 지휘관의 수칙으로서 다음의 6항목을 들고 있다.

1. 토지의 정황을 파악한다.
2. 하사관을 장악한다.
3. 무기와 군량을 확보한다.
4. 용감한 병사를 양성한다.
5. 각국의 정보를 수집한다.
6. 임기응변의 전술을 수립한다.

이상은 《관자》 병법론의 대강이다. 현대의 경영 전략에도 많은 도움이 될 듯하다.

《관자》가 역설하는 것은 병법론이건, 정치론이건, 또는 외교론이건, 극히 설득력이 풍부하다. 그 특징을 한마디로 요약하면 무리가 없는 유연성이라고 해도 좋을 것이다. 《관자》가 역설하는 생존을 위한 지혜에서 크게 배우기 바란다.

한비자

《한비자(韓非子)》에 대해서

한비자는 성이 한(韓), 이름이 (非)로서 한왕(韓王) 안(安)의 서공자(庶公子)다. 장자 등과 같이 한자(韓子)라 불리지 않고, 한비자라고 불리는 것은 후대 당나라의 한유(韓愈)가 '한자'로 불리기 때문이다. 선대(先代)인 그가 한유보다 격이 떨어지는 것은 유가(儒家)에서 한비자가 이단시되기 때문이다.

《한비자》는 법가(法家)의 이론을 집대성한 책으로 모두 55편이다. 이병(二柄)·비내(備內)·고분(孤憤)·세난(說難) 등은 논문체의 문장으로 되어 있고, 십과(十過)·설림(說林)·내외저설(內外儲說) 등은 우화집으로 구성되어 있는데, 그 양적 비율은 반반이다.

《한비자》 55편은 모두 한비자의 저작으로 인정하기도, 또 인정하지 않기도 어렵다. 하지만 그 대부분이 한비자가 지은 것임에 틀림없다. 한비자는 심한 말더듬이여서 유세를 단념한 채, 변론 대신 저술로 그의 경륜을 펼쳤던 것이다. 그리하여 마침내는 뒤에 시황제가 된 진(秦)왕 정(政)이 그의 책을 읽고 감동하여 그를 발탁했으나, 동문이었던 이사(李斯)의 시기를 받아 자살을 강요받아 생애를 끝마쳤다. BC 233년의 일이다.

하지만 그의 불행한 최후와는 달리 《한비자》는 진왕 정이 통일하는 데에 사상적 근거와 기본 전략을 제공했으며, 한편으로는 악명 높은 '분서갱유'의 여파를 몰아오기도 했다.

한비자는 법가에 속해 상앙·관중·신불해 등과 맥락을 함께 할 뿐 아니라, 나아가 법가사상을 완성했다고 평가받는다.

본래 한비자에 선행하는 법가의 이론에는 '법(法)'에 주안점을 두는 자와 '술(術)'을 중시하는 두 유파가 있었다. 한비자는 이 두 파를 통합해 '법술(法術)' 이론을 완성하고 이를 국가 통치의 근본 원리라고 주장했다. 그의 사상의 핵심은 이 '법술'로서, 무능한 임금이라도 법술만 운용하면 나라를 다스릴 수 있다는 것이 그 골자라 할 수 있다. 특이한 것은 임금의 신하 조종법과 신하의 출세법이 동시에 서술된 것으로, 법술로 인정받고 법술로 목숨을 잃었던 한비자의 모순에 찬 생애를 잘 말해 준다. '모순(矛盾)'이란 말 역시 한비자에 의해 만들어진 말이라는 것도 덧붙여둔다.

《한비자》의 말

호지소이능복구자(虎之所以能服狗者), 조아야(爪牙也) ── 호랑이가 개를 복종시킬 수 있는 것은, 발톱이 있고 엄니가 있기 때문이다. 군주도 형벌이란 무기가 없으면 다스릴 수 없다. 〈이병편(二柄篇)〉

고소리(顧小利), 즉대리지잔야(則大利之殘也) ── 작은 이익에 끌리는 것은 큰 이익을 얻는 데 방해가 된다. 〈십과편(十過篇)〉

인국유성인(鄰國有聖人), 적국지우야(敵國之憂也) ── 이웃 나라에 성인이 있는 것은 적국의 우환이다. 〈십과편(十過篇)〉

사이밀성(事以密成), 어의설패(語以泄敗) ── 이루려는 계획은 비밀을 고수함으로써 성취하고, 약속은 밖으로 샐 때 실패한다. 〈설난편(說難篇)〉

인주역유역린(人主亦有逆鱗) ── 용의 목구멍 밑에는 거꾸로 된 비늘이 있어 그것을 건드리면 노한다고 한다. 군주에게도 그와 비슷한 것이 있다. 이른바 약점이며 그것을 건드리면 분노한다. 〈설난편(說難篇)〉

천장지제(千丈之隄), 이루의지혈궤(以螻蟻之穴潰) ── 천 길 높이의 높은 둑도 개미구멍 때문에 무너진다. 〈유로편(喩老篇)〉

원수불구근화야(遠水不救近火也) ── 멀리에 물이 많이 있어도 가까운 불은 끄지 못한다. 먼 친척보다 가까운 이웃이 낫다. 〈설림상편(說林上篇)〉

교사불여졸성(巧詐不如拙誠) ── 교묘하게 거짓으로 남을 속이기보다는 졸렬해도 성심이 있는 편이 낫다. 〈설림상편(說林上篇)〉

전진지간(戰陣之間), 불염사위(不厭詐僞) ── 전쟁일 때에는 계략으로 적을 기만하는 것도 주저해서는 안 된다. 〈난편(難篇)〉

인간 불신의 지도 철학

서양의 마키아벨리, 동양의 한비자라고 할 정도로 《한비자》란 책은 철저하게 인간 불신 위에서 리더의 자세를 추구하고 있다.

따라서 그 내용에 대한 찬반은 별도로 치고, 리더가 된 자는 한 번쯤 읽어 두어야겠다.

예를 들어 《삼국지》에서 익숙한 촉한(蜀漢)의 승상이었던 제갈공명은 초대 유비가 사망한 뒤, 2대 유선(劉禪)을 보살펴 명재상으로 일컬어진 인물이다. 그 유선이 아직 황태자로 있을 때 《한비자》를 읽도록 되풀이해 권하고 있다. 공명은 2세에게 제왕학을 가르칠 원전으로 《한비자》를 택한 것이다. 확실히 지금 다시 읽어보아도 지자(知者) 공명이 택할 만한 것으로 생각된다.

《한비자》는 조직의 군주가 지녀야 할 자세, 리더가 지녀야 할 자세, 자신의 지위를 확고히 하기 위해서는 어떤 점에 유의해야 할 것인지를 추구하고 있다.

그와 같은 리더학의 추구라는 점에서는 중국의 다른 고전과 똑같은 성격을 지니고 있으나, 그 가운데서 《한비자》가 더욱 눈에 띄는 것은 그 인간관에 독특함을 지니고 있기 때문이다.

인간을 움직이는 동기는 무엇인가. 애정도 아니다, 배려도 아니다, 의리도 아니다, 인정도 아닌, 오직 이익이다. 인간은 이익에 의해서 움직이는 동물이다. 이것이 《한비자》 전권에 일관된 냉철한 인식이다.

한비자는 이렇게 말한다.

"뱀장어는 뱀을 닮았고, 누에는 애벌레를 닮았다. 뱀을 보면 누구나 흠칫 놀라고 애벌레를 보면 누구나 소름이 끼친다. 하지만 어부는 손으로 장어를 잡고 여인은 손으로 누에를 잡는다. 즉 이익이 된다고 보면 누구나 용사가 되는 것이다."

또 이렇게도 말한다.

"수레를 만드는 이는 모든 사람이 부자가 되었으면 좋겠다는 생각을 한다. 관을 만드는 이는 모든 사람이 일찍 죽었으면 좋겠다는 생각을 한다. 그렇다고 해서 전자가 선인이고 후자가 악인이라고는 말할 수 없다. 부자가 되지 않으면 수레를 살 수 없고 죽지 않으면 관을 사주지 않는 것뿐이다. 사람이 미운 것이 아니고 사람이 죽으면 자기가 이익을 얻기 때문이다."

이것이 《한비자》의 기본적인 인식이다. 처음으로 그의 꾸밈이 없는 인간인식에 접하는 사람은 어쩌면 반발을 느낄지도 모른다. 그러나 곰곰이 생각해

보면 인간사회의 진실을 날카롭게 말하고 있음을 인정하지 않을 수 없다.

인간관계가 이익에 의해서 움직여지고 있다면 군신관계, 즉 군주와 신하와의 관계도 결코 예외는 아니라고 《한비자》는 생각했다. 신하는 언제나 자기의 이익을 우선 생각한다. 기회가 있으면 군주를 대신해 자신의 이익을 확대하고, 틈이 있으면 군주를 밀어내고 자신이 그 자리를 대신하려고 한다. 방심도 틈도 허용되지 않는 것이 군주의 지위라고 《한비자》는 판단을 했다.

이와 같은 사고방식에 눈살을 찌푸리는 경향도 있으나, 현실을 직시하면 충분이 납득이 되는 것을 부정할 수 없다.

그러면 《한비자》 식의 사고방식에 입각해서 군주가 부하를 다루고 조직을 통합해 자신의 지위를 확고하게 하려면 어떻게 하는 것이 좋을까. 《한비자》는 군주가 된 자는 세 가지 일에 유의해야 한다고 역설한다.

첫째는 '법(法)'이다. 공적을 세웠으면 그것에 걸맞는 상을 준다. 실패를 범했으면 벌을 가한다. 그와 같은 취지를 확실하게 제시하고 그대로 실행한다.

즉 신상필벌의 방침으로 부하에게 임하라는 것이다.

둘째는 '술(術)'인데 '술'이란 '법'을 운용해 부하를 통솔하기 위한 기술이라고 할 수 있다. 《한비자》의 설명에 따르면 이렇다.

"술은 남에게 보이는 것이 아니다. 군주가 가슴속에 담아두고 이것저것 비교해서 비밀리에 부하를 조종하는 것이다."

셋째는 '세(勢)'이다. 권세라든가 권한이란 의미이다. 부하가 군주의 명령에 복종하는 것은 그 군주가 부하의 생사여탈(生死與奪)의 권한을 장악하고 있기 때문이다. 그러므로 군주가 된 자는 권력을 내놓아서는 안 되고 일단 내놓고 나면 부하를 통제할 수 없다는 것이다. 흔히 '권한의 이양'이라고들 하는데 안이하게 그와 같은 일을 하면 더 이상 군주로서의 지위를 유지할 수 없게 된다는 것이 바로 이 '세'의 의미이다.

《한비자》는 이 법(法), 술(術), 세(勢)의 세 가지를 중심으로 해서 군주의 자세를 해명하고 조직 관리, 인간관계에 대처하는 길을 찾고 있다. 확실히 《한비자》의 이와 같은 시점(視點)은 약간 극단적인 면도 없지는 않지만 수긍이 되는 점도 많다. 전국 난세의 냉엄한 현실과 싸우는 가운데 나온 주장인 만큼 강한 설득력을 지니고 있다. 아래에 그 주장을 몇 개의 논점으로 정리해 하나하나 검토해보자.

말없이 위압한다

《한비자》가 주장한 '술(術)'을 조직 관리에 적용하면 어떻게 될까.

옛날에 어느 사내가 시장으로 임명되었다. 그 사내는 어떻게든 시(市)의 일을 잘 하려고 열심히 뛰었고 그 노고로 인해 몸이 비쩍 마르고 말았다. 그래서 친구가 걱정이 되어 물었다.

"몹시 말랐구나."

"나는 무능한데 이 시의 일을 맡으라는 지시를 받았다. 어떻게든 책임을 다하려고 심로한 나머지 이처럼 몸이 마르고 만 것이다."

그러자 친구는 이렇게 말했다고 한다.

"옛날에 순(舜)이란 천자는 거문고를 타고 콧노래를 부르면서 천하의 정치를 했는데, 그래도 천하는 잘 다스려졌다고 한다. 그런데 그대는 이런 조그만 시를 다스리는 데도 그렇게 비쩍 말라버렸다. 만일 천하의 정치를 하게 된다면 도대체 어떻게 할 생각인가."

《한비자》는 이 일화를 소개한 뒤에 그 자신의 다음과 같은 의견을 덧붙였다.

"내가 말하는 술(術)에 의거해서 다스리면 단지 관청에 가만히 앉아 있기만 해도 원활하게 다스려진다. 술을 쓰지 않으면 비쩍 마를 정도로 분발해도 전혀 성과가 오르지 않는다."

비슷한 일화를 또 하나 소개하자.

위나라의 소왕(昭王)이 어느 날 자신이 직접 재판을 해보고 싶었다. 그래서 재상을 불러 이렇게 말했다.

"내가 직접 재판을 한번 해보려고 한다."

"그럴 생각이시라면 우선 법률을 공부해야 합니다."

그러자 소왕은 법률 책을 읽기 시작했는데, 얼마 읽기도 전에 잠들어버렸다. 그는 '나는 법률 공부 따위는 안 된다'고 말하고 포기했다고 한다.

《한비자》는 이 이야기에 다음과 같은 설명을 곁들이고 있다.

"군주는 권력의 핵심을 장악하고 있으면 그것으로 족하다. 신하에게 맡겨도 좋을 일을 자신이 하려고 하면 졸음이 오는 것도 당연하다."

조직 관리에서는 중요한 핵심만 장악하고 있으면 그것으로 족하다는 사고

방식이다.

그리고 《한비자》는 경영자에게는 상, 중, 하의 능급이 있다고 말한다.

"삼류인 경영자는 자신의 능력을 구사하고, 이류인 경영자는 타인의 힘을 이용하고, 일류인 경영자는 타인의 지혜를 이용한다."

물론 원문은 군주로 되어 있다. 군주를 경영자나 리더로 바꾸어도 같을 것이다.

그 점에 대해서 《한비자》는 이렇게 말하고 있다.

"한 사람의 힘으로는 많은 사람의 힘을 당해내지 못한다. 한 사람의 지혜로는 모든 것에 눈이 미치지 못한다. 한 사람의 지혜와 힘을 사용하기보다는 온 나라의 지혜와 힘을 사용하는 것이 좋다. 한 사람의 생각만으로 일을 처리하면 어쩌다 성공을 한다고 해도 몹시 지친다. 잘 안 되면 차마 눈뜨고 볼 수 없게 된다."

"닭이 시간을 알리고 고양이가 쥐를 잡듯이 부하 개개인이 능력을 발휘하도록 하면 위에 선 자는 스스로 나설 필요가 없다. 위에 선 자가 스스로 능력을 발휘하면 일이 원활하게 진행되지 않는다."

이와 같이 말없이 위압하는 자세, 그것이 이상적인 조직 관리라고 말한다. 단 그 일이 성립하기 위해서는 법(法), 술(術), 세(勢)의 세 가지를 확실하게 장악할 필요가 있다. 특히 술에 숙달해 부하를 조종하는 것이 뛰어나야 된다고 《한비자》는 역설한다.

술(術)에 의한 부하의 통솔법

전국시대의 역사를 읽으면 어느 나라이건 잠을 자는 동안 부하에게 목을 베이는 군주가 등장한다. 이것은 어느 나라나 사정이 같다. 현대에는 실제로 목이 베이는 경우는 없지만 그에 가까운 예는 많다. 신뢰하는 부하에게 배신을 당하는 경우가 여전히 끊이지 않는다.

부하에게 배신을 당해도 개인적인 손해로 그치면 그나마 괜찮지만 회사까지 흔들리거나 세간에 피해를 끼치게 되는 경우도 있다. 그렇게 되면 리더로서는 실격이라고 말하지 않을 수 없을 것이다.

왜 그와 같은 일이 발생하는 것일까. 《한비자》에 의하면 지도자의 조직 관리가 느슨하고 부하 통솔에 결함이 있기 때문이다. 그렇게 되지 않기 위해서는 부하를 통솔하고 조종하기 위한 '술'을 마스터할 필요가 있다.

그 '술'이란 첫째로 공을 세운 자에게는 상을 주고, 실패를 범한 자에게는 벌을 가하는 권한을 확실하게 수중에 장악해 두는 것이다. 그렇게 하면 이른바 당근과 채찍으로 마음껏 부하를 조종할 수 있다는 것이다. 《한비자》는 이렇게 말한다.

"호랑이가 개를 복종하게 하는 것은 호랑이에게는 발톱이 있고 엄니가 있기 때문이다. 만일 발톱과 엄니를 호랑이에게서 빼앗아 개에게 준다면 역으로 호랑이가 개에게 복종해야 한다.

그와 마찬가지로 군주가 상벌의 권한을 스스로 행사하지 않고 신하에게 맡겨버리면 온 나라가 그 신하를 두려워하고 군주를 만만하게 본다. 따라서 인심은 군주를 떠나 신하에게 모이고 만다."

군주가 행사하는 상벌의 권한은 호랑이의 발톱과 엄니에 해당하는 것이다. 상벌의 권한을 포기한 군주는 발톱과 엄니를 버린 호랑이와 같은 것이고, 그렇게 되면 부하를 뜻대로 움직일 수 없는 것도 당연하다. 권한을 확실하게 자기 손에 장악하고 있을 것, 이것이 '술(術)'의 첫째 조건이다.

둘째는 엄격한 근무 평가. 이 평가 방법에 대해서 《한비자》는 '형명참동(刑名參同)'으로 불리는 독특한 방식을 제창한다. '형명참동'이란 부하의 신고(申告)에 의거해 일을 주어 신고와 성과가 일치한 자에게는 상을 주고, 일치하지 않은 자에게는 벌을 가하는 방법이다.

신고와 성과가 일치하지 않는 경우에는 두 가지가 있다. 하나는 신고 이하의 성과밖에 올리지 못한 경우로, 이것은 벌을 받아도 어쩔 수 없다.

그러나 또 하나의 경우는 이것밖에 할 수 없다고 말했으면서도 그 이상의 성과를 올린 경우이다. 이 경우에도 벌을 가해야 한다고 《한비자》는 주장한다.

왜냐하면 신고와 성과가 일치하지 않는 것의 손해는, 다소 큰 성과를 올린 정도로는 보상할 수 없기 때문이라는 것이다. 이것은 매우 엄격한 방법이라고 하겠다. 따라서 선부르게 채용하면 조직 속에 불필요한 반발을 가져올 우려가 있다.

그러나 《한비자》의 인식에서는 부하에게 직무상의 본분을 지키게 하고, 부하간의 상호 감싸기를 막기 위해서는 이와 같은 엄격한 태도로 임해야 한다는 것이다.

그리고 부하를 조종하기 위한 '술(術)'의 셋째는 부하에게 좋고 나쁜 감정을 보이지 말라는 것이다. 군수가 신하에게 그런 감성을 보이면 신하는 그것에 자기를 맞추어 받아들인다. 그렇게 되면 신하를 마음대로 부리기는커녕 신하에게 이용당하게 된다. 또 음흉한 신하는 그 틈을 노려 책모를 꾸미고 군주의 지위를 위협할 가능성이 있다. 그런 틈을 보이지 말라는 것이다.

넷째로 때로는 부하에게 생각지 않은 질문을 하는 것도 좋다. 이 방법은 끊임없이 부하에게 자극을 주어 긴장감을 유지하게 할 수 있으므로 부하를 통제하는 데 효과적이다. 《한비자》는 다음과 같은 예를 인용하고 있다.

송(宋)나라의 재상이 신하에게 명해 시장을 둘러보게 한 다음 돌아오자마자 물었다.

"시장에 무언가 바뀐 것은 없었나?"

"아무것도 없습니다."

"그래도 무언가 있었겠지."

"그러고 보니 시장 밖은 마차가 가득해 겨우 지나갈 정도였습니다."

"알았다. 누구에게도 말해선 안 된다."

재상은 그렇게 다짐을 하고 시장 관리를 불러 꾸짖었다.

"시장 밖은 쇠똥으로 가득하지 않은가. 빨리 치우도록 해라."

관리는 재상이 그런 일까지 알고 있는 것에 놀라서 그 뒤 직무를 게을리하지 않았다.

다섯째로 알고 있는데도 모르는 척 물어보거나 거짓이나 속임수를 써서 시험해보는 것도 효과가 있다고 《한비자》는 단언한다.

《한비자》의 이와 같은 '술(術)'에 의한 부하조종법에 대해서는 당연히 무조건 긍정할 수 없는 사람도 있을지 모른다. 하지만 배워야 할 점도 적지 않다. 제각기 분수에 맞게 소화해 도움이 되게 해나가면 좋을 것이다.

리더가 자멸하는 원인

부지런히 노력한 결과 출세하여 리더의 자리에 올랐으면서도 스스로 무덤을 팜으로써 자멸하는 리더가 끊이질 않는다.

그 원인은 어디에 있을까. 《한비자》는 이를 다양한 각도에서 분석하고 있다. '유비무환(有備無患)'이라고도 하듯이 미리 대처하고 원인을 알면 실패는 적어지는 것이다.

앞서 말한 바와 같이, 인간은 어차피 제각기 이해에 따라서 움직이는 것이라는 것이 《한비자》가 도달한 인식이었다. 이익이라고 해도 제각기 놓인 입장에 따라서 달라진다. 부부라도 남편의 이익과 아내의 이익에는 차이가 있다. 또 같은 조직에 속해 있어도 리더와 평사원의 이익은 명확히 다르다. 《한비자》는 이런 예를 들고 있다.

어느 부부가 기도를 할 때 아내 쪽은 이렇게 기도를 했다.

"하느님 저에게 100필의 천을 주십시오."

"너무 적지 않은가."

남편이 말하자 아내는 이렇게 대답을 했다.

"그보다 많으면 당신은 첩을 갖게 될 거예요."

부부조차 이처럼 이해 관계가 상반된다. 하물며 군주와 신하, 부리는 자와 부림을 당하는 자는 당연히 이해 관계가 달라지게 된다. 세상에는 이와 같은 기본도 모르는 채 매우 안이하게 권한을 넘겨주고 마는 군주가 있다. 그런 짓을 하면 순식간에 실권이 없는 지위로 격하되어 영향력을 잃고 만다고 《한비자》는 말한다.

"권세를 신하에게 빌려주면 신하의 세력은 증대한다. 그렇게 되면 나라 안팎에 있는 자들이 신하를 위해 일하게 되어 군주는 격리된 상태에 놓이게 되고 만다."

그렇게 되지 않기 위해서는 권력을 장악하고 그것을 놓지 말 것, 그것이 군주의 자리를 유지하는 비결이라고 말한다.

그리고 군주가 자멸하는 두 번째 원인은 '작은 이익에 사로잡히는 것'이다. 여기에서 《한비자》는 다음과 같은 구체적인 예를 들어 설명한다.

옛날에 진(晉)이란 대국이 괵(虢)이란 작은 나라를 침공하려고 했을 때의 일이다. 괵을 침공하려면 그 이웃에 있는 우(虞)란 나라를 지나가야만 했다. 그래서 진나라 왕은 우나라 국왕에게 보석과 준마를 보내 길을 빌려달라고 제의했다.

우나라에서는 중신 한 사람이 말했다.

"우리 우나라와 괵은 이웃 사이이고 상부상조하는 관계에 있습니다. 만일 길을 빌려준다면 괵이 망한 그날 안에 이 나라도 멸망하고 맙니다. 안 됩니다. 받아들이지 마십시오.”

이렇게 반대했으나, 보석과 준마에 눈이 먼 국왕은 반대를 무릅쓰고 길을 빌려주고 말았다.

그러자 중신이 우려한 대로 진나라 군대는 괵을 멸망시킨 뒤, 귀로에 우나라마저 격파하고 보석과 준마를 되찾았다고 한다.

우나라 국왕은 눈앞의 이익에 사로잡힌 나머지 뒤의 해악이 보이지 않았던 것이다. 이 왕의 어리석음을 비웃을 수 있는 자가 있을까. 이와 같은 실패는 누구나 한두 번쯤 경험했을 것이다.

특히 조직을 맡은 리더쯤 되면 책임은 중대하다. 내 한 몸을 망치는 것뿐이라면 그뿐이지만 조직 그 자체까지 위험에 노출시키고 만다. 《한비자》는 ‘욕심에 눈이 멀어 이익만 추구하면 자신은 말할 것도 없고 나라까지 망하게 하고 만다’고 경고한다.

그리고 군주가 자멸하는 원인의 셋째는 놀이, 도락에 빠지는 것이다. 《한비자》는 군주가 빠지게 되는 놀이로서 음악과 가무를 들고 있다. 그 무렵 가무란 여성이 하는 것이었기 때문에 ‘여자에게 빠진다’고 바꾸어 말할 수 있다.

그 무렵에는 오락거리가 적었기 때문에 이 두 가지만 주의하면 괜찮았을 테지만, 오늘날에는 기다리고 있는 유혹이 훨씬 많다. 유혹에 빠지지 않기 위해서는 더한층 주의할 필요가 있다.

만일을 위해 미리 말해두거니와 ‘빠지지 말라’는 것은 ‘하지 말라’는 것이 아니다. 누구에게나 기분 전환이나 스트레스 해소를 위한 놀이는 필요하다. 《한비자》도 그것까지 부정하는 것은 아니다. 단지 일을 끝낸 뒤의 놀이여야 하고, 놀이에 빠져 중요한 일을 소홀히 하면 좋지 않은 결과가 된다는 것이다.

남의 힘에 의존해서는 안 된다

그리고 《한비자》가 드는 군주가 자멸하는 넷째 원인은 ‘본거지를 비우는 것’이다.

본거지란 왕에게는 본국이지만 경영자에게는 바로 ‘본사’일 것이다. 군주가 연중 본거를 비우면 역시 지배력의 작용 양상이 달라지게 된다.

자리를 비우고 있는 동안에 본국에서 쿠데타가 발생해 실각한 지배자, 또는 일상활동의 부족으로 낙선하는 거물 의원 등의 예는 수없이 많다. 이런 일들은 본거를 비워 자멸한 예라고 해도 좋다.

회사만 해도, 경영자가 출근하는 것만으로도 사내에 일종의 독특한 긴장감이 감돌게 된다. 반대로 경영자가 자주 비우는 곳은 회사의 표정에도 긴장감이 없다. 당연히 업적에도 영향을 주지 않을 수 없다.

'본거'라는 한비자의 말은 또 다르게 이해할 수 있는 말이기도 하다. 이를테면 본업, 본래의 일로 이해하면 어떨까.

다각 경영이란 말에는 무언가 화려함이 있다. 양다리를 걸친다는 말에도 지금은 옛날과 같은 떳떳하지 못한 어조는 없다. 확실히 생존을 도모하기 위해 다각 경영도 나쁘지는 않지만, 부업은 어차피 부업에 지나지 않는다. 본말전도(本末顚倒)로 중요한 본업을 소홀히 해서는 안 된다.

《한비자》는 다섯째로 '충신의 의견을 듣지 않는 것'을 자멸하는 원인으로 든다. "자신이 잘못하고 있으면서도 충신의 의견을 듣지 않고 고집을 관철하려고 하면 명성을 잃고 세간의 웃음거리가 된다"고 말한다. 이것은 독재자나 독단 경영자에 대한 경고라고 해도 좋을 것이다,

물론 의견을 듣는다고 해도 부하의 하찮은 의견에 일일이 귀를 기울인다면 시간 낭비가 된다. 역시 귀담아들을 만한 의견을 말해주는 뛰어난 부하를 갖는 것이 우선 전제가 된다.

옛날부터 중국인은, 군주로서도 큰 공적을 올리기 위해서는 두 가지 조건을 충족시켜야만 한다는 생각을 가지고 있었다. 하나는 뛰어난 인재를 품고 있을 것, 두 번째는 그들의 의견에 귀를 기울일 것. 모처럼 뛰어난 인재를 산하에 두고 있어도 그들의 의견에 귀를 기울이는 도량이 없으면 무의미하다. 그런 점에서 대조적이었던 것이 항우와 유방일 것이다.

항우는 휘하에 많은 인재를 모으면서도 그들의 의견에는 귀를 기울이지 않아 결국 자멸의 길을 걸었다. 이에 비해서 유방 쪽은 어느 의미에서 자기보다도 뛰어난 인재를 휘하에 맞이해 그들의 의견에 귀를 기울임으로써 천하를 장악했다고 할 수 있다. 《한비자》는 항우의 전철을 밟지 말라, 유방을 본받으라고 말하고 있는 것이다.

그리고 자멸의 원인 여섯째는 '남의 힘에 의존하는 것'이다.

《한비자》는 말한다.

"자기의 힘을 올바르게 인식하지 못하고 외국의 힘에 의존하는 것은 나라가 쇠퇴하는 원인이다."

이것은 작은 나라나 작은 기업일수록 심각한 문제이다. 작은 나라가 생존하려면 다른 나라들과 협조를 도모해야만 한다. 그러나 외교에서 추종만 하면 결국 가볍게 보이게 된다. 오히려 타국에 의존하지 않아도 생존할 수 있는 조건 조성을 해야 된다. 기업의 경우도 이와 똑같이 말할 수 있을 것이다. 업적이 호조일 때야말로 더한층 긴장해 체질 강화에 나서야 하는 것이다. 그 구체적인 방향으로서는 '무차입경영'이라든가 '독자상품의 개발'과 같은 것이 될지도 모른다. 요약하면 《한비자》는 '이왕 기댈 바엔 큰 나무 그늘'이란 안이한 사고방식을 경계한다고도 말할 수 있다.

마지막으로 《한비자》는 '힘도 없으면서 예의를 모르는 것'을 자멸하는 원인의 일곱 번째로 들고 있다. 오늘날에는 제 분수를 모르는 이런 인간은 적어졌지만, 때때로 경영인 2세에게서 이런 유형을 보게 될 때가 있다. 이와 같은 존대함은 본인의 성격에 달렸다고는 하지만 역시 '우물 안 개구리'란 말을 들어도 어쩔 수 없다. 이와 같은 경영자를 둔 기업은 쇠퇴 일로를 걷게 될 것이 틀림없다.

건의는 비위에 거슬리지 않게

지금까지 주로 《한비자》가 말하는 군주의 자세에 대해서 소개해왔다. 그러나 현대에는 경영자이건 리더이건, 그들보다 더 윗사람이 있거나 고개를 들 수 없는 존재가 있거나 하는 것이 일반적이다. 독단 사장이라도 모(母)회사나 은행이라면 꼼짝 못하는 경우가 있을지도 모르고, 부하에 대한 통제력도 옛날과는 비교가 되지 않는다.

즉 처음부터 중간관리직 성격을 지니는 것이 현대의 경영자이다. 그런 가운데서는 자기보다 큰 권력을 지닌 상대에게 어떻게 대응할 것인가가 일을 성공시키는 열쇠가 되고, 자기의 지위를 유지하는 데 커다란 핵심이 된다. 《한비자》는 이 문제에 대해서도 건의, 즉 어떻게 말할 것인가 하는 각도에서 치밀하게 주의사항을 기술하고 있다. 마지막으로 그 일단을 소개해보겠다.

《한비자》는 우선 이렇게 말하고 있다.

"건의란 것은 어렵다. 그것은 건의하는 자가 충분한 지식을 몸에 익히는 것의 어려움이 아니다. 또 자신의 의견을 입으로 표현하는 것의 어려움도 아니다. 생각하는 바를 그대로 확실하게 말할 수 있는 용기를 갖는 것의 어려움도 아니다. 건의의 어려움이란 상대의 마음을 알아차리고 이쪽의 의견을 그것에 맞추는 것, 이 한 가지 점이다.

이를테면 상대가 명성을 원하고 있는 인물이라고 치자. 그런 상대를 향해서 이렇게 하면 큰 이익을 얻을 수 있다고 역설하면 말단에게 천대를 받았다고 상대를 하지 않을 것이 뻔하다. 반대로 이익만을 좇는 상대에게 명성을 올리는 요령을 역설하면 세상 물정을 모른다고 멀리할 것이다. 상급자에게 건의를 하려면 이 정도는 알고 덤빌 필요가 있다."

《한비자》는 이와 같이 전제한 다음 더욱 구체적으로 상대에 따른 건의의 요령을 다음과 같이 기술하고 있다.

"상대가 자만하고 있는 점은 칭찬해준다. 부끄럽게 여기고 있는 것은 잊게 해준다. 이런 요령을 아는 것이 중요하다. 이기적이지 않을까 하고 행동을 주저하는 상대에게는 대의명분을 붙여주어 자신을 갖게 해준다. 하찮은 일인 줄 알지만 그치지 못하고 있는 상대에게는 나쁜 일은 아니므로 그만두지 않아도 좋다고 말해 안심하게 한다. 높은 이상을 무거운 짐으로 느끼고 있는 상대에게는, 그 이상의 잘못을 지적해 실행하지 않는 것이 좋다고 말해준다. 위험한 사업을 중지하도록 간할 경우에는 본인의 이름에 연관된다고 말해 막은 다음 경영자 개인의 이익이 되지 않음을 암시하는 것이 좋다."

단 오해를 해서는 곤란하다. 이것은 아첨이나 추종과 같은 것은 아니다. 어디까지나 상사에게 건의할 때에는, 우선 상대의 심리와 욕망을 분석하고 그런 다음 설득하라는 것이다.

결론으로서 《한비자》는 다음과 같이 주의를 주고 있다.

"용이란 동물은 길들이면 사람이 탈 수 있을 정도로 순하다. 그런데 목구멍 밑에 지름 한 자 정도의 비늘이 거꾸로 자라고 있고 여기에 손을 대기만 하면 순식간에 잡아먹히고 만다. 군주에게도 이 역린(逆鱗)이 있다. 그것을 건드리지 말고 건의를 할 수 있다면 우선 급제라고 말할 수 있다."

이와 같은 배려는 상사에 대해서뿐만 아니라 모든 인간관계에서 필요한 것일지도 모른다.

안씨가훈

《안씨가훈(顔氏家訓)》에 대해서

지금으로부터 1400년 전, 안지추(顔之推 : 532~602년)란 인물이 자손을 위해 써서 남긴 것으로, 중국의 대표적인 가훈이고 일상의 마음가짐에서 문학론, 종교론까지 여러 갈래에 걸쳐 2권 20편으로 구성되어 있다.

서치(序致), 교자(教子), 형제(兄弟), 후취(後娶), 치가(治家), 풍조(風操), 모현(慕賢), 면학(勉學), 문장(文章), 명실(名實), 섭무(涉務), 성사(省事), 지족(止足), 계병(誡兵), 양생(養生), 귀심(歸心), 서증(書證), 음사(音辭), 잡예(雜藝), 종제(終制) 등 20편이다. 이들 각 편이 제각기 몇 개의 짧은 문장으로 이루어져 있으므로 그만큼 읽기 쉽다.

안지추가 산 것은 남북조시대(南北朝時代)로 불리는 난세였다. 남과 북으로 두 왕조가 대립 항쟁한 시대이고 그 자신 역시 변전하는 시대의 파고(波高)를 정면으로 받아 파란 많은 생애를 보냈다. 그러나 그는 전통 문화를 존중하는 건전한 상식인이고 생활 태도도 지극히 신중해 보수적인 성실함으로 뒷받침되어 있다.

이 책이 후세 사람들에게 계속 읽혀온 비밀은 여기에 있었는지도 모른다.

《안씨가훈의 말》

형벌부중(刑罰不中), 즉민무소조수족(則民無所措手足)——형벌이 적당하지 않으면 수족을 둘 곳이 없다. 즉 백성이 자유롭지 못하다.

〈치가편(治家篇)〉

별이회난(別易會難)——사람이 헤어지기는 쉬워도 만나기는 어렵다.

〈풍조편(風操篇)〉

병흉전위(兵兇戰危), 비안전지도(非安全之道)——병기는 흉한 것이고 전쟁은 위험한 것으로서, 안전을 위한 도리는 아니다. 〈풍조편(風操篇)〉

세인다폐(世人多蔽), 귀이천목(貴耳賤目), 중요경근(重遙輕近)――세상 사람의 흔한 병폐는 귀로 들은 것은 귀하게 여기고, 눈으로 직접 본 것은 천하게 여기며, 멀리 있는 것을 중하게 여기고, 가까이 있는 것을 가볍게 여기는 것이다. 〈모현편(慕賢篇)〉

부소이독서학문(夫所以讀書學問), 본욕개심명목(本欲開心明目), 이어행이(利於行耳)――무릇 독서를 하고 학문을 하는 이유는, 본래 마음을 열고 눈을 밝혀 행동에 이익이 되도록 함에 있을 뿐이다. 〈면학편(勉學篇)〉

상사망명(上士忘名), 중사입명(中士立名), 하사궁명(下士竊名)――상사(上士)는 명망을 잊고 살고, 중사(中士)는 명성을 세우며, 하사(下士)는 명성을 훔친다. 〈명실편(名實篇)〉

사군자지처세(士君子之處世), 귀능유익어물이(貴能有益於物耳)――군자가 처세할 때는, 능히 사물에 유익함을 귀하게 여길 뿐이다.

〈섭무편(涉務篇)〉

무다언(無多言), 다언다패(多言多敗), 무다사(無多事), 다사다환(多事多患)――말은 많이 하지 마라, 말이 많으면 실패도 많다. 많은 일을 벌이지 마라. 일이 많으면 탈도 많다. 〈성사편(省事篇)〉

난세에 살아남는 예지

'가훈'이란 자손을 위해 써서 남긴 교훈으로 대대로 그 가문에 전해져 내려온 것이다. 그리고 그 가운데에는 역사적인 가치만 지닌 것도 없지는 않다. 그러나 상가(商家)에 전해지는 가훈 따위는 오늘날에도 훌륭하게 통용되는 것이 많다.

중국에서도 일찍부터 '가훈'이란 것이 쓰여 왔다. 그 대표적인 존재가 《안씨가훈》이다. 중국에서 '가훈'이라고 하면 모두가 이 《안씨가훈》을 떠올릴 정도로 널리 읽혀 왔다.

왜 그토록 읽히고 있는 것일까. 말할 나위도 없이 쓰여 있는 내용이 시대를 초월해 어느 시대에나 들어맞는 보편성을 지니고 있기 때문이다. 오늘날 읽어도 이 냉혹한 현실에 어떻게 살 것인가 하는 점에서 참고가 되는 부분이 적지 않다.

안지추는 6세기 남북조시대에 남쪽 지방에 위치하는 귀족의 가문에서 태어났다. 처음에 재능이 인정되어 남(南)왕조에 봉사하게 되는데, 이 왕조는 곧 북왕조에 멸망되고 동시에 안지추도 유랑 생활을 하게 된다. 어느 시대에나 따르게 마련인 '망국의 비애'를 맛보게 된 것이다.

그 다음으로 이번에는 북(北)왕조에 봉사하게 되는데 처음 봉사한 왕조는 이윽고 멸망하고, 두 번째로 봉사한 왕조도 얼마 안 가서 멸망하고 만다. 결국 양쪽에 걸쳐서 세 왕조에 봉사했지만, 그 세 왕조가 모두 멸망하고 말았다. 지금으로 말하면 근무한 회사가 3번에 걸쳐서 잇따라 파산하고 만 것과 같은 것이다. 이렇게 되면 안정된 생활 따위는 바랄 수도 없다. 그 때문에 안지추도 상당히 힘든 생활을 보낸 것 같다. 그 자신도 본서 가운데서 '나는 난세에 태어나 전쟁시대에 자랐기 때문에 모르는 나라로 방황하며 다녀야만 했다'고도 말하고 있다.

이와 같이 격동하는 시대의 물결에 농락당한 안지추는 난세 속을 끈질기게 살아남아 마지막에는 통일왕조인 수(隋)나라에 봉사하고 평온하게 생애를 마친다. 당연한 이야기이지만 난세에 생존하는 것은 쉬운 일이 아니다. 몸을 위험 속에 내맡기면서 인생을 살아가기 위해서는 인간관계의 처리나 일에 대처하는 자세나 신중한 배려를 필요로 한다.

그런 의미에서 그가 써서 남긴 《안씨가훈》에 담겨 있는 내용은, 난세에서 생존하기 위해서는 어떻게 하면 좋은지, 그 예지의 결정이라고 말할 수 있을 것이다.

일반적으로 '가훈'으로 불리는 것은 가족이나 자손을 위해 써서 남긴 것이므로 널리 세상 사람들에게 읽히려고 했던 것은 아니다. 《안씨가훈》만 해도 그렇다. 안지추 자신은 이렇게 말하고 있다.

"이런 것을 쓴 목적은 세상 사람들에게 설교를 하려는 생각에서가 아니다. 나의 자손이 확실하게 가정을 꾸리고 훌륭한 사회인이 되기를 소망하는 마음에서이다."

이 말에서도 알 수 있듯이 《안씨가훈》은 개인적인 기록이지만 내용이 뛰어나기 때문에 많은 사람들에게 받아들여져 계속 읽혀온 것이다.

또 하나의 특징은 '가훈'으로 불리는 것은 대체로 조목별로 씌어진 것이 많고 짧은 문장으로 정리되어 있다. 《안씨가훈》의 경우는 분량도 많고 내용도 여러 갈래에 걸쳐 있다. 더구나 안지추란 사람은 단순한 관리가 아니라 당대의 뛰어난 교양인이었기 때문에, 그 교양은 문장론이나 종교론, 그리고 음운학이나 문자학에 대해서까지 높은 수준의 전문적인 견식을 아우르고 있다.

여기에서는 그 같은 전문적인 면은 빼고 오로지 냉혹한 현실에 생존하는 처세의 지혜로 초점을 압축해 소개해본다.

가정에서의 예의범절

어느 시대이건 가문이나 자손의 번영을 꾀하려 한다면 가정에서의 교육이나 예의범절을 빼고 말할 수는 없다. 왜냐하면 아이나 손자가 신통치 않은 인간이 되어버리면 영락없이 가문을 망하게 하기 때문이다.

《안씨가훈》도 첫머리에서 우선 아이의 예의범절, 교육 문제를 다루고 있다. 여기에는 안지추 자신의 쓰라린 체험도 연관이 있는 것 같다. 왜냐하면 어릴 적에 양친과 두 형에게 둘러싸여 일상의 인사에서부터 행동거지 하나하나에 이르기까지 균형이 잡힌 예의범절을 몸에 익히고 있었으나, 9세 때 부친을 잃고 나서부터는 양상이 아주 달라졌다.

그 뒤 젊은 형들 밑에서 자랐는데, 형들은 생활에 쫓겨 어린 동생의 예의범절까지 신경쓸 틈이 없었다. 그 결과 안지추는 거의 자유분방하게 소년기를 보내고 제멋대로 굴며 경솔한 말을 하고 옷차림을 단정히 하는 데에도 게을렀다고 스스로 술회하고 있다.

소년 시절에 몸에 밴 이와 같은 바람직하지 못한 버릇을 나중에 그는 몹시 힘들게 극복해나간다. 그런 만큼 어릴 적 가정에서의 예의범절이 얼마나 중요한지를 몸으로 뼈아프게 느낀 것이다. 아이의 예의범절은 일찍부터 시작해야 한다고 다음과 같이 말하고 있다.

"적어도 세 살이나 네 살쯤 되어 어른의 안색이나 감정을 살필 수 있게 되면 곧바로 예의범절 교육을 시작해, 해야 할 것은 하게 하고 해서는 안 될 일은 못 하도록 해야 한다. 5, 6세가 되면 서서히 체벌을 가하는 일을 생각해도 좋다. 부모에게 위엄이 있고 게다가 자애로 가득 차 있다면 아이에게 무시당하는 일도 없고 아이는 자연히 부모를 경애하게 될 것이다. 그러나 세간의 부모를 보면 예의범절을 가르치지도 않고 응석만 받아줄 뿐이다. 식사의 예법이나 일상의 행동, 모든 면에 걸쳐서 예의를 가르치는 데 소홀해, 타일러야 할 것을 부추기거나 꾸짖어야 할 것을 애교로 웃어넘기고 있다. 그런 아이가 철이 들게 되면 세상은 이것으로 통하는 줄 알고 말을 해도 꾸짖어도 잘 듣지 않는다. 화가 나는 대로 아무리 체벌을 가해도 전혀 효과가 없다. 그뿐만 아니라 도리어 원망을 한다. 이렇게 되면 성인이 되어도 세상에 도움이 되는 인간으로 자랄 리가 없다."

아무래도 남의 일 같지 않은 이야기가 아닌가. 신문 등에서 중학생의 비행이 커다란 사회문제로 보도되거나 하는데, 안지추가 산 시대에도 부모는 자식 키우기에 골치를 썩이고 있었던 것 같다. 자식이 사랑스러운 것은 자연의 본성이므로 사랑하는 것은 좋지만, 꾸짖을 때에는 확실하게 꾸짖고 주의해야 할 때에는 주의를 준다. 그렇지 않으면 아이는 선악을 분간 못 하는 인간으로 키워진다. 안지추의 말은 극히 당연한 것을 말하고 있는데, 고생을 한 사람인 만큼 색다른 묘미가 있다.

"아이의 버릇을 바로잡지 못하는 부모도 아이가 나쁜 길로 치닫는 것을 원하고 있는 것은 아니다. 그들은 서투르게 아이를 꾸짖어 기분을 상하게 하거나 회초리로 몸을 상하게 하거나 하는 것을 두려워하고 있을 뿐이다. 확실히 아이는 가르쳐서 바른 길로 이끌 필요가 있지만, 몸까지 다치게 해서는 안 된다. 하지만 그것만으로 끝내지 못하는 것이 아이들의 예의범절인 것이다."

예의범절을 위해서라면 어느 정도 체벌도 허용된다는 것이 안지추의 생각인 것 같다.

나머지 하나, 부모가 아이를 대할 때 경계해야 할 일이 '편애'라고 말한다. 사내니까 계집애니까, 또는 잘하는 아이니까 안 되는 아이니까 하면서 아이를 차별해서는 안 된다. 그것을 안지추는 되풀이해 주의하고 있다.

"예나 지금이나 편애에 의한 비극은 극히 많다. 현명한 아이를 귀여워하는 것은 좋으나, 그렇지 않은 아이에 대해서도 역시 불쌍하게 여기는 마음으로 돌보아주어야 한다. 아이들에 대한 애정에 치우침이 있으면 잘 되라는 생각에서 한 일이 도리어 아이들을 불행으로 빠뜨리는 원인이 될 때가 있다."

이것도 극히 현대적인 지적이다.

안지추에 의하면 가정 내 인간관계의 기본은 부모자식, 형제, 부부, 이 세 가지라고 한다. 이 세 가지의 관계가 원만하면 가정은 잘 다스려지는 것이다. 그러기 위해서는 위에 있는 자가 아래 사람에게, 먼저 태어난 자가 나중에 태어난 자에게 덕을 미치도록 해나가는 것이다, 라고 말한다.

"부친에게 자애가 결여되어 있으면 아이는 자연히 불효자가 되고, 형이 친애의 정을 보여주지 않으면 동생도 경애하는 마음을 갖지 않는다. 또 남편의 태도가 좋지 않으면 아내도 잘 따르려고 하지 않는다."

약간 낡은 사고로 생각할지도 모르지만 이와 같은 인간관계의 기본은 현대에도 그다지 바뀌지 않은 것으로 생각한다.

또 가정을 꾸려나가는 데 있어서 안지추가 권하고 있는 것은 검약의 미덕이다. 검약이란 낭비를 하지 않는 것이다. 이것도 대단히 현대적인 과제라고 할 수 있다. 단, 안지추는 검약은 좋지만 인색해져서는 안 된다고 경계하고 있다.

"검약이란 낭비를 줄여 예(禮)의 정신에 합치하는 것이다. 인색이란 유사시에 돈을 아껴 도움의 손길을 뻗지 않는 것이다. 검약을 해도 인색하지 않으면 이상적이다."

학문의 권유

안지추는 상당히 긴 공간을 할애해 그의 독특한 '학문의 권유'를 역설한다. 그 학문은 단순히 학문을 위한 학문이 아니라 현실생활에 도움이 되는 실천적인 경향이 짙은 것이다.

"책을 읽는 목적은 확실한 판단력을 길러 일에 도움이 되게 하는 점에 있다고 한다. '산처럼 쌓은 재산보다도 변변치 못한 재주가 도움이 된다'는 말이 있다. 재주 가운데서도 배우기 쉽고 더구나 도움이 되는 것은 독서만한 것이 없다. 확실히 세상 사람들은 뛰어난 인물이나 사건에 대해서 조금이라도 많이 알기를 바라면서도, 그것을 독서로써 채우려고 하지 않는다. 그것은 마치 속이 허전한데도 요리 준비를 하지 않는 것과 같은 것이 아닐까. 독서란 아득한 옛날부터 이 지구상에 어떤 인물이 나타나 어떤 사건이 발생했는지 빠짐없이 가르쳐주는 것이다. 또 인간이란 어떤 실패를 범해왔는지, 어떤 것을 선호했는지, 그것도 독서에 의해서 알 수가 있는 것이다."

또 이렇게도 말하고 있다.

“공부를 해서 지식을 몸에 익히면 일을 하는 데에도 도움이 될 것이다. 그런데 세간에는 책을 읽어도 말만 앞서고 실행이 뒤따르지 않는 사람이 많다. 그들은 특히 효행이나 인의(仁義)와 같은 덕을 몸에 익히고 있는 것 같지도 않다. 게다가 그다지 복잡하지도 않은 재판을 하게 해도 명쾌한 판결을 내리지 못한다. 그다지 크지 않은 현을 다스리게 해보아도 만족스럽게 다스리지도 못한다. 평소에 어설프게 공부를 하고 있기 때문에 유사시에 조금도 도움이 안 되는 것이다.”

이미 말했듯이 안지추가 살았던 시대는 난세였다. 그는 실제로 자신이 봉사한 왕조가 붕괴하는 것을 몇 번이고 그 눈으로 보아왔다. 유사시에 조직 따위는 믿을 것이 못된다. 믿을 수 있는 것은 자신뿐이다. 그것을 안지추는 피부로 느끼고 알고 있었을 것이다.

이런 시대에 살아남기 위해서는 개인도 무장해야만 한다. 안지추의 경우, 출신 가계는 귀족이고 학문, 교양으로 이어져 온 가문이다. 이를 연마하는 것 이외에 생존할 길은 없다.

따라서 안지추에게 있어서 학문과 교양은 자연히 현실의 일이나 생활에 도움이 되는 것이 되지 않을 수 없었다. 이른바 산 학문, 살기 위한 학문이다. ‘예(藝)는 몸을 돕는다’는 예(藝)의 일종이라고 해도 좋다.

“비록 상대가 농민이건 상인이건, 또는 하인이나 노예였다고 해도 제각기 인생의 선배이므로 그들을 스승으로 우러러 배워야 한다.

일에 상관없이 널리 배우는데 게으르지 않으면 반드시 자신의 인생에 도움이 될 것이다.”

평소에 이와 같은 공부를 거듭하게 되면 어떤 역경에 처해도 생계와 처세를 위해 반드시 도움이 될 것이다. 이것이 안지추에 의한 ‘학문 권유’의 주지(主旨)이다.

그런데 책을 읽고 공부를 하는 습관은 하루아침에 몸에 붙는 것은 아니다. 그렇기 때문에 일찍부터 이에 친숙해지는 것이 좋다. 안지추도 그 일에 대해서 다음과 같이 말하고 있다.

“인간이란 어릴 적에는 마음을 집중하는데, 어른이 되면 마음이 산만해지기 쉽다. 그러므로 가능한 한 빨리 교육에 착수할 필요가 있다. 나는 7세 때에 암송한 문장을 지금도 기억하고 있다. 20세 이후에 배운 문장은 1개월이 지나면 곧 잊어버리고 만다."

이와 같은 지적은 누구나 느끼는 일이고 대부분이 납득하는 이야기이다. 그런 한편으로 안지추는 '만학의 권유'를 열렬히 말하고 있다. 공부에는 지나치게 늦다거나 하는 일은 없다는 것이다.

"세상 사람들은 성인이 될 때까지 학문을 하지 않으면 새삼 해도 소용이 없다고 체념하고 만다. 그러나 이것은 어리석은 인간이라고 해야 할 것이다. 물론 소년 시절에 배우는 것은 대낮에 햇빛 속을 나아가는 것과 같아서 진보도 빠르다. 이에 대해서 나이가 든 뒤에 배우는 것은 등불을 들고 어둠속을 가는 것과 같아서 조금은 발밑이 위태롭다. 하지만 그래도 눈을 감은 채 사물을 볼 생각도 하지 않는 자들보다는 훨씬 낫지 않을까."

가정 사정이라든가 경제적인 이유 때문에 젊어서 학문의 뜻을 접은 사람도 틀림없이 있을 것이다. 그러나 공부를 하는 데에는 지나치게 늦거나 하는 일은 없다.

'만학의 권유'를 절실하게 느끼게 되는 것은 오히려 현대가 아닐까. 기술혁신은 눈부시고 날로 진보하고 있는데, 젊을 때 습득한 것에만 안주하고 있으면 반드시 시대에 뒤처지고 말 것이다.

이와 같이 안지추는 학문이나 연구의 필요함을 계속 역설하면서 마지막으로 한 가지 주문을 하고 있다. 공부를 하는 것은 좋지만 그것을 자랑하지 말라는 것이다.

"배운다는 것은 자신을 진보시키는 것이 목적이다. 그런데 세상에는 다소 책을 읽었다는 것만으로 그것을 자랑삼아 선배를 경멸하거나 동료를 깔보는 자가 있다. 이렇게 되면 도리어 타인에게 미움을 받거나 꺼려지거나 하는 것이 고작이다. 선부르게 공부를 한 것 때문에 이런 결과를 가져오게 된다면 처음부터 학문 따위는 하지 않는 것이 좋지 않을까."

극단을 혐오한다

《안씨가훈》에 담겨져 있는 지혜는 요약하자면 절묘한 균형감각이라고 말할 수가 있다.

안지추는 무슨 일에나 극단으로 치닫는 것을 혐오하고 정도를 지키는 것, 즉 정도껏 하는 것을 좋아했던 것 같다. 그와 같은 사고방식은 《안씨가훈》의 곳곳에서 엿볼 수 있다.

《예기(禮記)》라는 고전에 '욕심은 마음껏 부리지 말고 뜻은 다 채우지 말라'는 유명한 말이 있다. 자기의 욕망이나 마음을 100퍼센트 충족시키려고 해서는 안 된다. 주위 사람들과 사이가 좋은 것이 중요하다는 것이다.

안지추도 이 말을 인용해 다음과 같이 말하고 있다.

"이 세상은 아무리 넓어도 그 끝까지 당도할 수가 있다. 하지만 인간의 욕망이나 마음은 어디까지나 만족을 모른다. 따라서 욕망의 충족은 정도껏 하고 만족함을 알 필요가 있다. 내 가문의 선조인 정후(靖侯)도 아이들을 타일러 '너희 가문은 학문으로 지탱해왔다. 재산이나 신분 따위가 있었던 것도 아니다. 앞으로 너희가 세상에 나가 관리가 된다고 해도 결코 지방장관 이상의 지위에 오르면 안 된다. 결혼을 한다고 해도 결코 세도가의 딸을 맞아들이면 안 된다'고 말하고 있다. 나는 이것이야말로 명언으로 알고 있고 평생, 이 가르침을 지켜냈다."

지위나 신분 따위는 위로 올라갈수록 맞바람이 강해진다. 그만큼 위험도 커져 언제 쓰러질지도 모른다. 특히 난세에는 이와 같은 경향이 강하게 나타난다. 그렇기 때문에 안지추는 위까지 다 오르지 말고 중간쯤에 있는 것이 좋다는 것이다.

여기에 나오는 정후란 인물은 안씨 집안의 선조로서 동진왕조(東晋王朝)에 봉사하고 공적이 있어 상당히 높은 지위까지 올랐다. 그런데 그 무렵, 이 왕조 가운데에서 큰 세력을 펼치고 있었던 환온(桓溫)이란 실력자로부터 결혼 제의가 있었을 때 이를 깨끗이 거절했다. 실력자와의 인척 관계는 규벌(閨閥)을 만들 수 있어 보통 사람이라면 크게 기뻐할 일이지만, 정후에게는 오히려 달갑지 않은 일이었던 것이다.

세력가는 남의 원망을 사는 일도 많고 또 언제 쓰러질지 알 수 없다. 섣부르게 그런 집안과 사돈을 맺는다면 그 불꽃이 자기 가문에까지 미치고 최악의 경우에는 가계의 단절로 이르게 될지도 모른다. 정후는 그것을 우려해 세력가와의 혼인을 피한 것이다.

그의 자손인 안지추에게도 똑같은 사상이 짙게 흐르고 있다. 더구나 그의 경우는 지위나 신분과 같은 문제뿐만 아니라, 일상의 생활에 대해서도 정도에 맞게 산다는 태도가 기조(基調)가 되어 있었다. 안지추는 '사치는 금물이다'라고 다음과 같이 말하고 있다.

"겸허한 마음으로 만사를 신중하게 행동하면 화를 피할 수가 있다. 인간다운 생활에 필요한 것은, 의복의 경우 비와 이슬을 피할 수 있으면 그것으로 족하고 음식이라면 굶주림을 면할 수 있으면 그것으로 족하다. 이 몸 하나를 살리는 데 사치는 필요치 않다. 그 밖의 일로 애써 사치를 해야 할 필요가 어디에 있을까."

더 나아가 구체적으로 다음과 같이 계속하고 있다.

"20명 가족의 생활이라면 하인은 많아도 20명을 넘지 않는 것이 좋다. 전답은 45정보만 있으면 충분하다. 주거는 비와 이슬을 피할 수 있을 정도, 수레는 다리 대신이 되는 것이라면 그것으로 족하다. 현금은 수만금의 저축이 있으면 급할 때 요긴할 것이다. 그 이상의 저축은 필요한 자에게 나누어주는 것이 좋다. 설사 그 정도의 저축이 없어도 부정한 방법으로 저축을 늘리려고 해서는 안 된다."

이 대목을 현대의 시점에서 읽으면 약간 기이하게 비칠지도 모른다. 검소검약을 권하면서 얼마나 풍요로운 삶이 될까 하고 생각할지도 모른다. 그러나 아무래도 안씨 집안은 그 무렵 귀족의 가문이고, 여기서 쓰인 것과 같은 것이 귀족의 체면을 유지하기 위해 필요한 최소한의 삶이었을 것이다. 요컨대 안지추는 정도를 넘은 사치나 생활의 팽창을 경계하고 있는 것이다.

그리고 궁내(宮內)의 봉사에 대해서도 알맞아야 함을 역설하고 있다.

"관리가 되더라도 중간 이상의 지위에는 오르지 않는 것이 좋다. 자기 앞에 50명, 자기 뒤에 50명 정도 되는 것이 세간에 대해서도 부끄럽지 않고 게다가 위험한 꼴을 당하지 않아도 된다. 이 이상의 지위에 오르게 될 것 같으면 곧바로 사직서를 내 은퇴하고 유유자적의 삶을 보내는 것이 좋다."

이와 같은 삶의 방식을 '소극적'이라고 부르기 쉽다. 그러나 불안정하고 가혹하기 이를 데 없는 시대 배경을 생각한다면, 시대의 흐름에 일희일비하지 않는 극히 적극적인 삶의 방식으로 볼 수도 있는 것이다.

족함을 알 것, 중용을 터득해 균형 감각을 살려서 극단으로 치닫지 말 것, 이와 같은 인생 태도의 이점을 우리도 때로는 뒤돌아보아도 좋지 않을까.

사회인으로서의 소양

일단 이 세상에 태어난 이상, 누구나 한 사람의 사회인으로서 해야 할 일에 대해 마땅히 책임을 수행하고, 가족을 부양하면서 생활해 나가게 된다. 물론 예외가 없는 것은 아니지만, 이것이 일단은 올바른 인생이라고 말할 수 있을 것이다.

그러면 한 사회인으로서 살아가기 위해서는 어떤 마음가짐이 필요하게 될까. 이 문제에 대해서도 안지추는 다양한 각도에서 말하고 있다. 중용을 주지로 하는 그가 가장 싫어했던 것은, 자기부터 먼저 챙기려고 남을 밀치고 가는 것과 같은 자기중심적인 삶이었던 것 같다.

"응분의 지위에 오르려고 동분서주하고 있는 자들을 보고 저렇게라도 하지 않으면 좀처럼 높은 지위에 오르지 못하니까,라고 동정하는 사람도 있으나, 이것은 운만 좋으면 지위 따위는 저쪽에서 굴러온다는 사실을 모르는 사람의 견해이다. 또 조용히 자기 처지에 안주하고 있는 사람을 보고 그렇게 매사에 소극적이면 언제까지나 좋은 지위에는 오르지 못한다고 평하는 사람도 있다. 이것은 조급하게 굴어도 풍향이 바뀌지 않으면 아무런 이익도 없다는 것을 잊고 있는 사람이다. 처음부터 이쪽에서 요구도 하지 않는데 저쪽에서 굴러들어오는 경우와, 악착같이 요구해도 손에 들어오지 않는 경우 중에 어느 쪽이 많을는지 딱 잘라 말할 수는 없지 않을까."

요컨대 안지추는 지위 따위를 추구해 악착같이 동분서주하는 것은 어리석기 짝이 없다는 것이다. 그러면 어떤 삶의 방식이 바람직할까.

우선 첫째로 자기 자신의 부가가치를 높이면서 때를 기다리는 것이다.

"군자는 어디까지나 올바른 길을 지키고 덕을 몸에 익혀 자신의 가치를 높이면서 때를 기다려야 한다. 지위가 오르지 않고 급료가 늘지 않는 것은 완전히 천명에 따른 것이고 인간의 힘으로는 어쩔 수 없는 것이다."

둘째는 제각기 담당 부서에서 주어진 책임을 다하는 것이라고 말한다. 아무리 하찮은 일이라도 불평이나 불만을 말하지 않고 성실하게 책임을 다한다. 그와 같은 자세로 일에 임하고 있으면 언젠가 반드시 인정을 받을 때가 와서 새로운 전망이 열리게 된다는 것이다. 이것도 인생의 쓴 맛을 맛본 사람에게서 나올 수 있는 말이 아닐까.

한편 사회인으로서 살기 위해서는 인간관계를 소홀히 할 수는 없다. 이에 대해서 안지추는 교제하는 상대를 신중하게 택하도록 충고하고 있다.

"훌륭한 인물과 교제를 하면 난초를 기르는 방에 있는 것처럼 좋은 향이 몸에 스며든다. 반대로 하찮은 인간과 교제를 하고 있으면 오랫동안 어시장에 서 있는 것처럼 모르는 사이에 코를 찌르는 냄새가 진동을 한다. 그렇기 때문에 군자는 교제하는 상대를 신중하게 택해야 한다. 공자도 '나보다 못한 자를 친구로 삼지 말라'고 말하였다. 가능하면 자기보다 뛰어난 상대를 택하는 것이 바람직하다."

그리고 안지추는 타인과 교제하는 마음가짐에 언급하면서 '타인의 아름다움을 훔치지 말라'고 역설한다.

"상대의 견식을 채용하고 있으면서 그 상대를 무시하는 것은 옛 사람도 이를 부끄럽게 여겼다. 어떤 사소한 의견이라도 남에게서 빌린 것은 그 사실을 명기(明記)해야 한다. 타인의 아름다움을 모방하고 자기의 것인 양 해서는 안 된다. 비록 상대가 자기의 부하일지라도 그 아름다움은 아름다움으로서 인정해주어야 한다."

부하의 공적을 가로채는 일 따위는 있을 수 없다는 것이다. 이것도 또 인간관계를 구분하는 것의 하나가 될 것이다.

'양생(養生)'을 역설한다

'인생은 짧다'는 생각은 어느 나라 사람이건 같을 것이다. 젊어서는 그렇지 않더라도 나이 50을 지나 60고개를 넘게 되면 '세월은 쏜살같다'는 말을 실감하게 된다. 이 짧은 인생을 어떻게 살 것인가. 이것은 옛날부터 현자들이 자문(自問)을 거듭해온 커다란 문제이다. 그러나 우리는 바쁜 일상에 쫓기고 그 바쁜 가운데 쫓기다가 순간의 인생을 끝내고 만다. 그런 삶을 살고 있는 사람들이 대부분일 것이다.

그러나 중국인이 인생을 받아들이는 방법은 이것과는 상당히 다르다. 그들 대부분은 뜻있는 인생을 보낸다, 즐거움이 있는 인생을 보낸다는 이 두 가지의 양립(兩立)을 생각한다. 즉 '즐거움 없이 무슨 인생인가'라고 생각하는 것이 그들이다. 이것은 언제, 어느 시대에나 중국인이 공통적으로 지니고 있는 보편적 처세관인 듯하다.

그런데 뜻있는 인생을 보내기 위해서도, 또 즐거움이 있는 인생을 보내기 위해서도 우선 필요한 것이 흔한 말 같지만 건강이다. 병에 걸려 누워서만 지내는 생활로는 인생을 즐길 수 없다. 그렇기 때문에 중국인은 옛날부터 건강의 유지, 정진에 남보다 배로 신경을 써왔다. 그것을 중국말로는 '양생(養生)'이라고 한다. 더 나아가 신선술(神仙術)이라든가 불로장생의 비법 등, 약간 생소한 기술에까지 열중해왔다. 가능하면 인생을 오래도록 즐기고 싶다는 간절한 소망이 이와 같은 형태로 나타난 것이다.

그러나 안지추는 이른바 위대한 상식인이었으므로 신선술이라든가 불로장생 비법에는 상당히 회의적이었다.

"신선술이 반드시 모두 속임수라고는 말할 수 없을지 모른다. 하지만 설사 선인(仙仁)이 된다고 해도 어차피 죽음은 면할 수 없다. 나는 그대들이 이런 일에 정력을 소모하는 것을 원치 않는다."

이렇게 자손에게 말을 남기고 있다. 그러나 '양생' 그 자체, 즉 건강 관리에 신경을 쓰는 것은 크게 찬성이었던 것 같다.

"단, 신경을 쉬게 하라. 호흡을 조절하고, 절도 있는 생활을 하고, 더위 추위에 잘 적응하고, 음식을 삼가고, 적절한 약물을 사용해 하늘에서 준 수명을 다하고, 일찍 요절하지 않도록 조심하는 것이라면 조금도 반대할 이유는 없다."

말할 것도 없이 '양생'의 기본은 주어진 생명을 다하는 데 있다. 그러기 위해서는 병에 걸리지 않도록 주의를 해야 한다. 동시에 어처구니없는 재난으로 목숨을 잃지 않도록 주의하는 것도 중요하다.

"양생에 힘쓰는 자는 우선 재난을 당하지 않도록 주의해야 한다. 수명을 다함으로써 양생의 의미도 있는 것이다. 그러므로 위험한 길로 일부러 발을 들여놓거나, 자진해서 음모나 반란에 가담하거나, 또 욕심껏 내달리거나, 남의 원한을 사거나 해서 목숨을 잃는 것은 군자 된 자가 가장 피해야 할 일이다."

여기에서도 역시 안지추는 어디까지나 신중한 삶을 바라고 있음을 잘 알 수 있다.

그런데 인생을 즐기기 위한 방법으로써 이 세상에는 이른바 취미라든가, 놀이와 같은 것이 있다. 이에 대한 안지추의 견해도 한마디로 '즐거움은 극도에 이르면 안 된다'는 것이고, 이것 또한 정도껏 하라는 것이다. 너무 빠져서는 안 된다는 것이다.

예를 들어 안지추는 바둑에 대해서 다음과 같이 말하고 있다.

"바둑은 상당히 고상한 놀이이다. 하지만 이 놀이는 사람을 열중하게 하는 나머지 생활의 파탄을 가져오고 만다. 좋아한다고 해서 여기에 빠져서는 안 된다."

또 음악에 대한 의견은 다음과 같은 것이다.

"거문고의 가락에는 깊은 맛이 있다. 현대의 곡으로도 충분히 마음을 느긋하게 해준다. 단 이것도 남에게 격찬을 받을 정도가 되어서는 곤란하다. 왜냐하면 벼락감투를 쓴 상사의 명으로 술자리를 흥겹게 해주는 자가 될지도 모르기 때문이다."

스스로 즐기는 것은 좋은데 섣부르게 실력을 발휘해 광대가 되어서는 안 된다는 것이다.

스포츠와 같은 놀이도 오늘날처럼 많지는 않아도 그 무렵에 몇 가지가 있었던 것 같다. 이를테면 활쏘기, 이것은 몸을 지키고 나라를 지키기 위한 수단이기도 하므로 안지추도 크게 장려하였다. 그러나 경솔하게 새나 짐승을 죽이는 일은 하지 말라고 아울러 주의를 주고 있다.

그리고 '탄기(彈棊)'라고 해서 판 위에서 돌을 튕겨서 서로 겨루는 그 시대의 대표적인 실내 경기에 대해서는 '이것은 기품이 있는 놀이이다. 울적함을 풀기 위해 때로는 이런 놀이를 해보는 것도 좋을 것이다'라고 신중하게 권하고 있다.

요컨대 놀이건 스포츠건 '양생(養生)' 즉 몸과 마음의 건강을 유지하기 위한 수단에 지나지 않는다. 그렇기 때문에 그곳에는 일정한 절도가 요구된다는 것이다. 그야말로 안지추다운 생활철학이 아닌가.

정관정요

《정관정요(貞觀政要)》에 대해서

당왕조(唐王朝)의 2대 황제 태종(太宗 : 재위 626~649년)과 그를 보좌한 명신들과의 정치문답집으로 일찍부터 제왕학의 교과서로 평가되어 왔다. 당대의 역사가 오경(吳競)의 편찬으로 '군도편(君道篇)'에서 '신종편(愼終篇)'까지 10권 40편으로 이루어진다.

태종 이세민(李世民)은 부친인 고조를 보좌해 당왕조의 창건에 힘썼을 뿐 아니라, 고조의 뒤를 이어 2대 황제의 자리에 오르자 널리 인재를 모아 당왕조 300년의 기초를 다졌다.

태종 밑에는 예를 들면 재상인 방현령(房玄齡), 두여회(杜如晦), 정치고문인 위징(魏徵), 왕규(王珪), 장군인 이정(李靖), 이적(李勣)과 같은 쟁쟁한 인재가 모였다. 태종은 이들 명신들의 간언을 받아들이면서 정치에 임했기 때문에 그의 치세는 잘 다스려져 안정된 사회를 이루었다. 세상에서는 이를 태종의 연호를 따서 '정관(貞觀)의 치(治)'로 부른다. 《정관정요》에는 태종과 명신들의 문답을 통해서 '정관의 치'란 성세(盛世)를 가져온 정치의 요체가 이야기되어 있다.

《정관정요》의 말

제왕지업(帝王之業), 초창여수성숙난(草創與守成孰難)——제왕의 위업 중, 창업과 수성은 어느 것이 어려운가. 〈군도편(君道篇)〉

이거안사위(以居安思危)——삶이 편안할 때에 위태로움을 생각한다. 〈군도편(君道篇)〉

군주야인수야(君舟也人水也)——군주는 배이고 백성은 물이다. 〈정체편(政體篇)〉

대사개기어소사(大事皆起於小事)——큰일은 모두 작은 일에서 비롯된다.

〈정체편(政體篇)〉

치국유여재수(治國猶如栽樹)——나라를 다스리는 것은 나무를 가꾸는 것과 같다. 〈정체편(政體篇)

이지공상(以至公賞), 불사기친(不私其親)——지극히 공정한 상은 사사로움에 매이지 않는다. 〈봉건편(封建篇)〉

임심즉조서(林深則鳥棲), 수광즉어유(水廣則魚遊)——숲이 깊으면 새가 살고, 물이 많으면 고기가 노닌다. 〈인의편(仁義篇)〉

유수청탁(流水淸濁), 재기원야(在其源也)——흐르는 물의 청탁(淸濁)은 그 근원에 있다. 〈성신편(誠信篇)〉

위정지요(爲政之要), 유재득인(惟在得人)——정치의 요체는 인재를 얻는 데 있다. 〈숭유학편(崇儒學篇)〉

국가법령(國家法令), 유수간약(惟須簡約)——국가의 법령은 마땅히 간략해야 한다. 〈사령편(赦令篇)〉

불감시천하지안(不敢恃天下之安), 매사위망지사(每思危亡之事)——천하의 평안함을 믿지 말고 언제나 위망(危亡)을 생각한다. 이로써 스스로 경계하려는 것이다. 〈신종편(愼終篇)〉

지키는 시대의 제왕학

《정관정요》는 오늘날 우리에게는 그다지 익숙지 않은데, 이 책은 이미 제왕학의 원전으로서 옛날부터 중국에서 널리 애독되어 왔다. 그 내용을 기술하기 전에 우선 이 책의 성립에 대해서 간단히 설명해두자.

지금으로부터 1370년 전에 중국은 당왕조의 2대 황제 태종의 시대였다. 태종의 이름은 이세민(李世民)으로, 중국 3000년 역사 가운데서 손꼽히는 명군으로 알려져 있다. 태종 황제로서의 치세는 23년간 이어졌는데, 그 치세는 태종의 연호를 따 '정관의 치'로 불리고 이상적인 정치가 이루어져 찬양을 받아왔다.

《정관정요》란 말할 것도 없이 '정관의 치'와 같은 이상적인 시대를 구축한 정치의 요체라는 의미이다. 이 책에서는 주로 태종과 중신들이 주고받는 대화를 통해서 그들이 어떤 마음가짐으로 정치에 임했는지, 어떤 점에 고심했는지 그 비밀이 설명되어 있다. 훌륭한 정치를 담당한 인물들의 뒷이야기 같은 것이다.

이 책은 뒤로 이어지는 중국의 황제들에게 제왕학의 교과서로서 계속 읽혀왔다. 중국만이 아니고 그 밖의 외국에서도 《정관정요》에 친숙한 위정자는 많다.

그러면 《정관정요》가 역설하는 제왕학의 요체란 무엇인가. 한마디로 말해서 지키는 시대의 지도자가 지녀야 할 마음가짐이라고 해도 좋다. 《정관정요》에 '창업(創業)이 어려운가, 수성(守成)이 어려운가'라는 유명한 문답이 있다. 수성이란 이미 완성한 것을 지켜나간다는 의미이다.

어느 때 태종이 중신들에게 물었다.

"제왕의 사업 가운데서 창업과 수성, 어느 쪽이 어려운가?"

우선 방현령이란 재상이 대답을 했다.

"창업 초에는 천하가 삼〔麻〕처럼 흐트러져 각지에 군웅이 할거하고 있습니다. 천하통일의 대업을 성취하려면 그들 군웅과의 쟁패전에서 승리해야만 합니다. 그것을 생각하면 창업 쪽이 어려울 것으로 생각합니다."

이에 대해서 위징이란 측근이 반론을 제기했다.

"아닙니다. 그렇지가 않습니다. 본래 천자의 자리란 하늘에서 수여되고 백성으로부터 주어지는 것이어서, 그것을 손에 넣는 것이 곤란하다고 말할 수는 없습니다. 그러나 일단 천하를 손에 넣고 나면 마음이 풀어져 제멋대로의 욕망을 억제할 수 없게 됩니다. 백성이 평온한 생활을 소망해도 징발(徵發)이 끊이질 않습니다. 백성이 가까스로 끼니를 잇는 생활을 보내고 있어도 제왕의 사치를 위한 세금이 잇따라 부과됩니다. 국가의 쇠퇴는 언제나 이것이 원인이 되고 있습니다. 이와 같은 이유로 나는 수성이야말로 힘들다고 말하고 싶습니다."

두 사람의 말을 말없이 듣고 있던 태종은 이윽고 이렇게 말했다고 한다.

"잘 알겠다. 방현령은 일찍이 나를 따라서 천하를 평정해 온갖 간난(艱難)을 다 겪고 구사일생으로 오늘날을 있게 했다. 그대로서는 창업이야말로 곤란하다고 생각하는 것도 무리는 아니다. 한편 위징은 나와 함께 천하의 안정을 도모하면서 지금 이 시점에 마음의 긴장을 풀면 반드시 멸망의 길을 걷게 될 것이 틀림없다고 걱정하고 있다. 그렇기 때문에 수성이야말로 곤란하다고 말했을 것이다. 그런데 돌이켜 생각하면 창업의 곤란은 이제 과거의 일이 되었다. 앞으로는 그대들과 함께 마음을 합쳐 수성의 어려움을 극복하고 싶다."

태종은 이와 같은 마음가짐으로 수성의 시대에 대처해 명군으로 추앙되기에 이르렀다. 《정관정요》에는 그와 같은 태종의 고심이 남김없이 기록되어 있다.

오늘날을 생각할 때에 지금의 저성장경제의 사회는 분명 수성의 시대라고 해도 좋다. 이제까지의 고도성장으로 달성한 성과를 지키면서 느슨해지기 쉬운 인심을 다잡아 어떻게 시대에 대응해나갈 것인가를 생각할 때 태종의 정치 자세에서 배워야 할 것은 많다.

이제 태종이 군주로서 어떤 점에 고뇌를 하고 또한 유의했는지를 구체적으로 살펴보자.

부하의 간언(諫言)에 귀를 기울여라

《십팔사략》의 항에서도 소개한 것처럼 항우와 유방 두 사람은 진의 시황제가 사망한 뒤 천하를 다투었다. 그리고 최종적으로는 유방이 항우를 격파하고 천하를 통일해 한(漢)이란 새로운 왕조를 수립하였다.

이 두 사람의 싸움은 처음에 압도적으로 항우 쪽이 우세했다. 그러나 유방은 끈질기게 열세를 만회해 역전 승리를 거두었다. 그 승리의 원인에 대해서 유방 자신이 이렇게 말하였다.

"나에게는 소하, 장량, 한신의 세 뛰어난 인물이 따르고 있었다. 이 세 사람을 잘 다루어온 것이 나의 승인(勝因)이다. 이에 비해서 항우에게는 범증(范增)이란 군사(軍師)가 따르고 있었지만, 그 한 사람도 다루지 못했다. 이것이 항우의 패인(敗因)이다."

세 사람의 뛰어난 인물을 다룬 것이 승리한 이유라고 말하고 있으나, 다루었다고 해서 마치 수족처럼 다루었다는 뜻은 아니다. 유방은 부하의 의견을 실로 잘 들었던 것이다. 유방 쪽에서 명령이라든가 지시를 내리는 일은 거의 없고 부하의 진언에 귀를 기울이고 마지막으로 '좋다, 그렇게 나가자'고 결단을 내리는 것이 유방의 자세였다.

이런 방법을 취하게 되면 부하로서도 그만큼 책임을 느끼고 열심히 하지 않을 수 없다. 유방이 부하를 다룬 요령은 바로 이것이었다.

그런데 부하의 의견이란, 내용으로 보면 거의 두 갈래로 나누어진다. 첫째로 정책이라든가 전략 전술에 관한 진언, 둘째는 군주나 윗사람의 과실을 간하는 충언(忠言)이다.

지금 말한 유방의 경우는 주로 정책이나 전략 전술에 관한 진언에 귀를 기울였다는 것이다. 군주에게 그보다도 어려운 것은 오히려 간언에 귀를 기울이는 일일 것이다.

중국에 '양약(良藥)은 입에 쓰고 병에는 이롭다. 충언은 귀에 거슬리지만 행위에는 이롭다'는 격언이 있듯이 간언이란 듣는 쪽에서는 쓰디쓴 것이다.

자신의 결점이나 잘못을 지적당하면 누구나 기쁠 리가 없다. 그것을 허심탄회하게 받아들이려면 상당한 인내력을 필요로 한다.

그 점에서 중국의 역대 황제 가운데에서 당나라 태종만큼 간언을 즐긴 군주는 없다. 오히려 자기 쪽에서 적극적으로 그것을 추구했던 것이다. 《정관정요》를 읽으면 그것이 절실하게 전해져 온다.

예를 들어 태종은 어느 때 중신들을 모아 이렇게 말했다.

"예로부터 제왕들 중에는 자기 감정이 내키는 대로 행동하는 자가 많았다. 기분이 좋을 때에는 공적이 없는 자에게까지 상을 주고, 분노에 사로잡혀 있을 때에는 태연하게 죄 없는 인간까지 살해했다. 천하의 대란은 모두 이 때문에 발생한 것이다. 나는 밤낮으로 그 일에 대해서 생각을 하고 있다. 무언가 깨달은 것이 있으면 서슴지 말고 말해주기 바란다. 또 그대들도 부하의 간언은 기꺼이 받아들이는 것이 좋다. 자기의 의견과 다르다고 해서 거부해서는 안 된다. 부하의 간언을 받아들이지 않는 자가 어떻게 상사에게 간언을 할 수 있을 것인가."

또 어느 때에는 위징에게 다음과 같이 말하고 있다.

"요즈음 신하 가운데 떳떳하게 의견을 말하는 자가 보이질 않는다. 어찌된 일인가?"

위징이 대답을 했다.

"폐하는 마음을 비우시고 신하의 의견에 귀를 기울여 오셨습니다. 계속 의견을 말씀드려야 할 자가 있어야만 합니다. 그런데 똑같이 침묵을 지킨다고 해도 저마다 이유가 다릅니다. 의지가 약한 자는 마음으로 생각은 하고 있지만 말로 표현하지 못합니다. 평소 곁에서 봉사한 적이 없는 자는 신뢰가 없는 것을 두려워해 전혀 말을 하지 못합니다. 또 지위에 연연하고 있는 자는 섣불리 말을 꺼냈다가 모처럼 얻은 지위를 잃게 되지나 않을까 두려운 마음에 이 또한 적극적으로 발언하려고 하지 않습니다. 모두가 이렇게 침묵을 지키고 있는 것은 이런 이유 때문입니다."

위징의 대답은 부하의 심리를 치밀하게 분석해 군주의 맹점을 찌르고 있다. 이에 대해서 태종은 다음과 같이 대답한다.

"정말로 그대가 한 말이 맞다. 나는 언제나 그것을 반성하고 있다. 신하가 군주를 간하는 것은 죽음을 각오하고 하지 않으면 안 된다. 그것은 형장으로 향하거나 적의 대군 속으로 돌입하는 것과 조금도 다름이 없다. 간언을 하는 자가 적은 것은 그와 같은 이유일 것이다. 나는 앞으로도 겸허한 태도로 간언을 받아들일 생각이다. 부디 그대들도 부질없는 걱정 따위는 하지 말고 계속 의견을 말해주기 바란다."

태종은 생애에 걸쳐서 이와 같은 태도로 일관해 널리 신하의 간언에 귀를 기울였다고 한다. 이것이 《정관정요》에서 배우는 제왕학의 첫째 요건인 것이다.

단, 부하의 의견에 귀를 기울인다고 해도 그 전제로서 부하들이 유능한 인재여야만 한다. 그 점에서 태종의 휘하에는 위징이나 방현령을 비롯해서 쟁쟁한 인재가 모여 있었다. 이 '인재 모으기'의 노력도 동시에 본받아야 할 점이다.

우선 내 몸을 바로잡는다

앞서 말한 바와 같이 '내 몸이 올바르면 말하지 않아도 행한다. 그 몸이 올바르지 않으면 말해도 따르지 않는다'는 유명한 말이 있다. 현대식으로 풀어서 쓰면 '자신의 행위가 올바르면 명령을 할 것도 없이 실행이 된다. 하지만 자신의 행위가 올바르지 못하면 아무리 명령을 해도 실행이 되지 않는다'는 의미이다. 이것은 어느 시대에나 간부나 경영자가 명심해야 할 일이다.

왜냐하면 간부나 경영자의 일거수 일투족은 언제나 부하의 주목을 받고 있기 때문이다. 그와 같은 입장에 있는 자가 부하 앞에서 무책임한 태도나 행동을 보이면, 순식간에 부하의 사기에 영향을 주고 나아가서는 조직의 붕괴로도 이어질지 모른다.

당나라 태종은 이런 점에서 엄격한 자계(自戒)를 세울리하지 않았나.《정관정요》에 다음과 같은 문답이 기재되어 있다.

어느 때 태종은 중신들에게 이렇게 말했다.

"군주 된 자는 무엇보다도 우선 백성의 생활 안정을 꾀하여야 한다. 백성을 착취해 사치스런 생활에 빠지는 것은 마치 자기 발의 살을 베어 먹는 것과 같은 것이고, 그로써 배를 채웠을 때에는 몸이 망가지고 만다. 천하의 태평을 원한다면 우선 자신의 자세를 바로잡을 필요가 있다. 일찍이 몸은 바로 서 있는데 그림자가 굽어져 비치거나, 군주가 훌륭한 정치를 하고 있는데 백성이 엉터리였다는 이야기는 들어본 적이 없다.

나는 몸의 파멸을 가져오는 것은 다름 아닌 그 사람 자신의 욕망이 원인이라고 생각하고 있다. 언제나 산해진미를 먹고 음악이나 여자에 빠져 지낸다면 욕망의 대상은 끝없이 넓어져 그것에 드는 비용도 막대해진다. 이렇게 되면 중요한 정치에 힘을 쓰지 않게 되어 백성을 고통으로 몰아넣을 뿐이다. 게다가 군주가 도리에 맞지 않는 말을 한마디라도 하면 백성의 마음은 흐트러져 반란을 꾀하는 자도 나타날 것이다. 그러므로 나는 늘 이 점을 명심해 스스로 욕망을 억제하도록 힘쓰고 있다."

측근인 위징이 그 말을 받아 계속했다.

"예부터 성인으로 숭배된 군주는 모두 그 일을 실천했습니다. 그렇기 때문에 이상적인 정치를 할 수가 있었던 것입니다. 일찍이 초(楚)나라 장왕(莊王)이 첨하(詹何)라는 현인을 초청해 정치의 요체를 물은 결과 첨하는 '우선 군주가 자신의 자세를 바로잡는 것입니다'라고 대답을 했습니다. 장왕은 거듭 구체적인 방책에 대해서 물었는데 그래도 첨하는 '군주가 자세를 바로잡고 있는데 나라가 흐트러진 예가 일찍이 없습니다'라고 대답할 뿐이었습니다. 폐하가 말씀하신 것과 첨하가 한 말은 완전히 같습니다."

당나라 태종은 이와 같은 각오로 정치에 임하고 솔선해서 자기 자세를 바로잡는 데 힘썼다. 하지만 아무리 노력을 해도 아직 불충분하지 않은가 하는 불안은 남는다. 어느 때 태종은 위징에게 그 불안을 말한 적이 있었다.

"나는 언제나 내 자세를 바로잡으려고 힘써왔는데 아무리 노력을 해도 옛 성인에게는 미치지 못한다. 세인의 비웃음을 사지나 않을까 늘 그것이 마음에 걸린다."

위징은 이때 이런 말로 위로하고 있다.

"그 옛날 노(魯)나라 애공(哀公)이 공자에게 '세상에는 이처럼 건망증이 심한 사내도 다 있군. 이사할 때 하필이면 자기 아내를 두고 왔다지 않소'라고 말했던바 공자는 '아니, 더 심한 사람이 있습니다. 폭군으로 알려진 그 걸(桀), 주(紂) 같은 자들은 아내는커녕 자기 몸조차 잊고 말았으니까요'라고 대답했다는 것입니다.

아무쪼록 폐하도 이 일만은 결코 잊지 마시기 바랍니다. 이것만 조심하면 적어도 후세 사람들의 웃음거리가 되는 일은 없습니다."

위징의 말에 태종은 크게 고개를 끄덕였다고 한다.

군주가 솔선해서 자기의 자세를 바로잡으면 부하도 그것을 본받아 옷깃을 여미지 않을 수 없다. 그것만으로도 조직은 훨씬 견고해진다. 이것이 제왕학의 둘째 요건이라고 생각한다.

최초의 긴장감을 지속시킨다

중요한 자리에 임명되거나 군주의 지위를 얻었을 때에는 누구나 결의를 새롭게 하고 긴장해서 일에 대처한다. 하지만 그 긴장감을 지속시키는 것은 쉬운 일이 아니다. 2년이 지나고 3년이 지나 그 지위에 익숙해짐에 따라서 긴장감도 차츰 느슨해진다. 《정관정요》에 의하면 그렇게 되면 군주로서는 실격이라고 한다. 그것에 대해서 다음의 문답이 소개되어 있다.

어느 때 당나라 태종이 중신들에게 물었다.

"국가를 유지해나가는 것이 곤란할까, 쉬울까?"

"극히 곤란합니다."

위징이 대답하자 태종이 되물었다.

"뛰어난 인재를 등용하고 자주 그들의 의견을 받아들이면 되지 않을까? 반드시 곤란하다고는 생각지 않는데……."

위징은 이에 이렇게 대답하였다.

"이제까지의 제왕을 보십시오. 나라의 경영이 위태롭게 되었을 때에는 뛰어난 인재를 등용하고 그 의견에 자주 귀를 기울이는데, 나라의 기반이 다져지면 반드시 마음이 느슨해집니다. 그렇게 되면 신하도 제 몸만을 생각해 군주에게 과실이 있어도 굳이 간하려고 하지 않습니다. 이렇게 되면 나라의 정치는 차츰 위태롭게 되어 결국에는 멸망에 이르게 됩니다. 예로부터 성인이 '편안할 때 위태로움을 생각한다'고 한 것은 그 때문입니다. 나라가 편안할 때야말로 마음을 긴장해 정치에 임해야 합니다. 그래서 저는 곤란하다고 말씀드린 것입니다."

위징은 여기에서 '편안할 때 위태로움을 생각한다'는 말을 인용해 태종의 주의를 환기시킨다. 편안하고 순조로운 때야말로 더욱 긴장해서 일에 임하라는 것이다. 그러나 그것을 실행하는 것은 의외로 어렵다. 실패한 예가 당의 현종황제이다. 그도 즉위 직후에는 긴장해서 정치에 임했다. 그 결과 '개원(開元)의 치(治)'로 불릴 정도로 융성한 시대를 구축하는 데 성공했다. 하지만 어느덧 미녀 양귀비에 빠져 결국 나라를 멸망시키기에 이르렀다. 현종황제와 같은 예는 중국 3000년 역사 속에서 쉽게 볼 수가 있다. 이는 결코 남의 일이 아니다.

그런 점에서 태종은 '정관의 치'로 불리는 훌륭한 시대를 구축하면서 조금도 긴장을 늦추지 않고 치세의 마지막까지 긴장감을 지속시켰다.

어느 때 그는 중신들에게 이렇게 말하였다.

"나라를 다스릴 때의 마음가짐은 병을 치료할 때의 마음가짐과 완전히 같다. 환자란 회복기로 접어들었을 때야말로 더한층 신중하게 양생을 해야 한다. 그만 방심을 해서 의사의 지시를 지키지 않는 일이 있으면 그것이야말로 목숨을 잃는 일이 될 것이다. 나라를 다스리는 데에도 같은 마음가짐이 필요하다. 천하가 안정으로 향하고 있을 때야말로 특히 신중해야 한다. 그때가 되어 이제 안심이라고 긴장을 풀면 반드시 나라를 망하게 한다.

지금 천하의 안위(安危)는 나 한 사람의 어깨에 달려 있다. 그렇기 때문에 나는 언제나 신중을 기하고 비록 칭찬하는 목소리를 들어도 아직 불충분하다고 스스로 경계하고 있다. 그러나 나 한 사람의 노력만으로는 어떻게 할 도리가 없다. 그래서 그대들을 나의 귀와 눈으로 믿어왔다. 나와 그대들은 일심동체의 관계에 있다. 부디 앞으로도 힘을 합치고 마음을 하나로 해서 정치에 임해주기 바란다. 만일 위험하다고 깨달은 점이 있으면 숨기지 말고 서슴없이 말하라. 만일 군신 간에 의혹이 생겨 서로 마음속에 담아두고 있는 것을 말하지 않게 된다면, 나라를 다스리는 데에 중대한 해를 미치게 된다."

태종은 평생 이와 같은 마음가짐으로 정치에 임했다. 확실히 어떤 일이건 긴장을 푸는 순간 궁지에 빠질 때가 많다. 야구에서도 4번 타자를 삼진으로 잡고 안도의 한숨을 내쉬는 순간 하위타자에게 한 방을 맞게 되는 광경을 흔히 보게 된다. 기업경영도 똑같은 것이다. 업적이 호조인 때야말로 더한층 신중한 운영이 요망되는 것이다.

자기통제로 일관한다

옛날의 황제는 절대권력을 장악하고 있어 그럴 생각만 있으면 신하를 파면하거나 미녀를 불러들이거나, 어떤 일이건 제멋대로 할 수 있었다. 하지만 좋을 대로 그런 짓을 하고 있으면 순식간에 폭군으로 전락한다. 명군이 되려면 남보다 배로 엄격한 자기 규제가 필요한 것이다. 그것을 잘 보여주고 있는 것이 《정관정요》의 다음 이야기이다.

어느 때 중신들이 태종에게 아뢰었다.

"예로부터 '여름 끝 무렵에는 높은 전각에 살라'고 했습니다. 지금 좀처럼 늦더위가 가시지 않고 있는 사이에 일찌감치 가을장마가 시작되려고 합니다. 궁중은 습기가 많아 몸에 좋지 않습니다. 아무쪼록 서둘러 전각을 지어 옮기셔야 합니다."

황제에게 전각 하나 만드는 것쯤은 식은 죽 먹기인데, 태종은 이렇게 말하면서 사양한다.

"알고 있는 바와 같이 나는 신경통에 시달리고 있다. 이 병에 습기가 좋지 않은 것은 말할 것도 없다. 그러나 그대들의 요청을 받아들여 전각을 지으면 막대한 비용이 들 것이 틀림없다. 옛날에 한(漢)나라 문제(文帝)가 높은 전각을 지으려고 하다가 그 비용이 보통 집 10여 채 분의 재산에 맞먹는 것을 알고 중지했다는 말이 있지 않은가. 나는 문제의 덕에는 한참 미치지 않는 터에, 쓰는 비용은 훨씬 많다고 하면 백성의 어버이가 되어야 할 천자로서는 실격이 아니겠는가?"

중신들은 거듭 청원을 했지만 태종은 끝까지 듣지 않았다고 한다.

평범한 군주로 끝낼 생각이라면 이와 같은 자기통제는 필요 없을 것이다. 그러나 수준 이상의 군주이길 바란다면 강한 의지력을 지니고 자기통제로 일관해야 한다. 이 원칙은 공적인 생활에 있어서뿐만 아니라 사적인 생활에도 적용된다.

태종의 취미는 사냥이었다. 이것은 취미인 동시에 유일한 스트레스 해소법이기도 했다. 그러나 그 사냥조차 뜻대로 즐길 수는 없었다. 그 이유는 중신들이 합세해 간했기 때문이다.

"천자이신 군주께서는 사냥 같은 위험한 일은 하지 마십시오. 만일 무슨 일이라도 있으면 어떻게 하실 생각이십니까. 개인적으로 즐기시는 일은 삼가시고 정치에 힘써주십시오."

그 무렵의 사냥이란 오늘날의 골프에 해당하는 것이다. 어쩌다 하는 골프조차 자유롭지 못하다니 황제란 얼마나 답답한 생활을 강요당하고 있는가.

여담이지만 태종의 다음 황제, 즉 제3대 황제는 고종(高宗)이다. 그는 태종과는 달리 평범한 인물이었다. 황후인 측천무후(則天武后)에게 꽉 잡혀서 울지도 날지도 못하는 황제로 끝나고 말았다.

이 고종 때 어느 지방에 몇백 명이나 되는 대가족이 같은 저택 안에서 아무런 풍파도 없이 사이좋게 살고 있는 가문이 있었다. 이것은 그 무렵의 중국에서도 드문 일이어서 고종은 어느 날 지방 순행 도중 일부러 이 집에 들러 가족 화합의 요령을 물었다.

그러자 그 집 주인은 종이와 붓을 가져오게 하고 '참을 인(忍)'이란 글자를 줄줄이 100번 이상 써서 내밀었다고 한다. 대가족 화합의 비결은 '참는 것' 이외에 아무것도 없다는 것이다. 그것을 본 고종은 고개를 끄덕이고 많은 상을 내렸다고 한다.

나라의 최고 책임자인 황제는 보기에는 만능의 입장에 있는 것 같지만 실은 이 '참는 것'이 가장 요구되는 지위인 것이다. 고종이 공감한 것도 무리는 아니다. '참는 것'에 의한 자기 통제야말로 지도자가 우선 명심해야 할 제왕학의 네 번째 요건이라고 말할 수 있을 것이다.

태도는 겸허, 언어는 신중

옛날에 주공단(周公旦)이란 명재상이 있었다, 백금(伯禽)이란 아들이 노나라 왕으로 봉해졌을 때 이렇게 말해 경계토록 했다.

"나는 재상으로서 사람의 방문을 받았을 때에는 하고 있던 식사를 중단하고 만나 예를 잃지 않도록 힘쓰고 있다. 그래도 아직 미흡한 점은 없는지, 뛰어난 인재를 놓치고 있는 것은 아닌지, 안절부절 못한다. 그대도 노나라에 가면 아무리 왕이라 해도 결코 오만한 행동을 해서는 안 된다."

이와 같은 겸허함은 어느 입장에 있는 사람에게나 요망되는 것이다. 특히 남의 위에 서는 지도자에게는 꼭 필요한 요건이다. 당나라 태종은 이 점에 있어서도 엄격한 자계(自戒)를 게을리하지 않았다. 《정관정요》에 다음과 같은 문답의 기록이 있다.

어느 때 태종이 중신들에게 말했다.

"'황제가 되면 남에게 고개를 숙일 일도 없고 아무것도 두려울 것이 없다' 고 말하는 자가 있다. 하지만 나는 언제나 하늘을 두려워하고 신하의 비판에 귀를 기울이면서 애써 겸허하게 행동해왔다.

황제 된 자가 겸허함을 잊고 거만한 태도를 취하면, 만일 정도를 벗어났을 때 그 잘못을 지적해주는 자는 한 사람도 없을 것이다. 나는 한마디 말을 하려고 할 때마다, 또 무언가 행동을 취하려고 할 때마다 반드시 하늘의 의지에 맞는 것인지, 그리고 또 신하의 의향에 따르고 있는 것인지 스스로 묻고 언제나 신중을 기하고 있다. 왜냐하면 하늘은 저렇게 높지만 아래에서 일어나는 일을 잘 알고 있고, 신하된 자는 또 끊임없이 군주가 하는 일에 주목하고 있기 때문이다. 그러므로 나는 애써 겸허하게 행동하면서 내가 말하는 것, 행하는 것이 하늘의 의지와 백성의 의향에 합치하고 있는지, 반성을 게을리하지 않는 것이다."

곁에서 위징이 말을 거들었다.

"옛날 사람도 '처음에는 모두 좋았는데 왜 끝에 가서는 잘 하지 않는가'라고 노래하고 있습니다. 부디 폐하께서도 하늘과 백성을 두려워하고 언제나 겸허하게 행동하시어 엄격한 반성을 게을리하지 마시기 바랍니다. 그렇게 되면 이 나라는 오래도록 번영하고 멸망의 비운에 우는 일은 없을 것입니다."

태종은 스스로 경계하고 있는 것처럼 죽을 때까지 겸허한 태도를 잃지 않았다고 한다. 이것 또한 명군으로 찬양을 받은 하나의 이유였다.

군주는 고개를 숙이고 겸허해야 할 뿐만 아니라 말도 신중하게 해야 한다. 역시 중국 고전에 '윤언(綸言)은 땀과 같다'는 유명한 말이 있다. 윤언이란 천자의 말이란 의미이다. 그것이 땀과 같다는 것은 땀이란 한 번 자기 몸 밖으로 나오면 두 번 다시 되돌아오지 않는다. 그와 마찬가지로 천자(天子)의 말도 한 번 자기 입에서 나와 버리면 돌이킬 수가 없다. 그러므로 발언은 반드시 신중하게 해야 한다는 것이다. 태종이야말로 이것을 가장 깊이 자각한 군주였다. 그의 자계(自戒)의 말을 들어보자.

"남과 이야기한다는 것은 대단히 어렵다. 일반 서민이라도 남과 대화를 할 때 조금이라도 상대의 마음을 상하게 하는 말을 입에 올리면, 상대는 그것을 기억해두고 언젠가는 반드시 보복을 하는 것이다. 하물며 군주 된 자가 신하와 이야기를 할 때에는 약간의 실언도 허용되지 않는다. 설사 사소한 실언이라도 영향이 커 서민의 실언과는 비교가 되지 않는 것이다. 나는 그것을 언제나 명심하고 있다.

수(隋)나라 양제(煬帝)가 처음으로 감천궁(甘泉宮)이란 궁전으로 행차를 했을 때, 정원이 몹시 마음에 들었으나 아쉽게도 반딧불을 볼 수가 없었다. 그래서 '반디를 잡아다가 연못에 풀어주라'고 명하자, 담당 관리는 곧바로 수천 명의 인원을 동원해 수레 500대 분의 반디를 보내왔다고 한다. 사소한 일조차 이 모양이니 하물며 천하의 대사쯤 되면 그 영향은 헤아릴 수 없다. 군주 된 자는 이를 항상 명심해야 한다."

태종은 언제나 이와 같은 마음가짐으로 신하를 대했다. 겸허한 태도, 신중한 발언은 제왕학의 다섯째 요건이 되지 않을까 생각한다.

이상 《정관정요(貞觀政要)》의 내용을 설명하면서 제왕학의 요건 등을 몇 가지 기술했다. 당나라 태종은 이러한 요건을 몸에 익힘으로써 역사적인 명군으로 추앙되었는데, 비범한 그와 똑같은 길을 나아가려는 것은 쉬운 일이 아니다. 우리로서는 이러한 요건을 오히려 노력 목표로서 마음에 새겨두는 것이 좋지 않을까 생각한다.

송명신언행록

《송명신언행록(宋名臣言行錄)》에 대해서

송대(宋代 : 960~1126년)에 배출된 명신(名臣)들의 언행을 정리한 책이다. 등장하는 인물은 97명으로 모두가 당대를 대표하는 정치가들이며, 다양한 일화를 통해서 그들의 정치에 임하는 자세가 설명되어 있다.

편찬자는 주자(朱子)이다. 그는 남송(南宋) 시대의 유학자이고 '주자학'을 완성한 자로서 알려져 있다.

송나라 때는 '과거(科擧)'로 불리는 시험 제도에 의해서 선발된 고급 관료들이 정치의 전면에 나서 활약한 시대이다. 그들은 엘리트로서의 자각과 왕성한 사명감으로 정치에 임했다. 그것을 송대의 '사풍(士風)'이라고 한다. 여기에는 한 시대를 구축한 그들의 모습이 공사(公私) 양면에 걸쳐서 생생하게 묘사되어 있다.

이 책은 예로부터 위정자의 필독서로서 널리 읽혀왔다. 그 이유는 말할 나위도 없이 내용적으로 정치의 지혜와 처세의 요체가 담겨 있기 때문이다. 그리고 또 편찬자인 주자의 이름에 힘입은 바가 크기 때문이기도 하다.

《송명신언행록》의 말

접소리(接小吏), 역이례(亦以禮) ——말단 관리를 대할 때에도 역시 예의를 지켜야 한다. 〈조빈(曹彬)〉

치국지도(治國之道), 재호관맹득중(在乎寬猛得中) ——국가를 다스리는 유일한 방법은 관대하게 해야 할 때에는 관대하게, 또 엄중하게 해야 할 때에는 엄중하게 해 그 중용을 얻는 것에 있다. 〈여몽정(呂蒙正)〉

수지청즉무어(水至淸則無魚), 인지찰즉무도(人至察則無徒) ——물이 너무 맑으면 물고기가 살지 못하고 사람이 너무 살피면 친구가 모여들지 않는다. 〈여몽정(呂蒙正)〉

연절당도회(然切當韜晦), 무로규각(無露圭角)——재능을 감추어 가급적 남의 눈에 띄지 않게 하라. 〈두연(杜衍)〉

사당선천하지우이우(士當先天下之憂而憂), 후천하지악이악야(後天下之樂而樂也)——선비는 천하의 걱정을 먼저 하고, 천하의 즐거움은 나중에 즐겨야 한다. 〈범중엄(范沖淹)〉

공위처사(公謂處事), 불가유심(不可有心), 유심즉부자연(有心則不自然), 부자연즉우(不自然則憂)——일을 처리하는 데에는 사심이 없어야 한다. 딴 마음을 갖게 되면 자연스럽지 못하고, 자연스럽지 못하면 근심이 생긴다. 〈한기(韓琦)〉

내지임사수당유술(乃知臨事須當有術)——일을 처리하는 데에는 모름지기 기술이 있어야 한다. 임기응변으로 했다가는 도리어 역효과를 가져온다. 〈문언박(文彦博)〉

대저여사심원(大抵慮事深遠), 즉근어우의(則近於迂矣)——대체로 일을 할 때에 너무 깊게 생각하면, 곧 먼 길을 돌아가는 것에 가깝다. 〈사마광(司馬光)〉

송대의 사풍(士風)

《송명신언행록》은 지금 일반인에게 그다지 친숙하지 않은 책이지만, 과거에는 상당히 널리 읽힌 책이었다. 본서는 책명으로도 알 수 있듯이 송나라 명신들의 언행을 통해서 윗자리에 선 자는 어떻게 해야 할 것인가를 설명한 것이다. 구체적인 이야기의 재미와 친숙함이 이 책의 특색이고 또 널리 읽히게 된 이유이다.

동시에 또 하나의 매력은 본서를 편찬한 주자학(朱子學)의 원조 주자(朱子)란 학자의 지명도에도 있다. '주자학이 아니면 학문도 아니다'라고 할 정도로 융성했던 이 학문은 융성이 절정에 다다름에 따라서 주자의 명성도 높아져 그가 쓴 《송명신언행록》도 널리 읽히게 된 것이다.

이 책에는 모두 97명의 '명신'들이 등장한다. 그 대부분이 송나라 때의 정치가나 관료들이다. 그들 모두가 강한 책임감과 왕성한 사명감에 불타 정치에 임했던 것으로 전해지고 있다.

한두 사람의 걸출한 리더가 아니라 100명이나 되는 정치가나 관료들이 불타는 기개로 국가 건설에 임했다는 것은 송나라 때의 커다란 특징이었다. 그렇기 때문에 '송대(宋代)의 사풍'이란 말까지 낳게 된 것이다. 《송명신언행록》에서 말하는 '명신'이란 '송대의 사풍'을 떠맡은 중신들 바로 그 사람들이다.

그렇다면 이 '송대의 사풍'이 형성된 까닭은 무엇일까?

첫째는 '과거(科擧)'로 불리는 고급관료 선발시험의 존재이다. 중국에 이 제도가 생긴 것은 수(隋)나라 시대인데, 사회에 완전히 정착한 것은 송나라로 접어든 뒤부터의 일이다. 송나라에서는 고급관료 거의 전원이 이 '과거'의 합격자였다.

더구나 송나라 때의 '과거'는 그 이전과 달리 황제가 직접 보는 최종 시험이 새롭게 더해져 시험의 무게가 결정적으로 달라졌다. 즉 합격자 사이에 황제의 의향에 의해서 선발되었다는 자각이 높아져 어떻게든 그 은혜에 보답하려는 사풍(士風)을 낳게 된 것이다.

둘째의 이유는 그 대우가 극히 좋았다는 것이다. '과거'에 합격하면 고급관료로의 길이 약속되고 서민보다 각별히 풍요로운 생활이 보증되었다.

이와 같이 송대의 관료들은 물심양면에 걸쳐서 황제의 은혜를 강하게 의식하지 않을 수 없는 입장에 놓여 있었다. 이 정도의 대우를 받으면 누구라도 분발하지 않을 수 없다. 당연한 일로 관료들이 엘리트로서의 남다른 자각과 책임감을 갖게 되었다. 이것이 '송대의 사풍'을 낳은 커다란 이유였다.

예를 들면 이와 같은 이야기가 있다.

명신 가운데 한기(韓琦)란 재상이 있었다. 그는 나라의 이익이라면 남의 생각은 아랑곳하지 않고 계속 실행에 옮겼다고 한다. 그것을 보고 누군가가 충고를 했다.

"당신이 행하는 일의 추진 방법은 자신의 몸을 위태롭게 할 뿐만 아니라 일족에게도 화를 가져오게 됩니다. 아무래도 현명한 방법은 아닌 것 같습니다."

그러자 한기는 무슨 소릴 하느냐는 듯이 이렇게 대답을 했다.

"힘이 닿는 데까지 주군에게 봉사하고 언제나 죽을 각오가 되어 있다. 이것이 신하된 자의 임무이다. 문제는 그것이 올바른가의 여부이다. 일의 성패는 하늘이 성하는 것이다. 성공하는 것이 어렵다고 해서 실행을 주저해서는 안 된다."

이와 같은 기개를 지니고 있었던 것은 한기 한 사람만이 아니었다. 다소의 차이는 있어도 그 무렵의 명신들은 똑같이 그런 기개를 공유하고 있었던 것이다.

그렇다고 해서 이들 명신들을 수신(修身)의 화신과 같은 인물로 생각하는 것은 잘못이다. 그들도 살아 있는 인간이고 우리와 마찬가지로 욕심도 있는가 하면 속된 감정도 지니고 있었다.

더구나 거대한 관료 조직 속에 몸을 두고 있었기 때문에 상하 좌우의 인간관계에도 여러모로 신경을 쓰지 않을 수 없다. 그와 같은 점에서도 지금의 우리가 놓여 있는 정황과 흡사했다. 적어도 현대의 리더나 관리직이 지니고 있는 고뇌나 고통을 《송명신언행록》에 등장하는 인물들도 똑같이 맛보고 있었던 것이다.

이 책에서 다루어지고 있는 인물은 《사기》나 《삼국지》 등 중국 고전에서 익숙한 이른바 영웅 호걸들이 아니다. 그러나 그런 만큼 신변의 이야기가 많고 배워야 할 점 역시 많다고 할 수 있다.

'선우후락(先憂後樂)'의 마음가짐

이 책에 등장하는 명신 가운데 범중엄(范仲淹)이란 인물이 있었다. 그는 평소에 금전이나 명예에는 일체 사로잡히지 않고, 오로지 천하의 정치에만 마음을 썩이고 있었다고 한다. 그 범중엄이 좌우명으로 삼은 것은 '선비는 천하를 먼저 걱정하고 즐거움은 뒤로 미루어야 한다'는 것이었다.

'선비', 즉 남의 위에 선 자는 걱정거리를 먼저 걱정하고 자신이 즐겨야 할 일은 뒤로 미룬다, 라는 것이다. 이를 생략해서 '선우후락(先憂後樂)'이라고도 한다.

이와 같은 의지가 필요한 것은 범중엄의 시대뿐만 아니라 현대의 관리직이나 경영자에 대해서도 똑같이 말할 수 있다. 윗자리에 있는 자가 책임은 아랫사람에게 떠넘기고 공적만은 자기가 차지해, '전쟁은 한 장군의 공을 세워주기 위해 만인의 병졸이 뼈가 된다'는 것이라면 순식간에 조직에 이상을 가져온다. 언제 어느 시대이건 위에 선 자는 '선우후락'에 힘써야 하는 것이다.

역시 명신 가운데 조보(趙普)로 불리는 인물이 있었다. 송왕조의 기초를 다진 명재상인데, 그런 그가 초대인 태조 황제에게 봉사했을 때의 일로 다음과 같은 일화가 전해지고 있다.

부하 한 사람이 승진을 할 만한 공적을 세웠다. 그런데 태조는 그 사내를 싫어하고 있어 좀처럼 승진할 허가를 내려주지 않았다. 재상인 조보는 열심히 승진을 청했다. 그러자 태조는 '이 승진은 단연코 안 된다면 어찌 할 생각인가'라고 강경하게 나왔다. 어지간히 미웠던 모양이다.

조보는 이렇게 대답하였다.

"형(刑)은 악을 응징하고 상(賞)은 공적에 보답하는 것, 이것이 고금의 상도(常道)입니다. 더구나 형상(刑賞)은 천하의 것이지 폐하 개인의 것이 아닙니다. 개인적인 감정으로 형이나 상을 바꾸거나 하는 것은 허용되지 않습니다."

참으로 당당한 변론이다. 이것이 효과가 있었는지 태조는 조보의 말에 이치가 있음을 인정하고 이 인사를 승인했다고 한다.

조보가 말하려고 했던 것은 감정이 개입되지 않은 공정한 인사여야 한다는 것이다. 이것 또한 오늘날에도 들어맞는 과제이다. 윗자리에 있는 자의 중요한 일 가운데 하나가 인사 아니겠는가. 이것을 잘못하면 역시 조직에 균열이 생기고 활력도 잃게 된다. 그 무렵의 재상들은 모두가 이 문제의 중요성을 인식하고 있었다.

예를 들어 여몽정(呂蒙正)이란 재상에 대해서는 이와 같은 이야기가 전해지고 있다.

어느 때 여몽정이 부하를 모아 놓고 물었다.

"나의 재상으로서의 평판은 어떤가?"

"당신께서 재상이 된 뒤부터 온 나라가 잘 다스려져 주변의 이민족도 따르고 평판이 대단히 좋은 것 같습니다. 다만, 사람에 따라서는 적극적인 자세가 좀 부족해 관리끼리의 세력 다툼이 심해진다고 비난하는 자가 있습니다."

그러자 여몽정은 다음과 같이 대답을 했다.

"나는 정말로 무능하다. 단 한 가지 잘하는 것이 있다면, 그것은 사람을 잘 쓰는 것이다."

나는 무능하지만 한 가지는 자랑할 수가 있다. 그것은 다름이 아니라 부하를 다루는 데 교묘하다는 것이다. 스스로 단언할 정도로 여몽정은 평소에 조직 내 인재를 장악하는 것에 남다른 신경을 쓰고 있었다. 《송명신언행록》의 말을 빌리자면 이렇다.

"여몽정은 언제나 주머니에 수첩을 넣고 다닌다. 그리고 인사발령으로 각지의 인재와 면접할 때마다 반드시 자신이 있는 것을 묻고, 상대가 물러난 뒤 수첩에 기록해 부문별로 분류해 두었다. 또 어느 인물을 서너 사람이 칭찬하면 그 인물을 유능한 사람으로 판단했다. 그랬기 때문에 조정이 인재를 필요로 할 일이 생기면 즉시 적당한 인재를 발탁할 수가 있었다."

이와 같은 부단한 준비를 축적함으로써 그가 재상이 되자 조정의 인사가 극히 원활하게 이루어지게 되었다고 한다.

조정이 조직으로서 기능하기 위해서는 공정하고도 적절한 인사가 전제가 된다. 그것을 조보나 여몽정의 고사(故事)는 극히 비근한 사례를 통해서 가르쳐주고 있는 것이다.

능력인가 인격인가

후배 가운데에서 뛰어난 인재를 찾아내 그들을 등용해 일을 맡기는 것이 윗자리에 있는 자의 커다란 책임 중 하나라고 말한다. 송나라 때의 명신들도 이 문제에서는 나름대로 고심을 한 것 같다. 그래서 인재 등용에 얽힌 몇 가지 일화를 섞으면서 이 문제를 좀 더 다루고자 한다.

구준(寇準)이란 명신이 있었다. 그는 부하인 정위(丁謂)의 재능을 높이 평가해 그 무렵 재상 자리에 있었던 이항(李沆)에게 종종 정위의 발탁을 건의했다. 현대식으로 말하면 사장인 이항에게 구준 상무가 직속 부하인 정위 부장을 '재능이 있는 사내이므로 빨리 임원으로 발탁해 달라'고 조언을 한 것과 같은 것이다. 그런데 이항이 좀처럼 승낙을 하지 않는다. 구준은 지친 나머지 어느 날 이항과 직접 담판을 했다.

“요즘 몇 번 정위를 발탁해달라고 간청을 했는데도 전혀 받아들여지지 않고 있습니다. 그의 재능에 무언가 불만이라도 있습니까?”

“아니 그렇지는 않아요. 그 사내는 확실히 재능은 있소. 그러나 인격에 대해서는 좀 의심스럽다는 것이오.”

“그렇게 말씀은 하시지만 그 정도의 사내를 언제까지나 지금의 자리에 머물게 할 수는 없지 않습니까?”

이렇게 말하자 이항은 쓴웃음을 지으면서 말했다.

“언젠가 내가 말한 것을 상기해 후회할 날이 반드시 올 겁니다.”

이윽고 이항은 은퇴하고 구준이 재상이 되었다. 이와 동시에 정위는 부재상으로 발탁이 된다. 그런데 문제는 그 뒤에 일어났다. 어찌 된 일인지 구준은 그토록 신뢰하고 있었던 정위의 획책으로 실각하고 지방으로 좌천된다. 그때 비로소 구준은 새삼 이항의 견식에 탄복했다고 한다.

이 이야기가 가르치고 있는 것은 사람을 평가하는 기준을 어디에 둘 것인가 하는 문제이다. 이항의 본뜻은 능력만으로 그 인간을 평가해서는 안 된다, 인격도 아울러 검토할 필요가 있다, 인격이 부족한 인간을 중요한 자리에 등용해서는 안 된다는 것이다. 물론 이것은 높은 수준의 인사에 대한 이야기이지만 현대에서도 그대로 들어맞는 사례가 아닐까.

똑같은 예를 하나 더 들어보자.

왕안석(王安石)과 사마광(司馬光), 두 사람은 모두 송대를 대표하는 재상이다. 왕안석 쪽은 발본적인 행정개혁을 단행하고, 사마광은 그것에 격렬하게 반대한 라이벌로서 알려져 있다. 이 두 사람이 어느 때 인재의 등용에 대해서 격론을 벌였다. 우선 사마광이 왕안석에게 따졌다.

“개혁을 실시하자면서 당신은 소인을 발탁해 주요 부서에 앉혔는데 그 이유를 묻고 싶소.”

“이제까지의 담당자에게는 적극적인 의욕이 없었소. 그래서 능력 본위로 인재를 등용한 것이오. 개혁이 궤도에 오르면 이들을 물러나게 하고 다시 전문가를 등용할 생각이오.”

이에 대해서 사마광은 다음과 같이 반론을 제기했다.

“군자쯤 되면 권력에 집착하지 않고 무턱대고 높은 지위에 오르려고 하지 않소. 오히려 깨끗이 은퇴를 한다오. 반대로 소인은 지위나 권력을 일단 손에 넣으면 그것에 집착해 놓지를 않소. 빼앗으려고 하는 날에는 덤벼들 것이오. 반드시 후회하게 되리다."

여기에서 말하는 소인이란 능력은 있는데 인격에 결함이 있는 자, 군자란 능력은 어떻든 간에 인격이 뛰어난 자로 이해하면 된다.

이 두 사람의 논쟁에서도 요컨대 능력이냐, 인격이냐 하는 문제를 묻게 된다. 그러나 어느 쪽이 올바른지는 간단하게 판정할 수가 없다. 단, 업적이 오르는 것을 기대한다면 왕안석과 같은 능력 본위의 등용이 되지 않을 수 없을 것이다. 단, 그 경우 사마광이 지적한 손실이 있음을 미리 계산에 넣어야만 한다.

한편 조직의 안전 운용을 기대한다면 사마광의 말처럼 어느 정도 능력 면에는 눈을 감고 인격이 훌륭한 인물을 등용하는 쪽이 무난하다. 그러나 이 경우 업적의 확대는 그다지 기대할 수 없다. 즉 조직의 운영을 중심으로 생각한다면 이쪽이 낫다고 말할 수 있다.

그것을 다른 각도에서 말하고 있는 것이 '사람을 천거하려면 모름지기 잘 물러나는 자를 천거해야 한다'는 말이다. 이것은 장영(張詠)이란 인물이 한 말인데, '잘 물러나는 자'란 신중하고 주제넘게 나서지 않는 인물을 말하는 것이다.

이것과는 반대인 것이 내가 먼저라고 경쟁심을 드러내는 타입이다. 이런 인간은 반드시 문제를 일으켜 조직 속에 불필요한 마찰을 일으킨다.

결국 능력인가 인격인가 하는 문제는, 당연한 일이지만 양쪽을 겸비하고 있는 것이 이상적이다. 가능하면 조직 속에 한 사람이라도 많이 그와 같은 뛰어난 인재를 키워두어야 할 것이다.

타인과의 주도면밀한 배려

인간은 사회적 동물이다. 원하건 원하지 않건 우리는 다양하고 치열한 인간관계 속에서 살아가지 않을 수 없다. 당연히 그곳에는 마찰과 알력이 생기게 마련이다.

그것은 조직 속에서 일을 하고 있는 사람에게는 심각한 문제가 된다. 조직 역시 인간의 집단인 이상, 당연히 서로 경쟁도 하고 발목을 잡기도 한다. 또

상하 좌우의 인간관계도 복잡하게 얽혀 있다. 그와 같은 상황 속에서 자신을 살려나가는 것은 보통 일이 아니다.

그런 점에서 송대의 명신들이 살았던 세계 또한 엄청난 경쟁사회였다. 그들은 엘리트 집단이기 때문에 경쟁이 더욱 치열해진다. 게다가 정책을 둘러싼 대립, 군자와 소인의 다툼도 얽히게 된다. 당연히 발목잡기도 치열했다. 그것이 관료사회라는 한 울타리 속에서 이루어지는 것이기 때문에 인간관계의 면에서도 생존을 위해서는 더한층 신중한 대응이 요구된다. 조직 속에서 자신을 억제하면서 자신을 살려나가는 이와 같은 처세의 지혜를, 송대의 조직사회에서 냉혹한 대립을 하며 살았던 사람들은 다양한 형태로 가르쳐준다. 다음에 그 중 한 부분을 소개해 보기로 한다.

앞에서도 말했던 재상인 여몽정(呂蒙正)은 이례적인 발탁으로 재상에 오른 탓인지 당초 주위의 비난이 거셌다. 그런 어느 날 궁중에 입궐하자 궁정의 관리가 그를 가리켜 '저런 사내도 재상이라니' 하면서 들으라는 듯이 비아냥거렸다.

여몽정은 못 들은 척 지나쳤는데 곁에 있었던 동료가 가만히 있지 않았다. 그 관리의 관위, 성명을 물으려고 했다. 그러자 여몽정은 서둘러 말렸다.

"상대의 이름을 알아버리면 평생 잊을 수 없게 된다. 아예 모르는 것이 낫다. 상대를 추궁하지 않았다고 해서 별로 이쪽에 손해될 것이 없다."

인간관계에는 어느 시대에나 험담이 따르게 마련이다. 그런 것에 일일이 따지고 들면 도리어 웃음거리가 된다. 여몽정처럼 한 귀로 흘려버리는 것이 대인(大人)의 지혜일 것이다. 과연 이 이야기가 전해지자 여몽정의 평판이 갑자기 높아졌다는 것이다.

한기(韓琦)라는 재상에 대해서도 이미 언급을 했는데 인간관계에 대해서도 상당히 함축성 있는 말을 하고 있다.

"인간관계는 군자와 소인을 갈라놓지 않고 서로 성의를 가지고 대해야 한다. 소인이라고 해서 거부하는 것이 아니라 정도껏 대하면 된다."

어느 사회에나 인격이 저열한 인간은 있는 것이다. 그런 소인에 대해서도 새삼스럽게 혐오감을 나타내는 일은 하지 말고 일정한 거리를 두고 적당히 대하면 좋다는 것이다.

공자가 《논어(論語)》 가운데에서 비슷한 말을 하고 있다.

"여자와 소인은 다루기 어렵다. 가까이하면 불손하고 멀리하면 원망한다."

소인이란 가까이하면 기어오르고 멀리하면 원망한다. 그러므로 '가까이도 하지 않고 멀리도 하지 않는다'는 한기의 자계(自戒)가 생기게 된 것이다.

명신 가운데 두연(杜衍)이란 재상이 있었다. 두연은 늘 후배들에게 이렇게 말하였다.

"자기의 존재를 알리려고 해서는 안 된다. 돋보이려고 하면 동료들의 시새움으로 여러 가지 중상의 표적이 된다. 윗사람이라고 해서 사람을 간파하는 안목을 지니고 있는 것은 아니므로 결과는 별로 좋지 않다. 느긋하게 말없는 실천으로 자신을 기만하지 않으면 그것으로 족한 것이다."

때마침 두연이 눈여겨보았던 후배 한 사람이 현(縣)의 장관으로 임명되었다. 그때 두연은 일부러 후배를 불러들여 이렇게 타일렀다.

"그대의 재능과 기량으로 볼 때 현의 장관 정도로는 아깝다고 생각한다. 그러나 이 시점에서는 재능을 과시하지 않도록 해야 한다. 가능한 한 남의 눈에 돋보이지 않도록 범인처럼 행동하는 것이 좋다. 재능을 과시하면 불필요한 다툼이 생겨 공연히 화를 자초하게 될 것이다."

그러나 젊은 후배로서는 왠지 납득이 가지 않았다.

"이유가 무엇입니까?"

후배의 물음에 두연이 대답을 했다.

"내가 지금의 지위에 오르기까지는 오랜 세월에 걸쳐서 수많은 직무를 경험해 왔다. 그 동안에 주군의 인정을 받고 주위의 신뢰를 얻은 덕분에 지금 이렇게 나의 신념을 국가의 정치에 반영시킬 수 있는 것이다.

한편 그대의 경우는 지금 겨우 현의 장관으로 임명되었을 뿐, 앞으로의 승진은 윗사람의 배려 여하에 달려 있다. 현(縣) 장관의 위, 주(州)의 장관 지위는 그렇게 간단히 손에 넣을 수가 없다. 윗사람에게 인정을 받지 못하면 언제까지나 현의 장관으로 머무는 것이다. 그뿐만 아니라 기껏해야 불필요한 화를 가져오는 것이 고작일 것이다. 가능한 한 돋보이지 않도록 범인처럼 행동하라고 말한 것은 그 때문이다."

조직 속에서 출세를 하기 위해서는 우선 윗사람에게 인정을 받아야 한다. 그러기 위해서는 주어진 일을 확실하게 하는 것이 당연하고, 동시에 인간관계에 대한 주도면밀한 배려가 필요하다. 더구나 그것은 지위가 오르면 오를수록 더욱 요망되는 것은 말할 것도 없다.

관맹(寬猛), 중(中)을 얻는데 있다

송나라 때의 명신들이 가장 속을 썩인 것이 정치이다. 나라를 어떻게 다스려나갈 것인가, 이것이 그들의 최대 관심사였다. 당연히 《송명신언행록》에도 그와 같은 면에서의 고심담이 수없이 기록되어 있다.

그 가운데에서도 흥미로운 것은 태종(太宗)이란 황제가 '나라를 다스리는 길은 관맹, 중을 얻는 데 있다'고 한 말이다. '관(寬)'이란 너그러운 면, '맹(猛)'이란 엄격한 면. 이 두 가지 면이 적절하게 균형이 잡혀 있어, '관'으로 치우쳐도 안 되고 '맹'으로 치우쳐도 안 되는, 그것이 나라를 다스려가는 비결이라는 것이다.

이 말을 한 태종은 송왕조의 2대 황제이고, 중국 3000년의 역사 가운데서도 명군의 한 사람으로 손꼽히는 인물이다.

태종의 말을 좀 더 구체적으로 설명하고 있는 것이 재상인 여몽정(呂蒙正)과의 사이에 오간 다음과 같은 문답이다.

어느 날 태종에게 강의 수운(水運)에 종사하는 자가 정부의 물자를 가로채 다른 곳에 팔아넘기고 있다는 상소가 올라왔다. 이른바 물자의 부정유출이다. 보통이라면 크게 문제가 될 일인데 태종은 그것을 듣고 이렇게 대답했다.

"맛있는 국물을 빨려고 하는 자는 좀처럼 그치지 않는다. 쥐구멍 역시 막기가 어려운데 그와 똑같을 것이다. 선원들이 약간 부정유출을 했다고 해도 공무에 지장이 없는 한 엄하게 추궁하지 말라. 정부의 물자가 원활하게 운반만 되면 그것으로 족하니까."

곁에 있었던 재상인 여몽정도 이에 찬성하며 이렇게 말했다.

"물이 너무 맑으면 물고기가 살지 못한다고 합니다. 인간도 너무 살펴 지극히 청렴하면 동료가 따르지 않게 됩니다. 군자가 보기에 소인들이 하는 일은 뻔합니다. 큰 도량으로 대처해야만 만사가 잘 됩니다. 너무 엄하게 추궁을 하면 악인들이 몸 둘 곳이 없게 되고 맙니다. 일부러 문제를 확대할 일은 아닙니다. 주의를 주는 정도로 그치는 것이 좋을 것입니다."

요점만 누르고 있으면 그것으로 족하다는 사고방식이다. 확실히 중앙정부가 말단 조직의 세밀한 문제에까지 지나치게 개입을 하면 조직의 활력을 잃게 될지도 모른다. 큰 줄거리만을 잡고 나머지는 하부의 창의(創意) 연구에 맡기는 것이 현명한 방법일 것이다.

그것을 다른 각도에서 말하고 있는 것이 구양수(歐陽修)의 정치이다.

구양수는 일찍부터 재상감으로 인정이 되고 있었던 뛰어난 인물이지만, 사정이 있어 결국 그 자리에 오르지 못한 채 끝나고 말았다. 그러나 부임한 곳의 지방은 모두 잘 다스려지고 명장관의 평판이 높았다. 그 구양수의 정치에 대한 마음가짐은 '관간(寬簡)하고 요란하지 않은' 것이었다고 한다. '간관'이란 너그럽고 간소함, '요란하지 않음'은 너무 벌이지 않는다는 뜻이다.

말단 관리 한 사람이 '장관께서는 너그럽고 간소한 정치를 하고 있으면서 문제 하나 일으키지 않는데 그 이유가 무엇입니까'라고 물었다. 그러지 구양수는 이렇게 대답을 했다.

"관간이라고 해도 멋대로 하는 것을 허용하거나, 꾀를 부리는 것을 인정하거나 하는 것은 아니다. 그렇게 되면 관리의 기강이 해이해져 백성에게 폐를 끼치게 된다. 내가 힘쓰고 있는 느슨한 정치란 가혹하게 밀어붙이지 않는 것, 간소한 정치란 번잡하게 일을 벌이지 않는 것이다."

그 무렵의 식자들은 이를 듣고 크게 감복했다고 한다.

태종이 말한 '관맹(寬猛), 중(中)을 얻는 데 있다'는 것도, 구양수가 말한 '관간(寬簡)하고 요란하지 않은' 것도 나라의 정치뿐만 아니라 기업의 조직 관리에도 일맥상통하는 귀중한 충고라고 말할 수 있지 않을까.

'관(寬)과 엄(嚴)'의 조화

이미 소개한 구양수는 정치의 요체에 대해서 '백성을 다스리려면 병을 고치는 것과 같이 하라'고도 말하고 있다. 정치의 요령은 병의 치료와 같은 것이라고 한다. 이 의미를 그 자신의 말로 더듬어보자.

"부자인 의사가 환자의 집으로 갈 때에는 마차를 타고 종을 거느려 자못 그럴듯하게 보인다. 그리고 환자의 맥을 본 뒤, 의학서에 따라서 무슨 병인지를 살펴보고 도도하게 설명을 해 듣는 쪽은 완전히 감복하고 만다. 그러나 앓는 아이가 약을 복용하고도 조금도 차도가 없으면 그 의사는 가난한 의사에도 미치지 못한다.

한편 가난한 의사는 마차도 없고 하인도 없다. 게다가 동작이 세련되지 못하고 제대로 인사도 못한다. 그러나 앓는 아이가 약을 복용하고 그것으로 나았다면 그 의사는 명의인 것이다.

백성을 다스리는 것도 그와 같은 것이다. 관리의 능력이나 정치를 어떻게 하건 백성이 불만을 품지 않으면 그것이 좋은 정치인 것이다."

화려하게 움직이거나 인기에 연연하는 정치가 아니라, 설사 겉보기에는 좋지 않아도 확실하게 실적을 올리기만 하면 그것으로 족하다는 것이다.

이와 같은 방법은 화려함이 결여되어 있기 때문에 당장은 문외한으로 받아들여질지 모르지만 긴 안목으로 보면 확실히 인심을 장악해 나간다. 그 무렵의 사람들은 구양수의 정치를 다음과 같은 말로 평하고 있다.

"공(公)이 정치를 하자 진정(鎭靜)을 본으로 하고, 명(明)하지만 찰(察)에 미치지 않고, 관(寬)하지만 종(縱)에 이르지 않는다."

'진정'이란 다툼이나 시끄러움이 없는 것, '명(明)하지만 찰(察)에 미치지 않는다'는 것은 훌륭한 통찰력을 지니고 있지만 너무 세밀한 곳까지는 미치지 않았다는 것, '관(寬)하지만 종(縱)에 이르지 않았다'는 것은 관용으로 하지만 단속할 곳은 확실하게 단속했다는 의미이다.

'명'도 '관'도 지도자에게는 반드시 필요한 조건이다. 그런데 자칫하면 '명'의 소유자는 지나치게 세밀해지고, '관'의 소유자는 자칫하면 지나치게 관대해져 야무지지 못하다. '명'하고 '관'하면서도 그와 같은 마이너스면을 보이지 않은 곳에 구양수의 뛰어난 수완이 있었다. 그와 같은 절묘한 균형 감각도 리더로서 중요한 조건인 것이다.

균형 감각이라고 하면 역시 이 시대의 명신 가운데 한 사람인 소식(蘇軾)이란 인물이 한, 상당히 의미심장한 말이 있다. '관(寬)한데 두려워하고 엄(嚴)한데 사랑을 받는다'는 것이다.

'관(寬)' 즉 관용한 태도로 임하면 사랑을 받고, '엄(嚴)' 즉 엄한 태도로 임하면 두려워하게 되는 것이 일반적이다. 그런데 소식에 의하면 그 반대가 이상적이라는 것이다. 즉 관용의 태도로 임하면서 또한 두려워하게 된다. 엄한 태도로 임하면서 또한 사랑을 받는다. 이것이 이상적인 모습이라는 것이다.

정치가 '관용'의 면만 두드러지게 되면 규율이 서지 않고 만만해져서 공모(共謀)가 생긴다. 그것을 막기 위해서는 어딘가에 한 점의 엄격함을 더할 필요가 있다. 그렇게 하면 소식(蘇軾) 스타일로 '너그럽지만 두려워하게 되는' 수준으로 근접할 수 있지 않을까.

반대로 '엄격'의 면만 두드러지게 되면 명령에 따르게 할 수는 있으나 심복시킬 수는 없다. 심복시키기 위해서는 '엄격'으로 임하면서 그 안에 부드러움, 배려와 같은 요소를 포함시킬 필요가 있다.

요컨대 '관용'과 '엄격'의 균형을 어떻게 취할 것인가, 이것이 핵심이 된다. 이것은 정치 자세만이 아니라 기업의 조직 관리에서도 고스란히 들어맞을 것이다.

그러나 그 사람의 성격에 따라서 자칫 '관용'으로 흐르기 쉬운 사람과, '엄격'으로 밀어붙이려는 사람, 이 두 가지 유형이 있다. '관'으로 흐르기 쉬운 사람은 의식적으로 '엄'의 요소를 받아들여야 하고, '엄'으로 흐르기 쉬운 사람은 가능한 한 '관'의 요소를 받아들이는 것이 바람직할 것이다.

그러기 위해서는 우선 자신을 잘 알고 있어야 한다. 겸허하게 자신을 바라보면서 부단한 노력으로 부족한 부분을 보완해야 한다.

위정삼부서

《위정삼부서(爲政三部書)》에 대해서

원(元)왕조 때 장양호(張養浩 : 1269~1329)란 정치가가 동료와 후배들을 위해 써서 남긴 책으로, 전편 모두가 윗자리에 선 자의 마음가짐에 대해서 역설하고 있다.

재상·대신이 된 자의 마음가짐을 역설한 '묘당충고(廟堂忠告)', 감찰관·검찰관의 마음가짐을 역설한 '풍헌충고(風憲忠告)', 지방장관이 된 자의 마음가짐에 언급한 '목민충고(牧民忠告)'의 3부로 구성되고 책이름도 여기에서 유래하고 있다.

원대(元代)는 이민족의 지배에 고통을 당한 시대이고 관계(官界)의 기강도 흐트러지던 시기였다. 그런 가운데서 장양호는 청렴한 관리로 일관했다. 그런 만큼 그의 언설은 극히 엄격하고 윗자리에 선 자의 행동 지침을 남김없이 역설하고 있다.

그 내용은 대단히 실제적이고 게다가 어조는 극히 평이하다.

《위정삼부서》의 말

재상지직(宰相之職), 막중용현(莫重用賢)——재상의 직에서는 현명한 자를 기용하는 것보다 중요한 것은 없다. 〈묘당(廟堂)〉

사기지발(事機之發), 유상유변(有常有變)——일의 중요한 고비에는 상례가 있고 변고도 있다. 한결같은 자는 이에 대처하고도 남음이 있고 그렇지 못한 자는 부족함이 있다. 〈묘당(廟堂)〉

선즉귀군(善則歸君), 과즉귀기(過則歸己)——선은 남에게 돌리고 과실은 자신에게 돌린다. 〈묘당(廟堂)〉

자율불엄(自律不嚴), 하이복중(何以服衆)——자신을 엄하게 다루지 않으면 어찌 대중을 따르게 할 수 있으랴. 〈묘당(廟堂)〉

다산승소산(多算勝少算), 소산승무산(少算勝無算)——많음은 적음보다 낫고 적음은 없음보다 낫다. 〈풍헌(風憲)〉

위치지도(爲治之道), 기요막여성심(其要莫如省心)——다스림의 길은 하찮은 일을 생각하지 않는 데 있다. 〈목민(牧民)〉

각안기분(各安其分), 이사기사(而事其事), 천하안유(天下安有), 불치자재(不治者哉)——제각기 분수를 지키고 그 일에 임하면 천하는 평안하고 다스리지 못할 것이 없다. 〈목민(牧民)〉

시즉귀인(是卽歸人), 비즉귀기(非卽歸己)——명예를 들으면 남에게 돌리고 헐뜯는 말을 들으면 자신에게로 돌린다. 〈목민(牧民)〉

부능하인자(夫能下人者), 기지필고(其志必高), 기소지필원(其所至必遠)——겸손한 자는 그 뜻이 반드시 높고, 그 이르는 곳이 반드시 멀다.

〈목민(牧民)〉

절의(節義)에 산 장양호

《위정삼부서》는 원제를 《삼사충고(三事忠告)》라 하고 지금으로부터 700년 전인 원(元) 시대에 장양호란 인물이 쓴 것이다.

이 책의 특징은 조직의 지도자 된 자의 마음가짐을 역설하고 있는 점에 있다. 전체는 3부로 나누어져 있고, 제1부는 재상·대신들의 마음가짐, 제2부는 감찰관·검찰관 된 자의 마음가짐, 그리고 제3부는 지방장관 된 자의 마음가짐을 역설하고 있다. 중국의 고전은 본래 엘리트가 엘리트를 위해 쓴 것이 대부분이고, 모두가 지도자의 자세를 중요한 주제로 다루고 있다. 이 책도 그 가운데 하나로서 이처럼 주제를 압축한 책은 달리 예를 볼 수 없다.

본론으로 들어가기 전에 저자인 장양호와 그가 봉사한 원(元)왕조에 대해서 간단히 언급해둔다.

장양호는 1269년 산둥 성〔山東省〕의 지난〔濟南〕에서 태어났다. 어릴 적부터 대단히 독서를 좋아해 양친이 아무리 주의를 줘도 결코 책을 놓지 않았다고 한다. 그는 머리가 좋은 노력가로서 그대로 나아갔으면 우수 관리의 등용문인 과거에 합격해 고급 관리의 길로 나아갔을지도 모른다.

그러나 그가 10세 때에 약 300년 동안 이어진 송(宋)왕조가 이민족인 원

(元)에 의해서 멸망하고 만다. 원은 희대의 영웅 칭기스칸이 세운 몽골제국이다. 칭기스칸은 중국을 지배하게 된 순간 중국의 독특한 인재 등용제도인 과거를 폐지하고 주요 관직의 장관을 모두 몽골인으로 등용했다. 이 때문에 한족 출신자는 출세의 길이 막히고 굴욕적인 인종 생활(忍從生活)을 강요당하게 된다.

장양호가 살던 시기는 이와 같은 몽골 지배에 의해서 한족이 일찍이 없었던 고난에 허덕이고 있었던 시대였다. 단, 그는 다행히 그 학식, 인격, 재능을 몽골 고관에게 인정을 받아 한족 출신자로서는 드물게 중추의 자리에 오른다.

그렇다고 해도 그는 상사인 몽골인에게 아부하거나 자신의 지위를 이용해 이익을 도모하는 일 따위는 결코 하지 않았다. 오히려 한족의 긍지를 잃지 않고 절의(節義)를 지키는 데 힘썼다.

'절의'란 그의 말을 빌리자면 이렇다.

"절의야말로 천하의 큰 법이고 신하가 지켜야 할 최대의 덕목이다. 부귀하다고 해서 당치도 않은 일을 하지도 않고, 빈천하다고 해서 위축되거나 비굴해지거나 하지 않고, 권위와 무력에도 굴하지 않는다. 한결같이 절의를 지키면서 사는 것이다."

또 이렇게도 말한다.

"인간에게는 작은 몸에 짧은 수명밖에 주어져 있지 않다. 그런데도 그 인생을 산악처럼 우뚝 솟게 할 수 있는 것은 무엇 때문일까. 그것은 오로지 절의를 존중하기 때문이다."

그의 말에 설득력이 있는 것은 현실 생활에서도 이를 실행하고 살았기 때문이다. 그는 지방장관을 비롯해서 감찰관이나 대신급 자리에 올랐고, 그럴 마음만 있으면 얼마든지 부를 손에 넣을 수 있었음에도 불구하고, 온갖 유혹을 뿌리치고 청렴한 관리로서의 삶을 살았다.

장양호에 대해서는 다음과 같은 일화도 전해지고 있다.

어느 날 장양호가 병으로 쉬었기 때문에 상사인 몽골인이 문안을 왔다. 그런데 그의 방에는 무엇 하나 값나가는 것이 보이질 않았다. 이 텅 빈 광경을 본 상사는 '검찰관으로서 이 이상의 적임자는 없다'고 탄복했다고 한다.

장양호는 단지 청렴하기만 했던 것은 아니다. 사재를 털어 가난에 고통을 당하는 사람들을 구제하고, 범죄자의 갱생에 힘쓰고, 더욱이 파벌다툼에 여념이 없는 몽골인 실력자에 대해서도 겁 없이 당당하게 정론을 펴고 이를 규탄했다. 그 때문에 생명에 위협을 받아 한때는 이름을 바꾸고 모습을 감추어야만 했었다. 그래도 장양호는 자신의 삶의 방식을 바꾸려고 하지 않았다.

그는 이렇게 말하고 있다.

"남의 비위나 맞추고 자신을 굽혀 상대의 말에만 따르고 있는 자는 어떤가. 성공, 실패는 별도로 치고 정도에서 벗어나 있는 것만은 명백하다. 한때는 영광을 얻더라도 때가 지나고 사태가 바뀌면 전날의 영광은 물거품처럼 꺼지고 만다. 그리고 사람들 가슴속에 새겨지는 것은 간악한 이름뿐이다. 이것만은 1000년 뒤까지도 남을 것이다. 그 치욕이야말로 영원히 변하지 않는다. 후세에 치욕을 남기기보다는 정도를 지키고 죽는 것이 낫지 않을까?"

그의 심정은 바로 이것이었다. 그곳에는 또 이민족의 권력자에게 아부하고 사는 동포에 대한 통렬한 비판이 담겨 있었던 것으로 생각된다.

장양호는 1329년 임지인 관중(關中) 지방에서 60년의 생애를 마쳤다. 큰 가뭄에 휩싸인 관중의 궁핍을 구하기 위해 문자 그대로 불면불휴(不眠不休)의 구호 활동을 계속하다가 과로가 겹쳐 쓰러졌다고 한다. 자못 절의에 산 장양호다운 최후였기에 관중 사람들은 부모를 잃은 것처럼 슬퍼했다고 한다.

《위정삼부서》는 이와 같은 장양호의 체험과 깊은 교양에 바탕을 두고 지도자의 바람직한 마음가짐을 정리한 것이다. 당연한 일인데도 그 성실한 심정의 토로는 700년 세월의 흐름을 초월해 아직도 시사하는 바가 적지 않다.

자신에게 엄격하라

절의를 지켜낸 강직한 사내 장양호의 삶의 방식은 냉혹한 그 무렵의 상황으로 보아도 확실히 드문 예이기는 했으나, 오늘날 역시 그처럼 사는 것은 쉬운 일이 아니다. 인간은 누구나 부(富)나 영예를 손에 넣어 안락하게 살기를 소망하고 있기 때문이다. 장양호는 《위정삼부서》 가운데서 이와 같은 사고를 가차없이 비판하고 있다.

“옛 사람은 이렇게 말하고 있다. ‘관리가 된 이상, 장관이나 대장까지 되고 싶다는 소망을 갖는 것은 인지상정이다.’ 그러나 이것은 영예야말로 치욕의 원인임을 모르는 자의 말이다. 결국은 언제나 자기 수련에 힘쓰는 자가 영예를 유지하고, 자기 수련에 게으른 자가 치욕을 당하는 것이다.”

그러면 그가 말하는 자기 수련에 힘쓰는 자란 구체적으로 어떤 인물을 가리키는 것일까.

“청렴한 태도를 유지하고, 충성심이 뜨겁고, 바르게 일을 처리하고, 겸허한 태도로 부하를 대하는 인물을 말 한다.”

이것이야말로 장양호가 이상으로 삼고 자기 자신이 힘쓴 지도자상이었다. 그는 더 나아가 이렇게 단언한다.

“이와 같은 인물이라면 자연히 명성을 얻고 세론의 지지도, 신의 가호도 얻게 될 것이다. 이렇게 되면 영예를 사양하려고 해도 어쩔 수 없다.”

그러면 역으로 자기 수련에 게으른 자는 어떤 인물일까.

“직무를 잊고 사리사욕의 추구로 치닫고, 어디까지나 탐욕스럽고, 과거의 실패에서 배우지 않고, 나라를 위해 일할 생각이 없는 인간을 말한다.”

자기 수련에 힘쓰려면 웬만큼 자기 자신을 엄하게 다루지 않으면 안 된다. 이것이 장양호가 추구하는 지도자가 지녀야 할 마음가짐의 첫째였다.

“사(士 : 선비) 된 자는 당연한 일이지만 자신을 엄하게 다루지 않으면 안 된다. 또 책임이 있는 지위에 올라 있는 자는 일반 선비보다 한층 엄하게 자신을 다루어야 한다.”

‘사(士)’란 중국에서는 일반 서민과 달리 사회의 지도적 입장에 있는 인물을 가리킨다. 그 밖에 지도자를 가리키는 언어로서는 ‘군자(君子)’라는 것이 있는데, 이 경우는 좀 더 넓은 의미를 지니고 훌륭한 인물이라든가 아니면 이상적인 인격자라는 뜻이 담겨 있다.

아무튼 지도자의 입장에 있는 자는 서민과는 다른 자질이 요구된다. 장양호가 말하는 ‘자기 자신을 엄하게 다루는 것’도 그 가운데 하나이다. 특히 부나 이익을 쫓는 것에 대해서는 격한 어조로 경계하고 있다.

“본래 이(利)와 의(義)는 양립하지 않는 것이다. 의를 지키려고 하면 이에서 멀어지고, 이를 중요시하면 의가 소홀해진다. 하물며 백성의 본보기가 되어야 할 입장에 있는 자가 오로지 이익 추구에만 힘쓰면 어떻게 될까. 사람들이 원망하거나 경멸하는 일이 한층 심해질 것이다. 군자 된 자가 정치를 주관할 때에는 사리사욕에 치달아 재산을 모으기보다는 빈곤에 만족하고 공사(公事)를 우선시해야 한다. 또 남보다 앞서 남의 이익을 빼앗기보다는 한 걸음 물러나 자신의 이익을 희생해야 한다."

또 이렇게도 말하고 있다.

"이 지상에 태어나는 자는 끝이 없다. 그러나 그 가운데서 각별한 은혜를 입고 관리로 임명되는 자는 과연 몇이나 될까. 천자(天子)의 명을 받아 민중을 지도하는 입장에 오르면서 청렴한 태도를 지키지 못하는 것은 자애심이 결여되어 있기 때문이다. 이렇게 되면 세상의 비난을 받는 것도 당연할 것이다. 금품에 탐을 내봤자 그 액수는 뻔하다. 약간의 욕심이 자신의 장래를 망치고 마는 것이다."

장양호는 계속한다.

"재상쯤 되면 어떤 선행이건 행할 수가 있고 어떤 공적도 세울 수가 있을 것이다. 그런데 작은 이익에 사로잡혀 하찮은 일에 손을 대는 것은 안타까운 일이 아닐까. 옛날부터 재상이 된 자가 의식(衣食)이 부족해 죽은 자는 없다. 그런데 축재로 치달아 주지육림(酒池肉林)에 빠지고 열락(悅樂)에 몸을 망친 자는 어느 시대에나 있었다."

대체로 이런 식이다. 특히 마지막 한 줄은 재상 대신에 경영자, 정치가, 단체 임원 등으로 바꾸어 말한다면 현대에도 그대로 들어맞는 경구(警句)이다. 또 사실 장양호의 지적을 기다릴 것도 없이 이익으로 치달아 애석하게도 장래를 망친 인물은 지금도 끊이질 않는다.

그건 그렇다 치고 인간은 왜 그렇게까지 위험한 다리를 건너려고 하는 것일까. 그것은 눈앞의 이익에 끌려 냉정한 판단을 잃어버리기 때문이다.

장양호는 사리사욕의 추구로 치달아 후추를 800섬이나 매점해서 결국 스스로를 다치게 한 당(唐)나라 재상 원재(元載)의 예를 인용해 다음과 같이 말하고 있다.

"사람은 100살까지 살 수 있는데, 하늘에서 주어지는 수명은 80년이나 90년에 지나지 않는다. 설사 80년을 기준으로 해도 뜻을 얻은 다음부터의 기간은 기껏해야 3, 40년 정도이다. 도대체 3, 40년 동안에 800섬의 후추를 먹을 수가 있을까. 옛 사람도 '이익에 이끌리면 머리의 기능까지 이상해진다' 고 말하고 있으니 우선 원재의 이 이야기 따위는 그 좋은 예이다."

그 무렵 후추는 서역에서 전해진 귀중품이었지만 아무리 그렇더라도 원재처럼 되어서는 의미가 없다. 높은 자리에 있는 자일수록 자신을 엄하게 다루어야 한다는 것은 예나 지금이나 변하지 않는 대원칙이다. 그래서 장양호가 여기에 하나라도 해당하면 지도자로서 실격이라고 말하고 있는 항목 가운데에서 현재도 통용할 것으로 생각되는 것을 마지막으로 들어둔다.

1. 권세를 믿고 사사로운 욕심을 채운다.
2. 술에 빠진다.
3. 가족을 편애한다.
4. 연회로 놀아난다.
5. 직책에 따른 부수입에 욕심을 낸다.
6. 무턱대고 급하지 않은 공사를 시작한다.
7. 본래의 직무에 충실하지 않다.
8. 가족의 잘못에 눈을 감는다.

위기에 어떻게 대처할 것인가

'리스크 매니지먼트', 또는 그것을 번역한 '위기관리'란 말을 흔히 하는데, 간단히 말해서 경영 활동에 수반하는 각종 위기를 최소한으로 막기 위한 체계적인 조치라고 할 수 있다. 구체적으로는 각종 위기의 규명에서부터 그 내용의 분석이나 평가, 위기처리 방법의 검토와 그 실행에 이르기까지 다양한 과정이 포함되어 있다.

어쨌든 언제 발생할지 모르는 위기에 확실하게 대처해 기업의 생존을 도모하려는 것이 바로 '위기관리'의 사상이다. 장양호도 이에 대해서 자주 비슷한 말을 하고 있다.

"집이 다 불타버린 다음 불씨가 되는 장작을 다른 곳으로 옮기려고 한다. 배가 전복한 다음 구명구(救命具)를 사려고 한다. 병세가 무거워진 다음 치료를 위한 쑥을 구하려고 한다. 이렇게 되면 아무리 노력을 해도 효과는 오르지 않는다.

지금 든든하게 높이 쌓은 제방에 겨우 개미 한 마리가 지날 정도의 구멍이 뚫려 있다고 치자. 겉보기에는 아무런 걱정도 없을 것처럼 생각된다. 하지만 주도면밀하게 배려를 하는 자는 그것을 발견하면 즉시 막을 것이 틀림없다. 그대로 방치하면 언젠가는 그 든든했던 제방이 무너질 우려가 있다고 생각하기 때문이다. 모든 일에 이와 같은 배려를 하면 오래도록 아무런 걱정도 없을 것이다."

개미와 제방의 고사는 《한비자》의 '천 길의 둑도 개미구멍으로 무너진다'는 말에서 나온 것이다. 작은 징후에 방심했기 때문에 큰 재난을 가져오는 교훈으로서 자주 인용이 되는 말이다. 장양호도 이를 예로 들어 지도자에게 위기관리의 중요성을 역설하고 있는 것이다.

그러면 위험을 방지하기 위해서는 어떻게 하면 좋을까? 다음의 일절이 참고가 될 것으로 생각한다.

"이미 일어난 사실은 알 수 있어도 앞으로 일어나려는 사실은 알 수 없다. 이것이 일반인이다. 이미 일어난 사실에 바탕을 두고 앞으로 일어날 사실까지 예측할 수가 있다. 이것은 심모원려(深謀遠慮)의 인물에게 먼저 가능한 것이다."

'심모원려'란 용의주도하게 배려를 하는 것이다. 공자도 '멀리 생각하지 않으면 반드시 가까운 곳에 우려가 있다'고 말하고 있다.

그러나 아무리 심모원려로 일에 임해도 재해나 전쟁 등, 밖에서 오는 위험까지는 피할 수 없다. 이와 같은 경우의 처치는 어떻게 하면 좋을까.

"무슨 일에나 평상 상태와 이상 상태가 있다. 평상의 상태라면 보통 인간이라도 여유를 가지고 대처할 수가 있다. 하지만 이상 상태가 되면 어떤 지혜 있는 이라도 이에 대응하는 것이 쉽지 않다."

장양호는 이렇게 해서 일단 대응의 어려움을 인정한 다음 이렇게 말한다.

"지금 가령 평상 상태로 집무 중인데, 갑작스럽게 적군 내습의 첫 소식이 전해졌다면 어떻게 할 것인가. 그와 같은 때에는 무엇보다도 우선 사실의 확인을 서둘러야 한다. 첫 소식을 접한 순간 당황해서 천자에게 아뢰거나 동원령을 내리거나 해서 적의 모습도 보기 전부터 허둥대는 일은 엄하게 경계해야 된다."

우선 무엇이 어떻게 되어가고 있는지 충분히 실태를 파악해 냉정하게 대처 방법을 검토하도록 논하고 있다.

중국 고전 가운데 인물평을 할 때 칭찬하는 말로 '희로(喜怒)를 얼굴에 나타내지 않는다'는 표현이 자주 나온다. 기쁠 때라도, 분노를 폭발시키고 싶을 때라도 감정을 얼굴에 드러내지 않고 언제나 태연한 자세로 있는 것이 지도자의 지도자다운 이유인 것이다. 뜻밖에 재난을 당하거나, 역경에 내몰렸을 때 허둥대거나 흐트러지면 지도자로서 실격이라는 것이다.

장양호가 추구하고 있는 것도 똑같이 위에 선 자의 자세이다. 그는 과거의 뛰어난 인물이 위기 때 어떻게 대응했는지를 소개하면서 다음과 같이 말하고 있다.

"재상이란 심상치 않은 지위이다. 심상치 않은 지위에 있으면서 심상치 않은 사태에 대처하지 못한다면 직책을 수행할 수 없다."

그리고 이렇게도 말한다.

"영예에 둘러싸여 있을 때에는 좋은데 일단 치욕을 당하면 재기할 수 없다. 순조로울 때에는 좋은데 일단 역경에 서게 되면 간단하게 좌절하고 만다. 이렇게 되면 책임 있는 자리에 올라 업적을 올리려고 해도 불가능하다. 인물을 평가할 때에는 이 점을 잘 관찰하지 않으면 안 된다."

예로부터 위기나 재난에 직면했을 때의 반응 방법이 지도자의 기량을 측정하는 하나의 기준이 되어 왔다. 공자도 《논어》에서 '물론 군자도 궁할 때가 있다. 하지만 궁해서 흐트러지는 것은 소인뿐이다'라고, 역경에 세워졌을 때의 차이를 말하고 있다.

적어도 지도적 입장에 있는 인물은 이와 같은 혼란에 휘둘리지 않는 냉철한 안목과 태연자약한 마음이 요구되는 것이다. 그 대처도 때와 경우에 따라서 원칙에 얽매이지 않는 유연한 대응이 요구된다. 장양호도 비상 사태에 '보통 수단으로 헤쳐 나가려고 하면 때때로 장애가 생겨 실패로 끝난다'고 말한다.

또 같은 재난이라도 개인의 신상에 덮쳐 온 재난에 대해서는 당(唐)나라 한유(韓愈)란 인물의 말을 인용해 이렇게 말하고 있다.

"당대의 한유가 좋은 말을 하고 있다. 군자는 뜻하지 않은 재난이 덮쳤을 때 다음의 방법으로 대처한다. 첫째로 그 재난을 자기가 본래 살아온 방식과는 연관이 없는 것으로 간주해 거부한다. 그것은 우수(雨水)를 막는데 제방을 구축하는 것과 같은 것이고 조금의 누수(漏水)도 없다. 둘째로 재난을 운명으로 받아들이고 그 고통을 마음속에서 해소하고 만다. 그것은 바다에 물을 쏟아 붓고 여름날에 얼음이 녹는 것과 같은 것이어서 어디에도 무리가 없다. 셋째로 느긋한 심경으로 재난을 즐기고 문자로 형상화한다. 그것은 금석(金石)의 가락이 귀뚜라미의 울음소리를 압도하는 것이고 끝까지 유연한 태도를 잃지 않는다."

위기에 빠졌을 때 새삼 상기하고 싶은 한 마디가 아닐까.

인재의 등용을 도모하라

장양호는 재상의 가장 중요한 일 가운데 하나로 인재의 등용을 들고 있다. 이것은 구태여 재상에만 해당되는 것은 아니다. 조직의 지도적 입장에 있는 자에게 있어서는 조직을 활성화하고 성장시켜나가는 점에서도, 또 조직 내의 인간을 살린다는 관점에서도 인재의 등용은 가장 중요한 일이 되고 있다.

그러나 이것은 말로 하는 정도로 간단하지는 않다.

특히 연공서열이 조직 결속의 정신적 지주가 되어온 사회에서는 그것을 무시하면서까지 인재를 발탁하는 것에는 상당한 용기가 필요하다.

또 인재 본위라고 말하면서 아직도 학력 본위로 사람을 평가하는 학력편중주의가 뿌리 깊게 남아 있고 학벌에 의한 정실인사도 적지 않다. 그런 만큼 사람의 능력을 구분하기는 어려운데 장양호는 사람을 판단하는 기준으로서 다음과 같은 세 가지 구분 방법을 권장하고 있다.

1. 사람들의 의견을 듣는다.
2. 본인의 행동을 관찰한다.
3. 어떤 인물을 추천했는지를 조사한다.

주위의 의견을 들어보는 것은 인재 발굴의 상투 수단이다. 동시에 독단과 편견에 의한 인물평가를 피한다는 점에서도 중요한 것이다.

장양호는 이렇게 말하고 있다.

"한 나라를 다스리는 것도 한 가정을 다스리는 것도 거의 같은 것이다. 집안을 잘 다스리고 있는 자는 자제나 가족은 물론 아래로는 하인에 이르기까지 그 성격, 인품의 좋고 나쁨을 모두 터득하고 있다. 하나라도 장악을 잘못하면 그 틈을 파고들어 멋대로 해도 손을 쓸 수가 없다. 이와 같은 상태가 오래 지속되면 이옥고 옳고 그름의 구별도 할 수 없게 되어 아첨을 충성, 탐욕을 청렴, 무능을 유능으로 착각하게 된다."

반대로 널리 의견을 듣고 묻혀 있는 인재를 발굴해 발탁의 수고를 아끼지 않으면 '다른 자에게도 바람직한 자극을 줄 수 있을 것이다'라고 상찬하고 있다.

한편 두 번째의 '본인의 행동을 관찰한다'는 것은 말할 것도 없이 평소부터 그 인물의 일을 하는 모습이나 행위를 보아두라는 것이다.

또 그 사람이 발탁한 인물이나 그 사람이 평소에 친숙하게 교제하고 있는 인물을 보면 역으로 상당한 정확도로 그 사람의 능력이나 인격을 미루어 알 수가 있는 것이다. 그것이 세 번째의 '어느 인물을 추천했는지를 본다'에 맞는 것이다.

이렇게 보면 장양호가 든 세 방법은 하나하나 수긍할 수 있는 점이 많다.

그런데 인재 등용에 관해서 말하자면 인재의 발굴도 중요하지만, 그것에 더해서 어떻게 부하에게 의욕을 북돋게 하고 그 능력을 충분히 발휘시키느냐가 요점이 된다. 이 점에서 장양호는 사람을 다루는 요령을 이렇게 말하고 있다.

"재상이 된 자는 처음부터 무엇이건 다 알고 있을 필요는 없다. 단지 사람의 재능을 시샘하지 말고 언제나 공정한 태도로 대하면 지자(知者)로부터는 지혜를, 용자(勇者)로부터는 힘을 빌릴 수가 있다. 반대로 자신의 재능이나 변설을 자랑하면 설사 현자가 그 자리에 있었다고 해도 협력을 얻기는 어렵다."

그리고 또 이렇게 말한다.

"사람 위에 선 자는 간약(簡約)을 위주로 번잡함을 처리하고, 정(靜)으로 동(動)을 대하고, 무심(無心)으로 천하의 동향에 대응해야 한다. 그렇게 하면 부하는 기꺼이 명령에 따르고 일에 대한 의욕을 불태울 것이다."

또 이렇게도 말하고 있다.

"재상된 자가 비난·질책을 모두 자기의 책임으로 처리한다면 관리의 지조는 더욱더 견고해지고 민간의 인정도 두터워질 것이다. 그리고 장래 국가를 위해 지조를 지키고 숙는 인물이 잇따라 나타나게 될 것이 틀림없다."

말을 바꾸어 기본적인 일만 챙기고 나머지는 부하를 신뢰해 맡기며 무언가 문제가 있을 때 자신이 책임을 지는 리더라면, 밑에 있는 자는 기꺼이 일에 열중한다는 것이다. 삼국시대에 사람을 다루는 데 명인이란 소문이 자자했던 오(吳)의 손권(孫權)도 단점에는 눈을 감고 장점을 발휘하게 하는 것이 인재 등용의 비결이라고 말하고 있다.

그러나 현실로는 부하의 결점에만 주목을 해 일을 맡기지 못하는 리더가 적지 않다. 특히 재능이 있는 리더일수록 그렇게 되기 쉽다. 일이 잘되는 나머지 사사건건 참견을 하고 싶겠지만 이래서는 안 된다. 독단적인 리더는 다음의 일절을 마음에 담아둘 필요가 있다.

"가령 상대의 능력을 높이 사서 등용을 했다 해도 상대를 의심해 일을 시키지 않는다면 어떻게 될까. 처음부터 등용하지 않고 혼자서 처리하는 것과 전혀 다름이 없다. 또 그렇게 되면 모처럼의 목표도 표적에서 벗어나고 도리어 아첨배에게 넘어가고 만다."

장양호는 마지막으로 '혼자서 모든 능력을 겸비하는 것은 대성인, 대현인이라고 해도 불가능하다'고 못을 박고 있다. 많은 인재의 협력을 얻지 못하면 유지해나가는 것도 신장해나가는 것도 안 되는 것이 조직이고 기업인 것이다. 부하의 능력을 잘 끄집어내 사용하는 리더야말로 비로소 명 리더일 수 있는 것이다.

자기를 살리고 남을 살린다

부하를 대하는 것까지 포함하는 인간관계에 대해서 좀 더 장양호의 이야기에 귀를 기울여보자.

장양호는 그 생애를 통해서 '이(利)'보다도 '의(義)'를 존중했다는 것은 앞서 말했다. 이와 같은 철학은 대인관계에서도 엄격하게 일관되어 있다. 이를테면 다음의 한 구절이다.

"남에게 배신을 당해도 이쪽에서는 배신을 하지 않는다. 이것이 자기를 살리는 길이다. 선행은 독점하지 않고 남에게도 나누어준다. 이것이 사람을 살리는 길이다. 이 두 가지를 실행할 수 있으면 도에 맞는 삶의 방식에 가깝다."

또는 이렇게도 말한다.

"상찬과 비난은 옛날부터 정치에 따르게 마련이었다. 그때 상찬은 남에게 주고 비난은 자신이 받는 마음가짐이 중요하다."

남에게 배신을 당해도 자신은 절대로 배신하지 않는다. 선행은 독점하지 않고 남에게도 나누어준다. 상찬은 남에게 주고 비난은 자기가 받는다. 범인은 좀처럼 흉내를 낼 수 없는 것인데, 장양호의 말을 빌리자면 이것이야말로 윗자리에 선 자의 마음가짐이라고 말한다.

"동료가 과실을 범해도 정치에 악영향을 미치지 않는 한 심하게 책망을 해서는 안 된다. '자신에게는 엄하게, 남에게는 관용으로.' 이것을 원칙으로 해야 한다. 타인에게 자기와 똑같이 하길 기대하는 것은 애당초 무리인 것이다."

"정치가가 수고를 하면 백성은 편해질 수 있다. 반대로 정치가가 편하면 백성은 고달파진다. 이것은 자연의 이치이다.

자기 한 사람의 수고를 기피해 영내(領內)의 백성에게 수고를 강요한다. 그와 같은 일은 배려할 줄 아는 훌륭한 인물이라면 차마 할 수 없는 것이다."

이렇게 보면 장양호가 무엇을 말하려는지 잘 알 수 있다. 자기를 희생해 상대의 입장에 선 인간관계를 권하는 것이다.

장양호는 왜 그것을 역설하는 것일까. 다름이 아니라 이것이야말로 자기를 살리고 남을 살리는 길이기 때문이다. 상사나 동료, 또는 부하에 대해서 이와 같은 정신으로 대하면 협력도 원활하게 얻을 수 있고 사람의 힘을 충분히 활용할 수가 있다. 그 자신 이렇게 말하고 있다.

"타인에 대해서 겸허한 사람일수록 뜻이 높고 큰일을 성취할 수 있는 것이다."

그런데 인간관계에서 겸허와 함께 필요한 것이 '인(忍)'이다.

"인으로 일관해야만 일을 성취할 수가 있다."

"큰일을 성취하려면 반드시 인으로 일관해야 한다."

"인이야말로 모든 것의 출발점이다."

장양호는 인의 철학을 이렇게 말하는데, 좀 더 구체적인 말로서 다음과 같은 말도 하고 있다.

"일시적인 분노에 사로잡혀 동료의 신뢰를 잃으면 정치의 혼란을 가져온다. 이렇게 되면 인물이 작다고 해도 어쩔 수 없다."

목소리를 거칠게 내며 다투는 일이나 부하를 호되게 꾸짖는 것에 대한 주의인 것이다.

"조금이라도 석연치 않은 일이 있으면 당장은 어쩔 수 없이 따르더라도 밖으로 나온 다음 반드시 마음이 부글부글 끓어 그 불만을 남에게 털어놓게 된다. 그렇게 되면 양자 사이에 끼어들어 헐뜯는 자가 나타나게 된다."

이렇게 되면 인간관계에 균열이 생겨 자신을 살리는 일도, 또 남을 살리는 일도 불가능해지는 것은 틀림이 없다.

그리고 장양호는 조직 속의 인간관계에서는 서로 돕는 정신이 필요하다고 이렇게 역설하고 있다.

"같은 사무실에서 일을 하고 있다고 치자. 누군가 한 사람이 새로운 일을 시작하고 있는 경우에는 다른 사람도 협력해서 그 일의 완성을 위해 도와주어야 한다. 그 경우 만일 다른 자가 보고도 못 본 척하고 협력을 주저하면 어떻게 될까. 다분히 대부분의 일은 실패로 끝날 것이다.

상대의 업적은 바로 자기의 업적이고, 상대가 업적을 올리도록 배려해주는 것은 바로 자기의 업적을 올리는 것과 같은 것이다. 자기만 업적을 올리려 하고 타인이 업적을 올리는 것을 싫어하는 일이 있어서는 안 된다."

조직 속에 이와 같은 일치협력의 정신을 만들어내는 것도 리더의 중요한 임무인 것이다.

물러날 때의 깨끗함

재직 중에 뛰어난 업적을 올리고 명경영자, 명재상으로 평가되었으나, 물러날 시기가 잘못된 탓으로 명성을 더럽힌 예는 고금동서를 불문하고 헤아릴 수 없이 많다. 실제로 물러날 시기를 맞추는 것만큼 어려운 것은 없다. 권력의 자리에 이상하게 집착을 해 그 자리에서 끌려나오는 광경을 가까이에서 보고 있으면 딱하다 못해 우스꽝스럽게 생각되기도 한다. 권력의 자리가 그토록 좋은 것일까.

한편 중국에는 예부터 높은 지위는 '행운의 선물' 즉 갑자기 찾아오는 것이란 인식이 있었다. 예를 들어《장자(莊子)》는 이렇게 말하였다.

"높은 지위는 뜻밖의 선물이므로 오는 것은 거부하지 않고 가는 것은 좇지 않는다. 그 때문에 우쭐해질 것도 없고 곤궁하다고 해서 세속에 영합할 것도 없다."

이 점에 대해서 장양호도 역시 '옛사람도 말하고 있는 것처럼 높은 지위는 저쪽에서 자연히 찾아오는 것이다. 그것을 손에 넣어도 이득이 되는 일은 없고 설사 잃어도 손해가 되는 일은 없다'고 말한다.

따라서 당연한 일이지만 스스로 권력의 자리를 추구하거나 이름을 파는 일, 그리고 권력에 집착하는 것은 인간으로서 부끄러운 일이라는 것이 장양호의 철학이었다.

"관직에 오르는 것은 자신에게 달려 있다. 남에게 의존해서는 안 된다. 자신에게 달려 있다는 것은 즉 학문 교양을 쌓는 일이다. 남에게 의존한다는 것은 즉 그것으로 부귀영달을 추구하는 것과 다름없다."

"세상 사람들은 곤궁하거나 영달하거나 하는 것은 천명에 따른 것으로 생각한다. 천명으로 곤궁하도록 정해져 있는 자는 열심히 기어오르려고 노력을 해도 결국은 곤궁하고, 천명으로 영달하도록 정해져 있는 자는 아무리 멀리 깊게 몸을 숨겨도 결국은 영달하는 것으로 믿고 있다. 이것은 점을 생업으로 하는 자가 입버릇처럼 하는 이야기로서, 군자는 그와 같은 것을 믿어서는 안 된다.

군자는 천명(天命) 대신에 의(義)를 존중하고 천명 등에 사로잡혀 의를 손상해서는 안 된다. 즉 나아가야 할 때에는 나아가고 물러나야 할 때에는 물러나 천명을 입에 올리지 않는 것이다. 또 즐겁다고 생각했을 때에는 실행을 하고 마음이 내키지 않을 때에는 중지해 천명을 입에 올리지 않는다. 부귀영달을 추구하고 그곳에서 빠져나오지 못하는 자는 천명에 묶여 스스로를 망치고 있을 때가 많은데 그것도 당연할 것이다. 그 결과 자기 스스로 화를 자초하는 것을 깨닫지 못하는 것은 슬퍼해야 할 일이다."

또 이렇게도 말하고 있다.

"후임자가 부임하기 이전에 자신의 현덕비(顯德碑)를 세우도록 백성을 다그치거나 부자들을 모아 성대한 송별회를 열게 하거나, 전별금을 모으도록 해 노자로 쓰거나, 자기를 모신 사당을 짓게 해 후세에 이름을 남기려고 하는 자가 있다. 이것은 모두 군자가 할 일이 아니다.

생각건대 인간은 다음의 3등급으로 나누어진다.

1. 훌륭한 업적을 올려도 남에게 알려지길 바라지 않는 자. 이것이 최고이다.
2. 남에게 알려져도 그 업적을 자랑하지 않는 자. 이것이 그 다음이다.
3. 자신을 선전하는 데 광분해 허명을 퍼뜨리려는 자. 이것이 최하이다."

그런데 높은 지위를 '행운의 선물' 등으로 말하면 자못 가볍게 보고 있는 것처럼 들릴 수도 있지만, 장양호는 결코 이를 경시하고 있는 것은 아니다. 오히려 '관직이 높아지면 그만큼 책임도 무거워지고 책임이 무거워지면 그만큼 마음을 아프게 하는 정도도 깊어진다'고 말하고 있는 것처럼 직무의 무게는 충분히 잘 알고 있었다.

그런 만큼 지위를 이용해 돈 벌기로 치닫거나 그 지위에 있는 것을 즐겨 사직을 꺼리는 인물은 논외라는 것이다. 자신이 그 임무에 걸맞지 않은 인간이라고 생각하면, 또는 조직의 방향이 자신의 삶의 방식과 맞지 않고 책임을 다할 수 없다고 생각하면 과감히 떠나야 한다는 것이다.

"인간으로서 지조를 지키고 있으면 그것만으로 재산이 없어도 풍요롭게 되고 높은 지위에 오르지 않아도 존경을 받을 자격이 있다. 지조가 없는 사내는 정조를 지키지 않는 여자나 다름없다. 횡포한 상대에게는 바로 굴복하고, 이용할 수 있을 것 같은 상대에게는 바로 따른다. 이렇게 되면 달리 어떤 아름다운 점이 있어도 그 실점(失點)을 보상할 수는 없다. 옛 사람도 '작록(爵祿)은 쉽게 얻을 수 있지만 지조를 지키기는 어렵다'고 말하고 있다. 작록은 설사 잃는 일이 있어도 때가 오면 또 손에 넣을 수가 있다. 그런데 지조는 한 번 잃으면 죽을 때까지 되찾을 수 없다."

요컨대 지위인가, 그렇지 않으면 지조인가. 어느 쪽을 지킬 것인가이다. 이를 명심해 누구나 물러날 시기를 그르치지 않도록 해야 한다. 마지막으로 장양호의 다음의 말을 소개해둔다.

"인간을 평가하는데 그 사람 자신을 보지 않고 지위의 여하로 평가하는 것은 평가하는 쪽의 인간이 얼마나 하찮은 인간인가를 증명하고 있는 것과 같은 것이다."

채근담

《채근담(菜根譚)》에 대해서

전집(前集)과 후집(後集)으로 나누어지고 전집 225, 후집 135, 합계 360개의 짧은 문장으로 이루어지는 잠언집(箴言集)이다(문장의 구분에 따라서 약간의 차이가 있다). 전집은 주로 냉엄한 현실을 사는 지혜를 역설하고 후집은 마음이 풍요로운 한거(閑居)의 즐거움을 이야기한 것이 많다.

저자는 홍응명(洪應明)으로 자를 자성(自誠), 호를 환초도인(還初道人)이라고 했다. 명나라 만력 연간(萬曆年間 : 명 신종 재위 기간 1573~1619)의 인물인데 본문에서 언급하는 바와 같이 상세한 경력 등은 밝혀지지 않고 있다. 젊어서 과거에 합격해 관리의 길로 나섰으나, 중도에 물러나 오로지 도교와 불교 연구에 정진했다고 한다.

《채근담》에는 저자의 그와 같은 삶의 방식이 짙게 그림자를 드리우고 있다. 즉 유(儒)·불(佛)·도(道)의 세 가지 가르침을 융합해 처세의 길을 역설하고 있는 것이 이 책의 특징이다. 옛날부터 중국보다도 동양 여러 나라에서 널리 애독되어왔다. 그것도 연구의 대상으로서가 아니라 오로지 인생을 사는 실천적인 지침으로 읽혀 왔다.

《채근담》의 말

경로착처(徑路窄處), 유일보여인행(留一步與人行)——작은 길, 좁은 길에서는 한 걸음 멈추어 남을 먼저 가게 하자. 이것은 세상을 살아가는 데에서 가장 편안한 방법의 하나이다. 〈전집(前集)〉

처치세의방(處治世宜方), 처난세의원(處亂世宜圓)——태평한 세상에 살면 마땅히 방정(方正)해야 하고 어지러운 세상에서는 마땅히 원만해야 한다. 〈전집(前集)〉

처변당견백인이도성(處變當堅百忍以圖成)——변을 당했을 때에는 굳게

백 번을 참고 성공을 도모해야 한다. 〈전집(前集)〉

무사소혜이상대체(毋私小惠而傷大體) ——작은 은혜에 이끌려 근본을 손상치 말라. 〈전집(前集)〉

맹수이복(猛獸易伏), 인심난항(人心難降) ——사나운 짐승의 항복은 받기 쉬워도 사람의 마음은 항복을 받기가 힘들다. 〈후집(後集)〉

복구자비필고(伏久者飛必高) ——오래 엎드린 자는 반드시 높게 날아오른다. 〈후집(後集)〉

화간반개(花看半開), 주음미취(酒飮微醉) ——꽃은 반쯤 피었을 때 보고, 술음 조금 취하도록 마시면 그 가운데 아름다운 운치가 있으리라. 〈후집(後集)〉

일사기즉일해생(一事起則一害生) ——한 가지 일이 생기면 또 다른 한 가지 해로운 일이 생긴다. 〈후집(後集)〉

《채근담》은 인생의 지침서

《채근담》은 명(明 : 1368~1644)시대, 지금으로부터 400년 정도 전에 쓰인 책으로 중국고전 가운데서는 비교적 최근 것이다. 저자는 홍자성(洪自誠)이란 인물인데 상세한 경력은 불확실한 점이 많다. 그는 과거시험에 합격해 관리의 길을 걸었으나, 도중에 관직에서 물러난 뒤로는 오로지 재야에서 일생을 마친 듯하다.

책이름의 '채근(菜根)'이란 검소한 식사를 가리키며 그와 같은 어려운 처지를 견딘 자만이 큰 일을 성취할 수 있다는 의미를 비유한 것이다. '담(譚)'은 '이야기'라는 뜻이다.

《채근담》은 우리나라에서도 널리 애독되어 온 고전인데, 왜 이 책이 이처럼 많이 읽혔는지 좀 생각해보자.

원래 우리나라는 일찍부터 중국의 고전을 받아들여 그것을 배우고 습득함으로써 기본적인 교양을 형성해왔다. 이 경향은 오늘날까지 이어지고 있다. 그때 널리 읽힌 책이 사상으로는 《논어》, 역사에서는 《십팔사략》, 문학에서는 《당시선(唐詩選)》으로 알려져 있다. 이 세 권의 책은 기본적인 교양을 몸에 익히는 입문서로서 읽혀온 것이다.

그런데 《채근담》은 이들 책보다도 더 폭넓게 읽혀 왔으며, 그 읽힌 양상이

독특했다. 앞서 든 세 권의 책은 주로 기본적인 교양서로 읽혀진 데 비해서, 《채근담》은 오히려 실천적인 인생의 지침서로서 읽혀져 왔다.

인생의 지침서로서의 《채근담》에는 다른 고전에는 없는 커다란 특색이 있다. 유(儒)·불(佛)·도(道), 즉 유교와 불교, 도교의 가르침을 융합해 그 바탕 위에서 인생을 역설해 처세의 길을 말하고 있는 점이다.

중국에는 예로부터 유교와 불교라는 두 개의 커다란 사상의 흐름이 있었다. 이 두 흐름은 어느 때에는 서로 대립하고 또 어느 때에는 상호 보완하면서 중국인의 의식이나 행동을 지배해왔다. 그런데 유교도 도교도 중국의 고전은 사람들의 마음의 문제에는 거의 개입하지 않는다. 중국인의 관심은 일관해서 냉혹한 현실을 어떻게 살 것인가에 있고, 고뇌하는 마음의 구제에는 그다지 관심을 보이지 않았다. 그 누락된 부분을 보완한 것이 인도에서 전해진 불교이고, 그것을 바탕으로 중국에서 독자적으로 전개된 것이 선(禪)이라고 해도 좋다.

이 세 가르침을 짜 맞추어 인생을 어떻게 살 것인가를 역설하고 있는 것이 《채근담》의 두드러진 특징이다. 이 책은 합쳐서 360개의 짧은 문장으로 이루어지는 잠언집이다. 그 가운데에 이런 말이 있다.

"천지는 영원한데 인생은 두 번 다시 오지 않는다. 사람의 수명은 길어야 100년, 순식간에 지나가버리고 만다. 다행히 이 세상에 태어난 이상, 즐겁게 살고 싶다고 소망할 뿐만 아니라, 인생을 헛되게 보내는 것에 대한 두려움도 가져야 한다."

인생이 짧다는 인식은 누구나 하고 있다. 그리고 '그러므로 가능한 한 즐겨야 할 것이 아닌가'라고 생각하는 것이 중국인 모두의 경향이다. 이에 대해서 《채근담》은 즐기는 것도 좋지만 그와 동시에 뜻있는 인생을 보내는 것도 잊지 말라고 경고한다. 이와 같은 사고방식은 유교적인 사고방식이라고 할 수 있다.

"이 인생에서는 무슨 일이건 줄이는 것을 생각하면 그만큼 속세에서 벗어날 수가 있다. 예를 들어 교제를 줄이면 다툼에서 벗어날 수 있다. 말수를 줄이면 비난을 조금밖에 받지 않아도 된다. 분별을 줄이면 마음의 피로가 가벼워진다. 지혜를 줄이면 본성을 다할 수 있다. 줄이는 것을 생각하지 않고 늘리는 것만을 생각하고 있는 자는 완전히 이 인생을 꼼짝 못하게 묶고 있는 것과 같은 것이다."

이와 같은 이해는 도교적 입장에 가깝다고도 말할 수 있을 것이다.

그리고 다음과 같은 말도 있다.

"확실하게 자기의 입장을 확립해 외부에 지배되지 않으면 성공했다고 해서 우쭐해질 일도 없고 실패했다고 해서 끙끙 앓을 일도 없다. 이 세상 어디를 가도 느긋하게 대처할 수가 있다.

주체성을 잃고 외부의 것에 휘둘릴 뿐이라면 벽에 부딪치면 주저앉고, 잘되면 언제까지나 이에 집착해 사소한 일에도 얽매여 자유를 잃고 만다."

요컨대 얽매이지 않는 마음을 가지라고 말하고 있는 것이다. 이런 것은 명백히 선(禪)의 영향으로 볼 수가 있다.

이것만으로도 알 수 있듯이 《채근담》은 인생의 지침서이기는 해도 이른바 어설픈 서생론(書生論)은 결코 아니다. 오히려 인생의 원숙한 경지, 노련하고 치밀하기 이를 데 없는 처세의 길을 역설하고 있는 것이다. 더구나 그 역설하는 바가 우리의 사고방식이나 이해하는 방법과는 상당히 달라서 그만큼 귀중한 시사점을 이해할 수 있을 것이다. 이것이 옛날부터 많이 읽혀온 이유가 아닐까.

《채근담》의 이와 같은 효용은 현대에도 그대로이다. 읽을수록 의미가 깊고 제각기 입장에 따라서 얻는 바가 많을 것이다. 냉엄한 현실과 힘겨운 싸움을 벌이고 있는 사람은 적절한 조언을 발견할 것이고, 불운한 상태에서 고뇌하고 있는 사람은 위로와 격려를 받을 것이다. 또한 초조한 마음에 시달리고 있는 사람은 크게 평안함을 얻을 것이 틀림없다.

인간관계를 원활하게 하는 지혜

친절을 베풀 생각으로 한 일을 공연한 간섭으로 받아들이거나, 무심코 한 말이 상대의 마음을 상하게 하거나, 또 믿고 있던 상대에게 배신을 당하거나, 우리의 일상생활은 그와 같은 사소한 분쟁으로 가득 차 있다. 도대체 원만한 인간관계를 구축하기 위해서는 어떻게 하면 좋을까. 이 문제에 대해서 《채근담》은 우선 상대에게 한 걸음 양보하는 마음가짐이 필요하다고 말하고 있다.

"인정은 변하기 쉽고 처세의 길은 냉엄하다. 그렇기 때문에 험한 길에서는 한 걸음 물러나 길을 양보하고 편하게 지날 수 있는 곳에서도 어느 정도 남에게 양보하는 마음가짐이 필요하다."

또 이렇게도 말하고 있다.

"좁은 샛길을 갈 때에는 한 걸음 물러나 남에게 길을 양보해준다. 맛있는 음식을 먹을 때에는 나누어서 남에게도 먹게 해준다. 이런 마음으로 남을 대하는 것이 바로 가장 안전한 처세의 비법이다."

이른바 겸양의 미덕으로 일컬어지는 것으로, 단순히 양보하는 것만이 아니라 그곳에 확실한 계산이 깔려 있음을 잊어서는 안 된다. 예를 들면 '평생 길을 양보해도 그 합계는 백 걸음도 안 된다'는 말이 있다(《당서(唐書)》). 평생을 계속 길을 양보했다고 쳐도 그 합계가 백보에도 미치지 못한다는 의미인데, 여기에는 양보해서 잃을 것보다도 그 대가로서 얻는 쪽이 훨씬 크다는 확실한 계산이 있다. 《채근담》의 경우도 물론 이와 같은 계산 위에 입각한 양보의 정신이다.

"이 세상을 살아가려면 남에게 한 걸음 양보하는 마음가짐을 잊어서는 안 된다. 한 걸음 물러나는 것은 한 걸음 나아가기 위한 전제가 되는 것이다. 인간관계에 있어서는 가능한 한 관대함을 주지(主旨)로 할 때에 좋은 결과로 이어지게 된다. 남을 위해 도모하는 것이 결국은 자기의 이익이 되어 돌아오는 것이다."

또 《채근담》은 이렇게도 말하고 있다.

"무슨 일이건 여유를 가지고 신중하게 대처하라. 그렇게 하면 사람은 말할 것도 없고 천지의 신들도 위해를 가하거나 재난을 내리거나 하지는 않는다. 사업이건 공명(功名)이건 철저하게 추구해 마지않는다면 어떻게 될까. 안에서 발목을 잡히거나, 밖에서 깎아내리거나 해서 실패를 면할 수 없다."

하나만 더 인용해보자.

"실패의 책임은 공유(共有)해야 하지만 성공의 대가는 남에게 양보하는 것이 좋다. 그것까지 공유하려고 들면 결국에는 서로 증오하게 된다."

이런 것들도 원활한 인간관계를 유지하는 데 필요한 적절한 조언이라고 말할 수 있을 것이다. 단 겸허함의 이면에 있는 계산은 어디까지나 숨겨진 것이어야만 한다. 겉으로 드러내면 완전히 효과를 잃는다. 그 점에 대해서 《채근담》은 엄하게 주의하고 있다.

"타인에게 은혜를 베푸는 경우에는 생색을 내는 듯한 마음을 표시하거나 감사를 기대하는 듯한 태도를 보여서는 안 된다. 그것을 보이지 않으면 비록 쌀 한 말을 베푸는 일일지라도 백만 섬의 가치를 낳는다.

남에게 이익을 줄 경우에는 효과를 계산하거나 대가를 요구해서는 안 된다. 그와 같은 일을 하면 비록 백금(百金)을 주었다고 해도 한 푼의 값어치도 없게 된다."

이와 같은 노련하고 치밀한 처세법의 예를 또 하나 소개해두자.

"해로운 인간을 배제할 때에도 빠져나갈 길만은 남겨두지 않으면 안 된다. 빠져나갈 길마저 막아버리는 것은 쥐구멍을 막아 퇴로를 끊는 것과 같은 것이다. 그렇게 되면 중요한 것까지 다 갉아 먹고 만다."

이른바 '궁지에 몰린 쥐가 고양이를 문다'는 것이다. 상대를 궁지로 몰아넣지 말라, 몰아넣을수록 상대는 있는 힘을 다해 반격해온다는 가르침이다. 이것은 부하를 꾸짖을 때의 마음가짐으로도 명심해두어야 하지 않을까. 무조건 호통을 치기보다는 상대도 어느 정도 인정해주는 질책이 설득 효과도 있을 것이다. 이것도 한 걸음 양보하는 지혜의 응용편이라고 할 수 있다.

타인에게 관용하라

《채근담》이 역설하는 인간관계를 원활하게 하는 지혜의 둘째는 엄하게 남을 책하지 마라, 남에게는 모름지기 관용하라는 것이다. 진부하게 들릴지도 모르지만 확실히 관용이 결여되면 원만한 인간관계는 구축할 수 없다.

《채근담》은 이 '관용'에 대해서도 여러 가지 각도에서 실천적인 주의를 촉구하고 있다. 예를 들면 이와 같은 말이 있다.

"타인의 결점은 가능한 한 숨겨주어야 한다. 함부로 까발리는 것은 결점으로 결점을 나무라는 것과 같은 것이고 효과는 오르지 않는다.

완고한 인간에 대해서는 끈질기게 설득하지 않으면 안 된다. 감정적으로 대하면 완고로 완고를 대하는 것과 같은 것이어서 매듭이 지어질 이야기도 매듭을 짓지 못하게 된다."

또 이렇게도 말하고 있다.

"남을 질책할 때에는 너무 엄한 태도로 임해서는 안 된다. 상대가 받아들일 한도를 알고 있어야 한다.

남을 가르치고 이끌 때에는 너무 많은 것을 기대해서는 안 된다. 상대가 실행할 수 있는 범위 내에서 만족해야 한다."

이렇게도 말한다.

"작은 과실은 꾸짖지 않는다. 숨겨야 할 일은 까발리지 않는다. 옛 상처는 잊어준다. 타인에 대해서 이 세 가지를 주의하면 자신의 인격을 높일 뿐만 아니라 남의 원망을 살 일도 없다."

이상 세 가지는 모두가 실천적인 조언이라고 해도 좋다. 요컨대 인간관계에는 배려로 유연하게 대처하라는 것이다.

공자도 '부드럽게 남을 책망하면 원한을 사지 않는다'고 말하였다. 엄격한 태도로 상대를 대하면 아무래도 반발이나 원망을 사기 쉽다. 그와 같은 불필요한 분쟁을 피하는 요령이 즉 '관용'인 것이다. 관용은 또 도량이라든가 포용력과도 연관이 된다.

《채근담》은 이렇게 말하고 있다.

"처세에서는 결벽(潔癖)이 지나쳐서는 안 된다. 더러운 것이나 치욕까지도 모두 받아들일 만한 도량을 지녀야만 한다.

인간관계에서는 호오(好惡)의 감정을 지나치게 드러내서는 안 된다. 어떤 유형의 인간이라도 받아들일 만한 포용력이 있어야 한다."

또 이렇게도 말하고 있다.

"더러운 땅에는 작물이 자라는데 맑은 물에는 고기도 살지 않는다. 더러운 것도 굳이 받아들이는 도량이 있어야만 군자라고 말할 수 있다. 독선적인 결벽은 피해야 한다."

이와 같은 마음가짐은 누구에게나 요망되는 것이며, 특히 높은 자리에 있는 조직의 리더에게는 빼놓을 수 없는 자질이라고 할 수 있을 것이다.

관용(寬容)이기 위해서는 무슨 일이건 일을 서두르지 말고 시간을 들여서 차분하게 대처해야 하는 것이다.

"너무 조급하게 사정을 알려고 해도 도리어 알 수 없게 될 때가 있다. 그런 때에는 느긋하게 자연히 밝혀지길 기다리는 것이 좋다. 무리하게 다그쳐 상대의 반감을 사서는 안 된다.

사람을 다룰 때에도 좀처럼 다루지 못할 때가 있다. 그런 때에는 한동안 놔두고 상대의 자발적인 변화를 기다리는 것이 낫다. 귀찮게 간섭을 해 더욱

더 옹고집이 되게 해서는 안 된다."

이런 것도 리더에게는 실천적인 조언이라고 해도 좋을 것이다.

이상 관용의 미덕에 대해서 소개해왔다. 관용하라는 것은 물론 타인에게 대해서이고 자신에 대해서는 아니다. 자신에게는 엄격한 태도로 임하는 것이 바람직하다. 자신을 규제하지 못하면 결국 인간으로서의 성장은 바랄 수 없다.

"남에게 책임을 추궁할 때에는 과실을 지적하는 동시에 과실이 없었던 부분을 평가해준다. 그렇게 하면 상대도 불만을 품지 않는다. 자신을 반성할 때에는 성공한 것 가운데에서 굳이 과실을 찾아낼 정도의 엄격한 태도가 요망된다. 그렇게 하면 인간적으로도 한 단계 성장을 이룰 것이다."

또 다음과 같이 말하기도 한다.

"타인의 과실에는 관대하라. 그러나 자신의 과실에는 엄격해야만 한다. 자신의 고통에는 이를 악물어라. 그러나 타인의 고통을 보고도 못 본 체해서는 안 된다."

이것은 특히 조직의 리더에게는 필요한 마음가짐이라고 말할 수 있을 것이다.

균형 감각을 기르자

《노자(老子)》의 장에서도 말한 바와 같이 우리는 무엇이건 지나치게 행하는 경향이 있으나, 중국인은 지나치게 행하는 것을 경계하고 적절하게 균형을 취하려고 한다. 《채근담》에도 그와 같은 인생관이 이르는 곳마다 그림자를 드리우고 있다.

왜 중국인은 그처럼 과도하게 행하는 것을 경계하는 것일까. 그것은 첫째로 과도하게 하면 오래 지속되지 않기 때문이다. 둘째로 주위의 시선이나 반발과 같은 것을 두려워하기 때문이다.

《채근담》은 이렇게 말하고 있다.

"지위는 너무 위로 오르지 않는 것이 좋다. 다 오르면 함정이 기다리고 있다. 재능은 적당히 발휘하는 것이 좋다. 다 발휘하고 나면 뒤를 이을 수 없게 된다. 훌륭한 행위도 적당히 하는 것이 좋다. 지나치면 도리어 비난과 중상의 표적이 되기 때문이다."

이것 또한 인생을 사는 확실한 지혜라고 해도 좋다. 공자도 '지나침은 미치지 못함과 같다'고 말했다. 이런 과부족이 없는 균형이 취해진 상태를 중국의 오래된 말로 '중용(中庸)'의 미덕으로 부르고 있다.

《채근담》도 이르는 곳마다 이 중용의 미덕에 대해서 말하고 있으니 참고로 몇 가지를 들어보자.

"자신에게나 타인에게나 세세하게 배려를 해 무슨 일에나 빈틈이 없는 인물이 있다. 그런가 하면 자신이나 타인이나 가리지 않고 무슨 일에나 담담한 태도를 취하는 인물이 있다.

지나치게 빈틈이 없어도 좋지 않고 지나치게 결벽해도 좋지 않다. 훌륭한 인물은 균형이 잡힌 태도로 일관해야 한다."

"이상은 높게 가져야 한다. 하지만 어디까지나 현실에 입각하지 않으면 안 된다. 사고는 용의주도해야 한다. 하지만 사소한 일에 구애받아서는 안 된다.

취미는 담백해야 한다. 하지만 지나치게 담백해서는 안 된다. 지조는 엄격하게 지켜야 한다. 하지만 편벽(偏僻)해져서는 안 된다."

다음과 같은 말도 있다.

"청렴하고 게다가 포용력도 있다. 배려심이 있고 게다가 결단력이 풍부하다. 통찰력이 있고 게다가 헐뜯기는 하지 않는다. 순수하고 게다가 과격으로 치닫지 않는다.

이런 인물이야말로 '꿀을 사용해도 지나치게 달지 않고 소금을 사용해도 지나치게 짜지 않은' 이상적인 자세에 가까운 것이다."

극단으로 치닫지 않고 균형이 잡힌 자세가 이상적이라는 것이다.

인생의 즐거움에 대해서도 똑같이 말할 수가 있다. '즐거움은 극에 이르러서는 안 된다.' 빠져서는 안 된다는 것이다.

"입언저리의 진미는 모든 장(腸)을 상하게 하고 뼈를 썩게 하는 독약이다. 적당히 하지 않으면 건강을 해친다.

쾌락은 모두 몸을 망치고 덕을 잃는 원인이다. 적당히 하지 않으면 후회를 남긴다."

또 다음과 같이도 말하고 있다.

"친구나 지기(知己)를 모아 마시고 노래하는 시끌벅적한 분위기, 하지만 어느새 밤도 깊어지고 차(茶)도 식어버리고 만다. 그쯤 되면 장소를 가리지 않고 울기 시작하는 자까지 나타나 더한층 따분한 생각에 사로잡힌다. 세상의 즐거움이란 대체로 이런 것이니. 그렇다면 왜 적당히 해두지 못할까?"

그리고 또 '꽃을 본다면 갓 피어났을 때, 술을 마신다면 거나하게 취할 정도, 이쯤에 최고의 정취가 있다. 만개한 꽃을 보거나 곯아떨어질 정도로 마시면 완전히 흥이 깨진다'고도 말하고 있다.

이와 같은 균형 감각과 중용을 중요시하는 인생 태도에는 끝없는 깊은 맛이 있고, 인생의 절정에 다다른 달인의 여운이 있다. 그리고 그것은, 일을 하는 데에서도 크게 참고가 될 것이다.

예를 들어 《채근담》은 나아가기 위해서는 물러날 것을 생각하라고 다음과 같이 역설한다.

"앞으로 나아갈 때에는 반드시 뒤로 물러갈 일을 생각하라. 그렇게 하면 호랑이 등에 올라탔을 때처럼 무턱대고 내닫는 위험을 피할 수가 있다."

그리고 또 하나 극히 실천적인 충고를 소개해두자.

"기쁨에 들떠 경솔하게 일을 떠맡아서는 안 된다. 술에 취한 핑계로 분노를 폭발시켜서는 안 된다. 일이 순조롭다고 방심해서 사업의 범위를 넓혀서는 안 된다. 지쳤다고 해서 끝까지 어물어물 넘기면 안 된다."

귀가 따갑도록 듣는 말이지만 균형 감각이나 중용은 이와 같이 신중하고 안전한 삶의 방식을 지향할 때도 있다.

역경에 견디는 마음가짐

진대(晉代)의 양호(羊祜)란 무장이 '인생에는 뜻대로 안 되는 일이 7, 8할이나 된다'고 탄식하고 있지만, 우리 범인의 경우는 7, 8할은커녕 10할 가까이 뜻대로 안 되는 것이 보통이 아닐까? 이 뜻대로 안 되는 인생을 살아가면서 무엇보다도 필요한 것이 '인(忍)' 즉 참을성이라고 《채근담》은 말한다.

"등산은 험한 길을 견디고 눈길은 위험한 다리를 견디고 나아간다는 말이 있는데, 이 견딘다는 말에 깊은 의미가 포함되어 있다.

인정은 메마르고 인생의 길은 험하다. 견디는 것을 버팀목으로 살아가지 않으면 순식간에 덤불 속에서 길을 잃고 구덩이에 빠지고 만다."

아무튼 참아보자고 자신에게 다짐을 하면서 살라는 것이다. 하지만 인생이 참는 것뿐이라면 아무런 재미도 없다. 도대체 무엇을 위해 참는 것인가 하는 의문도 생기게 된다.

그런데 중국에는 예로부터 행과 불행은 돌고 돈다는 사상이 있다. 즉 지금은 설사 불행해도 머지않아 좋은 때가 돌아온다. 그렇게 자신에게 이야기하면서 현재의 고통에 견디는 것이다. 이와 같이 앞날에 희망이 있어 참는 것이라면 참는 것의 보람도 있을지 모른다. 반대로 지금은 형편이 좋아도 언제 어느 때 밑바닥으로 굴러 떨어질지 모른다. 그렇기 때문에 순조로울 때 긴장을 늦추지 말고 더 한층 신중한 태도로 경영에 임해야 한다. 《채근담》도 이와 같은 순환의 사상에 입각해 다음과 같이 말하고 있다.

"내리막을 향하는 징조는 전성기에 나타나고, 새로운 것의 태동은 쇠퇴의 극에 생긴다.

순조로울 때에는 더한층 긴장을 늦추지 말고 이변에 대비하며, 난관에 다다랐을 때에는 한결같이 참고 견뎌 초지(初志)를 관철해야 한다."

또 다음과 같이 말하기도 한다.

"하늘의 의지는 예측할 수가 없다. 시련을 주는가 싶으면 영달을 보증하고, 영달을 보증하는가 하면 다음에 또 시련을 내린다. 여기에는 영웅호걸도 휘둘리거나 좌절하거나 해왔다.

그러나 훌륭한 인물은 역경에 내던져져도 감수해 이에 따르고 평온무사한 때에도 만일의 대비를 잊지 않는다. 그러므로 하늘도 어찌할 도리가 없는 것이다."

긴 인생에는 누구에게나 행운이 돌아오지 않을 때가 있다. 뜻하지 않게 역경으로 내몰릴 때도 있다. 그런 때에는 참는 것이 제일이라고 생각해 한결같이 견뎌내야 한다. 그리고 그렇게 참고 기다리는 시기야말로 실은 자신을 성장시키고 더욱 웅비하기 위한 절호의 기회가 되는 것이다.

"역경이나 빈곤은 인간을 늠름하게 단련해내는 용광로와 같은 것이다. 이 안에서 단련되기만 하면 심신이 모두 강건해진다. 단련을 받을 기회를 갖지 못하면 변변치 못한 인간으로밖에 자라지 않는다."

또 이렇게도 말하고 있다.

"역경에 있을 때에는 주변의 것이 모두 양약(良藥)이 되고 지조도 행동도 모르는 새에 연마되어간다. 순경(順境)에 있을 때에는 눈앞의 모든 것이 흉기가 되고 온몸의 기골이 없어져도 깨닫지 못한다."

역경에서 가장 나쁜 것은 첫째로 마음까지 좀스럽게 되고 마는 것이다. 둘째로 초조해서 안절부절 못하는 것. 셋째로 당황해서 버둥대는 것이다. 역경에서 빠져나오기는커녕 도리어 깊이 빠져들기도 한다.

역경에 있을 때에는 차분하게 안정을 취해 힘을 축적하면서 기회를 기다린다. 이것이 중요하다. 《채근담》에도 다음과 같은 충고가 기술되어 있다.

"오랫동안 웅크리고 힘을 축적하고 있었던 새는 일단 날면 반드시 높게 날아오른다. 먼저 핀 꽃은 지는 것 또한 빠르다. 이 도리만 알고 있으면 도중에 쓰러질 걱정도 없고 공(功)을 서둘러 초조해할 것도 없다."

우리도 이와 같은 마음으로 긴 인생 마라톤의 완주에 힘써야 한다.

일상적으로 끊임없는 수양

설득력이 있는 리더를 지향하기 위해서는 평소에 자신을 단련해두어야 한다. '수신(修身)'이라든가 '수양(修養)'으로 일컬어지는 것이 바로 그것이다. 남이 이래라 저래라 하고 밀어붙이면 누구나 좋아하지 않는다. 그러나 수신이라든가 수양이란 본래 남이 시켜서 하는 것이 아니라, 스스로 향상하고 싶다는 자각적 노력을 지향하고 있다. 그리고 이와 같은 노력은 누구보다도 리더에게 우선 요구되는 것이다. 《채근담》도 다음과 같이 말하고 있다.

"바쁠 때에 당황해서 허둥대지 않으려면 한가할 때에 확실하게 정신을 단련해두어야 한다."

벼락치기로는 안 된다, 일상적으로 끊임없이 수양을 쌓으라는 것이다. 그러면 어떻게 자신을 단련할 수 있을까. 《채근담》에 의하면 우선 생활 환경이 문제가 된다.

"끊임없이 불쾌한 충고를 듣고, 뜻대로 안 되는 일을 안고 있음으로써 자신을 향상시킬 수가 있다. 귀로 좋은 이야기만 듣고 뜻대로 되는 일만 생긴다면 어떻게 될까. 자신의 인생을 일부러 독에 빠뜨리는 것과 같은 것이다."

둘째로 조급하게 생각하지 말 것. 시간을 들여서 착실하게 한 걸음 한 걸음 자신을 향상시켜 나가는 것이 바람직하다.

"자기를 단련하려고 할 때에는 금을 정련(精鍊)할 때처럼 차분하게 시간을 들여야 된다. 속성은 아무래도 깊이가 없다.

사업을 시작할 때에는 무거운 석궁(石弓)을 발사할 때처럼 더없이 신중을 기하여야 한다. 서둘러 시작하면 커다란 성과는 기대할 수 없는 것이다."

또 이렇게도 말하고 있다.

"복숭아나 자두는 요염한 꽃을 피운다. 하지만 소나무나 떡갈나무의 푸르름에는 미치지 못한다. 배나 살구는 단 열매를 맺는다. 하지만 등자나무나 귤의 상쾌한 향기에는 미치지 못한다.

이것으로도 명확한 것처럼 화려하고 단명인 것은, 수수하고 오래 지속하는 것에는 미치지 못하고, 조숙(早熟)은 만성(晩成)에 미치지 못하는 것이다."

'대기만성(大器晩成)'이란 말은 《노자》에서 나온 말인데 《채근담》도 착실한 노력을 쌓아 만성의 대기를 지향하라고 말하고 있는 것이다.

그런데 인간은 누구나 장점과 단점을 지니고 있다. 자기를 연마한다는 것은 장점을 연마하면서 한편으로 단점을 보완하는 노력을 게을리 하지 않는다는 말일 것이다.

그런 의미에서 다음과 같은 말도 참고가 된다.

"지조가 굳은 인물은 평온한 태도를 몸에 익혀야 한다. 그렇게 하면 불필요한 다툼에 휩쓸리지 않아도 된다. 공명심이 왕성한 인물은 겸양의 미덕을 몸에 익혀야 한다. 그렇게 하면 남의 시샘을 받지 않아도 된다."

처음부터 이상적인 리더라는 따위의 말을 하는 것은 있을 수 없다. 견실한 노력을 거듭함으로써 한 걸음 높은 수준으로 다가간다. 《채근담》이 그리는 이상적인 리더상은 다음과 같은 것이다.

"세세한 일의 처리에도 빈틈이 없다. 남의 눈에 띄지 않는 곳에서도 나쁜 일에 손을 대지 않는다. 실의에 빠졌을 때에도 자포자기하지 않는다. 이래야만 비로소 훌륭한 인물이라고 말할 수 있는 것이다."

"도를 터득하려고 한다면 우선 엄격하게 자세를 바로잡을 필요가 있다. 그러나 일면으로는 사물에 얽매이지 않는 소탈한 정신도 필요하다. 한결같이 내 몸을 괴롭힐 뿐이라면 가을의 냉랭함은 있어도 봄의 따뜻함이 결여되어 있다. 어찌 만물을 키울 수가 있을까?"

이런 조건을 갖춘 훌륭한 리더가 된다는 것은 좀처럼 쉬운 일은 아닌 것 같다.

여씨춘추

《여씨춘추(呂氏春秋)》에 대해서

《여씨춘추》는 《여람(呂覽)》이라고도 한다. 12권, 160편으로 이루어졌으며, 그것이 12기(紀)·8람(覽)·6론(論)으로 나뉘어 엮어져 있다. BC 241년 진(秦)나라 승상 여불위(呂不韋 : ?~BC 235)가 식객 중의 학자들을 동원하여 천지 만물과 고금의 인사에 관한 이야기를 모아 실은 것이다. 말하자면 춘추전국시대에 전개된 제자백가의 사상과 학술의 성과를 총망라한 백과사전적 성격을 가졌으며 이른바 '잡가(雜家)의 서(書)'의 전형이라 할 수 있다. 또한 춘추전국시대의 사회상에 관한 것도 수록되어 있어 그 시대를 가늠해 볼 수 있는 중요한 역사서이기도 하다.

잃어버린 활

초나라 사람이 활을 잃어버렸는데도 찾을 생각은 않고 이렇게 말했다.

"초나라 사람이 잃어버린 물건, 초나라 사람이 주울 테니까, 굳이 찾으려 할 것까지는 없지 않은가."

공자(孔子)가 그 말을 전해 듣고는 이렇게 말했다.

"초나라란 말을 떼어 버렸으면 좋았을 걸(사람이 잃어버린 물건, 사람이 줍는다)."

노자(老子)는 또 그것을 듣고는 이렇게 말했다.

"사람이란 말을 떼어 버리면 더욱 좋지."

낳기보다 기르기

서융(西戎) 사람은 서융에서 나서 서융에서 자라 서융의 말을 하며, 누구에게서 배웠는지를 모른다. 초나라 사람은 초나라에서 나서 초나라에서 자라 초나라 말을 하며, 누구에게서 배웠는지를 모른다. 만일 초나라 사람이 서융에서 자라고, 서융 사람이 초나라에서 자라게 되면, 초나라 사람은 서융의 말을, 서융 사람은 초나라 말을 하게 될 것이다.

맹호는 아직 살아 있다

제나라 장자(莊子 : 사상가 장자(莊子)와 동명이인. 제나라 신하)가 월(越)나라를 치고 싶다면서 화자(和子 : 전화(田和) 뒤를 이어 제나라 왕이 되었다)에게 의견을 물었다. 화자는 대답했다.

"선군(先君)께서 유언하시기를, '월나라는 치지 말라. 월나라는 사나운 범이다' 하셨소."

장자가 말했다.

"맹호임에는 틀림없으나, 지금은 월나라 임금도 늙어서 죽은 거나 마찬가지입니다."

화자가 다시 말했다.

"그럼 재상인 효자(鴞子)와 상의해 보시오."

효자는 이렇게 말했다.

"임금은 죽은 거나 마찬가지라고 하지만, 월나라 사람은 아직 살아 있는 것으로 아는데."

바보 임금의 넋두리

제(齊)나라 민왕(湣王)이 쫓기어 위(衞)나라로 달아나게 되었다. 온종일 걸어 지친 끝에 공옥단(公玉丹)에게 물었다.

"나는 지금 쫓기어 달아나고는 있지만 그 까닭을 모르고 있네. 내가 달아나는 것은 대관절 무엇 때문인가? 나는 되는 대로 했을 뿐인데."

공옥단은 이렇게 대답했다.

"소인은 대왕께서 이미 알고 계신 줄 알았는데 아직도 모르고 계시옵니까? 대왕께서 망명 중에 계신 것은 너무 착하기 때문이옵니다. 천하의 모든 임금들은 다 어리석은지라, 대왕의 착하신 것을 시기한 나머지, 군대를 합세하여 대왕을 공격했습니다."

그러자 민왕은 크게 한숨을 내쉬며 말했다.

"착한 것이 이다지도 고통스러운 것이란 말이냐."

당하고도 모르는 바보

월나라 왕 수(授)에게는 네 명의 왕자가 있었다. 왕의 동생인 예(豫)는 왕자들을 모조리 죽인 다음 자기가 뒤를 이을 생각으로, 왕자들을 참소하여 그 중 셋을 죽였다. 예는 마지막 왕자까지 죽이려 했으나 월나라 사람들이 왕의 처사에 불복하여 비난 여론이 빗발치므로 왕 역시 이를 허락지 않았다. 그런데 마지막 왕자는 자기도 필경은 죽게 될 것이 두려워, 예를 내쫓고자 하는 사람들과 합세하여 왕궁을 포위하고 쳐들어갔다. 그러자 왕은 탄식하여 이렇게 말했다.

"내가 예의 말을 들어주지 않은 탓으로 이 지경에 이르게 되었구나."

탕왕(湯王)의 그물

은나라 탕 임금은, 사방에다 그물을 쳐놓고 기도하는 사람을 만났다. 그의 기도는 이러했다.

"하늘에서 내려오는 것, 땅에서 올라오는 것, 사방으로부터 오는 모든 것이 다 내 그물에 걸려라."

탕 임금은 그 소리를 듣자 말했다.

"아니, 몽땅 다 잡아 버리려는 건가. 걸(桀)이 아니고도 그런 짓을 하는 사람이 또 있단 말이냐?"

탕 임금은 삼면의 그물을 걷고 한쪽만을 남기게 한 다음, 이렇게 기도를 고쳐 하도록 시켰다.

"옛날엔 거미가 그물을 쳤었다. 오늘날 사람들은 그것을 모방할 뿐이다. 왼쪽으로 가고 싶은 것은 왼쪽으로 가고, 오른쪽으로 가고 싶은 것은 오른쪽으로 가고, 위로 오르고 싶은 것은 위로 오르고, 밑으로 내리고 싶은 것은 밑으로 내려라. 명령에 위반하는 것만을 나는 잡는다."

한수(漢水) 이남의 나라들은 이 이야기를 듣자 이렇게 말했다.

"탕 임금의 덕은 짐승에게까지 미치고 있다."

그 후 마흔 나라나 탕 임금에게 귀순해 왔다. 사람들은 사방에 그물을 쳐 놓고도 새가 잡힐지 말지 한데, 탕 임금은 삼면을 걷고 한쪽만을 남겨 놓고도 마흔 나라나 그물에 걸었다. 새만 그물로 잡는 것은 아니다.

자신의 살을 베어먹는 용기

제나라에 용기를 뽐내고 다니는 두 사람이 있었다. 하나는 성 동쪽에 살고, 하나는 성 서쪽에 살고 있었는데 그 둘이 우연히 길에서 만났다.

"술이라도 한잔 할까?"

술집에 들어가 잔을 주고받고 하는 가운데, 한 사람이 말했다.

"고기를 좀 사다 먹을까?"

그러자 다른 한 사람이 말을 받았다.

"너도 고깃덩이, 나도 고깃덩이다. 새삼스럽게 사올 것까지야 뭐 있겠니. 양념만 있으면 그만 아니냐."

그래서 칼을 꺼내 자기의 살을 베어 내어 함께 먹기 시합을 하다가 결국은 둘 다 죽고 말았다.

이런 용기라면 차라리 없는 편이 낫다.

법률 때문에

주(紂)의 형제는 셋이었는데 맏이는 미자계(微子啓), 둘째는 중연(中衍), 셋째가 수덕(受德)이었다. 수덕이 바로 주로서 나이도 훨씬 아래였다. 주의 어머니는 미자계와 중연을 낳았을 당시에는 첩으로 있다가, 정실이 된 다음에 주를 낳게 되었던 것이다.

주의 부모는 미자계를 태자로 세우려 했다.

그러나 사관(史官)이 법률을 방패로 들고 나와 이를 반대했다.

"정실의 자식이 있는데, 첩의 자식을 태자로 삼을 수는 없습니다."

그래서 결국은 주가 뒤를 잇게 되었다.

이 따위로 법률을 지킨다면 차라리 없는 편이 낫다.

그리워하는 마음

배를 타는 사람은 바다에 떠서 열흘이 지나고 한 달이 지나면, 사람과 비슷한 것만 보아도 반가워한다. 일 년쯤 지나면, 고국에서 본 적이 있는 것만 보아도 기쁘다.

결국 사람과 멀어진 시간이 오래되면 오래될수록 사람이 그리워지는 것이리라.

어지러운 세상의 백성들은, 성왕(聖王)으로부터 멀어진 지 오래기 때문에 그가 나타나기를 그리워하며 밤낮없이 기다리게 된 것이다.

적국(敵國)의 기근

월나라가 크게 흉년이 들었을 때, 월왕이 범려(范蠡)를 불러 상의를 했다.

범려는 이렇게 대답했다.

"임금께서는 걱정을 하지 마십시오. 이번 흉년은 월나라에는 다행이 되고 오나라에는 불행이 됩니다. 오나라는 물자가 풍부해서 모든 것이 남아돌고 있는 데다가, 임금은 나이가 어리고 생각과 재능이 부족하며 눈앞의 명성만을 좋아하고 장차 닥치게 될 염려 같은 것을 하지 못합니다. 왕께서 만일 후한 예물과 겸손한 말로써 오나라에 구원을 청하시게 되면 양식을 얻게 될 것입니다. 양식을 얻게만 되면 마지막엔 월나라가 오나라를 얻게 될 것입니다."

"과연 그렇겠군."

그래서 월왕은 사람을 보내 오나라에 양식을 부탁했다. 오왕이 청을 들어주려 하자, 오자서(伍子胥)가 이를 말렸다.

"주면 안 됩니다. 오나라와 월나라는 가까운 이웃 나라로, 사람의 왕래도 쉽습니다. 서로가 원수이므로 오나라가 월나라를 없애지 않는 한, 월나라가 오나라를 망하게 만들 겁니다. 연(燕)·진(秦)·제(齊)·진(晉) 등의 나라는 산과 벌판이 많은 나라들이므로, 굳이 다섯 개의 호수와 아홉 개의 강을 건너고, 열일곱 개의 험한 곳을 넘어서까지 오나라를 치려 할 리는 없습니다. 그러므로 오나라가 월나라를 없애지 않으면, 월나라가 오나라를 없애게 된다는 것입니다. 지금 그 월나라에 식량을 보내 주시는 것은 자기 원수를 길러주는 것이 됩니다. 언젠가 오나라가 식량이 부족하고 백성들이 불안해졌을 때는 후회를 해도 늦게 됩니다. 식량을 주는 대신 공격을 해야만 됩니다. 옛날 선군께서 패자(霸者)가 되신 것도 그런 방법에 의해서였습니다. 그리고 흉년이란 번갈아 오는 것으로, 말하자면 못과 언덕과 같은 것이어서 어느 나라든지 탈 없이 지날 수는 없는 것입니다."

그러나 오왕은 말했다.

"그렇지 않소. '의병(義兵)은 항복한 군사를 공격하지 않고, 어진 사람은 굶주린 사람에게 밥을 준다'는 말이 있소. 지금 복종해 온 사람을 친다면 의로운 군사라 할 수 없고, 배고픈 사람에게 먹여 주지 않는다면 어진 사람이라 말할 수 없지 않소. 어질지도 못하고 의롭지도 못한 일이라면, 월나라가 열이라도 나는 그럴 수가 없소."

그러고는 마침내 식량을 주었다.

그로부터 3년이 채 안 되어, 이번에는 오나라에 흉년이 들었다. 그래서 오왕은 사람을 월나라에 보내 식량을 요구했으나, 월왕은 식량을 주기는커녕 군사를 일으켜 오나라로 쳐들어가 오왕 부차(夫差)를 포로로 삼았다.

모르면 강해진다

용사(勇士)로 유명한 맹분(孟賁)이 강을 건너가려고, 다른 사람들보다 먼저 나룻배로 뛰어올랐다. 사공이 화를 내며 노로 그의 머리를 치며 욕을 했다. 실은 그가 맹분이라는 것을 몰랐기 때문이다. 강 중간에 왔을 때 맹분이 눈을 부릅뜨며 사공을 흘겨보는 순간, 머리털이 곤두서고 눈시울이 찢어지며 수염이 쭉 뻗으므로 배 안의 사람들은 놀라 허둥대며 물로 뛰어들었다. 만일 사공이 맹분이란 것을 알고 있었다면 그를 제대로 바라보지도 못했을 것이며, 그보다 먼저 배에 오르려는 사람도 없었을 것이다. 더구나 그에게 모욕을 가하는 일은 꿈도 꾸지 못했을 것이다. 결국은 그런 일은 알지 못했기 때문에 일어난 일이다.

설득 수법

공자(孔子)가 여행을 하는 도중 잠시 쉬고 있는 동안, 말이 도망을 쳐서 어느 농부집 곡식을 뜯어 먹었다. 그러자 농부는 말을 붙들어 매어놓고 놓아주지 않았다. 제자인 자공(子貢)이 농부를 설득시키려 자진해 나서서 온갖 수단의 말로 달래 보았으나, 농부는 들을 생각조차 않았다. 그때 공자를 따라다니는 하인이 나섰다.

"소인이 한번 가서 달래보겠습니다."

그는 농부를 보고 말했다.

"당신은 동해 끝에서, 우리는 서해 끝에서 농사를 짓고 있다면 모르겠지만, 서로가 가까운 곳에서 농사를 짓고 있지 않소. 이쪽 말이 당신들 벼를

뜯어 먹었더라도 하는 수 없는 일이 아니오?"

그러자 그 농부도 얼굴을 확 누그리며 말했다.

"당신은 정말 설득하는 수법이 보통이 아니구려. 아까 그 녀석과는 완전히 딴판이로군."

그러고는 말을 끌러서 돌려주었다.

설득이란 결국 이같이 어느 일정한 방법이 없이도 가능한 것이다.

과분한 욕망

위(魏)나라 문후(文侯)가 단간목(段干木)을 만나러 갔을 때 문후는 자리에 선 채 피로해도 쉬려 하지 않았다. 그러고 돌아와 적황(翟黃)을 대할 때는 대청 위에 걸터앉아 말을 주고받았으므로 적황은 좋지 않은 표정을 지었다.

그것을 본 문후가 말했다.

"단간목은 벼슬을 주려 해도 받지 않고, 봉록을 주려 해도 받지 않았소. 그런데 경은 벼슬을 주려고 하면 재상의 자리를 탐내고, 봉록을 주려고 하면 상경(上卿)을 원하지 않았소? 내게서 실리를 찾고 있으면서, 또 융숭한 대우를 받으려는 것은 욕심이 좀 지나친 것 같소."

결국 어진 사람을 대우할 경우, 실리를 원하지 않는 사람에게 높은 대우를 하게 되는 것이다.

가장 나쁜 옷

전찬(田贊)이 누더기를 입고 초나라 왕을 만났다. 왕은 이를 딱하게 여겨 말했다.

"선생의 옷이 너무도 좋지 못하군요."

전찬이 이에 대답했다.

"옷 가운데는 이보다 더 좋지 못한 것이 있습니다."

왕은 되물었다.

"그게 도대체 무슨 옷이오?"

"갑옷이 이보다도 나쁜 것입니다."

"어째서 그렇소?"

그러자 전찬은 이렇게 대답했다.

"겨울에는 춥고, 여름에는 더운 점에서 갑옷보다 더 나쁜 옷은 없습니다. 저는 가난하기 때문에 나쁜 옷을 입고 있습니다만, 임금께선 이 나라 임금으로 비교할 수 없을 만큼 부귀한 몸이신데도, 백성들에게 갑옷을 즐겨 입히시는 것은 이해가 잘 가지 않습니다. 살피옵건대 그것은 좋은 이름을 얻기 위해서가 아닐는지요. 그러나 갑옷을 입는 것은 싸움을 위해서입니다. 사람의 목을 베고, 배를 찌르며, 남의 성을 깨뜨리고, 남의 부자를 죽인다는 것은, 명분상 자랑할 것은 되지 못합니다. 또 그것은 실리(實利)를 얻기 위해서가 아닐는지요. 그런데 이쪽에서 남을 해치려 하면, 저쪽에서도 이쪽을 해치려 할 것이며, 이쪽에서 남을 위태롭게 하려 하면, 저쪽에서도 이쪽을 위태롭게 하려 합니다. 그러고 보면 이익이란 점에서도 참으로 불안정한 것입니다. 이 두 가지 점에서 저는 왕의 처사를 찬성할 수 없습니다."

왕은 그 말을 듣고도 대답할 수가 없었다.

편법으로 노래하다

관중(管仲)이 노나라에서 잡히는 몸이 되었다. 노나라에선 그를 묶어 우리가 달린 수레에 실은 다음 인부들을 시켜 제나라로 끌고 가게 했다. 인부들은 노래를 부르며 수레를 끌었다. 관중은 노나라에서 혹시 자기를 도중에 잡아 죽이지나 않을까 걱정이 되어, 한시라도 바삐 제나라로 들어가고 싶었다. 그래서 관중은 인부들에게 이렇게 말하고 노래를 불렀다.

"내가 선창으로 노래를 부를 테니 당신들은 내 뒤를 받으시오."

관중이 부르는 노래는 박자가 빠르고 재미가 있어, 걸음이 박자를 따라 저절로 빨라졌다. 인부들은 노래를 부르는 바람에 피로한 줄도 모르고 급히 달렸다. 그리하여 관중은 재난을 면할 수 있었다.

관중은 교묘히 편법을 썼다고 말할 수 있다. 인부들도 만족할 수 있었고 자신도 만족하게 된 것은 그런 편법을 썼기 때문이다.

이중 공격

제나라가 조나라의 늠구(廩丘)를 쳤다. 조나라는 공청(孔靑)에게 결사대를 이끌고 가서 이를 구원하게 했다. 공청은 제나라 군사와 싸워 이를 크게 깨뜨리고 적의 대장을 죽였다. 그 한편으로 전차 2000대를 얻고 적의 시체 3만으로 두 개의 경(京 : 적의 시체를 높이 쌓아두고 그 위에 흙을 덮은 것)을 만들려 했다. 그러자 영월(寧越)이 공청에게 이렇게 말했다.

"그건 아까운 일이오. 시체를 돌려줌으로써 적의 내부를 치는 편이 좋소. 옛날에는 싸움을 잘 하는 사람은 전진과 후퇴를 신중히 하여, 퇴각하는 적은 쫓지 않았다고 하오. 30리쯤 뒤로 물러나 적의 시체를 그대로 버려두면, 적은 시체를 장사지내는 데 많은 비용을 쓸 것이오. 전차와 무기를 싸움터에서 잃게 하고, 창고의 돈은 시체를 묻는 데 쓰도록 하는 것이 바로 적의 내부를 치는 것이오."

"만일 적이 시체를 거두지 않는다면 어떻게 할 것인가?"

"싸워서 진 것이 첫째의 죄, 같이 싸움터에 나와서 같이 철수하지 못하는 것이 둘째의 죄, 시체를 맡겨주었는데도 받아 가지 않는 것은 셋째의 죄가 되는 거요. 백성들이 이 세 가지 일로 상부에 대해 불만을 품게 되면, 위에서는 백성들을 부릴 방법을 잃게 되고, 아랫사람들은 윗사람을 섬길 마음을 잃게 될 거요. 이건 바로 중공(重攻), 즉 이중으로 적을 공격하는 방법이란 것이오."

난세단계(亂世段階)

주(周)나라 무왕(武王)이 사람을 보내 은나라를 정탐하게 했다. 서울인 기주(岐周)로 돌아온 첩자가 보고했다.

"은나라는 어지러워져 있습니다."

무왕이 물었다.

"어느 정도로 어지러워졌더냐?"

"악한 자들이 착한 사람을 누르고 있습니다."

무왕은 다시 말했다.

"아직 멀었다."

얼마 후 다시 나갔던 첩자가 돌아와 보고했다.

"대단히 어지러워졌습니다."

"어느 정도에까지 이르렀더냐?"

"어진 사람들이 밖으로 달아나 버렸습니다."

"아직 멀었다."

나갔던 첩자가 다시 돌아와서 보고했다.

"몹시 어지러워져 있습니다.

"어느 정도까지 갔더냐?"

"백성들이 불평을 입 밖에 내지 못하고 있습니다."

그러자 무왕은 말했다.

"됐다."

그리고 급히 태공(太公)에게 이르자, 태공은 이렇게 말했다.

"악한 자들이 착한 사람을 누르는 것을 폭륙(暴戮)이라 부릅니다. 어진 사람이 달아나는 것을 붕괴(崩壞)라고 부릅니다. 백성들이 불평을 말하지 못하는 것은 형벌로써 누르고 있는 것입니다. 혼란은 극도에 이르렀습니다. 갈 데까지 다 간 겁니다."

그래서 전차 300대와, 용사 3000명을 고르고 뽑아 갑자(甲子)날 아침을 기해 출진하여, 주(紂)를 사로잡았다.

말 없는 대답

무왕(武王)은 은나라를 쳐서 이긴 다음, 장로(長老)로 평판이 높은 사람을 찾아가 은나라가 망하게 된 이유를 물었다. 그러자 그 장로는 이렇게 대답했다.

"만일 그것이 알고 싶으시다면, 내일 정오에 뵙겠습니다."

그래서 이튿날, 무왕은 주공단(周公旦)과 함께 약속한 시간보다 일찍 찾아갔으나 만날 수가 없었다. 무왕이 까닭을 몰라 어리둥절하자, 주공이 이렇게 말했다.

"저는 짐작이 가옵니다. 그는 훌륭한 인물이므로, 이미 그의 임금과는 비록 뜻이 맞지 않았지만, 그래도 임금의 나쁜 점을 차마 말해 주기가 싫었던 것입니다. 그리고 약속을 지키지 않고 말에 거짓이 있는 것이, 바로 은나라가 망하게 된 이유라는 것을 알려드리고 있는 것입니다."

정세의 변화

초(楚)나라 군사가 송(宋)나라를 기습하기 위해, 미리 사람을 보내 옹수

(澭水)의 옅은 여울에 표시를 해두었다. 그런데 옹수가 갑자기 물이 불어난 것을 모르는 초나라 군사는, 표시해 둔 것만 보고 밤중에 물을 건너다가 그만 1000여 명의 익사자를 내는 바람에, 군사들은 놀라 본진을 허물고 철퇴를 했다.

앞에 표시를 해 두었을 때는 건널 수 있었지만, 물이 불어났는데도 앞서 한 표시만을 보고 건너려 했기 때문에 실패를 한 것이다.

오늘날의 임금들이 선왕(先王)의 법을 본뜨는 것도 이와 같은 점이 있다. 시대가 이제 선왕의 법과는 거리가 생겼는데도 '이것은 선왕의 법이다' 하고, 그것을 본떠 정치를 하는 것은 딱한 일이다. 결국 나라의 정치는 법이 없으면 어지러워지고, 법을 지켜 고칠 줄 모르면 막히게 된다. 어지럽고 막히게 되면 나라는 보존할 수 없다. 세상이 변하고 시대가 바뀌면 법도 변해야만 한다. 비유하면 양의(良醫)가 병이 변하는 데 따라 약을 바꾸는 것과 마찬가지로 병세가 달라졌는데도 약을 바꾸지 않으면, 오래 살 사람도 일찍 죽게 될 것이다.

그러므로 일을 행하는 데에는 반드시 법에 따라 행동해야 하고, 법을 바꾸는 것은 그 시기에 따라 해야 한다. 이같이 하면 일의 실패는 없게 된다.

각주구검(刻舟求劍)

초나라 사람이 배를 타고 강을 건너 가다가 칼을 강물에 떨어뜨렸다. 급히 뱃전을 칼로 그어 표시를 해두고는 말했다.

"내 칼이 여기에서 떨어졌다."

배가 정지하자, 그는 그 표시해 둔 곳에서 물로 뛰어들어 칼을 찾았다.

배는 이미 움직인 뒤였고 떨어진 칼은 떨어진 그 자리에 그대로 있는데, 이런 식으로 칼을 찾는다는 것은 바보스러운 짓이 아니겠는가?

옛날 법으로 나라를 다스리려 하는 것도 이것과 마찬가지이다. 시대는 변하고 발전해가는데 법은 변치 않았다.

그 법으로 정치를 하려는 것은 무리한 짓이다.

보는 눈의 원근(遠近)

지혜로운 사람은 멀리까지 보지만, 어리석은 사람은 가까운 것밖에 보지 못한다. 가까운 것밖에 보지 못하는 사람에게 깊고 먼 인과관계를 설명해 보아도 알아들을 리가 없다. 알아듣지 못한다면 아무리 설명이 조리가 있은들 무슨 소용이 있겠는가.

서융(西戎) 사람이, 베를 바래고 있는 것을 보고 물었다.

"무엇으로 이런 긴 것을 만듭니까?"

그러자 삼〔麻〕을 가리켜 보였다. 서융 사람은 화를 내며 따졌다.

"이런 텁수룩한 것에서 어떻게 저런 기다란 것이 만들어질 수 있겠소?"

사람을 보는 눈

관중(管仲)이 병으로 누워 있자, 환공(桓公)이 문병을 와서 이렇게 물었다.

"경의 병이 위독한 것 같은데 과인에게 하고 싶은 말이 없소?"

"제나라 속담에 '눌러 사는 사람은 물건을 수레에 실어 두는 일이 없고, 객지로 떠나는 사람은 물건을 묻어 두지 않는다' 했습니다. 신은 지금 멀리 죽음의 길로 떠나는 몸이온데 드릴 말씀이 더 무엇이 있겠습니까?"

"중보(仲父 : 관중의 자(字))는 과인을 저버리지 말아 주오."

"그러시면 부디 가까이 있는 역아(易牙), 수조(豎刁), 상지무(常之巫), 공자(公子) 개방(開方)을 멀리해 주십시오."

"역아는 제 자식을 삶아 과인의 입을 즐겁게 해 준 사람인데 그를 의심할 수는 없지 않겠소?"

"사람의 정이란, 제 자식을 사랑하지 않는 사람이 없습니다. 그 자식마저 차마 죽일 수 있는 사람이라면, 임금 죽이는 것을 어려워할 리가 있겠습니까?"

"수조는 제 스스로 거세(去勢)까지 하며 과인의 옆에 있고 싶어한 사람인데, 그를 어떻게 의심할 수 있겠소?"

"사람으로 내 몸을 아끼지 않는 사람은 없습니다. 그 몸의 고통마저 참고 상처를 입혔다면, 임금을 상케 하는 것쯤 어려워할 리가 없습니다."

"상지무는 인간의 죽고 사는 것을 내다보고, 귀신 들린 병을 낫게 하는 재주를 가진 사람이오. 그런 사람을 의심할 수는 없지 않소?"

"죽고 사는 것은 명(命)이며, 귀신에게 붙들리는 것은 붙들리는 사람의 실수에서 오는 것입니다. 임금께서 명에 따르지 않고 근본되는 도리를 지키지 않으시며 상지무에 의지하려 하신다면, 그는 그것을 요행으로 삼아 무슨 짓이든 하려 할 것입니다."

"위(衛)나라 공자 개방은 나를 섬긴 지 이미 15년, 아비가 죽었을 때도 장사지내러 돌아가려 하지 않았소. 그런 그를 의심할 수는 없지 않소?"

"사람으로 누가 그 부모를 사랑하지 않는 사람이 있겠습니까. 아비의 죽음을 슬퍼하지 않는 사람이 임금의 죽음을 대단하게 알 리가 없습니다."

"이제야 알겠소."

관중이 죽은 다음, 환공은 이들을 모조리 쫓아냈으나, (역아가 없기 때문에) 맛있는 음식을 먹지 못하고, (수조가 없기 때문에) 후궁(後宮)이 문란해지고, (상지무가 없기 때문에) 귀신 들리는 병에 걸리고, (개방이 없기 때문에) 조정 일이 질서가 없었다. 3년쯤 지나서 환공이 말했다.

"중보도 잘못을 범할 때가 있다. 중보가 모든 것을 다 안다고 누가 장담할 수 있겠는가."

그리고 내쫓았던 그들을 모조리 불러들였다.

그 이듬해, 환공이 병에 걸리자 상지무는 궁중에서 나와 이런 말을 퍼뜨렸다.

"임금께선 어느 달 어느 날 돌아가시게 될 것이다."

그리고는 역아, 수조와 공모하여 난을 일으키기로 하고, 궁궐 문을 닫고 담을 높이 쌓아 사람을 안으로 들어오지 못하게 하며, 임금의 명령이라고 속였다.

어느 부인이 담을 넘어 환공이 있는 곳으로 가자, 환공은 말했다.

"먹을 것을 좀 다오."

"먹을 것을 구할 도리가 없습니다."

"그럼 물이라도 좀 다오."

"물도 없습니다."

"어째서 그러냐?"

그러자 부인이 대답했다.

"상지무가 궁중에서 나와 '임금께선 이러이러한 날 돌아가시게 된다'고 말을 퍼뜨리고, 역아, 수조와 공모하여 난을 일으킨 다음, 궁문을 닫고 담을 높이 쌓아 사람을 안으로 들이지 않기 때문에 얻을 길이 없사옵니다. 그리고 위나라 공자 개방은 천 호(戶)의 땅을 앗아 위나라에 항복을 했습니다."

환공은 기가 막혀 한숨을 내쉬고 눈물을 흘리면서 말했다.

"슬프다. 중보는 먼 앞일까지 내다보았던 것이다. 만일 죽은 사람에게도 아는 힘이 있다면, 나는 중보를 만나볼 면목이 없다."

환공은 옷소매로 얼굴을 가리고, 수궁(壽宮)이란 궁전에서 숨을 거두었다. 석 달 동안이나 장사를 지내지 않고 두었기 때문에 구더기가 방 밖에까지 기어 나왔다.

여자들 싸움이 나라 싸움으로

초(楚)나라 국경에 비량(卑梁)이란 고을이 있었다. 그 고을 처녀가 오(吳)나라 경계 안에 있는 마을 처녀와 함께 국경 근처에서 뽕을 따며 서로 희롱을 하고 놀다가, 비량 처녀가 상처를 입게 되었다. 비량 사람들은 마을 처녀의 상처를 따지러 오나라 사람에게로 갔는데, 상대방에서 대답이 거칠게 나왔다. 그래서 화가 난 비량 사람들은 그를 죽이고 돌아왔다. 그러자 이번에는 오나라 사람들이 비량 마을로 찾아와서, 상대방 집 사람들을 닥치는 대로 죽이고 말았다. 이 소식을 들은 비량 영주는 화를 내어 소리쳤다.

"오나라 놈들이 감히 우리 고을을 침범하다니!"

그는 군사를 이끌고 오나라 경계를 넘어서더니 노인이고 아이고 닥치는 대로 모조리 죽이고 말았다. 이 소문을 들은 오왕 이매(夷昧) 역시 화가 나서 사람을 시켜 군사를 끌고 초나라 국경을 넘어가 초나라 사람들을 닥치는 대로 모조리 죽이고 돌아오게 했다. 이리하여 오나라와 초나라는 마침내 큰 전쟁을 벌이게 되었다.

차별의 원한

정(鄭)나라에서 공자(公子) 귀생(歸生)을 보내 송나라를 쳤을 때, 송나라에서는 화원(華元)에게 이를 맞아 싸우게 했다. 대극(大棘)이란 송나라 땅에서 싸움이 붙게 되었는데, 싸움이 시작되기 하루 전 화원은 양을 잡아 크게 잔치를 벌이고 군사들에게 골고루 나눠주게 했다. 이때 양침(羊斟)은 화원의 전차에서 말을 모는 마부였는데, 화원은 깜박 잊고 그를 불러들이지 못했다. 이튿날 싸움이 무르익었을 때, 아직 화가 나 있는 양침은 화원을 보고 말했다.

"어제는 장군이 마음대로 했지만, 오늘은 내가 마음대로 할 차례요."

그리고 전차를 몰아 정나라 군중으로 뛰어들었다. 그로 인해 송나라는 싸움에서 패하고, 화원은 적의 포로가 되었다.

대개 쇠뇌[弩]는 튕김대에 쌀알만 넣어 두어도 쓸 수가 없다. 전쟁은 큰 튕김대와 같은 것이다. 그런데 군사들에게 음식을 나눠주면서 자기 수레 마부를 잊고 있었으니, 대장이 싸움에 지고 포로가 된 것도 당연하지 않은가.

의견을 듣는 법

동쪽 지방의 묵자(墨者) 학파의 사자(謝子)가 서쪽으로 찾아와서 진나라 혜왕(惠王)에게 만나 뵙기를 청했다. 혜왕은 진나라의 같은 묵자 학파인 당고과(唐姑果)에게 사자에 대해서 물었다. 당고과는 혜왕이 사자를 자기보다 더 신임하게 될까 두려워서 이렇게 대답했다.

"사자는 동쪽 나라 출신인데 사람이 몹시 엉큼한 편입니다. 틀림없이 말재주로써 태자의 환심을 사려 할 것입니다."

혜왕은 불쾌한 기색을 감추고 사자를 대했다. 사자가 혜왕에게 그의 의견을 늘어놓았으나 혜왕이 귀를 기울여 들으려고도 하지 않았으므로 불만을 품고 그만 물러나 진나라를 뜨고 말았다.

대개 남의 의견을 듣는다는 것은 좋은 것을 얻기 위해서이다. 그의 의견이 좋으면 비록 태자의 환심을 사려 했더라도 별로 손해될 것은 없을 것이다. 의견이 좋지 못하면 태자를 가까이하려 하지 않았더라도 이로울 것은 없다. 선악을 표준으로 하지 않고, 다만 태자의 환심을 사려고 하는 것만을 못마땅하게 알고 있었다. 이것은 혜왕의 남의 의견을 듣는 방법이 틀린 것이다.

작은 지혜

한소리공(韓昭釐公)이 사당에서 제사에 쓸 돼지를 보았더니 너무 작은 것 같아서, 소임(所任)에게 명해서 그것을 바꿔 놓도록 시켰다. 그런데 그 소임이 똑같은 돼지를 도로 갖다 놓았으므로 물었다.

"이건 아까 그 돼지가 아니냐?"

그러자 소임은 대답을 못했다. 그래서 그를 처벌하도록 명했다. 시종이 옆에 있다가 물었다.

"임금께선 그것을 어떻게 아셨습니까?"

소리공은 이렇게 대답했다.

"돼지 귀에 표시가 있었기 때문이다."

사람은 알기 어렵다

공자(孔子)가 진(陳)나라·채(蔡)나라 사이에서 고통을 겪을 때의 일이다. 명아주 국물조차 마실 수가 없었고, 이레 동안 쌀 한 톨 입에 넣지 못하였다. 공자가 누워 있는 동안, 그의 사랑하는 제자 안회(顏回)가 쌀을 구해다가 밥을 지었다. 밥이 다 되어 풀 때쯤에 공자가 우연히 멀리서 바라보노라니, 안회가 솥에서 밥을 집어먹고 있었다. 얼마 후 안회가 상을 차려 공자에게 가져와 권하자, 공자는 은근히 떠보려고 이렇게 말했다.

"방금 꿈속에서 돌아가신 아버님을 뵈었다. 손을 대기 전에 제사를 올리고 싶구나."

그러자 안회가 대답했다.

"안 됩니다. 아까 그릇이 솥 안에 떨어졌으나, 차마 밥을 버리기도 아깝고 해서 제가 먼저 그곳을 거두어 먹었습니다."

공자는 그의 말을 듣자, 한숨을 내쉬며 제자들에게 말했다.

"눈은 믿을 수 있는 것이지만 그 눈도 믿을 수가 없고, 마음은 의지할 수 있는 것이지만 그 마음마저 의지할 수가 없다. 너희는 깊이 명심하여라. 사람을 안다는 것이 쉽지 않은 일임을."

믿는 방법이 다르다

조(趙)나라 양자(襄子) 때, 임등(任登)을 중모(中牟)의 수령에 임명하자, 임등은 양자에게 글을 보내며 사람을 추천했다.

"중모에 담서기(膽胥己)란 사람이 있습니다. 그를 불러 만나 보십시오."

양자는 그를 만나 본 다음 곧 중대부(中大夫)에 등용시키려 했다. 그러자 대신들이 반대를 했다.

"임금께선 담서기를 말만 들으셨지 아직 그 인물됨을 확인하지는 않으시지 않았습니까. 중대부를 그렇게 손쉽게 임용할 수는 없는 일이옵니다. 일찍이 그런 예는 없었사옵니다."

양자가 말했다.

"내가 임등을 임용했을 때는 소문을 듣고 또 그 인물됨을 내 눈으로 확인했다. 그 임등이 천거한 사람까지 일일이 확인을 하기로 말하면, 듣고 보는 것이 한이 없지 않겠는가?"

그리고 그는 더 이상 물어 보는 일도 없이 담서기를 중대부에 임명했다.

자기 위주

위(衛)나라 사군(嗣君)이 세를 올려 양식을 저장해 두려 하자, 민심이 동요하기 시작했다. 사군이 박의(薄疑)에게 말했다.

"양식을 저장해 두는 것은 백성들을 위해서 하는 일이 아닌가. 백성들이 제 집에 저장해 두나, 위에서 저장해 두나 마찬가지가 아닌가."

박의는 이렇게 대답했다.

"그런 것이 아닙니다. 임금이 생각하실 때는, 백성들에게 저장해 두고 내 마음대로 안 되는 것보다는 위에서 저장해 두는 것이 좋을 것이며, 백성들이 생각할 때에는, 위에다 맡겨놓고 내 마음대로 못 하는 것보다는 내 집에 두어 두는 편이 좋을 것입니다."

귀로만 듣는 것이 아니다

제(齊)나라 환공이 관중과 함께 거(莒)를 칠 것을 상의한 일이 있었다. 그런데 아직 그 계획을 발표도 하지 않았는데, 소문이 먼저 나돌기 시작했다. 이상하게 생각한 환공은 관중에게 물었다.

"경과 거를 칠 것을 상의는 했지만, 계획을 아직 발표도 하지 않았는데 이미 온 나라가 알고 있으니 어찌된 일이오?"

"틀림없이 누군가 추측을 잘 하는 사람이 있어서 그럴 겁니다."

"그러고 보니 일하는 인부 가운데 연장을 손에 쥔 채 나를 바라보는 사람이 있었는데, 어쩌면 그자일는지 모르겠군."

그래서 그 인부를 계속 일을 하도록 시키고, 다른 인부와의 교대를 허락하지 않았다. 얼마 후 그 동곽아(東郭牙)란 인부를 보자, 관중은 생각했다.

'분명 이자가 퍼뜨린 것이다.'

관중은 동곽아에게 손님 접대하는 임무를 맡겨 그를 궁전 안으로 불러들인 다음, 동쪽 뜰과 서쪽 뜰에 각각 마주보고 서서 물었다.

"거를 친다는 말을 퍼뜨린 것은 그대였는가?"

"그렇습니다."

"나는 거를 치겠단 말을 하지도 않았는데, 그대는 어째서 그런 말을 퍼뜨렸는가?"

"옛말에 '윗사람은 계획을 잘하고 아랫사람은 추측을 잘한다'고 했습니다. 저는 제멋대로 추측을 한 것뿐입니다."

"나는 거를 친다는 말을 한 적이 없는데, 그대는 어떻게 그것을 추측했단 말인가?"

"옛말에 '군자의 모습에 세 가지가 있는데, 명랑한 얼굴로 기뻐 즐기는 것은 음악을 들을 때의 모습, 슬픈 얼굴로 조용히 하고 있는 것은 상중(喪中)의 모습, 화난 얼굴로 힘이 넘쳐흐르며 손발을 떠는 것은 싸울 때의 모습'이라 했습니다. 지난번 소인이 멀리서 대(臺)로 오르내리는 상공의 모습을 바라보았을 때 성난 얼굴로 힘이 넘쳐흐르며 손발이 떨리는 것이 싸울 때의 모습이었습니다. 말을 하는 입 모양은 열린 채 닫히지 않았으니 이것은 거(莒)를 말한 모습이었고, 상공께서 팔을 들어 가리키신 방향 역시 거가 있는 쪽이었습니다. 소인이 제후들 가운데 제나라에 굴복하지 않은 나라가 어딘가 하고 생각해 보았더니 역시 거뿐이었습니다. 그래서 소인은 거를 치려 하고 있는 줄 알았습니다."

대체로 귀로 들리는 것은 소리뿐이지만, 그 소리로 듣지 않고 모양과 팔로 들은 것이다. 말하자면 동곽아는 귀로 듣지 않고 몸짓으로 들은 것이다.

말이 없는 말

승서(勝書)가 주나라 공단(公旦)에게 말했다.

"조정은 좁고 사람은 많습니다. 작은 소리로 말하면 들리지 않고, 큰 소리로 말하면 남이 알게 됩니다. 작은 소리로 하오리까, 큰 소리로 하오리까."

"작은 소리로 하오."

"문제가 하나 있습니다. 암시(暗示)로 말을 하면 분명치가 못하고, 말을 하지 않으면 처리를 할 수 없습니다. 암시로 말을 하오리까, 말을 하지 않기로 하오리까."

"안 하는 것이 좋겠지."

결국 승서는 말을 하지 않겠다는 뜻을 보여주었고, 주공단은 그것을 받아들인 것이다.

태도로 안다

제나라 환공이 제후들을 불러 모임을 가졌을 때, 위(衛)나라만이 뒤늦게 모임에 참석했다. 그것이 괘씸했던 환공은 관중과 위나라를 치기로 결정을 본 다음, 조회를 끝내고 내전으로 들어갔다. 그때 위나라 공녀(公女)로 환공의 부인이 된 위희(衛姬)가 멀리서 바라보더니, 뜰 밑에 와 두 번 절을 하며 애원을 했다.

"위나라 임금의 죄를 용서해 주십시오."

"나는 위나라와 아무런 충돌도 없었는데, 어째서 그런 청을 하는가?"

환공이 묻자, 위희는 이렇게 대답했다.

"제가 임금님이 들어오시는 모양을 멀리서 바라보았더니, 발이 평상시보다 높이 올라가고 힘이 차 보였으므로 이웃 나라를 치실 생각이 계신 줄을 알았습니다. 그리고는 첩을 보는 순간 얼굴빛이 변하셨으니, 이는 위나라를 치려는 생각 때문이 아니겠습니까?"

이튿날, 환공은 조회에 나가 관중에게 고개를 숙여 눈짓을 하며 그를 가까이 오도록 했다. 그러자 관중이 말했다.

"임금께선 위나라를 용서해 주시려는 생각이시군요."

"경은 어떻게 내가 그런 생각을 하고 있는 줄 아오?"

"임금님께서는 전에 없이 정답게 저를 대하시고 말씀 또한 부드러우시며, 저를 보자 어색한 표정을 지으셨습니다. 그래서 안 것입니다."

그래서 환공은 말했다.

"참으로 기쁜 일이오. 경이 바깥일을 맡아하고, 위희가 안의 일을 맡고 있는 한, 과인은 결코 제후들의 웃음거리가 되지는 않을 거요."

환공은 자기가 숨기고 있는 것을 입 밖에 내지는 않았다. 그런데 관중은 태도와 말하는 모습으로, 부인은 걸음걸이와 기색을 보고 그것을 알았다. 환공은 입 밖에 내지 않았지만, 두 사람은 어두운 밤에 등불을 비춘 듯이 똑똑히 알았던 것이다.

피차일반

진(秦)나라와 조나라는 공웅(空雄)이란 곳에서 회담을 갖고 약속을 했다.

"앞으로 진나라가 하는 일은 조나라가 도와주고, 조나라가 하는 일은 진나라가 도와주기로 한다."

그 후 얼마 안 있어서 진나라가 군사를 보내 위(魏)나라를 치려 하자 조나라는 위나라를 도우려 했다. 진나라 왕은 사람을 보내 조나라를 꾸짖어 이렇게 따지게 했다.

"약속하기로는 진나라가 하는 일은 조나라도 돕고, 조나라가 하는 일은 진나라가 도와주기로 하지 않았던가. 지금 진나라가 위나라를 치려하는데 조나라는 상대방을 도우려 하고 있으니 이는 약속 위반이 아닌가?"

조나라 왕은 평원군(平原君)에게 상의를 하고, 평원군은 공손용(公孫龍)에게 상의를 했다. 그러자 공손용은 이렇게 말했다.

"이쪽에서도 사신을 보내 진나라 왕을 이렇게 꾸짖으시오. '조나라가 위나라를 도우려 하고 있는데 진나라는 어째서 조나라에 협력하지 않는가. 이것은 약속 위반이 아닌가' 하고 말이오."

엉터리 이유

송나라에 징자(澄子)라는 사람이 있었다. 검은 옷을 잃어버리고 거리로 나가 찾다가는, 검은 옷 입은 부인을 보자 소매를 잡고 늘어지며 그 옷을 빼앗을 생각으로 말했다.

"아까 나는 검은 옷을 잃어버렸소!"

그러자 부인이 이렇게 쏘아 붙였다.

"당신이 검은 옷을 잃어버렸는지는 알 수 없지만, 이것은 내가 직접 만들어 입은 옷이란 말예요."

징자는 또 이렇게 말했다.

"그러지 말고 어서 옷을 벗어 주는 것이 좋을 거요. 아까 내가 잃어버린 것은 안감을 댄 것이었는데 당신이 입고 있는 이 옷은 홑옷이 아니오? 홑옷과 겹옷을 맞바꾼다면 당신이 득을 보지 않겠소?"

제 무덤을 파다

송(宋)나라 강왕(康王)이 재상인 당앙(唐鞅)에게 물었다.

"나는 많은 사람을 죽였는데도 신하들이 여전히 무서워하지 않으니 어찌 된 일이오?"

그러자 당앙이 대답했다.

"임금께서 죽이신 것은 모두 착하지 못한 사람이었습니다. 착하지 못한 사람을 죽이는데 착한 사람이 겁낼 리가 있습니까. 착하고 착하지 않은 구별 없이 마구 닥치는 대로 죄를 주는 것이 좋습니다. 그러면 신하들은 무서워할 것입니다."

그로부터 얼마 안 있어 왕은 당앙을 죽였다.

지나친 비유

광장(匡章)이 위왕(魏王) 앞에서 혜자(惠子)에게 말했다.

"농부는 메뚜기를 잡으면 죽입니다. 곡식을 해치기 때문입니다. 지금 당신은 외출할 때면, 많을 때는 수백 대의 수레와 수백 명의 사람을 거느리고, 적을 때에도 수십 대의 수레와 수십 명의 사람을 거느리게 됩니다. 이것은 모두 농사를 짓지 않고 먹는 사람뿐으로서, 그 해가 메뚜기보다 조금도 덜하지 않습니다."

그러자 위왕이 혜자에게 물었다.

"혜자의 의견은?"

"저는 말로써는 광장의 상대가 되지 않습니다."

"하지만 생각하고 있는 것을 듣고 싶소."

"여기 성을 쌓을 경우, 어느 사람은 큰 절굿공이로 성벽을 위에서 다지고, 어느 사람은 삼태기를 메고 성벽 밑으로 가며, 어느 사람은 측량기를 들고 조준을 합니다. 우리는 이 측량기와 같은 것입니다. 여공(女工)이 실이 되면 실을 감을 수 없고, 목수가 나무가 되면 나무를 다듬을 수 없습니다. 마찬가지로 성인(聖人)이 농부가 되면 농부를 다스릴 수가 없습니다. 저는 농부를 다스리려는 사람입니다. 광장이 저를 어떻게 그 메뚜기에 비유할 수 있겠습니까."

분수를 모른다

위(魏)나라 혜왕(惠王)이 혜자(惠子)에게 말했다.

"옛날에는 일국의 왕이 된 사람은 모두 어진 분이었소. 그런데 과인은 도저히 선생에 미칠 수 없소. 그래서 과인은 이 나라를 선생에게 넘겨줄까 하는데 어떻겠소?"

그러나 혜자는 이를 마다했다. 혜왕이 억지로 부탁을 하며 졸랐다.

"과인은 이 나라를 지켜나갈 위인이 못되오. 어진 사람에게 넘겨줄 수 있다면, 백성들도 서로 욕심을 부려 다투는 일이 없어질 것이오. 그러니 선생도 이 점을 깊이 생각하여 내 청을 들어주오."

그러자 혜자가 말하였다.

"임금님의 말씀대로라면, 저는 더욱 받을 수가 없습니다. 임금께선 물론 일국의 왕이시니까 나라를 남에게 줌으로써 백성들이 욕심부려 다투는 마음을 없앨 수도 있을 줄 압니다. 그러나 저는 지금 아무 벼슬도 없는 몸이옵니다. 그런 제가 큰 나라를 얻게 되는데도 이를 거절하게 되면, 더욱 백성들로 하여금 욕심 부려 싸우는 마음을 없게 만들지 않겠습니까?"

혜왕은 혜자에게 '옛날의 왕된 사람은 모두 어진 사람이었다'고 말했다. 그런데 나라를 얻어 어진 사람이 된 것은 순(舜)이다. 그러고 보면 혜왕은 혜자가 순이 되기를 바란 것이 된다. 나라를 주겠다는 것을 거절하여 어진 사람이 된 것은 허유(許由)이다. 그러고 보면 혜자는 자신이 허유가 되기를 바란 것이 된다. 나라를 주어 어진 사람이 된 것은 요(堯)이다. 그러고 보면 혜왕은 자신이 요가 되기를 바란 것이 된다. 요와 순과 허유가 한 일은 결코 요가 순에게 나라를 주고 허유가 그것을 거절한 것만이 아니라, 그 밖의 모든 행동이 그것에 알맞을 만큼 훌륭했다. 그러나 지금 이 두 사람은 다른 뛰어난 행동도 없는 주제에 요와 순이 되기를 바라고 있는 게 아닌가.

그러니까 결국 혜왕은 베로 만든 갓을 쓰고 견(甄)이란 곳에 구금되어 근신하는 뜻을 보였으나, 제나라 위왕(威王)은 좀처럼 그를 용서하지 않았다. 혜자 역시 변복을 하고 수레에 올라 도망을 쳤으나 미처 위나라 국경을 벗어나지 못하는 신세가 되고 말았다.

주제넘은 소리

백규(白圭)가 처음으로 혜자(惠子)를 만났을 때, 혜자는 타이르는 식으로 말을 했다. 백규는 대답도 않고 있다가 혜자가 돌아간 다음, 사람들에게 이렇게 말했다.

"어느 사람이 새로 신부를 맞았다. 신부란 얌전하고 수줍어하며 조용히 걷는 것이 보통인데, 그 신부는 하인이 큰 횃불을 들고 오자 '횃불이 너무 크구나' 하고, 문으로 들어와서 마당에 파놓은 흙구덩이를 보자, '이걸 덮어두어라, 누가 빠질까 두렵다' 했다. 물론 옳은 말이긴 하다. 그러나 신부로서는 주제넘은 일이다. 그런데 혜자는 나와 처음 만났을 뿐인데, 나를 대하는 말투가 너무 주제넘었다."

혜자는 이 이야기를 전해 듣자 또 이렇게 반박했다.

"그건 모르는 소리다. 시(詩)에도 '개제(愷悌)한 군자는, 백성의 부모니라' 했다. 개(愷)는 크다는 뜻, 제(悌)는 길다는 뜻, 즉 덕이 크고 긴 군자는 백성들의 부모란 뜻이다. 부모가 자식을 가르치는데 무슨 시기를 가리겠는가. 어째서 나를 신부에 비유한단 말인가. 시에도 '개제한 신부'라고 말한 데는 없다."

덜된 사람과 도리에 벗어난 사람을 비난하는 것은, 그 자신이 덜되었거나 도리에 벗어난 사람이기 때문이다. 즉 비난하는 상대와 나쁜 점은 마찬가지인 것이다. 백규는 '혜자는 나와 처음 만났을 뿐인데, 내게 대한 말투가 너무 주제넘다'고 말하고, 혜자도 그 말을 듣고 같이 반박을 하며, 그 자신을 부모로 자처하였다. 백규보다 더 심하다고는 할 수 없어도 역시 지나친 말이라 할 수 있다.

언행 불일치

공손용(公孫龍)이 연(燕)나라 소왕(昭王)에게 전쟁을 하지 말라는 언병(偃兵) 이론을 말했다.

"참으로 훌륭한 말씀이오. 과인도 선생과 같이 그럴 생각이오."

소왕이 말하자, 공손용은 이렇게 말을 받았다.

"대왕께선 그렇지 않은 줄로 알고 있습니다."

"어째서요?"

"일찍이 대왕께선 제나라를 칠 생각으로, 천하의 선비들 가운데서 제나라를 깨뜨리려 하는 사람은 모조리 불러 쓰셨고, 제나라의 지리와 내부 관계를 알고 있는 사람도 다 불러 쓰셨습니다. 그러나 그걸 알고 있으면서도 제나라를 깨뜨릴 생각이 없는 사람은 쓰지 않으셨습니다. 그리고 결국엔 제나라를 깨뜨려 공을 세웠습니다. 그런데 지금 대왕께선 '나도 언병을 찬성하고 있다'고 말씀은 하고 계시나 대왕의 조정에 있는 천하의 선비들은 모두가 전쟁에 능한 사람들뿐입니다. 그러므로 저는 대왕께서 언병을 실행하지 않을 것으로 압니다."

소왕은 대답할 말이 생각나지 않았다.

반전론(反戰論)

사마희(司馬喜)가 중산왕(中山王) 앞에서, 묵가(墨家)에 속해 있는 사(師)의 반전론(反戰論)을 따지고 들었다.

"선생의 주장은 전쟁 반대론이십니까?"

"그렇습니다."

"그럼 지금 왕께서 군사를 일으켜 연나라를 치겠다고 하시면, 선생은 왕을 비난하시겠다는 겁니까?"

"그렇다면 당신은 전쟁을 시인하는 겁니까?"

"그렇습니다."

"그러면 조나라가 군사를 일으켜 중산을 쳐들어와도 당신은 그것을 시인하시겠다는 겁니까?"

사마희는 대답할 말이 없었다.

몸이 첫째

진(秦)나라 왕이 의양(宜陽)에서 황제의 자리에 오르자, 허관(許綰)을 시켜 위(魏)나라 왕을 속여 조회에 들어오도록 하려 했다. 위왕이 진나라로 들어가려 하자, 위경(魏敬)이 왕을 말리며 말했다.

"하내(河內)의 땅과 위나라와는 어느 쪽이 더 소중하다고 생각하십니까?"

"위나라가 소중하지."

"위나라와 몸과는 어느 쪽이 더 중요합니까?"

"그야 몸이지."

"그럼 만일 진나라가 하내의 땅을 요구해 온다면, 왕께선 그것을 주시겠습니까?"

"줄 수 없지."

"하내는 셋 중에서 가장 못한 것, 몸은 가장 중한 것입니다. 진나라가 가장 못한 것을 요구해도 들어주지 않으시면서, 가장 소중한 것을 요구하는 데도 이에 응하려 하시니, 얼른 이해가 안 가는 일이옵니다."

"과연 그렇겠다."

그래서 위왕은 진나라로 가는 것을 중지했다.

허물을 가리다

공자의 제자 복자천(宓子賤)이 노나라의 단보(亶父)라는 고을을 맡아 다스리게 되었다. 그는 임금이, 헐뜯는 사람들의 말을 듣고 공연한 간섭을 하게 되리라는 것을 알고, 임지로 떠날 때 임금의 옆에서 일하고 있는 두 서기를 달라고 해서 함께 단보로 데리고 갔다. 단보의 관원들이 일제히 모여 인사를 올리면 복자천은 두 서기에게 기록을 하도록 시키고 나서, 이따금씩 옆에서 그들의 팔을 잡아당겨 글자를 비뚤어지게 만들고는 글씨가 서투르다면서 화를 내곤 했다. 두 서기는 고민하던 끝에 마침내 그만두고 돌아갈 뜻을 말했다. 그러자 자천이 말했다.

"너희 글씨는 형편없다. 제발 어서 돌아가 다오."

두 사람이 돌아와 노나라 임금에게 사실을 보고하여 말했다.

"복자천 밑에서는 글씨도 제대로 쓸 수가 없습니다."

임금이 물었다.

"무엇 때문이냐?"

"복자천은 저희에게 글을 쓰라고 시키고는 자꾸만 옆에서 팔을 잡아당깁니다. 그러고는 글씨가 서투르다면서 몹시 화를 내곤 하기 때문에 사람들도 모두 복자천이 하는 짓을 우습게 보고 있습니다. 그래서 저희가 돌아오게 된 것이옵니다."

그러자 임금은 한숨을 지으며 말했다.

"복자천은 너희를 통해 내 부족함을 간한 것이다. 내가 그동안 복자천이

하는 일에 간섭하여 그의 실력을 발휘할 수 없게 한 적이 가끔 있었을 것이다. 너희 둘에 대한 일이 없었던들 나는 내 허물을 모르고 있었을 것이다."

임금은 심복 시종을 단보로 보내 복자천에게 이렇게 일렀다.

"앞으로는, 단보는 임금의 것이 아니고 경의 것인 줄로 생각하라. 단보를 위해 좋은 일이면 경의 재량에 의해 모든 것을 처리하고, 5년이 지난 뒤에 그 대강만을 보고하도록 하라."

복자천은 삼가 임금의 명령을 받아들인 다음, 단보에서 그의 솜씨를 마음껏 발휘할 수 있었다.

책임감

제나라와 진(晉)나라가 싸우고 있을 때, 평아(平阿)라는 제나라 고을에 있는 여자(余子)는 삼지창〔戟〕을 빼앗기고 외가지창〔矛〕을 대신 손에 넣었다.

그는 철수해 오면서도 마음이 내키지 않아 지나가는 사람을 보고 물었다.

"삼지창을 잃고 외가지창을 얻었는데 이대로 돌아가도 좋을까요?"

상대방이 대답했다.

"다 같은 무기가 아니오? 이것을 잃고 대신 딴 것을 얻었으니 돌아가서 나쁠 거야 없지 않겠소."

부대에서 벗어난 뒤에도 여전히 기분이 개운하지 못했다. 그때 우연히 고당(高唐)에서 온 숙무손(叔無孫)을 만나게 되었다.

그의 말 앞으로 나아가서 물었다.

"방금 싸움에서 삼지창을 잃고 외가지창을 가지게 되었는데 이대로 돌아가도 좋겠습니까?"

숙무손이 대답했다.

"외가지창은 삼지창일 수 없고, 삼지창은 외가지창이 될 수 없다. 삼지창을 잃고 외가지창을 얻은 것으로는 책임을 면할 수가 없을 것이다."

평아의 여자는 다시 말했다.

"그렇다, 돌아가 싸우자. 지금이라도 빨리 가면 늦지는 않을 것이다."

그러고 나서 마침내는 싸워서 죽었다.

숙무손 역시 이렇게 말하고는 급히 그의 뒤를 쫓아갔다.

"군자는 남을 위험과 곤란 속으로 몰아넣었으면, 자신도 반드시 그 곳으로 향해야 한다고 했다."

그리고 그 역시 싸워서 죽고 말았다.

충과 효

초(楚)나라 소왕(昭王) 때 석저(石渚)라는 선비가 있었다. 사람됨이 공정하고 사정(私情)이란 것을 몰랐기 때문에 치안관으로 일을 보게 했다. 어느 날 길에서 사람을 죽인 사건이 생기자, 석저는 범인의 뒤를 밟게 되었다. 뜻밖에도 범인이 자기 아버지였으므로, 그대로 말머리를 돌린 석저는 법정에 나타나 이렇게 말했다.

"살인범은 우리 아버지였습니다. 아버지를 내 손으로 잡는다는 것은 자식된 도리로 차마 할 수 없지만, 범인에게 사정을 두어 국법을 어긴다는 것은 용서할 수 없는 일입니다. 법을 범한 이상 죄를 쓰는 것이 신하된 자의 도리입니다."

그러고는 스스로 목을 쳐서 죽기를 왕에게 청했다. 이에 왕은 분부를 내렸다.

"뒤를 쫓았으나 범인을 잡지 못한 것뿐이니, 죄가 되지는 않는다. 계속 맡은 일에 충실하도록 하라."

그러나 석저는 그것을 사양하였다.

"아비에게 정을 두지 않는 것은 효자의 도리가 아니고, 임금을 섬기며 법을 굽히는 것은 충신의 도리가 아니다. 임금이 그것을 용서하시는 것은 자비로운 일이지만, 법을 저버리지 않는 것이 신하의 도리이다."

그러고는 스스로 형틀에 올라 목을 쳐 죽었다.

법을 굽히는 것을 바로잡기 위해 죽음을 각오하고, 또 아버지가 법을 범한 것을 차마 견디지 못하며, 왕이 내린 용서도 받지 않은 석저야말로 신하로서 충성을 다하고 자식으로서도 효도를 다했다 할 수 있다.

신(信)은 나라의 보배

진(晉)나라 문공(文公)이 원(原)을 공격할 때, 장병들과 이레 동안에 함락할 것을 맹세했다. 그런데 이레가 지나도 원은 함락되지 않았다. 문공은 군대를 철수하라는 명령을 내렸다.

밀탐을 나갔던 첩자가 돌아와서 보고를 했다.

"원은 이미 항복하려 하고 있습니다."

장교들은 며칠만 더 기다리자고 의견을 올렸으나, 문공은 잘라 말했다.

"신용은 나라의 보배다. 원을 얻고 보배를 잃을 수는 없다."

그리고 그는 마침내 군사를 철수시켰다. 그 이듬해 다시 원을 치게 되었을 때는 장병들과 기어코 원을 함락시킨 뒤에야 철수하겠다고 맹세를 했다. 이 소문을 듣고 원나라 사람들은 싸우기도 전에 항복하고 말았다. 한편 위(衛)나라도 이 소문을 듣고는, 문공이 신의를 지키는 사람이라 하여 진나라에 복종하게 되었다.

즉 '원을 쳐서 위를 얻었다'는 것은 이 일을 두고 한 말이다. 문공이 원을 얻기를 바라지 않은 것은 아니지만 불신(不信)으로 원을 얻는 것보다는 얻지 않는 편이 낫다고 생각했기 때문이다. 반드시 성의와 신의로써 얻게 된다면 복종해 오는 것은 비단 위나라만이 아닐 것이다.

국사(國士)의 의기(義氣)

융이(戎夷)라는 제나라 선비가 제나라를 버리고 노나라로 향해 떠났다. 추위가 몹시 심한 때였는데 성문이 닫힌 뒤라, 제자 한 사람과 성 밖에서 노숙을 하게 되었다. 추위가 점점 심해지자 제자에게 말했다.

"네가 내게 옷을 빌려주면 내가 살게 되고, 내가 네게 옷을 주면 네가 살 수 있다. 나는 국사로서 천하를 위해 할 일이 많으므로 차마 죽을 수가 없구나. 너는 평범한 사람이니 죽은들 무엇이 아깝겠느냐? 네 옷을 벗어 나를 주려무나."

그러자 제자는 이에 응하지 않았다.

"저같이 평범한 인간이 어떻게 목숨을 아끼지 않고 국사에게 옷을 드릴 수 있겠습니까?"

융이는 깊이 한숨을 내쉬며 말했다.

"아아, 그렇다면 국사로서 어찌 도의(道義)를 저버릴 수 있으랴."

그러고는 자기 옷을 벗어 제자에게 주었다. 한밤중쯤 그는 얼어 죽고 제자는 끝내 버티며 살아남게 되었다.

융이가 세상을 바로잡을 만한 재능을 가졌던 사람이었는지는 알 수 없으나, 사람을 건지려는 의기만은 더할 나위가 없었던 것 같다. 죽고 사는 운명의 진리를 깨닫고, 사람을 사랑하는 마음이 깊기 때문에 죽음을 결심하고 도의를 실행했던 것이다.

인덕(仁德)의 재상

사윤지(士尹池)가 초나라 사신으로 송나라에 갔을 때, 송나라 재상인 자한(子罕)이 자기 집으로 그를 초대했다. 자한의 집은, 남쪽으로 이웃집 담이 보기 싫게 불쑥 내밀어 있었고 서쪽 이웃집 하수구가 방 앞으로 지나가고 있었다. 사윤지가 그 까닭을 물었더니 자한의 대답은 이러했다.

"남쪽 이웃에 사는 사람은 말 가슴걸이(鞠)를 만들어 파는 영감입니다. 내가 그 집을 팔고 이사를 가라고 권했더니, 그 영감 말이 '저는 3대째 말 가슴걸이를 만들어 오고 있는데, 만일 이곳을 떠나게 되면 단골들이 내 집을 찾지 못해 저는 굶어 죽게 될 겁니다'라고 해서 그대로 두고 있습니다. 그리고 서쪽 이웃은 집터가 우리 집보다 높아서, 물이 자연 낮은 집을 거쳐 흐를 수밖에 없는지라 그대로 둔 것뿐입니다."

사윤지가 초나라에 돌아왔을 때는, 마침 왕이 군사를 일으켜 송나라를 치려 하고 있었다. 사윤지는 왕에게 이렇게 간했다.

"송나라는 칠 수 없습니다. 송나라 임금은 현덕(賢德)이 있고, 재상은 인덕(仁德)이 있습니다. 착한 임금은 백성의 신뢰를 받게 되고, 어진 재상은 백성을 잘 부릴 수 있다 했습니다. 초나라가 송나라를 치게 되면 공을 세우지 못하고 천하의 웃음거리가 될 줄 아옵니다."

그래서 초나라는 송나라 치는 것을 그만두고 대신 정(鄭)나라를 쳤다.

현사(賢士)는 임금의 거울

열정자고(列精子高)는 제(齊)나라 민왕(湣王)의 신임을 받고 있었다. 그는 수수한 예복차림으로 새벽 일찍 빗속을 걸어 바깥 순시를 하게 되었다. 그때 시종을 보고 물었다.

"내 꼴이 어떻게 보이느냐?"

그러자 시종은 이렇게 대답했다.

"아름답고 훌륭하게 보입니다."

그래서 열정자고는 우물가로 걸어가서 자기 모습을 물에 비추어 보았다. 그야말로 꼴불견이었다. 열정자고는 탄식하며 말했다.

“시종은 내가 제왕의 신임을 받고 있다는 이유로 그런 아첨의 말을 하는구나. 그러니 왕에게는 아첨이 더욱 심할 것이 아닌가. 그런데도 왕이 자기 모습을 비춰 볼 거울을 가지고 있지 않다면 오래지 않아 망하게 될 것이다. 그러면 대관절 무엇으로 거울을 삼으면 좋을 것인가. 역시 어진 선비밖에는 없을 것이다. 사람들은 누구나가 거울이 자기의 모양을 똑똑히 비춰주는 것을 좋아하면서도, 어진 선비가 자기의 모습을 분명히 보여주는 것을 싫어한다. 거울이 똑똑히 비춰주는 성과는 작고, 어진 선비가 똑똑히 비춰주는 성과는 크다. 그런데도 작은 것을 택하고 큰 것을 버리니 어느 것이 소중한가를 모른다고 할 수 있다.”

수치(羞恥)는 덮지 않는다

조간자(趙簡子 : 춘추시대 진(晉)의 정경(正卿) 조앙(趙鞅)을 이르는 말)가 말했다.

“사궐(赦厥)은 나를 사랑하고 있지만, 윤탁(尹鐸)은 나를 사랑하지 않는다. 궐이 나를 간할 때는 반드시 아무도 없는 곳에서 하는데, 탁이 나를 간할 때는 즐겨 사람들 앞에서 나를 몰아세우고 나에게 모욕을 준다.”

그러자 윤탁은 이렇게 대답했다.

“궐은 임금의 부끄러움은 덮어주되 임금의 허물은 덮어주지 않습니다. 신은 임금의 허물을 덮어주되 부끄러움은 덮지 않습니다. 신은 일찍이 관상 보는 법을 배운 일이 있는데, 얼굴이 두껍고 흙빛인 사람(조간자를 가리킴)은 부끄러움을 보통으로 안다고 했습니다. 임금은 남이 보는 앞에서 공격을 하지 않으면 고칠 생각을 하지 않을 것입니다.”

이것은 조간자가 현명한 것이다. 임금이 현명해야 신하는 마음놓고 말을 할 수 있다. 조간자가 현명하지 않았던들 윤탁은 도저히 조나라에서 살 수 없었을 것이며, 더구나 조간자의 옆에는 있을 수 없었을 것이다.

말 없는 부탁

후성자(郈成子)가 노나라 사신으로 진(晉)나라로 가는 도중, 위(衛)나라에 들르게 되었다. 우재(右宰) 곡신(穀臣)이 그를 붙들어 술을 권하며 반겨

했으나 음악을 들으면서도 기쁜 얼굴이 아니더니, 이윽고 술이 얼큰해지자 보석을 꺼내 후성자에게 선물로 주었다.

그런데 후성자는 진나라의 볼일을 끝내고 돌아오는 길에 다시 위나라를 거치게 되었으나, 곡신의 집에는 들르지 않았다.

그러자 그의 마부가 물었다.

"앞서 우재 곡신은 상공에게 술을 대접했고 상공께서도 그분을 대단히 반가워했었는데, 이번에는 위나라를 지나가면서도 들러서 고맙다는 인사마저 없으시니 어찌된 일입니까?"

그러자 후성자는 이렇게 대답했다.

"나를 붙들어 두고 술을 대접한 것은 나와 다정하게 지내고 싶어서였고, 음악을 울리게 해놓고도 기쁜 얼굴을 짓지 않은 것은 숨은 걱정이 있는 것을 내게 보여주기 위해서였던 것이다. 그리고 술을 마시는 도중 내게 보석을 준 것은 그것을 내게 맡겨두려는 것이다. 이 모든 점으로 미루어 보아 위나라에 머지않아 난이 일어날지도 모를 일이다."

후성자가 위나라를 떠나 30리쯤 갔을 때, 위나라 대부 영희(寧喜)가 반란을 일으켰고 그 통에 우재 곡신이 죽고 말았다는 소식이 들렸다.

후성자는 곧 수레를 돌려 조상을 가서, 세 번 울고는 총총히 길을 떠나 왔다.

노나라에 돌아오자 사람을 보내 우재 곡신의 처자를 맞아다가, 저택 한쪽 칸을 막아 그곳에 살게 하며 그들의 생활비를 대주었다.

그리고 곡신의 아들이 자라자 받았던 보석을 돌려주었다.

인간의 심리

한씨(韓氏)가 한나라의 신성(新城)에 성을 쌓을 때, 반 달 동안에 끝을 내게끔 했다. 단교(段喬)가 감독관이었는데, 어느 고을의 담당 구역이 예정보다 이틀이 늦어졌으므로 단교는 그 책임자를 잡아 감옥에 가두었다.

감옥에 갇힌 사람의 아들은 경비사령관인 봉인(封人) 자고(子高)에게로 달려가서 애원을 했다.

"장군만이 저의 아비를 살려 주실 수 있습니다. 아비를 살려 주시면 은혜를 잊지 않겠습니다."

자고는 말했다.

"알았다."

그리고 단교를 찾아가서 그를 데리고 함께 성 위로 올라가더니, 이곳저곳을 바라보며 추어올리는 말을 했다.

"참으로 훌륭한 성입니다. 대감의 공로가 참으로 크군요. 틀림없이 큰 상을 받게 되실 겁니다. 오늘날까지 이런 큰 공을 세우면서 한 사람도 벌 받아 죽은 사람이 없다는 것은, 아마 일찍이 없었던 일인 줄 압니다."

봉인 자고가 돌아가자, 단교는 사람을 보내 밤중에 감옥에 가두었던 사람을 풀어주게 했다.

여구(黎丘)의 괴상한 귀신

양(梁)나라 북쪽 여구(黎丘)라는 곳에, 괴상한 귀신이 있어서 사람들의 아들과 형제로 변하는 일이 자주 일어났다. 마을 노인이 장에 갔다가 술에 취해 늦게 돌아오자, 귀신이 노인의 아들로 변해 그를 부축하는 척하며 이리저리 길을 헤매게 만들었다. 노인은 집에 돌아와 술에서 깨어나자, 아들을 불러놓고 야단을 쳤다.

"나는 애비로서 별로 심한 짓을 한 일도 없는데, 이 술 취한 애비를 그렇게도 애를 먹이니 도대체 무슨 이유냐?"

아들은 머리를 땅에 조아리고 울면서 변명했다.

"그럴 리가 있습니까. 저는 어젯밤 다른 볼일로 동쪽 마을에 가 있었습니다. 물어 보시면 아시게 될 것입니다."

아버지도 아들의 말을 믿고 속으로 별렀다.

"그러고 보니 분명히 그놈의 귀신 장난이었구나. 나도 이야기는 들었다. 내일 다시 장에 가서 술을 마시고 오다가 이놈을 보기만 하면 당장 칼로 찔러 죽여 버릴 테다."

이튿날 노인이 다시 술 취해 돌아오는데, 아들은 아버지가 걱정이 되어 마중을 나갔다. 노인은 진짜 아들을 보는 순간 그것이 바로 어젯밤 그 귀신인 줄 알고 칼로 찔러 죽이고 말았다.

선비를 가장한 사람에게 속은 것으로 인해 참다운 선비를 놓치는 것은 이 여구 노인과 마찬가지 경우가 아니겠는가.

상 받는 거짓말

제(齊)나라가 송(宋)나라를 쳤을 때, 송나라 왕은 사람을 보내 제나라 침입군의 동정을 살펴 오게 했다. 첩자가 돌아와서 보고를 했다.

"제나라 침입군은 가까이까지 와 있습니다. 백성들은 온통 정신을 못 차리고 있습니다."

그러자 옆에 있던 간신들이 모두 왕에게 말했다.

"이건 뜬소문에 불과합니다. 송나라는 강하고 제나라는 약한데 그럴 리가 있사옵니까."

그러면서 첩자의 보고를 거짓으로 돌렸으므로, 왕은 성이 나서 그 첩자를 죄도 없이 죽이고 말았다. 그러고는 다시 사람을 보내 알아보게 했더니 역시 똑같은 보고를 해 왔다. 왕은 그를 또 죄 없이 죽였다. 이런 일이 세 번 있은 다음 네 번째로 사람을 보냈다. 제나라 군사는 더욱 가까이 와 있었고 성안 백성들은 떨고만 있었다. 첩자가 돌아오던 길에 그의 형을 만났는데, 형이 물었다.

"당장 적군이 쳐들어오게 생겼는데 어디를 갔다 오는 길이냐?"

그는 걱정을 하며 대답했다.

"왕의 명령으로 적군을 살피러 갔었는데, 이렇게 적이 가까이 와 있는 줄은 몰랐습니다. 그런데 걱정되는 것은, 지금까지 정탐을 나갔던 사람들 중에서 적이 가까이 쳐들어오고 있다고 말한 사람은 다 죽고 만 일입니다. 이번에도 사실대로 보고하면 죽게 될 것이며, 거짓 보고를 하더라도 역시 적군의 손에 죽게 될 것입니다. 어떻게 해야만 좋겠습니까?"

형이 말했다.

"사실대로 보고하면, 제나라 군사가 들어오기도 전에 죽지 않겠느냐?"

그래서 이 첩자는 왕에게 이렇게 보고했다.

"제나라 침입군은 어디에 있는지 알 길이 전혀 없었습니다. 성안 사람들도 모두 조용합니다."

왕은 몹시 기뻐했고, 옆에 있는 사람들도 좋아했다.

"지금까지 죽은 놈들은 모두 거짓 보고를 했으니 그럴 수밖에 더 있겠습니까?"

왕은 이 첩자에게 많은 상금을 주어 보냈다. 그 뒤 침입군이 밀어닥치자

왕은 맨 먼저 도망을 쳤고, 이 첩자 역시 받아 둔 상금 덕으로 무사히 이웃 나라로 피난을 가서 부자로 살았다.

바보가 따로 없다

제(齊) 선왕(宣王)은 활을 좋아해서 사람들이 자기더러 억센 활을 쏘는 분이라고 추켜 주면 기뻐했다. 그가 보통 쓰고 있는 것은 고작 석 섬 무게의 활이었다. 그것을 근신들에게 보이면, 근신들은 모두 시험삼아 당겨 보다가 반쯤 정도에서 그치고 말했다.

"이건 아홉 섬은 충분히 되겠습니다. 대왕이시니 이런 활을 쓰실 수 있습니다."

선왕은 사실 고작 석 섬 무게의 활을 쓰고 있었는데, 자신은 죽을 때까지 아홉 섬 활을 쓰고 있는 줄로 알고 있었다. 얼마나 딱한 노릇인가.

논공(論功)의 비결

진(晉)나라 문공(文公)이 위(衞)나라 업(鄴)을 치려 했을 때, 조쇠(趙衰)가 계책을 말하고, 문공은 그 계책을 써서 승리를 거두었다. 돌아와 논공행상을 하려 하자 조쇠가 말했다.

"임금께선 상을 주실 때 근본을 위주로 하십니까, 말단을 위주로 하십니까. 말단을 위주로 하신다면 실전에 참가한 장병들이 있고, 근본을 위주로 하신다면 제가 드린 계책은 실상 극자호(郤子虎)에게서 들은 것임을 말씀드려야 합니다."

그래서 문공은 극자호를 불러내어 말을 건넸다.

"조쇠가 업을 쳐서 이기게 하는 꾀를 말해 주었으므로 그에게 상을 내리려 했더니, 그가 말하기를 실은 극자호로부터 들은 것이라고 하지 않겠는가."

극자호는 사양하며 대답했다.

"말하기는 쉽고, 그것을 실행하기는 어려운 것이옵니다. 소신은 다만 말을 했을 뿐이옵니다."

"사양할 일은 아니다."

문공은 이렇게 말하고 그에게 상을 주었다.

그도 더는 사양을 하지 않고 상을 받았다.

종(鐘) 도둑

진(晉)나라 범씨(范氏)가 망했을 때 그의 종을 훔친 자가 있었다. 종을 등에 지고 가려 했으나 너무 커서 질 수가 없었다. 망치로 부숴서 가지고 갈 생각으로 망치로 종을 두들기자, '꽝' 하고 크게 소리가 울렸다. 소리를 듣고 누가 와서 빼앗아 갈까 겁이 난 그는 얼른 손으로 자기 귀를 막았다.

남이 듣는 것을 싫어하는 것은 좋지만 제 자신이 듣는 것마저 싫어한다는 것은 이치에 맞지 않는다. 임금된 사람이 자기의 잘못을 듣기 싫어하는 것도 이것과 같은 것이 아닐는지.

직언(直言)의 신하

위(魏)나라 문후(文侯)가 대신들과 술을 나누는 자리에서, 신하들로 하여금 자신에 대한 평을 하도록 시켰다. 대개가 문후의 지혜로움을 칭찬하였으나, 임좌(任座)의 차례가 되자 그는 이렇게 바른말을 했다.

"임금께선 아직도 부족한 데가 있습니다. 중산(中山)을 얻었을 때, 동생을 태수로 보내지 않고 태자를 보내셨습니다. 이것으로 임금의 부족하심을 알게 되었습니다."

문후는 불쾌한 생각을 감추지 못해 그것이 완연히 얼굴에 나타나 보였다. 임좌는 급히 자리에서 일어나 나가 버렸다. 다음은 적황(翟黃)의 차례였다. 적황이 말했다.

"임금께선 어진 임금이십니다. '임금이 어질면 그 신하는 곧은 말을 할 수 있다'고 했습니다. 방금 임좌가 한 말은 곧은 말이었습니다. 그래서 임금의 어지심을 알 수 있었습니다."

그러자 문후도 기뻐하며 물었다.

"임좌를 도로 불러 오도록 할까?"

적황은 다음과 같이 말하며 밖으로 나갔다.

"불러 오셔야지요. '충신은 그 충성을 다하고 죽음을 피하지 않는다' 했습니다. 임좌는 아마 아직도 문간에서 기다리고 있을 것이옵니다."

임좌는 과연 문간에 서 있었다. 임금의 명령이라 하여 그를 데리고 들어오자, 문후는 계단 밑까지 나와 맞으며 그를 윗자리에 모셨다.

죽은 사람을 살리는 약

노나라에 공손작(公孫綽)이란 사람이 있었는데, 그가 사람들을 보고 말했다.

"나는 죽은 사람을 살릴 수 있다."

사람들이 무슨 소리인가 하고 물었더니 그가 대답했다.

"나는 반신불수가 된 사람을 고친 일이 있다. 그러므로 그 반신불수를 낫게 한 약을 배로 쓰게 되면 죽은 사람이 살아날 것이 아닌가."

일에는 작은 것은 바로잡아도 큰 것은 바로잡지 못하고, 반은 바로잡아도 전부는 바로잡지 못하는 것이 있는 법이다.

오늘이 뭐가 추운가

위나라 영공(靈公)이 추운 겨울날에 못을 파도록 시켰다.

그러자 완춘(宛春)이 이를 말리며 말했다.

"추운 날에 일을 시작하면 백성들이 동상을 입을까 염려되옵니다."

영공이 반문했다.

"오늘이 뭐가 추운가?"

그래서 완춘이 설명했다.

"임금께선 여우의 털을 두르시고 곰의 털가죽 위에 앉아 계시며, 방의 네 귀에는 난로가 놓여 있으므로 추울 리가 없습니다. 그러나 백성들은 떨어진 옷을 깁지도 못한 채 입고 있고, 바닥도 대지 못한 다 떨어진 신을 신고 있습니다. 임금님께선 춥지 않으셔도 백성들은 추워합니다.

영공이 말했다.

"그렇겠구나."

그러고는 일을 중지시켰다.

그러자 옆에 있는 근신들이 말했다.

"임금께선 못을 파라고 시키시면서도 춥다는 것을 모르고 계셨는데 완춘이 이를 알았습니다. 완춘의 말로써 일을 중지시키면 모두 완춘을 고마워하고 임금을 미워하게 되옵니다."

그러나 영공은 이렇게 말했다.

“그럴 리가 없다. 완춘은 노나라의 한 평민이던 것을 내가 등용한 사람이다. 백성들은 여태껏 그의 좋은 점을 모르고 있었으므로 이번 기회에 그것을 알도록 해 주는 거다. 그리고 완춘에게 좋은 점이 있으면 그것은 곧 내게 있는 것과 마찬가지가 아니겠느냐.”

그러면서 완춘을 두둔했다.

열자

《열자(列子)》에 대해서

《열자》는 8권 8편으로 이루어졌다. 춘추시대 말기에서 전국시대 초기의 도가 사상가인 열자의 저서라고 한다.

열자의 이름은 어구(禦寇)로서(圄寇, 圉寇라고도 쓴다) BC 400년 경 정(鄭)나라에서 태어났다고 하며 노자의 제자이자 장자의 선배이다. 시대적으로 공자와 맹자 사이에 활동했다고 추정된다.

그러나 일부에서는 열어구가 실존 인물이 아니며 《열자》 자체도 진(晉)나라 때의 위작이라고 주장하는데, 사실 《열자》는 내용상 《장자》 및 《회남자》 《산해경》 《한비자》 《여씨춘추》 등과 중복되는 이야기가 많다. 그 중에서도 특히 《장자》의 수록 내용과 같은 우화는 25여 종이나 된다.

아무튼 《열자》는 많은 의문을 지니면서도 방대한 양의 우화를 주 내용으로 하고 있어서 역대에 걸쳐 인기 있는 애독서의 하나로 늘 꼽혀 왔다.

따라서 사상적으로도 뚜렷하게 일관된 사상은 없으나, 《열자》가 도가(道家)에 속한다는 것은 명확한 사실이다. 즉 그 기조(基調)를 이루는 것은 도가 사상이며, 노자의 무위를 더욱 축소시켜 현실을 아예 외면할 뿐 아니라 상대적인 차별이 있는 일반적 현상을 초월한 절대적인 '자연의 도'가 존재한다고 역설한다. 그렇지만 이 주장이 동시에 불교 사상과 맥락을 가짐으로써 '진나라 때의 위작'이라는 설을 굳히기도 한다.

노자(老子), 장자(莊子)와 함께 3대 도가(道家)로 알려져 있는 열자는 노자보다 더 현실도피적이고, 개인적 도가사상을 전해준다. 《열자》에서 확인할 수 있는 도리는 무언(無言), 무위(無爲)로서 자연과 조화를 이루면서도 무(無), 허(虛), 정(靜)의 고요하고 공허한 자세를 견지하여 무아를 실현하는 도인을 이상적 인간상으로 제시하고 있다.

인생의 세 가지 즐거움

공자(孔子)가 태산(太山)에서 유유자적하고 있을 때의 일이다. 노나라의 성(郕)이란 마을 어귀에서 영계기(榮啓期)와 마주치게 되었다.

영계기는 사슴의 털가죽을 두르고 노끈으로 띠를 두른 허술한 차림으로 거문고를 타면서 흥겹게 노래를 부르고 있었다. 공자가 물었다.

"당신은 뭐가 그다지도 즐겁소?"

영계기는 이렇게 대답했다.

"내게는 즐거운 일이 수없이 많소. 우선 하늘이 만든 만물 가운데서 무엇보다 귀한 것은 사람이 아니겠소. 그런데 나는 그 사람으로 태어났으니 이것이 첫째로 즐거운 일이오. 또 남자와 여자 사이에는 남자가 더 귀하지 않소? 그런데 나는 그 남자로 태어났으니 이것이 둘째로 즐거운 일이오. 또 사람으로 태어나더라도 햇빛조차 못 보고 죽기도 하고, 배내옷을 벗기 전에 죽기도 하는데 나는 벌써 아흔까지 세상을 살았으니 이것이 셋째로 즐거운 일이오. 가난한 것은 선비의 본분이요, 죽음이란 인생의 종착점에 불과한 것, 그 본분을 달게 여기며 종착점까지 걸어가고 있는데, 또 무엇이 못마땅해 마음을 괴롭힌단 말이오."

공자는 그가 하는 말을 듣고 감탄하여 말했다.

"대단한 인물이로군. 참으로 마음에 여유를 지니고 있는 사람이다."

태어남과 죽음

임유(林類)는 벌써 100살에 가까운 노인이었다. 봄이 되었는데도 아직 겨울 털옷을 두른 채 밭두렁 사이로 이삭을 주우러 다니면서 노래를 부르고 있었다.

공자는 위(衞)나라로 가던 도중, 멀리 논밭 사이로 그의 모습을 바라보고 제자들을 돌아보며 말했다.

"저 노인은 말이 통할 것 같아 보인다. 어디 한번 가서 말을 걸어 보아라."

자공(子貢)이 달려가 밭 이쪽에서 노인을 기다리고 있다가 그를 대하는 즉시 탄식 섞인 어조로 말을 건넸다.

"당신은 자신을 후회한 적이 없으십니까? 그런 나이로 노래를 부르면서 이삭을 줍고 계시니 말입니다."

임유는 이삭줍기를 그치지 않고 여전히 노래를 부른다. 자공은 몇 번이고 되풀이해 물었다. 그제야 임유는 마지못해 눈을 들며 대답했다.

"내게 무슨 후회가 있겠는가."

"당신은 젊었을 때 공부나 기술을 배운 일도 없고 나이 들어도 입신출세를 위해 애쓴 적도 없으며, 늙도록 처자도 없이 이제 수명도 곧 다해 가지 않습니까. 그런데 대관절 뭐가 즐거워서 이삭을 주우면서 노래를 부르고 계십니까?"

임유는 웃으며 대답했다.

"내가 낙으로 삼고 있는 것은 누구에게나 다 있는 거야. 그런데 사람들은 도리어 그것을 걱정의 씨앗으로 만들고 있거든. 나는 젊었을 때 학문을 닦은 일도 없고 나이 들어 출세를 꿈꾼 일도 없기 때문에 이처럼 오래 살 수가 있었던 거야. 나이 늙어 처자식도 없고 죽을 때도 이제 멀지 않았으므로 이렇게 즐기고 있는 것이 아닌가."

"오래 사는 것은 누구나가 원하는 일이며, 죽는다는 건 누구나가 싫어하는 것이 아닙니까. 그런데 당신은 그것을 즐겁다고 하시니 대관절 무슨 까닭으로 그런 말씀을 하시는 겁니까?"

"죽는 것과 태어난다는 것은, 가고 오고 하는 것과 마찬가지야. 그러므로 이 세상에서 죽는다는 것은 저 세상에서 다시 태어나는 것일지도 모르지. 어느 쪽이 더 나은 것인지도 알 수 없는 일이야. 악착스레 살아 있으려고 하는 것이 어리석은 일일지, 또는 지금 죽는 편이 지금까지 살아왔던 것보다 더 나을지도 모를 일이 아닌가."

자공은 말을 듣고도 얼른 이해가 가지 않았다. 그가 돌아와 공자에게 고하자 공자는 이렇게 평했다.

"말이 통할 만한 사람으로 보았더니 역시 틀림이 없었군. 그러나 그가 한 대답만으로는 아직 죽고 사는 도리를 완전히 다 말했다고는 볼 수 없다."

자공은 학문을 하는 것이 싫증이 나기 시작했다. 그래서 공자에게 물었다.

"학문이란 것은 어느 정도까지 하면 그만둘 수 있습니까?"

"살아 있는 동안은 그만둘 수 없는 것이다."

"그러면, 저 역시 그만둘 한계점은 없는 것입니까?"

"있기야 하지. 저 무덤을 보아라. 넓고 큰 것도 있고, 높이 쌓아올린 것도 있으며, 둥글게 만든 것, 가마솥 밑바닥처럼 생긴 것 등등 모양은 가지각색이지만 결국 그리로 들어가면 그만둘 수가 있는 것이다."

"과연 죽음이란 대단한 것이로군요. 훌륭한 사람에게는 휴식처가 되지만 보통 인간들에게는 마지못해 끌려가는 곳이 되는 셈입니다."

"너도 이젠 그것을 알게 되었구나. 사람은 누구나 살아 있는 즐거움만 생각하고 그것이 고통스러운 것임을 생각지 않으며, 나이를 먹으면 몸이 약해지고 고달픈 것만을 알고 그 편안함은 생각해보려고도 않으며, 죽는 것이 나쁜 것인 줄만 알고 그것이 쉬는 장소라는 것을 모르고 있다."

기우(杞憂)

기(杞)나라에, 하늘이 무너지고 땅이 갈라지면 몸 둘 곳이 없어지지 않을까 걱정이 되어, 잠도 제대로 못 자고, 밥도 제대로 못 먹는 사람이 있었다.

그러자 그가 걱정하는 것이 딱해서 그를 찾아간 친구가 있었다.

"이것 보게. 하늘이란 기운이 쌓인 것에 불과한 거야. 기운이란 어디든지 다 있네. 그러니까, 우리가 몸을 폈다 움츠렸다 하기도 하고 숨을 빨아들였다 내쉬었다 하지. 날이면 날마다 하고 있는 것은 모두가 하늘 안에서 하고 있는 일이야. 그 하늘이 무너지지나 않을까 걱정하는 것은 터무니없는 생각이란 말일세."

"하늘은 진정 기운이 쌓인 것이라고 하더라도, 해나 달이나 별은 떨어질 수도 있을 것 아닌가."

"그것들도 역시 기운이 쌓인 것일세. 다만 빛을 가지고 있을 뿐이야. 그러므로 설사 떨어지는 한이 있더라도 맞아서 상처를 입거나 하는 그런 것이 아니란 말일세."

"그럼 땅이 갈라지면 어떻게 하지?"

"땅은 흙덩이가 쌓이고 쌓여서 된 것에 불과한 것일세. 흙덩이는 사방으로 빈틈없이 꽉 차 있어서 이 땅은 흙덩이가 아닌 곳이 없어. 그러니까 우리가 날마다 걸어다니고 뛰노는 것은, 모두 땅 위에서 하고 있는 거야. 그 땅이 무너질 리가 있겠는가."

근심하던 사람은 그제야 마음이 놓여 웃는 얼굴을 지었고, 일러주러 갔던 사람도 그가 기뻐하는 모습을 보고 매우 만족해했다.

장려자(長廬子)는 그 말을 듣고 비웃으며 이렇게 말했다.

"무지개나 구름이나, 안개나 바람이나, 비나 사시(四時)의 변화나 모두 쌓인 기운이 하늘 가운데 나타나 있는 것이다. 산이나 강이나 바다나, 쇠나 돌이나, 불이나 나무나 모두 쌓인 모습이 땅 위로 나타나 생기는 것이다. 하늘과 땅이 기운과 흙이 쌓여서 된 것이라면, 어떻게 무너지지 않는다고 말할 수 있겠는가. 물론 하늘과 땅은 무한한 공간 속의 한 작은 존재이기는 하지만, 얼굴을 지닌 물건 가운데서는 가장 큰 것이라 말할 수 있다. 그것이 없어진다는 것은 어려운 일이며, 그것을 안다는 것도 어려운 일이다. 그러고 보면 그것이 허물어지지나 않을까 하고 걱정하는 것은 너무 앞선 걱정이긴 하지만, 그것이 허물어지지 않는다고 단언하는 것도 정당한 것은 못 된다. 하늘과 땅도 허물어지지 않을 수 없는 것인 이상 언젠가는 반드시 무너지는 때가 온다. 그것이 무너지는 시기가 오게 된다면 어떻게 걱정을 아니 할 수 있겠는가."

열자는 그 이야기를 듣자 이렇게 비웃으며 말했다.

"천지가 무너진다는 것도 잘못이오, 무너지지 않는다는 것도 잘못이다. 무너지고 안 무너지고는 우리가 알 바 아니다. 그러나 무너지지 않으면 무너지지 않아서 다행이다. 무너지는 것은 어디까지나 무너질 때의 일이다. 살아 있는 동안은 죽음을 생각할 필요가 없고, 죽은 다음에는 사는 것을 생각할 필요가 없다. 이 세상에 태어나는 것은 태어날 때의 일이며, 이 세상을 떠나는 것은 떠날 때의 일이다. 하늘과 땅이 무너지고 안 무너지고 그런 따위에 신경 쓸 필요는 없지 않은가."

도둑질의 차이

제(齊)나라의 국씨(國氏)란 사람은 큰 부자였고, 송(宋)나라의 향씨(向氏)란 사람은 몹시 가난했다. 그래서 향씨는 제나라로 가서 국씨에게 부자가 되는 비결을 가르쳐 달라고 부탁했다. 그러자 국씨는 이렇게 대답했다.

"나는 교묘하게 도둑질을 했을 뿐이오. 도둑질한 덕분에 1년째는 그럭저럭 지낼 만하게 되었고, 2년째에는 제법 편하게 되었으며, 3년째에는 아주 풍부하게 되었지요. 그러고 나서 차츰 이웃 사람, 이웃 마을까지 유복하게 만들어 주게끔 되었던 겁니다."

향씨는 그 말을 듣고 몹시 기뻐했다. 그는 국씨가 도둑질했다는 그 말만을 그대로 받아들일 뿐 그것이 어떤 도둑질이었는지도 알아보지 않은 채 나섰다. 향씨는 마침내 남의 집 담을 넘고 벽을 뚫어 닥치는 대로 마구 도둑질을 했다. 얼마 안 가서 향씨는 절도죄로 몰리어 훔쳐온 것은 물론 가지고 있던 것마저 다 빼앗기고 말았다.

향씨는 국씨에게 속았다는 생각에서 다시 그를 찾아가 원망을 늘어놓았다. 그러자 국씨가 물었다.

"대관절 당신은 도둑질을 어떻게 했소?"

향씨는 사실 그대로 들려주었다. 그의 말을 듣자 국씨는 이렇게 이야기를 했다.

"그럴 수가 있나! 당신이 그토록 도둑의 도리를 엉뚱하게 생각할 줄이야. 내 자세히 설명을 하리다. 대개 하늘에는 천시(天時)란 것이 있고, 땅에는 지리(地利)란 것이 있지 않소? 나는 그 천시와 지리를 훔치고, 비와 이슬의 축임과 산과 못의 물건들을 훔쳐다가 농사를 짓고 곡식을 기르며, 담을 쌓고 집을 세웠던 거요. 또 뭍에서는 새와 짐승을 훔치고, 물에서는 물고기와 자라를 훔쳐다가 먹는 재료로 만들었던 거요. 모든 것이 도둑질 아닌 것은 없었소. 즉 곡식이든, 흙과 나무이든, 새와 물고기이든, 모두가 하늘이 만들어 낸 것으로, 내가 가진 것은 아니었소. 하늘이 만든 것은 훔쳐 와도 재난을 당하지는 않는 법이오. 그런데 금은보화 따위는 사람들이 만든 것으로 하늘이 준 것이 아니오. 당신은 그걸 훔치고 죄를 받은 것이니 남을 원망할 수도 없게 되었소."

향씨는 도무지 뭐가 뭔지를 알 수가 없었다. 국씨가 또 자기를 속이는 것만 같아 동곽(東郭) 선생을 찾아가 그의 의견을 물었다.

동곽 선생의 대답은 이러했다.

"네가 지금 네 것으로 알고 있는 그 몸뚱이도 훔친 것이 아니라고는 할 수 없지 않느냐. 즉 음양(陰陽) 두 기운의 조화(調和)를 훔쳐다가 네 생명을 만들어 내고, 네 몸뚱이를 생겨나게 한 것이다. 더더구나 나 이외의 것을 내 것으로 만드는 것이 도둑질이 되지 않을 수는 없다. 틀림없이 천지와 만물은 떨어져 존재하는 것이 아니며, 만물은 모두가 천지에 속해 있는 것이다. 그것을 내 것이라고 믿고 있다면 그것은 지나친 착각이다. 다만 국씨가 한 도둑질은 자연의 공도(公道)에 따른 것이기 때문에 화가 되지 않지만, 네가 한 도둑질은 개인의 욕심에서 생겨난 것이므로 죄를 받은 것이다. 공(公)과 사(私)의 구별이 있든 없든, 그것은 도둑질인 것이다. 공이니 사니 하는 것은 천지 이치를 놓고 하는 말이긴 하지만, 참으로 천지의 이치를 아는 사람에게는, 어느 것은 도둑질이 되고 어느 것은 도둑질이 되지 않는다는 그런 구별이 있을 수 없다."

도술이 따로 없다

진(晉)나라 범씨(范氏) 집에 자화(子華)라는 아들이 있었다. 협객 기질이 있어서 부하들의 뒤를 잘 보살펴 주었기 때문에 온 백성들로부터 신망이 두터웠다. 그리고 국왕으로부터도 총애를 입어 비록 벼슬은 하지 않았으나 그 세도는 대신들을 능가할 정도였다. 그러므로 그의 눈에 든 사람이면 나라에서 작위를 내리기도 하고, 그에게 밉게 보인 사람은 관직에서 쫓겨나는 형편이었다. 이리하여 그의 저택을 드나드는 사람의 수는 대궐과 맞먹을 지경이었다. 자화는 그 문하에 있는 협객들에게 지혜를 겨루게도 하고, 힘을 비교해 보기도 하여, 그 결과 그가 보는 앞에서 죽는 사람이 있어도 예사로 알고 있었다. 날이면 날마다 아침부터 저녁까지 그런 시합 구경으로 낙을 삼고 있었기 때문에, 오래지 않아 온 나라 안이 전부 그런 기분에 물들고 말았다.

그런데 범씨의 상객(上客) 가운데 화생(禾生)과 자백(子伯)이란 사람이 있었다. 언젠가 두 사람은 교외로 놀러 가서 상구개(商丘開)라는 농부의 집에서 하룻밤을 묵게 되었다. 밤이 이슥해서 두 사람은 자화의 위세가 등등해서, 번창한 사람을 망하게도 할 수 있고 망한 사람을 흥하게도 할 수 있으며, 부자를 가난뱅이로, 가난뱅이를 부자로도 만들 수 있을 정도라는 이야기를 주고받았다. 일찍부터 가난에 시달려 오던 상구개는 창 밑에 숨어 그 이야기를 몰래 듣고 있었다. 그렇다면 나도 한번, 하는 생각에서 이웃집에서 양식을 꾸어다가 망태에 담아 가지고 자화의 집으로 찾아갔다.

사화의 집 손님들은 모두가 좋은 가문 출신들이었다. 비단옷을 입고 마차를 타고 다니거나 유유히 큰길을 활개치며 돌아다니는 그런 사람들뿐이었다. 새까맣게 햇볕에 그을린 주름살투성이인 상구개가 허름한 차림을 하고 나타난 것을 보자, 누구나가 다 그를 무시할 수밖에 없었다. 그래서 놀리기도 하고 속이기도 하며, 혹은 툭툭 건드리기도 하고 귀찮게 굴기도 하는 그런 형편이었다. 그러나 상구개는 당연한 듯이 조금도 화를 내지 않았으므로 장난을 치는 것도 흥미롭지가 못해 이윽고 싫증이 나기 시작했다. 그래서 마지막엔 상구개를 높은 층계 위로 데리고 올라가서 모든 사람들이 보는 앞에서 허튼 소리를 주고받았다.

"여기서 아래로 뛰어내리는 사람에겐 상금으로 백 금을 주기로 하자."

나도 나도 하고 찬성하는 사람들이 많은 것을 보자, 상구개는 그것이 참말인 줄 알고 남보다 먼저 뛰어내리고 말았다. 그런데 이상하게도 마치 새가 날아 앉듯 몸에 상처 하나 없이 사뿐 뛰어내리는 것이었다. 범씨 집 문객들은 그것을 우연한 요행수로 보고 별로 이상하게는 생각지 않았다. 그래서 이번에는 강으로 데리고 나가 물이 깊은 곳을 가리키며 수군거렸다.

"저 물 속에는 보물 구슬이 빠져 있다. 잠수해 들어가면 주워 올 수 있을 텐데."

그러자 상구개는 또 그 말을 곧이듣고 물 속으로 뛰어들었다. 이윽고 물 위로 나오는 그를 보니, 손에는 틀림없는 구슬이 쥐어져 있지 않은가. 그제야 사람들은 그가 보통 인물이 아니란 걸 알게 되었다. 자화도 비로소 그를 후히 대접하여 고기반찬을 먹고 비단옷을 입은 상객들 틈에 낄 수 있게 했다.

어느 날, 돌연 범씨 집 창고가 큰 불에 휩싸이게 되었다. 자화는 상구개를 보고 말했다.

"만일 당신이 불 속으로 뛰어들어 비단을 꺼내 온다면, 꺼내 온 분량에 따라 상을 주겠소."

그러자 상구개는 주저하는 기색도 없이 불 속을 들어갔다 나왔다 하며 비단을 꺼내 왔다. 그래도 그는 연기를 마시지도 않고 화상을 입은 곳도 없었다. 그래서 범씨 집 사람들은 그가 도술에 통한 사람이 틀림없다는 생각에서 앞을 다투어 지난 일을 사과했다.

"나는 당신이 도사인 줄도 모르고 당신을 속이려 했습니다."

"나는 당신이 신인(神人)인 줄도 모르고 당신을 욕보이려 했습니다."

"당신은 틀림없이 나를 바보 같은 놈이라고 생각하셨을 겁니다."

"당신은 나를 눈뜬장님이라고 욕하셨겠지요."

"당신의 그 도술을 가르쳐 주실 수 없겠습니까?"

그러자 상구개는 이렇게 대답했다.

"나는 도술 같은 건 모릅니다. 나 자신도 어떻게 그럴 수 있었는지 알 수 없습니다. 그러나 한 가지 짐작되는 것이 있으니 그것을 말해 보기로 하지요. 앞서 당신들 두 분이 우리 집에 묵고 계실 때, 범씨의 위세는 흥왕한 사람을 망하게도 할 수 있고 망한 사람을 흥왕하게도 만들며, 부자를 가난뱅이로 또 가난뱅이를 부자로도 만들 수 있다고 칭찬하는 것을 듣고 나는 그것을 정말인 줄 알았습니다. 그래서 먼 길을 찾아 여기까지 왔던 것입니다. 이리로 와서도 여러분이 말하는 것도 모두 참인 줄로 생각하였습니다. 다만 그것을 참인 줄로 믿는 마음이 부족하지나 않을까, 그것을 실천하는 데 부족함이 없지나 않은가 하는 것만 걱정하였습니다. 내 몸이 어떤 취급을 당하고 어떤 이득과 손해가 있는가 하는 것은 생각할 겨를도 없이, 그저 일심전력(一心專力)이 그 한 가지에 쏠려 있었습니다. 그런데 이제 와서 당신들이 나를 속였다는 것을 알게 되자, 내 마음속에 남을 의심하는 생각이 싹터 올라서, 사람을 대하면 눈과 귀를 움직여 주의를 하게끔 되었습니다. 지금까지 한 일을 돌이켜볼 때 용케도 화상을 입지 않고, 물속에 빠져 죽지도 않았다는 생각이 듭니다. 새삼스럽게 가슴이 두근거리며 몸이 후들후들 떨려옵니다. 이젠 두 번 다시 물이나 불 옆에 가지는 못할 것 같습니다."

이런 일이 있은 뒤로 범씨 집 문객들은 길에서 거지나 말의 병을 고치는 사람을 보더라도 절대로 무시하는 일이 없었고, 말을 하려면 반드시 수레에서 내려 인사부터 먼저 하게끔 되었다.

공자의 제자인 재아(宰我)가 이 말을 듣고 공자에게 전하자, 공자는 이렇게 말했다.

"너는 어째서 그것을 모른단 말이냐? 원래 완전히 믿어 조금도 의심을 품지 않는 사람은 사물을 감동케 할 수 있는 법이다. 하늘과 땅도 움직일 수 있고, 귀신도 감동케 하며, 우주의 끝까지 가더라도 그것을 방해하는 것은 없다. 그까짓 고작 위험한 장소에 발을 들여놓고, 물이나 불 속으로 뛰어드는 것쯤이야 문제삼을 것도 없지 않으냐. 상구개란 사람은 거짓을 참으로 믿고 있었는데도 그를 방해하는 것이 없었다. 하물며 참을 참으로 믿는 경우에야 말할 나위가 있겠느냐. 너도 이 점을 깊이 마음에 새겨 두어라."

갈매기의 교훈

어느 바닷가에 갈매기를 좋아하는 사람이 있었다. 매일 아침 바닷가로 나가 갈매기와 함께 놀았는데, 모여드는 갈매기가 100마리도 넘을 정도였다. 어느 날 그는 그의 아버지로부터 부탁을 받았다.

"사람들 말이, 너는 갈매기와 함께 놀아도 갈매기가 달아나지 않는다니 오늘은 그 중 한 놈을 잡아 가지고 오너라. 나도 한번 가지고 놀고 싶다."

이튿날 바닷가로 나갔더니, 갈매기는 공중을 빙빙 돌 뿐 한 놈도 가까이 오지를 않았다.

'참된 말은 말을 떠나서 있고, 참된 행실은 행실에 나타나지 않는다'고 했다. 보통 사람들의 지혜란 것은 참으로 천박한 것이다.

속세의 고락(苦樂)

주(周)나라의 윤씨(尹氏)는 살림을 어찌나 알뜰하게 잘했던지, 그의 밑에서 일하는 사람들은 아침 일찍부터 저녁 늦게까지 쉴 새 없이 일에 시달리는 형편이었다. 그 가운데 늙은 하인 하나는 이젠 고생에 찌들어서 몸이 몹시 쇠약해 있었다. 그런데도 윤씨는 그런 것은 아랑곳하지 않고 여전히 힘든 일만 시켰다. 늙은 하인은 온종일 일에 시달린 나머지 밤만 되면 정신없이 잠에 빠지곤 했다. 너무 지친 탓인지 몸과 마음이 각각이 되어, 밤마다 꿈속에서는 한 나라의 임금으로 앉아 백성들을 거느리고 정치를 했다. 대궐 안에서 편안히 지내며 하고 싶은 것이면 무엇이든 할 수 있는, 세상에 다시없는 행복한 생활을 누렸다. 그러다가도 눈만 뜨면 다시 힘든 일에 시달려야 했다. 그때 누군가가 그의 고통을 위로해주자 늙은 하인은 이렇게 말했다.

"사람의 수명을 100년으로 잡더라도, 밤과 낮이 반반을 차지하고 있지 않은가. 물론 나 같은 사람은 하인 신분으로 혹사를 당하고 있기 때문에 고통스러운 것만은 틀림없는 사실이지만, 밤만 되면 임금이 되어 다시없는 쾌락을 즐길 수 있으니 별로 원망스러울 것도 없네."

한편 주인인 윤씨도 공연한 일에 신경을 쓰고 살림살이에만 골몰해 있기 때문에, 몸과 마음이 모두 지쳐서 밤만 되면 정신없이 잠이 들곤 했다. 그런데 밤마다 꿈속에서는 남의 집 하인이 되어, 해야 할 일이 너무도 많아 잠시도 쉴 사이가 없었다. 게다가 꿈속에서는 툭하면 꾸중이고 걸핏하면 매질이어서 꿈결에도 헛소리를 중얼거리며 매에 못 견디어 신음하다가는 날이 밝아야만 겨우 그치는 형편이었다.

윤씨는 너무나 고통스러워 친구에게 그런 사정을 털어놓았다. 친구는 이렇게 대답했다.

"자네는 신분도 훌륭하고 재산도 많아서 다른 누구보다도 훨씬 좋은 형편 아닌가. 밤이면 꿈속에서 남의 집 하인이 된다고 하는데, 결국 낙이 있으면 고통이 있는 것이 세상 이치가 아니겠는가. 자네가 낮이고 밤이고 자네가 원하는 대로 되기를 바란다는 것은 원래가 무리일세."

윤씨는 친구의 이 말을 듣고부터는 하인들에게도 일을 알맞게 시키고 자신도 너무 간섭을 하지 않기로 마음을 고쳐 먹었다. 그 뒤로 윤씨 자신은 물론 늙은 하인도 그다지 고통을 겪는 일이 없었다.

꿈과 현실

정(鄭)나라의 어떤 사람이 들판으로 나가 땔나무를 하고 있는데, 무엇에 놀라 정신없이 달아나는 사슴과 마주치게 되었다. 그는 길목을 지키고 있다가 단번에 사슴을 쳐서 잡았다. 혹시 누가 보기라도 하면 어쩌나 싶어 물이 마른 웅덩이 속에 그것을 감추고 나뭇가지를 덮어 두고야 마음을 놓았다. 그런데 어떻게 하다가 그만 그 감춰 둔 장소를 잊어버리고 말았다. 혹시 꿈을 꾼 것이 아닌가 하고 그가 길을 걸어가며 혼자 중얼거리는 것을 지나가던 사람이 엿들었다. 지나가던 사람은 사슴이 있는 곳을 찾아 그것을 제 것으로 만들고 말았다.

사슴을 주워 가지고 집으로 돌아온 사내는 그의 아내에게 이렇게 말했다.

"아까 나무꾼 하나가 사슴을 잡은 꿈을 꾸고도 그것을 감추어 둔 장소를 알 수 없다고 하지 않겠소. 내가 가서 그걸 찾아냈으니 그 친구는 현실과 부합되는 정몽(正夢)을 꾼 셈이야."

그러자 아내가 말했다.

"당신이야말로 나무꾼이 사슴을 잡았다고 말하는 꿈을 꾼 것이 아닐까요. 나무꾼 사내란 건 실제로 있었던 것이 아닐 거예요. 그런데 당신이 지금 정말로 사슴을 얻어 가지고 온 것을 보면 당신 쪽이 정몽을 꾼 거예요."

사내는 또 이렇게 말했다.

"이렇게 내가 사슴을 손에 넣게 된 이상 새삼스럽게 내 꿈이니 남의 꿈이니 하고 따질 필요도 없지."

한편 나무꾼은 집에 돌아와서도 사슴을 잃어버린 것을 안타까워했다. 그런데 그날 밤 그는 꿈속에서 사슴을 감추어 둔 장소와 그 사슴을 가로챈 사내까지 볼 수 있었다. 그래서 이튿날 아침 일찍 꿈에 본 기억을 더듬어 가며 마침내 가로챈 사람의 집을 찾아내고, 이를 관에 고발해서 사슴을 되찾으려고 했다. 그리하여 사건은 재판으로 옮겨갔다.

재판관은 나무꾼을 보고 말했다.

"너는 맨 처음 실제로 사슴을 잡고도 공연히 꿈이 아닌가 하고 의심을 했고, 나중에는 실은 꿈속에서 사슴을 찾은 것뿐인데 그것을 진실인 것처럼 생각하기에 이르렀다. 또 상대방은 실제로 사슴을 가지고 있으면서 너와 사슴을 놓고 맞거니 틀리거니 하고 다투고 있으며, 또 그의 아내는 꿈속에서 다른 사람이 잡은 사슴이란 것을 인정하면서 남이 잡은 것이 아니라고 우기고 있다. 어쨌든 사슴이 현재 있으니까 이것을 둘로 쪼개어 가지도록 하라."

이 사건은 정나라 임금에게까지 올라갔다. 임금은 이렇게 대신에게 물었다.

"허허, 재판관 역시 꿈속에서 남의 사슴을 나누어 주려는 건가?"

대신은 이렇게 대답했다.

"꿈인지 아닌지는 우리로서는 분간하기 어려운 일이옵니다. 꿈이냐 현실이냐 하는 것은 황제(黃帝)나 공자만이 알 수 있는 일이온데, 두 분은 이미 죽고 없으므로 이제는 아무도 그것을 구별할 수 없습니다. 이번 일만은 재판관이 말한 것을 옳은 것으로 해두는 것이 좋을 줄로 아옵니다."

건망증의 고마움

송나라 양리(陽里)에 사는 화자(華子)란 사람은 중년에 이르러 건망증에 걸리고 말았다.

아침에 남에게 빌려 온 물건은 저녁이면 까맣게 잊어버리고, 저녁에 남에게 물건을 빌려 주고는 이튿날 아침이면 까맣게 잊어버렸다. 길에서는 걸어가는 것을 잊고, 집에 있을 때는 앉는 것을 잊어버렸다. 지금은 이전의 일을 까맣게 모르고, 뒤에는 지금 일을 전연 잊고 만다.

집안 사람들이 걱정이 되어 점쟁이에게 점을 쳐 보아도 점괘가 나오지 않았고, 무당에게 부탁해서 굿을 해보아도 효과가 없었다. 의원에게 치료까지 받아 보았건만 도무지 낫지를 않았다.

그때 노나라의 어느 선비가 고쳐 보겠다고 자청하고 나섰다. 화자의 집에서는 이 병을 고쳐주기만 하면 재산을 반을 나눠주겠다고 약속을 했다. 그러자 그 선비는 이렇게 말했다.

"이건 원래가 점을 칠 성질의 것도 아니고, 굿으로 나을 수도 없는 것이며, 약으로도 낫지 않는 것입니다. 나는 시험 삼아 주인 어른의 마음을 바꾸고 생각을 고쳐 볼까 합니다. 그러면 혹 나을 수도 있을 테니까요."

그래서 시험 삼아 화자의 옷을 벗겨 보았더니 역시 옷을 입으려 했고, 배를 고프게 해 두었더니 또한 밥을 먹고 싶어했으며, 어두운 곳에 있게 해 두었더니 밝은 곳으로 나가려 했다. 선비는 그것을 보자 반가운 얼굴로 화자의 아들에게 말했다.

"이 병은 고칠 수 있습니다. 그러나 내가 고치는 방법은 대대로 비밀히 전해 온 것이라 남에게 알리게 할 수는 없으니 다른 분들은 모두 물러가시도록 하시오. 나 혼자서 이레 동안 환자와 함께 방에 있도록 해 주시오."

그래서 그가 시키는 대로 했으므로 그가 무엇을 어떻게 했는지는 알 수 없었다. 그러나 어찌 됐든 오래 된 병이 하루 아침에 씻은 듯이 달아나 버리고 말았다.

그런데 화자는 병이 낫자 노발대발해서 아내를 내쫓고 자식들에게 호통을 쳤으며 창을 들고 선비를 뒤쫓았다. 사람들이 화자를 붙들고 그 까닭을 묻자 그는 이렇게 대답했다.

"내가 건망증에 걸렸을 때는 마음이 태평스러워서 세상이 있는지 없는지 그것마저 모르고 지냈다. 그런데 지금 갑자기 생각이 되살아나고 보니 지금까지 수십 년 동안 일어났던 생사(生死)와 득실(得失)과 희비(喜悲) 등 가지가지 일들이 한꺼번에 밀어닥치고 있다. 앞으로 계속 그것들이 내 마음을 괴롭힐 것을 생각하니 걱정이 되어 견딜 수 없다. 비록 잠시 동안이나마 모든 것을 잊어버리고 사는 일이란 이제 두 번 다시 없을 것이 아닌가."

자공(子貢)이 이 말을 듣고 이해가 가지 않아 공자에게 물었다. 공자가 대답했다.

"이것은 너로서는 아직 알 수 없는 일이다."

그리고 수제자인 안회(顏回)를 바라보며 이 이야기를 기록에 남기도록 시켰다.

틀리지 않은 사람은 없다

진(秦)나라 봉씨(逢氏)란 사람에게 아들이 하나 있었다. 어릴 때에는 퍽 영리했었는데, 어른이 되고 나서 이상한 병에 걸려 모든 판단을 보통 사람들과는 정반대로 하였다. 노래를 들으면 우는 것으로 알고, 흰 것을 보면 검다고 생각하고, 향내를 맡으면 구리다고 하고, 단 걸 먹으면 쓰다고 하며, 좋은 걸 보면 나쁘다고 하는 식으로, 천지 사방이라든가, 물과 불이라든가, 춥고 더운 것이라든가, 전부를 정반대로 생각하게끔 되었다. 양씨(楊氏)라는 이웃 사람이 환자의 아버지를 보고 권했다.

"노나라에는 재주가 뛰어난 분들이 많다고 하니 혹 그런 병을 고칠 수 있는 사람이 있을지도 모르오. 한번 가서 알아보는 것이 어떻겠소?"

이에 봉씨는 노나라로 길을 떠났다. 도중 진(陳)나라를 지나다가 노자(老子)를 만나게 되었다. 봉씨가 아들의 병세를 말하자 노자는 이렇게 말했다.

"그대는 어떻게 그대 아들의 생각이 틀렸다는 것을 아시오? 지금 온 세상 사람들이 다 옳고 그른 것을 구별하지 못하고, 이해득실을 분간하지 못하는 등 그대 아들과 똑같은 병에 걸린 사람들이 대부분이오. 물론 도리를 제대로 깨친 사람은 한 사람도 없소. 그리고 자기 한 사람의 생각이 틀렸다 해서 집안 사람 전부를 틀렸다고는 볼 수 없으며, 한 집안 사람이 다 틀렸다고 해서 온 고을 사람이 다 틀렸다고는 볼 수 없소. 또 한 고을 사람의 생각이 틀렸다고 해서 온 나라 사람이 다 틀렸다고는 볼 수 없으며, 한 나라 사람의 생각이 틀렸다고 해서 온 천하가 다 틀렸다고 단언할 수도 없는 것이오. 그러나 온 천하가 다 틀린 생각을 가졌다면 누가 그것을 바로잡을 수가 있겠소.

가령 온 세상 사람이 다 그대 아들처럼 되어 버렸다고 한다면, 거꾸로 그대의 생각이 틀린 것이 되고 말 것이오. 슬픔이나 즐거움이라든가, 소리나 빛이라든가, 냄새나 맛이라든가, 옳고 그른 것이라든가, 누가 그것을 올바르게 알아맞힐 수가 있었소? 그리고 이렇게 말하는 내 말 그 자체가 반드시 틀린 것이 아니라고는 말할 수 없는 것이오. 더구나 노나라 사람들이란 틀려도 이만저만 틀린 것이 아닌데, 어떻게 남의 틀린 것을 바로잡을 수 있겠소. 그대도 가지고 있는 양식을 짊어지고 빨리 집으로 돌아가는 편이 좋을 것이오."

슬픔은 뿌리 없는 풀

연(燕)나라 사람으로, 태어난 곳은 연나라지만 초(楚)나라에서 자란 사람이 있었다. 그는 늙어서 고향으로 돌아오게 되었는데, 도중 진(晉)나라까지 이르게 되었다. 그때 같이 오던 사람이 그를 놀려 줄 생각으로, 어느 도시를 가리키며 말했다.

"저것은 연나라 도시일세."

그는 깜짝 놀라며 얼굴 표정을 바꾸었다. 그러자 다시 사당(祠堂)을 가리키며 말했다.

"저것은 자네 마을의 사당일세."

그러자 그는 깊은 한숨을 내쉬었다.

다시 어느 집을 가리키며 말했다.

"저것은 자네 조상들이 살던 집일세."

그러자 그는 소리 없이 눈물을 주르륵 흘렸다. 이번엔 또 어느 무덤을 가리키며 말했다.

"저것은 자네 조상의 무덤일세."

그는 그만 견디다 못해 엉엉 울어 버렸다. 그제야 동행하던 사람은 껄껄 너털웃음을 웃으며 놀렸다.

"이 사람아, 내가 한 말은 모두가 거짓말이었네. 여기는 아직 진나라일세."

울던 그는 몹시 부끄러웠다.

마침내 그는 연나라로 들어와 정말 연나라 도시를 보고, 자기가 태어난 마을의 사당을 보고, 그리고 자기가 태어났던 집과 조상의 무덤들을 보았으나 전과 달리 슬픈 생각이 별로 들지 않았다.

우공이산(愚公移山)

태행산(太行山)과 왕옥산(王屋山)은 사방이 700리, 높이가 1만 길이나 되며, 원래는 기주(冀州) 남쪽 하양(河陽) 북쪽에 있었다.

북산(北山)에 사는 우공(愚公)이란 사람은 나이가 아흔이 가깝도록 이 두 산을 마주보며 살아 왔다. 그런데 산이 북쪽을 딱 가로막고 있어 오고 가는 것이 몹시 불편한 것을 못마땅하게 생각해 오던 우공은, 어느 날 가족들을 모아 놓고 이런 상의를 했다.

"나는 너희들과 있는 힘을 다해 험한 산을 펀펀하게 만들고, 예주(豫州) 남쪽까지 똑바로 길을 열어 한수(漢水) 북쪽까지 갈 수 있게끔 하고 싶은데 어떠냐?"

가족들은 모두가 찬성을 했다. 그러나 우공의 부인만은 의아한 표정을 지으며 말했다.

"당신 힘으로는 조그만 언덕 하나도 제대로 파낼 수가 없을 텐데 저런 큰 산을 어떻게 하겠다는 거예요. 그리고 파낸 흙과 돌을 어디다 어떻게 옮겨 놓겠다는 겁니까?"

그러나 다른 사람들은 이렇게 말하며 찬성을 했다.

"그 흙과 돌은 발해(渤海) 끝, 은토(隱土) 북쪽에 버리면 되겠지요."

합의를 본 우공은 세 아들과 손자들을 데리고 나와, 돌을 깨고 흙을 파내어 소쿠리 삼태기에 담아 발해 끝에까지 옮겨 놓기 시작했다.

우공의 이웃에 사는 홀어미 경성씨(京城氏)에게는 겨우 7, 8살밖에 되지 않은 사내아이가 하나 있었는데, 그 애도 좋아라고 일을 거들었다. 그런데 일 년이 지나서야 겨우 발해까지 한 번 왕복을 하는 형편이었다.

황하 근처에 사는 지수(智叟)라는 사람은 그것을 보고 웃으면서 우공에게 충고했다.

"자네, 보아하니 지나치게 바보스러운 짓을 하네그려. 여생이 얼마 남지 않은 그 가냘픈 힘으로는 산 한쪽 귀퉁이도 떼어 내기 어려울 터인데, 어떻게 이런 큰 산의 흙과 돌을 옮기겠다는 건가?"

그러자 북산의 우공은 딱하다는 듯이 한숨을 내쉬며 이렇게 말했다.

"자네같이 천박한 마음을 가진 사람으로서는 도저히 알 수 없을 걸세. 자네의 그 지혜는 저 과부집 어린아이만도 못하네, 알겠나. 설령 여생이 얼마 남지 않은 내가 죽는다 해도 자식들은 살아 있을 것이 아닌가. 자식은 또 손자를 얻고, 그 손자는 또 자식을 낳고 해서 자자손손 영원히 끊어질 리가 없지 않은가. 그런데 산이란 불어나는 것이 아니니, 어느 땐가는 틀림없이 다 파낼 때가 올 것이 아니겠는가."

지수도 그 말을 듣자 다시 할 말이 없었다. 한편 두 산을 지키는 조사신(操蛇神 : 산과 바다의 신. 손에 뱀을 들고 있다.)은, 이대로 계속되었다가는 필경 산이 없어질 것이 두려워 딱한 사정을 옥황상제에게 호소했다. 옥황상제는 우공의 그 참된 마음에 감탄한 나머지 힘이 세기로 유명한 천신(天神)인 과아씨(夸娥氏)의 두 아들에게 명령해서, 태행과 왕옥 두 산을 업어다가, 하나는 삭동(朔東) 땅에, 또 하나는 옹남(雍南) 땅에 옮겨 놓도록 했다. 그 뒤로 기주 남쪽, 한수 북쪽에는 나지막한 언덕 하나 남아 있지 않게 되었다.

태양문답(太陽問答)

공자(孔子)가 동쪽 지방을 여행하고 있을 때의 일이다. 어느 곳에서 두 아이가 서로 말다툼을 하고 있는 것을 보고 그 까닭을 물었다. 그러자 한 아이가 말했다.

"나는 해가 처음 떠오를 때보다 한낮에 더 멀리 있다고 생각한단 말예요."

그러자 또 한 아이가 말했다.

"나는 해가 처음 떠오를 때가 한낮보다 더 멀리 있다고 생각해요."

그러자 첫 번째 아이는 그 이유를 설명했다.

"해가 처음 떠올랐을 때는 수레의 덮개〔車蓋〕만큼 크게 보이지만, 한낮에는 대접 정도로 보여요. 그것이 크게 보이는 것은 가깝기 때문이고 작게 보이는 것은 멀기 때문이어요."

그러자 나중 아이는 또 이렇게 말했다.

"해가 처음 뜰 때는 서늘하지만, 한낮이 되면 뜨겁잖아요. 이건 가까우면 뜨거워지고 멀면 차가워지기 때문이란 말예요."

공자가 얼른 결정을 못 내리고 서 있자 두 아이는 웃으며 말했다.

"할아버지를 훌륭한 분이라고 말한 것이 도대체 누구였지?"

마음을 바꿔 넣은 이야기

노(魯)나라의 공호(公扈)란 사람과 조(趙)나라의 제영(齊嬰)이란 사람이 둘 다 병이 나서, 함께 유명한 의원인 편작(扁鵲)에게 가서 치료를 받았다.

편작은 병을 고쳐 주고 나서 두 사람에게 이런 말을 했다.

"두 분의 병은 밖에서 내장으로 들어온 병이라 약으로 고칠 수 있었습니다. 그러나 또 하나 날 때부터 가지고 있는 병이 있으니, 그것은 몸이 자라나는 대로 점점 악화되어 가고 있는 것 같소이다. 두 분을 위해 그 병마저 고쳐 드렸으면 싶은데 의향이 어떠하신지요."

"그럼 먼저 어떤 병인지 들려 주실 수 없겠습니까?"

그러자 편작은 공호를 보고 말했다.

"댁은 마음은 강한데 기운이 약하오. 그래서 생각하는 점은 뛰어나지만 결단력이 부족합니다. 그런데 제영이란 분은 마음은 약하나 기운이 강한 편입니다. 그래서 생각은 모자라면서도 독단적인 판단과 행동에 빠지기가 쉽습니다. 만일 두 분의 마음을 서로 바꿔 넣는다면 두 분 모두 균형 잡힌 인격자가 될 수 있을 것입니다만."

그리하여 결국 편작은 두 사람에게 독한 술을 먹여 사흘 동안 마취 상태에 빠뜨려 놓고, 가슴을 갈라 염통을 꺼내 서로 바꿔 붙인 다음 정신 드는 약을 먹였다. 두 사람은 곧 깨어나 하직 인사를 고하고 집으로 돌아갔다.

그런데 제영의 마음을 자기 가슴에 갈아 넣은 공호는 바뀐 생각에 따라 제영의 집을 자기 집으로 알고 찾아갔다. 제영의 부인과 아이들이 그를 웬 사람인지 알 리가 없었다. 제영 역시 공호의 집을 자기 집으로 알고 찾아갔기 때문에 똑같은 사태가 벌어질 수밖에 없었다. 그래서 양쪽 집에선 관가에 소송을 제기하게 되었다. 피고로 몰린 두 사람은 편작을 증인으로 세웠고, 편작의 해명으로 의심이 풀렸으므로 소송은 곧 취하되었다.

궁술의 극치

옛날, 감승(甘蠅)이란 명궁(名弓)이 있었다. 그가 활을 당기면 짐승이 땅에 쓰러지고 새가 공중에서 떨어지곤 했다. 그의 제자인 비위(飛衛)는 감승에게서 궁술을 배웠는데, 솜씨가 감승을 능가할 정도였다. 또한 기창(紀昌)이란 사람이 비위에게 궁술을 배우기를 원했는데, 그는 비위로부터 이런 교훈을 받았다.

"너는 먼저 눈을 깜빡거리지 않는 연습부터 해야 한다. 눈을 깜빡거리지 않게 된 뒤라야 활에 대한 이야기를 들을 수 있다."

그래서 기창은 집에 돌아오자, 아내가 짜고 있는 베틀 밑에 반듯하게 누워서 베틀 북이 왔다갔다하는 것을 눈여겨보는 연습을 했다. 두 해 뒤에는 송곳 끝이 눈시울을 향해 떨어져도 눈 하나 깜박이지 않게 되었다. 그런 사실을 비위에게 보고하자, 그는 또 이렇게 말하고 돌려보냈다.

"그것만으로는 아직 멀었다. 다음으로, 보는 연습을 끝마치면 그런대로 활쏘기를 배울 수 있을 것이다. 작은 것이 큰 것처럼 보이고, 먼 것이 똑똑히 보이게끔 되거든 내게로 와서 일러라."

그래서 기창은 남쪽 창문에 말총으로 이(虱)를 매달아 놓고, 멀리서 그것을 바라보기 시작했다. 열흘쯤 지나자 이는 점점 크게 보였고, 3년 후에는 수레바퀴만큼 크게 보였다. 그 눈으로 다른 물건을 바라보면 모두 산더미처럼 크게 보였다. 그래서 연나라에서 나는 뿔로 만든 활에다가 북쪽에서 나는 쑥대 화살을 재어 쏘았더니, 화살은 보기 좋게 이의 염통을 꿰뚫었는데 이를 매어 둔 말총은 끊어지지 않은 채 그대로 남아 있었다. 이 사실을 비위에게 보고하자, 비위는 껑충 뛰어오르며 가슴을 두들기고 나서 기뻐하며 말했다.

"너도 이젠 성공을 하게 되었구나."

기창은 비위의 재주를 다 배우고 난 다음, 이제 자기를 대적할 수 있는 자가 과연 누군가 하고 생각하였다. 단 한 사람, 비위밖에 없었다. 그래서 이윽고 비위를 죽여 없애기로 결심을 하였다.

어느 날 들 한가운데에서 두 사람이 마주치게 되었다. 두 사람은 서로 상대방을 향해 활을 쏘았다. 화살은 중간에서 서로 맞부딪는 순간 그대로 살그머니 땅에 떨어져 먼지 하나 일지 않았다. 그렇게 마주 쏘는 동안 비위는 화살이 먼저 떨어졌으나 기창에게는 하나가 남아 있었다. 기창이 하나 남은 화살을 쏘자, 비위는 가시나무 가시로 그것을 감쪽같이 받아 넘겼다.

그러자 두 사람은 울면서 활을 집어던지고 땅바닥에 엎드려 마주 절을 하고 부자의 의를 맺었다. 둘은 팔뚝을 베어 피를 내고, 활의 비법을 다시는 세상에 전하지 말자고 맹세했다.

말 모는 비결

조보(造父 : 주목왕의 말몰이로 이름을 떨친 명인)의 스승을 태두씨(泰豆氏)라 불렀다. 조보가 그에게서 말 모는 법을 배우기 시작했다. 극진히 예를 다해서 스승을 정성껏 모셨으나, 3년 동안 태두씨는 아무것도 가르쳐 주는 것이 없었다. 그래도 조보는 조금도 변함없이 그를 극진히 섬겼다. 그러자 태두씨는 비로소 이런 말을 들려주었다.

"옛 시 가운데에도 '양궁(良弓)의 아들은 반드시 먼저 키를 만들고, 양야(良冶)의 아들은 반드시 먼저 갖옷〔裘〕을 만든다'고 했다. 너도 먼저 내 걸음걸이부터 배워야 한다. 나처럼 걸을 수 있어야만 비로소 여섯 개의 고삐를 잡고 여섯 마리 말을 몰 수 있게 된다."

"가르치신 대로 하겠습니다."

그러자 태두씨는 나무 말뚝을 잇달아 박아 길을 만들었다. 그 말뚝은 겨우 발을 올려놓을 정도였으나 발걸음 너비에 맞춰 세워 두고 그 위를 밟고 빠른 걸음으로 왔다갔다했지만 발을 헛디디는 일은 없었다. 조보는 그것을 배우기 시작하자 사흘 동안에 완전히 터득해 버렸다.

태두씨가 감탄해서 말했다.

"너는 참으로 영리하고 이해가 빠르구나. 말을 모는 기술이란 것도 대체로 이와 다를 것이 없다. 지금 네가 걷고 있을 때, 발의 움직임이 마음에 생각하는 그대로 움직였기 때문이다. 이것을 말 모는 기술에 비교해 볼 때, 고삐를 다루어 차체를 안정시키고, 말 머리를 당겼다 늦췄다 하며 조절하는 것은 자기 마음속으로 올바로 자질을 해가며, 손끝으로 그것을 가늠하게 된다. 자기 마음속에 깨닫는 무엇이 있어야 말의 비위도 맞출 수 있는 것이다.

그렇게 되면 말을 앞으로 몰든 뒤로 물리치든 먹줄을 튀긴 듯이 곧게 되고, 돌아서든 방향을 바꾸든 보기 좋게 직각으로 되고 둥글게도 되며, 멀리 가더라도 힘에 여유가 생긴다. 이래야만 참으로 말을 몰 줄 안다고 할 수 있다.

말의 마음을 재갈이 있는 곳에서 파악하여 그것이 고삐로 옮겨오고, 고삐에서 손으로 옮겨진 다음 손에서 마음으로 전하게 되면, 눈으로 보지 않아도, 또 채찍으로 말을 몰지 않아도 마음은 조용하고 자세는 바르게 된다. 따라서 여섯 마리 말의 고삐가 어지러워지는 일 없이 스물네 개의 발굽이 제

위치를 잃지 않게 되고, 돌고 나아가고 물러나는 것이 절도 있게 행해진다. 이렇게 되면 수레바퀴에는 그 폭 이상의 지면은 필요 없게 되고, 말발굽에는 그 크기 이상의 지면이 필요 없게 된다. 그리하여 산과 골짜기의 험한 곳도, 초원과 습지대의 넓은 곳도 아무 거리낌 없이 똑같이 느껴지게 된다. 이것이 내 기술의 비결이다. 너도 이 점을 마음에 새겨두어야 한다."

인력과 천명

인력(人力)이 천명(天命)을 보고 말했다.

"당신의 능력과 내 것을 비교하면 어느 쪽이 나을까요?"

"당신은 다른 것들에 대해 어떤 능력을 가지고 있기에 나와 비교를 하는 거지요?"

"인간이 오래 살고 일찍 죽는 것도, 망하고 흥하는 것도, 귀하게 되고 천하게 되는 것도, 가난하게 살고 부자로 사는 것도 모두 나의 힘에 의하기 때문이오."

그러자 천명은 이렇게 받았다.

"팽조(彭祖)란 사람은, 지혜가 요순(堯舜)보다 나을 것이 없었지만 800년이나 살 수 있었고, 공자의 제자 안회(顔回)의 재주는 보통 사람보다 못한 편이 아니었는데도 32살로 죽었소. 공자의 덕이 제후들만 못하지는 않았지만 진(陳)나라와 채(蔡)나라 사이에서 심한 고난(공자가 초(楚)에 초빙되어 가다 진나라와 채나라 사이의 들판에서 두 나라 대부(大夫)들에게 저지되었던 일.)을 겪었고, 은(殷)나라 주왕(紂王)은 은나라 삼인(三仁)으로 불리는 미자(微子), 기자(箕子), 비간(比干)보다 위라고는 할 수 없는데도 천자의 자리에 있었소. 또 계찰(季札)이란 오나라의 어진 사람은 오나라의 벼슬을 가지지 못했는데, 어질지도 못한 전항(田恒 : 제(齊)나라는 본래 강씨(姜氏)의 것인데, 전항(田恒)이 임금 자리를 빼앗았다.)은 제나라 정치를 혼자 휘둘렀고, 백이 숙제는 수양산에서 굶어 죽었는데, 노나라 계손씨(季孫氏 : 춘추시대 노(魯)나라의 권세가)는 훌륭하다고 이름난 전금(展禽 : 유하혜(柳下惠). 춘추시대 노나라의 성인)보다 풍족한 생활을 했소. 만일 이런 것들이 다 인력으로 이루어진 것이라면 어째서 한쪽은 오래 살게 하고 한쪽은 일찍 죽게 하며, 성인을 망하게 만들고 무도한 사람을 흥하게 만들며, 어진 사람을 천하게 만들고 어리석은 사람을 높은 지위에 올려놓으며, 착한 사람을 가난하게 하고 악한 사람을 부자로 만드는 것이오?"

"결국 당신 말대로 한다면, 나는 사물에 대해 별로 큰 역할을 하지 못한다는 이야기가 되겠는데, 그렇다면 세상에 있는 것들이 그렇게 되는 것은 당신이 지배하고 있기 때문이란 말이오?"

"아니오. 천명이란 이름이 붙은 이상 어떻게 그런 것을 지배할 수 있겠소. 나는 다만 곧은 것은 곧은 그대로 뻗어가게 놓아두고, 굽은 것은 굽은 그대로 내버려둘 뿐이오. 오래 살든 일찍 죽든, 망하든 흥하든, 귀하게 되든 천하게 되든, 부자가 되든 가난뱅이가 되든 모두가 자연 그대로 되는 것일 뿐, 내가 무엇 때문에 그런 걸 알려고 하겠소. 나와는 아무런 상관도 없는 것이오."

병도 운명이다

양주(楊朱)에게 계량(季梁)이란 친구가 있었다. 언젠가 계량이 병이 들어 이레를 앓는 동안 몹시 중태에 빠졌다. 아들들은 주위에 둘러앉아 슬피 울며 의원을 부르려 했다. 그러자 계량은 양주에게 말했다.

"내 자식들은 모두 못난 놈들뿐이라서 보다시피 저 모양 아닌가. 수고스럽지만 나를 위해 노래라도 불러 자식들을 깨우쳐 주지 않겠나."

그래서 양주는 이런 노래를 불렀다.

하늘도 모르는 것을
사람이 어떻게 알리.
행복도 하늘의 덕은 아니며
재난도 사람이 한 짓은 아니다.
나와 그대는 훤히 알지만
의원이나 무당이 알 리가 없지.

그러나 아들들은 무슨 뜻인지를 알지 못하고, 결국 세 사람의 의원을 불러 보이기로 했다. 한 사람은 교씨(矯氏)라 했고, 다른 한 사람은 유씨(兪氏), 또 한 사람은 노씨(盧氏)였다. 진찰을 마치자 교씨는 계량을 보고 말했다.

"당신은 추위와 더위를 적당히 조절하지 못하고, 허실(虛實)이 균형을 잃고 있습니다. 병은 음식이나 남녀 관계라든가 하는 것에 마음을 지나치게 쓴 탓으로 생긴 것이지, 하늘 때문도 귀신 때문도 아닙니다. 병이 이미 깊기는 하지만 고칠 수는 있습니다."

그러자 계량은 아들들에게 명령했다.

"돌팔이 의원이다. 당장 쫓아 버려라."

다음 유씨는 이렇게 말했다.

"당신은 태어날 때부터 기운을 잘 타고 나지 못한 데다 어머니의 젖이 너무 많았습니다. 병은 하루 이틀에 생긴 것이 아니라 오랫동안 두고두고 커진 것이므로 이젠 고칠 수가 없습니다."

그러자 계량은 아들들에게 이렇게 시켰다.

"보통 의원이 아니다. 음식 대접이라도 해서 보내라."

다음 노씨는 또 이렇게 말했다.

"당신의 병은 하늘 때문도 아니고 사람 때문도 아니며, 또 귀신 때문도 아닙니다. 세상에 태어날 때부터 이미 이런 병에 걸리게끔 정해져 있었습니다. 그러니 아무리 약을 쓰고 침을 놓아 보아야 병을 어떻게 해볼 도리가 없습니다."

그러자 계량은 다시 이렇게 시켰다.

"참으로 명의로다. 후히 대접해서 보내도록 하라."

그러고 나서 계량의 병은 저절로 낫게 되었다.

죽음은 슬프지 않다

제(齊)나라 경공(景公)이 교외에 있는 우산(牛山)에 올랐을 때, 북쪽으로 즐비하게 늘어서 있는 장안 거리 풍경을 굽어보게 되었다. 경공은 이때 눈물을 흘리며 이렇게 말했다.

"정말 아름다운 나라로다. 나무까지 시퍼렇게 무성해 있구나. 어떻게 이 나라를 두고 죽을 수 있단 말인가. 만일 이 세상에 처음부터 죽음이란 것이 없었다면 나도 이곳을 떠나 다른 곳으로 가지 않아도 좋으련만."

임금의 총애를 받는 사공(史孔)과 양구거(梁丘據)는 경공의 그런 말을 듣자 덩달아 울면서 말했다.

"소인들은 전하의 덕택으로 살고 있사오나, 만일 마른 나물이나 상한 고기라도 먹을 수 있고, 짐말이나 낡은 수레라도 타면서 살아갈 수 있다면, 조금도 죽고 싶은 생각은 없습니다. 하물며 전하의 경우야 더욱 그러하지 않겠사옵니까."

그러나 대신인 안자(晏子 : 《안자춘추》를 지은 안영(晏嬰))만은 옆에서 그런 말을 들으며 웃고만 있었다. 경공은 눈물을 닦으며 안자 쪽을 돌아보고 물었다.

"과인은 오늘 이리로 와서 슬픈 것을 느꼈소. 사공과 양구거도 함께 울어주었는데, 경만이 혼자 웃고 있으니 어찌된 일이오?"

안자는 이렇게 대답했다.

"만일 어진 임금이 언제까지나 죽지 않고 제나라를 다스릴 수 있었다면, 태공망(太公望)이나 환공(桓公)이 틀림없이 그렇게 되었을 것이옵니다. 만일 용기 있는 임금이 언제까지나 죽지 않고 제나라를 다스릴 수 있었다면, 장공(莊公)과 영공(靈公)이 틀림없이 그렇게 했을 것입니다. 이런 분들이 제나라를 다스리고 있다면 전하께서는 도롱이와 삿갓을 쓰고 논밭에서 농사일을 하기에 바빠, 죽고 싶지 않다는 그런 생각을 가질 겨를마저 없었을 것이옵니다.

더구나 전하께서 임금이 되시는 것 같은 그런 일은 있을 수도 없는 일이옵니다. 번갈아 임금이 되고 번갈아 그 자리를 떠나게 되어 있기 때문에, 전하께 그 차례가 돌아오게 된 것뿐입니다. 그런데 전하만이 죽고 싶지 않다면서 울고 계시다면 너무 내 욕심만 차리는 것이 아니옵니까. 소신은 그런 임금님과 임금님의 비위를 맞추려는 신하들을 보게 되었기 때문에 혼자 웃었던 것이옵니다."

경공은 어찌나 무안했던지 손수 잔을 들어 벌주(罰酒)를 마시고, 사공과 양구거에게도 각각 두 잔씩 벌주를 마시게 했다.

동문오가 슬프지 않은 이유

위(魏)나라에 동문오(東門吳)란 사람이 있었다. 아들이 죽었는데도 조금도 슬픈 기색을 보이지 않았다. 그의 아내가 물었다.

"당신은 끔찍이도 자식을 사랑하더니만 그 자식이 죽었는데 조금도 슬퍼하는 기색이 없으니 어떻게 된 노릇입니까?"

그러자 동문오는 태연하게 대답했다.

"내게는 그동안 자식이 없지 않았는가. 자식이 없을 때는 별로 자식 없는 것이 슬픈 줄을 모르고 지내왔거든. 그런데 지금 자식이 죽었다고는 하지만,

전에 자식이 없었을 때와 다를 것이 없지 않은가. 다시 원래대로 된 것뿐인데 슬퍼할 것까지야 없지 않소."

쾌락주의를 충고했으나

자산(子產)은 정(鄭)나라의 재상이 되어 3년 동안 한 나라의 정치를 한손으로 요리하게 되었다. 그리하여 착한 사람은 그의 교화에 감복하고, 악한 사람은 그 형벌을 두려워하여 정나라는 살기 좋은 나라가 되었고, 이웃 나라들도 한층 대우를 하게끔 되었다.

그런데 자산에게는 공손조(公孫朝)라는 형과 공손목(公孫穆)이라는 아우가 있었다. 조는 술을 좋아하기로 유명했고, 목은 여자를 지나치게 좋아했다. 조의 집에는 술이 1000석이나 저장되어 있었고, 누룩도 산더미처럼 쌓여 있었으며, 대문에서 100보 바깥까지 술과 술지게미 냄새가 사람의 코를 찌르는 형편이었다.

공손조가 한번 술을 마셨다 하면, 세상이 돌아가는 것도, 무엇이 옳고 그른지도, 집안 형편이 어떻게 돌아가는지도, 친척 동기간의 사이가 어떻게 되어가는지도, 죽고 사는 슬픔과 기쁨 같은 것도 일체가 관심 밖이었고, 홍수나 화재가 눈앞에 닥쳐와도 정신을 못 차릴 정도였다.

한편 공손목 쪽은 저택 깊숙한 곳에 수십 개의 방이 줄을 지어 있었고, 방마다 고르고 고른 젊고 아름다운 여인들이 살고 있었다. 그가 한번 음욕이 일었다 하면, 가까운 시종들도 다 멀리하고, 친구와의 교제도 끊은 채 깊숙한 안방에 틀어박혀 밤인지 낮인지 분간도 못 하고, 석 달에 한 번 정도 겨우 얼굴을 내밀 정도인데, 그러고도 만족하지 못한 듯한 태도였다. 근처에 어여쁜 처녀가 있다는 소문만 들으면 돈을 주어 내 것을 만들든가, 사람을 넣어 중매를 붙이든가 하여, 도저히 어찌해 볼 수 없다는 것을 알기 전에는 단념을 못 하는 형편이었다.

자산은 평소부터 이들 두 형제 때문에 골치를 앓고 있었는데, 하루는 가만히 등석(鄧析)을 찾아가 상의를 했다.

"사람들이 말하기를, 몸을 닦은 뒤에 집을 다스리고, 집을 다스린 뒤에 나라를 다스린다 했으니, 이 말은 곧 가까운 곳에서부터 먼 곳으로 미치게 한다는 뜻이 아니겠는가. 그런데 내 경우는, 나라의 정치는 잘 되어가고 있지만 집안은 저린 형편일세. 순서가 바뀐 것 같지만, 어떻게 저들 두 사람을 건지는 방법이 없을까?"

그러자 등석은 이렇게 대답했다.

"나도 전부터 이상하다고는 생각하고 있었으나 자진해서 말을 못 했던 것뿐일세. 왜 그들이 맑은 정신으로 있을 때를 틈타서 충고를 해 주지 않는가."

그래서 자산은 등석의 의견에 따라, 기회를 틈타 두 형제들을 만나 이렇게 충고를 했다.

"사람이 새나 짐승보다 귀한 까닭은 생각과 판단력이 있기 때문이다. 그런 생각과 판단에서 가장 중요한 것은 예의를 지키는 일이다. 예의를 지키면 명성과 지위는 절로 찾아오게 된다. 그러나 만일 정욕에 따라 행동을 하며 향락에 빠지게 되면 생명마저 위태롭게 된다. 만일 내가 하는 말을 들어 준다면 회개와 동시에 녹을 먹는 귀한 신분이 될 수 있을 것이다."

그러자 두 사람은 이렇게 대답했다.

"우린들 왜 그 정도야 모르겠습니까. 그걸 알고 있으면서도 이런 길을 택한 것이며, 그것도 이미 오랜 옛날 일입니다. 그런 충고는 들으나마나입니다.

대체로 사람이 살아간다는 것은 어려운 일이지만 죽는다는 것은 쉬운 일입니다. 어려운 삶에서 쉬운 죽음을 기다리는 것이 인생이라면 깊이 생각해 볼 문제가 아니겠습니까. 예의를 소중한 것이라 하여 자연의 정욕을 억제하며 명성을 얻는 그런 짓을 할 바엔 차라리 죽는 편이 낫습니다. 일생의 환락을 마음껏 즐기고 눈앞의 즐거움을 맛보려고 하면, 마음에 걸리는 것은 다만 배불리 먹고 싫도록 마시지 못할까, 정력이 모자라 욕망대로 하지 못하지나 않을까 하는 것뿐입니다.

세상의 평판이 나쁘다든가, 생명이 위태롭다든가, 그런 것을 걱정하고 있을 겨를은 없습니다. 더구나 당신은 나라를 다스리는 재주를 남에게 자랑하며, 달콤한 소리로 우리의 마음을 흔들어 놓고, 명예나 지위로 우리의 마음을 사려고 하니, 그 얼마나 얄팍하고 속없는 짓입니까. 우리도 그만 당신과는 손을 끊고 싶은 심정입니다. 대체로 겉모양을 다듬는 사람은 사물을 잘 다스리기 어렵고 나 자신까지를 괴롭히게 되지만, 이와는 반대로 마음속을 제대로 다스리는 사람은 사물이 어지러워지는 법도 없으며, 타고난 성정(性

情)도 편하게 됩니다. 당신처럼 겉치레만 한다면 그것이 일시적으로는 성과를 거둘지 모르나 인간의 심리를 정확히 파악하는 경지까지엔 이르지 못합니다. 우리처럼 마음속을 훌륭하게 다스리는 그런 방법으로 나간다면 그것을 온 천하에 미치게 하여, 군신(君臣)과 상하(上下)의 도리 같은 걸 없애 버리게 됩니다. 우리는 일찍부터 이러한 방법을 당신에게 충고할 생각이었는데, 이제 거꾸로 우리를 설득시키려는 것입니까?"

자산은 대답도 못하고 멍하니 앉아 있었다. 뒷날 등석을 만나 그런 이야기를 했더니, 등석은 이렇게 평했다.

"자네는 도를 깨달은 사람과 같이 있으면서도 그걸 모르고 있었군. 누가 자네를 지혜 있는 사람이라 불렀는지 모르겠네. 정나라가 잘 다스려진 것도 우연한 일이었을 뿐 자네 때문은 아니었던 것 같네그려."

생사(生死)는 그것대로 맡겨야

제자인 맹손양(孟孫陽)이 양자(楊子 : 양주(楊朱). 전국시대의 위(衞)나라 사람으로 자(字)는 자거(子居). 극단적인 이기주의자)에게 물었다.

"지금 어느 한 사람이 삶을 귀중히 여기고 자기 몸을 소중히 하며, 죽지 않기를 바란다면 그것이 가능할까요?"

"죽지 않는 도리는 있을 수 없다."

"그럼 오래 살기를 바란다면 그것은 가능하겠습니까?"

"길이 사는 도리도 있을 수 없다. 삶이란 귀중히 여긴다고 해서 얻어지는 것이 아니며, 몸은 소중히 한다고 해서 튼튼해지는 것도 아니다. 그리고 오래 살아서 어찌 하겠다는 것인가? 사람의 오정(五情)은 예나 지금이나 변함이 없다. 몸의 안위(安危)도, 세상의 고락도, 변화와 치란(治亂)도, 다 예나 지금이나 다를 것이 없다. 그런 것들은 우리가 벌써 보고 듣고 경험해 온 것들이다. 그렇다면 100년의 수명도 너무 긴 것이 아닌가. 하물며 언제까지나 살아남아 고통을 더하려 하다니 될 법이나 한 일인가."

"그렇다면 일찍 죽는 편이 오래 사는 것보다 낫다는 말씀이 되겠는데, 그럼 칼날 앞에 몸을 드러내고 끓는 물이나 불 속으로 뛰어들면 원대로 되겠군요."

그러자 양자는 이렇게 대답했다.

"그런 건 아니다. 사람으로 태어난 이상은 그냥 되어가는 대로 내맡겨 두고, 하고 싶은 일을 멋내로 하면서 죽기를 기다려야 한다. 그리고 죽게 되었을 때 역시 되어가는 대로 내맡겨 두고 마지막 순간 죽으면 그만인 것이나. 어느 것이든 되어가는 대로 내맡기면 되는 것이지, 새삼스레 오래 살려 한다든가 일찍 죽으려고 생각할 필요는 조금도 없다."

둔인(遁人)과 순민(順民)

양주(楊朱 : 양자(楊子))는 다음과 같이 말하고 있다.

"사람이 아등바등하며 조금도 편할 날이 없는 것은, 다음 네 가지 때문이다. 그 첫째는 오래 살려는 욕심, 둘째는 명예욕, 셋째는 지위를 차지하려는 마음, 넷째는 재물을 탐하는 마음이다. 이 네 가지 소망을 가진 사람은 죽은 사람을 무서워하고, 남을 무서워하고, 권력을 무서워하고, 형벌을 무서워한다.

이런 사람을 가리켜 '둔인(遁人)', 즉 도망 다니는 사람이라 한다. 이 같은 사람은 죽이든 살리든 그의 운명은 남의 손에 쥐어져 있는 셈이다. 이에 반하여 자연의 운명에 거스를 생각이 없어 굳이 오래 살기를 바라지도 않고, 지체가 높은 것을 자랑할 생각이 없어 명예를 부러워하지도 않으며, 권력을 휘두를 생각이 없어 지위를 탐내는 일도 없고, 부자가 부럽지 않기 때문에 재물을 욕심내는 일도 없는 사람을 가리켜 '순민(順民)', 즉 순한 백성이라 부른다. 이런 사람은 세상에 거스르는 일이 없고, 운명은 자기 손아귀에 쥐어져 있다. 그러기에 옛말에도 '사람이 만일 결혼이나 벼슬을 하지 않으면 정욕도 반으로 줄어든다. 사람이 만일 입고 먹지 않는다면 군신(君臣)의 도리 따위는 필요치도 않게 된다'고 했다."

주(周)나라 속담에도 '늙은 농부는 앉혀 놓으면 죽는다'는 말이 있다.

농부들은 아침 일찍 들판으로 나가 밤늦게 집으로 돌아오며, 그것이 자기의 분수인 줄 생각하고, 콩죽 같은 험한 음식을 먹으면서도 그것을 천하별미로 알고 있으며, 살결은 거칠어 두꺼워지고, 근육은 불끈 불거져 있다.

그러므로 일단 이 가난한 농부를 털 담요와 비단 방석에 앉혀 놓고, 맛있는 쌀밥과 고기반찬과 과일들을 먹게 하면, 마음은 나른해지고 몸은 지쳐 빠져 마지막엔 열이 북받쳐 병들어 죽게 될 것이다. 또 이와는 반대로, 송(宋)

나라나 노(魯)나라의 귀족들에게 가난한 농부와 똑같은 논밭을 주어 일을 하도록 만든다면 이들 역시 석 달이 못 가서 병들어 죽고 말 것이다.

즉 농부들은 자기가 편하다고 생각되는 곳과 맛있다고 생각되는 음식을 천하제일인 것으로 알고 있는 것이다.

옛날 송(宋)나라에 한 농부가 있었다. 그는 언제나 누더기를 두르고 겨우겨우 겨울을 지낸 다음, 봄이 되면 들로 나가 농사일을 시작하며 따뜻한 햇볕에 몸을 내맡겼다. 이 농부는 이 세상에 큰 저택이나 따뜻한 방이 있는 것도, 솜옷이며 여우나 담비의 털옷이 있다는 것도 모르고 있었기 때문에, 그의 아내를 돌아보며 이렇게 말했다.

"햇볕을 쬐는 따뜻한 맛은 아무도 모를 거야. 이것을 임금께 말씀드리면 틀림없이 상을 주실 거야."

이 말을 전해 들은 마을의 부자 한 사람이 그 농부를 이렇게 깨우쳐 주었다.

"옛날, 들콩과 수삼대와 미나리를 맛있는 것으로 믿고 있는 한 사람이 그 고을의 양반에게 그것들이 기가 막히게 맛이 있는 물건이라고 일러 주었다네. 양반이 그것을 가져오라 하여 먹어 보았겠지. 그랬더니 입안이 따끔따끔해지고 뱃속이 울렁울렁해 오지 않겠는가. 남의 웃음거리가 된 양반은 그 농부를 불러 호통을 쳤고 농부는 공연한 욕을 먹게 되었는데, 임자가 바로 그 짝이로군그래."

남의 뒤가 되어라

열자(列子)가 호구자림(壺丘子林)에게서 배우고 있을 때의 일이다. 호구자림은 이렇게 말했다.

"너도 남의 뒤가 되는 법을 알면 내 몸을 보존할 수 있다."

"남의 뒤가 되려면 어떻게 해야만 합니까?"

"네 그림자를 보면 알 수 있을 것이다."

그래서 열자가 머리를 돌려 자기 그림자를 보았더니, 몸이 굽으면 그림자도 굽고, 몸이 반듯하면 그림자도 반듯했다.

결국 그림자는 굽히는 것도 곧게 하는 것도 몸이 하는 그대로 따라 할 뿐이었다. 마찬가지로 구부리든 펴든 사물의 형편에 따라 그대로 하면 된다. 이것이 남의 뒤가 되면서도 실상은 남의 앞이 되는 것이다.

앞을 내다보다

열자(列子)는 너무 가난해서 얼굴에까지 굶주린 모습이 나타났다. 그것을 보고 누군가가 정(鄭)나라 재상인 자양(子陽)에게 말했다.

"열어구(列禦寇)는 훌륭한 선비라 하지 않습니까. 그가 정나라에 살고 있으면서 몹시 가난에 시달리고 있는 모양인데, 결국은 당신이 선비를 좋아하지 않기 때문이라는 평을 듣지 않겠소?"

그래서 자양은 즉시 사람을 시켜 열자에게 쌀을 보내주도록 했다. 열자는 문 밖에까지 나와 사자를 정중히 맞아들였지만 쌀만은 거절했다. 사자를 보내고 열자가 안으로 들어오자 부인은 가슴을 치며 안타까워했다.

"나는 훌륭한 선비의 처자가 되면 누구나 편안히 사는 줄로 알고 있었는데, 끼니마저 잇지를 못하며, 게다가 재상이 동정해서 보내주는 쌀마저 사양을 하니 너무하지 않습니까?"

그러자 열자는 웃으면서 이렇게 대답했다.

"재상이 자기 스스로 나를 생각해서 보내온 것이 아니라, 남의 말만 듣고 보낸 것이에요. 그렇다면 내게 죄를 씌울 때도 역시 남의 말에 따라 할 것이 아니겠소. 그래서 받지 않았을 뿐이오."

과연 그 뒤 정나라 사람들은 난을 일으켜 자양을 죽이고 말았으나, 열자는 같은 일당으로 몰리지 않게 되었다.

때가 결정한다

노(魯)나라 시씨(施氏) 집에 두 아들이 있었다. 하나는 학문을 좋아했고 하나는 병법을 즐겼다. 학문을 좋아하던 아들은 제(齊)나라 임금을 찾아가 공자(公子)의 스승이 되었고, 병법을 즐기던 아들은 초(楚)나라로 가서 대장이 되었다. 이리하여 두 아들은 나라에서 받는 녹으로 집을 부자로 만들었고, 그들의 출세는 가문의 자랑이 되었다.

시씨의 이웃에 사는 맹씨(孟氏) 집에도 역시 두 아들이 있어서 하나는 학문을 좋아했고, 다른 하나는 병법을 공부하고 있었다.

몹시 가난하기만 했던 그들은 시씨가 잘사는 것을 보자 부러운 생각이 들어 그 집으로 찾아가 출세하는 방법을 물었다. 시씨 집 두 형제는 그들이 해온 그대로를 일러주었다. 그리하여 맹씨 집 아들 중 한 사람은 진(秦)나라로 가서 그가 배운 학문을 가지고 진나라 왕을 달래 보았다. 그러나 진나라 왕은 이렇게 말했다.

"지금은 제후들이 실력으로 서로 겨루고 있는 시대이므로, 힘을 기울여야 할 일은 군사를 튼튼히 하는 것과 식량을 풍부히 하는 것뿐이다. 인의(仁義)로써 나라를 다스린다면 멸망을 불러올 따름이다."

결국 왕은 아들을 궁형(宮刑)에 처한 다음 내쫓고 말았다.

또 한 사람의 아들은 위(衞)나라로 가서 병법으로 위나라 임금을 달랬다. 그러나 임금은 이렇게 말했다.

"우리나라는 약한 나라로, 큰 나라들 틈에 끼어 있으므로 큰 나라를 잘 섬기고 작은 나라들과 가깝게 지내는 것이 나라를 편안히 하는 길이다. 만일 무력이나 권모술수를 함부로 쓰다가는 당장 망하고 만다. 그러나 이 사람을 이대로 돌려보내게 되면, 다른 나라로 가서 우리나라를 해롭게 할 염려가 많다."

그러고는 그에게 다리를 자르는 월형(刖刑)을 내리고 노나라로 돌려보냈다.

이렇게 되자, 맹씨 집 세 부자는 가슴을 치며 원수라도 되는 듯이 시씨를 찾아가 원망을 했다. 그러자 시씨는 이렇게 대답했다.

"무릇 시기를 탄 사람은 일어나고, 시기를 잃은 사람은 망하는 법입니다. 당신들이 한 일은 우리와 똑같은데, 그 결과가 다른 것은 시기를 타지 못한 까닭이오. 그리고 세상 이치란 반드시 옳고 그른 것이 결정되어 있는 것은 아니오. 앞에 쓰이던 것이 지금은 버려지기도 하고, 지금 버려졌던 것이 뒤에 쓰이게도 되는 거요.

결국 사물이 쓰이고 쓰이지 않는 것은 일정한 옳고 그른 것이 있어서가 아니오. 기회를 타고, 시기를 보아, 그때그때 일에 따라 변통하는 것은 지혜에 관한 문제가 아니겠소. 당신들의 학문이 공자(孔子)처럼 넓고, 병법이 여상(呂尙 : 강태공)과 같이 훌륭하더라도, 그런 지혜가 부족하면 가는 곳마다 불행한 일을 당하게 마련입니다."

맹씨 집 부자는 그 말에 비로소 깨닫는 바가 있었던지 찌푸린 얼굴을 누그러뜨렸다.

"잘 알았습니다. 더 말씀 않으셔도 좋습니다."

이렇게 말하고는 조용히 물러갔다.

앞보다 뒤를 보라

진(晉)나라 문공(文公)이 국외로 나가 제후들과 모임을 갖게 되었을 때, 그는 위(衞)나라를 치려 했다. 옆에 있던 공자(公子) 서(鋤)가 하늘을 바라보며 껄껄 웃었다. 문공이 무슨 웃음을 그렇게 웃느냐고 꾸짖자, 공자 서는 이런 대답을 했다.

"신은 이웃집 사람의 이야기가 생각나서 웃었습니다. 그는 친정으로 근친(覲親)을 가는 아내를 데리고 길을 가는 도중, 길 가에서 뽕 따는 여인을 보게 되었는데 갑자기 엉큼한 욕심이 일어 수작을 붙이고 있었습니다. 그러다가 무심코 뒤를 돌아다보았더니 자기 아내를 손짓해 부르는 남자가 있더라는 것입니다. 신은 문득 그 생각이 나서 웃었습니다."

문공은 그의 말뜻을 깨닫고, 곧 위나라를 치려던 계획을 중지하여 군사를 이끌고 본국으로 향해 떠났다. 미처 국경에 이르기도 전에 북쪽을 침범해 온 적군이 있다는 보고를 받게 되었다.

도둑을 없애는 법

진(晉)나라는 도둑이 많아 곤란을 겪고 있었다. 그 나라에 극옹(隙雍)이란 사람이 있었는데, 얼굴만 척 보고 눈치만 한 번 살피면 도둑을 금방 알아내곤 했다. 그래서 임금이 그에게 도둑을 잡게 해보았더니 1000명에 단 한 사람도 틀리는 일이 없었다. 임금은 크게 기뻐하며 조문자(趙文子 : 노자(老子)의 제자)에게 자랑했다.

"나는 단 한 사람을 얻음으로써 나라 안 도둑을 근절시킬 수 있게 되었다. 이제 많은 사람이 필요 없게 되었다."

그러자 조문자는 이렇게 대답했다.

"임금께서 한 사람의 도둑잡이만을 믿고 도둑을 잡으려 하신다면 도둑이 근절되는 일은 없을 것입니다. 그리고 그 극옹이란 사람도 틀림없이 제 명에 죽지는 못할 것이옵니다."

그러는 동안 도둑들은 서로 상의한 끝에 결론을 내리게 되었다.

"우리가 고통을 받게 되는 것은 모두가 극옹이란 놈 때문이다."

그리하여 그들은 마침내 극옹을 유인해서 죽여 버리고 말았다. 임금은 소문을 듣자 깜짝 놀라 즉시 조문자를 불러 오게 했다.

"과연 경이 말한 대로 극옹은 죽고 말았다. 그렇다면 도둑을 잡는 데 어떤 수가 있다는 건가."

조문자는 이렇게 대답했다.

"주(周)나라 속담에 '못에 숨어 있는 고기까지 들여다보는 것은 좋지 못한 일이다. 사람의 비밀까지 알아내는 영리함은 재난을 받게 된다'고 했습니다. 만일 임금께서 도둑을 없애시려거든, 어진 사람을 등용해서 정치를 맡게끔 하고, 교화(敎化)가 위로부터 아래로 미치도록 하시는 것이 가장 빠른 길입니다. 백성들이 염치를 알게 되면 도둑질은 자연히 하지 않게 되옵니다."

그래서 진나라 임금이 수회(隨會 : 본명은 사회(士會), 수(隨)땅을 채읍(采邑)으로 받았다. 수계(隨季)라고도 한다.)를 등용하여 정치를 맡기자 과연 도둑들은 모두 이웃 진(秦)나라로 달아나 버렸다.

흰 송아지

송(宋)나라에, 인의(仁義)를 행하기를 좋아해서 삼대(三代)를 내려오며 이를 행한 집이 있었다. 한번은 특별한 이유도 없이 그 집의 검은 소가 흰 송아지를 낳았다. 공자(孔子)에게 물었더니 공자는 이렇게 대답했다.

"그건 좋은 징조이다. 옥황상제에게 바치는 것이 좋을 것이다."

그러고 나서 일 년쯤 지나자, 아버지 되는 사람이 아무 이유도 없이 눈이 멀어 버렸다. 그러고는 그 검은 소가 또 흰 송아지를 낳았다. 아버지는 이번에도 또 아들을 보고 공자에게 가서 물어 보라고 했다. 아들은 가기를 꺼려하며 말했다.

"앞서 물으러 갔을 때도 좋은 징조라고 했는데, 아버님께서 앞을 못 보시게 되지 않았습니까. 더 이상 물어 볼 필요는 없을 줄 압니다."

그러자 아버지가 다시 말했다.

"아니다. 성인의 말씀이란, 처음엔 틀리는 것 같아도 나중엔 맞는 법이다. 앞으로 어떤 일이 있을지는 아직 모를 일이니 좌우간 여쭈어 보고 오너라."

아버지가 그렇게 말하는지라, 아들은 다시 공자에게로 갔다. 공자는 말했다.

"좋은 징조로다."

그리고 또 그 송아지로 옥황상제께 제사를 드리라고 시켰다. 아들이 돌아와 그대로 보고하자, 아버지는 이렇게 말했다.

"공자가 시키신 대로 해라."

그리고 일 년쯤 지나서 그 아들 역시 원인 모르게 눈이 멀어 버렸다.

그 뒤, 초(楚)나라가 송나라로 쳐들어와 부자(父子)가 살고 있는 성을 포위했다. 성안 사람들은 식량이 떨어져 어린아이들을 서로 바꿔 잡아먹는가 하면 죽은 사람의 뼈를 깨어 불을 때는 지경에까지 이르렀다.

젊은 사람과 장년들은 모두 성 위로 올라가 적과 싸워 반 이상이 전사를 했다. 그러나 두 부자만은 다 같이 앞을 못 보는 장애인이라서 싸움에 끌려나가는 일도 없이 온 집안이 무사했다. 게다가 전쟁이 끝나 평화로워지자 부자가 다 같이 앞을 보게 되었다.

두 광대

송(宋)나라에 한 광대가 살고 있었는데 원군(元君)에게 재주를 팔러 갔다. 원군은 그를 불러들여 재주를 부려 보라고 시켰다.

광대는 자기 키의 배나 되는 몽둥이 두 개를 정강이에 올려놓고, 걸어가기도 하고 뛰어 돌아다니기도 했으며, 혹은 일곱 자루의 칼을 두 손에 쥐고 구슬 던지듯 공중으로 번갈아 던져 올리는데, 다섯 자루는 언제나 공중에 떠 있었다. 원군은 매우 감탄한 나머지 즉시 상금을 주도록 했다. 그러자 재주가 뛰어난 다른 한 명의 광대가 그 이야기를 듣고, 자기도 재주를 보여주겠다고 원군을 찾아왔다. 그랬더니 원군은 크게 화를 내며 말했다.

"앞서는 이상한 재주를 가진 사람이 왔다기에 구경한 일이 있었다. 아무 쓸데없는 짓이긴 했지만 다소 신기하기도 해서 상금을 주었다. 그런데 이 녀석은 그 소문을 듣고 그런 상금을 탈 생각으로 찾아온 것이리라."

원군은 그를 잡아 가둔 다음 죽일 작정이었으나, 몇 달이 지나자 그냥 놓아주었다.

큰 선비와 범인(凡人)과 강도(强盜)

우결(牛缺)은 상지(上地)라는 지방에 사는 유명한 선비였다. 그가 조(趙)나라 서울 한단(邯鄲)으로 가던 도중 우수(耦水)의 벌판에서 강도를 만났다. 강도는 그의 의복은 물론 수레의 소까지 몽땅 빼앗고 말았다. 그래도 우결은 조금도 난처해하는 기색도 없이 그대로 태평스럽게 걸어가고 있었다. 강도는 그런 광경을 보자 뒤쫓아가서 그 이유를 물었다. 그는 이렇게 대답했다.

"군자는, 내 몸을 기르는 재물 때문에 내 마음을 상하게 하는 그런 짓은 하지 않는다."

"과연 어진 사람이다."

강도들은 감탄은 했으나, 이윽고 생각이 달라져 이런 상의를 했다.

"저토록 훌륭한 사람이 한단으로 가 크게 출세라도 해서 우리를 문제삼는다면 큰일이 아닌가. 아예 죽여 없애 버려야 후환이 없을 것이다."

그래서 그들은 다시 뒤쫓아가서 선비를 죽이고 말았다.

연(燕)나라의 어느 사람이 이 이야기를 듣고, 가족들을 모아 놓고 이렇게 타일렀다.

"강도를 만났을 때는 상지의 우결과 같이 해서는 안 된다."

모두 그 말을 옳은 것으로 받아들였다. 얼마 후 그의 아우가 진(秦)나라로 가게 되었는데, 함곡관(函谷關) 아래에 이르자 역시 강도떼를 만나게 되었다. 그는 형의 교훈이 머리에 떠올랐으므로 있는 힘을 다해 싸웠으나 결국은 지고, 남아 있는 것을 몽땅 빼앗기고 말았다. 그래서 이번에는 그들의 뒤를 따라가며 물건을 돌려달라고 사정을 했다.

"살려준 것만도 고마운 일인데 끝까지 성가시게 굴다니. 우리의 근거지라도 눈치채면 큰일이다. 이왕 강도질을 한 이상 용서고 사정이고 없다!"

강도들은 성을 내며 그를 죽인 다음, 내친김에 따라온 사람들마저 해치고 말았다.

도둑의 밥

동쪽의 어느 나라에 사는 원정목(爰旌目)이란 사람이 여행길에 배가 고파 죽을 지경에 이르렀다. 호보(狐父)라는 곳의 구(丘)라는 도둑이 그것을 보고, 마침 가지고 있던 병 속의 물에 만 밥을 꺼내 먹이자 서너 번 받아먹고는 겨우 정신을 차리게 되었다. 그는 구를 보고 물었다.

"당신은 누구시기에 나를……"

"나는 호보의 구란 사람이오."

이렇게 대답하자, 원정목은 그 소리에 놀라 소리쳤다.

"그럼 넌 도둑이 아니냐. 어떻게 내게 밥을 먹여 주었단 말이냐. 나는 정의를 위해 도둑놈의 밥 같은 걸 먹을 수는 없다."

그리고 두 손으로 땅을 짚고는 먹은 것을 토해 내려 했다. 그러나 잘 나오지 않는지라 억지로 토해 내려다가 그대로 죽고 말았다.

물론 호보의 구는 도둑임에 틀림없다. 그러나 음식 자체가 도둑은 아니지 않는가. 사람이 도둑이라고 해서 먹는 것까지 도둑놈 취급하는 것은, 명분과 실제를 제대로 분간하지 못하는 행동이다.

원한의 자살 행위

주여숙(柱厲叔)은 거오공(莒敖公) 밑에서 벼슬을 하고 있었으나 자기를 알아주지 않는다 해서 벼슬을 그만두고 바닷가로 와서 숨어 살았다. 그는 여름에는 마름이나 연밥으로, 겨울에는 도토리와 밤톨로 연명을 하고 있었다.

그러다가 오공이 난을 만나 위험한 처지에 놓이게 되자, 주여숙은 친구에게 하직 인사를 하고 오공과 함께 죽을 각오로 길을 떠나려 했다. 친구가 물었다.

"자네는 오공이 몰라준다 해서 벼슬을 버리고 오지 않았나. 그런데 이제 그에게로 죽으러 가다니 이 무슨 소리인가."

그러자 주여숙은 이렇게 대답했다.

"그런 것이 아닐세. 오공이 나를 몰라주었기 때문에 물러난 것은 이미 말한 대로지만, 지금 내가 오공을 위해 죽어 보이면, 오공이 사람을 보는 눈이 없었다는 것을 분명히 깨닫게 되거든. 말하자면 내가 죽어 보임으로써 뒷날 임금으로서 그 신하를 알아보지 못하는 사람을 부끄럽게 만들어 주려는 걸세."

대개 임금에게 인정을 받으면 그를 위해 죽고, 그렇지 못할 경우 죽지 않는 것이 올바른 도리인 것이다.

주여숙의 경우는 임금을 원망한 나머지 자기 몸마저 생각하지 않았으니 어리석은 행동이라 할 수밖에 없다.

갈림길과 양(羊)

양주(楊朱)의 이웃 사람이 양을 한 마리 놓쳐 버렸다. 그래서 이웃 사람은 자기 집 사람들은 물론 양주의 하인들까지 도움을 청해 거느리고 양을 뒤쫓는 소동을 벌였다. 양주가 그 사람에게 물었다.

"아니, 양은 한 마리가 달아났을 뿐인데, 무엇하러 그토록 많은 사람들을 데리고 가는 거지?"

"도망간 쪽에는 갈림길이 많아서요."

얼마 후 그가 돌아왔으므로 양을 찾았느냐고 다시 물었다.

"놓치고 말았습니다."

"왜 놓쳤단 말인가?"

"갈림길에도 또 갈림길이 있어서, 어디로 갔는지 도무지 알 수가 없어서 그만 돌아오고 말았습니다."

양주는 그 말을 듣고 난 후 슬픔에 잠긴 표정으로 한동안은 아무 말도 하지 않았고, 그날 하루 동안 웃는 얼굴을 보이지 않았다. 제자들이 이상하게 생각하고 물었다.

"양이란 그리 귀중한 짐승도 아니고 더구나 선생님 댁의 것도 아니잖습니까. 그런데 그것이 달아났다 해서 그토록 괴로워하시며 말씀도 안 하시고 웃지도 않으시니 어찌 된 까닭이옵니까?"

그래도 양주는 대답을 하지 않았다. 맹손양(孟孫陽)이란 제자가 심도자(心都子)에게 그 이야기를 했다. 그 뒤 심도자는 맹손양과 함께 양주를 찾아와서 이런 질문을 했다.

"옛날 세 사람의 형제가 있었는데, 이 삼형제는 함께 제나라, 노나라 지방으로 유학을 떠나 같은 선생 밑에서 인의(仁義)의 도를 배워가지고 돌아왔습니다. 그런데 아버지로부터 '인의란 어떤 것이냐?' 하는 질문을 받자, 맏아들은 '인의란 내 몸을 소중히 하고 이름을 뒤로 하는 것입니다'라고 대답하고, 둘째는 '인의란 내 몸을 죽여 이름을 빛내는 것입니다'라고 대답했습니다. 그리고 셋째는 '인의란 그 몸과 이름을 함께 완전히 하는 것입니다'라고 대답했다고 합니다. 이 세 가지는 각각 서로 반대되는 것으로 다 같이 유가(儒家)의 말에서 나온 것인바, 어느 것이 좋고 어느 것이 나쁜 것입니까?"

"황하 근처에 살고 있는 뱃사공이 말일세. 물에 익숙하고 헤엄을 잘 쳤으므로 그 수입이 100명의 권솔을 거느릴 수 있을 정도였다네. 그래서 양식을 짊어지고 그의 헤엄치는 재주를 배우러 오는 사람이 수없이 많았지만, 반수가량은 재주를 익히는 도중 물에 빠져 죽고 말았다는 거야. 물론 그들은 헤엄치는 것을 배우러 왔지, 빠지는 것을 배우러 온 것은 아니었다네. 많은 수입을 얻는 것과 물에 빠져 죽는 것과는 너무도 큰 이해(利害)의 차이가 있지. 그대들은 이 중 어느 쪽이 좋고 어느 쪽이 나쁜가?"

심도자는 그 말을 듣자, 잠자코 머리를 끄덕이며 물러갔다. 그래서 맹손양이 심도자에게 물었다.

"어떻게 된 거요? 당신의 질문도 너무 거리가 먼 것 같고, 선생님의 대답도 비꼬는 것만 같아, 나는 더욱 뭐가 뭔지 알 수가 없구려."

"말하자면 큰 길에도 갈림길이 많으면 양을 놓치게 되고, 일을 배우는 데도 욕심이 지나치면 생명까지 잃게 된다는 거지. 학문이란 것도 그 근본은 똑같은 하나이지만, 그 끝이 갈라져 서로 틀리게 되면 역시 이 꼴이 되는 거야. 다만 뿌리가 같은 하나로 돌아옴으로써 이해득실에서 벗어날 수가 있는 거지. 그대는 오랫동안 선생님 밑에서 배우며 자라났고, 선생님의 도를 익히고 있었을 텐데, 아직도 선생님이 비유해 하신 말씀의 뜻을 모른단 말인가?"

옷이 달라지면

양주(楊朱)의 동생을 양포(楊布)라고 했다. 양포는 어느 날 흰 옷을 입고 밖에 나갔다가 비를 맞았기 때문에 흰 옷을 벗고 검정 옷으로 바꿔 입고 돌아왔다. 그러자 집에 있던 개가 뛰어나와 마구 짖어 댔다. 양포가 화가 나서 개를 두들겨 주려 하자, 양주는 동생을 말리며 이렇게 말했다.

"때릴 것은 없다. 너도 마찬가지가 아니겠니. 만일 이 개가 흰 개였는데 밖에 나갔다가, 검정개가 되어 돌아온다면 역시 이상하게 생각할 것이 아니냐."

죽지 않는 재주

옛날에 죽지 않고 오래 사는 재주를 알고 있는 사람이 있었다. 연(燕)나라 임금이 사람을 보내 그 재주를 배워가지고 오도록 시켰다. 그러나 꾸물대고 있는 동안 그 재주를 알고 있는 사람이 죽고 말았다. 임금은 화가 치밀어 배우러 보냈던 사람을 죽이려 했다. 그러나 임금이 총애하는 신하 한 사람이 그 일에 대해 이렇게 아뢰었다.

"사람의 근심 가운데 가장 절실한 것이 죽는 것이오, 소중한 것 가운데 가장 큰 것이 사는 일입니다. 그 죽지 않는 재주를 알고 있다는 사람이, 그 소중한 자기 생명마저 잃고 말았는데 어떻게 남을 죽지 않게 할 수가 있겠습니까."

이로써 사자로 갔던 사람은 죽지 않고 무사했다.

제자(齊子)라는 사람도 그 재주를 배우려고 했는데, 그가 죽었다는 말을 듣게 되자 가슴을 치며 안타까워했다.

부자(富子)란 사람은 그 이야기를 듣고 웃으며 이렇게 말했다.

"배우려던 것은 죽지 않는 재주가 아니겠는가. 그러나 그 재주를 알고 있는 사람까지 죽고 말았는데, 그런 걸 배우지 못했다고 해서 안타까워한다는 것은 배우려는 목적이 무엇인지조차 모르고 있는 것이 아닌가."

호자(胡子)란 사람이 또한 그 이야기를 듣고 말했다.

"부자의 말은 잘못이다. 대개 사람 가운데는 어떤 재주를 가지고 있으면서도 그것을 실행하지 못하는 사람이 있고, 또 그것을 실행하고 있으면서 그 재주를 알지 못하는 사람도 있다. 위(衛)나라에 수학(數學)에 뛰어난 사람이 있었는데, 임종이 가까워 오자 그가 가진 비결을 자기 아들에게 가르쳐 주었다. 아들은 아버지가 한 말을 알고만 있을 뿐 실제로 그것을 쓰지는 못했다. 그러나 다른 사람이 묻기에 그의 아버지가 말한 것을 그 사람에게 그대로 일러 주었고, 그 사람은 또 배운 그대로 그 재주를 익혀서 죽은 아버지와 똑같이 되었다고 한다. 그러고 보면, 그 사람이 죽었다고 해서 죽지 않는 재주를 몰랐었다고 말할 수는 없지 않겠는가?"

동심천심(童心天心)

제(齊)나라 전씨(田氏)가 저택 뜰에서 어느 사람의 송별 잔치를 열었다. 전씨네 식객(食客)이 1000명이나 모여 있었는데, 그 중 두 사람이 잔치 도중에 물고기와 기러기를 바쳤다.

전씨는 그것을 보자 감탄해서 말했다.

"하늘은 인간에게 후한 은택을 내리셨다. 오곡을 번성하게 하고, 고기와 새를 만들어 인간에게 쓰도록 해 주셨으니까."

모여 있던 사람들은 모두 입을 모아 그의 말이 지당하다고 치켜세웠다.

그런데 그때 마침 그 자리에 함께 앉아 있던 포씨(鮑氏)의 열두 살 먹은 아이가 앞으로 나와 이렇게 말했다.

"그렇지 않습니다. 하늘과 땅 사이에 생겨난 모든 물건들은 어느 것이나 사람과 똑같은 생물들로서, 그 사이에 귀하고 천한 구별이 있을 리가 없습니다. 다만 몸뚱이가 크고 작고 지혜의 힘이 다르기 때문에, 서로가 제압을 하고 서로가 잡아먹고 하는 것뿐입니다. 어느 것이든 다른 것을 위해서 생겨난 것은 아닙니다. 사람은 먹을 수 있는 것이면 그것을 잡아먹곤 하지만, 결코 하늘이 처음부터 사람을 위해 그것들을 생겨나게 한 것은 아닐 겁니다. 모기와 등에가 사람의 살을 물고 범과 늑대가 다른 짐승들의 고기를 먹는 것도, 하늘이 처음부터 모기나 등에를 위해 사람을 만들고 범이나 늑대를 위해 다른 짐승들을 만든 것이 아니라는 증거가 아니겠습니까?"

묵자

《묵자(墨子)》에 대해서

《묵자》는 15권, 53편으로 이루어져 있으며, 그 내용은 묵자와 그 후학의 저작을 모은 것이다. 묵자, 즉 묵적(墨翟)의 생몰 연대는 미상이다. BC 5세기 후반, 말하자면 전국 초기에 활약한 사상가로, 겸애비공론(兼愛非攻論 : 박애론, 평화론)을 주창하여 유가(儒家)에 대항한 묵가(墨家)의 중심 인물이다.

묵(墨)은 성이라고 하는 설이 있으나 정확히 말하면 이마에 먹물을 새기는 묵형(墨刑)을 이르는 말이다. 그의 학풍이 천한 일에 종사하는 말단 형리나 노예와 같다 하여 상층 귀족층에서 붙인 별명이라 한다. 그러나 막상 하층 서민을 대표한 묵자는 오히려 이를 자랑으로 여기고 자기네 학파의 명칭으로 삼았다고 한다.

묵가는 그 철저한 규율로 견고한 결속력을 보이고 있어 주목을 끈다. 《여씨춘추》에는 묵가의 거자(鉅子 : 우두머리)가 규율을 지켜 자기의 아들을 사형에 처하는 예가 나오기도 한다.

묵적의 사상은 겸애(兼愛)사상으로 요약되는데, 묵적은 유가 사상을 별애(別愛)로 파악하고, 그에 대립해 이 주장을 역설하고 있다. 따라서 전쟁을 반대하고, 세계를 지배하고 있는 존재로 '천지(天志)'를 내세우며 일종의 사회계약설인 '상동론(尙同論)'을 주장한다.

《묵자》는 근대에 이르기까지 유가와 대립하는 그 이단성 때문에 경원되어 왔으나, 그 민중적인 입장과 논리학적인 업적에 대해 새로운 평가를 받기 시작하고 있다.

겸애(兼愛)와 별애(別愛)

어진 사람〔仁人〕이 해야 할 일이 있다. '천하의 이(利)'를 일으키고 '천하의 해(害)'를 제거하는 데 힘쓰는 일이다.

그러면 '천하의 해' 가운데 가장 큰 것은 어떤 것일까.

큰 나라가 작은 나라를 공격하는 것, 큰 집안이 작은 집안을 못살게 구는 것, 강자(强者)가 약자(弱者)를 괴롭히는 것, 많은 수의 사람이 적은 수의 사람을 업신여기는 것, 약삭빠른 양반들이 순진한 백성들을 알겨먹는 것, 귀족이 평민을 멸시하는 것 따위가 모두 천하의 해가 되는 것이다.

또 임금이 횡포한 것, 신하가 불충한 것, 어버이가 정답지 못한 것, 자식이 불효하는 것도 역시 천하의 해(害)가 된다.

이 밖에 또 무기를 손에 들고 독약을 사용하며, 물과 불로 공격하여 수단과 방법을 가리지도 않고 서로 살육하는 것이 다 천하의 해(害)라 하겠다.

이런 무수한 '해'들이 어디서부터 생겨나는 것일까. 그것은 우리가 남을 사랑하고, 남을 이롭게 하기 위해 생기는 것일까.

물론 그런 것은 아니다. 남을 미워하고 남에게 이롭지 못한 것을 주기 위해 생기는 것이다. 그것은, '사람은 똑같이 대해야 한다'는 견해, 즉, 겸애(兼愛)에서 나오는 것일까. 아니면, '사람은 차별을 두어야 한다'는 견해, 즉 별애(別愛)에서 나오는 것일까?

그것은 말할 것도 없이 별애에서 나오는 것이다. 그러고 보면, 이 별애야말로 천하의 해(害)를 가져오는 근원인 것이다.

별애를 반대하는 이유가 여기에 있다.

꾸짖는 보람

묵자(墨子)가 제자인 경주자(耕柱子)에게 자꾸만 야단을 치자, 경주자가 불평을 했다.

"저에게는 다른 사람보다도 취할 점이 없다는 말씀이옵니까?"

그러자 묵자는 이렇게 말했다.

"내가 앞으로 태행산(太行山)을 오를 때, 마차와 우차를 준비하게 되면 너는 어느 쪽을 택하겠느냐?"

"마차 쪽이옵니다."

"왜 마차 쪽을 댁힌다는 거냐?"

"말은 채찍질을 하면 그만큼 빨리 달리기 때문입니다."

"나도 너를 꾸짖으면 그만큼 보람이 있을 것으로 알기 때문이다."

미치광이가 소중하다

묵자가 노양(魯陽)의 문군(文君 : 초나라의 왕족)에게 말했다.

"큰 나라가 작은 나라를 공격하는 것은 아이들이 말 흉내를 내며 노는 것과 같은 것입니다. 아이들이 말 흉내를 내며 놀게 되면 다리에 힘이 빠집니다. 그런데 큰 나라가 작은 나라를 치게 되면, 공격을 당하는 쪽의 농부들은 농사를 지을 수 없고, 여자들은 베를 짤 수 없습니다. 그들은 날이면 날마다 나라를 지키기에 바쁩니다. 공격하는 쪽 역시 농부는 농사를 지을 수 없고 여자는 베를 짤 수도 없습니다. 이들은 공격을 위해 나날을 보내게 됩니다. 그러므로 큰 나라가 작은 나라를 치는 것은 아이들이 말 흉내를 내며 노는 것과 같다는 것입니다."

도벽

묵자가 또 노양의 문군에게 말했다.

"가령 여기 소와 양을 많이 기르고 있는 사람이 매일같이 쇠고기와 양고기 요리를 먹어서, 이젠 더 이상 먹기 싫어 못 먹을 정도인데도, 다른 사람이 떡을 만드는 것을 보면 두 눈을 반짝거리며 그것을 빼앗아 들고 '내게도 먹을 것을 다오' 한다고 합시다. 이것은 무엇이든 눈에 띄면 갖고 싶어하는 버릇일까요? 아니면 도둑질하는 버릇이 있기 때문일까요?"

"도둑질하는 버릇이 있는 것이겠지요."

"지금 초나라는 나라 안의 들판이 너무 넓어 다 갈아먹지도 못하는 형편이고, 사람이 살지 않는 땅만도 한없이 많습니다. 그런데 송나라나 정나라의 빈 땅을 보면 두 눈을 반짝이며 이를 빼앗아 들이려 하고 있으니, 아까 한 이야기와 다를 것이 뭐가 있겠습니까?"

"다를 것이 없지. 틀림없이 도둑질하는 버릇이 있는 것이겠지."

정의(正義)는 귀하다

묵자의 말이다.

"세상에 정의보다 귀한 것은 없다. 사람들을 보고 '네게 갓과 신을 주고, 그 대신 너의 손발을 끊겠는데 그래도 좋으냐?'고 물으면 좋다고 할 사람은 없을 것이다. 왜냐하면 갓과 신이 손발만큼 귀하지 못하기 때문이다. 또 '네게 천하를 주고 그 대신 너를 죽이려 하는데 생각이 어떠냐?'고 하면, 이것 역시 듣지 않을 것이 뻔하다. 왜냐하면 천하의 귀한 것이 내 몸 귀한 것을 따르지 못하기 때문이다. 그런데 단 한 마디 시비로 서로 다투다가 죽게 되는 것은, 정의가 내 몸보다도 귀하기 때문이다. 그러므로 세상에 정의보다 더 귀한 것은 없다."

한 사람뿐이라서

묵자가 노나라에서 제나라의 친지 집에 갔더니, 그 친지가 묵자에게 말했다.

"지금 세상에는 정의를 실천하려는 사람이 없는데, 당신만이 혼자 애를 쓰며 그것을 실행하려 하고 있소. 그런 짓은 그만두는 편이 좋을 것 같소."

이에 묵자는 이렇게 대답했다.

"여기 열 명의 아들을 둔 사람이 있는데, 그 중 하나만이 농사일을 하고 나머지 아홉은 빈들빈들 놀기만 한다면, 일하는 사람은 더욱 뼈 빠지게 일을 해야만 할 것이오. 왜냐하면 먹는 사람은 많고 일하는 사람은 적기 때문이오. 그런데 세상에 정의를 행하려는 사람이 없는 것에 대해 말한다면, 당신은 나에게 더욱 그것을 실행하라고 격려해야 마땅한 일일 텐데, 어떻게 그만두라고 한단 말이오?"

유세(遊說)의 필요

유학자인 공맹자(公孟子)가 묵자에게 말했다.

"참으로 착한 일을 행하면, 누구나가 그것을 알게 됩니다. 예를 들어, 뛰어난 무당이라면 집에 들어앉아 밖에 나가지 않더라도 많은 치성(致誠) 쌀이 들어오고, 또 미녀라면 집에서 나가지 않더라도 사람들은 다투어 청혼을 하게 될 겁니다. 밖에 나가 직접 자랑을 하며 쏘다니면 도리어 데려갈 사람이 없게 됩니다. 그런데 당신은 사방으로 돌아다니며 도(道)를 말하고 있으니 공연한 수고가 아니겠소?"

그러자 묵자는 이렇게 대답했다.

"어쨌든 지금은 세상이 어지러워져 있소. 따라서 미녀를 찾는 사람은 얼마든지 있으니까, 미녀는 밖에 나돌아다니지 않아도 사람들이 다투어 그녀를 찾게 되겠지요. 그러나 착한 것을 찾는 사람은 적기 때문에 애써 사람들에게 설명하지 않으면 이것을 아는 사람이 없을 겁니다. 여기 두 사람의 점쟁이가 있는데 똑같이 점이 용하다고 한다면, 밖으로 돌아다니며 점을 쳐 주는 사람과, 집 안에 머물면서 쳐 주는 사람과는 어느 쪽이 더 수입이 많겠소?"

"그야 돌아다니는 사람 쪽이 더 많겠지요."

"마찬가지로 인의(仁義)를 말하더라도 밖에 나가 사람들에게 설명하면 그 효과는 보다 낫고 보다 많게 될 것입니다. 어떻게 밖에 나가 말하지 않을 수 있겠소?"

묵자를 찾아온 사람이 있었다. 묵자가 물었다.

"어째서 학문을 닦으려 하지 않는가?"

"저의 집안에는 학문을 하는 사람이 없어서입니다."

그러자 묵자는 이렇게 말했다.

"그것은 잘못이다. 예를 들어 미인을 좋아하는 일에 대해 '저의 집안에는 미인을 좋아하는 사람이 없기 때문에 나도 좋아하지 않는다'고 말할 수 있겠는가? 또 부귀를 원하는 점에 대해서 '우리 집안에는 부귀를 원하는 사람이 없기 때문에 나도 그것을 원치 않는다'고 말할 수 있겠는가? 결국 미인을 좋아하고 부귀를 원하는 마당에서는, 남과 비교하는 일 없이 기를 쓰고 나서게 될 것이 아닌가. 하물며 의리(義理)라는 것은 세상에서 가장 귀중한 것인데, 구태여 남과 비교할 필요가 있겠는가. 무슨 일이 있더라도 열심히 학문을 닦아야 한다."

책임 소재

묵자가 제나라 전화(田和)에게 말했다.

"여기 한 자루 칼이 있습니다. 이것으로 사람의 목을 시험해 보았더니, 단칼에 목이 댕강 떨어져 나갔습니다. 잘 드는 칼이라고 말할 수 있겠습니까?"

"말할 수 있지."

"그것으로 많은 사람의 목을 시험해 보았더니 역시 싹싹 잘려 나갔습니다. 잘 드는 칼이라 할 수 있겠지요?"

"잘 드는 거지."

"칼이 잘 드는 것만은 틀림이 없는데, 사람의 목을 벤 책임은 누가 져야만 되겠습니까?"
"그야 칼을 시험한 사람이 져야지."
"남의 나라를 병합하고, 남의 군사를 쳐서 이기고, 많은 백성들을 죽이게 되었을 경우에는 누가 그 책임을 져야 되겠습니까?"
전화는 머리를 올렸다 내렸다 하며 생각하던 끝에 대답했다.
"내가 그 책임을 져야 되겠지."

큰 것은 모른다

묵자가 노양(魯陽)의 문군(文君)에게 말했다.
"속세의 군자는 모두 작은 것만 알고 큰 것을 모르는 무리들입니다. 지금 여기 한 사람이 한 마리의 개나 돼지를 훔치면 못된 짓이라 하여 비난을 하게 되지만, 한 나라나 고을을 도둑질하면 정의로운 행동이라 말합니다. 비유를 들어 말한다면, 약간 흰 것을 보면 희다고 말하고, 많이 흰 것을 보면 검다고 하는 것과 같습니다. 속세의 군자가 작은 것만 알고 큰 것은 모른다고 한 것은 바로 이 점입니다."

식인국(食人國)

노양의 문군이 묵자에게 말했다.
"초나라 남쪽에 사람을 잡아먹는 식인국이라는 것이 있다지 않소. 그 나라에서는 장남이 태어나면 그것을 죽여 난도질을 해서 먹는데, 그것이 다음에 태어나는 자식을 위해 도움이 되는 것으로 믿고 있다는 거요. 게다가 먹어 보고 맛이 좋으면 임금에게 그것을 보내 주고, 임금도 또한 기뻐하여 그 아비에게 상을 준다고 하니, 그 얼마나 잔인하고 나쁜 풍속이오?"
그것을 듣자 묵자는 이렇게 대답했다.
"중국 풍속도 역시 마찬가지입니다. 그 아비를 죽게 만들어 놓고 그 아들에게 상을 주는 것은, 그 자식을 먹이고 그 아비에게 상을 주는 것과 다를 것이 없습니다. 만일 인의(仁義)의 도를 행하지 못하고 있다면, 어떻게 야만인들이 자기 자식을 잡아먹는 것을 비난할 수 있겠습니까?"

마음가짐과 그 행동

노나라 임금이 묵자를 보고 물었다.

"과인에게 자식이 둘 있는데, 하나는 학문을 좋아하고 다른 하나는 남에게 무엇을 나눠주기를 좋아한다오. 이 중에 누구를 태자로 삼는 것이 좋겠소?"

그러자 묵자는 이렇게 대답했다.

"아직은 어느 쪽이 좋다고 말할 수 없습니다. 남에게 칭찬이 듣고 싶어서 착한 일을 하는 것은, 낚시꾼이 소리 없이 낚시를 물속에 드리우고 있는 것과 같은 것입니다. 이때 조용히 하고 있는 것은 고기를 낚기 위해서이지 고기에게 밥을 주기 위해서가 아닙니다. 쥐에게 독한 벌레를 밥으로 주는 것은 쥐를 사랑해서가 아니라 그것을 죽이기 위해서입니다. 부디 임금께서도 아드님들의 마음가짐과 그 행동을 아울러 잘 살피시기 바랍니다."

살인과 도벽

공수반(公輸盤)이 초(楚)나라를 위해, 성을 공격할 때 쓰는 구름사다리〔雲梯〕라는 새로운 무기를 만들었다. 그는 그것으로 송나라를 칠 계획이었다.

이 소문을 들은 묵자(墨子)는, 제(齊)나라에서 길을 떠나 열흘간 낮과 밤을 계속 걸어 초나라 서울 영(郢)에 다다랐다.

묵자가 공수반을 찾아오자, 공수반은 물었다.

"선생님께선 무슨 일로 찾아오셨는지요?"

"북쪽에 사는 어느 놈이 나를 모욕했기에 당신의 힘을 빌려 그놈을 죽였으면 하고 왔습니다."

공수반은 얼굴을 찡그렸다. 묵자는 다시 말했다.

"내 10금(金)을 드리리다."

"사람을 죽이는 일은 의리상 할 수 없습니다."

공수반이 대답하자 묵자는 일어나 두 번 절하고 나서 말했다.

"그럼, 말씀드리겠습니다. 북쪽에서 듣건대, 당신은 구름사다리를 만들어 장차 송나라를 치려 한다고 하는데, 그러면 도대체 송나라에 무슨 죄가 있다는 겁니까? 초나라는 땅이 남아돌고 사람은 모자라는 형편입니다. 모자라는 백성들을 죽여 가며 필요 이상의 땅을 놓고 다투는 것은 지혜로운 일이라고 할 수 없습니다. 죄가 없는 송나라를 친다는 것은 어진 일이라 할 수 없습니다. 그것을 알고 있으면서도 임금을 말리지 않는 것은 충성된 일이 못 됩니다. 임금을 말려 중지시키지 못한다면 강하다고 할 수 없습니다. 적은 사람을 죽이는 것이 의롭지 않은 줄은 알면서 많은 사람을 죽인다면, 이것은 사리(事理)를 판단하지 못하는 일입니다."

"선생의 말씀이 옳습니다."

"옳은 줄 알면 왜 중지하지 못합니까?"

"내가 이미 왕께 말씀을 올렸기 때문에 어쩔 수 없습니다."

"그럼, 왕을 만나게 해 주십시오."

"그러지요."

묵자는 왕에게 말했다.

"여기 한 사람이 좋은 수레를 가지고 있으면서, 이웃집과 이웃집의 다 낡은 수레를 훔치려 합니다. 좋은 옷을 가지고 있으면서 옆집의 누더기 옷을 훔치려 합니다. 곡식과 고기가 있으면서도 옆집의 쌀겨와 비지를 훔치려 합니다. 이 사람을 왕은 어떻게 생각하십니까?"

"도둑질하는 버릇이 있음에 틀림없습니다."

"지금, 초나라의 영토는 사방 5000리나 되지만, 송나라는 겨우 사방 500리밖에 안 됩니다. 이건 좋은 수레를 낡은 수레와 비교하는 것과도 같습니다. 초나라에는 운몽(雲夢) 벌에 코뿔소와 사슴이 가득하고, 장강(長江)과 한수(漢水)에는 고기가 얼마든지 있어 그 풍부함을 천하에 자랑하고 있습니다. 그런데 송나라는 겨우 꿩이니 토끼니 붕어니 하는 흔해 빠진 것조차도 넉넉지 못합니다. 이는 곧 쌀과 고기를 쌀겨와 비지에 비교하는 것과 같습니다. 또 초나라에는 소나무, 노나무, 장나무 등의 큰 나무들이 많은데, 송나라에는 그런 큰 나무가 없습니다. 이것은 좋은 옷과 누더기를 비교하는 것과 같습니다. 그런데 지금 왕의 신하들이 송나라를 치려 하고 있으니, 위에 말한 도벽이 있는 사람이 하는 짓과 무엇이 다를 게 있습니까? 왕께서 정의(正義)에 벗어나는 일을 하는 것뿐, 아무것도 언는 것이 없습니다."

"과연 선생의 말씀과 같소. 그러나 공수반이 이미 과인을 위해 구름사다리까지 만들어 놓고 송나라를 기어코 치겠다 하니 어쩌겠소?"

이리하여 묵자는 공수반을 만나 공수반이 만든 새 무기를 상대로 혼자서 싸워 아홉 번을 막아내고도 여유를 보였다.

공수반은 묵자의 실력을 당해 낼 수 없음을 시인하고 나서 이런 말을 남겼다.

"그러나 나는 당신을 이길 수 있는 방법을 알고 있소. 그러나 그것을 이야기할 수는 없소."

그러자 묵자가 또 대답했다.

"나도 당신의 그 방법이 무엇인지를 알고 있소. 그러나 말은 하지 않겠소."

초나라 왕이 묵자에게 물었다.

"무슨 이야기들인지 알 수 없군요."

"공수반의 이야기는 나를 죽이면 된다는 것입니다. 그러나 그렇게 간단하지는 않습니다. 금활리(金滑里)를 비롯해 300명의 제자들이 벌써 내가 만든 방어 무기(武器)들을 가지고 송나라 성 위에서 초나라 군사를 기다리고 있습니다. 나를 죽인다 해도 소용없을 것입니다."

"알았소. 송나라를 치는 일은 그만두기로 하겠소."

그런데 돌아오는 길에 묵자는 송나라를 지나게 되었다. 도중에서 비를 만나 마을로 들어가 비를 피하려는데, 마을 문을 지키는 사람이 묵자를 들어오지 못하게 했다. 행색(行色)이 거지처럼 초라했기 때문이다.

사람들은 남이 알지 못하게 위기를 벗어나게 해주었을 때는 그 공적을 알아주지 못한다. 보란 듯이 떠들어 대야만 그 공적을 알게 되는 것이다.

공자(孔子)는 위선자

묵자는 주장한다.

공자는 진(陳)나라와 채(蔡)나라 사이의 국경에서 오도 가도 못한 채, 열흘 동안 명아주 국만 마시며 곡식은 한 알도 입에 넣지를 못했다.

그때 자로(子路)가 돼지고기를 삶아 올렸다. 그러자 공자는 그가 어디서 어떻게 구해 왔는지를 묻지도 않고 먹었다. 또, 자로가 강도질을 하여 그 돈으로 술을 사다 주었더니 그것을 어디서 어떻게 구해 온 것인지도 묻지 않고 마셨다.

그런데 그 후 애공(哀公)이 공자를 맞이했을 때는, 앉는 자리가 바르지 잃다고 앉지 않았고, 음식을 차려내자 요리하는 방법이 잘못 되었다고 먹지 않았다.

자로가 나서서 물었다.

"진(陳)과 채(蔡)나라의 국경에서는 이런 말씀을 하시지 않으셨는데요?"

공자가 대답했다.

"이리 오너라, 내가 일러 주마. 그때는 너와 함께 구차하게 살아야만 했고, 지금은 너와 함께 구차하게 의(義)를 찾아야만 된다."

먹을 것이 없을 때는, 그것을 어떻게 얻게 되었는지 상관 않고 먹었으면서, 그렇지 않을 때는 남의 눈을 위해 자신을 돋보이게 하려는 것이다.

이 세상 어디에 이보다 더 간사하고 거짓된 짓이 있겠는가.

회남자

《회남자(淮南子)》에 대해서

《회남자》는 원래 내서(內書) 21권, 외서 33편이었으나 지금은 내서 21권만 전한다. 전한(前漢)의 회남왕 유안(劉安)이 편찬한 책이다. 경제(景帝) 말년에 여러 빈객·방술가(方術家)들과 함께 만들었다.

《여씨춘추(呂氏春秋)》의 형식을 따르고 지식의 종합을 도모한 것으로 1권에 원도훈(原道訓), 2권에 숙진훈을 두어 도가(道家)의 사상을 서술하였고, 3권 천문훈(天文訓), 4권 지형훈(地形訓) 등을 둔 것은 후세의 백과사전과 같은 〈유서(類書)〉 분류법의 근원을 이루었다.

그 가운데 9권 주술훈(主術訓) 등에는 법가(法家)의 학설, 19권 수무훈(修務訓)과 20권 태족훈(泰族訓) 등에는 유가(儒家)의 학설을 도입하였다. 부분적으로 모순된 점도 있으나 도가사상으로 통일, 체계화시켰다. 이와 같은 지식의 종합은 한(漢)나라 초기의 사상을 대표하는 것으로서 한의 통일 국가를 배경으로 일어났다고 할 수 있다.

이겼기 때문에 걱정한다

조양자(趙襄子)는 적국(翟國)을 쳐서 우(尤)와 종(終) 두 고을을 빼앗았다.

적국의 사신이 조양자를 뵈러 왔을 때, 마침 양자는 밥상을 받으려는 참이었는데, 반가워하는 대신 걱정스런 표정을 보였으므로 시종들이 물었다.

"하루아침에 두 성을 항복받은 것이옵니다. 모두들 기뻐하고 있는데 임금께서는 걱정하는 모습을 보이시니 어찌 된 일이옵니까?"

양자는 이렇게 대답했다.

"큰 강물이라도 사흘이 못 가서 물이 줄어드는 수가 있고, 아무리 센 바람이라도 아침부터 점심때까지 계속 되는 일은 없으며, 해도 중천에 걸려 있는 시간은 잠시 동안밖에 되지 않는다. 그런데 지금 우리 조씨는 남달리 많은 덕을 쌓은 것도 아닌데 하루아침에 두 성이 항복을 하지 않았느냐. 그러니 망할 시기가 또한 머지않을 것만 같아 그래서 걱정을 하는 것이다."

공자(孔子)가 이 말을 듣고 말했다.

"조자(趙子)는 반드시 번창하게 되리라."

대개 걱정은 번영의 근본이 되고, 기쁨은 망할 원인이 되는 것이다.

큰 목소리도 재능의 하나

옛날 공손용(公孫龍)이 조나라에 갔을 때, 제자들에게 말했다.

"나는 능한 것이 없는 사람과는 상종을 하지 않는다."

그런데 어느 날 허름한 털옷에 노끈으로 띠를 두른 차림을 한 사람이 찾아와서 자기 소개를 했다.

"저는 남보다 큰 목소리를 낼 수 있습니다."

공손용이 제자들을 돌아보며 물었다.

"내 문하에 큰 목소리를 내는 사람이 있었던가?"

그러자 '없습니다' 하고 제자들이 대답했다.

"그럼 이 사람을 제자의 명부에 올리도록 해라."

공손용은 명령을 했다. 그런 뒤로 며칠이 지난 다음, 연나라 임금에게 유세(遊說)를 갈 작정으로 황하까지 이르게 되었다. 그러나 배가 건너편에 가 있어서 건너갈 도리가 없었다. 그래서 큰 목소리를 낼 수 있다는 그 사람을 불러내어 사공을 불러 보도록 시켰다.

그랬더니 한 번 외치는 소리에 배는 이쪽을 향해 오고 있었다.

사람은 쓰기에 달렸다

초나라 장군 자발(子發)은, 무엇인가 남다른 재주를 가진 사람을 불러 모으는 데 열심이었다. 그러자 좀도둑질로 뛰어난 사람이 그를 찾아와서 뵙기를 청하며 이렇게 말했다.

"장군께서 무엇이든 남다른 재주를 가진 사람을 찾으신다고 해서 왔습니다. 저는 좀도둑질을 하는 놈입니다만 이 도둑질하는 재주로 장군의 부하가 되었으면 합니다."

자발은 통인에게 그 말을 전해 듣자 옷에 띠를 두르기도 바쁘게, 갓도 미처 바로잡지 못한 채 총총히 밖으로 나가 그를 정중히 맞아들였다.

"자칭 좀도둑이라고 했으니 도둑임에 틀림없지 않습니까. 그런데 그런 자를 그렇게 정중한 예로써 대하시니 영문을 알 수 없습니다."

측근에서 이렇게 말하며 못마땅해하자, 자발이 대답했다.

"이건 너희가 상관할 문제가 아니다."

그로부터 얼마 안 되어, 제나라가 군사를 일으켜 초나라로 쳐들어왔다. 자발은 군대를 이끌고 나가 제나라 군사와 대전을 했다. 그런데 세 번 접전에 세 번 다 불리했다. 초나라에서는 연일 중신들이 모여 열심히 대책을 강구하긴 했으나, 제나라 군사의 기세는 갈수록 더해만 갔다. 그때 앞서의 그 좀도둑이란 자가 자발에게 나와서 말했다.

"저는 변변치 못한 재주를 가지고 있습니다만, 장군을 위해 한번 시험해 보고 싶습니다."

"그럼 어디 한번 해보라."

자발은 자세한 설명을 들을 것도 없이 허락을 해 주었다. 좀도둑은 어둠을 이용하여, 제나라 장군이 거처하는 본영으로 들어가 문 앞에 드리운 장막을 벗겨다가 자발에게 올렸다. 그러자 자발은 사람을 시켜 그것을 돌려보내며 이렇게 전하도록 시켰다.

"병졸 가운데 땔감을 구하러 나갔던 자가 장군의 장막을 가지고 왔으므로 삼가 돌려드립니다."

좀도둑은 다음날 밤에 또 적의 본영으로 들어가서 이번에는 장군이 베고 자는 베개를 훔쳐 가지고 왔다. 자발은 이번에도 사람을 보내 그것을 돌려주고 오게 했다. 다음날 밤엔 적장의 머리에 감긴 끈을 풀어 가지고 돌아왔다. 자발은 또 돌려보내 주었다. 제나라 군중에선 마침내 크게 당황하기 시작했다. 제나라 장군은 군관들을 모아놓고 말했다.

"오늘 중으로 퇴각을 하지 않으면 초나라에서 내 머리를 훔쳐 갈지도 모른다."

그러고는 군대를 철수시키고 말았다.

결국 어떤 보잘것없는 재주라도 그것을 업신여길 수는 없는 것이다. 임금된 사람이 쓰기에 달려 있는 것이다.

새옹지마(塞翁之馬)

국경의 요새지 근처에, 점을 잘 치는 사람이 살고 있었다. 그 집에서 기르고 있는 말이, 하루는 아무 까닭도 없이 국경 넘어 오랑캐〔胡〕들이 살고 있는 곳으로 달아나 버렸다. 마을 사람들이 안됐다는 인사를 하러 가자, 그 집 영감은 태연하게 말했다.

"이것이 다행스런 일이 될지 누가 알겠는가."

그로부터 몇 달이 지나서, 달아났던 말이 좋은 오랑캐 말을 데리고 돌아왔다. 사람들이 잘됐다는 인사를 하러 갔더니, 영감은 별로 좋아하는 기색도 없이 말했다.

"이것이 불행스런 일이 안 될지 누가 알겠소."

어쨌든 집에는 좋은 말이 한 필 늘어나게 되었다. 그런데 영감의 아들이 말 타기를 좋아했는데, 새로 들어온 말을 타고 돌아다니다가 그만 떨어져 다리가 부러졌다. 사람들이 위문을 가자, 영감은 덤덤한 표정으로 말했다.

"이것이 다행스런 일이 될지 누가 알겠소."

그로부터 일 년쯤 뒤에 오랑캐들이 크게 몰려와 요새지를 공격했다. 젊은 사람들은 모두 적과 싸워야만 했다. 그리하여 요새지 일대에 사는 사람들은 열에 아홉은 전사를 했다. 그러나 영감의 아들은 절름발이였으므로 부자(父子)가 함께 무사했다.

결사의 각오

노나라 사람이 제나라로 와서 아버지의 원수를 죽였다. 원수의 배를 갈라 염통을 끄집어내고는, 조용히 앉아 갓을 바로잡은 다음 일어나 옷을 갈아입고 천천히 걸어서 성문을 나왔다. 마차에 오른 뒤에도 말을 채찍질하는 일이 없었고, 얼굴 표정 하나 변하지 않았다. 마부가 말을 급히 몰려고 하자, 그의 손을 눌러 못하게 말리며 말했다.

"내가 오늘 아버지를 위해 원수를 죽인 것은, 죽음을 각오하고 저지른 일이다. 이제 와서 새삼 살려고 할 생각은 없다. 그보다도 내가 할 일을 다 했으니 어디 특별히 갈 곳도 없지 않은가."

"이 사람은 예절과 의리가 있는 사람이다. 그를 죽일 수는 없다."

그의 뒤를 쫓던 사람들도 이렇게 말하고 포위를 풀고 가버렸다.

만일 이 사람이 옷도 제대로 못 입고 갓도 바로잡지 못한 채 허둥지둥 달아나려 했으면 1000보(步)도 채 못 가서 잡히고 말았을 것이다. 그러나 조용히 앉아 갓을 바로 쓰고 일어나 옷을 갈아입은 다음, 천천히 걸어서 성문을 나왔다. 그리고 마차를 타고도 말을 채찍질하지 않고, 얼굴빛 하나 달라지지 않았기 때문에 사람들은 그가 결사의 각오로 임한 것을 알게 되었던 것이다. 그것이 도리어 살게 된 원인이 되었다.

이른바 '천천히 걷는 걸음이 도리어 빠르고, 달려가는 것은 걷는 것보다 늦다'고 하는 것이 이것 아니겠는가.

교묘한 간언

노(魯)나라 애공(哀公)이 궁전 서쪽에 새로 증축을 하려고 했다.

사관(史官)이 이를 반대하여 말했다.

"서쪽에 증축을 하는 것은 집 짓는 법으로 보아 좋지 못하옵니다."

애공은 얼굴빛을 바꾸어 크게 화를 냈다. 그는 주위 사람이 아무리 간해도 들으려 하지 않았다. 그러고는 시종관인 재절수(宰折睢)에게 물었다.

"내가 집을 새로 증축하려는데, 사관들은 모두 운이 맞지 않는다면서 반대를 하고 있다. 경은 어떻게 생각하는가?"

재절수가 대답했다.

"천하에는 세 가지 불상사(不祥事)가 있는데, 서쪽에 증축을 하는 것은 그것과 아무 관계도 없습니다."

애공은 몹시 기뻐했다. 그러나 조금 지나서 다시 물었다.

"그 세 가지 불상사란 무엇을 말하는가?"

"예의를 행하지 않는 것이 첫째 불상사요, 욕심에 한계가 없는 것이 둘째 불상사요, 얼굴을 대하고 간하는 말에 귀를 기울이지 않는 것이 셋째 불상사이옵니다."

애공은 아무 말 없이 한참을 생각하더니, 차츰 반성이 되었던지 마침내는 서쪽에 증축하는 일을 중지하고 말았다.

제자백가 연보

제자백가의 사적에 관해서는 명확하지 않은 데가 많다. 춘추전국시대를 정점으로 하여 수없이 명멸해 간 사상가들. 중국 사상의 기틀이 되기도 하는 이들의 발자취를 역사의 흐름에 따라 살펴보았다.

서주(西周)

BC 1100년경 무왕(武王)이 은(殷)을 멸하고 주(周)를 세우다. 백이(伯夷)·숙제(叔齊), 수양산에서 굶어 죽다.

BC 841년 여왕(厲王)의 폭정으로 국민이 왕을 추방, 공화백(共和伯)이 정치를 하다. 《사기》에서는 이때부터 연표(年表) 시작하다.

춘추시대(동주(同周) 전기)

BC 770년 평왕(平王)이 견융(犬戎)에게 쫓겨 동부의 낙읍(洛邑)으로 도읍을 옮기다.

BC 722년 공자가 만든 역사책 《춘추》는 이해부터 시작되다(~481년).

BC 685년 제(齊)에 환공(桓公)이 즉위하고, 관중(管仲)이 재상에 오르다.

BC 681년 제 환공(齊桓公)이 노 장공(魯莊公)과 가(柯)에서 회맹하고, 조말(曹沫)에게 협박당하여 영토를 반환하다.

BC 679년 제 환공이 패권을 잡다.

BC 645년 관중 죽다.

BC 643년 제 환공 죽다.

BC 638년 송 양공(宋襄公)이 초(楚)를 위해 사양하다가 홍(泓)에서 패전하다. 《송양의 인》 출전.

BC 636년 진(晉)에 문공(文公)이 즉위하다.

BC 632년 진 문공이 제후와 함께 초군을 성복(城濮)에서 무찌르다. 문공은 제후와 천토(踐土)에서 회맹하고 패권을 잡다.

BC 623년 진 목공(秦穆公)이 서융(西戎)의 패자가 되다.

BC 602년 황하의 흐름이 이동하다(제1회 변천).

BC 598년 초 장왕(楚莊王)이 제후와 신릉(辰陵)에서 회맹하고 패권을 잡다.

BC 585년 오(吳)에 수몽(壽夢)이 즉위하다.

BC 579년 송(宋)의 대부 화원(華元)이 진(晉)·초(楚) 사이를 왕래하며 평화 공작을 하다.

BC 552년 공자(孔子)가 노(魯)에서 태어나다.

BC 547년 제(齊)의 경공(景公)이 즉위하여 사마양저(司馬穰苴)를 등용하다.

BC 543년 자산(子產)이 정(鄭)의 집정이 되다.

BC 539년 제(齊)의 안영(晏嬰)이 사자로 진(晉)에 가다.

BC 522년 초(楚)의 오자서(伍子胥)가 오(吳)에 망명하다.

BC 515년 오(吳)의 합려(闔閭)가 전제(專諸)에게 왕 요(僚)를 죽이게 하고 즉위하다.

BC 510년 오(吳)가 처음으로 월(越)을 공격하다.

BC 496년 월왕(越王) 구천(句踐)이 오군을 격파하다. 오왕 합려는 부상당해 죽고 부차(夫差)가 이어 즉위하다.

BC 494년 오왕 부차가 월왕 구천을 격파하고 회계산(會稽山)에 유폐하다.

BC 484년 오자서, 자결을 명령받다.

BC 482년 오왕 부차가 황지(黃池)에서 중원의 제후와 회맹하다.

BC 479년 공자 74세로 죽다. 이에 앞서 2년 전 노애공(魯哀公)이 서방에 사냥 나가 기린(麒麟)을 잡아 죽였다는 소식을 듣고 공자는 자신의 도가 부족하다 하여 《춘추》의 집필을 중지했다.

BC 478년 이 무렵 묵자(墨子)가 노(魯)에서 태어나다.

BC 473년 월왕 구천이 숙적 오(吳)를 대파하고 패권을 잡다. 구천을 도운 범려(范蠡)는 오(吳)를 떠나고 3년 후 구천 죽다.

BC 458년 진(晉)의 6경의 한 사람인 지백(知伯)이 조(趙)·한(韓)·위(魏) 등 3씨와 함께 범(范)·중행씨(中行氏)를 멸하고 그밖의 땅을 분할하다.

BC 446년 위(魏)에 문후(文侯)가 즉위하다(~397년 재위). 오기(吳起)를 서하(西河)의 태수에 임용하다. 이리(李悝)에게 《법경(法經)》을 만들게 하다.

BC 444년 묵자의 설득으로 초(楚)의 송 공략(宋攻略)이 중지되다.

BC 438년 송(宋)의 대부로 있던 묵자는 소공(昭公)의 간신 자한(子罕)의 계략으로 체포되다. 이 무렵의 20년 동안에 공자의 제자 자공·자하·증자 등이 죽다.

BC 415년 이 무렵 자사와 함께 노 목공(魯穆公) 밑에 있었던 묵자는 제(齊)로 떠나다.

BC 405년 제(齊)의 실권은 대부 전화(田和)의 손에 들어가다.

전국시대(동주 후기)

BC 403년 한(韓)·위(魏)·조(趙) 3가(家)가 국왕에 의해 각각 제후에 봉해지다.

BC 397년 섭정(聶政)이 한(韓)의 재상 협루(俠累)를 죽이다.

BC 394년 이 무렵 초(楚)에서 묵자 죽다.

BC 389년 이 무렵 맹자(孟子) 태어나다. 또한 진(秦)의 상앙(商鞅)도 이 무렵에 위(衛)에서 태어나다.

BC 386년 제(齊)의 전화(田和)가 제후에 봉해지다.

BC 384년 오기(吳起)가 위(魏)를 도망, 초(楚)에 가서 재상이 되었으나 3년 뒤 귀족 출신 대신들에게 살해되다. 이 무렵 손빈(孫臏)이 제(齊)에서 태어나다.

BC 381년 묵가(墨家)의 지도자 맹승(孟勝)의 죽음으로 지도자〔거자(鉅子)〕의 지위는 송(宋)의 전양자(田襄子)에게 양위되다.

BC 376년　제(齊)의 전오(田午)가 국군(國君) 염(剡)을 죽이고 전제(田齊)를 시작함에 따라 이후 제의 제후는 여(呂)씨 대신 전(田)씨가 되다.

BC 370년　위(魏)에 혜왕(惠王)이 즉위하다(~319년 재위).

BC 367년　조(趙)·위(魏)가 주(周)의 내분에 끼어들어 마침내 주를 동주·서주의 소국으로 나누다.

BC 362년　위(魏)의 도읍을 안읍(安邑)에서 대량(大梁)으로 옮기다.

BC 360년　이 무렵 손빈(孫臏)·방연(龐涓)은 함께 병법을 배웠으나 뒤에 가서 두 사람은 불구대천의 원수가 되다.

BC 359년　진 효공(秦孝公)이 상앙을 등용하여 변법(變法)을 실시하다.

BC 355년　이 무렵 손빈은 위(魏)의 방연에게 두 다리의 무릎을 절단당했으나 뒤에 몰래 제(齊)의 사자와 만나 위를 탈출, 제의 장군 전기(田忌)에게 몸을 맡기다.

BC 354년　위(魏)가 조(趙)의 한단(邯鄲)을 포위하다.

BC 352년　진(秦)의 상앙, 대량조(大良造)의 지위에 올라 위를 정벌하고 그 안읍(安邑)을 항복시키다.

BC 344년　이 무렵의 위(魏)는 그 세력이 절정에 달하여 혜왕(惠王)은 봉택(逢澤)에서 제후들과 회합하고 주(周) 천자를 알현하다.

BC 343년　제(齊)의 손빈, 마릉(馬陵)에서 위의 방연을 죽이고 위의 태자 신(申)을 사로잡다.

BC 338년　진(秦) 효공이 죽자 상앙은 자신이 제정한 거열형(車裂刑)으로 처형되다.

BC 337년　한(韓)의 재상 신불해(申不害) 죽다.

BC 334년　위(魏)의 혜시(惠施) 재상이 되다.

BC 333년　소진(蘇秦)은 합종(合縱)을 성립시키고 여섯 나라의 재상이 되었으나 이듬해 그가 조(趙)를 떠나자 합종은 깨어졌다.

BC 330년　이 무렵에 순자(荀子)가 조(趙)에서 태어나다.

BC 328년　장의(張儀)가 연횡(連衡)을 주창하고 진(秦)의 재상이 되다.

BC 326년　조(趙)에 무령왕(武靈王) (~299년 재위) 즉위하다.

BC 325년　진(秦)의 혜문군(惠文君)이 처음으로 왕(王)이라 칭하고 연호를 바꾸다.

BC 322년 위(魏) 혜왕은 진(秦)의 대신 장의(張儀)를 위의 대신으로 하고 진과 맺어지는 연횡정책을 취하다. 위의 전(前) 대신 혜시(惠施)는 초(楚)로 망명하다.

BC 320년 제 위왕(～357년 재위)이 죽고 선왕(宣王)(～301년 재위)이 즉위하다. 맹자가 위 혜왕을 만나 왕도정치를 설한바 그의 유세가 시작되다.

BC 319년 위(魏)의 합종과 공손연(公孫衍)이 제(齊)·초(楚)·연(燕)·조(趙)·한(韓) 다섯 나라의 지지를 얻어 위의 대신이 되고 장의는 진(秦)으로 추방되다.

BC 318년 위의 양왕(襄王)이 즉위했으나 맹자는 그의 인품에 실망, 제(齊)로 가 선왕(宣王)의 신망 얻다.

BC 317년 조(趙)·한(韓)·위(魏)의 연합군이 진(秦)을 쳤으나 진의 대승으로 끝나다. 이해에 진은 장의를 다시 대신으로 하고, 소진은 제에서 죽음을 당하다.

BC 314년 제(齊)는 연왕(燕王) 쾌(噲)와 재상 자지(子之)를 죽이고 그 전토를 정복하다.

BC 312년 제(齊)의 연(燕) 점령정책 등으로 선왕(宣王)과 의견이 맞지 않아 마침내 맹자는 제를 떠나고, 장의는 재차 위(魏)의 대신이 되다.

BC 309년 진(秦)은 저리질(樗里疾)·감무(甘茂)를 재상에 등용하다.

BC 307년 진(秦)에 소양왕(昭襄王)(～251년 재위)이 즉위하여 위염(魏冉)을 장군에 임명하다.

BC 306년 초(楚)가 월(越)의 내란에 개입, 이를 멸망시키다.

BC 305년 맹자가 각지를 돌아다니다 끝내 실망하여 고향 추(鄒)로 돌아가다.

BC 299년 제(齊)의 맹상군(孟嘗君), 진(秦)의 대신이 되었으나 이듬해에 제로 돌아와 대신이 되어 한(韓)·위(魏)와 함께 진을 토벌하다. 이 무렵 조(趙)의 평원군(平原君), 위(魏)의 신릉군(信陵君), 초(楚)의 춘신군(春申君) 등을 합해 사공자(四公

子)로 불렀다.

BC 298년 조(趙)의 혜문왕(惠文王)이 동생 승(勝)을 평원군(平原君)에 봉하다.

BC 296년 초 회왕(楚懷王), 진(秦)에서 죽다.

BC 293년 진(秦)이 위염(魏冉)을 재상으로 하다.

BC 289년 이 무렵에 장자(莊子), 제(齊)에서 죽다. 뒤에 진시황제의 재상이 된 여불위(呂不韋)가 한(韓)에서 태어나다.

BC 288년 진(秦)의 소양왕(昭襄王), 스스로 〈서제(西帝)〉를 칭하고 제(齊)의 민왕(湣王)을 〈동제(東帝)〉라 칭했으나 3개월 뒤에 왕호(王號)로 복귀하다.

BC 284년 연(燕)의 장군 악의(樂毅)는 제(齊)를 치고 도읍인 임치(臨淄)를 함락시키다.

BC 283년 조(趙)의 인상여(藺相如)는 진(秦)의 사신으로 가 화씨(和氏)의 벽(璧)을 보전하여 돌아오다.

BC 280년 진(秦)의 백기(白起)는 조(趙)를, 사마조(司馬錯)는 초(楚)를 치다. 이 무렵 한비(韓非)는 한(韓)에서, 이사(李斯)는 초(楚)에서 각각 태어나다.

BC 279년 조(趙)의 장군 염파(廉頗)가 제(齊)를 공격하다. 한편 제의 전단(田單)은 즉묵(卽墨)으로부터 연(燕)의 침략지를 탈환하다.

BC 278년 초(楚)의 굴원(屈原)이 회왕(懷王)에 대한 충정 끝에 멱라(汨羅)에서 투신자살하다. 순자는 50세에 처음으로 유세에 나와 제(齊)에 이르다.

BC 276년 위(魏)의 안리왕(安釐王)이 동생 무기(無忌)를 신릉군(信陵君)에 봉하다.

BC 275년 위(魏)는 진(秦)의 잇단 공격을 받고 그 땅을 빼앗기다.

BC 270년 조(趙)의 장군 조사(趙奢)가 진군을 격퇴하고 마복군(馬服君)에 봉해지다. 범휴(范睢)가 진(秦)에서 원교근공책을 가르치다.

BC 266년 진(秦)은 범휴를 대신으로 하여 응후(應侯)로 봉하다. 소양왕(昭襄王)은 그의 정책을 높이 평가하여 옛 대신들을 추방하다.

BC 264년 이 무렵 순자(荀子)는 진(秦)의 범휴를 만나 정치를 논했으나 곧 떠나다.

BC 262년 순자는 태어난 조(趙)로 돌아가 효성왕(孝成王)을 알현하고, 그의 면전에서 임무군(臨武君)과 병론(兵論)하다. 초(楚)가 황헐(黃歇)을 재상을 하여 춘신군(春申君)에 봉하다.

BC 260년 진(秦)의 백기(白起)가 장평(長平)에서 조군(趙軍)에 대승하다. 이 무렵 순자는 다시 제(齊)로 가다. 한비(韓非)·이사(李斯)가 함께 순자의 문하에 들어가 배운 것도 이 무렵의 일.

BC 257년 진군(秦軍)이 조(趙)의 도읍 한단(邯鄲)을 포위하고 노중연(魯仲連)이 조(趙)로 오다. 평원군(平原君)의 요청으로 위(魏)의 신릉군(信陵君)과 초(楚)의 춘신군(春申君)이 한단의 포위를 풀다.

BC 256년 제(齊)에서 중상모략을 받은 순자는 초(楚)의 춘신군 아래 몸을 의탁, 난릉(蘭陵)의 땅 장관이 되어 노령으로 이곳에서 학구와 교육 생활로 들어가다. 이해에 진(秦)은 주(周)를 멸하다. 전국시대의 종말이 가까워 오다.

BC 255년 진(秦)이 범휴(范睢)를 물러나게 하고 채택(蔡澤)을 재상에 임명하다.

BC 254년 진(秦)이 위(魏)를 벌하고, 위는 진의 명령을 듣기에 이르다.

BC 251년 이 무렵에 공손용(公孫龍)이 죽다. 여불위(呂不韋)가 조(趙)에 인질로 가 있는 진(秦)의 공자(公子) 자초(子楚)에 접근하다. 이 공자는 뒤에 장양왕(莊襄王)으로서 진시황(秦始皇)의 아버지.

BC 249년 진(秦)에 장양왕이 즉위하고, 여불위는 상국(相國)이 되어 문신후(文信侯)에 봉해지고 낙양(洛陽) 십만 호의 봉읍을 받다. 이해에 진은 동주(東周)를 멸하고, 초(楚)는 노(魯)를 멸하다.

BC 247년　초(楚)에서 온 이사(李斯)가 여불위의 가신이 되어 뒤에 진시황과 접하기에 이른다. 위의 신릉군이 5개국의 병사를 이끌고 진을 공격, 하내(河內)에서 무찌르다.

BC 246년　진(秦)왕 정(政)(진시황)이 즉위하다.

BC 243년　위(魏)의 신릉군이 죽다.

BC 241년　초(楚)·위(魏)·조(趙)·한(韓)·연(燕) 다섯 나라가 합종(合縱), 초(楚)가 지도국이 되어 진(秦)을 공략했으나 함곡관(函谷關)에서 패하고 초(楚)는 도읍을 진(陳)에서 수춘(壽春)으로 옮기다.

BC 240년　여불위가 《여씨춘추(呂氏春秋)》를 짓다.

BC 238년　초(楚)의 춘신군이 이원(李園) 때문에 죽음을 당하다.

BC 237년　여불위의 가신 노애(嫪毒)가 태후와 사통한 데 여불위가 관계되었음이 드러나 재상 자리를 물러났고 2년 뒤 자살하다.

BC 236년　초(楚)의 장군 왕전(王翦)이 조(趙)를 공격하다.

BC 233년　한비(韓非)가 이사(李斯)에게 중상당하여 자살을 강요받다.

BC 230년　한(韓)이 진(秦)에 멸망당하다.

BC 228년　진(秦)의 왕전이 조(趙)의 한단(邯鄲)을 함락시키다(조는 222년에 완전히 멸망).

BC 227년　연(燕)의 태자 단(丹)이 형가(荊軻)를 시켜 진왕 정(政)을 척살하려다 실패하다.

BC 225년　위(魏)가 진(秦)에 멸망당하다.

BC 223년　진(秦)은 초(楚)·조(趙)·연(燕)을 차례로 멸망시킨 뒤 마침내 제(齊)도 멸망시키고 천하를 통일하다.

옮긴이 김영수(金瑩洙)
와세다대학 정경학부 수학. 동국대학교 국문학과 졸업. 홍익대학교 충남대학교 교수 역임. 동서문화고전번역편찬위원 역임. 지은책 《소설 四書五經》《이야기 논어》 옮긴책 사마천 《사기열전》 한비 《한비자》 정약용 《실학총서》《명심보감》 박지원 《열하일기》 등이 있다.

World Book 117
諸子百家
제자백가
김영수 역해
1판 1쇄 발행/1987. 7. 1
2판 1쇄 발행/2009. 8. 1
2판 5쇄 발행/2020. 5. 1
발행인 고정일
발행처 동서문화사
창업 1956. 12. 12. 등록 16-3799
서울 중구 마른내로 144(쌍림동)
☎ 546-0331~6 Fax. 545-0331
www.dongsuhbook.com
잘못 만들어진 책은 바꾸어 드립니다.
*

*
사업자등록번호 211-87-75330
ISBN 978-89-497-0534-7 04080
ISBN 978-89-497-0382-4 (세트)